Mensch und Natur

oder Physische Geographie, wie sie durch menschliches Handeln verändert wird

George P. Marsh

Writat

Diese Ausgabe erschien im Jahr 2023

ISBN: 9789359258393

Herausgegeben von
Writat
E-Mail: info@writat.com

Inhalt

VORWORT

Das Ziel des vorliegenden Bandes besteht darin, den Charakter und ungefähr das Ausmaß der Veränderungen aufzuzeigen, die durch menschliches Handeln in den physischen Bedingungen des von uns bewohnten Globus hervorgerufen werden; auf die Gefahren der Unvorsichtigkeit und die Notwendigkeit der Vorsicht bei allen Vorgängen hinzuweisen, die in großem Umfang in die spontanen Vorgänge der organischen oder anorganischen Welt eingreifen; auf die Möglichkeit und Bedeutung der Wiederherstellung gestörter Harmonien und der materiellen Verbesserung verschwenderischer und erschöpfter Regionen hinzuweisen; und nebenbei, um die Lehre zu veranschaulichen, dass der Mensch sowohl in seiner Art als auch in seinem Ausmaß eine Macht höherer Ordnung ist als alle anderen Formen belebten Lebens, die wie er am Tisch der großzügigen Natur genährt werden.

In den rauesten Stadien des Lebens ist der Mensch für Nahrung und Kleidung auf spontanes Wachstum von Tieren und Pflanzen angewiesen, und sein Verzehr solcher Produkte verringert folglich die zahlenmäßige Fülle der Arten, die ihm dienen. In fortgeschritteneren Perioden schützt und vermehrt er bestimmte wohlschmeckende Gemüsesorten sowie bestimmte Hühner und Vierbeiner und bekämpft gleichzeitig rivalisierende Organismen, die diese Objekte seiner Obhut ausbeuten oder die Vermehrung ihrer Zahl behindern. Daher tendiert die Einwirkung des Menschen auf die organische Welt dazu, das ursprüngliche Gleichgewicht ihrer Arten zu zerstören, und während sie die Zahl einiger von ihnen verringert oder sie sogar ganz ausrottet, vervielfacht sie andere Formen tierischen und pflanzlichen Lebens.

Die Ausweitung der landwirtschaftlichen und pastoralen Industrie bedeutet eine Erweiterung des Einflussbereichs des Menschen durch Eingriffe in die Wälder, die einst den größten Teil der Erdoberfläche bedeckten, der ansonsten für seine Beschäftigung geeignet war. Die Abholzung der Wälder hatte schwerwiegende Folgen für die Entwässerung des Bodens, für die äußere Beschaffenheit seiner Oberfläche und wahrscheinlich auch für das örtliche Klima. und die Bedeutung des menschlichen Lebens als transformierende Kraft lässt sich vielleicht deutlicher an dem Einfluss erkennen, den der Mensch auf diese Weise auf die oberflächliche Geographie ausgeübt hat, als an jedem anderen Ergebnis seiner materiellen Bemühungen.

Aus den Wäldern gewonnenes Land muss sowohl entwässert als auch bewässert werden; Flussufer und Meeresküsten müssen durch künstliche

Bollwerke gegen Überschwemmungen durch Binnen- und Meeresfluten gesichert werden; und die Bedürfnisse des Handels erfordern die Verbesserung der natürlichen und den Bau künstlicher Schifffahrtskanäle. So ist der Mensch gezwungen, das Reich, das er bereits auf dem festen Land gegründet hatte, über die instabilen Gewässer auszudehnen.

Durch die Umwälzung des Meeresbodens und die Bewegungen des Wassers und des Windes werden riesige Sandablagerungen freigelegt, die den für die Bequemlichkeit des Menschen erforderlichen Raum einnehmen und oft durch die Drift ihrer Partikel die Felder der menschlichen Industrie mit Invasionen überschwemmen katastrophal wie die Einbrüche des Ozeans. Andererseits schützen Sandhügel an vielen Küsten die Küsten vor Erosion durch Wellen und Strömungen und schützen wertvolle Gebiete vor den heftigen Meereswinden. Der Mensch muss sich daher manchmal der Bildung und dem Wachstum von Dünen widersetzen, manchmal sie fördern und den kargen und fliegenden Sand dem gleichen Gehorsam gegenüber seinem Willen unterwerfen, auf den er andere Formen der Erdoberfläche reduziert hat.

Neben diesen alten und vergleichsweise vertrauten Methoden der materiellen Verbesserung strebt der moderne Ehrgeiz nach noch größeren Errungenschaften bei der Eroberung der physischen Natur, und es werden Projekte erwogen, die die kühnsten Unternehmungen, die bisher zur Veränderung der geographischen Oberfläche unternommen wurden, bei weitem in den Schatten stellen.

Der natürliche Charakter der verschiedenen Bereiche, in denen die menschliche Industrie so wichtige Revolutionen bewirkt hat und in denen die sich vermehrende Bevölkerung und die verarmten Ressourcen des Globus neue Triumphe des Geistes über die Materie erfordern, legt eine entsprechende Aufteilung des allgemeinen Themas nahe, und ich habe dies angepasst Verteilung der verschiedenen Themen auf die chronologische Abfolge, in der der Mensch vermutlich seine Herrschaft über die verschiedenen Provinzen seines materiellen Reiches ausgeweitet hat. Im Einleitungskapitel habe ich dann in umfassender Weise die allgemeinen Auswirkungen und die voraussichtlichen Folgen menschlichen Handelns auf die Erdoberfläche und das Leben, das sie bevölkert, dargelegt. Auf dieses Kapitel folgen vier weitere, in denen ich die Geschichte der menschlichen Industrie nachgezeichnet habe, die auf das tierische und pflanzliche Leben, auf die Wälder, auf das Wasser und auf den Sand ausgeübt wurde; und dazu habe ich ein abschließendes Kapitel über wahrscheinliche und mögliche geographische Revolutionen hinzugefügt, die noch durch die Kunst des Menschen herbeigeführt werden müssen.

Ich muss nur hinzufügen, was tatsächlich auf jeder Seite des Bandes ausreichend erscheint, sodass ich mich nicht an bekennende Physiker wende, sondern an die allgemeine Intelligenz gebildeter, beobachtender und denkender Männer; und dass meine Absicht eher darin besteht, praktische Vorschläge zu machen, als mich theoretischen Spekulationen hinzugeben, die einer anderen Klasse angemessen sind als der, zu der diejenigen gehören, für die ich schreibe.

GEORGE P. MARSH.

Dezember 1863.

BIBLIOGRAPHISCHES VERZEICHNIS

DER ARBEITEN, DIE BEI DER ERSTELLUNG DIESES BANDES ZU Rate gezogen wurden.

Amersfoordt, JP Het Haarlemmermeer, Oorsprong, Geschiedenis, Droogmaking. Haarlem, 1857. 8vo.

Andresen, CC Om Klitformationen und Klittens Behandling und Bestyrelse. Kjöbenhavn, 1861. 8vo.

Annali di Agricoltura, Industria e Commercio. Pubblicati per cura del Ministero d'Agricoltura, Industria e Commercio. Fasc iv. Turin, 1862-'3. 8vo.

Arago, F. Auszüge aus, in Becquerel, Des Climats.

Arriani , Oper. Lipsiæ, 1856. 2 Bde. 12 Monate.

Asbjörnsen, P. Chr. Um Skovene und um die Stadt Skovbrug in Norwegen. Christiania, 1855. 12 Monate.

Aus der Natur. Die neuesten Entdeckungen auf den Gebieten der Naturwissenschaften. Leipzig, verschiedene Jahrgänge. 20 Bde. 8vo.

Avé-Lallemant, KCB Die Benutzung der Palmen am Amazonenstrom in der Oekonomie der Indien. Hamburg, 1861. 18 Monate.

Baby. Studien und Vorträge über die Wissenschaften der Beobachtung. Paris, 1855-1863. 7 Bde. 18 Monate.

Baer, von. Kaspische Studien. St. Petersburg, 1855-1859. 8vo.

Barth, Heinrich. Wanderungen durch die Küstenländer des Mittelmeeres. V. i. Berlin, 1849. 8vo.

Barth, JB Über Skovene und seinen Forhold für die Nationalökonomie. Christiania, 1857. 8vo.

Baude, JJ Les Côtes de la Manche, Revue des Deux Mondes, 15. Januar 1859.

Baumgarten. Hinweis zu den Flüssen der Lombardei; in Annales des Ponts et Chaussées, 1847, 1. Semester, S. 129-199.

Beckwith, Lieut. Bericht im Pacific Railroad Report, Bd. ii.

Becquerel. Die Klimazonen und der Einfluss, die auf die Sonne und die Sonne ausgeübt werden. Paris, 1853. 8vo.

—— Elemente der Erdphysik und der Meteorologie. Paris, 1847. 8vo.

Belgrand. De l'Influence des Forêts sur l'écoulement des Eaux Pluviales; in Annales des Ponts et Chaussées, 1854, 1. Semester, S. 1, 27.

Berg, Edmund von. Das Verdrängen der Laubwälder im nördlichen Deutschland durch die Fichte und die Kiefer. Darmstadt, 1844. 8vo.

Bergsöe, AF Greve Ch. Ditlev Frederik Reventlovs Virksomhed as Kongens Embedsmand und Statens Borger. Kjöbenhavn, 1837. 2 Bde. 8vo.

Berlepsch, H. Die Alpen in Natur- und Lebensbildern. Leipzig, 1862. 8vo.

Bianchi, Celestino. Compendio di Geografia Fisica Speciale d'Italia. Appendice alla traduzione Italiana della Geog.-Fisica di Maria Somerville. Firenze, 1861. (2. Bd. der Übersetzung.)

Bigelow, John. Les États Unis d'Amérique en 1863. Paris, 1863. 8vo.

Blake, Wm. P. Berichte im Pacific Railroad Report, Bde. ii und v.

Blanqui. Mémoire sur les Populations des Hautes Alpes; in Mémoires de l'Académie des Sciences Morales et Politiques, 1843.

—— Reise nach Bulgarien. Paris, 1843. 12 Monate.

—— Précis Élémentaire d'Economie Politique, nachfolgend Résumé de l'Histoire du Commerce et de l'Industrie. Paris, 1857. 12 Monate.

Boitel, Amédée. Mise en valeur des Terres pauvres par le Pin Maritime. 2. Auflage. Paris, 1857. 8vo.

Bonnemère, Eugène. Die Geschichte des Paysans seit dem letzten Jahrhundert. Paris, 1856. 2 Bde. 8vo.

Böttger, C. Das Mittelmeer. Leipzig, 1859.

Boussingault, JB Die ländliche Wirtschaft wurde in seinen Berichten mit Chimie, Physique und Meteorologie berücksichtigt. 2. Auflage. Paris, 1851. 2 Bde. 8vo.

Brémontier, NT Mémoire sur les Dunes; in Annales des Ponts et Chaussées, 1833, 1. Semester, S. 145, 223.

Brincken, J. von den. Ansichten über die Bewaldung der Steppen des europäischen Russland. Braunschweig, 1854. 4to.

Büttner, JG Zur Physikalischen Geographie; in Berghaus, Geographisches Jahrbuch, Nr. iv, 1852, S. 9-19.

Caimi, Pietro. Cenni sulla Importanza e Coltura dei Boschi. Mailand, 1857. 8vo.

Cantegril und andere. Auszüge aus Comptes Rendus à l'Académie des Sciences. Paris, 1861.

Castellani. Melden Sie sich sofort auf dem Seeweg an der Grippe. Turin, 1818, 1819. 2 Bde. 4to.

Volkszählung der Vereinigten Staaten für 1860. Vorläufiger Bericht über Washington, 1862. 8vo.

Cerini, Giuseppe. Dell' Impianto e Conservazione dei Boschi. Mailand, 1844. 8vo.

Champion, Maurice. Les Inondations en France seit dem VIme Siècle gerade unsere Tage. Paris, 1858, 1862. Bde. i-iv, 8vo.

Chateauvieux, F. Lullin de. Lettres sur l'Italie. Zweite Ausgabe, Genf, 1834. 8vo.

Chevandier. Auszüge aus Comptes Rendus à l'Académie des Sciences. Juli-Dezember 1844. Paris.

Clavé, Jules. Études sur l'Économie Forestière. Paris, 1862. 12 Monate.

—— La Forêt de Fontainebleau; Revue des Deux Mondes, 1. Mai 1863.

Cooper, JG Die Wälder und Bäume Nordamerikas; im Bericht des Commissioner of Patents für das Jahr 1860, S. 416-445.

Cotta, Bernhard. Deutschlands Boden. Leipzig, 1858. 2 Bde. 8vo.

—— Vorwort zu Paramelles Quellenkunde. Siehe *Paramelle* .

—— Die Alpen. Leipzig, 1851. 8vo.

Coultas, Harland. Was kann man von einem Baum lernen? New York, 1860. 8vo.

Kurier, Paul-Louis. Gesamtwerk. Brüssel, 1833. 8vo.

Dana, James D. Handbuch der Geologie. Philadelphia, 1863. 8vo.

Delamarre, LG Geschichte der Schaffung eines Millionärsreichtums durch die Pins-Kultur. Paris, 1827. 8vo.

D. Héricourt, AF Les Inondations et le livre de M. Vallès; Annales Forestières, Dezember 1857, S. 310, 321. Paris.

Diggelen, BPG-Transporter. Groote Werken in den Niederlanden. Zwolle, 1855. 8vo.

Dumas, MJ La Science des Fontaines. 2me-Ausgabe, Paris, 1857. 8vo.

Dumont, Aristide. Des Travaux Publics und ihrer Rapports mit der Landwirtschaft. Paris, 1847. 8vo.

Dwight, Timothy. Reisen in Neuengland und New York. New Haven, 1821. 4 Bände. 8vo.

Emerson, George B. Ein Bericht über die natürlich wachsenden Bäume und Sträucher in Massachusetts. Boston, 1850. 8vo.

Emory, Wm. H., Col. Report of Commissioners of the United States und Mexican Boundary Survey, vol. ich, 1857.

Escourrou-Miliago, A. L'Italie à propos de l'Exposition Universelle de Paris. Paris, 1856. 8vo.

Evelyn, John. Silva; oder ein Diskurs über Waldbäume. Mit Anmerkungen von A. Hunter. York, 1786. 2 Bde. 4to.

—— Terra, ein philosophischer Diskurs über die Erde. York, 1786. 4to. in Bd. ii von Silva.

Féraud-Giraud, LJD Police des Bois, Défrichements et Reboisements Praktischer Kommentar zu den in den Jahren 1859 und 1860 verkündeten Orten. Paris, 1861. 8 Vo.

Ferrara, Francesco. Beschreibung des Ätna. Palermo, 1818. 8vo.

Feuillide, C. de. L'Algérie Française. Paris, 1856. 8vo.

Figuier, Louis. L'Année Scientifique et Industrielle. Paris, 1862-'3. 12 Monate.

Finnboga Saga hins rama. Kaupmannhöfn, 1812. 4to.

Foissac, P. Meteorologie mit Rücksicht auf die Lehre vom Kosmos, Deutsch von AH Emsmann. Leipzig, 1859. 8vo.

Forchhammer, G. Geognostische Studien am Meeres-Ufer; in Leonhard und Bronns Neues Jahrbuch für Mineralogie, Geognosie, Geologie usw. Jahrgang, 1841, S. 1-38.

Fossombroni, Vittorio. Memorie Idraulico-Storiche über dem Val-di-Chiana. Montepulciano, 3. Auflage, 1835. 8vo.

Fraas, C. Klima und Pflanzenwelt in der Zeit. Landshut, 1847. 8vo.

Frisi, Paolo. Der Modo di regolare i Fiumi ei Torrenti. Lucca, 1762. 4to.

Fuller, Thomas. Die Geschichte der Würdenträger Englands. London, 1662. Folio.

Gilliss, JM, Kapitän der United States Naval Astronomical Expedition in die südliche Hemisphäre. Washington, 1855. 2 Bde. 4to.

Giorgini. Papier von; in Salvagnoli-Marchetti, Rapporto sul Bonificamento delle Maremme, App. v.

Girard und Parent-Duchatelet. Rapport sur les Puits forés dits Artésiens; Annales des Ponts et Chaussées, 1833, 2 Monate, 313-344.

Graham, JD, Oberstleutnant. Eine Mondflutwelle in den nordamerikanischen Seen wurde nachgewiesen. Cambridge, 1861. 8vo. *Broschüre* . Auch in Bd. xiv, Proc. Bin. Arsch. für Adv. of Science für 1860.

Hakluyt, Richard. Die wichtigsten Navigationen, Reisen usw. der englischen Nation. London, 1598-'9. 3 Bde. Folio.

Harrison, W. Eine historische Beschreibung der Insel Britaine; in Holinsheds Chroniken. Nachdruck von 1807, Bd. ich.

Hartwig, G. Das Leben des Meeres. Frankfurt, 1857. 8vo.

Haxthausen, August von. Transkaukasien. Leipzig, 1856. 2 Bde. 8vo.

Henry, Prof. Joseph. Aufsatz zur Meteorologie im Zusammenhang mit der Landwirtschaft; im United States Patent Office Report für 1857, S. 419-550.

Herschel, Sir JFW Physische Geographie. Edinburgh, 1861. 12 Monate.

Heyer, Gustav. Das Verhalten der Waldbäume gegen Licht und Schatten. Erlangen, 1852. 8vo.

Hohenstein, Adolf. Der Wald sammt seinen wichtigen Einfluss auf das Klima, &c. Wien, 1860. 8vo.

Humboldt, Alexander von. Ansichten der Natur. Dritte Ausgabe, Stuttgart und Tübingen, 1849. 2 Bde. 12 Monate.

Hummel, Karl. Physische Geographie. Graz, 1855. 8vo.

Hunter, A. Notizen an Evelyn, Silva und Terra. York, 1786. Siehe *Evelyn*

.

Jacini, Stefano. La Proprietà Fondiaria e le Popolazioni agricole in der Lombardei. Mailand und Verona, 1857. 8vo.

Joinville. Geschichte von Saint-Louis. Neue Sammlung von Erinnerungen für die Geschichte Frankreichs von Michaud und Poujoulat. Tome i. Paris, 1836. 8vo.

Josselyn, John. Neuengland-Raritäten. London, 1672. 12 Monate.

Knorr, EA Studien über die Buchen-Wirtschaft. Nordhausen, 1863. 8vo.

Kohl, JG Alpenreisen. Dresden und Leipzig, 1849. 3 Bde. 8vo.

—— Die Marschen und Inseln der Herzogthümer Schleswig und Holstein. Dresden und Leipzig, 1846. 3 Bde. 8vo.

Krämer, Gustav. Der Fuciner-See. Berlin, 1839. 4to.

Krause, GCA Der Dünenbau auf den Ostsee-Küsten West-Preussens. 1850. 8vo.

Kremer, Alfred von. Ägypten, Forschungen über Land und Volk. Leipzig, 1863. 2 Bde. 8vo.

Kriegk, GL Schriften zur allgemeinen Erdkunde. Leipzig, 1840. 8vo.

Ladoucette, JCF Histoire, Topographie, Antiquités, Usages, Dialectes des Hautes Alpes. Zweite Ausgabe, 1834. 1 Bd. 8vo. und Atlas.

Lastadius, Lars Levi. Um sicherzustellen, dass alle Marken in Lappmarken vertreten sind. Stockholm, 1824. 12 Monate.

Læstadius, Petrus. Journal für die Arbeit von Hans Tjenstgöring als Missionaire in Lappmarken. Stockholm, 1831. 8vo.

—— Fortsättning a Journalen öfver Missions-Resor i Lappmarken. Stockholm, 1833. 8vo.

Lampridius. Vita Elagabali im Drehbuch. Hist., August.

Landgrebe, Georg. Naturgeschichte des Vulkans. Gotha, 1855. 2 Bde. 8vo.

Laurent, Ch. Erinnerungen an die orientalische Sahara mit Blick auf Puits Artésiens. Paris, 1859. 8vo. *Broschüre* . Auch in Mém de la Soc. des Ingénieurs Civils und das Bulletin de la Soc. Géologique de France.

Laval. Mémoire sur les Dunes du Golfe de Gascogne; in Annales des Ponts et Chaussées, 1847, 2 Monate, S. 218-268.

Lavergne, ML de. Économie Rurale de la France, seit 1789. 2. Auflage, Paris, 1861. 12 Monate.

Le Alpi che cingono l'Italia. Teil 1er, vol. 1er. Turin, 1845. 8vo.

Lefort. Beachten Sie die Arbeiten zur Fixation des Dunes; in Annales des Ponts et Chaussées, 1831, 2 Monate, S. 320-332.

Lenormant. Hinweis zur Hinrichtung eines ägyptischen Kunsthandwerks vor der 18. [Dynastie] ; Académie des Inscriptions et Belles-Lettres, 12. November 1852.

Liber Albus: Das Weißbuch der City of London. London, 1861. 4to.

Loftus, WK Reisen und Forschungen in Chaldäa und Susiana. New York, 1857. 8vo.

Lombardini. Cenni Idrografi sulla Lombardia; Intorno al Sistema Idraulico del Pô; verkörpert von Baumgarten in Annales des Ponts et Chaussées, 1847, 1. Semester, S. 129, 199; und in Dumont, Des Travaux Publics, S. 268, 335.

—— Ich progetti intesi ad estendere l'irrigazione della Pianura del Pô. Politecnico. Gennajo, 1863, S. 5-50.

Lorentz. Cours Élémentaire de Culture des Bois, vollständig und veröffentlicht von A. Parade, 4. Auflage. Paris und Nancy, 1860. 8vo.

Lyell, Sir Charles. Der geologische Beweis für das Alter des Menschen. London, 1863. 8vo. Prinzipien der Geologie. New York, 1862. 8vo.

Mardigny, M. de. Mémoire sur les Inondations des Rivières de l'Ardèche. Paris, 1860. 8vo.

Marschand, A. Über die Entwaldung des Gebirges. Bern, 1849. 12 Monate. *Broschüre* .

Martineau. Bestrebungen nach dem christlichen Leben. Boston, 1858.

Martins. Revue des Deux Mondes, Avril, 1863.

Maury, MF Die physische Geographie des Meeres. Zehnte Auflage. London, 1861. 8vo.

Medlicott, Dr. Observations of, zitiert aus London Athenæum, 1863.

Meguscher, Francesco. Memorie sulla migliore maniera per rimettere i Boschi della Lombardia, etc. Mailand, 1859. 8vo.

Mejdell, Th. Om Foranstaltninger til Behandling af Norges Skove. Christiania, 1858. 8vo.

Mella. Delle Inondazioni del Mella nella notto del 14 al 15 Agosto, 1850. Brescia, 1851. 8vo.

Meyer, J. Physik der Schweiz. Leipzig, 1854. 8vo.

Michelet, J. L'Insecte, 4me-Ausgabe. Paris, 1860. 12 Monate.

—— L'Oiseau, 7me-Ausgabe. Paris, 1861. 12 Monate.

Monestier-Savignat, A. Étude sur les Phénomènes, l'Aménagement et la Législation des Eaux au point de vue des Inondations. Paris, 1858. 8vo.

Montluisant. Hinweis zu den Desséchements, den Endiguements und den Irrigations; in Annales des Ponts et Chaussées, 1833, 2 Monate, S. 281-294.

Morozzi, Ferdinando. Dello Stato Antico e Moderno del Fiume Arno. Florenz, 1762. 4to.

Müller, K. Das Buch der Pflanzenwelt. Leipzig, 1857. 2 Bde. 12 Monate.

Nangis, Guillaume de. Auszüge aus der Nouvelle Collection des Mémoires pour servir von Michaud et Poujoulat. Bd. ich. Paris, 1836.

Nanquette, Henri. Cours d'Aménagement des Forêts. Paris und Nancy, 1860. 8vo.

Newberry, Dr. Bericht im Pacific Railroad Report, vol. vi.

Niebelungen-Lied, Der. Abdruck der Handschrift von Joseph von Lassberg. Leipzig, 1840. Folio.

Niel. L'Agriculture des États Sardes. Turin, 1857. 8vo.

Pacific Railroad-Bericht. Berichte über Erkundungen und Untersuchungen für eine Eisenbahnstrecke zum Pazifik. Washington, verschiedene Jahre. 12 Bde. 4to.

Palissy, Bernard. Vollständige Gesamtwerke mit Notizen usw. von Paul-Antoine Cap. Paris, 1844. 12 Monate.

Parade, A. Siehe *Lorentz* .

Paramelle, Abbé. Quellenkunde, Lehre von der Bildung und Auffindung der Quellen; mit einem Vorwort von B. Cotta. Leipzig, 1856. 12 Monate.

Gemeinde, Dr. Leben von Dr. Eleazer Wheelock. 8vo.

Parry, CC Report in United States and Mexican Boundary Survey, vol. ich.

Parthey, G. Wanderungen durch Sizilien und die Levante. Berlin, 1834. 2 Bde. 12 Monate.

Piper, RU Die Bäume Amerikas. Boston, 1858, Nr. i-iv. 4to.

Plinii, Historia Naturalis , hrsg. Hardouin. Paris, 1723. 3 Bde. Folio.

Ponz, Antonio. Viage de España. Madrid, 1788 usw. 18 Bde. 12 Monate.

Quatrefages, A. de. Souvenirs d'un Naturaliste. Paris, 1854. 2 Bde. 12 Monate.

Reclus, Elisée. Le Littoral de la France; Revue des Deux Mondes, 15. Dezember 1862.

Rentzsch, Hermann. Der Wald im Haushalt der Natur und der Volkswirtschaft. Leipzig, 1862. 8vo.

Ribbe, Charles de . Die Provence am Aussichtspunkt des Bois, der Torrents und der Inondations. Paris, 1857. 8vo.

Ridolfi, Cosimo. Lezioni Orali. Florenz, 1862. 2 Bde. 8vo.

Ritter, Carl. Einleitung zur allgemeinen vergleichenden Geographie. Berlin, 1852. 8vo.

—— Die Erdkunde im Verhältnis zur Natur und zur Geschichte des Menschen. Berlin, verschiedene Jahrgänge. 19 Bde. 8vo.

Rosa, G. Le Condizioni de' boschi, de' fiumi e de' torrenti nella provincia di Bergamo. Politecnico, Dezember 1861, S. 606, 621.

—— Studii sui Boschi. Politecnico, Maggio, 1862, S. 232, 238.

Rossmässler, CA Der Wald. Leipzig und Heidelberg, 1863. 8vo.

Roth, J. Der Vesuv und die Umgebung von Neapel. Berlin, 1857. 8vo.

Rozet, M. Moyens erzwingt die Torrents des Montagnes, um eine Partei zu erzwingen, die verwüstet wird. Paris, 1856. 8vo. *Broschüre* .

Salvagnoli-Marchetti, Antonio. Memorie Economico-Statistiche sulle Maremme Toscane. Florenz, 1846. 8vo.

—— Raccolta di Documenti sul Bonificamento delle Maremmo Toscane. Florenz, 1861. 8vo.

—— Rapporto sul Bonificamento delle Maremmo Toscane. Florenz, 1859. 8vo.

—— Bericht über die operativen und wirtschaftlichen Aktivitäten zwischen 1859 und 1860 in der toskanischen Maremma. Florenz, 1860. 8vo.

Sandys, George. Ein Bericht über eine Reise, die An begonnen hat. Dom. 1610. London, 1627. Folio.

Schacht, H. Les Arbres, Studien über ihre Struktur und ihre Vegetation, übersetzt von E. Morren. Brüssel und Leipzig, 1862. 8vo.

Schleiden, MJ Die Ländereien von Suês. Leipzig, 1858. 8vo.

—— Die Pflanze und ihr Leben. Leipzig, 1848. 8vo.

Schubert, W. von. Resa genom Sverige, Norrige, Lappland, etc. Stockholm, 1823. 3 Bde. 8vo.

Seneca, LA Opera Omnia quæ supersunt, ex rec. Ruhkopf. Aug. Taurinorum, 1831. 6 Bde. 8vo.

Simonde, JEL Tableau de l'Agriculture Toscane. Genf, 1801. 8vo.

Smith, Dr. William. Ein Wörterbuch der Bibel. London, 1860. 3 Bde. 8vo.

—— Ein Wörterbuch der griechischen und römischen Geographie. London, 1854, 1857. 2 Bde. 8vo.

Smith, John. Geschichte von Virginia. London, 1624. Folio.

Somerville, Mary. Physische Geographie. Fünfte Ausgabe. London, 1862. 12 Monate.

Springer, John S. Waldleben und Waldbäume. New York, 1851. 12 Monate.

Stanley, Dr. Vorlesungen zur Geschichte der jüdischen Kirche. London, 1863. 8vo.

Starren, WH De Bodem van Nederland. Haarlem, 1856. 2 Bde. 8vo.

—— Voormaals und Thans. Haarlem, 1858. 8vo.

Stevens, Gov. Bericht im Pacific Railroad Report, Bd. xii.

Strain, Lieut. IC Darien Exploring Expedition, von JT Headley, im Harper's Magazine. New York, März, April und Mai 1855.

Streffleur, V. Über die Natur und die Wirkungen der Wildbäche. Sitz. Ber. der MNW Classe der Kaiserl. Akad. der Wis. Februar 1852, viii, p. 248.

Ström, Isr. Om Skogarnas Vård och Skötsel. Upsala, 1853. *Broschüre.*

Surell, Alexandre. Studie über die Torrents des Hautes Alpes. Paris, 1844. 4to.

Tartini, Ferdinando. Memorie sul Bonificamento delle Maremme Toscane. Florenz, 1838. Folio.

Thomas und Balduin. Ortsverzeichnis. Philadelphia, 1855. 1 Bd. 8vo.

Thompson, Z. Geschichte von Vermont, natürliche, zivile und statistische Geschichte. Burlington, 1842. 8vo.

—— Anhang zur Geschichte von Vermont. Burlington, 1853. 8vo.

Titcomb, Timothy. Lektionen im Leben. New York, 1861. 12 Monate.

Treadwell, Dr. Beobachtungen von, zitiert aus dem Bericht des Commissioner of Patents.

Troy, Paul. Étude sur le Reboisement des Montagnes. Paris und Toulouse, 1861. 8vo. *Broschüre* .

Tschudi, Friedrich von. Über die landwirtschaftliche Bedeutung der Vögel. St. Gallen, 1854. 12 Monate.

Tschudi, JJ von. Reisen in Peru. New York, 1848. 8vo.

Vallès, MF Études sur les Inondations, ihre Ursachen und ihre Wirkungen. Paris, 1857. 8vo.

Valvasor, Johann Weichard. Die Ehre des Herzogthums Crain. Laybach, 1689. 4 Bde. Folio.

Van Lennep. Auszüge aus dem Journal of im Missionary Herald.

Vaupell, Chr. Bögens Indvandring i de Danske Skove. Kjöbenhavn, 1857. 8vo.

———— De Nordsjællandske Skovmoser. Kjöbenhavn, 1851. 4to. *Broschüre* .

Venema, GA Over the Dalen van de Noordelijke Coaststreken van our Land. Groningen, 1854. 8vo.

Villa, Antonio Giovanni Batt. Notwendigkeit der Boschi in der Lombardei. Mailand, 1850. 4to.

Viollet, JB Théorie des Puits Artésiens. Paris, 1840. 8vo.

Walterhausen, W. Sartorius von. Über den sizilianischen Ackerbau. Göttingen, 1863.

Webster, Noah. Eine Sammlung von Aufsätzen zu politischen, literarischen und moralischen Themen. New York, 1843. 8vo.

Wessely, Joseph. Die österreichischen Alpenländer und ihre Forste. Wien, 1853. 2 Bde. 8vo.

Wetzstein, JG Reisebericht über Hauran und die Trachonen. Berlin, 1860. 8vo.

Wild, Albert. Die Niederlande. Leipzig, 1862. 2 Bde. 8vo.

Wilhelm, Gustav. Der Boden und das Wasser. Wien, 1861. 8vo.

Williams, Dr. Geschichte von Vermont. 2 Bde. 8vo.

Wittwer, WC Die Physikalische Geographie. Leipzig, 1855. 8vo.

Jung, Arthur. Reisen in Frankreich, seit 1787, 1788, 1789, vor einer Einführung durch Lavergne. Paris, 1860. 2 Bde. 12 Monate.

———— Voyages en Italie et en Espagne, Pendant les années 1787, 1789. Paris, 1860. 1 Bd. 12 Monate.

KAPITEL I.

EINLEITEND.

NATÜRLICHE VORTEILE DES GEBIETS DES RÖMISCHEN REICHES – PHYSIKALISCHER VERFALL DIESES GEBIETS UND ANDERER TEILE DER ALTEN WELT – URSACHEN DES VERFALLS – NEUE SCHULE DER GEOGRAFEN – REAKTION DES MENSCHEN AUF DIE NATUR – BEOBACHTUNG DER NATUR – KOSMISCHE UND GEOLOGISCHE EINFLÜSSE – GEOGRAFISCHE EINFLUSS DES MENSCHEN – UNSICHERHEIT UNSERES METEOROLOGISCHEN WISSEN – MECHANISCHE AUSWIRKUNGEN DES MENSCHEN AUF DER ERDENOBERFLÄCHE – WICHTIGKEIT UND MÖGLICHKEIT DER PHYSIKALISCHEN WIEDERHERSTELLUNG – STABILITÄT DER NATUR – WIEDERHERSTELLUNG GESTÖRTER HARMONIEN – ZERSTÖRUNGSFÄHIGKEIT DES MENSCHEN – KÖRPERLICHE VERBESSERUNG – VERGLEICH VON MENSCHLICHEM UND BRUTEM HANDELN – FORMEN UND FORMATIONEN, DIE AM HÖCHSTEN ZU PHYSIKALISCHER DEGRADATION ANGEFÜHRT SIND – PHYSIKALISCHER VERFALL NEUER LÄNDER – KORRUPTER EINFLUSS PRIVATER UNTERNEHMEN, *Anmerkung*.

Natürliche Vorteile des Territoriums des Römischen Reiches.

Das Römische Reich umfasste in der Zeit seiner größten Expansion die Regionen der Erde, die sich am meisten durch eine glückliche Kombination physischer Vorteile auszeichneten. Die an das Haupt- und Nebenbecken des Mittelmeers angrenzenden Provinzen genossen ein gesundes und ausgeglichenes Klima, einen fruchtbaren Boden, eine Vielfalt an pflanzlichen und mineralischen Produkten sowie natürliche Möglichkeiten für den Transport und die Verteilung austauschbarer Waren, was nicht der Fall war von jedem Gebiet gleicher Ausdehnung in der Alten oder Neuen Welt in gleichem Maße besessen worden. Der Überfluss an Land und Wasser versorgte alle materiellen Bedürfnisse ausreichend und sorgte großzügig für jeden sinnlichen Genuss. Gold und Silber wurden in der Tat nicht in dem Überfluss gefunden, der sich für die Industrie der Länder, die reich an Edelmetalladern sind, als so schädlich erwiesen hat; aber Minen und Flussbetten lieferten sie in dem für die Wertstabilität des Tauschmittels und folglich für die Regelmäßigkeit der Handelstransaktionen günstigsten Maß. Die Ornamente des barbarischen Stolzes des Ostens, die Perle, der Rubin, der Saphir und der Diamant – allerdings nicht unbekannt für den Luxus eines

Volkes, dessen Eroberungen und dessen Reichtum über alles verfügten, was die bewohnbare Welt zur Steigerung der materiellen Pracht beitragen konnte ihr gesellschaftliches Leben – waren im Reichsgebiet kaum heimisch ; Aber die vergleichsweise Seltenheit dieser Edelsteine in Europa zu etwas früheren Zeiten war vielleicht genau der Umstand, der die schlauen Künstler der klassischen Antike dazu veranlasste, weichere Steine mit Gravuren zu bereichern, die dem gewöhnlichen Onyx und Karneol einen überragenden Wert verleihen kultivierte Augen, der Glanz der brillantesten orientalischen Juwelen.

Von diesen vielfältigen Segnungen waren die Lufttemperatur, die Verteilung des Regens, die relative Anordnung von Land und Wasser, die Fülle des Meeres, die Beschaffenheit des Bodens und der Rohstoff einiger Künste völlig unentgeltliche Gaben . Doch die spontane Natur Europas, Westasiens und Libyens ernährte und kleidete die zivilisierten Bewohner dieser Provinzen weder. Jedes Brot wurde im Schweiße des Angesichts aufgegessen. Alles muss durch harte Arbeit verdient werden. Aber nirgendwo sonst wurde die Arbeit mit so großzügigen Löhnen belohnt; Denn nirgendwo würde eine gegebene Menge intelligenter Arbeit einen so großen und gleichzeitig so vielfältigen Ertrag an den guten Dingen der materiellen Existenz hervorbringen. Die üppigen Getreideernten, die auf jedem Feld von den Ufern des Rheins bis zu den Ufern des Nils wehten, die Weinreben, die die Hänge Syriens, Italiens und Griechenlands schmückten, die Oliven Spaniens, die Früchte der Gärten von die Hesperiden, die in der antiken Landwirtschaft bekannten heimischen Vierbeiner und Hühner – sie alle waren ursprüngliche Produkte fremder Gefilde, wurden in neuen Häusern eingebürgert und nach und nach durch die Kunst des Menschen veredelt, während jahrhundertelange beharrliche Arbeit die wilde Vegetation und das Passende vertrieb die Erde für die Produktion großzügigerer Gewächse.

Nur für den Sinn für die Schönheit der Landschaft sorgte die Natur ohne Hilfe. Tatsächlich scheint die bloße Alltäglichkeit dieser Quelle raffinierten Genusses sie um die Hälfte ihres Wertes gebracht zu haben; Und erst in den Anfängen der Länder, in denen die ganze Erde schön war, hatte die griechische und römische Menschheit genug Sympathie für die unbelebte Welt, um den Charme der ländlichen und bergigen Landschaft zu spüren. In späteren Generationen, als die Pracht der Landschaft durch Pflanzungen, dekorative Architektur und andere Formen der malerischen Verbesserung gesteigert wurde, wurden die Dichter Griechenlands und Roms durch den Überschuss an Licht geblendet und wurden schließlich fast unempfindlich für Schönheiten die jetzt, selbst in ihrem erniedrigten Zustand, jedes Auge bezaubern, außer allzu oft denen, deren Anziehungskraft durch lebenslange Vertrautheit abgestumpft ist.

Physischer Verfall des Territoriums des Römischen Reiches und anderer Teile der Alten Welt.

Wenn wir den gegenwärtigen physischen Zustand der Länder, von denen ich spreche, mit den Beschreibungen vergleichen, die antike Historiker und Geographen über ihre Fruchtbarkeit und allgemeine Fähigkeit, menschlichen Zwecken zu dienen, gegeben haben, werden wir feststellen, dass sie mehr als die Hälfte ihrer gesamten Ausdehnung ausmachen – einschließlich der Provinzen, die am meisten für die Fülle und Vielfalt ihrer spontanen und kultivierten Produkte sowie für den Reichtum und den sozialen Aufstieg ihrer Bewohner berühmt sind – wird entweder vom zivilisierten Menschen verlassen und der hoffnungslosen Verwüstung preisgegeben oder zumindest in ihrer Produktivität stark reduziert und Bevölkerung. Riesige Wälder sind von Bergausläufern und Bergrücken verschwunden; Die Pflanzenerde, die sich unter den Bäumen durch den Verfall von Blättern und abgefallenen Stämmen angesammelt hat, der Boden der Almweiden, der die Wälder umgab und zerdrückte, und der Schimmel der Hochlandfelder werden weggespült; Wiesen, die einst durch Bewässerung gedüngt wurden, sind öde und unproduktiv, weil die Zisternen und Stauseen, die die alten Kanäle versorgten, kaputt sind oder die Quellen, die sie speisten, ausgetrocknet sind; Flüsse, die in Geschichte und Gesang berühmt sind, sind zu bescheidenen Bächen geschrumpft; Die Weiden, die die Ufer der kleineren Wasserläufe schmückten und schützten, sind verschwunden, und die Bäche haben aufgehört, als ewige Strömungen zu existieren, weil das wenige Wasser, das seinen Weg in ihre alten Kanäle findet, durch die Dürre des Sommers verdunstet oder von der Dürre absorbiert wird ausgedörrte Erde, bevor sie das Tiefland erreicht; die Bachbetten haben sich zu weiten Flächen aus Kieselsteinen und Kies ausgeweitet, über die, obwohl sie in der heißen Jahreszeit trocken gelaufen sind, im Winter meeresartige Sturzbäche tosen; die Mündungen schiffbarer Bäche sind durch Sandbänke versperrt, und Häfen, einstmals Orte ausgedehnten Handels, sind von den Ablagerungen der Flüsse, an deren Mündungen sie liegen, überschwemmt; Die Höhe der Flussmündungsbetten und die dadurch verringerte Geschwindigkeit der in sie mündenden Bäche haben Tausende von Meilen flacher See und fruchtbaren Tieflandes in unproduktive und miasmatische Sümpfe verwandelt.

Neben dem direkten Zeugnis der Geschichte für die alte Fruchtbarkeit der Regionen, auf die ich mich beziehe – Nordafrika, die größere Arabische Halbinsel, Syrien, Mesopotamien, Armenien und viele andere Provinzen Kleinasiens, Griechenlands, Siziliens und sogar Teile Italiens und Spaniens – Die Vielzahl und das Ausmaß der noch verbliebenen architektonischen Ruinen und der verfallenen Werke zur inneren Verbesserung zeigen, dass in früheren Epochen eine dichte Bevölkerung diese jetzt einsamen Bezirke bewohnte. Eine solche Population hätte nur durch einen produktiven Boden aufrechterhalten werden können, von dem wir derzeit nur spärliche Spuren entdecken; und der aus dieser Fruchtbarkeit resultierende Überfluss erklärt, wie große Armeen, wie die der alten Perser und der Kreuzfahrer und Tataren in späteren Zeiten, ohne ein organisiertes Kommissariat auf langen Märschen durch Gebiete, die in Unsere Zeit würde kaum Futter für ein einzelnes Regiment leisten.

Es scheint also, dass die schönsten und fruchtbarsten Provinzen des Römischen Reiches, kurz gesagt, genau der Teil der Erdoberfläche, der zu Beginn der christlichen Ära mit der größten Überlegenheit an Boden, Klima und Lage ausgestattet war, die auf den höchsten Stand der körperlichen Verbesserung gebracht worden war und auf diese Weise die natürlichen und künstlichen Bedingungen vereinte, die am besten zum Wohnen und Genießen einer dichten, hochentwickelten und kultivierten Bevölkerung geeignet waren, ist jetzt ihrer Fruchtbarkeit völlig erschöpft oder auf diese Weise vermindert in der Produktivität, da sie mit Ausnahme einiger bevorzugter Oasen, die dem allgemeinen Ruin entgangen sind, nicht mehr in der Lage sind, dem zivilisierten Menschen Nahrung zu bieten. Wenn wir zu diesem Reich der Verwüstung die jetzt verödeten und einsamen Böden Persiens und des entfernteren Ostens hinzufügen, die einst ihre Millionen mit Milch und Honig ernährten, werden wir sehen, dass es sich um ein Gebiet handelt, das größer ist als ganz Europa, dessen Überfluss in vergangenen Jahrhunderten erhalten blieb eine Bevölkerung, die der der gesamten christlichen Welt heute kaum nachsteht, wurde völlig der menschlichen Nutzung entzogen oder ist bestenfalls dünn besiedelt von Stämmen, die zahlenmäßig zu klein, zu arm an überflüssigen Produkten und zu wenig fortgeschritten sind Kultur und soziale Künste, um irgendetwas zu den allgemeinen moralischen oder materiellen Interessen des großen Gemeinwesens der Menschheit beizutragen.

Ursachen dieses Verfalls.

Der Verfall dieser einst blühenden Länder ist zweifellos teilweise auf die Klasse geologischer Ursachen zurückzuführen, deren Wirkung wir weder widerstehen noch steuern können, und teilweise auch auf die direkte Gewalt feindlicher menschlicher Gewalt; aber in weit größerem Maße ist es entweder das Ergebnis der unwissenden Missachtung der Naturgesetze durch den Menschen oder eine zufällige Folge von Krieg und ziviler und kirchlicher Tyrannei und Missherrschaft. Neben der Unkenntnis dieser Gesetze ist die Urquelle, die *causa causarum* , der Taten und Versäumnisse, die die edelste Hälfte des Cäsarenreichs mit Unfruchtbarkeit und körperlichem Verfall überzogen haben, erstens der brutale und erschöpfende Despotismus, den Rom selbst ausübte über ihre eroberten Königreiche und sogar über ihr italienisches Territorium ausgeübt; dann die Schar weltlicher und geistiger

Tyrannei, die sie als Todesfluch für ihr gesamtes weites Herrschaftsgebiet hinterließ und die in irgendeiner Form von Gewalt oder Betrug immer noch über fast jedem von den römischen Legionen unterworfenen Boden brütet. [1] Der Mensch kann nicht gleichzeitig gegen die erdrückende Unterdrückung und die zerstörerischen Kräfte der anorganischen Natur kämpfen. Wenn sich beide gegen ihn vereinen, unterliegt er nach kürzerem oder längerem Kampf, und die Felder, die er aus dem Urwald gewonnen hat, verfallen wieder in ihren ursprünglichen Zustand wilden und üppigen, aber unnützen Waldwachstums oder verfallen in den eines dürren und dürren Waldes karge Wildnis.

Rom erhob auf die Produkte der landwirtschaftlichen Arbeit in den ländlichen Gebieten Steuern, die der Verkauf der gesamten Ernte kaum zu decken vermochte; sie entzog ihnen ihre Bevölkerung durch Wehrpflicht; sie verarmte die Bauernschaft durch erzwungene und unbezahlte Arbeit bei öffentlichen Arbeiten; Sie behinderte die Industrie und den Binnenhandel durch absurde Beschränkungen und unkluge Vorschriften. Daher blieben große Landstriche unbebaut oder völlig verlassen und wurden allen zerstörerischen Kräften ausgesetzt, die mit solcher Energie auf die Erdoberfläche einwirken, wenn sie jenen Schutzmaßnahmen beraubt wird, mit denen die Natur sie ursprünglich beschützt hat und für die sie In einer geordneten Landwirtschaft hat der menschliche Einfallsreichtum mehr oder weniger wirksame Ersatzstoffe erfunden. [2] Ähnliche Missbräuche neigten dazu, diese Übel in späteren Zeitaltern aufrechtzuerhalten und auszuweiten, und erst vor kurzem wurde selbst in den bevölkerungsreichsten Teilen Europas die öffentliche Aufmerksamkeit halb für die Notwendigkeit geweckt, die gestörten Harmonien der Natur wiederherzustellen. deren wohlausgeglichene Einflüsse all ihren organischen Nachkommen so förderlich sind, unserer großen Mutter die Schuld zurückzuzahlen, die die Verschwendung und Sparsamkeit früherer Generationen ihren Nachfolgern auferlegt hat – und so das Gebot der Religion und der praktischen Weisheit zu erfüllen Diese Welt wird nicht missbraucht.

Neue Schule der Geographen.

Die Arbeiten Humboldts, Ritters, Guyots und ihrer Anhänger haben der Wissenschaft der Geographie einen philosophischeren und gleichzeitig phantasievolleren Charakter verliehen, als sie sie durch die Hände ihrer Vorgänger erhalten hatte. Das vielleicht interessanteste Spekulationsfeld, das die neue Schule den Verfechtern dieser attraktiven Studie eröffnet, ist die Untersuchung: Wie weit sind die äußeren physikalischen Bedingungen und insbesondere die Konfiguration der Erdoberfläche sowie deren Verteilung, Umriss und relative Lage? von Land und Wasser haben das soziale Leben und den sozialen Fortschritt des Menschen beeinflusst.

Reaktion des Menschen auf die Natur.

Aber wie wir gesehen haben, hat der Mensch auf die organisierte und anorganische Natur reagiert und dadurch die materielle Struktur seiner irdischen Heimat verändert, wenn nicht sogar bestimmt. Das Ausmaß dieser Reaktion stellt offensichtlich ein sehr wichtiges Element bei der Beurteilung der Beziehungen zwischen Geist und Materie sowie bei der Diskussion vieler rein physikalischer Probleme dar. Aber obwohl das Thema von vielen Geographen beiläufig angesprochen und im Hinblick auf bestimmte begrenzte Bereiche menschlicher Bemühungen und bestimmte spezifische Auswirkungen menschlichen Handelns ausführlich behandelt wurde, ist dies im Großen und Ganzen noch nicht der Fall Ich weiß, dass sie von jedem wissenschaftlichen Forscher auf besondere Beobachtungen oder historische Forschungen zurückgeführt wurden. [3] Bis der Einfluss der physischen Geographie auf das menschliche Leben als eigenständiger Zweig der philosophischen Forschung anerkannt wurde, gab es in der Tat keinen Grund, solche Spekulationen zu verfolgen; und es war wünschenswert zu fragen, ob wir die Architekten unseres eigenen Aufenthaltsortes geworden sind oder werden können, erst als bekannt wurde, wie die Art unseres physischen, moralischen und intellektuellen Seins durch den Charakter des Hauses beeinflusst wird, das die Vorsehung bestimmt hat. und wir haben es für unsere materielle Behausung gestaltet. [4]

Für die Erörterung dieses Problems mit wissenschaftlichen Methoden ist es noch zu früh, und unser derzeitiger Vorrat an notwendigen Fakten ist auch keineswegs vollständig genug, als dass ich eine Annäherung an die Fülle von Aussagen zu ihnen versprechen könnte. Die systematische Beobachtung dieses Themas hat noch kaum begonnen [5] und die vereinzelten Daten, die zufällig aufgezeichnet wurden, wurden nie gesammelt. Es hat jetzt keinen Platz mehr im Gesamtsystem der Naturwissenschaften und ist nur noch eine Frage von Vorschlägen und Spekulationen, nicht einer fundierten und positiven Schlussfolgerung. Im Moment kann ich also nur hoffen, das Interesse an einem Thema von großer wirtschaftlicher Bedeutung zu wecken, indem ich die Richtungen aufzeige und die Art und Weise veranschauliche, in der menschliches Handeln den schädlichsten oder vorteilhaftesten Einfluss genommen hat oder haben kann die physikalischen Bedingungen der Erde, auf der wir leben.

Beobachtung der Natur.

Auf diesen Seiten, wie auf allem, was ich jemals geschrieben habe oder zu schreiben vorhabe, ist es mein Ziel, die Neugier zu wecken und nicht zu befriedigen, und es ist nicht Teil meines Ziels, meinen Lesern die Arbeit der Beobachtung oder des Nachdenkens zu ersparen. Denn Arbeit ist Leben, und

Der Tod lebt dort, wo die Macht ungenutzt
lebt. [6]

Self ist der Schulmeister, dessen Unterricht seinen Lohn am meisten wert
ist; und da das von mir in Betracht gezogene Fach noch nicht zu einem Zweig
des formellen Unterrichts geworden ist, können diejenigen, die es
interessieren könnten, glücklicherweise keinen Pädagogen außer sich selbst
haben. Für den Naturphilosophen, den beschreibenden Dichter, den Maler
und den Bildhauer sowie für den gewöhnlichen Beobachter ist die Fähigkeit,
zu sehen, was vor ihm liegt, die wichtigste zu entwickelnde und zugleich am
schwersten zu erwerbende Fähigkeit . Das Sehen ist eine Fähigkeit; Sehen,
eine Kunst. Das Auge ist ein physischer, aber kein selbsttätiger Apparat, und
im Allgemeinen sieht es nur das, was es sucht. Wie ein Spiegel reflektiert es
die ihm präsentierten Objekte; aber es kann so unempfindlich sein wie ein
Spiegel, und es nimmt nicht unbedingt wahr, was es reflektiert. [7] Es ist
umstritten, ob die rein materielle Sinneswahrnehmung des Auges
verbesserungs- und kultivierungsfähig ist. Es wurde von hoher Autorität
behauptet, dass die natürliche Schärfe keiner unserer sinnlichen Fähigkeiten
durch Gebrauch erhöht werden kann und dass daher die kleinsten Details
des auf der Netzhaut erzeugten Bildes bei den Ungeübtesten ebenso perfekt
sind wie bei den gründlichsten diszipliniertes Organ. Daran kann durchaus
gezweifelt werden, und es besteht weitgehend Einigkeit darüber, dass die
Kraft der vielfältigen Wahrnehmung und der schnellen Unterscheidung
durch gezielte Praxis immens gesteigert werden kann. [8] Diese Übung des
Auges möchte ich fördern, und außer der moralischen und religiösen Lehre
kenne ich keine wichtigeren praktischen Lektionen in unserem irdischen
Leben – das für den weisen Mann eine Schule von der Wiege an ist das Grab
– als diejenigen, die sich auf die Verwendung des Sehsinns beim Studium der
Natur beziehen.

Die Beschäftigung mit der physischen Geographie, die die tatsächliche
Beobachtung der Erdoberfläche umfasst, bietet dem Auge die beste
allgemeine Schulung, die für jedermann zugänglich ist. Selbst die meisten
kultivierten Männer haben nicht die Zeit und die Mittel, sich etwas
anzueignen, das über eine sehr oberflächliche Kenntnis irgendeines Zweigs
des physikalischen Wissens hinausgeht. Die Naturwissenschaft hat sich so
enorm ausgedehnt, ihre aufgezeichneten Fakten und ihre unbeantworteten
Fragen haben sich so enorm vervielfacht, dass jeder streng wissenschaftliche
Mensch ein Spezialist sein und die Forschungen eines ganzen Lebens auf
einen verhältnismäßig engen Kreis beschränken muss. Die Studie, die ich
empfehle, befindet sich in der von mir vorgeschlagenen Sichtweise noch in
dem unvollkommen entwickelten Zustand, der es seinen Anhängern
ermöglicht, sich mit so breiten und allgemeinen Ansichten zu beschäftigen,
wie sie für jeden gebildeten Menschen erreichbar sind, und das ist derzeit

nicht der Fall erfordern Kenntnisse über spezielle Details, die nur durch jahrelange Anwendung bewältigt werden können. Es kann von allen gewinnbringend verfolgt werden; und jeder Reisende, jeder Liebhaber ländlicher Landschaften, jeder Landwirt, der die Gabe des Sehvermögens klug nutzt, kann wertvolle Beiträge zum allgemeinen Wissensschatz zu einem Thema hinzufügen, das, wie ich meine Leser zu überzeugen hoffe, obwohl lange vernachlässigt, und Jetzt ungekünstelt dargestellt, ist nicht nur ein sehr wichtiges, sondern auch ein sehr interessantes Forschungsgebiet.

Kosmische und geologische Einflüsse.

Der Wechsel der Jahreszeiten mit ihren Wechseln der Temperatur und der Länge von Tag und Nacht, das Klima verschiedener Zonen sowie der allgemeine Zustand und die Bewegungen der Atmosphäre und der Meere hängen zum größten Teil von kosmischen Ursachen ab natürlich völlig außerhalb unserer Kontrolle. Die Höhe, Konfiguration und Zusammensetzung der großen Landmassen sowie die relative Ausdehnung und Verteilung von Land und Wasser werden durch geologische Einflüsse bestimmt, die ebenfalls außerhalb unseres Zuständigkeitsbereichs liegen. Es scheint daher, dass die physische Anpassung verschiedener Teile der Erde an den Gebrauch und Genuss des Menschen eine Angelegenheit ist, die so streng einer übermenschlichen Macht angehört, dass wir die geographische Natur nur so akzeptieren können, wie wir sie vorfinden, und uns mit ihr zufrieden geben können Böden und Himmel, die sie spontan anbietet.

Geografischer Einfluss des Menschen.

Aber es ist sicher, dass der Mensch viel dazu beigetragen hat, die Form der Erdoberfläche zu formen, obwohl wir nicht immer zwischen den Ergebnissen seines Handelns und den Auswirkungen rein geologischer Ursachen unterscheiden können; dass die Zerstörung der Wälder, die Entwässerung von Seen und Sümpfen sowie die Aktivitäten der Landwirtschaft und der Industrie dazu tendierten, große Veränderungen im hygrometrischen, thermometrischen, elektrischen und chemischen Zustand der Atmosphäre hervorzurufen, obwohl wir dazu noch nicht in der Lage sind um die Stärke der verschiedenen Störungselemente zu messen oder um zu sagen, inwieweit sie voneinander oder durch noch unklarere Einflüsse kompensiert wurden; und schließlich, dass die unzähligen Formen des tierischen und pflanzlichen Lebens, die die Erde bedeckten, als der Mensch zum ersten Mal das Theater einer Natur betrat, deren Harmonien er zu stören bestimmt war, durch sein Handeln in zahlenmäßigen Verhältnissen manchmal stark verändert wurden in Form und Produkt stark verändert und manchmal vollständig ausgerottet.

Die auf diese Weise vom Menschen herbeigeführten physischen Revolutionen waren nicht alle zerstörerisch für die Interessen der

Menschheit. Böden, auf denen kein nahrhaftes Gemüse heimisch war, Länder, die einst nur die wenigsten Produkte hervorbrachten, die für den Lebensunterhalt und das Wohlbefinden des Menschen geeignet waren – während die Strenge ihres Klimas die größte Zahl und die größte Dringlichkeit körperlicher Bedürfnisse hervorbrachte und stimulierte – tauchen auf Die robustesten und widerspenstigsten und am wenigsten mit natürlichen Kommunikationsmöglichkeiten gesegneten Systeme wurden in der Neuzeit geschaffen, um alles zu liefern und zu verteilen, was die materiellen Notwendigkeiten deckt, alles, was zu den sinnlichen Genüssen und Annehmlichkeiten des zivilisierten Lebens beiträgt. Die Skythen, Thule, Britannien, Germanien und Gallien, die die römischen Autoren in solch abweisenden Ausdrücken beschreiben, wurden fast so weit gebracht, dass sie mit der einheimischen Üppigkeit konkurrieren konnten, und gewannen leicht große Teile Süditaliens; und während die Öl- und Weinquellen, die das alte Griechenland, Syrien und Nordafrika erfrischten, fast nicht mehr zu fließen scheinen und die Böden dieser schönen Länder sich in durstige und unwirtliche Wüsten verwandelt haben, haben die hyperboreischen Regionen Europas siegt oder vielmehr entschädigt , den Härten des Klimas, und gelangte zu einem materiellen Reichtum und einer Produktvielfalt, von der man kaum sagen kann, dass sie die Getreidespeicher der Antike trotz all ihrer natürlichen Vorteile genossen haben.

Diese Veränderungen zum Bösen und zum Guten wurden nicht durch große natürliche Revolutionen auf der Erde verursacht, noch sind sie in irgendeiner Weise vollständig auf die moralische und physische Aktion oder Untätigkeit der Völker oder, in allen Fällen, sogar der Rassen zurückzuführen bewohnen nun diese jeweiligen Regionen. Sie sind Produkte einer Komplikation widersprüchlicher oder zusammenfallender Kräfte, die über eine lange Reihe von Generationen hinweg wirken. hier Unvorsichtigkeit, Verschwendung und mutwillige Gewalt; dort Weitsicht und klug geführter, beharrlicher Fleiß. Soweit sie lediglich die berechneten und gewünschten Ergebnisse jener einfachen und vertrauten Vorgänge der Landwirtschaft und des gesellschaftlichen Lebens sind, die ebenso universell sind wie die Zivilisation – die Abholzung der Wälder, die den für den Anbau essbarer Früchte erforderlichen Boden bedeckten, das Trocknen von ... hier und da ein paar Hektar zu feucht für eine gewinnbringende Landwirtschaft, durch die Entwässerung der Oberflächengewässer, den Ersatz wilder und unrentabler Gemüsebestände durch domestizierte und nahrhafte Pflanzen, den Bau von Straßen und Kanälen und künstlichen Häfen – sie gehören in den Bereich der ländlichen, Wir beziehen uns eher auf die kommerzielle und politische Ökonomie als auf die Geographie und werden daher nur nebenbei in den Bereich unserer gegenwärtigen Untersuchungen einbezogen, die sich auf physische und nicht auf finanzielle Bilanzen beziehen. Ich schlage vor, nur die größeren, dauerhafteren und umfassenderen Mutationen zu untersuchen, die der Mensch auf der Erde, im Meer und am Himmel hervorgebracht hat und hervorbringt, manchmal zwar mit bewusster Absicht, aber größtenteils als unvorhergesehen, wenn auch natürlich Konsequenzen von Handlungen, die für engere und unmittelbarere Zwecke vorgenommen werden.

Die genaue Messung der bisher auf diese Weise bewirkten geographischen Veränderungen ist, wie ich angedeutet habe, undurchführbar, und wir verfügen in Bezug auf sie nur über die Mittel einer qualitativen, nicht quantitativen Analyse. Die Tatsache solcher Revolutionen wird teils durch historische Beweise, teils durch analoge Schlussfolgerungen aus Wirkungen nachgewiesen, die in unserer Zeit durch Vorgänge hervorgerufen wurden, deren Charakter denen ähnelt, die in mehr oder weniger fernen Zeitaltern menschlichen Handelns stattgefunden haben müssen. Beide Informationsquellen sind gleichermaßen mangelhaft an Präzision; Letzteres aus allgemeinen Gründen, die zu offensichtlich sind, um einer Spezifizierung zu bedürfen; Ersteres, weil die Tatsachen, die es bezeugt, eingetreten sind, bevor die Gewohnheit oder die Mittel einer streng wissenschaftlichen Beobachtung auf irgendeinem Zweig der physikalischen Forschung, und insbesondere auf klimatischen Veränderungen, existierten.

Unsicherheit unseres meteorologischen Wissens.

Die Erfindung von Messungen der Wärme sowie der Luftfeuchtigkeit, des Drucks und des Niederschlags ist äußerst neu. Daher haben uns die antiken Physiker keine thermometrischen oder barometrischen Aufzeichnungen, keine Tabellen über den Fall, die Verdunstung und den Wasserfluss und nicht einmal genaue Karten der Küstenlinien und des Flusslaufs hinterlassen. Ihre Beobachtungen dieser Phänomene beschränken sich fast ausschließlich auf übermäßige und außergewöhnliche Fälle hoher oder niedriger Temperaturen, außergewöhnlicher Regen- und Schneefälle sowie ungewöhnlicher Überschwemmungen oder Dürren. Unser Wissen über den meteorologischen Zustand der Erde zu jedem Zeitpunkt mehr als zwei Jahrhunderte vor unserer Zeit basiert auf diesen unvollkommenen Details, auf den vagen Aussagen antiker Historiker und Geographen über das Volumen von Flüssen und deren relative Ausdehnung Wald und Kulturland, aus den Hinweisen, die die Geschichte der Land- und Landwirtschaft vergangener Generationen liefert, und aus anderen, fast rein zufälligen Informationsquellen.

Zu diesen letzteren müssen wir bestimmte neu eröffnete Untersuchungsgebiete zählen, aus denen Fakten zusammengetragen wurden, die sich auf den hier behandelten Punkt beziehen. Ich beziehe mich auf die Entdeckung künstlicher Objekte in geologischen Formationen, die älter sind als alle bisher anerkannten und Spuren der Existenz des Menschen aufweisen; zu den alten Seesiedlungen der Schweiz, die die Geräte der Bewohner, Reste ihrer Nahrung und andere Relikte des menschlichen Lebens enthielten; zu den merkwürdigen Enthüllungen der Kjökkenmöddinger oder Küchenabfallhaufen in Dänemark und der Torfmoose im selben und anderen nördlichen Ländern; zu den Behausungen und anderen Zeugnissen der menschlichen Industrie in fernen Zeiten, die manchmal durch die Bewegung der Sanddünen an den Küsten Frankreichs und der Nordsee freigelegt wurden; und auf die Tatsachen, die an den Ufern des letzteren durch Ausgrabungen in bewohnten Hügeln enthüllt wurden, die vielleicht vor der Zeit des Römischen Reiches errichtet wurden. Diese Überreste sind Denkmäler von Rassen, die keine schriftlichen Aufzeichnungen hinterlassen haben, weil sie vor Beginn der historischen Periode der von ihnen besetzten Länder ausgestorben sind. Die Pflanzen und Tiere, die die in den Lagerstätten gefundenen Relikte lieferten, waren sicherlich zeitgleich mit dem Menschen; denn sie sind mit seinen Werken verbunden und haben offensichtlich seinen Zwecken gedient. In einigen Fällen gehörten die Tiere zu Arten, von denen man sicher weiß, dass sie inzwischen völlig ausgestorben sind; in einigen anderen leben sowohl die Tiere als auch die Pflanzen nicht mehr in den Regionen, in denen ihre Überreste entdeckt wurden, obwohl sie anderswo noch vorhanden waren. Aus dem Charakter der künstlichen Objekte im Vergleich zu anderen, die zu bekannten Zeitpunkten oder zumindest zu bekannten Zivilisationsperioden gehören, wurden raffinierte Rückschlüsse auf ihr Alter gezogen; und aus der Vegetation, deren Überreste sie begleiten, sowie auf das Klima Mittel- und Nordeuropas zur Zeit ihrer Produktion.

Es gibt jedoch Fehlerquellen, gegen die bei der Erstellung dieser Schätzungen nicht immer ausreichend vorgebeugt wurde. Wenn ein Boot, das aus mehreren Holzstücken besteht, die durch Stifte aus dem gleichen Material aneinander befestigt sind, aus einem Moor gegraben wird, wird daraus gefolgert, dass das Schiff und die Skelette und Geräte, die man darin findet, aus einer Zeit stammen, in der die Verwendung von Eisen war den Erbauern nicht bekannt. Diese Schlussfolgerung ist jedoch nicht durch die einfache Tatsache gerechtfertigt, dass bei seiner Konstruktion keine Metalle verwendet wurden; Denn die Nubier bauten heutzutage Boote, die groß genug waren, um ein halbes Dutzend Personen über den Nil zu befördern, und zwar aus kleinen Akazienholzstücken, die vollständig mit Holzbolzen zusammengesteckt waren. Auch das Vorkommen von Pfeilspitzen und Messern aus Feuerstein in Verbindung mit anderen Zeugnissen menschlichen Lebens ist kein schlüssiger Beweis für deren Alter. Lyell informiert uns, dass einige orientalische Stämme immer noch dieselben Steingeräte wie ihre Vorfahren verwenden, „nachdem dreitausend Jahre lang in ihrer Nachbarschaft mächtige Reiche florierten, in denen die Verwendung von Metallen in der Kunst bekannt war"; [9] und die nordamerikanischen Indianer stellen jetzt Waffen aus Stein und sogar aus Glas her und verwenden sie, wobei sie sie im letzteren Fall mit großer Leichtigkeit aus dem Boden dicker Flaschen schlagen. [10]

Wir könnten auch durch unsere Unkenntnis der Handelsbeziehungen zwischen wilden Stämmen in die Irre geführt werden. Außerordentlich rohe Nationen schaffen es trotz ihrer Eifersüchteleien und ihrer ständigen Kriege manchmal, die Produkte von Provinzen auszutauschen, die sehr weit voneinander entfernt sind. Die Hügel von Ohio enthalten vermutlich Meeresperlen, die aus dem Golf von Mexiko oder vielleicht sogar aus Kalifornien stammen müssen, und die Messer und Pfeifen, die in denselben Gräbern gefunden wurden, bestehen natürlich oft aus weit hergeholtem Material bezahlt durch ein einheimisches Produkt, das an den Ort exportiert wird, von dem das Material stammt. Die Kunst, Fisch, Fleisch und Geflügel durch Trocknen und Räuchern haltbar zu machen, ist weit verbreitet und schon sehr alt. Die Indianer des Long Island Sound sollen mit Stämmen, die sehr weit im Landesinneren lebten, Handel mit getrockneten Schalentieren betrieben haben. Seit jeher haben die Bewohner der Färöer- und Orkney-Inseln sowie der gegenüberliegenden Festlandküsten Wildgeflügel und anderes Fleisch geräuchert. Daher ist es möglich, dass die tierischen und pflanzlichen Nahrungsmittel, deren Überreste in den antiken Lagerstätten gefunden werden, von denen ich spreche, manchmal aus Klimazonen gebracht wurden, die weit von denen entfernt sind, in denen sie verzehrt wurden.

Die wichtigsten und zuverlässigsten Schlussfolgerungen in Bezug auf das Klima des alten Europa und Asiens stammen aus den Berichten der klassischen Schriftsteller über das Wachstum von Kulturpflanzen; aber diese sind keineswegs frei von Unsicherheit, weil wir uns selten einer Identität der Arten, fast nie einer Identität der Rasse oder Varietät zwischen den Gemüsesorten, die den Landwirten Griechenlands und Roms bekannt sind, und denen der Neuzeit, die man sich vorstellt, sicher sein können ihnen am nächsten kommen. Darüber hinaus gibt es immer Raum für Zweifel, ob die Gewohnheiten von Pflanzen, die seit langem in verschiedenen Ländern wachsen, durch die Domestizierung nicht so verändert wurden, dass die Temperatur- und Feuchtigkeitsbedingungen, die sie vor zwanzig Jahrhunderten benötigten, andere waren als die, die heute für ihre Vorteile erforderlich sind Anbau. [11]

Selbst wenn wir davon ausgehen, dass zwischen einer gegebenen antiken und einer modernen Pflanze eine Art-, Rassen- und Gewohnheitsidentität besteht, beweist die negative Tatsache, dass letztere jetzt nicht dort wachsen wird, wo sie vor zweitausend Jahren blühte, nicht in allen Fällen eine Klimawandel. Das gleiche Ergebnis könnte aus der Erschöpfung des Bodens

[12] oder aus einer Änderung der Feuchtigkeitsmenge resultieren, die er normalerweise enthält. Nachdem ein Landstrich ganz oder auch nur teilweise von seinem Waldbewuchs befreit und bewirtschaftet wurde, dauert die Austrocknung des Bodens unter günstigen Umständen über Generationen, vielleicht sogar Ewigkeiten, an. [13] In anderen Fällen kann es durch unsachgemäße Bewirtschaftung oder die Umleitung oder Verstopfung natürlicher Wasserläufe zu einer stärkeren Feuchtigkeitsbelastung kommen. Eine Zunahme oder Abnahme der Feuchtigkeit eines Bodens setzt fast zwangsläufig eine Erhöhung oder Senkung seiner Winter- oder Sommerhitze und seiner extremen, wenn nicht sogar mittleren Jahrestemperatur voraus, obwohl eine solche Erhöhung oder Senkung so geringfügig sein kann, dass sie nicht so groß ist Es ist sinnvoll, den Quecksilbergehalt eines Thermometers an der frischen Luft zu erhöhen oder zu senken. Jede dieser Ursachen, mehr oder weniger Feuchtigkeit oder mehr oder weniger Wärme des Bodens, würde das Wachstum sowohl der wilden als auch der kultivierten Vegetation und folglich, ohne nennenswerte Änderung der atmosphärischen Temperatur, des Niederschlags oder der Verdunstung, der Pflanzen einer bestimmten Pflanze beeinträchtigen Arten könnten dort nicht mehr vorteilhaft kultiviert werden, wo sie früher leicht gezüchtet wurden. [14] Wir sind mit der gegenwärtigen mittleren und extremen Temperatur oder dem Niederschlag und der Verdunstung einer ausgedehnten Region nur sehr unvollständig vertraut, selbst in Ländern, die am dichtesten bevölkert und am besten mit Instrumenten und Beobachtern ausgestattet sind. Der Fortschritt der Wissenschaft entdeckt bei älteren Beobachtungen ständig methodische Fehler, und viele mühsam erstellte Tabellen meteorologischer Phänomene werden heute als trügerisch und daher mehr als nutzlos beiseite geworfen, weil bei der Erlangung der Ergebnisse eine zur Sicherstellung der Genauigkeit des Ergebnisses notwendige Bedingung vernachlässigt wurde Daten, auf denen sie gegründet wurden.

Um ein bekanntes Beispiel zu nennen: Erst vor kurzem wurde auf den großen Einfluss geringfügiger Stationsänderungen auf die Ergebnisse von Temperatur- und Niederschlagsbeobachtungen aufmerksam gemacht. Ein Thermometer, das nur wenige hundert Meter von seiner ersten Position entfernt ist, weicht nicht selten um fünf, manchmal sogar um zehn Grad in seinen Messwerten ab; und wenn uns gesagt wird, dass der jährliche Regenfall auf dem Dach des Observatoriums in Paris zwei Zoll geringer ist als auf dem Boden daneben, können wir erkennen, dass der Pegel des Regenmessers ein Punkt von großer Bedeutung ist bei der Erstellung von Schätzungen aus seinen Messungen. Die Daten, aus denen Ergebnisse über die hygrometrischen und thermometrischen Bedingungen, kurz das Klima, verschiedener Länder abgeleitet wurden, wurden sehr oft aus Beobachtungen an einzelnen Punkten in Städten oder Bezirken abgeleitet, die weit voneinander entfernt waren. Die Tendenz von Fehlern und Zufällen, sich gegenseitig auszugleichen, berechtigt uns tatsächlich dazu, größeres Vertrauen in die aus solchen Tabellen gezogenen Schlussfolgerungen zu hegen, als wir sonst empfinden könnten; aber es ist höchstwahrscheinlich, dass sie durch zahlreichere Beobachtungsreihen an verschiedenen Stationen innerhalb enger Grenzen stark modifiziert würden. [15]

Es gibt einen Zweig der Forschung, der im Hinblick auf diese Fragen von größter Bedeutung ist, der jedoch aufgrund der großen Schwierigkeit seiner direkten Beobachtung weniger erfolgreich untersucht wurde als fast jedes andere Problem der Naturwissenschaften. Ich beziehe mich auf die Verhältnisse zwischen Niederschlag, oberflächlicher Entwässerung, Absorption und Verdunstung. Eine genaue tatsächliche Messung dieser Mengen auch nur auf einem einzigen Hektar Land ist unmöglich; und bei allen Kabinettsexperimenten zu diesem Thema unterscheiden sich die beobachteten Oberflächenbedingungen so sehr von denen, die in der Natur vorkommen, dass wir nicht sicher von einem Fall zum anderen schließen können. In der Natur sind es die Neigung des Bodens, der Grad der Freiheit oder Versperrung der Oberfläche, die Zusammensetzung und Dichte des Bodens, von der seine Durchlässigkeit für Wasser und seine Fähigkeit, Feuchtigkeit aufzunehmen, zu speichern oder zu übertragen, seine Temperatur und die Trockenheit abhängen oder Sättigung des Untergrundes, variieren in vergleichsweise kurzen Abständen; Und obwohl der Niederschlag auf und der oberflächliche Abfluss aus sehr kleinen geographischen Becken einigermaßen genau abgeschätzt werden kann, haben wir selbst hier keine Möglichkeit zu wissen, wie viel von dem von der Erde aufgenommenen Wasser durch Verdunstung wieder in die Atmosphäre gelangt. und wie viel davon durch Infiltration oder andere Arten der unterirdischen Ableitung verschleppt wird. Wenn wir daher versuchen, die auf einigen Quadrat- oder Kubikmetern Erde beobachteten Phänomene als Grundlage für Überlegungen zur Meteorologie einer Provinz zu verwenden, ist es offensichtlich, dass unsere Daten nicht ausreichen müssen, um positive allgemeine Schlussfolgerungen zu rechtfertigen. Wenn wir die Klimatologie ganzer Länder oder sogar vergleichsweise kleiner lokaler Gebiete diskutieren, können wir mit Sicherheit sagen, dass niemand sagen kann, wie viel Prozent des Wassers, das sie aus der Atmosphäre erhalten, verdunstet ist; was vom Boden aufgenommen und durch unterirdische Leitungen abgeleitet wird; was durch oberflächliche Kanäle zum Meer hinabgetragen wurde ; was aus der Erde oder der Luft durch eine bestimmte Waldfläche, kurze Weidevegetation oder hohes Wiesengras gezogen wird; was von so bedeckten Oberflächen oder von nacktem Boden unterschiedlicher Beschaffenheit und Zusammensetzung unter unterschiedlichen Bedingungen von atmosphärischer Temperatur, Druck und Luftfeuchtigkeit wieder abgegeben wird; oder wie groß ist die Verdunstung von Wasser, Eis oder Schnee unter den unterschiedlichen Einwirkungen, denen sie in der tatsächlichen Natur ständig ausgesetzt sind? Wenn wir also all diese Klimaphänomene in den bekanntesten vom Menschen bewohnten Regionen so wenig kennen, ist es offensichtlich, dass wir uns kaum auf theoretische Schlussfolgerungen verlassen können, die auf den früheren, natürlicheren Zustand derselben Regionen angewendet werden – und schon gar nicht auf solche wie sie in Bezug auf entfernte, fremde und primitive Länder übernommen werden.

Vom Menschen erzeugte mechanische Einwirkungen auf die Erdoberfläche leichter erfassbar.

Bei der Untersuchung der mechanischen Auswirkungen menschlichen Handelns auf die oberflächliche Geographie betreten wir sichereres Terrain und haben es mit viel weniger subtilen Phänomenen und weniger hartnäckigen Elementen zu tun. In manchen Fällen lässt sich eindeutig nachweisen, dass große physische Veränderungen, in manchen mit ziemlicher Sicherheit auch gefolgert werden, durch die Tätigkeiten der ländlichen Industrie und durch die Arbeit des Menschen in anderen Bereichen materieller Anstrengung hervorgerufen wurden; und daher können wir in diesem wichtigsten Teil unseres Themas zu vielen positiven Verallgemeinerungen gelangen und praktische Ergebnisse von nicht geringem wirtschaftlichen Wert erzielen.

Bedeutung und Möglichkeit der körperlichen Wiederherstellung.

Viele Umstände wirken zusammen, um den Fragen ein großes gegenwärtiges Interesse zu widmen: Inwieweit kann der Mensch die physischen Bedingungen der Erdoberfläche und des Klimas, von denen sein materielles Wohlergehen abhängt, dauerhaft verändern und verbessern? Inwieweit kann er die Verschlechterung, die viele seiner landwirtschaftlichen und industriellen Prozesse hervorrufen, kompensieren, aufhalten oder verzögern? und inwieweit er den Böden Fruchtbarkeit und Gesundheit zurückgeben kann, die seine Torheiten oder Verbrechen unfruchtbar oder pestilenzial gemacht haben. Unter diesen Umständen ist vielleicht die Notwendigkeit am hervorstechendsten, einer europäischen Bevölkerung, die schneller wächst als ihre Lebensunterhaltsmittel, ein neues Zuhause zu bieten, neue physische Annehmlichkeiten für Klassen des Volkes, die jetzt zu sehr aufgeklärt sind und sich zu sehr ernährt haben zu viel Kultur, als dass man sich einer längeren Entziehung des Anteils an den materiellen Genüssen hingeben könnte, die bisher von den privilegierten Schichten monopolisiert wurden.

Um neue Bienenstöcke für die Auswandererschwärme zu schaffen, gibt es erstens die riesigen unbewohnten Prärien und Wälder Amerikas, Australiens und vieler anderer großer Ozeaninseln, die spärlich besiedelten und noch unerschlossenen Böden Süd- und sogar Zentralafrikas und schließlich die verarmten und halb entvölkerten Küsten des Mittelmeers sowie das Innere Kleinasiens und der weitere Osten. Denjenigen, die nach der Auswanderung bleiben werden , die zu dichte Bevölkerung vieler europäischer Staaten mit jenen Mitteln des sinnlichen und intellektuellen Wohlergehens zu vermindern, die, wenn sie von den Armen und Demütigen gefordert werden, als „künstliche Bedürfnisse" bezeichnet werden, dies aber sind Als „notwendig" anerkannt, wenn sie von den Adligen und Reichen beansprucht werden, muss der Boden zu seiner höchsten Produktionsleistung angeregt werden, und der größte Einfallsreichtum und die größte Energie des Menschen müssen beauftragt werden, eine Natur zu erneuern, die durch seine Unvorsichtigkeit von Quellen entleert wurde, die a Eine kluge Wirtschaft hätte reichliche und beständige Quellen für Schönheit, Gesundheit und Wohlstand geschaffen.

In diesen noch jungfräulichen Ländern, die der Fortschritt der modernen Entdeckungen in beiden Hemisphären zur Kenntnis und Kontrolle des zivilisierten Menschen gebracht hat und immer noch bringt, ist keine große Verbesserung der großartigen physischen Bedingungen zu erwarten. Der Waldanteil soll zwar erheblich reduziert, überflüssige Gewässer abgesaugt und interne Kommunikationswege angelegt werden; aber die ursprünglichen geographischen und klimatischen Merkmale dieser Länder sollten so weit wie möglich beibehalten werden.

Stabilität der Natur.

Die ungestörte Natur gestaltet ihr Territorium so, dass seine Form, Umrisse und Proportionen nahezu unveränderlich bleiben, es sei denn, es wird durch geologische Erschütterungen zerstört. und in diesen verhältnismäßig seltenen Fällen von Verwirrung macht sie sich sofort daran, den oberflächlichen Schaden zu reparieren und so weit wie möglich das frühere Aussehen ihrer Herrschaft wiederherzustellen. In neuen Ländern sind die natürliche Neigung des Bodens, die selbst gebildeten Hänge und Ebenen im Allgemeinen diejenigen, die die Stabilität des Bodens am besten gewährleisten. Sie wurden durch Frost und chemische Kräfte und die Schwerkraft sowie den Fluss von Wasser und pflanzlichen Ablagerungen sowie die Wirkung der Winde abgestuft und abgesenkt oder angehoben, bis durch eine allgemeine Kompensation widerstreitender Kräfte ein Gleichgewichtszustand erreicht wurde, der ohne Das Handeln des Menschen würde mit geringen Schwankungen unzählige Jahrhunderte lang bestehen bleiben.

Wir müssen nicht weit zurückgehen, um zu einer Zeit zu gelangen, in der in dem gesamten Teil des nordamerikanischen Kontinents, der von der britischen Kolonialisierung besetzt wurde, die geografischen Elemente nahezu ausgeglichen und einander kompensierten. Zu Beginn des 17. Jahrhunderts war der Boden bis auf unbedeutende Ausnahmen mit Wäldern bedeckt; [16] Und wann immer der Indianer infolge des Krieges oder der Erschöpfung der Tiere der Jagd die schmalen Felder, die er gepflanzt hatte, und die Wälder, die er niedergebrannt hatte, verließ, kehrten sie schnell zurück, durch eine Reihe von krautigen, baumartigen und baumartigen Pflanzen Baumgewächse in ihren ursprünglichen Zustand zurückversetzen. Schon eine einzige Generation reichte aus, um ihnen nahezu die ursprüngliche Üppigkeit der Waldvegetation zurückzugeben. [17] Die ununterbrochenen Wälder hatten ihre maximale Dichte und Wachstumsstärke erreicht, und als die älteren Bäume verfielen und fielen, folgten neue Triebe oder Sämlinge, so dass von Jahrhundert zu Jahrhundert keine wahrnehmbare Veränderung stattgefunden zu haben scheint der Wald, mit Ausnahme der langsamen, spontanen Abfolge der Ernten. Diese Abfolge beinhaltete keine Unterbrechung des Wachstums und nur wenig Bruch in der „grenzenlosen Angrenzung des Schattens"; denn in der Bewirtschaftung der Natur gibt es keine Brachflächen. Bäume fallen einzeln, nicht durch quadratische Zweige, und die hohe Kiefer fällt kaum zu Boden, bevor das Licht und die Wärme, die durch die Entfernung der dichten Laubkrone, die sie verschlossen hatte, in den Boden gelangen, die Keimung der Samen von Breitkiefern anregen -laubige Bäume, die vielleicht jahrhundertelang auf diesen freundlichen Einfluss gewartet hatten. In den ursprünglichen amerikanischen Wäldern waren tatsächlich zwei natürliche Ursachen zerstörerischer Natur am Werk, obwohl es zumindest in den nördlichen Kolonien ausreichende Kompensationen gab; denn wir entdecken nicht, dass sie irgendeine nennenswerte dauerhafte Veränderung herbeigeführt hätten. Ich beziehe mich auf die Wirkung von Bibern und umgestürzten Bäumen bei der Entstehung von Mooren [18] und auf die Wirkung kleinerer Tiere, Insekten und Vögel bei der Zerstörung der Wälder. Moore sind in den nördlichen Staaten der amerikanischen Union weniger zahlreich und ausgedehnt, da die natürliche Neigung der Oberfläche die Entwässerung begünstigt; aber aus dem gegenteiligen Grund kommen sie in den Südstaaten häufiger vor und bedecken ein größeres Gebiet. [19] Sie entstehen im Allgemeinen bei der Beeinträchtigung von Wasserläufen durch den Fall von Holz oder Erde und Steinen über ihre Kanäle. Wenn das so geschaffene Hindernis ausreicht, um eine dauerhafte Ansammlung von Wasser zurückzuhalten, gehen die Bäume, deren Wurzeln überschwemmt werden, bald zugrunde, und dann vergrößern sie durch ihren Fall das Hindernis und führen natürlich zu einer noch größeren Ausbreitung des stagnierenden Stroms. Dieser Prozess geht so lange weiter, bis das Wasser einen neuen Auslass auf einer höheren Ebene findet, ohne dass es zu einer ähnlichen Unterbrechung kommt. Die umgestürzten Bäume, die nicht vollständig vom Wasser bedeckt sind, werden bald von Moosen überwuchert; Wasser- und Halbwasserpflanzen vermehren sich und breiten sich aus, bis sie den vom Wasser eingenommenen Raum mehr oder weniger vollständig ausfüllen und die Oberfläche sich allmählich von einem Teich in einen bebenden Morast verwandelt. [20] Der Morast verfestigt sich langsam durch Gemüseproduktion und -ablagerung und wird dann sehr oft durch das Wachstum von schwarzen Eschen, Zedern oder, in südlichen Breiten, Zypressen und anderen für einen solchen Boden geeigneten Bäumen wiederhergestellt Die unterbrochene Harmonie der Natur wird endlich wiederhergestellt.

Ich neige zu der Annahme, dass mehr Moore in den Nordstaaten ihren Ursprung auf Biber als auf zufällige Verstopfungen von Bächen durch vom Wind gefallene oder natürlich verrottete Bäume haben; denn es gibt in diesen Staaten nur wenige Sümpfe, an deren Mündungen wir bei sorgfältiger Suche nicht die Überreste eines Biberdamms finden könnten. Der Biber bewohnt manchmal natürliche Seen, aber er verdankt seinen Teich lieber seinem eigenen Einfallsreichtum und seiner eigenen Mühe. Sobald der Stausee angelegt ist, vermehren sich seine Bewohner rasch, und da die Ernten an Teichrosen und anderen Wasserpflanzen, von denen sich dieser Vierbeiner im Winter ernährt, für die wachsende Bevölkerung zu klein werden, schickt die Bibermetropole Entdeckungs- und Kolonisierungsexpeditionen aus. Der Teich füllt sich allmählich, und zwar aufgrund der gleichen Ursachen, wie wenn er seine Existenz einem zufälligen Hindernis verdankt, und wenn schließlich die ursprüngliche Siedlung durch die üblichen Prozesse des Pflanzenlebens in ein Moor verwandelt wird, verlassen die übrigen Bewohner das Gebiet es und baue auf einem jungfräulichen Bach eine neue Wasserstadt.

In Ländern, die in der Zivilisation etwas weiter fortgeschritten sind als diejenigen, die von den nordamerikanischen Indianern bewohnt wurden, wie im mittelalterlichen Irland, kann die Bildung von Mooren dadurch begonnen werden, dass der Mensch es versäumt, die Wipfel und Äste der Bäume aus den natürlichen Kanälen der oberflächlichen Entwässerung zu entfernen gefällt für die verschiedenen Zwecke, für die Holz in seiner rohen Industrie verwendet werden kann; und wenn der Wasserfluss auf diese Weise gestoppt wird, setzt die Natur die Prozesse fort, die ich bereits beschrieben habe. Auch in solchen halbzivilisierten Regionen kommt es häufiger zu Windstürmen als in denen, in denen der Wald ununterbrochen ist, denn wenn in ihm Öffnungen für landwirtschaftliche oder andere Zwecke gemacht wurden, führt der so gewährte Eintritt des Windes zu einem plötzlichen Sturz des Waldes Hunderte von Bäumen, die andernfalls womöglich über Generationen hinweg gestanden hätten und daher nur einer nach dem anderen zu Boden fielen, als der natürliche Verfall sie zu Fall brachte. [21] Darüber hinaus hemmen die vom Menschen in der Weidehaltung gezüchteten Herden das beginnende Wachstum der Bäume auf den halb ausgetrockneten Mooren und verhindern, dass sie ihren ursprünglichen Zustand wiedererlangen.

Junge Bäume im einheimischen Wald werden manchmal von den kleineren Nagetier-Vierbeinern umgürtet und getötet, und ihr Wachstum wird von Vögeln gehemmt, die sich von der Endknospe ernähren; aber diese Tiere sind, wie wir sehen werden, im Allgemeinen nur an den Rändern des Waldes zu finden, nicht in seinen tieferen Nischen, und daher ist der Schaden, den sie anrichten, nicht groß. Die Insekten, die Urwälder schädigen, indem sie sich von Produkten der Bäume ernähren, die für ihr Wachstum wichtig sind, sind nicht zahlreich, und ihr Auftreten in zerstörerischer Zahl ist auch nicht häufig; und diejenigen, die die Stängel und Zweige perforieren, um ihre Eier abzulegen und auszubrüten, wählen zu diesem Zweck häufiger tote Bäume aus, obwohl es leider wichtige Ausnahmen von dieser letzten Bemerkung gibt. [22] Ich weiß nicht, dass wir irgendwelche Beweise für die Zerstörung oder schwere Schädigung amerikanischer Wälder durch Insekten vor oder sogar kurz nach der Kolonisierungsperiode haben; Aber seit der weiße Mann einen großen Teil der Erdoberfläche freigelegt und dadurch Veränderungen hervorgerufen hat, die vielleicht die Vermehrung dieser Schädlinge begünstigen, hat ihre Zahl und offenbar auch ihre Gier stark zugenommen. Vor nicht allzu vielen Jahren wurden die Kiefern auf Tausenden Hektar Land in North Carolina von Insekten zerstört, von denen nicht bekannt war, dass sie diesen Baum jemals zuvor ernsthaft geschädigt hatten. In solchen Fällen wie diesem und anderen dieser Art gibt es guten Grund zu der Annahme, dass der Mensch die indirekte Ursache eines Übels ist, für das er eine so schwere Strafe zahlt. Insekten vermehren sich immer dann, wenn die Vögel, die sich von ihnen ernähren, verschwinden. Bei der mutwilligen Vernichtung des Rotkehlchens und anderer insektenfressender Vögel tauscht der *bipes implumis*, der federlose Zweibeiner, der Mensch also nicht nur das Stimmorchester, das die aufgehende Sonne begrüßt, gegen das abendliche Dröhnen des schläfrigen Käfers ein und beraubt ihn seiner Haine und Felder von ihrer schönsten Seite, aber er führt einen heimtückischen Krieg gegen seine natürlichen Verbündeten. [23]

Kurz gesagt, in Ländern, in denen der Mensch noch nie Fuß gefasst hat, unterliegen die Proportionen und relativen Lagen von Land und Wasser, der atmosphärische Niederschlag und die Verdunstung, der thermometrische Mittelwert und die Verteilung des pflanzlichen und tierischen Lebens nur einer Veränderung aufgrund geologischer Einflüsse, die so langsam in Erscheinung treten Betrieb, dass die geografischen Bedingungen als konstant und unveränderlich angesehen werden können. Es ist in den meisten Fällen äußerst wünschenswert, diese natürlichen Anordnungen im Wesentlichen beizubehalten, wenn solche Regionen zum Sitz organisierter Gemeinwesen werden. Daher ist es von größter Wichtigkeit, dass zu Beginn des Prozesses, sie für eine dauerhafte zivile Besetzung auszurüsten, die Umgestaltungsmaßnahmen so durchgeführt werden sollten, dass nicht unnötigerweise das, was in allzu vielen Fällen darüber hinausgeht, durcheinander gebracht und zerstört wird die Macht des Menschen, zu korrigieren oder wiederherzustellen.

Wiederherstellung gestörter Harmonien.

Bei der Rückgewinnung und Wiederbesetzung von Land, das durch menschliche Unvorsichtigkeit oder Böswilligkeit verwüstet und von Menschen verlassen wurde oder nur von Nomaden oder einer dünn verstreuten Bevölkerung bewohnt wurde, ist die Aufgabe des Pioniersiedlers ganz anderer Natur. Er soll ein Mitarbeiter der Natur beim Wiederaufbau des beschädigten Gebäudes werden, das durch Nachlässigkeit oder Willkür früherer Mieter unhaltbar geworden ist. Er musste ihr dabei helfen, die Berghänge mit Wäldern und Pflanzenschimmel neu zu bedecken und so die Brunnen wiederherzustellen, die sie zur Bewässerung bereitgestellt hatte. bei der Eindämmung der verheerenden Gewalt der Wildbäche und bei der Wiederherstellung der Oberflächenentwässerung zu ihren ursprünglichen schmalen Kanälen; und indem sie tödliche Sümpfe austrockneten, indem sie die verstopften natürlichen Schleusen öffneten und neue Kanäle schnitten, um ihr stehendes Wasser abzuleiten. Er muss daher einerseits neue Reservoire schaffen und andererseits schädliche Feuchtigkeitsansammlungen entfernen und so die Quellen der Luftfeuchtigkeit und des fließenden Wassers, die beide für das gesamte Pflanzenwachstum so wichtig sind, ausgleichen und regulieren , natürlich, auf das menschliche und niedere Tierleben.

Destruktivität des Menschen.

Der Mensch hat zu lange vergessen, dass ihm die Erde nur zum Nießbrauch gegeben wurde, nicht zum Konsum und schon gar nicht zur verschwenderischen Verschwendung. Die Natur hat gegen die völlige Zerstörung jeglicher ihrer elementaren Materie, des Rohmaterials ihrer Werke, vorgesorgt; der Blitz und der Tornado, die krampfhaftesten Zuckungen sogar des Vulkans und des Erdbebens, sind nur Phänomene der Zersetzung und Neuzusammensetzung. Aber sie hat es der Macht des Menschen überlassen, die Verbindungen der anorganischen Materie und des organischen Lebens, die sie über die Nacht der Äonen hinweg in Ordnung gebracht und ausbalanciert hatte, irreparabel durcheinander zu bringen, um die Erde für seine Besiedlung vorzubereiten, wenn, wenn, in der Fülle von Zu gegebener Zeit sollte ihn sein Schöpfer dazu aufrufen, in seinen Besitz einzutreten.

Abgesehen vom feindlichen Einfluss des Menschen sind die organische und die anorganische Welt, wie ich bereits bemerkt habe, durch solche gegenseitigen Beziehungen und Anpassungen miteinander verbunden, die, wenn nicht sogar die absolute Dauerhaftigkeit und das Gleichgewicht beider, so doch einen langen Fortbestand der etablierten Bedingungen der Welt sichern jeweils zu einem bestimmten Zeitpunkt und an einem bestimmten Ort, oder zumindest eine sehr langsame und allmähliche Abfolge von Änderungen dieser Bedingungen. Aber der Mensch ist überall ein Störfaktor. Wo immer er seinen Fuß setzt, verwandeln sich die Harmonien der Natur in Zwietracht. Die Proportionen und Anpassungen, die die Stabilität bestehender Arrangements gewährleisteten, werden umgeworfen. Einheimische Pflanzen- und Tierarten werden ausgerottet und durch andere ausländischer Herkunft ersetzt, die spontane Produktion wird verboten oder eingeschränkt, und die Erdoberfläche wird entweder freigelegt oder mit einem neuen und widerstrebenden Wachstum pflanzlicher Formen und mit fremden Stämmen bedeckt Tierleben. Diese absichtlichen Veränderungen und Ersetzungen stellen in der Tat große Revolutionen dar; Doch so groß ihre Größe und Bedeutung auch ist, sind sie, wie wir sehen werden, unbedeutend im Vergleich zu den zufälligen und ungewollten Ergebnissen, die sich aus ihnen ergeben haben.

Die Tatsache, dass von allen organischen Wesen nur der Mensch im Wesentlichen als zerstörerische Kraft anzusehen ist und dass er Energien ausübt, um dem zu widerstehen, neigt die Natur – die Natur, der alles materielle Leben und alle anorganischen Substanzen gehorchen – völlig machtlos dazu beweisen, dass er, obwohl er in der physischen Natur lebt, nicht von ihr ist, dass er von erhabenerer Abstammung ist und einer höheren Existenzordnung angehört als diejenigen, die aus ihrem Mutterleib geboren wurden und sich ihren Geboten unterwerfen.

Es gibt tatsächlich brutale Zerstörer, Tiere, Vögel und Raubinsekten – alles Tierleben ernährt sich von anderem Leben und zerstört es natürlich auch, aber diese Zerstörung wird durch Entschädigungen ausgeglichen. Es ist in der Tat genau das Mittel, mit dem die Existenz eines Tier- oder Pflanzenstammes davor geschützt wird, durch die Übergriffe eines anderen Stammes erstickt zu werden; und die Fortpflanzungskraft von Arten, die anderen als Nahrung dienen, steht immer im Verhältnis zu der Nachfrage, die sie decken sollen. Der Mensch verfolgt seine Opfer mit rücksichtsloser Zerstörungswut; und während die Opferung des Lebens durch die niederen Tiere durch die Gelüste des Appetits begrenzt wird, verfolgt er Tausende organischer Formen, die er nicht verzehren kann, schonungslos bis zur Ausrottung. [24]

Die Erde war in ihrem natürlichen Zustand nicht vollständig an die Nutzung durch den Menschen angepasst, sondern nur an die Ernährung wilder Tiere und wilder Vegetation. Diese leben, vermehren ihre Art im richtigen Verhältnis und erreichen ihr vollkommenes Maß an Stärke und Schönheit, ohne irgendeine Veränderung in der natürlichen Anordnung der

Oberfläche oder in den spontanen Tendenzen des anderen hervorzurufen oder zu erfordern , mit Ausnahme einer gegenseitigen Unterdrückung übermäßiger Vermehrung, die dies verhindern kann die Ausrottung einer Art durch das Eindringen einer anderen. Kurz gesagt, ohne den Menschen wäre das niedere tierische und spontane pflanzliche Leben in seiner Art, Verteilung und Proportion konstant geblieben, und die physische Geographie der Erde wäre für unbestimmte Zeiträume ungestört geblieben und nur möglichen, unbekannten kosmischen Veränderungen unterworfen gewesen Ursachen oder aus geologischen Einwirkungen.

Aber der Mensch, die ihm dienenden Haustiere, die Feld- und Gartenpflanzen, deren Produkte ihn mit Nahrung und Kleidung versorgen, können nicht überleben und sich zur vollen Entfaltung ihrer höheren Eigenschaften entwickeln, wenn nicht die rohe und unbewusste Natur wirksam bekämpft wird und, in hohem Maße von der menschlichen Kunst besiegt. Daher ist ein gewisses Maß an Transformation der Erdoberfläche, an Unterdrückung natürlicher und Stimulation künstlich veränderter Produktivität notwendig. Dieses Maß hat der Mensch leider überschritten. Er hat die Wälder abgeholzt, deren Netzwerk aus faserigen Wurzeln den Schimmel an das felsige Skelett der Erde gebunden hat; Hätte er aber zugelassen, dass sich hier und da ein Waldgürtel durch spontane Vermehrung reproduziert, wären die meisten Schäden, die seine rücksichtslose Zerstörung des natürlichen Schutzes des Bodens verursacht hat, abgewendet worden. Er hat die Bergreservoirs aufgebrochen, deren Wasser durch unsichtbare Kanäle versickerte und die Quellen versorgte, die sein Vieh erfrischten und seine Felder düngten; aber er hat es versäumt, die Zisternen und Bewässerungskanäle instand zu halten, die ein weises Altertum gebaut hatte, um die Folgen seiner eigenen Unvorsichtigkeit zu neutralisieren. Während er den dünnen Erdballen zerrissen hat, der die leichte Erde weitläufiger Ebenen einschränkte, und den Saum von Halbwasserpflanzen zerstörte, die die Küste umsäumten und die Verwehung des Meeressands eindämmten, gelang es ihm nicht, die Ausbreitung der Dünen zu verhindern bekleiden sie mit künstlich vermehrter Vegetation. Er hat rücksichtslos gegen alle Stämme der belebten Natur gekämpft, deren Beute er für seine eigenen Zwecke nutzen konnte, und er hat die Vögel nicht geschützt, die die Insekten jagen, die für seine eigenen Ernten am verheerendsten sind.

Es ist wahr, dass die rein ungebildete Menschheit verhältnismäßig wenig in die Anordnungen der Natur eingreift, [25] und die zerstörerische Kraft des Menschen wird immer energischer und schonungsloser, während er in der Zivilisation voranschreitet, bis hin zur Verarmung, mit der seine Erschöpfung des Natürlichen einhergeht Die Tatsache, dass die Ressourcen des Bodens ihn bedrohen, weckt in ihm endlich die Notwendigkeit, das zu bewahren, was noch übrig ist, wenn nicht sogar das wiederherzustellen, was mutwillig verschwendet wurde. Der wandernde Wilde baut kein Kulturgemüse an, fällt keinen Wald und vernichtet keine Nutzpflanze, kein schädliches Unkraut. Wenn seine Geschicklichkeit bei der Jagd es ihm ermöglicht, eine große Anzahl der Tiere einzufangen, von denen er sich ernährt, kompensiert er diesen Verlust, indem er auch den Löwen, den Tiger, den Wolf, den Otter, die Robbe und den Adler vernichtet und so indirekt die Schwächeren schützt Vierbeiner und Fische und Vögel, die sonst zur Beute von Tieren und Raubvögeln würden. Aber mit stationärem Leben, oder besser gesagt mit dem pastoralen Zustand, beginnt der Mensch sofort einen fast wahllosen Krieg gegen alle Formen der tierischen und pflanzlichen Existenz um ihn herum, und während er in der Zivilisation voranschreitet, vernichtet oder transformiert er nach und nach jedes spontane Produkt des Bodens er besetzt. [26]

Menschliches und brutales Handeln im Vergleich.

Höchste Autoritäten wie alle anderen der modernen Wissenschaft haben behauptet, dass sich die Einwirkung des Menschen auf die Natur, auch wenn sie im *Ausmaß größer ist, in ihrer Art nicht* von der Wirkung wilder Tiere unterscheidet . Es scheint mir einen anderen wesentlichen Charakter zu haben, denn obwohl es oft zu unvorhergesehenen und unerwünschten Ergebnissen führt, wird es dennoch von einem selbstbewussten und intelligenten Willen geleitet, der ebenso oft auf sekundäre und entfernte wie auf unmittelbare Ziele abzielt. Das wilde Tier hingegen handelt instinktiv und, soweit wir es wahrnehmen können, immer mit Blick auf einzelne und direkte Zwecke. Der Hinterwäldler und der Biber fällten gleichermaßen Bäume; der Mann, dass er den Wald in einen Olivenhain verwandeln kann, dessen Früchte erst für eine nachfolgende Generation reifen, der Biber, dass er sich von ihrer Rinde ernähren oder sie zum Bau seiner Behausung verwenden kann. Menschliches Handeln unterscheidet sich von rohem Handeln auch in seinem Einfluss auf die materielle Welt, da es nicht durch natürliche Kompensationen und Gleichgewichte kontrolliert wird. Natürliche Ordnungen, die einmal vom Menschen gestört wurden, werden erst wiederhergestellt, wenn er sich vom Feld zurückzieht und spontanen Erholungsenergien freien Lauf lässt; Die Wunden, die er der materiellen Schöpfung zufügt, werden erst geheilt, wenn er den Arm zurückzieht, der den Schlag versetzt hat. Andererseits sind mir keine Beweise dafür bekannt, dass wilde Tiere jemals den kleinsten Wald zerstört, organische Arten ausgerottet oder ihren natürlichen Charakter verändert, eine dauerhafte Veränderung der Landoberfläche verursacht oder eine Störung der physischen Bedingungen der Natur verursacht haben Es konnte nicht von selbst repariert werden, ohne dass das Tier, das es verursacht hatte, vertrieben wurde. [27]

Die Form der geographischen Oberfläche und höchstwahrscheinlich auch das Klima eines bestimmten Landes hängen stark vom Charakter des dazugehörigen Pflanzenlebens ab. Durch die Domestizierung hat der Mensch die Gewohnheiten und Eigenschaften der von ihm gezüchteten Pflanzen stark verändert; er hat durch freiwillige Auswahl die Formen und Eigenschaften der belebten Kreaturen, die ihm dienen, immens verändert; und er hat gleichzeitig viele Formen tierischer, wenn nicht pflanzlicher Wesen vollständig ausgerottet. [28] Was entspricht dem Einfluss des rohen Lebens? Wir haben keinen Grund zu der Annahme, dass in diesem Teil des amerikanischen Kontinents, der zwar von vielen Vierbeiner- und Vogelstämmen bevölkert, aber von Menschen unbewohnt blieb oder nur spärlich von rein wilden Stämmen bewohnt wurde, innerhalb von zwanzig Jahrhunderten zuvor irgendeine nennenswerte geografische Veränderung stattgefunden hat die Epoche der Entdeckungen und Kolonisierung, während der Mensch im gleichen Zeitraum Millionen Quadratmeilen in den schönsten und fruchtbarsten Regionen der Alten Welt in die kargsten Wüsten verwandelt hatte.

Die vom Menschen verursachten Verwüstungen untergraben die Beziehungen und zerstören das Gleichgewicht, das die Natur zwischen ihren organisierten und ihren anorganischen Schöpfungen hergestellt hat; und sie rächt sich an dem Eindringling, indem sie zerstörerische Energien auf ihre verunstalteten Provinzen loslässt, die bisher von organischen Kräften in Schach gehalten wurden, die zu seinen besten Hilfskräften bestimmt waren, die er aber unklugerweise zerstreut und aus dem Wirkungsfeld vertrieben hat. Wenn der Wald verschwindet, verdunstet der große Feuchtigkeitsspeicher, der in seinem pflanzlichen Schimmel gespeichert ist, und kehrt erst bei Regengüssen zurück, um den ausgedörrten Staub wegzuspülen, in den sich dieser Schimmel verwandelt hat. Die waldreichen und feuchten Hügel verwandeln sich in Grate aus trockenem Gestein, das die Tiefebene verstopft und die Wasserläufe mit seinem Schutt verstopft, und – außer in Ländern, die eine gleichmäßige Verteilung des Regens über die Jahreszeiten hinweg und eine gemäßigte und regelmäßige Neigung aufweisen Die gesamte Erde wird, wenn sie nicht durch menschliche Kunst vor dem physischen Verfall gerettet wird, zu dem sie neigt, zu einer Ansammlung kahler Berge, karger, tosenloser Hügel und sumpfiger und malariaverseuchter Ebenen. Es gibt Teile Kleinasiens, Nordafrikas, Griechenlands und sogar des Alpeneuropas, wo das Wirken von Ursachen, die der Mensch in Gang gesetzt hat, das Antlitz der Erde fast so völlig verwüstet hat wie das des Mondes; Und obwohl sie innerhalb dieses kurzen Zeitraums, den wir „die historische Periode" nennen, bekanntermaßen mit üppigen Wäldern, grünen Weiden und fruchtbaren Wiesen bedeckt waren, sind sie jetzt zu stark verfallen, als dass der Mensch sie zurückgewinnen könnte, und dies auch nicht kann Sie werden wieder für den menschlichen Gebrauch geeignet, außer durch große geologische Veränderungen oder andere mysteriöse Einflüsse oder Kräfte, von denen wir derzeit kein Wissen haben und über die wir voraussichtlich keine Kontrolle haben. Die Erde entwickelt sich schnell zu einem ungeeigneten Zuhause für ihren edelsten Bewohner, und eine weitere Ära der gleichen menschlichen Kriminalität und menschlichen Unvorsichtigkeit und von ähnlicher Dauer wie die, durch die sich Spuren dieses Verbrechens und dieser Unvorsichtigkeit erstrecken, würde sie in einen solchen Zustand der Verarmung versetzen Produktivität, zerstörte Oberfläche, klimatische Exzesse, die Verderbnis, Barbarei und vielleicht sogar das Aussterben der Art bedrohen. [29]

Körperliche Verbesserung.

Es stimmt, es gibt eine teilweise Umkehrung dieses Bildes. Auf schmalen Flächen wurden neue Wälder gepflanzt; Überschwemmungen fließender Bäche, die durch schwere Mauern und andere Konstruktionen zurückgehalten werden; Wildbäche mussten dazu beitragen, indem sie den Schlamm ablagerten, der ihnen zur Last gelegt wurde, um das Tiefland aufzufüllen und das Niveau der Moraste zu erhöhen, die ihre eigenen Überläufe geschaffen hatten; Boden, der durch die Übergriffe des Ozeans überschwemmt wurde oder der Überflutung durch seine Gezeiten ausgesetzt war, wurde durch Deiche aus seiner Herrschaft gerettet; [30] Sümpfe und sogar Seen wurden trockengelegt und ihre Gewässer in den Bereich der Agrarindustrie überführt; Wanderdünen an der Küste wurden kontrolliert und durch Plantagen produktiv gemacht; Meere und Binnengewässer wurden wieder mit Fischen bevölkert, und sogar der Sand der Sahara wurde durch artesische Brunnen gedüngt. Diese Errungenschaften sind ruhmreicher als die stolzesten Triumphe des Krieges, aber bisher geben sie nur schwache Hoffnung, dass wir für unsere verschwenderische Verschwendung der Gaben der Natur doch noch eine vollständige Wiedergutmachung leisten können.

Einerseits ist es voreilig und unphilosophisch zu versuchen, der ultimativen Macht des Menschen über die anorganische Natur Grenzen zu setzen, und andererseits ist es unnütz, darüber zu spekulieren, was durch die Entdeckung bisher unbekannter und unvorstellbarer Dinge erreicht werden könnte Naturkräfte oder sogar durch die Erfindung neuer Künste und neuer Prozesse. Aber seit wir die Aerostation, die Antriebskraft elastischer Dämpfe, die Wunder der modernen Telegraphie, die zerstörerische Explosivität von Schießpulver und sogar eine so harmlose, widerstandslose und träge Substanz wie Baumwolle gesehen haben, scheint nichts auf dem Weg mechanischer Leistung unmöglich zu sein , und es ist schwer, die Fantasie davon abzuhalten, ein paar Generationen vorwärts zu wandern, in eine Epoche, in der unsere Nachkommen uns in der physischen Eroberung so weit übertroffen haben, wie wir über die von unseren Großvätern aufgestellten Trophäen hinausmarschiert sind.

Ich muss daher nur so verstanden werden, dass keine dem Menschen bekannten und von ihm geleiteten Mittel geeignet zu sein scheinen, große alpine Abgründe auf solche Abhänge zu reduzieren, die es ihnen ermöglichen würden, eine Pflanzendecke zu tragen oder große Ausmaße zu bedecken entblößte Felsen mit Erde und pflanzte darauf einen Waldbestand. Aber unter den Geheimnissen, die die Wissenschaft noch zu enthüllen hat, gibt es möglicherweise noch unentdeckte Methoden, um noch größere Wunder zu vollbringen. Mechanische Philosophen haben die Möglichkeit vorgeschlagen, einige der größeren Naturkräfte, die die Wirkung der Elemente mit so erstaunlicher Energie hervorbringt, für den menschlichen Gebrauch anzusammeln und zu hüten. Könnten wir die Kraft sammeln, binden und unserer Kontrolle unterwerfen, die ein westindischer Hurrikan in einem kleinen Gebiet in einer kontinuierlichen Böe ausübt, oder den Schwung, den die Wellen in einem stürmischen Winter auf den Wellenbrecher von Cherbourg ausüben? [31] oder die Auftriebskraft der Gezeiten für einen Monat an der Spitze der Bay of Fundy, oder der Druck einer Quadratmeile Meerwasser in einer Tiefe von fünftausend Klaftern, oder ein Moment der Macht eines … Ob ein Erdbeben oder ein Vulkan, unser Zeitalter – das allein durch den Glauben keine Berge versetzt und sie ins Meer wirft – hofft vielleicht, die schroffen Wände der Alpen, der Pyrenäen und des Taurusbergs zu durchbrechen und sie wieder in eine so reiche Vegetation zu hüllen wie die von ihre unberührten Wälder und verwandeln ihre zehrenden Wildbäche in erfrischende Bäche. [32]

Könnte diese alte Welt, die der Mensch gestürzt hat, wieder aufgebaut werden, könnte menschliche List ihre verwüsteten Hügel und ihre verlassenen Ebenen vor der Einsamkeit oder der bloßen Nomadenbesetzung, vor der Unfruchtbarkeit, vor der Nacktheit und vor der Ungesundheit retten und die alte Fruchtbarkeit und Gesundheit der Welt wiederherstellen? Die etruskische Meeresküste, die Campagna und die Pontinischen Sümpfe, Kalabrien, Sizilien, der Peloponnes und das insulare und kontinentale Griechenland, Kleinasien, die Hänge des Libanon und des Hermon, Palästina, die syrische Wüste, Mesopotamien und die Im Delta des Euphrat, der Cyrenaica, des eigentlichen Afrikas, Numidiens und Mauretaniens könnten die drängenden Millionen Europas noch Platz auf dem östlichen Kontinent finden und der Hauptstrom der Auswanderung würde sich der aufgehenden statt der untergehenden Sonne zuwenden.

Veränderungen wie diese müssen jedoch auf große politische und moralische Umwälzungen in den Regierungen und Völkern warten, die diese Regionen jetzt besitzen, auf eine Beherrschung finanzieller und mechanischer Mittel, über die diese Nationen derzeit nicht verfügen, und auf ein fortgeschritteneres und allgemein verbreiteteres Wissen darüber Prozesse, durch die die Verbesserung von Boden und Klima möglich ist, als es sie heute irgendwo gibt. Bis diese Umstände die Arbeit der geographischen Erneuerung begünstigen, werden die von mir erwähnten Länder, mit hier und da einer lokalen Ausnahme, weiterhin in noch tieferer Trostlosigkeit versinken, und in der Zwischenzeit auch der amerikanische Kontinent, das südliche Afrika und Australien und die kleineren ozeanischen Inseln werden fast die einzigen Schauplätze sein, in denen der Mensch in großem Umfang daran beteiligt ist, das Gesicht der Natur zu verändern.

Festnahme des physischen Verfalls neuer Länder.

So verhältnismäßig kurz die Zeitspanne ist, über die sich die Kolonisierung fremder Länder durch europäische Auswanderer erstreckt, so groß und, wie zu befürchten ist, manchmal irreparabel, ist in den verschiedenen Prozessen, mit denen der Mensch versucht, die jungfräuliche Erde zu unterwerfen, bereits Schaden angerichtet worden; und viele Provinzen , die in den letzten zwei Jahrhunderten zum ersten Mal vom *Homo Sapiens Europæ betreten wurden, beginnen, Anzeichen jenes melancholischen Verfalls zu zeigen, der jetzt so viele Bauern Europas aus ihren Heimatherden vertreibt.* Offensichtlich ist es nicht nur für die Bevölkerung der Staaten, in denen diese Symptome auftreten, von großer Bedeutung, sondern auch für das allgemeine Interesse der Menschheit, dass diesem Verfall Einhalt geboten wird und dass die künftige Arbeit der Land- und Forstwirtschaft aufgehalten wird Die Industrie in Gebieten, die noch im Wesentlichen in ihrem ursprünglichen Zustand verblieben sind, sollte so betrieben werden, dass die weitverbreiteten Schäden verhindert werden, die andernorts durch gedankenlose oder mutwillige Zerstörung der natürlichen Schutzmaßnahmen des Bodens verursacht wurden. Dies kann nur durch die Verbreitung von Wissen zu diesem Thema unter den Klassen erreicht werden, die sich in früheren Zeiten Land unterworfen und bewirtschaftet haben, auf dem sie keine Besitzrechte hatten, die aber in unserer Zeit ihre Wälder, ihre Weiden und ihr Eigentum besitzen Ackerland als ewigen Besitz für sich und die ihren zu betrachten und daher ein starkes Interesse am Schutz ihres Gebietes vor Verfall zu haben.

Formen und Formationen, die am anfälligsten für physischen Abbau sind.

Art und Ausmaß der betrachteten Übel hängen stark vom Klima sowie den natürlichen Formen und der Beschaffenheit der Oberfläche ab. Wenn die Niederschläge, ob groß oder klein, gleichmäßig über die Jahreszeiten verteilt werden, so dass es weder sintflutartige Regenfälle noch dürre Dürren gibt, und wenn außerdem die allgemeine Neigung des Bodens mäßig ist, so dass das Oberflächenwasser abgeführt wird Ohne zerstörerische

Fließgeschwindigkeit und ohne plötzliche Ansammlung in den natürlichen Entwässerungskanälen besteht nur eine geringe Gefahr der Verschlechterung des Bodens infolge der Entfernung von Wald oder anderen Pflanzenbedeckungen, und die natürliche Oberfläche der Erde kann als betrachtet werden im Wesentlichen dauerhaft. Diese Bedingungen sind in Irland, in einem großen Teil Englands, in ausgedehnten Bezirken in Deutschland und Frankreich und glücklicherweise in einem riesigen Teil des Mississippi-Tals und des Beckens der großen amerikanischen Seen gut veranschaulicht viele Teile der Kontinente Südamerika und Afrika.

Zerstörerische Veränderungen treten am häufigsten in Ländern mit unregelmäßiger und gebirgiger Oberfläche sowie in Klimazonen auf, in denen die Niederschläge hauptsächlich auf eine einzige Jahreszeit beschränkt sind und das Jahr in eine feuchte und eine trockene Periode unterteilt ist, wie es während eines großen Teils der Zeit der Fall ist das Osmanische Reich und mehr oder weniger streng das gesamte Mittelmeerbecken. Es ist zum Teil, wenn auch keineswegs ausschließlich, auf topografische und klimatische Ursachen zurückzuführen, dass die Seuche, die die schönsten und fruchtbarsten Provinzen des kaiserlichen Roms heimgesucht hat, Britannien, Germanien, Pannonien und Mœsia, die vergleichsweise unwirtlichen Heimatorte der Barbaren, verschont hat Rassen, die in den Tagen der Cäsaren im zivilisierten Leben zu wenig fortgeschritten waren, um entweder die Macht oder den Willen zu besitzen, diesen Krieg gegen die Ordnung der Natur zu führen, der bisher eine fast untrennbare Voraussetzung für eine hohe soziale Kultur zu sein scheint, und von großen Fortschritten in der bildenden und mechanischen Kunst. [33]

In gebirgigen Ländern hingegen setzen verschiedene Ursachen den Boden ständigen Gefahren aus. Regen und Schnee fallen normalerweise in größerer Menge und mit großer Ungleichmäßigkeit in der Verteilung; Der Schnee auf den Gipfeln sammelt sich viele Monate lang hintereinander an und wird dann nicht selten bei einem einzigen Tauwetter fast vollständig aufgelöst, so dass der gesamte Niederschlag der Monate in wenigen Stunden die Flanken der Berge hinab und durch die Schluchten strömt furche sie; Die natürliche Neigung der Oberfläche begünstigt die Schnelligkeit der sich ansammelnden Ströme des versunkenen Regens und des schmelzenden Schnees, die bald eine fast unwiderstehliche Kraft und Fähigkeit zum Abtransport und zur Fortbewegung erlangen. Der Boden selbst ist weniger kompakt und zäh als der der Ebenen, und wenn der schützende Wald zerstört wurde, wird er durch wenige Fäden und Bänder begrenzt, mit denen die Natur ihn zusammengebunden und an den felsigen Untergrund gebunden hat. Daher legt jeder beträchtliche Regen seine Felswände frei, und die Ströme, die durch das Tauwetter des Frühlings und durch gelegentliche heftige Abflüsse der Sommer- und Herbstregen herabgesendet werden, sind

Meere aus Schlamm und rollenden Steinen, die manchmal Verwüstung anrichten und sich unter ihnen begraben Hektar und sogar Meilen von Weiden, Feldern und Weinbergen. [34]

Physischer Verfall neuer Länder.

Ich habe bemerkt, dass die Auswirkungen menschlichen Handelns auf die Formen der Erdoberfläche nicht immer von solchen unterschieden werden können, die aus geologischen Ursachen resultieren, und dass auch große Unsicherheit hinsichtlich des genauen Einflusses der Rodung und Kultivierung des Bodens besteht anderer ländlicher Betriebe, auf das Klima. Es ist umstritten, ob sich entweder der Mittelwert oder die Extremtemperaturen, die Jahreszeiten oder die Menge oder Verteilung der Niederschläge und der Verdunstung in irgendeinem Land, dessen Annalen bekannt sind, im Laufe der historischen Periode verändert haben. Es besteht in der Tat kein Zweifel daran, dass viele der Tätigkeiten der Pioniersiedler dazu neigen, große Veränderungen der Luftfeuchtigkeit, der Temperatur und der Elektrizität hervorzurufen; Aber wir sind derzeit nicht in der Lage zu bestimmen, inwieweit eine Reihe von Effekten durch eine andere neutralisiert oder durch unbekannte Kräfte kompensiert wird. Diese Frage kann wissenschaftliche Forschung nicht lösen, da die notwendigen Daten fehlen; Aber gut durchgeführte Beobachtungen in Gebieten, die jetzt erstmals von Menschen besetzt sind, in Verbindung mit solchen historischen Beweisen, die noch vorhanden sind, dürften in absehbarer Zeit viel Licht auf dieses Thema werfen.

Australien ist vielleicht das Land, von dem wir das Recht haben, die umfassendste Aufklärung dieser schwierigen und umstrittenen Probleme zu erwarten. Seine Kolonisierung begann erst, als die Naturwissenschaften Gegenstand nahezu allgemeiner Aufmerksamkeit geworden waren, und ist in der Tat so neu, dass die Erinnerung lebender Menschen die wichtigsten Epochen seiner Geschichte umfasst; Die Besonderheiten seiner Fauna, seiner Flora und seiner Geologie sind derart, dass er das lebhafteste Interesse der Anhänger der Naturwissenschaften für ihn geweckt hat. Seine Minen haben seinen Menschen den notwendigen Reichtum beschert, um sich die Mittel zur instrumentellen Beobachtung zu beschaffen, und die Muße, die für die Ausübung wissenschaftlicher Forschung erforderlich ist. und große Gebiete von Urwäldern und natürlichen Wiesen geraten schnell unter die Kontrolle des zivilisierten Menschen. Hier gibt es also größere Möglichkeiten und stärkere Motive für die sorgfältige Untersuchung der fraglichen Themen, als jemals zuvor auf irgendeinem anderen Schauplatz der europäischen Kolonialisierung gefunden wurden.

In Nordamerika begann der Wandel vom natürlichen zum künstlichen Zustand der Erdoberfläche etwa zu der Zeit, als die wichtigsten Instrumente der meteorologischen Beobachtung erfunden wurden. Die ersten Siedler in dem Gebiet, aus dem heute die Vereinigten Staaten und die britisch-amerikanischen Provinzen bestehen, hatten andere Dinge zu tun, als barometrische und thermometrische Messwerte zu tabellieren, aber es gibt noch einige interessante physische Aufzeichnungen aus den frühen Tagen der Kolonien [35], und das gibt es immer noch ein riesiges Stück nordamerikanischen Bodens, wo die Industrie und die Torheit des Menschen bisher kaum nennenswerte Veränderungen hervorgebracht haben. Auch hier können mit den gegenwärtig verbesserten Möglichkeiten der wissenschaftlichen Beobachtung die zukünftigen direkten und zufälligen Auswirkungen menschlicher Arbeit gemessen und solche Vorsichtsmaßnahmen in jenen ländlichen Prozessen getroffen werden, die wir Verbesserungen nennen, um möglicherweise Übel zu mildern bis zu einem gewissen Grad untrennbar mit jedem Versuch verbunden, die Wirkung von Naturgesetzen zu kontrollieren.

Um zu sicheren Schlussfolgerungen zu gelangen, müssen wir zunächst eine genauere Kenntnis der Topographie sowie des gegenwärtigen Oberflächen- und Klimazustands von Ländern erlangen, in denen die natürliche Oberfläche noch mehr oder weniger ungebrochen ist. Dies kann nur durch genaue Vermessungen und durch eine starke Vervielfachung der ohnehin schon so zahlreichen Punkte der meteorologischen Registrierung erreicht werden ; und da darüber hinaus innerhalb kurzer Zeiträume häufig erhebliche Veränderungen im Verhältnis von Wald und bebautem Land oder von trockener und ganz oder teilweise überfluteter Oberfläche stattfinden, ist es höchst wünschenswert, die Aufmerksamkeit von Beobachtern darauf zu lenken, in deren Nähe sich die Lichtung befindet Die Verbesserung des Bodens, die Entwässerung von Seen und Sümpfen oder andere große Arbeiten zur Verbesserung des ländlichen Raums, die durchgeführt werden oder über die nachgedacht wird, sollten nicht nur besonders auf Veränderungen der atmosphärischen Temperatur und des Niederschlags gerichtet werden, sondern auch auf die leichter zu ermittelnden und vielleicht wichtigeren durch diese Vorgänge hervorgerufene lokale Veränderungen der Temperatur und des hygrometrischen Zustands der oberflächlichen Schichten der Erde sowie ihrer spontanen pflanzlichen und tierischen Produkte.

Der rasche Ausbau der Eisenbahnen, der heute überall mit der Besetzung neuen Bodens für landwirtschaftliche Zwecke Schritt hält und manchmal sogar dieser vorausgeht, bietet großartige Möglichkeiten, unser Wissen über die Topographie des von ihnen durchquerten Territoriums zu erweitern, da ihre Strecken die Zusammensetzung und Zusammensetzung offenbaren Die allgemeine Struktur der Oberfläche sowie die Neigung und Höhe ihrer Linien stellen bekannte hypsometrische Abschnitte dar, die zahlreiche Ausgangspunkte für die Messung höherer und niedrigerer Stationen und natürlich für die Bestimmung des Reliefs und der Senkung der Oberfläche sowie der Neigung der Schichten liefern von Wasserläufen und viele andere nicht weniger wichtige Fragen. [37]

Die geologischen, hydrografischen und topografischen Untersuchungen, die fast jede allgemeine und sogar lokale Regierung der zivilisierten Welt durchführt, leisten noch wichtigere Beiträge zu unserem Bestand an geografischen und allgemeinen physikalischen Kenntnissen, und zwar innerhalb eines vergleichsweise kurzen Zeitraums wird eine Ansammlung gut etablierter konstanter und historischer Tatsachen sein, anhand derer wir sicher über alle Aktions- und Reaktionsbeziehungen zwischen Mensch und äußerer Natur schlussfolgern können.

Aber wir brechen auch jetzt noch den Boden und die Wandtäfelung sowie die Türen und Fensterrahmen unserer Behausung auf, um Brennstoff für die Erwärmung unseres Körpers und das Kochen unserer Suppe zu gewinnen, und die Welt kann es sich nicht leisten, zu warten, bis der langsame und sichere Fortschritt der exakten Wissenschaft dies getan hat lehrte es eine bessere Wirtschaft. Viele praktische Lektionen wurden durch die gemeinsame Beobachtung ungeschulter Männer gelernt; und die Lehren der einfachen Erfahrung über Themen, über die die Naturphilosophie bisher kaum gesprochen hat, sind nicht zu verachten.

Auf diesen bescheidenen Seiten, die nicht im Geringsten den Anspruch erheben, zu den wissenschaftlichen Darstellungen der Naturgesetze zu zählen, werde ich versuchen, die wichtigsten praktischen Schlussfolgerungen zu ziehen, die sich aus der Geschichte der Bemühungen des Menschen ergeben, die Erde zu erneuern und zu unterwerfen; und ich werde versuchen, diese Schlussfolgerungen nur durch solche Fakten und Illustrationen zu untermauern, die sich für das Verständnis jedes intelligenten Lesers eignen und die in Werken aufgezeichnet sind, die von Personen, die es nicht genossen haben, gewinnbringend gelesen oder zumindest konsultiert werden können eine besondere wissenschaftliche Ausbildung.

KAPITEL II.

Übertragung, Veränderung und Ausrottung von Pflanzen- und Tierarten.

DIE MODERNE GEOGRAPHIE UMFASST ORGANISCHES LEBEN – ÜBERTRAGUNG PFLANZLICHEN LEBENS – AUSLÄNDISCHE PFLANZEN, DIE IN DEN VEREINIGTEN STAATEN ANGEBAUT WERDEN – AMERIKANISCHE PFLANZEN WACHSEN IN EUROPA – ARTEN DER EINFÜHRUNG AUSLÄNDISCHER PFLANZEN – GEMÜSE, WIE BEEINFLUßT SICH DIE ÜBERTRAGUNG AUF AUSLÄNDISCHE BÖDEN – AUSSTRÖNUNG VON GEMÜSE – URSPRUNG VON HAUSPFLANZEN – ORGANISCHES LEBEN ALS GEOLOGISCHE UND GEOGRAFISCHE AGENTUR – URSPRUNG UND ÜBERTRAGUNG VON HAUSTIEREN – AUSRÜSTUNG VON TIEREN – ZAHL DER VÖGEL IN DEN VEREINIGTEN STAATEN – VÖGEL ALS SÄER UND VERBRAUCHER VON SAMEN UND ALS ZERSTÖRER VON INSEKTEN – VERRINGERUNG UND AUSRÜSTUNG VON VÖGELN – EINFÜHRUNG VON VÖGELN – NÜTZLICHKEIT VON INSEKTEN UND WÜRMERN – EINFÜHRUNG VON INSEKTEN – VERTÖNUNG VON INSEKTEN – REPTILIEN – VERTÖNUNG VON FISCHEN – EINFÜHRUNG UND ZUCHT VON FISCHEN – AUSDRÜCKUNG VON WASSERTIEREN – MINUTE ORGANISMEN.

Die moderne Geographie umfasst organisches Leben.

Es handelte sich um eine enge Sichtweise der Geographie, die diese Wissenschaft auf die Abgrenzung der Erdoberfläche und der Umrisse sowie auf die Beschreibung der relativen Lage und Größe von Land und Wasser beschränkte. In seiner verbesserten Form umfasst es nicht nur den Globus selbst, sondern auch die Lebewesen, die auf ihm vegetieren oder sich bewegen, die vielfältigen Einflüsse, die sie aufeinander ausüben, die Wechselwirkung und Reaktion zwischen ihnen und der Erde, die sie bewohnen. Selbst wenn das Ende der geographischen Studien nur darin bestünde, Erkenntnisse über die äußeren Formen der mineralischen und flüssigen Massen zu gewinnen, aus denen der Globus besteht, wäre es dennoch notwendig, das Element des Lebens zu berücksichtigen; denn jede Pflanze, jedes Tier ist eine geographische Kraft, der Mensch eine destruktive Kraft, Gemüse und sogar wilde Tiere eine wiederherstellende Kraft. Das rauschende Wasser schwemmt von den Hochebenen über die Erde; Im ersten Moment der Ruhe versucht die Vegetation, sich auf der kahlen

Oberfläche wieder zu etablieren und durch die langsame Ablagerung ihrer Verwesungsprodukte den Boden wieder anzuheben, den der Wildbach abgesenkt hat. Dies ist ein so wichtiges Element des Wiederaufbaus, dass ernsthaft in Frage gestellt wurde, ob die Vegetation insgesamt nicht ebenso viel dazu beiträgt, das Niveau der Oberfläche zu erhöhen wie das Wasser.

Immer wenn der Mensch eine Pflanze aus ihrem natürlichen Lebensraum auf einen neuen Boden gebracht hat, hat er eine neue geographische Kraft eingeführt, die auf sie einwirkt, und dies im Allgemeinen auf Kosten eines einheimischen Wachstums, das das fremde Gemüse verdrängt hat. Die neuen und alten Pflanzen sind selten äquivalent zueinander, und der Ersatz eines einheimischen Baumes, Strauchs oder Grases durch eine exotische Pflanze erhöht oder verringert die relative Bedeutung des pflanzlichen Elements in der Geographie des Landes, in dem es sich befindet ENTFERNT. Außerdem sät der Mensch, um zu ernten. Die Produkte der landwirtschaftlichen Industrie dürfen nicht auf dem Boden verfaulen und ihn so durch eine jährliche Schicht neuen Schimmels anheben. Sie werden gesammelt, über größere oder kleinere Entfernungen transportiert, und nachdem sie ihren Zweck in der menschlichen Wirtschaft erfüllt haben, gehen sie bei der endgültigen Zersetzung ihrer Elemente neue Verbindungen ein und werden nur zu einem geringen Anteil in den Boden zurückgeführt, auf dem sie sich befinden wuchs. Die Wurzeln der Gräser und vieler anderer Kulturpflanzen verbleiben jedoch gewöhnlich in der Erde und verrotten dort und tragen dazu bei, ihre Oberfläche zu erhöhen, wenn auch sicherlich nicht in demselben Maße wie der Wald.

Das Gemüse, das an die Stelle der Bäume getreten ist, erfüllt zweifellos viele der gleichen Funktionen. Sie strahlen Wärme aus, sie kondensieren die Feuchtigkeit der Atmosphäre, sie wirken auf die chemische Zusammensetzung der Luft ein, ihre Wurzeln dringen tiefer in die Erde ein, als allgemein angenommen wird, und bilden ein unentwirrbares Labyrinth aus Fäden, die den Boden zusammenhalten und ihn verhindern Erosion durch Wasser. Auch die breitblättrigen ein- und mehrjährigen Pflanzen beschatten den Boden und verhindern, dass durch Wind und Sonne Feuchtigkeit von der Oberfläche verdunstet. [38] In einem bestimmten Wachstumsstadium ist Grasland wahrscheinlich ein energiereicherer Strahler und Kondensator als selbst der Wald, aber diese kraftvolle Wirkung wird in ihrer vollen Intensität nur für ein paar Tage ausgeübt, während Bäume diese Funktionen weiterhin ausüben unverminderte Kraft, viele Monate hintereinander. Im Großen und Ganzen scheint es ziemlich sicher zu sein, dass kein kultivierter Boden so wirksam ist, klimatische Extreme abzumildern oder geographische Flächen und Umrisse zu bewahren, wie der Boden, den die Natur selbst gepflanzt hat.

Übertragung pflanzlichen Lebens.

Es gehört zur Pflanzen- und Tiergeographie, die fast schon Wissenschaften für sich sind, im Detail darzulegen, was der Mensch getan hat, um die Verbreitung der Pflanzen und des belebten Lebens zu verändern und den Aspekt der organischen Natur zu revolutionieren; Aber einige der wichtigeren Fakten zu diesem Thema können hier sinnvollerweise vorgestellt werden. Es wird angenommen, dass die meisten in Europa und den Vereinigten Staaten angebauten Obstbäume, und wenn man sich auf die Aussagen von Plinius und anderen antiken Naturforschern verlassen kann, von vielen von ihnen historisch bekannt sind und ihren Ursprung in den gemäßigten Klimazonen Asiens haben. Es wurde angenommen, dass die Weintraube nur in den Regionen am östlichen Ende des Schwarzen Meeres wirklich heimisch ist, wo sie sich heute, insbesondere an den Ufern des Rion, dem antiken Phasis, spontan vermehrt und in beispielloser Üppigkeit wächst. [39] Einige Rebsorten scheinen jedoch in Europa beheimatet zu sein, und viele Rebsorten sind schon zu lange als in allen Teilen der Vereinigten Staaten verbreitet bekannt, als dass man annehmen könnte, dass sie alle von europäischen Kolonisten eingeführt wurden. [40]

Es ist eine interessante Tatsache, dass der Handel – oder zumindest der Seehandel – sowie die landwirtschaftliche und mechanische Industrie der Welt zu einem sehr großen Teil von pflanzlichen und tierischen Produkten abhängig sind, die den alten Griechen und Römern kaum oder gar nicht bekannt waren und jüdische Zivilisation. In vielen Fällen stammt der Hauptlieferant dieser Artikel aus Ländern, in denen sie wahrscheinlich heimisch sind und in denen sie noch immer fast ausschließlich angebaut werden; aber in vielen anderen wurden die Pflanzen oder Tiere, von denen sie abgeleitet sind, vom Menschen in die Regionen eingeführt, die sich heute durch ihre erfolgreichste Kultivierung auszeichnen, und das auch noch in verhältnismäßig kurzer Zeit, oder mit anderen Worten, innerhalb von zwei oder drei Jahren Jahrhunderte.

Ausländische Pflanzen, die in den Vereinigten Staaten angebaut werden.

Laut Bigelow verfügten die Vereinigten Staaten am 1. Juni 1860 in runden Zahlen über 163.000.000 Acres bebautes Land, wobei die Menge in den nächsten zehn Jahren um 50.000.000 Acres vergrößert worden war. [41] Ganz zu schweigen von weniger wichtigen Feldfrüchten: Dieses Land produzierte in dem am zuletzt genannten Tag endenden Jahr in runden Zahlen 171.000.000 Scheffel Weizen, 21.000.000 Scheffel Roggen, 172.000.000 Scheffel Hafer, 15.000.000 Scheffel Erbsen und Bohnen, 16.000.000 Scheffel Gerste, Obstgartenfrüchte im Wert von 20.000.000 US-Dollar, 900.000 Scheffel Kleesamen, 900.000 Scheffel anderer Grassamen, 104.000 Tonnen Hanf, 4.000.000 Pfund Flachs und 600.000 Pfund Leinsamen. Diese Gemüsepflanzen waren in der alten europäischen

Landwirtschaft bekannt, wurden jedoch alle nach dem Ende des 16. Jahrhunderts in Nordamerika eingeführt.

Von den Früchten der Agrarindustrie, die den Griechen und Römern unbekannt waren oder von ihnen zu wenig genutzt wurden, um von kommerzieller Bedeutung zu sein, produzierten die Vereinigten Staaten im selben Jahr 187.000.000 Pfund Reis, 18.000.000 Scheffel Buchweizen und 2.075.000.000 Pfund Entkörnung Baumwolle, [42] 302.000.000 Pfund Rohrzucker, 16.000.000 Gallonen Zuckerrohrmelasse, 7.000.000 Gallonen Sorghummelasse, alles aus Gemüse, das innerhalb von zweihundert Jahren in dieses Land eingeführt wurde, und – mit Ausnahme von Buchweizen, dessen Herkunft ungewiss ist und Baumwolle – alle direkt oder indirekt aus Ostindien; außerdem aus einheimischen Pflanzen, die der alten Landwirtschaft unbekannt waren, 830.000.000 Scheffel Mais oder Mais, 429.000.000 Pfund Tabak, 110.000.000 Scheffel Kartoffeln, 42.000.000 Scheffel Süßkartoffeln, 39.000.000 Pfund Ahornzucker und 2.000.000 Gallonen Ahornmelasse. Zu all dem müssen wir noch 19.000.000 Tonnen Heu hinzufügen, das teils aus neuen, teils aus seit langem bekannten, teils aus exotischen, teils aus einheimischen Kräutern und Gräsern gewonnen wird, sowie eine unberechenbare Menge Gartengemüse, hauptsächlich europäischen oder asiatischen Ursprungs, und viele kleinere Agrarprodukte.

Das Gewicht dieser Ernte eines Jahres würde nicht weniger als 60.000.000 Tonnen betragen – das ist das Elffache der Tonnage der gesamten Schifffahrt der Vereinigten Staaten am Ende des Jahres 1861 – und mit Ausnahme des Ahornzuckers auch des Ahorns Melasse und die Produkte der westlichen Prärieländer und einiger kleiner indianischer Lichtungen, alles wurde innerhalb von etwas mehr als zweihundert Jahren auf Land angebaut, das die europäische Rasse dem Wald abgerungen hatte. Die Bedürfnisse Europas haben in den Kolonien des tropischen Amerikas das Zuckerrohr, die Kaffeepflanze, die Orange und die Zitrone eingeführt, [43] alle orientalischen Ursprungs, und haben den Anbau der beiden erstgenannten in den Ländern, zu denen sie gehören, außerordentlich angeregt Einheimische, und natürlich förderte er landwirtschaftliche Betriebe, die die Geographie dieser Regionen in einem Ausmaß beeinflusst haben müssen, das im Verhältnis zum Umfang, in dem sie betrieben wurden, stand.

Amerikanische Pflanzen, die in Europa angebaut werden.

Amerika hat seine Schulden gegenüber dem östlichen Kontinent teilweise zurückgezahlt. Mais und Kartoffeln sind sehr wertvolle Ergänzungen für die Feldwirtschaft Europas und des Ostens, und die Tomate ist kein geringes Geschenk für die Gemüsegärten der Alten Welt, wenn auch sicherlich kein angemessener Gegenwert für die Vielzahl saftiger Wurzeln und Hülsenfrüchte Die europäischen Kolonisten trugen es mit sich.

[44] Ich wünschte, ich könnte wie einige glauben, dass Amerika nicht allein für die Einführung des schmutzigen Unkrauts, des Tabaks, verantwortlich ist, dessen Konsum die vulgärste und verderblichste Angewohnheit ist, die durch die Halbbarbarei der modernen Zivilisation in die Welt eingepfropft wurde weniger vielfältige Sinnlichkeit des antiken Lebens; [45] Aber das angebliche Vorkommen pfeifenartiger Gegenstände in der Sklavensprache und, wie gesagt wurde, in ungarischen Gräbern ist kaum ein ausreichender Beweis, um diese Rassen der Mitschuld an diesem schweren Vergehen gegen die Mäßigung und die Verfeinerung der modernen Gesellschaft zu überführen.

Arten der Einführung ausländischer Pflanzen.

Neben den von mir erwähnten Gemüsesorten wissen wir, dass in jüngster Zeit viele Pflanzen von geringerem wirtschaftlichen Wert Gegenstand des internationalen Austauschs waren. Busbequius, österreichischer Botschafter in Konstantinopel um die Mitte des 16. Jahrhunderts – dessen Briefe einen der besten Berichte über das türkische Leben enthalten, die bis heute erschienen sind – brachte den Flieder und die Tulpe aus der osmanischen Hauptstadt mit nach Hause. Etwa zur gleichen Zeit führte der Belgier Clusius die Rosskastanie aus dem Osten ein, die seitdem nach Amerika gelangte. Die Trauerweiden Europas und der Vereinigten Staaten sollen aus einem Ableger entstanden sein, den der Dichter Pope aus Smyrna erhalten und von ihm in einem englischen Garten gepflanzt hatte; und die Portugiesen erklären, dass der Stammvater aller europäischen und amerikanischen Orangen ein orientalischer Baum war, der nach Lissabon verpflanzt wurde und noch in der letzten Generation lebte. [46] Die gegenwärtigen Lieblingsblumen der Parterres Europas wurden innerhalb von anderthalb Jahrhunderten aus Amerika, Japan und anderen fernen orientalischen Ländern importiert, und kurz gesagt, es gibt nur wenige Gemüsesorten von landwirtschaftlicher Bedeutung, wenige Zierbäume oder Zierpflanzen, die heute auf den drei zivilisierten Kontinenten nicht mehr verbreitet sind.

Die Statistik der Gemüseauswanderung weist numerische Ergebnisse auf, die für diejenigen, die mit dem Thema nicht vertraut sind, recht überraschend sind. Es wird beschrieben, dass die einsame Insel St. Helena zum Zeitpunkt ihrer Entdeckung im Jahr 1501 etwa sechzig Gemüsearten hervorbrachte, darunter etwa drei oder vier, von denen bekannt ist, dass sie auch anderswo wachsen. Zurzeit zählt die Flora 750 Arten. Humboldt und Bonpland fanden unter den zweifellos einheimischen Pflanzen des tropischen Amerikas nur einkeimblättrige Pflanzen, wobei alle zweikeimblättrigen Pflanzen dieser ausgedehnten Gebiete wahrscheinlich nach der Kolonisierung der Neuen Welt durch Spanien eingeführt wurden.

Die Fähigkeit zur spontanen Fortpflanzung und Fortpflanzung setzt notwendigerweise eine größere Anpassungsfähigkeit innerhalb eines bestimmten Bereichs voraus, als wir sie bei den meisten domestizierten Pflanzen finden, denn es kommt selten vor, dass der Samen einer Wildpflanze in der Zusammensetzung nahezu ähnlich in den Boden fällt und Zustand, zu dem, wo sein Elternteil gewachsen ist, so wie die Böden verschiedener Felder, die künstlich für den Anbau eines bestimmten Gemüses vorbereitet wurden, zueinander sind. Obwohl jede Wildart einen Lebensraum mit einer bestimmten Beschaffenheit beeinträchtigt, zeigt sich, dass sie bei versehentlicher oder absichtlicher Aussaat an einem anderen Ort unter Bedingungen wachsen wird, die denen ihres Geburtsortes völlig unähnlich sind. [47] Cooper sagt: „Wir können nicht mit Sicherheit sagen, dass *eine* Pflanze nirgendwo *unkultivierbar ist* , bis sie ausprobiert wurde." und dies scheint für wilde Vegetation noch mehr zuzutreffen als für domestizierte Vegetation.

Die siebenhundert neuen Arten, die innerhalb von dreieinhalb Jahrhunderten ihren Weg nach St. Helena gefunden haben, wurden sicherlich nicht alle oder auch nur der größte Teil dort absichtlich durch menschliche Kunst gepflanzt, und wenn wir mit der Auswanderung von Pflanzen gut vertraut wären, Wir sollten wahrscheinlich in der Lage sein zu zeigen, dass der Mensch absichtlich weniger Pflanzen in fremde Länder gebracht hat, als er versehentlich eingeführt hat. Folgen Sie nach dem Weizen dem Unkraut, das ihn befällt. Die Unkräuter, die zwischen den Getreidekörnern wachsen, die Schädlinge des Küchengartens, sind in Amerika die gleichen wie in Europa. [48] Das Umkippen eines Wagens oder einer der tausend Unfälle, die dem Auswanderer auf seiner Reise durch die westlichen Ebenen widerfahren, kann dazu führen, dass die Samen, die er für seinen Garten entworfen hat, und die Kräuter, die einen so wichtigen Platz darin einnehmen, auf dem Boden verstreut werden Die rustikale Materia Medica der östlichen Staaten entsteht entlang der Präriepfade, wurde aber gerade von der Karawane der Siedler geöffnet. [49] Der Hortus siccus eines Botanikers kann versehentlich Samen vom Fuß des Himalaya in die Ebenen am Rande der Alpen säen; und es ist eine sehr bekannte Beobachtung, dass Exoten, die in fremde, für ihr Wachstum geeignete Klimazonen verpflanzt werden, oft aus dem Blumengarten entkommen und sich in der spontanen Vegetation der Weiden einbürgern. Als die Kisten mit den künstlerischen Schätzen von Thorvaldsen im Hof des Museums, in dem sie aufbewahrt werden, geöffnet wurden, wurden das zu ihrer Verpackung verwendete Stroh und Gras auf dem Boden verstreut, und in der nächsten Saison sprossen aus den Samen nicht weniger als zwanzig -Fünf Pflanzenarten der römischen Campagna, von denen einige als neue Hommage an den großen skandinavischen Bildhauer erhalten und kultiviert wurden, und mindestens vier sollen sich spontan in Kopenhagen eingebürgert haben. [50] Im Feldzug von 1814 brachten die russischen

Truppen durch das Füllen ihrer Sättel und auf andere Weise Samen von den Ufern des Dnjepr in das Rheintal und führten sogar Steppenpflanzen in das Tal ein Umgebung von Paris. Die türkischen Armeen brachten bei ihren Einfällen in Europa orientalisches Gemüse mit und ließen die Samen orientalischer Mauerpflanzen auf den Stadtmauern von Buda und Wien wachsen. [51] Die Kanadadistel, *Erigeron Canadense* , soll vor zweihundert Jahren in Europa aus einem Samen entstanden sein, der aus der ausgestopften Haut eines Vogels fiel. [52]

Gemüse, wie es durch die Übertragung auf fremde Böden beeinflusst wird.

Gemüse, das im Ausland entweder zufällig oder absichtlich eingebürgert wurde, weist manchmal eine stark gesteigerte Üppigkeit des Wachstums auf. Der europäische Kardon, eine üppige Distel, ist aus den Gärten der spanischen Kolonien am La Plata ausgebrochen, hat eine gigantische Statur angenommen und sich in undurchdringlichen Dickichten über Hunderte von Meilen der Pampa ausgebreitet; und die *Anacharis alsinastrum* , eine Wasserpflanze, die sich in ihrem einheimischen amerikanischen Lebensraum kaum ausbreiten kann, hat ihren Weg in englische Flüsse gefunden und sich in einem solchen Ausmaß ausgebreitet, dass sie ein ernsthaftes Hindernis für den Fluss der Strömung bildete, und sogar dazu Navigation.

Viele Wildpflanzen zeichnen sich nicht nur durch eine bemerkenswerte Anpassungsfähigkeit aus, sondern ihre Samen sind in der Regel auch äußerst zäh und ihre Keimkraft widersteht sehr strengen Prüfungen. Während also die Samen sehr vieler angebauter Gemüsesorten in zwei oder drei Jahren ihre Vitalität verlieren und nur mit großen Vorsichtsmaßnahmen sicher in ferne Länder transportiert werden können, begleiten ihn die Unkräuter, die diese Gemüsesorten befallen, obwohl sie vom Menschen nicht gepflegt werden, weiterhin bei seinen Wanderungen und finden auf jedem Boden, den er besiedelt, ein neues Zuhause. Die Natur kämpft zur Verteidigung ihrer freien Kinder, bekriegt sie jedoch, wenn sie ihre Banner verlassen und sich zahm der Herrschaft des Menschen unterworfen haben. [53]

Die Wildpflanze ist nicht nur viel widerstandsfähiger als das domestizierte Gemüse, sondern das gleiche Gesetz gilt auch im lebendigen Leben von Tieren und sogar im menschlichen Leben. Die Tiere der Jagd sind zu Ausdauer und Entbehrungen fähiger und zäher im Leben als die domestizierten Tiere, die ihnen am ähnlichsten sind. Der Wilde kämpft weiter, nachdem er ein halbes Dutzend tödliche Wunden erlitten hat, von denen die geringste die Kraft seines zivilisierten Feindes sofort gelähmt hätte, und wie das Wildschwein [54] ist bekannt, dass er entlang des Schachts vorwärts drängt des Speers, der seine Eingeweide durchbohrte, und um dem Soldaten, der ihn schwang, den Todesstoß zu versetzen.

Gewiss, domestizierte Pflanzen können sich allmählich daran gewöhnen, ein gewisses Maß an Hitze oder Kälte zu ertragen, das sie in ihrem wilden Zustand nicht vertragen hätten; Der ausgebildete englische Rennfahrer übertrifft das schnellste Pferd der Pampa oder Prärie, vielleicht sogar den weniger systematisch ausgebildeten Renner des Arabers. Die Kraft des Europäers ist laut Dynamometer größer als die des Neuseeländers. Aber all dies sind Beispiele einer übermäßigen Entwicklung bestimmter Fähigkeiten und Fertigkeiten auf Kosten der allgemeinen Lebenskraft. Setzen Sie ungezähmte und domestizierte Lebensformen gemeinsam einer ganzen Reihe von physischen Bedingungen aus, die den früheren Gewohnheiten beider gleichermaßen fremd sind, so dass jede Widerstands- und Anpassungskraft zum Einsatz kommt und die wilde Pflanze oder das wilde Tier eine Weile leben wird die Gezähmten werden zugrunde gehen.

Die salzhaltige Atmosphäre des Meeres ist sowohl für Samen als auch für sehr viele junge Pflanzen besonders schädlich, und erst vor kurzem wurde der Transport einiger sehr wichtiger Gemüsesorten über den Ozean durch die Erfindung von Wards luftdichten Glaskästen möglich. Auf diese Weise wurde eine große Zahl der Bäume, die die Rinde des Jesuitenproduzenten produzieren, erfolgreich aus Amerika in die britischen Besitzungen im Osten verpflanzt, wo man hofft, dass sie vollständig eingebürgert werden.

Aussterben von Gemüse.

So beklagenswert die Übel auch sind, die durch die allzu allgemeine Abholzung der Wälder in der Alten Welt entstehen, so glaube ich doch, dass es nicht zufriedenstellend erscheint, dass auf dem östlichen Kontinent bisher irgendeine einheimische Waldbaumart vom Menschen ausgerottet wurde. Die in Mooren gefundenen Wurzeln, Stümpfe, Stämme und Blätter gelten als zu noch existierenden Arten gehörend. Abgesehen von einigen wenigen Fällen, in denen es historische Beweise dafür gibt, dass ausländisches Material verwendet wurde, ist das Holz der ältesten europäischen Gebäude und sogar der Seesiedlungen der Schweiz offensichtlich das Produkt von Bäumen, die in oder in der Nähe der Länder, in denen solche architektonischen Überreste vorhanden sind, noch häufig vorkommen werden gefunden; Auch die ägyptischen Katakomben selbst haben uns nicht die frühere Existenz von Wäldern offenbart, die uns heute nicht als das Wachstum noch lebender Bäume bekannt sind. [55] Es wird jedoch gesagt, dass die Eibe, *Taxus baccata* , die früher in England, Deutschland und − wie wir aus Theophrastus schließen dürfen − in Griechenland sehr verbreitet war, aus dem letztgenannten Land fast vollständig verschwunden ist, und scheint in Deutschland aussterben. Das Holz der Eibe übertrifft das aller anderen europäischen Bäume in puncto Dichte und Feinheit der Maserung, und es ist bekannt für seine Elastizität, die es einst zu einem so großen Favoriten der englischen Bogenschützen machte. Es ist bei Holzschnitzern und

Drechslern sehr gefragt, und die Nachfrage erklärt teilweise seine zunehmende Knappheit. Es ist auch erwähnenswert, dass kein Insekt auf ihn als Nahrung oder Unterschlupf angewiesen ist oder bei seiner Fruchtbildung hilft, kein Vogel sich von seinen Beeren ernährt – letzteres ist ein Umstand von einiger Bedeutung, weil der Baum daher ein gemeinsames Mittel zur Fortpflanzung oder Verbreitung benötigt so viele andere Pflanzen. Es wird jedoch behauptet, dass die Fortpflanzungskraft der Eibe erschöpft sei und sie sich nicht mehr ohne weiteres durch natürliche Aussaat ihrer Samen oder durch künstliche Methoden vermehren könne. Wenn weitere Untersuchungen und sorgfältige Experimente diese Tatsache beweisen sollten, wird es weit gehen, zu zeigen, dass eine klimatische Veränderung, deren Charakter für das Wachstum der Eibe ungünstig ist, tatsächlich in Deutschland stattgefunden hat, auch wenn dies noch nicht durch instrumentelle Beobachtungen nachgewiesen wurde Der wahrscheinlichste Grund für eine solche Veränderung wäre die Verkleinerung der von Wäldern bedeckten Fläche.

Der Fleiß des Menschen soll bei der lokalen Ausrottung schädlicher oder nutzloser Gemüsesorten in China so erfolgreich gewesen sein, dass es mit Ausnahme einiger Wasserpflanzen in den Reisfeldern manchmal unmöglich ist, ein einziges Unkraut in einer ausgedehnten Fläche zu finden Bezirk; und der verstorbene bedeutende Landwirt, Mr. Coke, soll vergeblich eine beträchtliche Belohnung für die Entdeckung eines Unkrauts in einem großen Weizenfeld auf seinem Anwesen in England ausgesetzt haben. In diesen Fällen gibt es jedoch keinen Grund anzunehmen, dass sorgfältige Landwirtschaft mehr bewirkt hat, als die Schädlinge der Landwirtschaft in einem verhältnismäßig begrenzten Gebiet auszurotten, und die Herzmuschel und die Herzmuschel werden den schlampigen Landwirt wahrscheinlich genauso lange plagen wie das Getreide Körner segnen ihn weiterhin. [56]

Herkunft heimischer Pflanzen.

Eine der wichtigsten und gleichzeitig schwierigsten Fragen im Zusammenhang mit unserem Thema ist: Wie weit können wir unsere Getreidekörner, unsere saftigen Zwiebeln und Wurzeln und die vermehrten Baumfrüchte unserer Gärten als künstlich verändert betrachten? und verbesserte Formen wilder, sich selbst vermehrender Vegetation. In den Erzählungen botanischer Reisender wurde oft die Entdeckung der ursprünglichen Form und des Lebensraums domestizierter Pflanzen verkündet, und in wissenschaftlichen Fachzeitschriften wurden die Experimente beschrieben, mit denen die Identität bestimmter Wild- und Kulturgemüsearten geklärt werden soll. Es wird jedoch mit Sicherheit bestätigt, dass Mais und Kartoffeln – von denen wir annehmen müssen, dass sie erst viel später angebaut wurden als die Brotsorten und die meisten anderen köstlichen Gemüsesorten Europas und des Ostens – in Spanisch-

Amerika wild vorkommen und sich selbst vermehren in Formen, die für den normalen Betrachter nicht als identisch mit dem bekannten Mais und Knollen der modernen Landwirtschaft erkennbar sind. Kürzlich wurde aufgrund scheinbar sehr überzeugender Beweise behauptet, dass die *Ægilops ovata* , eine in Südfrankreich wild wachsende Pflanze, tatsächlich in Weichweizen umgewandelt worden sei; aber nach einer Wiederholung der Experimente erklärten spätere Beobachter, dass die scheinbare Veränderung nur ein Fall vorübergehender Hybridisierung oder Befruchtung durch den Pollen von echtem Weizen war und dass das Gras, das angeblich in Weizen umgewandelt wurde, als solches nicht fortbestehen konnte sein eigener Samen.

Die sehr großen Veränderungen, die Kulturpflanzen ständig unter unseren Augen erfahren, und die zahlreichen Sorten und Rassen, die unter ihnen entstehen, unterstützen sicherlich die Lehre, dass jedes domestizierte Gemüse, wie sehr es auch für Wachstum und Vermehrung in seiner gegenwärtigen Form auf menschliche Pflege angewiesen ist, könnte tatsächlich durch eine lange Abfolge von Veränderungen von einer wilden Pflanze abgeleitet worden sein, die ihr heute nicht mehr sehr ähnelt. Aber es ist in jedem Fall eine Beweisfrage. Der einzige zufriedenstellende Beweis dafür, dass eine bestimmte Wildpflanze mit einem bestimmten Garten- oder Feldgemüse identisch ist, ist die experimentelle Prüfung, das tatsächliche Züchten der einen aus dem Samen der anderen oder die Umwandlung der einen in die andere durch Transplantation usw Änderung der Bedingungen. Es wird kaum bestritten, dass Getreide oder andere Pflanzen, die als menschliche Nahrung oder als Objekte der Agrarindustrie wichtig sind, unkultiviert in der gleichen Form und mit den gleichen Eigenschaften existieren und sich vermehren, wie wenn sie durch menschliche Kunst gesät und gezüchtet werden. [57] Tatsächlich kommt es selten vor, dass die Identität einer Wildpflanze mit einer domestizierten Pflanze von den besten Autoritäten als schlüssig festgestellt angesehen wird, und wir haben das Recht, nur wenige der letzteren als historisch bekannt oder experimentell bewiesen zu bestätigen Tatsache, dass sie jemals unabhängig vom Menschen existierten oder existieren könnten. [58]

Organisches Leben als geologische und geografische Agentur.

Der quantitative Wert des organischen Lebens als geologischer Faktor scheint umgekehrt proportional zum Volumen des einzelnen Organismus zu sein; Denn die Natur liefert durch Zahlen, was an der Masse der Pflanze oder des Tieres fehlt, aus deren Überresten oder Strukturen sie Schichten bildet, die ganze Provinzen bedecken, und aus den Tiefen des Meeres große Inseln, wenn nicht sogar Kontinente, aufbaut. Tatsächlich gibt es in der Nähe der

Mündungen der großen sibirischen Flüsse, die in das Polarmeer münden, Treibinseln, die zu einem unglaublich großen Teil aus Knochen und Stoßzähnen von Elefanten, Mastodonten und anderen riesigen Dickhäutern und vielem mehr bestehen Umfangreiche Höhlen in verschiedenen Teilen der Welt sind zur Hälfte mit Skeletten von Vierbeinern gefüllt, die manchmal lose in der Erde liegen, manchmal durch eine Kalkablagerung oder anderes Bindematerial zu einer knöchernen Brekzie zusammengeklebt sind. Obwohl diese Überreste großer Tiere in vergleichsweise späten Formationen gefunden wurden, gehören sie im Allgemeinen zu ausgestorbenen Arten, und ihre modernen Verwandten oder Vertreter existieren nicht in ausreichender Zahl, um aufgrund der bloßen Masse ihrer Skelette von nennenswerter Bedeutung für die Geologie oder Geographie zu sein. [59] Aber die pflanzlichen Produkte, die bei ihnen und in seltenen Fällen in den Mägen einiger von ihnen gefunden werden, stammen von noch existierenden Pflanzen; und neben diesen Beweisen die jüngste Entdeckung von Kunstwerken menschlicher Kunst, die neben fossilen Knochen abgelegt wurden, und zwar offensichtlich zur gleichen Zeit und von derselben Agentur, die diese letzteren begraben hat – ganz zu schweigen von angeblichen menschlichen Knochen, die in denselben Schichten gefunden wurden – beweist, dass die Tiere, deren frühere Existenz sie bezeugen, zeitgleich mit dem Menschen waren und möglicherweise sogar von ihm ausgerottet wurden. [60] Ich beabsichtige nicht, auf die heikle Frage einzugehen, ob die existierenden Rassen des Menschen genealogisch mit diesen alten Typen der Menschheit verbunden sind, und ich verweise auf diese Tatsachen nur, um zu verdeutlichen, dass der Mensch in seiner frühesten bekannten Form existierte Er war wahrscheinlich eine zerstörerische Macht auf der Erde, wenn auch vielleicht nicht so nachdrücklich wie seine gegenwärtigen Vertreter.

Die größeren wilden Tiere sind heute in keiner Gegend zahlreich genug, um mit ihren Überresten ausgedehnte Ablagerungen zu bilden; aber sie haben dennoch eine gewisse geografische Bedeutung. Wenn es um die unzähligen großen, grasenden und grasenden Vierbeiner geht, die über die Ebenen des südlichen Afrikas ziehen – und deren Tötung zu Tausenden für angeblich zivilisierte Jäger eine wilde Freude und einen brutalen Triumph darstellt –, wenn es um die Herden der amerikanischen Bisons geht, die Es gibt Hunderttausende davon, sie bewirken keine sichtbaren Veränderungen in der Form der Erdoberfläche, sie haben zumindest einen immensen Einfluss auf das Wachstum und die Verbreitung des Pflanzenlebens und natürlich indirekt auf alle physikalischen Bedingungen von Boden und Klima zwischen denen und der Vegetation eine gegenseitige Abhängigkeit besteht.

Der Einfluss wilder Vierbeiner auf das Pflanzenleben ist wenig erforscht und es wurden nicht viele diesbezügliche Tatsachen dokumentiert, aber soweit bekannt, scheint er eher konservativ als schädlich zu sein. [61] Nur wenige von ihnen sind für ihren Lebensunterhalt auf pflanzliche Produkte angewiesen, die nur durch die Zerstörung der Pflanze gewonnen werden können, und sie scheinen ihren Verzehr fast ausschließlich auf die jährliche Ernte von Blättern oder Zweigen oder zumindest Teilen des Gemüses zu beschränken leicht reproduziert. Wenn es Ausnahmen von dieser Regel gibt, dann in Fällen, in denen die Anzahl der Tiere so im Verhältnis zur Fülle der Pflanze steht, dass keine Gefahr der Ausrottung der Pflanze durch die Gier des Vierbeiners oder der Ausrottung besteht des Vierbeiners von der Knappheit der Pflanze. In der Ernährung und den natürlichen Bedürfnissen ähnelt der Bison dem Ochsen, der Steinbock und die Gämse gleichen sich der Ziege und dem Schaf an; Aber während das wilde Tier im Garten der Natur keine destruktive Kraft zu sein scheint, sind es seine heimischen Verwandten in besonderem Maße. Dies liegt zum Teil an der Änderung der Gewohnheiten, die sich aus der Domestizierung und dem Umgang mit dem Menschen ergibt, und zum Teil auch damit, dass die Zahl der zurückgewonnenen Tiere nicht durch das natürliche Verhältnis von Nachfrage und spontanem Angebot bestimmt wird, das die Vermehrung wilder Tiere reguliert, sondern durch die Bequemlichkeit des Menschen, der in vergleichsweise wenigen Dingen der Kontrolle über die rein physischen Vorkehrungen der Natur zugänglich ist. Wenn das domestizierte Tier der menschlichen Herrschaft entkommt, wie im Fall des Ochsen, des Pferdes, der Ziege und vielleicht des Esels – was meines Wissens die einzigen gut bewiesenen Beispiele für die vollständige Emanzipation der Hausvierbeiner sind – er wird wieder zu einem widerstandslosen Subjekt der Natur, und seine gesamte Wirtschaft unterliegt denselben Gesetzen wie die seiner Mitmenschen, die nie von Menschen versklavt wurden; aber solange er einem menschlichen Herrn gehorcht, ist er ein Helfer in dem Krieg, den sein Herr ständig gegen alle Lebewesen führt, außer denen, die er zur willigen Knechtschaft zähmen kann.

Anzahl der Vierbeiner in den Vereinigten Staaten.

Die Zivilisation ist so eng mit bestimmten minderwertigen Formen des Tierlebens verbunden, wenn nicht sogar von ihnen abhängig, dass der kultivierte Mensch es nie versäumt hat, sich auf all seinen Wanderungen mit einigen dieser bescheidenen Begleiter zu begleiten. Der Ochse, das Pferd, das Schaf und sogar der vergleichsweise nutzlose Hund und die Katze sowie mehrere Geflügelarten werden von jeder Auswandererkolonie freiwillig transportiert, und sie vermehren sich bald zu einer Zahl, die die der wilden Gattungen bei weitem übertrifft ihnen entsprechend. [62] Laut der Volkszählung der Vereinigten Staaten von 1860 [63] betrug die Gesamtzahl der Pferde in allen Staaten der Amerikanischen Union in runden Zahlen 7.300.000; Esel und Maultiere: 1.300.000; vom Ochsenstamm 29.000.000; [64]

Schafe: 25.000.000; und von Schweinen 39.000.000. Der einzige nordamerikanische Vierbeiner, der in seinen Lebensgewohnheiten hinreichend gesellig ist und sich zahlenmäßig hinreichend vermehrt, um wirklich große Herden zu bilden, ist der Bison oder, wie er in Amerika allgemein genannt wird, der Büffel; und dieses Tier ist auf die Prärieregion des Mississippi-Beckens und Nordmexiko beschränkt. Die Ingenieure, die zur Untersuchung der Eisenbahnstrecken zum Pazifik entsandt wurden, schätzten die Zahl einer einzigen Bisonherde, die in den letzten zehn Jahren in den großen Ebenen in der Nähe des oberen Missouri gesichtet wurde, auf nicht weniger als 200.000, und doch ist das Verbreitungsgebiet dieses Tieres beträchtlich Heute ist die Fläche sehr viel kleiner als damals, als sich die Weißen erstmals in den Prärien niederließen. [65] Es muss jedoch angemerkt werden, dass der amerikanische Büffel ein wanderndes Tier ist und dass zur Jahreszeit seiner jährlichen Reisen der gesamte Bestand eines riesigen Weidelandes in einer einzigen Armee versammelt ist, die bei oder zu sehen ist ganz in der Nähe eines Punktes, nur für ein paar Tage während der gesamten Saison. Daher besteht die Gefahr eines großen Fehlers bei der Schätzung der Zahl der Bisons in einem bestimmten Bezirk anhand der Größe der Herden, die zu oder etwa zur gleichen Zeit an einem einzigen Beobachtungsort beobachtet wurden; und im Großen und Ganzen ist es weder bewiesen noch wahrscheinlich, dass der Bison jemals zu irgendeinem Zeitpunkt in Nordamerika so zahlreich war, wie es die heimische Rinderart heute ist. Der Elch, der Elch, der Moschusochse, das Karibu und die kleineren Vierbeiner, die im Volksmund unter dem allgemeinen Namen Hirsch zusammengefasst werden, [66] reichten zwar für die Bedürfnisse einer spärlichen wilden Bevölkerung aus, waren aber zahlenmäßig nie sehr zahlreich, und die Fleischfresser waren es auch Die von ihnen genährten Menschen waren es noch weniger. Es ist fast unnötig hinzuzufügen, dass die Schafe und Ziegen der Rocky Mountains schon immer sehr selten gewesen sein müssen.

Zusammenfassend lässt sich also sagen, dass die wilden Vierbeiner Nordamerikas, selbst wenn sie am zahlreichsten waren, im Vergleich zu ihren einheimischen Nachfolgern wenige waren, dass sie viel weniger pflanzliche Nahrung benötigten und daher geografisch weit weniger wichtig waren Elemente als die vielen Millionen Huf- und Hornvieh, die jetzt von zivilisierten Menschen auf demselben Kontinent gefüttert werden.

Herkunft und Übertragung heimischer Vierbeiner.

Über den Ursprung unserer Haustiere wissen wir historisch nichts, da ihre Domestizierung in die Zeit fällt, die der geschriebenen Geschichte vorausgeht; Obwohl sie nicht alle eindeutig mit heute lebenden Wildtieren identifiziert werden können, ist es doch anzunehmen, dass sie aus einem ursprünglich wilden Zustand zurückgewonnen wurden. Antike Annalisten haben uns weniger Daten über die Einführung von Haustieren in neue Länder als über die Transplantation von heimischem Gemüse überliefert. Ritter hat in seinem gelehrten Aufsatz über das Kamel gezeigt, dass dieses Tier von den Ägyptern erst in einer vergleichsweise späten Zeit ihrer Geschichte eingesetzt wurde; dass er den Karthagern bis nach dem Untergang ihres Staates unbekannt war; und dass sein erster Auftritt in Westafrika noch jünger ist. Das baktrische Kamel wurde sicherlich im dritten oder vierten Jahrhundert von den Goten aus Kleinasien an die Nordküste des Schwarzen Meeres gebracht. [67] Das arabische einhöckrige Kamel oder Dromedar wurde auf die Kanarischen Inseln gebracht, teilweise in Australien, Griechenland, Spanien und sogar in der Toskana eingeführt, in Venezuela erfolglos experimentiert und schließlich von der amerikanischen Regierung dorthin importiert Texas und New Mexico, wo es das Klima und die Pflanzenprodukte vorfindet, die seinen Bedürfnissen am besten entsprechen, und verspricht, ein sehr nützliches Mittel zur Förderung der besonderen Zivilisation zu werden, für die diese Regionen geeignet sind. In Amerika gab es keinen domestizierten Vierbeiner, sondern eine Hundeart, den Lama-Stamm, und in gewissem Maße den Bison oder Büffel. [68] Natürlich verdankt es das Pferd, den Esel, den Ochsen, das Schaf, die Ziege und das Schwein, wie auch Australien, der europäischen Kolonisierung. Das moderne Europa hat bei der Einfuhr neuer Tiere bisher nicht viel erreicht, obwohl einige interessante Aufsätze verfasst wurden. Das Rentier wurde vor etwa einem Jahrhundert erfolgreich in Island eingeführt, während ähnliche Versuche etwa zur gleichen Zeit in Schottland scheiterten. Die Kaschmir- oder Thibet-Ziege wurde vor einer Generation nach Frankreich gebracht und hat dort großen Erfolg. Dieselbe oder eine verwandte Art und der Asiatische Büffel wurden um das Jahr 1850 nach South Carolina gebracht, und es wird angenommen, dass sich zumindest erstere in den Vereinigten Staaten wahrscheinlich von dauerhaftem Wert erweisen wird. Der Yak oder tatarische Ochse scheint in Frankreich zu gedeihen, und die jüngsten Bemühungen, das südamerikanische Alpaka in Europa einzuführen, waren erfolgreich.

Ausrottung der Vierbeiner.

Obwohl es dem Menschen immer gelingt, die größeren wilden Vierbeiner, die er nicht gewinnbringend domestizieren kann, erheblich zu vernichten, und vielleicht sogar dazu bestimmt ist, sie letztendlich auszurotten, schwankt ihre Zahl doch oft, und selbst wenn sie fast ausgestorben zu sein scheinen, nehmen sie manchmal plötzlich und ohne Absicht zu Schritte unternommen, um ein solches Ergebnis seinerseits zu fördern. Während der Kriege nach der Französischen Revolution vermehrte sich der Wolf in vielen Teilen Europas, teils weil die Jäger aus den Wäldern abgezogen wurden, um ein edleres Wild zu jagen, teils weil die Körper getöteter Männer und Pferde diesen gefräßigen Vierbeiner mit reichlicher Nahrung versorgten Essen. Nach der allgemeinen Entwaffnung der Landbevölkerung durch die russische Regierung kam es in Polen wieder zu einer größeren Zahl desselben Tieres. Wenn die Jäger andererseits den Wolf verfolgen, vermehren sich die grasfressenden wilden Vierbeiner und fördern so wiederum die Vermehrung ihres großen vierfüßigen Zerstörers, indem sie die Versorgung mit seiner Nahrung erhöhen. Solange das Fell des Bibers in großem Umfang als Material für feine Hüte verwendet wurde, war es sehr teuer, und die Jagd auf diesen Vierbeiner war so heftig, dass Naturforscher sein baldiges Aussterben befürchteten. Als ein Pariser Hersteller den Seidenhut erfand, der bald fast überall verwendet wurde, ging die Nachfrage nach Biberfellen zurück, und nach diesem Tier – dessen Gewohnheiten, wie wir gesehen haben, eine wichtige Rolle bei der Entstehung von Mooren und anderen Veränderungen spielen der Waldnatur – begann sofort zuzunehmen, tauchte an Orten wieder auf, die er schon lange verlassen hatte, und kann nicht mehr als selten genug angesehen werden, um unmittelbar von der Ausrottung bedroht zu sein. So hat die Bequemlichkeit oder Launenhaftigkeit der Pariser Mode unbewusst einen Einfluss ausgeübt, der die physische Geographie eines fernen Kontinents spürbar beeinflussen kann.

Seit der Erfindung des Schießpulvers sind einige Vierbeiner aus vielen europäischen und asiatischen Ländern, in denen sie früher zahlreich waren, vollständig verschwunden. Der letzte Wolf wurde vor zweihundert Jahren in Großbritannien getötet, und der Bär wurde von dieser Insel noch früher ausgerottet. Der britische Wildochse kommt nur in wenigen englischen und schottischen Parks vor, während in irischen Mooren, die offensichtlich nicht sehr alt sind, Geweihe gefunden werden, die von der früheren Existenz eines Hirsches zeugen, der viel größer ist als jede noch lebende europäische Art. Es wird angenommen, dass der Löwe schon lange nach Beginn der historischen Periode in Kleinasien und Syrien und wahrscheinlich auch in Griechenland und Sizilien gelebt hat, und in den beiden erstgenannten Ländern soll er damals sogar noch nicht ausgestorben sein Zeit der ersten Kreuzzüge. [69] Zwei große grasfressende oder grasende Vierbeiner, der Ur und der Schelk, die einst in Deutschland verbreitet waren, sind völlig ausgestorben, das Elenantilopen und der Auerochse fast schon. Das Nibelungen-Lied, das in der ältesten uns erhaltenen Form etwa aus dem Jahr 1200 stammt, obwohl seine ursprüngliche Komposition zweifellos aus einer früheren Zeit stammt, singt so:

Dann verlangsamte er den Dowghtie Sigfrid,
einen Wisent und einen Elch.

Er erschlug vier kräftige Uroxen und einen
grimmigen und robusten Schelk. [70]

Moderne Naturforscher identifizieren den Elch mit dem Elenantilopen,
den Wisent mit dem Auerochsen. Der Zeitraum, in dem Ur und Schelk
ausstarben, ist nicht bekannt. Der Auerochse überlebte in Preußen bis zur
Mitte des letzten Jahrhunderts, aber sofern er nicht mit einem ähnlichen
Vierbeiner identisch ist, der angeblich im Kaukasus gefunden wurde, kommt
er heute nur noch im russischen Reichswald von Bialowitz vor, wo noch etwa
tausend Exemplare erhalten sind. und in einigen großen Menagerien, wie
zum Beispiel in Schönbrunn bei Wien, wo es 1852 vier Exemplare gab. Das
Elenantilopen, das eng mit dem amerikanischen Wapiti verwandt ist, wenn
nicht sogar dasselbe Tier, wird immer noch in den königlichen Reservaten
Preußens in einer Anzahl von vier- bis fünfhundert Exemplaren gehalten.
Die Gämse wird immer seltener, und der Steinbock oder Steinbock, der einst
in allen Hochalpen verbreitet war, ist heute vermutlich nur noch in den
Cogne-Bergen im Piemont zwischen den Tälern von Dora Baltea und Orco
verbreitet.

Anzahl der Vögel in den Vereinigten Staaten.

Die zahmen Vögel spielen im Landleben eine viel weniger auffällige
Rolle als die Vierbeiner, und in ihren Beziehungen zur Ökonomie der Natur
sind sie von weitaus geringerer Bedeutung als vierfüßige Tiere oder als die
nicht domestizierten Vögel. Der Haustruthahn [71] ist auf dem Territorium
der Vereinigten Staaten wahrscheinlich zahlreicher als der wilde Vogel
derselben Art jemals, und das Raufußhuhn kann zur Zeit seines größten
Vorkommens nicht so viele gezählt haben, wie wir es jetzt zählen die gemeine
Henne. Die Taube muss jedoch in ihrer Zahl weit hinter der Wildtaube
zurückbleiben, und es ist kaum wahrscheinlich, dass die Herden der
Hausgänse und -enten so zahlreich sind wie einst die ihrer wilden
Artgenossen. Tatsächlich scheint sich die Taube einige Jahre nach den ersten
Lichtungen im Wald enorm vermehrt zu haben, weil die Siedler den Habicht
schonungslos bekämpften, während der Getreideanbau und andere
Gemüseanbaugebiete das Nahrungsangebot in der Reichweite der Tauben
vergrößerten Jungvögel, in einem Alter, in dem ihre Flugkraft noch nicht
groß genug ist, um sie in einem weiten Gebiet zu suchen. [72] Von den
frühesten weißen Bewohnern der amerikanischen Staaten wird nicht
beschrieben, dass die Taube die Luft mit solchen Wolken geflügelten Lebens
erfüllt, wie Naturforscher in den Beschreibungen von Audubon in Erstaunen
versetzen, und bis heute ist dies bei Netz und Gewehr der Fall Sein
Vorkommen verringerte sich, so dass sein Auftreten in großer Zahl nur in
großen Zeitabständen dokumentiert wird und es nie in den großen
Schwärmen gesehen wird, die vielen noch lebenden Beobachtern als früher
sehr häufig in Erinnerung geblieben sind.

Vögel als Säer und Konsumenten von Samen und als Vernichter von Insekten.

Wildvögel bilden für sich genommen ein sehr auffälliges und interessantes Merkmal in der *Staffage*, wie Maler es nennen, der natürlichen Landschaft, und sie sind wichtige Elemente in unserer Sicht auf die Geographie, unabhängig davon, ob wir ihren unmittelbaren oder zufälligen Einfluss berücksichtigen. Vögel beeinflussen die Vegetation direkt, indem sie Samen säen und verzehren; Sie wirken sich indirekt darauf aus, indem sie Insekten zerstören, die für das Pflanzenleben schädlich oder in manchen Fällen nützlich sind. Wenn wir also einen Samen säenden Vogel töten, kontrollieren wir die Verbreitung einer Pflanze; Wenn wir einen Vogel töten, der die Samen verdaut, die er verschluckt, fördern wir die Vermehrung eines Gemüses. Die Natur schützt die Samen wilder Pflanzen viel wirksamer als die Samen domestizierter Pflanzen. Die Getreidekörner werden beim Verzehr durch Vögel vollständig verdaut, der Keim der kleineren Steinfrüchte und sehr vieler anderer Wildgemüse wird jedoch durch die natürliche Chemie des Vogelmagens unversehrt, vielleicht sogar zu kräftigerem Wachstum angeregt. Die Flugkraft und die unruhigen Gewohnheiten des Vogels ermöglichen es ihm, schwere Samen über weit größere Entfernungen zu transportieren, als sie der Wind tragen könnte. Ein schnellflügeliger Vogel kann Kirschkerne tausend Meilen von dem Baum entfernt fallen lassen, auf dem sie wachsen; Ein Habicht kann, wenn er eine Taube reißt, den noch frischen Reis, den er verschluckt hatte, in einer Entfernung von zehn Breitengraden aus der Ernte verstreuen, [73] und so das Auftreten ^{isolierter} Pflanzen in Situationen, in denen ihre Anwesenheit nicht anders gut erklärt werden kann, lässt sich leicht erklären. Es gibt eine große Klasse von Samen, die offenbar von Natur aus speziell für die Verbreitung durch Tiere geeignet sind. Ich beziehe mich auf diejenigen, die sich mittels Haken oder durch zähflüssige Säfte an den Mänteln von Vierbeinern und den Federn von Vögeln festsetzen und so dorthin transportiert werden, wo auch immer ihre lebenden Vehikel herumwandern. Auch einige Vögel vergraben Samen absichtlich, allerdings nicht mit der Absicht, die Pflanze direkt zu vermehren, sondern aus scheinbar zweckloser Geheimhaltung oder um Nahrung für die zukünftige Verwendung aufzubewahren.

Ein bedauerlicher weit verbreiteter Irrtum vergrößert den Schaden, den Wildvögel den Getreide- und Hülsenfrüchtekulturen zufügen, erheblich. Sehr viele von denen, von denen allgemein angenommen wird, dass sie große Mengen der Samen kultivierter Pflanzen verzehren, ernähren sich in Wirklichkeit fast ausschließlich von Insekten und besuchen die Weizenfelder nicht wegen des Getreides, sondern wegen der Eier, Larven und Fliegen der vermehrten Stämme Insektenleben, die so zerstörerisch für die Ernte sind. Diese Tatsache wurde durch die Untersuchung der Mägen einer großen

Anzahl von Vögeln in Europa und Neuengland zu verschiedenen Jahreszeiten so gut nachgewiesen, dass es keinen Zweifel mehr gibt, und es erscheint höchst wahrscheinlich, dass sogar die Arten, die dies tun Wer mehr oder weniger Getreide konsumiert, leistet im Allgemeinen Wiedergutmachung, indem er Insekten vernichtet, deren Verheerungen noch schädlicher gewesen wären. [74] Zu diesem Thema verfügen wir über viele andere Beweise als die aus der Sektion stammenden. Direkte Beobachtungen haben in vielen Fällen gezeigt, dass auf die Vernichtung wilder Vögel eine große Vermehrung schädlicher Insekten folgte und dass diese letzteren andererseits durch den Schutz und die Vermehrung der Vögel in ihrer Zahl stark zurückgegangen sind die sie verschlingen. Viele interessante Tatsachen dieser Art wurden von bekennenden Naturforschern gesammelt, aber ich begnüge mich mit einigen wenigen aus bekannten und allgemein zugänglichen Quellen. Der folgende Auszug stammt aus Michelet, *L'Oiseau* S. 169, 170:

„Der *geizige* Bauer – ein Beiname, den Vergil zu Recht und mit Gefühl verliehen hat. Geizig, blind in der Tat, der die Vögel verbietet – diese Insektenvernichter, diese Verteidiger seiner Ernten. Kein Korn für das Geschöpf, das während der Winterregenfälle jagt das zukünftige Insekt, findet die Nester der Larven, untersucht, dreht jedes Blatt um und vernichtet jeden Tag Tausende von jungen Raupen. Aber Säcke mit Mais für das ausgewachsene Insekt, ganze Felder für die Heuschrecken, was der Vogel tun würde Mit dem Blick auf seine Furche gerichtet, nur auf den gegenwärtigen Augenblick, ohne etwas zu sehen und ohne es vorherzusehen, blind gegenüber der großen Harmonie, die niemals ungestraft gebrochen wird, hat er überall Gesetze zur Ausrottung dieses notwendigen Verbündeten gefordert oder genehmigt seiner Mühe – der insektenfressende Vogel. Und das Insekt hat den Vogel gut gerächt. Es wurde notwendig, das Verbot in Eile aufzuheben. Auf der Insel Bourbon zum Beispiel wurde ein Preis auf den Kopf des Martin gesetzt; er verschwand Und die Heuschrecken nahmen die Insel in Besitz und fraßen, verdorrten und versengten in einer beißenden Dürre alles, was sie nicht fraßen. In Nordamerika war es dasselbe mit dem Star, dem Beschützer des Maises. [75] Sogar der Spatz, der tatsächlich Getreide angreift, es aber noch mehr beschützt, der Dieb, der Gesetzlose, mit Beschimpfungen beladen und von Flüchen heimgesucht – man hat in Ungarn festgestellt, dass sie ohne ihn wahrscheinlich zugrunde gehen würden, das er allein konnte den mächtigen Krieg gegen die Käfer und die tausend geflügelten Feinde, die im Tiefland wimmeln, aufrechterhalten; Sie haben den Ausweisungsbeschluss widerrufen und diese tapfere Miliz eilig zurückgerufen, die trotz mangelnder Disziplin dennoch die Rettung des Landes darstellt. [76]

„Vor nicht allzu langer Zeit wurde die Amsel in der Umgebung von Rouen und im Tal von Monville für einige Zeit verboten. Die Käfer profitierten gut von diesem Verbot; ihre Larven, die sich unendlich vermehrt hatten, führten ihre unterirdischen Arbeiten mit solchem Erfolg fort, dass a Mir wurde eine Wiese gezeigt, deren Oberfläche völlig ausgetrocknet war, jede Krautwurzel verzehrt war und der ganze Grasmantel, leicht gelöst, hätte aufgerollt und wie ein Teppich weggetragen werden können.“

Schwächung und Ausrottung der Vögel.

Die allgemeine Feindseligkeit der europäischen Bevölkerung gegenüber den kleineren Vögeln ist zum Teil eine entfernte Auswirkung der durch die Wildgesetze hervorgerufenen Reaktion. Als in Frankreich plötzlich die durch diese Gesetze der Jagd auferlegten Beschränkungen aufgehoben wurden, begann das ganze Volk sofort einen zerstörerischen Feldzug gegen jede Art wilder Tiere. Arthur Young schrieb am 30. August 1789 in der Provence , kurz nachdem die Nationalversammlung die Jagd für frei erklärt hatte, und beklagte sich über den Ärger, den er über den Gebrauch der Bauernschaft von ihrer neu gewonnenen Freiheit empfand. „Man könnte meinen, dass jedes rostige Feuerschloss in der ganzen Provence daran beteiligt war, alle Vögel wahllos zu vernichten. Die Watte summte fünf oder sechs Mal im Laufe des Tages an meinen Ohren vorbei oder fiel in meinen Wagen.“ * * „Die Erklärung der Versammlung, dass es jedem Menschen freisteht, auf seinem eigenen Land zu jagen * * hat ganz Frankreich mit einer unerträglichen Wolke von Jägern erfüllt. * * Die Erklärung spricht von Entschädigungen und Entschädigungen [an die Seigneurs], aber *vom* Unregierbaren Die Bevölkerung nutzt die Abschaffung der Spielregeln aus und lacht über die durch das Dekret auferlegte Verpflichtung.“

Die Französische Revolution beseitigte ähnliche Beschränkungen mit ähnlichen Ergebnissen in anderen Ländern. Die damals entstandenen Gewohnheiten sind auf dem Kontinent erblich geworden, und obwohl in England immer noch Wildgesetze gelten, besteht kaum ein Zweifel daran, dass die blinden Vorurteile der unwissenden und halbgebildeten Klassen in diesem Land gegenüber Vögeln zumindest in gewissem Maße eine Rolle spielen. aufgrund einer Gesetzgebung, die, indem sie die Jagd auf alles Wild einschränkt, das es wert ist, getötet zu werden, den benachteiligten Sportler dazu zwingt, sich zu entschädigen, indem er alles wilde Leben schlachtet, das nicht der Belustigung seiner Vorgesetzten vorbehalten ist. Daher kauft der Gutsherr seine Rebhühner und Hasen, indem er das Brot seiner Pächter opfert, und solange es den Bauern von Crawley verboten ist, höheres Wild zu verfolgen, werden sie sich selbstmörderisch rächen, indem sie die Spatzen zerstören, die ihre Weizenfelder schützen.

Auf dem Kontinent, und insbesondere in Italien, verstärken die vergleichsweise Knappheit und der hohe Preis von Tiernahrung in Verbindung mit dem Gefühl, das ich gerade erwähnt habe, die zerstörerischen Leidenschaften der Vogelfänger noch weiter. In der toskanischen Provinz Grosseto, die weniger als 2.000 Quadratmeilen umfasst, werden jährlich fast 300.000 Drosseln und andere kleine Vögel auf den Markt gebracht. [77]

Vögel sind von der Konstitution her weniger robust, verfügen über weniger Anpassungsmöglichkeiten [78] und sind stärker von klimatischen Überschreitungen betroffen als Vierbeiner. Außerdem benötigen sie im Allgemeinen die Möglichkeit, sich vor den Witterungseinflüssen und vor der Verfolgung durch ihre Feinde zu schützen, und diese Höhlen und Höhlen bieten grabenden Tieren und einigen größeren Raubtieren Schutz. Das Ei ist vor dem Schlüpfen vielen Gefahren ausgesetzt und der Jungvogel ist besonders empfindlich, wehrlos und hilflos. Jeder kalte Regen, jeder heftige Wind, jeder Hagelsturm während der Brutzeit zerstört Hunderte von Nestlingen, und oft sterben die Eltern mit ihren Nachkommen, während sie in dem vergeblichen Versuch, sie zu schützen, über ihnen brüten. [79] Die große proportionale Anzahl der Vögel, ihre Zuggewohnheiten und die Leichtigkeit, mit der sie den meisten Gefahren, die sie bedrängen, entgehen können, scheinen sie vor der Ausrottung und sogar vor einer sehr starken zahlenmäßigen Reduzierung zu schützen. Aber die Erfahrung zeigt, dass sie, wenn sie nicht durch das Gesetz, durch die Gunst des Volkes oder den Aberglauben oder durch andere besondere Umstände geschützt sind, sehr leicht den feindlichen Einflüssen der Zivilisation nachgeben, und obwohl die ersten Maßnahmen des Siedlers die Vermehrung vieler Arten begünstigen Die große Ausweitung der ländlichen und mechanischen Industrie ist in vielerlei Hinsicht zerstörerisch, selbst für Stämme, die nicht direkt von Menschen bekämpft werden. [80]

Die Natur setzt der unverhältnismäßigen Vermehrung der Vögel Grenzen und schützt sie gleichzeitig durch die Vielzahl ihrer Ressourcen durch ihre eigenen spontanen Kräfte vor dem Aussterben. Der Mensch macht ihnen Jagd und zerstört sie mutwillig. Der köstliche Geschmack von Wildvögeln und die Geschicklichkeit, die in den verschiedenen Künsten des Sportlers steckt, der sich der Vogeljagd widmet, machen sie zu Lieblingsobjekten der Jagd, während die Schönheit ihres Gefieders als militärischer und weiblicher Schmuck die Vögel in Mitleidenschaft zu ziehen droht Opferung des letzten Überlebenden vieler einst zahlreicher Arten. Bisher ist nur von wenigen Vögeln bekannt, die von antiken oder modernen Naturforschern beschrieben wurden, dass sie vollständig ausgestorben sind, obwohl es einige Fälle gibt, in denen festgestellt wurde, dass sie in jüngster Zeit völlig von der Erdoberfläche verschwunden sind. Die bekanntesten

Beispiele sind der Dodo, ein großer, auf Mauritius oder der Insel Frankreich heimischer Vogel, der um das Jahr 1690 ausgerottet wurde und heute nur noch durch zwei oder drei Skelettfragmente bekannt ist, sowie der einsame Vogel, der die Bourbon-Inseln bewohnte und Rodriguez, wurde aber seit mehr als einem Jahrhundert nicht mehr gesehen. Ein Papagei und einige andere Vögel der Norfolkinsel-Gruppe sollen kürzlich ausgestorben sein. Der flügellose Alk, *Alca impennis* , ein Vogel, der sich durch seine übermäßige Fettigkeit auszeichnet, war vor zwei- oder dreihundert Jahren auf den Färöer-Inseln und an der gesamten skandinavischen Küste sehr häufig anzutreffen. Die frühen Reisenden fanden an allen Küsten und Inseln Neufundlands entweder dieselbe oder eine nahe verwandte Art in großer Zahl. Der Wert seines Fleisches und seines Öls machte es zu einer der wichtigsten Ressourcen der Bewohner dieser unfruchtbaren Regionen, und es war natürlich ein Objekt eifriger Verfolgung. Es soll mittlerweile völlig ausgestorben sein und nur wenige Museen können auch nur sein Skelett zeigen.

Es scheint gute Gründe zu der Annahme zu geben, dass unsere gepriesene moderne Zivilisation an ein oder zwei Vernichtungssünden, die in jüngster Zeit begangen wurden, unschuldig ist. In Neuseeland gab es früher drei Arten von Dinornis, von denen eine, von den Inselbewohnern *Moa genannt* , viel größer als der Strauß war. Der Zustand, in dem die Knochen dieser Vögel gefunden wurden, und die Überlieferungen der Eingeborenen stimmen darin überein, dass sie, obwohl die Ureinwohner sie wahrscheinlich vor der Entdeckung Neuseelands durch die Weißen ausgerottet hatten, noch zu einer vergleichsweise späten Zeit existierten. Die gleichen Bemerkungen gelten für einen geflügelten Riesen, dessen Eier aus Madagaskar gebracht wurden. Dieser Vogel muss die Ausmaße des Moa bei weitem übertroffen haben, zumindest soweit wir das anhand des Eies beurteilen können, das achtmal so groß ist wie die durchschnittliche Größe eines Straußeneis oder etwa einhundertfünfzigmal so groß wie die eines Huhns .

Aber obwohl wir keine Beweise dafür haben, dass der Mensch viele Vogelarten ausgerottet hat, wissen wir, dass seine Verfolgungen dazu geführt haben, dass sie an vielen Orten, an denen sie einst verbreitet waren, verschwunden sind und dass ihre Zahl an anderen stark zurückgegangen ist. Der Auerhühner (*Tetrao urogallus)* , der schönste Vertreter der Familie der Auerhühner, der früher in Schottland häufig vorkam, war in Großbritannien ausgestorben, wurde aber aus Schweden wieder angesiedelt. [81] Der Strauß wird von allen alten Reisenden erwähnt, da er bis zur Mitte des 17. Jahrhunderts auf der Landenge von Suez verbreitet war. Es scheint, dass es in früheren Zeiten häufig in Syrien und sogar in Kleinasien vorkam, heute kommt es jedoch nur noch in der Abgeschiedenheit entlegener Wüsten vor.

Die modernen, erweiterten Transportmöglichkeiten haben entfernte Märkte in die Reichweite des Berufsjägers gebracht und dadurch seinen destruktiven Neigungen einen neuen Impuls gegeben. Nicht nur ganz Großbritannien und Irland tragen zur Wildversorgung der britischen Hauptstadt bei, sondern auch die Leinwandente des Potomac und sogar die Präriehenne aus dem Becken des Mississippi sind an den Ständen des London zu finden Geflügelhändler. Kohl [82] teilt uns mit, dass an den Küsten der Nordsee im Laufe der Saison normalerweise zwanzigtausend Wildenten mit einem einzigen Köder gefangen und zum Verkauf in die großen Seestädte geschickt werden. Die Statistiken der großen europäischen Städte zeigen einen enormen Wildvogelverbrauch, aber die offiziellen Zahlen liegen weit unter der Wahrheit, weil sie die ländlichen Gebiete nicht einbeziehen und weil weder der Wilderer noch seine Kunden die Zahl seiner Opfer angeben. Die Fortpflanzung in Kulturländern kann mit dieser übermäßigen Zerstörung nicht Schritt halten, und es besteht kein Zweifel, dass alle Wildvögel, die wegen ihres Fleisches oder ihres Gefieders gejagt werden, mit einer Geschwindigkeit zurückgehen, die die Befürchtung rechtfertigt, dass die letzten von ihnen bald folgen werden der Dodo und der flügellose Auk.

Glücklicherweise sind die größeren Vögel, die wegen ihres Fleisches oder ihrer Federn gejagt werden, und solche, deren Eier als Nahrung dienen, soweit wir die ihnen von der Natur zugewiesenen Funktionen kennen, für den Menschen sonst nicht besonders nützlich, und Daher ist ihre umfassende Zerstörung nur in demselben Sinne ein wirtschaftliches Übel, in dem jede Verschwendung von produktivem Kapital ein Übel ist. Wenn es möglich wäre, den Verzehr von Wildgeflügel auf eine Zahl zu beschränken, die dem jährlichen Zuwachs entspricht, wäre die Welt ein Gewinner, aber nicht in dem Maße, wie es der Fall wäre, wenn man die mutwillige Opferung von Millionen kleinerer Vögel eindämmen würde haben keinen wirklichen Wert als Nahrung, sondern leisten, wie wir gesehen haben, einen äußerst wichtigen Dienst, indem sie sowohl in unserem als auch in ihrem eigenen Namen gegen die unzähligen Legionen summender und kriechender Dinge kämpfen, mit denen die Fruchtbaren zu kämpfen haben Die Kräfte des Insektenlebens würden sonst die Erde bedecken.

Einführung von Vögeln.

Der Mensch hat unbeabsichtigt vielleicht weniger Vogelarten als Vierbeinerarten in neue Gebiete eingeführt; aber die Verbreitung der Vögel wird stark von der Art seiner Industrie beeinflusst, und auf die Umpflanzung jedes landwirtschaftlichen Produktionsgegenstandes folgt in längeren oder kürzeren Abständen die Umpflanzung der Vögel, die sich von seinen Samen ernähren, oder häufiger davon die Insekten, die es beherbergt. Der Geier, die Krähe und andere geflügelte Aasfresser folgen dem Marsch der Armeen ebenso regelmäßig wie der Wolf. Vögel begleiten Schiffe auf langen Reisen, um der Innereien willen, die über Bord geworfen werden, und in solchen Fällen kann es oft vorkommen, dass sie sich in Ländern fortpflanzen und einbürgern, in denen sie vorher unbekannt waren. [83] Es gibt eine bekannte Geschichte von einem englischen Vogel, der sein Nest in einem ungenutzten Block in der Takelage eines Schiffes baute und ein oder zwei kurze Reisen mit dem Schiff unternahm, während er seine Eier ausbrütete. Wären die Jungen flügge geworden, während sie in einem fremden Hafen lagen, hätten sie natürlich die Staatsbürgerrechte des Landes beansprucht, in dem sie zum ersten Mal ihre Flügel betraten. [84]

Ein begeisterter Entomologe wird vielleicht nach und nach entdecken, dass Insekten und Würmer für das ordnungsgemäße Funktionieren der großen Erdmaschine ebenso wichtig sind wie die größeren Organismen, und wir werden ebenso beredte Argumente zur Verteidigung der Mücke und vielleicht sogar der Mücke vorbringen Ttzetze-Fliege, wie Toussenel und Michelet stellvertretend für den Vogel dargestellt haben. [85] Die Seidenraupe und die Biene brauchen keinen Apologeten; Eine Gallnuss, die durch das Einstechen eines Insekts in eine syrische Eiche entsteht, ist ein notwendiger Bestandteil der Tinte, mit der ich schreibe, und von meinen Fenstern aus erkenne ich die Maserung der Kermes und der Cochenille in den bunten Gewändern der Feiertagsgruppen darunter. Aber auch die Landwirtschaft ist dem Insekt und dem Wurm verpflichtet. Plinius zufolge pflegten die Alten die Zweige der wilden Feige an den heimischen Baum zu hängen, damit die Insekten, die sich dort aufhielten, durch ihre Einstiche die Reifung der kultivierten Feige beschleunigen oder, wie andere annehmen, Früchte tragen könnten es, indem es den Pollen der Wildfrucht zu sich transportiert – und dieser Vorgang, der Kaprifizierung genannt wird, ist noch nicht ganz veraltet. Die Regenwürmer haben ihren Titel schon vor langer Zeit dem Respekt und der Dankbarkeit des Landwirts und des Anglers gerecht gemacht. Auf die Nützlichkeit der Regenwürmer wurde in vielen wissenschaftlichen und landwirtschaftlichen Abhandlungen hingewiesen. Der folgende Auszug aus einer Zeitung wird meine jetzige Absicht beantworten:

„Herr Josiah Parkes, der beratende Ingenieur der Royal Agricultural Society of England, sagt, dass Würmer großartige Helfer für die Drainage und wertvolle Helfer für den Landwirt bei der Aufrechterhaltung der Fruchtbarkeit des Bodens sind. Er sagt, dass sie Feuchtigkeit lieben, aber nicht." feuchte Böden; sie dringen ins Wasser ein, aber nicht ins Wasser; sie vermehren sich schnell an Land nach der Entwässerung und bevorzugen einen tief ausgetrockneten Boden. Bei der Untersuchung mit Herrn Thomas Hammond aus Penhurst, Kent, eines Teils eines Feldes, das er tief bebaut hatte Nachdem er lange Zeit flach entwässert worden war, stellte er fest, dass die Zahl der Würmer stark zugenommen hatte und dass ihre Bohrungen bis auf die Höhe der Rohre reichten. Viele Schneckenbohrungen waren groß genug, um den kleinen Finger aufzunehmen. Das hatte Mr. Henry Handley informierte ihn über ein Stück Land in der Nähe des Meeres in Lincolnshire, über das das Meer gebrochen war und alle Würmer getötet hatten – das Feld blieb unfruchtbar, bis die Würmer es wieder besiedelten. Er zeigte ihm auch ein Stück Weideland in der Nähe seines Hauses, in dem es so viele Würmer gab, dass er der Meinung war, dass ihre Abgüsse die Produktion zu sehr beeinträchtigten, was ihn dazu veranlasste, es nachts rollen zu lassen, um die Würmer zu vernichten. Das Ergebnis war, dass die Fruchtbarkeit des Feldes stark abnahm und auch nicht wiederhergestellt werden konnte, bis sie ihre Zahl rekrutiert hatten, was durch das Sammeln und Abtransportieren einer Vielzahl von Würmern von den Feldern unterstützt wurde.

„Die große Tiefe, in die Würmer bohren und aus der sie feinen, fruchtbaren Boden nach oben schieben und ihn an die Oberfläche werfen, ist von Herrn C. Darwin aus Down, Kent, bewundernswert nachgezeichnet worden, der das in einigen Fällen gezeigt hat Im Laufe der Jahre haben sie tatsächlich die Oberfläche der Felder durch eine große, mehrere Zentimeter dicke Schicht reichhaltigen Schimmels angehoben – und so den Wurzeln der Gräser Nahrung gegeben und die Produktivität des Bodens gesteigert.“

Es sollte hinzugefügt werden, dass der zitierte Autor und andere, die das Thema diskutiert haben, ein sehr wichtiges Element bei der Befruchtung durch Regenwürmer übersehen haben. Ich meine die Anreicherung des Bodens durch ihre Ausscheidungen während des Lebens und durch die Zersetzung ihrer Überreste, wenn sie sterben. Der auf diese Weise gelieferte Mist ist ebenso wertvoll wie die gleiche Menge ähnlicher tierischer Produkte, die von höheren Organismen stammen, und wenn wir die erstaunliche Zahl dieser Würmer betrachten, die auf einem einzigen Quadratyard mancher Böden zu finden sind, können wir leicht erkennen, dass sie keinen unbedeutenden Beitrag leisten zu den Nährstoffen, die für das Pflanzenwachstum erforderlich sind. [86]

Die Perforationen des Regenwurms beeinflussen mechanisch die Beschaffenheit des Bodens und seine Durchlässigkeit für Wasser und haben daher einen gewissen Einfluss auf die Form und Beschaffenheit der Oberfläche. Aber die geographische Bedeutung der eigentlichen Insekten sowie der Würmer hängt hauptsächlich von ihrer Verbindung mit dem Pflanzenleben als Träger seiner Befruchtung und seiner Zerstörung ab. [87] Mir ist keine einzelne Tatsache bekannt, die diese Bedeutung so eindrucksvoll veranschaulicht, wie die folgende Aussage, die ich einer Notiz von Darwins Band „On Different Contrivances by which British and Foreign Orchids are Fertilised by Insects" im „Saturday Review" *entnehme* : vom 18. Oktober 1862: „Das Nettoergebnis ist, dass etwa sechstausend Orchideenarten für ihre Befruchtung absolut auf die Vermittlung von Insekten angewiesen sind. Das heißt, wenn diese Pflanzen nicht von Insekten besucht würden, würden sie alle schnell verschwinden." Was für die Orchideen gilt, gilt mehr oder weniger für viele andere Gemüsefamilien. Wir kennen die Grenzen dieser Wirkung nicht, und viele der Insekten, die gemeinhin als unqualifizierte Schädlinge angesehen werden, können direkt oder indirekt Funktionen erfüllen, die für die wertvollsten Pflanzen ebenso wichtig sind wie die Dienste, die bestimmte Stämme den Orchideen erweisen . Ich sage direkt oder indirekt, weil sie neben den anderen Vorkehrungen der Natur zur Eindämmung der übermäßigen Vermehrung bestimmter Arten unter den Insekten selbst eine Polizei errichtet hat, durch die einige von ihnen die Vermehrung anderer unterdrücken oder fördern; denn es gibt Insekten sowie Vögel und Raubtiere. Die Existenz eines Insekts, das eine nützliche Pflanze befruchtet, kann von der Existenz eines anderen Insekts abhängen, das in einem bestimmten Stadium seines Lebens seine Nahrung darstellt, und dieses andere wiederum kann für eine Pflanze ebenso schädlich sein, wie sein Zerstörer für eine andere nützlich ist. Die Gleichung von tierischem und pflanzlichem Leben ist ein zu kompliziertes Problem, als dass die menschliche Intelligenz es lösen könnte, und wir können nie wissen, wie groß der Kreis der Störungen ist, die wir in den Harmonien der Natur hervorrufen, wenn wir den kleinsten Kieselstein in den Ozean des organischen Lebens werfen.

So viel scheinen wir jedoch zu der Schlussfolgerung berechtigt zu sein: So oft wir das Gleichgewicht zerstören, indem wir die ursprünglichen Proportionen zwischen verschiedenen Ordnungen des spontanen Lebens durcheinanderbringen, verlangt das Gesetz der Selbsterhaltung von uns, das Gleichgewicht wiederherzustellen, indem wir entweder direkt das abstrahierte Gewicht zurückgeben von einer Skala oder das Entfernen einer entsprechenden Menge von der anderen. Mit anderen Worten: Zerstörung muss entweder durch Reproduktion repariert oder durch neue Zerstörung in einer anderen Seite kompensiert werden.

Das Salonaquarium hat selbst jenen gelehrt, für die es nur ein unterhaltsames Spielzeug ist, dass das Gleichgewicht zwischen tierischem und pflanzlichem Leben gewahrt bleiben muss und dass der Überschuss des einen für den anderen tödlich ist, sowohl im künstlichen Aquarium als auch in natürlichen Gewässern . Vor einigen Jahren hatte das Wasser des Cochituate-Aquädukts in Boston einen so unangenehmen Geruch und Geschmack, dass es für den Gebrauch völlig unbrauchbar war. Wissenschaftliche Untersuchungen fanden die Ursache in der zu sorgfältigen Entfernung der Wasservegetation aus dem Reservoir und im daraus resultierenden Tod und Verfall der Tiere, die ohne das pflanzliche Element weder ausgeschlossen werden noch im Wasser leben könnten. [88]

Einführung von Insekten.

Die allgemeine Tendenz der Eingriffe des Menschen in die spontane Natur besteht darin, das Insektenleben auf Kosten der Vegetation und der kleineren Vierbeiner und Vögel zu vermehren. Zweifellos gibt es Insekten in allen Wäldern, aber in gemäßigten Klimazonen sind sie verhältnismäßig wenige und harmlos, und die zahlreichsten Stämme, die im Wald oder vielmehr in seinen Gewässern und tatsächlich in allen Einsamkeiten brüten, sind diejenigen, die der Vegetation wenig Schaden zufügen, z wie Mücken, Mücken und dergleichen. Mit den Kulturpflanzen des Menschen gehen unzählige Stämme einher, die sich von ihnen ernähren oder züchten, und die Landwirtschaft führt nicht nur neue Arten ein, sondern vervielfacht auch die Zahl der Individuen so sehr, dass sich jede Berechnung entzieht. Neu eingeführte Gemüsesorten bleiben häufig über Jahre hinweg den Insektenplagen entkommen, die sie in ihrem natürlichen Lebensraum befallen hatten; aber die Einfuhr anderer Sorten der Pflanze, der Austausch von Samen oder ein bloßer Zufall wird das Ei, die Larve oder die Puppe auf lange Sicht mit Sicherheit an die entferntesten Küsten bringen, wo die Pflanze ihr von Natur aus zugeordnet ist wie sein Besitz ihm vorausgegangen ist. Viele Jahre nach der Kolonisierung der Vereinigten Staaten waren in Amerika nur wenige oder gar keine Insekten bekannt, die Weizen in seinen verschiedenen Wachstumsstadien befallen. Während des Unabhängigkeitskrieges tauchte die hessische Fliege, *Cecidomyia destructor*, auf. Sie erhielt ihren Namen, weil sie erstmals in dem Jahr beobachtet wurde, als die hessischen Truppen herüberzogen, und im Volksmund angenommen wurde, sie sei versehentlich von diesen unwillkommenen Fremden eingeschleppt worden . Andere Getreidezerstörer haben seitdem ihren Weg über den Atlantik gefunden, und eine schädliche europäische Blattlaus hat in den letzten vier oder fünf Jahren erstmals die amerikanischen Weizenfelder befallen. Bedauerlicherweise begleitet in diesen Fällen der Wanderung nicht immer das natürliche Gegenmittel der übermäßigen Vermehrung, der parasitäre oder gefräßige Feind des schädlichen Insekts, die Wanderungen seiner Beute, und der Fluch geht dem Gegenmittel lange voraus. Daher sind in den Vereinigten Staaten die Verwüstungen importierter Insekten, die Kulturpflanzen schädigen, viel zerstörerischer als in Europa, da sie nicht durch die Gegeneinflüsse eingedämmt werden, die die Natur in der Alten Welt bereitgestellt hat, um ihre Verwüstungen zu begrenzen. Es ist nicht bekannt, dass die Weizenmücke in Amerika von irgendeinem anderen Insekt gejagt wird, und in für sie günstigen Jahreszeiten vermehrt sie sich in einem Ausmaß, das für die gesamte Ernte fast tödlich wäre, wenn es das nicht in der großen territorialen Ausdehnung gäbe In den Vereinigten Staaten gibt es Raum für solche Boden- und Klimaunterschiede, dass in einem bestimmten Jahr in einem Staat alle für die Vermehrung eines bestimmten Insekts günstigen Bedingungen herrschen, während in einem anderen die natürlichen

Einflüsse ihm feindlich gegenüberstehen . Das einzige scheinbare Heilmittel gegen dieses Übel besteht darin, die unverhältnismäßige Entwicklung schädlicher fremder Arten auszugleichen, indem man die Stämme, die sie jagen, aus ihrem Heimatland mitbringt. Dies scheint versucht worden zu sein. Der Volkszählungsbericht der Vereinigten Staaten für 1860, S. 82 heißt es, dass die New York Agricultural Society „bestimmte Parasiten aus dem Ausland in dieses Land eingeführt hat, die die Vorsehung geschaffen hat, um den zerstörerischen Kräften einiger dieser Raubtiere entgegenzuwirken."

Dies ist jedoch nicht der einzige Zweck, zu dem der Mensch absichtlich fremde Formen des Insektenlebens eingeführt hat. Es ist bekannt, dass die Eier der Seidenraupe im sechsten Jahrhundert aus dem weiteren Osten nach Europa gebracht wurden, und in Frankreich und Südamerika wurden kürzlich mit vielversprechendem Erfolg neue Seidenspinner gezüchtet, die sich von der Rizinusbohne und dem Ailanthus ernähren . Die Coschenille, die in den Ureinwohnern Amerikas lange Zeit regelmäßig gezüchtet wurde, wurde nach Spanien verpflanzt, und sowohl das Kermes-Insekt als auch die Canthariden wurden in andere Klimazonen als ihre eigenen übertragen. Die Honigbiene muss in ihrer wirtschaftlichen Bedeutung neben der Seidenraupe stehen. [89] Dieses nützliche Geschöpf wurde in der zweiten Hälfte des 17. Jahrhunderts von europäischen Kolonisten in die Vereinigten Staaten gebracht; Es überquerte den Mississippi erst am Ende des 18. Jahrhunderts und wurde erst in den letzten fünf oder sechs Jahren nach Kalifornien transportiert, wo es zuvor unbekannt war. Die italienische stachellose Biene wurde erst kürzlich in die Vereinigten Staaten eingeführt.

Die vom Menschen absichtlich verpflanzten Insekten und Würmer haben nur einen geringen Anteil an den von ihm versehentlich eingeführten. Pflanzen und Tiere tragen oft ihre Parasiten mit sich, und der Verkehr der Handelsländer, die ihre Produkte mit jeder Zone und jeder Stufe der sozialen Existenz austauschen, kann nicht umhin, die winzigen Organismen, die auf die eine oder andere Weise schädlich sind, in beide Richtungen zu übertragen. mit fast jedem Objekt verbunden, das für die materiellen Interessen des Menschen wichtig ist. [90]

Die Zähigkeit des Lebens, die viele Insekten besitzen, ihre erstaunliche Fruchtbarkeit, die Zeitspanne, die sie oft in den verschiedenen Phasen ihrer Existenz verbringen, [91] die Sicherheit der Rückzugsorte, in die sie sich aufgrund ihrer geringen Größe zurückziehen können, sind allesamt Umstände, die sehr wichtig sind Dies begünstigt nicht nur das Fortbestehen ihrer Art, sondern auch ihren Transport in ferne Klimazonen und ihre Vermehrung in ihren neuen Heimatorten. Der für die Schifffahrt so zerstörerische Teredo wurde von den Schiffen, deren Holzwände er abgebaut hat, in fast jeden Teil der Welt getragen. Die Termite oder weiße Ameise soll vor hundert Jahren durch den Handel dieses Hafens nach

Rochefort gebracht worden sein. [92] Dieses Lebewesen ist für Holzkonstruktionen und -geräte schädlicher als jedes andere bekannte Insekt. Es frisst fast die gesamte Substanz des Holzes heraus und hinterlässt nur dünne Trennwände zwischen den Gängen, die es darin ausgräbt; Da es jedoch niemals durch die Oberfläche in die Luft nagt, kann ein Holzstück fast vollständig verzehrt werden, ohne dass sich äußerlich Anzeichen des Schadens zeigen, den es erlitten hat. Die Termite kommt auch in anderen Teilen Frankreichs vor, insbesondere in Rochelle, wo sich ihre Verwüstungen bisher auf ein einziges Viertel der Stadt beschränken. Ein Bohrer mit ähnlichen Gewohnheiten ist in Italien keine Seltenheit, und Sie können in diesem Land schöne Stühle und andere Möbel sehen, die von diesem Insekt auf ein Gerüst aus Pfostenpulver reduziert wurden, das von nichts bedeckt und anscheinend zusammengehalten wird aber der Lack.

Die fleischfressenden und oft auch pflanzenfressenden Insekten leisten dem Menschen einen wichtigen Dienst, indem sie tote und verwesende tierische und pflanzliche Stoffe fressen, deren Zersetzung sonst die Luft mit gesundheitsschädlichen Ausdünstungen füllen würde. Einige von ihnen, zum Beispiel der Totengräberkäfer, vergraben die kleinen Tiere, in denen sie ihre Eier ablegen, und verhindern so das Entweichen der durch die Fäulnis freigesetzten Gase. Die erstaunliche Geschwindigkeit der Entwicklung des Insektenlebens, die große Zahl der Individuen bei vielen Arten und die Gefräßigkeit der meisten von ihnen im Larvenstadium rechtfertigen die Bezeichnung „Aasfresser der Natur", die ihnen verliehen wurde, und davon gibt es sehr wenig bezweifeln, dass sie in warmen Ländern eine viel größere Menge verwesendes organisches Material verzehren als die Vierbeiner und die Vögel, die sich von solcher Nahrung ernähren.

Vernichtung von Insekten.

Es ist Naturforschern gut bekannt, aber weniger vertrauten Beobachtern, dass die Wasserlarven einiger Insekten zu bestimmten Jahreszeiten einen großen Teil der Nahrung von Süßwasserfischen ausmachen, während andere Larven ihrerseits Beute machen Brut und sogar die Jungen ihrer Verfolger. [93] Die Larven der Mücke und der Mücke sind die Lieblingsnahrung der Forellen in den bewaldeten Regionen, in denen es viele dieser Insekten gibt. [94] Zu Beginn des Jahres ernährt sich die Forelle von den Larven der Maifliege, die ihrerseits sehr schädlich für den Laich des Lachses ist und daher, durch eine Art Haus, das Jack gebaut hat, auch die Mücke vernichtet , der die Forellen ernährt, die die Maifliege jagen, die die Eier zerstört, aus denen der Lachs schlüpft, der den Genießer verwöhnt, kann zu einer Verknappung dieses letzteren Fisches in Gewässern führen, in denen er sonst reichlich vorhanden wäre. Somit ist die gesamte Natur durch unsichtbare Bande miteinander verbunden, und jedes organische Geschöpf, wie niedrig, wie schwach, wie abhängig es auch sein mag, ist für das

Wohlergehen einer anderen unter den unzähligen Lebensformen, mit denen der Schöpfer die Erde bevölkert hat, notwendig.

Ich habe gesagt, dass der Mensch die Vermehrung von Insekten und Würmern gefördert hat, indem er den Vogel und die Fische, die sich von ihnen ernähren, vernichtet hat. Viele Insekten bewohnen in den vier verschiedenen Stadien ihres Wachstums nacheinander die Erde, das Wasser und die Luft. In jedem dieser Elemente haben sie ihre besonderen Feinde, und so tief und dunkel die winzigen Nischen sind, in denen sie sich verstecken, werden sie von den Henkern, die die Natur zur Bestrafung ihrer Verfehlungen bestimmt und ausgestattet hat, bis in die entlegensten, dunkelsten Winkel verfolgt mit raffinierten Mitteln, um die Täter aufzuspüren und ans Tageslicht zu ziehen. Ein Vogelstamm, die Spechte, scheint für seinen Lebensunterhalt fast vollständig von den Insekten abhängig zu sein, die in toten oder sterbenden Bäumen brüten, und es ist vielleicht überflüssig zu erwähnen, dass der Schaden, den diese Vögel dem Wald zufügen, eingebildet ist. Sie schneiden keine Löcher in den Stamm des Baumes, um eine Unterkunft für eine zukünftige Kolonie langweiliger Larven vorzubereiten, sondern um den Wurm herauszuholen, der bereits mit seiner Bergbauarbeit begonnen hat. Daher findet man diese Vögel nicht dort, wo der Förster Bäume so schnell entfernt, wie sie zu geeigneten Lebensräumen für solche Insekten werden. Bei der Rodung neuer Ländereien in den Vereinigten Staaten lässt man tote Bäume, besonders solche mit ährenförmigen Blättern, die zu stark verrottet sind, um als Bauholz zu dienen, und die in diesem Zustand als Brennstoff wenig wert sind, oft stehen, bis sie abfallen sich. Solche *Stummel*, wie sie im Volksmund genannt werden, sind mit Bohrern gefüllt und werden oft von den Spechten tief eingeschnitten, deren starke Schnäbel es ihnen ermöglichen, bis ins Herz des Baumes vorzudringen und die lauernden Larven herauszuziehen. Nach ein paar Jahren fallen die Baumstämme ab oder werden, wenn das Holz wertvoller wird, abgeholzt und zur Brennholzgewinnung abtransportiert. Gleichzeitig wählt der Bauer den Wald, den er als dauerhafte Versorgungsquelle reserviert hat, zum Fällen aus Treibstoff und Holz, die verrottenden Bäume, die wie die toten Stämme auf den Feldern sowohl dem Wurm als auch seinem Verfolger als Zuhause dienen. So sterben wir nach und nach diesen Insektenstamm aus und mit ihm auch die Vogelarten, die sich hauptsächlich von ihnen ernähren. So ist der schöne, große Rotkopfspecht *Picus erythrocephalus*, der früher in Neuengland sehr verbreitet war, aus diesen Staaten fast vollständig verschwunden, da die toten Bäume verschwunden sind und die Äpfel, seine liebste pflanzliche Nahrung, weniger reichlich vorhanden sind.

Es gibt sogar große Vierbeiner, die sich fast ausschließlich von Insekten ernähren. Der Ameisenbär ist stark genug, um die Lehmhäuser einzureißen,

die von den Termitenarten gebaut wurden, die seine gewöhnliche Nahrung
darstellen, und der neugierige Ai-ai, ein kletternder Vierbeiner aus
Madagaskar – von dem ich glaube, dass es nur ein einziges Exemplar gibt,
das Mr. Sandwith hat Europa bisher erreicht und ist mit einem sehr
schlanken Finger mit Hakennägeln ausgestattet, der lang genug ist, um weit
in ein Loch im Stamm eines Baumes zu greifen und den Wurm
herauszuholen, der ihn gebohrt hat.

Reptilien.

Aber die vielleicht gefährlichsten Feinde der Insekten und sogar der
kleinen Nagetiere sind die Reptilien. Das Chamäleon nähert sich dem auf
einem Baumzweig sitzenden Insekt mit fast unmerklicher Langsamkeit, bis
es aus einer Entfernung von einem Fuß seine lange, schleimige Zunge
herausschießt und es selten versäumt, das Opfer festzuhalten. Sogar die träge
Kröte fängt die schnelle und vorsichtige Stubenfliege auf die gleiche Weise;
und in den warmen Ländern Europas tragen die zahlreichen Eidechsen ganz
wesentlich zur Verminderung der Insektenpopulation bei, die sie sowohl im
geflügelten Zustand auf Mauern und Bäumen überraschen, als auch in ihren
früheren Metamorphosen als Ei, Wurm und Puppe verzehren. Die
Schlangen ernähren sich hauptsächlich von Insekten sowie von Mäusen,
Maulwürfen und kleinen Reptilien, darunter auch anderen Schlangen. Der
Ekel und die Angst, mit denen die Schlange so allgemein betrachtet wird,
setzen sie der ständigen Verfolgung durch den Menschen aus, und vielleicht
wird kein anderes Tier von ihr so unerbittlich geopfert. In gemäßigten
Klimazonen werden Schlangen von kaum einem Tier oder Raubvogel außer
dem Storch gefressen, und sie haben außer dem Menschen nur wenige
gefährliche Feinde, obwohl in den Tropen andere Tiere ihnen nachjagen. [95]
Es ist zweifelhaft, ob jemals eine Schlangenart innerhalb der
Menschheitsperiode ausgerottet wurde, und selbst die dichte Bevölkerung
Chinas war nicht in der Lage, sich vollständig von der Viper zu befreien. An
bestimmten Orten sind sie jedoch fast vollständig verschwunden. Die
Klapperschlange ist heute in vielen großen Gebieten, in denen sie vor einem
halben Jahrhundert äußerst verbreitet war, völlig unbekannt, und Palästina
ist seit langem, wenn auch nicht völlig frei von giftigen Schlangen, zumindest
nahezu frei. [96]

Zerstörung von Fischen.

Die Bewohner der Gewässer scheinen aufgrund der Unzugänglichkeit
ihrer Rückzugsorte und unserer Unkenntnis ihrer Gewohnheiten vor
menschlicher Verfolgung oder Einmischung vergleichsweise sicher zu sein –
ein natürliches Ergebnis der Schwierigkeit, die Lebensweise von Lebewesen
in einer Umgebung zu beobachten, in der wir nicht existieren können.
Dennoch hat der menschliche Einfluss sowohl direkt als auch nebenbei

große Veränderungen in der Bevölkerung des Meeres, der Seen und Flüsse hervorgerufen, und wenn die Auswirkungen solcher Umwälzungen im Wasserleben in der allgemeinen Geographie scheinbar von geringer Bedeutung sind, so sind sie es dennoch nicht ganz unbedeutend. Der starke Rückgang im Überfluss an größeren Fischen, die als Nahrungsmittel verwendet oder für künstlerisch nützliche Produkte genutzt werden, ist bekannt, und wenn wir bedenken, wie sich die Verringerung ihrer Zahl auf das pflanzliche und tierische Leben, von dem sie sich ernähren, auswirken muss, ist dies der Fall Es ist leicht zu erkennen, dass ihre Zerstörung erhebliche Veränderungen in vielen materiellen Anordnungen der Natur nach sich ziehen kann. Der Wal scheint von den Menschen der Antike zu keinem Zweck verfolgt worden zu sein, und wir wissen auch nicht, wann die Walfischerei zum ersten Mal begann. [97] Es wurde jedoch im Mittelalter sehr aktiv betrieben, und die Biskaya scheinen hier, wie auch in anderen Zweigen der Schifffahrtsindustrie, besonders erfolgreich gewesen zu sein. [98] Vor fünfhundert Jahren gab es in jedem Meer Wale im Überfluss. Sie sind im Mittelmeerraum längst so selten geworden, dass sie den Fischfang als reguläre Beschäftigung nicht mehr fördern; und der große Bedarf an Öl und Fischbein für mechanische und industrielle Zwecke hat in diesem Jahrhundert das Streben der „riesigsten Lebewesen" zu einer solchen Aktivität angeregt, dass sie mittlerweile aus vielen beliebten Fischgründen fast vollständig verschwunden sind andere sind zahlenmäßig stark zurückgegangen.

Welche besonderen Funktionen dem Wal neben seinem Nutzen für den Menschen in der Naturwirtschaft zugeschrieben werden, wissen wir nicht; aber einige Überlegungen, die durch den Charakter der Nahrung, von der bestimmte Arten leben, nahegelegt werden, verdienen besondere Beachtung. Keines der großen Säugetiere, die unter dem allgemeinen Namen Wal zusammengefasst werden, ist räuberisch. Sie alle ernähren sich von kleinen Organismen, und die zahlreichsten Arten ernähren sich fast ausschließlich von den weichen, gallertartigen Mollusken, an denen das Meer in allen Breitengraden reichlich vorhanden ist. Wir können die Zahl der Wale oder die Menge an organischer Nahrung, die ein Individuum konsumiert, nicht einmal annähernd berechnen, und natürlich können wir keine Schätzung der Gesamtmenge an tierischer Substanz abgeben, die sie in einem bestimmten Zeitraum aus den Gewässern von Walen entzogen haben das Meer. Es ist jedoch sicher, dass es enorm gewesen sein muss, als sie häufiger vorkamen, und dass es immer noch sehr beträchtlich ist. Vor wenigen Jahren waren in den Vereinigten Staaten ständig mehr als 600 Walfangschiffe im Pazifik im Einsatz, und das Ergebnis des amerikanischen Walfangs belief sich in dem am 1. Juni 1860 endenden Jahr auf siebeneinhalb Millionen Dollar. [99] Die bloße Masse der Wale, die in einem einzigen Jahr von den in dieser Fischerei eingesetzten amerikanischen und europäischen Schiffen getötet wurden, würde eine Insel von nicht unerheblichen Ausmaßen bilden, und jeder einzelne der gefangenen Wale muss im Laufe seines Wachstums gefressen haben , ein Vielfaches seines eigenen Gewichts an Weichtieren. Der Vernichtung der Wale muss eine proportionale Zunahme der Organismen, von denen sie sich ernähren, gefolgt sein, und wenn wir die Möglichkeit hätten, die Statistiken dieser bescheidenen Lebensformen zu vergleichen, selbst für einen so kurzen Zeitraum wie den zwischen 1760 und 1760 1860 sollten wir einen Unterschied finden , der möglicherweise ausreicht, um eine Erklärung für einige Phänomene vorzuschlagen, die derzeit noch unerklärt sind.

Zum Beispiel war, wie ich in einem anderen Werk beobachtet habe, [100] die Phosphoreszenz des Meeres den antiken Schriftstellern unbekannt oder wurde von ihnen zumindest kaum bemerkt, und selbst Homer – der, so blind die Tradition ihn auch macht, als er seine Epen verfasste, hatte in seinem früheren Leben alles gesehen und bemerkt, was die herrliche Natur des Mittelmeers und seiner Küsten einer unwissenschaftlichen Beobachtung offenbart – nirgendwo wird auf dieses schönste und beeindruckendste aller maritimen Wunder hingewiesen. In der gerade erwähnten Passage habe ich versucht, das Schweigen antiker Schriftsteller in Bezug auf dieses und andere bemerkenswerte Phänomene aus psychologischen Gründen zu erklären; Aber ist es nicht möglich, dass sich die Tiere, die es produzieren, in der Neuzeit durch die Zerstörung ihrer natürlichen Feinde durch den Menschen enorm vermehrt haben und dass daher der durch ihre Zersetzung oder durch ihre lebenden Prozesse hervorgerufene Glanz beides ist? häufiger und brillanter als zur Zeit der klassischen Antike?

Obwohl der Wal keine kleineren Kreaturen jagt, die ihm in Form und Gewohnheiten ähneln, sind echte Fische äußerst gefräßig, und fast jeder Stamm verschlingt schonungslos die schwächeren Arten und sogar die Brut und Jungen seiner eigenen. Die enorme Zerstörung des Hechts, der Forellenfamilie und anderer gefräßiger Fische sowie der Fischvögel, der Robbe und des Otters durch den Menschen hätte natürlich zu einer starken Vermehrung der schwächeren und wehrloseren Fische geführt, auf denen sie leben Sie ernähren sich, wenn er ihnen gegenüber nicht ebenso feindselig gewesen wäre wie gegenüber ihren Verfolgern. Wir haben kaum Beweise dafür, dass sich die als menschliche Nahrung verwendeten Fische in der Neuzeit auf natürliche Weise vermehrt haben, während die Zahl aller wertvolleren Stämme immens zurückgegangen ist. [101] Dieser Rückgang muss sich auf die gefräßigeren Arten ausgewirkt haben, die vom Menschen nicht als Nahrung genutzt werden, und dementsprechend sind der Hai und andere Fische mit ähnlichen Gewohnheiten, obwohl sie keine Objekte systematischer Jagd sind, heute in vielen Gewässern, in denen sie früher häufig vorkamen, vergleichsweise selten. Das Ergebnis ist, dass der Mensch die Zahl aller größeren Meerestiere stark reduziert und damit indirekt die Vermehrung der kleineren Wasserorganismen begünstigt hat, die in ihre Nahrung eingingen. Diese Veränderung in den Beziehungen der organischen und anorganischen Materie des Meeres muss einen Einfluss auf die letztere ausgeübt haben. Was dieser Einfluss war, können wir nicht sagen, noch weniger können wir vorhersagen, wie er künftig aussehen wird; aber seine Wirkung ist deshalb nicht weniger sicher.

Einführung und Zucht von Fischen.

Die Einführung und erfolgreiche Zucht von Fischen fremder Arten scheint in China seit langem praktiziert worden zu sein und war den Griechen und Römern nicht unbekannt. Diese Kunst wurde in der Neuzeit wiederbelebt, bisher jedoch ohne nennenswerte wirtschaftliche oder physische Ergebnisse, obwohl es gute Gründe zu der Annahme zu geben scheint, dass sie in größerem Maßstab mit Vorteil eingesetzt werden kann . Wie bei den Pflanzen hat der Mensch manchmal unabsichtlich neue Arten von Wassertieren in Länder eingeführt, die von ihrem Geburtsort entfernt liegen. Das zufällige Entkommen des chinesischen Goldfisches aus Teichen, in denen er als Gartenschmuck gezüchtet wurde, hat einige europäische und angeblich amerikanische Bäche mit dieser Art bevölkert. Schifffahrts- und Bewässerungskanäle tauschen die Fische der Seen und Flüsse aus, die durch natürliche Barrieren weit voneinander entfernt sind, sowie die Pflanzen, die ihre Samen ins Wasser werfen. Der Erie-Kanal hat, gemessen an seinem eigenen Kanal, eine Länge von etwa dreihundertsechzig Meilen und verfügt in beiden Richtungen über auf- und absteigende Schleusen. Auf diesem Weg haben sich die Süßwasserfische des Hudson- und des Obersees sowie einige der einheimischen Gemüsesorten dieser jeweiligen Becken vermischt, und die Fauna und Flora der beiden Regionen weist nun mehr gemeinsame Arten auf als zuvor Kanal wurde eröffnet. Eine zufällige Anziehung führt nicht selten dazu, dass Fische einem Schiff tagelang hintereinander folgen und so in Gebiete gelockt werden, die sehr weit von ihrem natürlichen Lebensraum entfernt sind. Vor einigen Jahren wurde mir in Konstantinopel aus zuverlässiger Quelle erzählt, dass gerade ein paar Fische einer den Eingeborenen völlig unbekannten Art im Bosporus gefangen worden seien. Sie sollen einem englischen Schiff von der Themse aus gefolgt sein und während der Überfahrt häufig von der Besatzung beobachtet worden sein, aber ich konnte ihren genauen Charakter nicht herausfinden.

Viele der Fische, die den größten Teil des Jahres im Salzwasser verbringen, laichen im Süßwasser, und einige Süßwasserarten, zum Beispiel die gemeine Bachforelle Neuenglands, die unter normalen Umständen nie das Meer aufsucht, werden dies auch tun, wenn ... Sie werden in Bäche übertragen, die direkt ins Meer münden, nach der Laichzeit ins Salzwasser absinken und in der nächsten Saison wieder zurückkehren. Meeresfische, unter anderem der Stint, sollen im Süßwasser eingebürgert worden sein, und einige Naturforscher haben aufgrund der Beschaffenheit der Fische des Baikalsees und insbesondere aufgrund der Existenz der Robbe an diesem Ort argumentiert, dass alle seine Bewohner dies getan hätten Ursprünglich handelte es sich um Meeresarten, die ihre Lebensgewohnheiten mit der allmählichen Umwandlung des Salzwassers des Sees – einst, wie angenommen wird, eine Meeresbucht – in Süßwasser geändert haben. [102] Das Vorhandensein der Robbe ist in diesem Punkt kaum schlüssig, denn sie wird manchmal im Lake Champlain in einer Entfernung von mehreren hundert Meilen sogar von Brackwasser aus gesichtet. Eines dieser Tiere wurde im Februar 1810 auf dem Eis dieses Sees getötet, ein anderes im Februar 1846, [103] und Reste des Seehunds wurden zu anderen Zeiten in denselben Gewässern gefunden.

Die Überreste höherer Ordnungen von Wassertieren sind im Allgemeinen so verderblich, dass sie, selbst wenn sie am häufigsten vorkommen, derzeit keine dauerhaften Ablagerungen von nennenswertem Ausmaß zu bilden scheinen; Ganz anders verhält es sich jedoch mit Schalentieren und, wie wir später sehen werden, mit vielen der kleinsten Kalkarbeiter des Meeres. An der Südküste der Vereinigten Staaten gibt es Muschelbänke, die so ausgedehnt sind, dass man früher annahm, sie seien auf natürliche Weise angehäuft worden, und sie wurden als Beweis für eine Erhebung der Küste aus geologischen Gründen angeführt; aber es wird jetzt festgestellt, dass sie aus Austern gewonnen wurden, die im Laufe langer Jahrhunderte von den Bewohnern indischer Städte verzehrt wurden. Die Anpflanzung eines Austernbeetes an einem neuen Ort könnte mit der Zeit sehr wahrscheinlich zur Bildung einer Bank führen, die in Verbindung mit anderen Ablagerungen die Linie einer Küste spürbar beeinflussen oder diese verändern könnte Der Verlauf von Meeresströmungen oder die Mündung eines Flusses führen zu geografischen Veränderungen von nicht geringer Bedeutung. Die Verpflanzung von Austern in künstliche Teiche ist seit langem üblich und scheint in jüngster Zeit auch im offenen Meer an der französischen Küste in großem Umfang erfolgreich zu sein. Man hofft auf eine große Ausweitung dieser Fischerei, und es wird nun vorgeschlagen, an derselben Küste die amerikanische Weichmuschel einzuführen, die im von den Gezeiten umspülten Strandsand des Long Island Sound so häufig vorkommt, dass sie einen wichtigen Bestandteil der Ernährung darstellt der Nachbarbevölkerung.

Die absichtliche Einbürgerung ausländischer Fische hat, wie gesagt, bisher keine nennenswerten Früchte getragen; Aber obwohl dieser spezielle Zweig dessen, was man nicht gerade glücklicherweise *Fischzucht* nennt , seinen Anspruch auf die Aufmerksamkeit des physischen Geographen oder des politischen Ökonomen noch nicht begründet hat, hat die künstliche

Zucht von heimischen Fischen bereits sehr wertvolle Ergebnisse hervorgebracht und wird dies offenbar auch tun Es ist dazu bestimmt, einen äußerst herausragenden Platz in der Geschichte der Bemühungen des Menschen einzunehmen, seine verschwenderische Verschwendung der Gaben der Natur auszugleichen. Die Wiederherstellung des ursprünglichen Reichtums an Salz- und Süßwasserfischen ist einer der größten materiellen Vorteile, die Regierungen angesichts unserer gegenwärtigen physischen Ressourcen ihren Untertanen bieten können. Sobald die Flüsse, Seen und Meeresküsten durch den Fischfang zu unpassenden Jahreszeiten, mit zerstörerischen Methoden und in übertriebenen Mengen wieder bevölkert und durch das Gesetz vor der Erschöpfung geschützt waren, würden sie auf unbestimmte Zeit einen sehr großen Vorrat an höchst gesünderen Nahrungsmitteln liefern, die im Gegensatz zu allen anderen Nahrungsmitteln sehr wichtig sind heimische und landwirtschaftliche Produkte, würden sich spontan erneuern und würden nichts mehr kosten als die Einnahme. In Europa gibt es viele unfruchtbare oder ausgelaugte Böden, die so gelegen sind, dass sie ohne allzu große Kosten in dauerhafte Seen umgewandelt werden könnten, die nicht nur als Reservoirs dienen würden, um das Wasser des Winterregens und des Schnees aufzufangen und es in die Umgebung abzugeben Trockenzeit zur Bewässerung, sondern als Brutteiche für Fische, und würden daher ohne weitere Kosten einen größeren Vorrat an menschlicher Nahrung liefern, als derzeit selbst mit großem Kapital- und Arbeitsaufwand in landwirtschaftlichen Betrieben aus ihnen gewonnen werden kann. Die durch eine umsichtige Verwaltung der Wasserressourcen möglichen Zuwächse an der Ernährung der zivilisierten Welt würden eine gewisse Beschränkung der derzeit für landwirtschaftliche Zwecke genutzten Bodenmenge und eine entsprechende Vergrößerung der Waldfläche ermöglichen und würde somit eine Rückkehr zu primitiven geografischen Anordnungen erleichtern, deren teilweise Wiederherstellung wichtig ist.

Ausrottung von Wassertieren.

Es erscheint unwahrscheinlich, dass es dem Menschen mit all seiner Raubgier und all seiner Technik gelingen wird, alle Salzwasserfische vollständig auszurotten, aber er hat bereits mindestens ein warmblütiges Meerestier ausgerottet – Stellers Seekuh – und das Walross. Der Seelöwe und andere große Amphibien sowie die wichtigsten fischenden Vierbeiner sind unmittelbar vom Aussterben bedroht. Die Steller-Seekuh, *Rhytina Stelleri* , wurde erstmals im Jahr 1741 von Europäern auf der Beringinsel gesehen. Es handelte sich um ein riesiges amphibisches Säugetier mit einem Gewicht von nicht weniger als achttausend Pfund, das offenbar ausschließlich auf den Inseln und Küsten in der Nähe der Beringstraße heimisch war. Sein Fleisch war sehr schmackhaft und die Orte, an denen es sich aufhielt, waren von den russischen Lokalen in Kamtschatka aus leicht zu erreichen. Sobald den

Bewohnern dieser Posten durch die Rückkehr der Überlebenden von Berings Expedition seine Existenz und sein Charakter sowie die Fülle an Pelztieren in denselben Gewässern bekannt wurden, begann eine so lebhafte Jagd gegen die Amphibien dieser Region Man geht davon aus, dass die Seekuh, die Steller 1741 als äußerst zahlreich beschrieb, im Laufe von 27 Jahren vollständig ausgerottet wurde und seit dem Jahr 1768 kein einziges Individuum mehr gesehen wurde. Die verschiedenen Robbenstämme Im Nord- und Südpazifik ist die Anzahl der Walrosse und Seeotter bereits so stark zurückgegangen, dass sie offenbar bald der Seekuh folgen werden, es sei denn, sie werden durch strenge Gesetze und eine Polizei, die energisch genug ist, geschützt, um deren glühende Gier zu unterdrücken ihre Verfolger.

Die Robben, der Otterstamm und viele andere Amphibien, die sich fast ausschließlich von Fischen ernähren, sind äußerst gefräßig, und ihre Zerstörung oder zahlenmäßige Reduzierung muss natürlich die Vermehrung der von ihnen hauptsächlich gejagten Fischarten begünstigt haben. Der Halter mehrerer gezähmter Robben hat mir versichert, dass jeder Seehund, wenn er in regelmäßigen Abständen versorgt würde, nicht weniger als vierzehn Pfund Fisch oder etwa ein Viertel seines eigenen Gewichts an einem Tag verschlingen würde. [104] Ein sehr intelligenter und aufmerksamer Jäger, der einen großen Teil seines Lebens im Wald verbracht hat, schätzt nach sorgfältiger Beobachtung der Gewohnheiten der Süßwasserotter der nordamerikanischen Staaten ihren Fischverbrauch auf etwa vier Pfund pro Stück Tag.

Der Mensch hat die Vermehrung der Fische gefördert, indem er Krieg gegen ihre brutalen Feinde führte, aber er hat dadurch keineswegs seine eigene größere Zerstörungskraft kompensiert. [105] Vögel und Raubtiere, ob an Land oder im Wasser, jagen nur so lange, wie sie den Reiz des Hungers verspüren, ihre Verwüstungen werden durch die Anforderungen des gegenwärtigen Appetits begrenzt und sie zerstören nicht verschwenderisch, was sie nicht können verbrauchen. Der Mensch hingegen angelt heute, damit er morgen essen kann; Er fängt und trocknet Millionen von Fischen an den Ufern von Neufundland, damit der glühende Katholik an den Ufern des Mittelmeers während der Fastenzeit im nächsten Jahr über die nötigen Mittel verfügt, um die Gelüste seines Magens zu stillen, ohne seine Seele durch einen Verstoß gegen die Disziplin der päpstlichen Kirche zu gefährden ; und alle Vorkehrungen seiner Fischerei sind so organisiert, dass viel mehr Fische zerstört werden, als für den menschlichen Gebrauch bestimmt sind, und dass ein großer Teil der jährlichen Meeresernte beim Reifungsprozess oder beim Transport dorthin verloren geht die Orte seines Verzehrs. [106]

Fische sind von geringfügigen und sogar unmerklichen Unterschieden in ihren Brut- und Futterplätzen stärker betroffen als Vierbeiner. Jeder Fluss, jeder Bach, jeder See prägt seinen Lachsen, seinen Maifischen und seinen

Forellen einen besonderen Charakter, der von denen, die mit ihnen handeln oder sie konsumieren, sofort erkannt wird. Keine Kunst kann den Fischen, die durch vom Menschen ausgewählte und zubereitete Nahrung gemästet werden, den Geschmack derjenigen verleihen, die am Tisch der Natur genährt werden, und die Forellen der künstlichen Teiche in Deutschland und der Schweiz sind den Bachfischen der gleichen Art so weit unterlegen Klima, dass man kaum glauben kann, dass sie identisch sind. Der überlegene Geschmack der amerikanischen Forelle gegenüber den europäischen Arten, der jedem bekannt ist, der beide Kontinente kennt, ist wahrscheinlich weniger auf spezifische Unterschiede als auf die Tatsache zurückzuführen, dass selbst in den Teilen der Neuen Welt, die am längsten kultiviert wurden, Die wilde Natur ist noch nicht zu dem Charakter gezähmt, den sie in der Antike angenommen hat und den sie auch in Amerika annehmen wird, wenn seine Zivilisation so alt sein wird wie jetzt die Europas.

Der Mensch hat bisher kaum irgendwo solche klimatischen oder anderen Veränderungen herbeigeführt, die ausreichten, um die wilden Bewohner des Trockenlandes völlig zu vertreiben, und das Verschwinden der einheimischen Vögel und Vierbeiner aus bestimmten Gegenden ist ebenso sehr auf seine direkten Verfolgungen zurückzuführen hinsichtlich des Mangels an Schutz im Wald, an angemessener Nahrung oder an anderen für ihre Existenz unabdingbaren Bedingungen. Aber fast alle Prozesse der Landwirtschaft sowie der mechanischen und chemischen Industrie sind für Wassertiere in ihrem Einflussbereich verhängnisvoll. Wenn infolge der Rodung der Wälder die bereits beschriebenen Veränderungen in den Flussbetten und -strömungen im Gange sind, werden die Laichgründe der Fische von Jahr zu Jahr einer Reihe mechanischer Störungen ausgesetzt; die Wassertemperatur ist im Sommer höher und im Winter kälter, als wenn es beschattet und durch Holz geschützt wäre; Die kleineren Organismen, die den Lebensunterhalt der Jungfische bildeten, verschwinden oder werden in ihrer Zahl reduziert, und zu den alten Feinden, die sie gejagt haben, kommen neue Feinde hinzu. die zunehmende Trübung des Wassers bei den jährlichen Überschwemmungen erstickt die Fische; und schließlich treibt sie die beschleunigte Geschwindigkeit ihrer Strömung in die größeren Flüsse oder ins Meer, bevor sie noch stark genug sind, eine so große Veränderung der Umstände zu ertragen. [107] Industriebetriebe sind für Fische, die im Süßwasser leben oder laichen, nicht weniger zerstörerisch. Mühlendämme behindern ihre Wanderungen, wenn sie sie nicht völlig verhindern, das Sägemehl von Holzmühlen verstopft ihre Kiemen und die tausend schädlichen mineralischen Substanzen, die von Hütten-, Chemie- und Produktionsbetrieben in Flüsse eingeleitet werden, vergiften sie durch Untiefen.

Winzige Organismen.

Neben den größeren Lebewesen des Landes und des Meeres, den Vierbeinern, den Reptilien, den Vögeln, den Amphibien, den Krustentieren, den Fischen, den Insekten und den Würmern, gibt es unzählige weitere Formen lebenswichtiger Wesen. Erde, Wasser, die Kanäle und Flüssigkeiten des pflanzlichen und tierischen Lebens, die Luft, die wir atmen, werden von winzigen Organismen bevölkert, die sowohl im lebenden als auch im unbelebten Reich der Natur wichtige Funktionen erfüllen. Von den diesen Lebewesen zugewiesenen Aufgaben ist die Gewinnung von Kalk und, seltener, von Silex aus den von ihnen bewohnten Gewässern und die Ablagerung dieser Mineralien in fester Form, sei es als Material, die bekannteste Beobachtung ihre Behausungen oder als die Exuvien ihrer Körper. Das Mikroskop und andere Mittel der wissenschaftlichen Beobachtung versichern uns, dass die Kreideschichten Englands und Frankreichs, die Korallenriffe der Meeresgewässer in warmen Klimazonen, riesige kalkhaltige und siliziumhaltige Ablagerungen im Meer und in vielen Süßwasserteichen die gewöhnlichen Poliererden sind und Schiefer und viele Arten von scheinbar dichtem und festem Gestein sind das Werk der bescheidenen Organismen, von denen ich spreche, und zwar oft von so kleinen Tierchen, dass sie nur mit Hilfe von Linsen sichtbar werden, die das lineare Maß hundertfach vergrößern . Im Volksmund wird angenommen, dass Tierchen oder das, was gemeinhin unter dem vagen Namen Infusorien zusammengefasst wird, nur im Wasser leben, aber der atmosphärische Staub, der von jedem Wind transportiert und von jeder Windstille abgelagert wird, ist voller mikroskopischer Lebewesen oder ihrer Relikte. Der Boden, auf dem die Stadt Berlin steht, enthält in einer Tiefe von zehn bis fünfzehn Fuß unter der Oberfläche lebende Silex-Verarbeiter; [108] und eine mikroskopische Untersuchung einer Handvoll Erde, verbunden mit den materiellen Beweisen der Schuld, hat es dem Naturforscher ermöglicht, genau die Stelle zu bestimmen, an der ein Verbrechen begangen wurde. Es wurde berechnet, dass ein Sechstel der festen Materie, die große Flüsse an ihren Mündungen fallen lassen, aus noch erkennbaren Infusionsschalen und -schilden besteht, und da die Reibung des rollenden Wassers einen Großteil dieser fragilen Strukturen in einen Zerkleinerungszustand versetzen muss, der zu einem Zerfall führt Auch wenn das Mikroskop die einzelnen Partikel nicht auflösen und als Relikte tierischen oder pflanzlichen Lebens identifizieren kann, müssen wir zu dem Schluss kommen, dass ein wesentlich größerer Anteil der Flussablagerungen tatsächlich das Produkt von Tieren ist. [109]

Es ist offensichtlich, dass der chemische und in vielen Fällen der mechanische Charakter einer großen Anzahl von Gegenständen, die für die materielle Ökonomie des menschlichen Lebens wichtig sind, durch das Vorhandensein eines so großen organischen Elements in ihrer Substanz beeinflusst werden muss, und das ist auch der Fall Es ist offensichtlich, dass alle landwirtschaftlichen und industriellen Betriebe dazu neigen, die

natürlichen Anordnungen dieses Elements zu stören, die besondere
Anpassung jedes Mediums, in dem es lebt, an die besonderen Ordnungen, in
denen es lebt, zu verstärken oder zu verringern. Die Umwandlung von
Waldland in Weideland, von Weideland in Ackerland, von Sumpf oder
flachem Meer in trockenes Land, die Fruchtfolge angebauter Feldfrüchte
muss sich für Millionen von Lebewesen auf jedem vom Menschen gestörten
Boden der Oberfläche als tödlich erweisen, und muss , Gleichzeitig können
sie diese Zerstörung des Lebens mehr oder weniger vollständig
kompensieren, indem sie das Wachstum und die Vermehrung anderer,
ebenso kleiner Stämme fördern.

Ich weiß nicht, ob der Mensch jemals versucht hat, sich durch künstliche
Erfindungen die Hilfe dieser wunderbaren Architekten und Fabrikanten
zunutze zu machen. Wir sind kaum gut genug mit ihrer natürlichen
Wirtschaft vertraut, um Mittel zu ersinnen, um ihre Industrie zu einem
Gewinn zu machen, und in sehr vielen Fällen sind sie für ein so ungeduldiges
Zeitalter wie unseres zu langsam, wenn es darum geht, sichtbare Ergebnisse
zu erzielen. Die Überzivilisation des 19. Jahrhunderts kann nicht darauf
warten, dass Reichtum durch verschwindend geringe Gewinne angehäuft
wird, und wir sind in Eile, auf die Kräfte der Natur zu spekulieren , so wie
wir es bei unserem Handel mit Handels- und Verkaufsobjekten tun. Aber es
gibt immer noch einige Fälle, in denen das Wenige, was wir über ein Leben
wissen, dessen Wirken für das bloße Auge unsichtbar ist, die Möglichkeit
nahelegt, die Bemühungen von Truppen von Handwerkern, die wir nicht
sehen können, vorteilhaft zu lenken. An von Korallen besetzten Küsten
arbeitet das riffbildende Tier in der Nähe von Flussmündungen nicht. Daher
kann die Änderung der Mündung eines Baches, was oft eine sehr einfache
Angelegenheit ist, an einem Punkt die Errichtung einer Barriere für die
Küstenschifffahrt begünstigen und an einem anderen die Bildung eines Riffs
verhindern, indem ein Süßwasserstrom von ersterem abgelenkt wird und
schüttete es dort ins Meer. Fälle können wahrscheinlich in tropischen
Meeren gefunden werden, wo Flüsse die Arbeit der Korallenlebewesen in
Meerengen verhindert haben, die Inseln voneinander oder vom Festland
trennen. Die Umleitung solcher Ströme könnte dieses Hindernis beseitigen
und infolgedessen Riffe bilden, die einen Archipel in eine einzige große Insel
verwandeln und diese schließlich mit dem benachbarten Kontinent
verbinden würden.

Quatrefages schlugen vor, die Teredo in Häfen zu zerstören, indem sie
das Wasser mit einer für sie tödlichen Minerallösung imprägnierten.
Vielleicht könnte die Arbeit der Korallentiere auf einem beträchtlichen Teil
der Meeresküste durch ähnliche Mittel gestoppt werden. Die Riffbauer sind
gemächliche Architekten, aber die kostbaren Korallen bilden sich so schnell,
dass die Riffe mit Vorteil alle zehn Jahre erneuert werden können. [110] Es

scheint nicht unmöglich, dass diese Koralle an die amerikanische Küste verpflanzt werden könnte, wo der Golfstrom für eine geeignete Temperatur sorgen würde, die über die klimatischen Grenzen hinausgeht, die ihr Wachstum sonst einschränken; und so könnte vielleicht eine neue Gewinnquelle zu den dürftigen Erträgen des zähen Fischers hinzukommen.

In bestimmten geologischen Formationen lagern die Diatomeen am Grund von Süßwasserteichen Schichten aus siliziumhaltigen Schilden ab, die als Material für eine Art sehr leichter Schamottsteine, bei der Herstellung von Wasserglas und hydraulischem Zement und letztendlich zweifellos wertvoll sind , in vielen noch unentdeckten industriellen Prozessen. Eine sorgfältige Untersuchung der für die Vermehrung der Diatomeen günstigen Bedingungen könnte uns vielleicht helfen, direkt von der Produktivität dieses Organismus zu profitieren und gleichzeitig Geheimnisse der Natur zu enthüllen, die bei der Behandlung von Kieselgesteinen von wertvollem Nutzen sein können und das Metall, das ihre Basis bildet. Unsere Bekanntschaft mit dem dunklen und unendlich kleinen Leben, von dem ich jetzt gesprochen habe, ist sehr neu und noch sehr unvollkommen. Wir wissen, dass es für die Ökonomie der Natur von enormer Bedeutung ist, aber wir sind so ehrgeizig, das Große zu erfassen, und so wenig daran gewöhnt, uns mit dem Kleinen zu beschäftigen, dass wir noch nicht bereit sind, uns ernsthaft mit der Frage zu befassen, wie weit wir können kontrollieren und leiten die Operationen nicht körperloser physischer Kräfte, sondern von Wesen, die nach allgemeiner Auffassung fast ebenso immateriell sind wie sie.

Die Natur hat keine Größeneinheit, an der sie ihre Werke misst. Der Mensch übernimmt seine Maßstäbe von sich selbst. Die Breite des Haares war sein Minimum, bis ihm das Mikroskop sagte, dass es Lebewesen gibt, für die eines der Haare auf seinem Kopf einen größeren Zylinder darstellt als für ihn der Stamm des riesigen Kalifornischen Mammutbaums. Er entlehnt seinen Zoll von der Breite seines Daumens, seine Handfläche und seine Spannweite von der Breite seiner Hand und der Spreizung seiner Finger, seinen Fuß von der Länge des so genannten Organs; Seine Elle ist die Entfernung von der Spitze seines Mittelfingers bis zu seinem Ellenbogen und sein Klafter ist der Raum, den er mit seinen ausgestreckten Armen messen kann. Für ein Wesen, das instinktiv den Maßstab aller Größen in seinem eigenen materiellen Rahmen findet, sind alle Objekte, die seine eigenen Dimensionen überschreiten, absolut groß und alle, die darunter liegen, absolut klein. Daher betrachten wir den Wal und den Elefanten gewöhnlich als im Wesentlichen große und daher wichtige Lebewesen, das Tier als einen im Wesentlichen kleinen und daher unwichtigen Organismus. Aber keine geologische Formation verdankt ihren Ursprung der Arbeit oder den Überresten des riesigen Säugetiers, während das Tier die Substanz von Schichten mit einer Dicke von Tausenden Fuß bildet oder geliefert hat, die sich in ununterbrochenen Schichten über viele Grade der Erdoberfläche erstrecken . Wenn der Mensch dazu bestimmt ist, die Erde noch viel länger zu bewohnen und in seinem Naturwissen mit der Schnelligkeit voranzuschreiten, die seine Fortschritte in der Naturwissenschaft in den letzten zwei oder drei Jahrhunderten kennzeichnete, wird er lernen, die Werke der Schöpfung klüger einzuschätzen. Sie wird nicht nur großen Unterricht aus dem Studium der Natur auf ihren dunkelsten, bescheidensten Spaziergängen ziehen, sondern auch große materielle Vorteile daraus ziehen, dass sie ihre produktiven Energien in den Provinzen ihres Reiches anregt, die bisher als für immer unzugänglich und völlig unfruchtbar galten. [111]

KAPITEL III.

DER WALD.

DIE BEWOHNBARE ERDE URSPRÜNGLICH BEWALTET – DER WALD LIEFERT KEINE NAHRUNG FÜR DEN MENSCHEN – ERSTE ENTFERNUNG DES WALDES – AUSWIRKUNGEN VON BRAND AUF WALDBODEN – AUSWIRKUNGEN DER WALDZERSTÖRUNG – ELEKTRISCHE EINFLUSS DER BÄUME – CHEMISCHE EINFLUSS DES WALDES.

EINFLUSS DES ANORGANISCHEN WALDES AUF DIE TEMPERATUR: *a*, absorbierende und emittierende Oberfläche; *b*, BÄUME ALS WÄRMELEITER; *c*, BÄUME IM SOMMER UND IM WINTER; *d*, tote Produkte von Bäumen; *e*, BÄUME ALS SCHUTZ FÜR DAS GELÄNDE LEEWARD VON IHNEN; *f*, BÄUME ALS SCHUTZ GEGEN MALARIA – DER WALD ALS ANORGANISCHES MATERIAL NEIGT ZUR MINDERUNG VON EXTREMEN.

BÄUME ALS ORGANISMEN: SPEZIFISCHE TEMPERATUR – GESAMTEINFLUSS DES WALDES AUF DIE TEMPERATUR.

EINFLUSS DER WÄLDER AUF DIE FEUCHTIGKEIT DER LUFT UND DER ERDE: *a*, ALS ANORGANISCHE MATERIE; *b*, ALS ORGANISCH – HOLZMOOSE UND PILZE – SAFTFLUSS – AUFNAHME UND AUSSTRAHLUNG VON FEUCHTIGKEIT DURCH BÄUME – GLEICHGEWICHT widersprüchlicher EINFLÜSSE – EINFLUSS DES WALDES AUF TEMPERATUR UND NIEDERSCHLAG – EINFLUSS DES WALDES AUF DIE FEUCHTIGKEIT DES BODENS – SEIN EINFLUSS AUF Das Fließen der Quellen – Allgemeine Folgen der Waldzerstörung – Literatur und Zustand des Waldes in verschiedenen Ländern – der Einfluss des Waldes auf Überschwemmungen – zerstörerische Wirkung von Wildbächen – der Po und seine Ablagerungen – Bergrutschen – Schutz vor dem Fall VON FELSEN UND LAWINEN VON BÄUMEN – HAUPTURSACHEN FÜR DIE ZERSTÖRUNG DES WALDES – AMERIKANISCHE WALDBÄUME – BESONDERE URSACHEN FÜR DIE ZERSTÖRUNG EUROPÄISCHER WÄLDER – KÖNIGLICHE WÄLDER UND WILDGESETZE – KLEINE WALDPFLANZEN, VITALITÄT DER SAMEN – NÜTZLICHKEIT DES WALDES – DIE WÄLDER Europas – Wälder der Vereinigten Staaten und Kanadas – die Wirtschaft des Waldes – europäische und amerikanische Bäume im Vergleich – Waldbau – Instabilität des amerikanischen Lebens.

Die bewohnbare Erde war ursprünglich bewaldet.

Es gibt guten Grund zu der Annahme, dass die Oberfläche der bewohnbaren Erde in allen Klimazonen und Regionen, in denen dichte und zivilisierte Bevölkerungen lebten, mit wenigen Ausnahmen bereits mit Waldbewuchs bedeckt war, als sie zum ersten Mal zur Heimat wurde Mann. Dies schließen wir aus den umfangreichen pflanzlichen Überresten – Stämmen, Zweigen, Wurzeln, Früchten, Samen und Blättern von Bäumen – , die so oft in Verbindung mit Werken primitiver Kunst im sumpfigen Boden von Gebieten gefunden werden, in denen es offenbar keine Wälder gegeben hat Epochen, durch die schriftliche Annalen reichen; aus alten historischen Aufzeichnungen, die belegen, dass große Provinzen, in denen die Erde lange Zeit völlig kahl war, mit riesigen und fast ununterbrochenen Wäldern bedeckt waren, als sie der griechischen und römischen Zivilisation zum ersten Mal bekannt wurden; [112] und aus dem Staat eines Großteils Nord- und Südamerikas, als sie von der europäischen Rasse entdeckt und kolonisiert wurden. [113]

Diese Beweise werden durch die Beobachtung der natürlichen Ökonomie unserer Zeit gestärkt; Denn wenn ein Stück Land, das einst vom Menschen bewohnt und bewirtschaftet wurde, von ihm und seinen Haustieren verlassen wird [114] und den ungestörten Einflüssen der spontanen Natur überlassen wird, überzieht sich sein Boden früher oder später mit krautigen und baumartigen Pflanzen. und in keinem großen Abstand, mit dichtem Waldbewuchs. In der Tat können auf Oberflächen mit einer gewissen Stabilität und nicht absolut steiler Neigung die besonderen Bedingungen, die für die spontane Ausbreitung von Bäumen erforderlich sind, alle negativ ausgedrückt und auf diese drei reduziert werden: Befreiung von Mängeln oder übermäßiger Feuchtigkeit, von ständigem Frost und von die Raubzüge des Menschen und der grasenden Vierbeiner. Wo diese Voraussetzungen gegeben sind, wird das härteste Gestein ebenso sicher mit Holz bewachsen wie die fruchtbarste Ebene, obwohl der Prozess aus offensichtlichen Gründen im ersteren Fall langsamer ist als im letzteren Fall. Flechten und Moose bereiten zunächst den Weg für eine besser organisierte Vegetation. Sie speichern die Feuchtigkeit von Regen und Tau und bringen sie in Verbindung mit den durch ihre organischen Prozesse freigesetzten Gasen dazu, die Oberfläche der von ihnen bedeckten Gesteine zu zersetzen. Sie halten den Staub fest, den der Wind über sie verstreut, und ihr endgültiger Zerfall fügt dem Boden, der sich unter und auf ihnen bereits zur Hälfte gebildet hat, neues Material hinzu. Eine sehr dünne Schimmelschicht reicht aus, um die Samen der winterharten immergrünen Pflanzen und Birken zu keimen, deren Wurzeln sich oft in direktem Kontakt mit dem Gestein befinden und ihre Bäume mit Nährstoffen aus einem Boden versorgen, der aus der Zersetzung ihres eigenen Laubs stammt oder lange Wurzeln in die umgebende Erde aussenden, auf der Suche nach Säften, um sie zu ernähren.

Die eruptive Materie von Vulkanen, so abweisend ihr Anblick auch ist, verweigert den Wäldern nicht die Nahrung. Die feuerfeste Lava des Ätna bleibt zwar lange Zeit unfruchtbar, und die des großen Ausbruchs von 1669 ist noch immer fast völlig frei von Vegetation. [115] Aber auch hier dringt der Kaktus vor, während der vom Vesuv ausgeworfene Vulkansand und das geschmolzene Gestein bald produktiv werden. George Sandys, der diesen letztgenannten Berg im Jahr 1611 besuchte, nachdem er mehrere Jahrhunderte lang geruht hatte, fand den Schlund des Vulkans am Grund des Kraters „fast verstopft mit zerbrochenen Steinen und darin stehenden Bäumen ". „Darüber hinaus", fährt er fort, „ist die aufgewirbelte Materie rötlich, leicht und weich: weiter entfernt, schwarz und schwerfällig: die äußerste Stirn, die abfallend ist wie die Sitze in einem Theater, voller Bäume und ausgezeichnetem Weideland." In der Mitte des Hügels gibt es Schatten von Kastanienbäumen und anderen, die verschiedene Früchte tragen. [116]

Ich bin davon überzeugt, dass Wälder bald weite Teile der arabischen und afrikanischen Wüsten bedecken würden, wenn Menschen und Haustiere, insbesondere Ziegen und Kamele, aus ihnen verbannt würden. Der harte Gaumen und die harte Zunge sowie die starken Zähne und Kiefer dieses letzteren Vierbeiners ermöglichen es ihm, zähe und dornige Äste von der Größe eines Fingers abzubrechen und zu kauen. Besonders gefallen ihm die kleineren Zweige, Blätter und Samenkapseln der *Sont-* und anderen Akazien, die wie die amerikanische Robinie gut auf trockenen und sandigen Böden gedeihen, und er verschont keinen Baum, dessen Äste in seiner Reichweite sind, außer , wenn ich mich recht erinnere, die Tamariske, die Manna produziert. Rund um die Quellen und entlang der winterlichen Wasserläufe der Wüste sprießen in Hülle und Fülle junge Bäume, und dies sind lediglich die Raststationen der Karawanen und ihrer Reiserouten. Im Schatten dieser Bäume schießen einjährige Gräser und mehrjährige Sträucher in die Höhe, werden aber vom hungrigen Vieh der Beduinen genauso schnell abgemäht, wie sie wachsen. Ein paar Jahre ungestörter Vegetation würden ausreichen, um solche Stellen mit Hainen zu bedecken, und diese würden sich nach und nach über Böden ausbreiten, auf denen heute kaum noch etwas Grünes außer der bitteren Kolozynthe und dem giftigen Fingerhut zu sehen ist.

Der Wald liefert dem Menschen keine Nahrung.

In einer Region, die vollständig mit Bäumen bedeckt war, konnte das menschliche Leben aus Mangel an tierischer und pflanzlicher Nahrung nicht lange aufrechterhalten werden. Die Tiefen des Waldes liefern selten Blumenzwiebeln oder Früchte, die für die Ernährung des Menschen geeignet sind; und die Vögel und Tiere, von denen er sich ernährt, sind kaum zu sehen, außer am Waldrand, denn hier wachsen nur die Sträucher und Gräser, und nur hier sind die Samen und Insekten zu finden, die den Lebensunterhalt der nicht fleischfressenden Vögel und Vögel bilden Vierbeiner. [117]

Erste Rodung des Waldes.

Sobald der sich vermehrende Mensch die offenen Gebiete entlang der Flüsse, Seen und des Meeres gefüllt und die natürlichen Wiesen und Savannen im Landesinneren, wo solche vorhanden waren, ausreichend bevölkert hatte, [118] konnte er Raum für Expansion und Expansion finden weiteres Wachstum, nur durch die Entfernung eines Teils des Waldes, der ihn einschränkte. Die Zerstörung des Waldes war also die erste geografische Eroberung des Menschen, seine erste Verletzung der Harmonien der unbelebten Natur.

Der primitive Mensch hatte kaum Gelegenheit, Bäume als Brennstoff zu fällen oder für den Bau von Häusern, Booten und den Geräten seiner einfachen Landwirtschaft und seines Handwerks. Durch Windfälle würde eine dünne Population ausreichend mit solchem Material versorgt, und wenn gelegentlich ein wachsender Baum gefällt würde, wäre die Schädigung des Waldes zu unbedeutend, um überhaupt nennenswert zu sein.

Das zufällige Entweichen und Ausbreiten von Bränden oder möglicherweise die Verbrennung von Wäldern durch Blitze müssen zunächst die Vorteile aufgezeigt haben, die sich aus der Entfernung zu großer und ausgedehnter Wälder ergeben, und gleichzeitig ein Mittel aufgezeigt haben Dadurch konnte ein großer Teil der Oberfläche leicht von einem Großteil dieser natürlichen Belastung befreit werden. Sobald überhaupt mit der Landwirtschaft begonnen wurde, konnte man beobachten, dass das Wachstum von Kulturpflanzen, aber auch von vielen Wildpflanzenarten, auf verbrannten Böden besonders schnell und üppig vor sich ging, was einen neuen Anreiz darstellte Der Brauch, den Wald durch Feuer zu vernichten, wurde eingeführt, um sowohl das offene Gelände zu vergrößern als auch einen noch produktiveren Boden zu gewinnen. Nachdem einige Ernten die erstklassige Fruchtbarkeit des jungfräulichen Schimmels erschöpft hatten oder wenn Unkraut und Dornen sowie die sprießenden Wurzeln der Bäume begonnen hatten, die Ernte des halb gedämpften Bodens zu ersticken, wurde der Boden für neue Felder aufgegeben Der Wald wurde auf die gleiche Weise zerstört, und die verlassene Ebene oder der Hügel würde sich bald wieder mit Sträuchern und Bäumen bekleiden, um erneut demselben zerstörerischen Prozess ausgesetzt und erneut den wiederherstellenden Kräften der pflanzlichen Natur übergeben zu werden. [119] Diese rohe Wirtschaft würde über Generationen hinweg weitergeführt werden, und so verschwenderisch sie auch ist, wird sie in Nordschweden, Schwedisch-Lappland und manchmal sogar in Frankreich und den Vereinigten Staaten immer noch weitgehend betrieben. [120]

Auswirkungen von Feuer auf Waldböden.

Abgesehen von den mechanischen und chemischen Auswirkungen der Störung des Bodens durch landwirtschaftliche Betriebe und des ungehinderten Zutritts von Sonne, Regen und Luft zum Boden übt das Feuer selbst einen wichtigen Einfluss auf seine Beschaffenheit und Beschaffenheit aus. Es verzehrt einen Teil des halb verrotteten Pflanzenschimmels, der dazu diente, seine Mineralpartikel zusammenzuhalten und das Niederschlagswasser zurückzuhalten, und lockert, pulverisiert und trocknet so die Erde; es vernichtet Reptilien, Insekten und Würmer mit ihren Eiern sowie die Samen von Bäumen und kleineren Pflanzen; es liefert in der Asche, die es auf der Oberfläche ablagert, wichtige Elemente für das Wachstum einer neuen Waldkleidung sowie der üblichen Gegenstände der landwirtschaftlichen Industrie; und durch die so hervorgerufenen Veränderungen bereitet es den Boden für die Aufnahme einer Vegetation, die sich in ihrem Charakter von der unterscheidet, die sie spontan bedeckt hatte. Diese neuen Bedingungen helfen, die natürliche Abfolge von Waldfrüchten zu erklären, die im Allgemeinen in allen Wäldern beobachtet wird, die durch Brände gerodet und dann aufgegeben wurden. Es besteht jedoch kein Zweifel, dass andere Einflüsse zu demselben Ergebnis beitragen, da mehr oder weniger ähnliche Auswirkungen auftreten, wenn die Bäume durch andere Ursachen zerstört werden, beispielsweise durch starke Winde, durch die Axt des Holzfällers und sogar durch natürlichen Verfall. [121]

Auswirkungen der Waldzerstörung.

Die physikalisch-geografischen Auswirkungen der Zerstörung der Wälder lassen sich in zwei große Klassen einteilen, von denen jede einen wichtigen Einfluss auf das pflanzliche und tierische Leben in all ihren Erscheinungsformen sowie auf jeden Zweig der ländlichen Wirtschaft und der produktiven Industrie hat. daher auf alle materiellen Interessen des Menschen. Die erste berücksichtigt die Meteorologie der Länder, die der Wirkung dieser Einflüsse ausgesetzt sind; die zweite, ihre oberflächliche Geographie oder mit anderen Worten die Konfiguration, Beschaffenheit und Beschaffenheit der Oberfläche.

Aus den im ersten Kapitel dargelegten Gründen ist der meteorologische oder klimatische Zweig des Themas am dunkelsten, und die diesbezüglichen Schlussfolgerungen der Physiker sind größtenteils nur Folgerungen und basieren nicht auf Experimenten oder direkter Beobachtung. Sie sind, wie zu erwarten, etwas widersprüchlich, obwohl bestimmte allgemeine Ergebnisse fast allgemein akzeptiert werden und in der Tat zu gut gestützt zu sein scheinen, um ernsthafte Fragen zuzulassen.

Elektrischer Einfluss von Bäumen.

Die Eigenschaften von Bäumen, einzeln oder in Gruppen, als Erreger oder Leiter von Elektrizität und ihr daraus resultierender Einfluss auf den elektrischen Zustand der Atmosphäre scheinen noch nicht viel untersucht worden zu sein; und die Bedingungen des Waldes selbst sind so variabel und so kompliziert, dass die Lösung jedes allgemeinen Problems bezüglich seines elektrischen Einflusses äußerst schwierig wäre. Es ist in der Tat unmöglich anzunehmen, dass eine dichte Wolke, ein Dampfmeer, kilometerweit über eine mit guten Leitern gespickte Oberfläche hinwegziehen kann, ohne irgendeine Änderung des elektrischen Zustands zu erfahren. Es lassen sich hypothetische Fälle anführen, in denen der Charakter der Änderung aus den bekannten Gesetzen der elektrischen Wirkung abgeleitet werden könnte. Aber in der tatsächlichen Natur sind die Elemente zu zahlreich, als dass wir sie erfassen könnten. Der wahre elektrische Zustand weder der Wolke noch des Waldes konnte bekannt sein, und es konnte selten vorhergesagt werden, ob sich die Dämpfe auflösen würden, wenn sie über dem Holz schwebten, oder ob sie sich in einer Regenflut auf das Holz ergießen würden. Im Hinblick auf mögliche elektrische Einflüsse des Waldes, die in ihrem Wirkungsbereich noch weiter gefasst sind, ist die Unsicherheit noch größer. Es fehlen Daten, die allein zu bestimmten oder sogar wahrscheinlichen Schlussfolgerungen führen könnten, und wir sollten unsere Argumentation daher nur durch den Versuch beeinträchtigen, dieses meteorologische Element, so wichtig es auch sein mag, in seinen Ursache-Wirkungs-Beziehungen zu diskutieren bekanntere und besser verstandene meteorische Phänomene. Es lässt sich jedoch beobachten, dass man an Hagelstürme glaubt, von denen früher allgemein angenommen wurde und noch heute von vielen angenommen wird, dass sie durch eine bestimmte elektrische Einwirkung erzeugt werden und die zumindest immer von elektrischen Störungen begleitet sind Alle Länder, die dieser Geißel besonders ausgesetzt waren, seien mit der Abholzung der Wälder häufiger und zerstörerischer geworden. Caimi bemerkt: „Als die Ketten der Alpen und des Apennins noch nicht von ihrer prächtigen Waldkrone befreit waren, war der Maihagel, der jetzt die fruchtbaren Ebenen der Lombardei verwüstet, viel seltener; aber seit der allgemeinen Niederwerfung des In den Wäldern verwüsten diese Stürme sogar die Gebirgsböden, deren ältere Bewohner diese Plage kaum kannten. [122] Die *paragrandini* , [123] die der gelehrte Pfarrer von Rivolta mit senkrecht aufgestellten Strohbündeln auf großer Ausdehnung errichten ließ des kultivierten Landes, sind nur ein liliputianisches Abbild der riesigen Paragrandini, Kiefern, Lärchen und Tannen, die die Natur zu Millionen auf den Kämmen und Gebirgskämmen der Alpen und des Apennins gepflanzt hatte. [124] „Da die elektrische Wirkung vermindert ist", sagt Meguscher, „und die schnelle Verfestigung von Dämpfen durch die Wärmeableitung durch den Einfluss des Waldes behindert wird, kommt es selten vor, dass Hagel oder Wasserspeier auf dem Gelände eines großen Geländes entstehen." Wald, wenn er vom Sturm angegriffen wird. [125] Arthur Young wurde gesagt, dass der Hagel im Distrikt Acqui zerstörerischer geworden sei, seit die Wälder, die die Berge zwischen der Riviera und der Grafschaft Montferrat bedeckten, verschwunden seien, [126] und es scheint aus sicherer Quelle, dass ein Ähnliches der Fall war Die Zunahme der Häufigkeit und Heftigkeit von Hagelstürmen in der Umgebung von Saluzzo und Mondovì, im unteren Teil des Veltlins sowie in den Gebieten von Verona und Vicenza ist wahrscheinlich auf eine ähnliche Ursache zurückzuführen. [127]

Chemischer Einfluss des Waldes.

Wir wissen, dass die Luft in einer geschlossenen Wohnung durch die Ein- und Ausatmung von Gasen der darin wachsenden Pflanzen erheblich beeinflusst wird. Die gleichen Vorgänge werden in gigantischem Ausmaß vom Wald ausgeführt, und es wurde sogar angenommen, dass die Absorption von Kohlenstoff durch die üppige Vegetation früherer geologischer Perioden eine dauerhafte Veränderung in der Zusammensetzung der Erdatmosphäre verursachte. [128] Zu den dadurch hervorgerufenen Wirkungen kommen noch jene der letztendlichen gasförmigen Zersetzung der riesigen Pflanzenmasse hinzu, die jedes Jahr von Bäumen und ihren Stämmen und Zweigen abgeworfen wird, wenn sie der Zeit zum Opfer fallen . Aber die Menge der Gase, die auf diese Weise aus der Atmosphäre entnommen und in sie zurückgeführt werden, ist im Vergleich zum Luftmeer, aus dem sie entnommen und zu dem sie zurückkehren, unbeträchtlich – man könnte fast sagen, unendlich klein; Und obwohl die Ausdünstungen aus Mooren und anderen Tieflandgebieten, die mit verrottendem Pflanzenmaterial bedeckt sind, äußerst schädlich für die menschliche Gesundheit sind, ist die Luft des Waldes im Allgemeinen chemisch kaum von der der Sandebenen zu unterscheiden, und wir können das auch kaum Wir können den Einfluss der Wälder bei der Analyse der Atmosphäre nachvollziehen, da wir nachweisen können, dass die mineralischen Inhaltsstoffe von Landquellen die Chemie des Meeres spürbar beeinflussen. Dann kann ich die Chemikalie zu Recht abtun, so wie ich es mit den elektrischen Einflüssen des Waldes getan habe, und sie beide gleich behandeln, wenn nicht als unwichtige Einflussfaktoren, so doch zumindest als Größen von unbekanntem Wert in unserer meteorologischen Gleichung. [129] Unsere Untersuchungen zu diesem Zweig des Themas werden sich daher auf die thermometrischen und hygrometrischen Einflüsse der Wälder beschränken.

Einfluss des Waldes, der als anorganische Materie betrachtet wird, auf die Temperatur.

Die Verdunstung von Flüssigkeiten sowie die Kondensation und Expansion von Dämpfen und Gasen gehen mit Temperaturänderungen einher; und die Menge an Feuchtigkeit, die die Luft aufnehmen kann, und natürlich die Verdunstung, steigen und fallen mit dem Thermometer. Die hygroskopischen und thermoskopischen Bedingungen der Atmosphäre sind daher als wechselseitig abhängige Größen untrennbar miteinander verbunden, und keine kann vollständig diskutiert werden, ohne die andere zu berücksichtigen. Aber der Wald, betrachtet als rein anorganische Materie und ohne Rücksicht auf seine lebenden Prozesse der Absorption und Ausatmung von Wasser und Gasen, hat als Absorber einen Strahler und Wärmeleiter und als bloße Bodenbedeckung einen Einfluss auf die Temperatur der Luft und der Erde, der für sich betrachtet werden kann.

A. *Absorbierende und emittierende Oberfläche.*

Eine gegebene Bodenfläche, die nach der alltäglichen Maßregel in Yards oder Acres geschätzt wird, bietet immer die gleiche scheinbare Menge an absorbierender, strahlender und reflektierender Oberfläche; aber die tatsächliche Ausdehnung dieser Oberfläche ist sehr variabel, da sie von ihrer Konfiguration und der Masse und Form der zufälligen Gegenstände abhängt, die sie darauf trägt; und außerdem wird seine Fähigkeit zur Absorption, Strahlung, Reflexion und Leitung von Wärme stark von seiner Konsistenz, seiner mehr oder weniger hohen Feuchtigkeit und seiner Farbe sowie von seiner Neigung der Ebene beeinflusst, wenn die wahren Oberflächen gleich bleiben und Belichtung. [130] Ein Hektar Kreide, hart und glatt gewalzt, hätte ein großes Reflexionsvermögen, aber seine Strahlung würde durch das Aufbrechen in Klumpen stark erhöht, weil die tatsächlich freiliegende Oberfläche größer wäre, obwohl der Umriss des Feldes gleich bliebe Dasselbe. Da die Fläche eines Dreiecks gleich seiner Grundfläche multipliziert mit der halben Länge einer Senkrechten ist, die von seiner Spitze abfällt, folgt daraus, dass die gesamten Oberflächen der dreieckigen Flächen einer viereckigen Pyramide, deren Senkrechte auf den Seiten doppelt so lang sein sollte, sind Die Basis wäre viermal so groß wie die Fläche des Bodens, die sie bedeckte, und würde zu dem Feld, auf dem sie stand, so viel Oberfläche hinzufügen, die in der Lage ist, Wärme aufzunehmen und abzustrahlen, obwohl infolge der Neigung und Richtung der Ebene ihre tatsächliche Absorption und Die Wärmeemission ist möglicherweise nicht so groß wie die einer zusätzlichen Menge ebenen Bodens mit der vierfachen

Grundfläche. Die kleineren Ungleichheiten, die immer auf der Oberfläche der gewöhnlichen Erde auftreten, wirken sich in gleicher Weise auf die Menge der Oberflächen aus, die auf die Temperatur der Atmosphäre einwirken und auf die sie einwirkt, obwohl das Ausmaß dieser Wirkung und Reaktion nicht messbar ist.

Ähnliche Wirkungen werden durch andere auf der Erde stehende oder liegende Objekte jeglicher Form oder Beschaffenheit hervorgerufen, und kein Feststoff kann auf ein flaches Stück Boden gelegt werden, ohne selbst eine größere Oberfläche freizulegen, als er bedeckt. Dies gilt natürlich für Waldbäume und deren Blätter, und zwar für alle Gemüsesorten, aber auch für andere markante Körper. Wenn wir davon ausgehen, dass auf einem Acre vierzig Bäume gepflanzt werden, wobei einer in der Mitte jedes Quadrats von zwei Stäben an der Seite steht, und dass sie wachsen, bis sich ihre Zweige und Blätter überall treffen, ist es offensichtlich, dass die Stämme, wenn sie in voller Belaubung sind , Zweige und Blätter würden eine thermoskopische Oberfläche bieten, die viel größer ist als die eines Hektars nackter Erde; und außerdem würden die auf dem Boden verstreut liegenden abgefallenen Blätter die Gesamtsumme etwas vergrößern. [131] Andererseits bilden die wachsenden Blätter von Bäumen im Allgemeinen eine Abfolge von Stadien oder, locker gesprochen, Schichten, die dem tierischen Wachstum der Zweige entsprechen und sich mehr oder weniger überlagern. Diese Anordnung der Blätter beeinträchtigt die freie Kommunikation zwischen Sonne und Himmel oben und der Blattoberfläche unten, von der die Strahlungsmenge und die Wärmeabsorption abhängt. Aus all diesen Überlegungen geht hervor, dass, obwohl die effektive thermoskopische Oberfläche eines Waldes in voller Vegetation die des bloßen Bodens nicht im gleichen Verhältnis wie seine gemessenen Oberflächen übersteigt, die tatsächliche Fläche, die Wärme aufnehmen und abgeben kann, dennoch groß sein muss im ersteren Fall größer als im letzteren Fall. [132]

Darüber hinaus muss berücksichtigt werden, dass Form und Textur einer bestimmten Oberfläche wichtige Elemente für die Bestimmung ihres thermoskopischen Charakters sind. Blätter sind porös und lassen Luft und Licht mehr oder weniger ungehindert in ihre Substanz; sie sind im Allgemeinen glatt und auf einer Oberfläche sogar glasiert; Sie sind gewöhnlich auf einer oder beiden Seiten mit Spiculae bedeckt und weisen sehr häufig einen oder mehrere spitze Punkte in ihrem Umriss auf – alles Umstände, die dazu neigen, ihre Fähigkeit, Wärme durch Reflexion oder Strahlung auszusenden, zu steigern. Direkte Experimente an wachsenden Bäumen sind sehr schwierig, und es ist in keinem Fall praktikabel, zu unterscheiden, inwieweit eine durch die Vegetation hervorgerufene Temperaturabsenkung auf Strahlung zurückzuführen ist und inwieweit auf das Ausatmen der Flüssigkeiten der Pflanze in gasförmiger Form; denn beide

Prozesse laufen meist gleichzeitig ab. Aber die kühlende Wirkung der Blattstruktur lässt sich gut an der Ablagerung von Tau und dem Auftreten von Raureif auf dem Laub von Gräsern und anderen kleinen Gemüsesorten sowie an anderen Gegenständen ähnlicher Form und Beschaffenheit beobachten, wenn die Lufttemperatur einige Meter höher ist noch nicht auf den Taupunkt gesenkt wurde, und noch weniger auf 32°, den Kältegrad, der erforderlich ist, um Tau zu Frost erstarren zu lassen. [133]

B. *Bäume als Wärmeleiter.*

Wir müssen auch die Wirkung des Waldes als Wärmeleiter zwischen der Atmosphäre und der Erde berücksichtigen. In den wichtigsten Ländern Amerikas und Europas und insbesondere in denen, die am meisten unter der Zerstörung der Wälder gelitten haben, sind die oberflächlichen Erdschichten im Winter kälter und im Sommer wärmer als die einige Zentimeter tiefer liegenden Schichten und ihre Verschiebungen Die Temperatur entspricht in etwa dem atmosphärischen Mittel der jeweiligen Jahreszeiten. Die Wurzeln großer Bäume dringen unter die oberflächlichen Schichten ein und erreichen die Erde mit einer nahezu konstanten Temperatur, die dem Mittel des gesamten Jahres entspricht. Als Leiter leiten sie die Wärme der Atmosphäre zur Erde, wenn die Erde kälter als die Luft ist, und leiten sie in die entgegengesetzte Richtung weiter, wenn die Temperatur der Erde höher als die der Atmosphäre ist. Als Leiter haben sie dann natürlich die Tendenz, die Temperatur der Erde und der Luft anzugleichen.

C. *Bäume im Sommer und Winter.*

In Ländern, in denen die von mir betrachteten Fragen die größte praktische Bedeutung haben, besteht ein sehr großer Teil, wenn nicht die Mehrheit, der Bäume aus Laubblättern, und ihre Strahlungs- und Schattenfläche ist im Sommer sehr viel größer als im Winter . In der letzten Jahreszeit behindern sie kaum die Wärmeaufnahme des Bodens oder die Strahlung von ihm; wohingegen sie im ersteren oft einen vollständigen Baldachin zwischen der Erde und dem Himmel bilden und beide Vorgänge wesentlich behindern.

D. *Abgestorbene Produkte von Bäumen.*

Außer dieser vielfältigen Wirkung stehender Bäume, die als anorganische Materie betrachtet werden, übt der Wald durch die jährliche Häutung seiner Blätter noch einen weiteren Einfluss auf die Temperatur der Erde und folglich auf die Atmosphäre aus, die auf ihm ruht. Wenn man die Beschaffenheit des oberflächlichen Bodens in einem primitiven oder alten und ungestörten künstlich gepflanzten Wald untersucht, findet man zunächst eine Ablagerung unverrotteter Blätter, Zweige und Samen, die in losen Schichten auf der Oberfläche liegen; dann kompaktere Schichten aus den gleichen Materialien in beginnenden und, je weiter man absteigt, immer weiter fortgeschrittenen Stadien der Zersetzung; dann eine Masse aus schwarzem Schimmel, in der Spuren organischer Struktur kaum zu entdecken sind, außer durch mikroskopische Untersuchung; dann eine Schicht mineralischer Erde, die mehr oder weniger mit pflanzlichem Material vermischt ist, das durch Wasser hineingetragen wird oder aus dem Zerfall von Wurzeln resultiert; und schließlich die anorganische Erde oder das anorganische Gestein selbst. Ohne diese Ablagerung der abgestorbenen Produkte der Bäume wäre diese letztere die oberflächliche Schicht, und da ihre Fähigkeit zur Absorption, Strahlung und Leitung von Wärme sich wesentlich von denen der Schichten unterscheiden würde, mit denen sie vom Kot der Bäume bedeckt ist Im Wald würde es auf die Temperatur der Atmosphäre einwirken und von dieser beeinflusst werden, ganz anders als die Blätter und der Schimmel, die darauf ruhen. Blätter, die noch ganz oder teilweise verrottet sind, sind sehr gleichgültige Wärmeleiter, und daher verringern sie zwar den wärmenden Einfluss der Sommersonne auf den Boden unter ihnen, verhindern aber andererseits, dass die Wärme aus diesem entweicht Im Winter friert die Erde im Wald nicht so tief ein, und daher gefriert die Erde in kalten Klimazonen nicht so tief wie auf freiem Feld, auch wenn der Boden nicht mit einer schützenden Schneedecke bedeckt ist.

e. *Bäume als Schutz zum Boden auf der Leeseite.*

Die Wirkung des Waldes, wenn man ihn lediglich als mechanischen Schutz für Grundstücke betrachtet, die im Lee davon liegen, scheint ein Einfluss zu beschränkter Natur zu sein, als dass er große Beachtung verdienen könnte; Viele Tatsachen stimmen jedoch darin überein, dass es ein wichtiges Element des lokalen Klimas ist und dass es oft ein wertvolles Mittel zur Abwehr der Ausbreitung miasmatischer Effluvia ist, obwohl es im letzten Fall sowohl eine chemische als auch eine mechanische Wirkung haben kann Agentur. Im Bericht eines Ausschusses, der 1836 eingesetzt wurde, um einen Artikel des Forstgesetzes Frankreichs zu prüfen, stellt Arago fest: „Wenn ein Waldvorhang an den Küsten der Normandie und der Bretagne zerstört würde, würden diese beiden Provinzen den Winden zugänglich werden." im Westen, zu den milden Meeresbrisen. Daher eine Abnahme der Winterkälte. Wenn ein ähnlicher Wald an der Ostgrenze Frankreichs abgeholzt würde, würde der eiszeitliche Ostwind mit größerer Stärke vorherrschen und die Winter würden kürzer werden schwerwiegender. Daher würde die Entfernung eines Holzgürtels in beiden Regionen gegensätzliche Auswirkungen haben. [134]

Diese Meinung erhält Bestätigung durch eine Beobachtung von Dr Dies ist, glaube ich, in meiner Erinnerung eine zunehmende Tatsache geworden.

Da sich die Bewirtschaftung des Landes weiter nach Norden ausgeweitet hat, haben die Winde aus dem Süden Entfernungen erreicht, die weiter vom Meer entfernt sind, und haben ihre Wärme häufig weitergegeben. und zwar in solchen Graden, die vierzig Jahre später an denselben Orten nur sehr wenig bekannt waren. Auch diese Tatsache trägt dazu bei, den Sommer zu verlängern und die Winterhälfte des Jahres zu verkürzen." [135]

In Italien geht man davon aus, dass die Rodung des Apennins das Klima im Po-Tal erheblich beeinflusst hat. In Le Alpi che cingono l'Italia heißt es: „Infolge der Abholzung der Wälder am Apennin ist der Schirokko am rechten Ufer des Po, im Parmesangebiet und in einem Teil der Lombardei weit verbreitet; es schadet den Ernten und den Weinbergen und ruiniert manchmal die Ernte der Saison. Viele führen die meteorologischen Veränderungen in den Bezirken Modena und Reggio auf die gleiche Ursache zurück. In den Gemeinden dieser Bezirke, wo früher Strohdächer der Kraft des Wetters widerstanden Aufgrund der Winde reichen Ziegel kaum mehr aus; in anderen, wo Ziegel als Dächer dienten, sind große Steinplatten jetzt unbrauchbar; und in vielen benachbarten Gemeinden werden die Trauben und das Getreide durch die Windböen des Süd- und Südwestwinds weggeschwemmt.

Andererseits hat sich nach Angaben derselben Behörde die Kiefernwälder von Porto in der Nähe von Ravenna, die 33 Kilometer lang sind und zu den ältesten Kiefernwäldern Italiens zählen, nach ihrer unglücklichen Abholzung mit harzigen Bäumen neu bepflanzt die Stadt vor dem Schirokko, dem sie ausgesetzt war, und stellte ihr altes Klima weitgehend wieder her. [136]

Durch die Abholzung der Wälder an der Atlantikküste Jütlands ist der Boden nicht nur Flugsand ausgesetzt, sondern auch scharfen Meereswinden, die das Klima auf dieser Halbinsel, auf der es keine Berge gibt, als die man gleichzeitig dienen könnte, deutlich verschlechtern eine Barriere gegen die Kraft des Windes und als Speicher für Feuchtigkeit, die durch Niederschläge aufgenommen oder aus atmosphärischen Dämpfen kondensiert wird. [137]

Es ist offensichtlich, dass sich die Wirkung des Waldes als mechanisches Hindernis für den Durchgang des Windes bis zu einer sehr beträchtlichen Entfernung über seine eigene Höhe erstrecken würde und daher eine viel größere Oberfläche schützen würde, wenn er steht oder offen liegt, wenn er gefällt wird könnte man auf den ersten Blick vermuten. Die Atmosphäre, so beweglich ihre Teilchen auch sind, und leicht und elastisch wie ihre Massen, wird dennoch durch die Gravitation ihrer Atome und den daraus resultierenden Druck aufeinander, wenn nicht sogar durch die Anziehung zwischen ihnen, als zusammenhängendes Ganzes zusammengehalten , ein Hindernis, das die Bewegung einer bestimmten Luftschicht mechanisch behindert, verzögert den Durchgang der darüber und darunter liegenden Schichten. Zu dieser Wirkung kommt oft noch die einer aufsteigenden Strömung aus dem Wald selbst hinzu, die immer dann vorhanden sein muss, wenn die Atmosphäre im Wald wärmer ist als die Luftschicht darüber, und bei kalten Winden fast ständig auftreten muss , aus welcher Richtung auch immer, denn die ruhende Luft im Wald nimmt die Temperatur der sich bewegenden Säulen und Strömungen um und über dem Wald nur langsam an. Die Erfahrung hat tatsächlich gezeigt, dass bloße Baumreihen und sogar viel niedrigere Hindernisse von wesentlicher Bedeutung sind, um die Vegetation vor der Einwirkung des Windes zu schützen. Hardy schlägt vor, in Algerien Baumgürtel im Abstand von hundert Metern anzupflanzen, als Schutz, der sich in Frankreich als nützlich erwiesen hat. [138] „Im Tal der Rhone", sagt Becquerel, „reicht eine einfache Hecke von zwei Metern Höhe für eine Strecke von zweiundzwanzig Metern als ausreichenden Schutz." [139] Der mechanische Schutz dient zweifellos hauptsächlich der Verteidigung gegen die mechanische Kraft des Windes, seine Verwendung ist jedoch keineswegs auf diesen Zweck beschränkt. Wenn sich der Luftstrom, dem es widersteht, horizontal bewegt, würde es den Zugang kalter oder sengender Windböen zum Boden über eine große Distanz hinweg verhindern; Und selbst wenn der Wind in einem großen Winkel zur Oberfläche wehen würde, wäre immer noch ein beträchtlicher Teil des Bodens durch einen Wald auf der Luvseite davon geschützt. Wenn wir annehmen, dass die Bäume eines Waldes eine durchschnittliche Höhe von nur zwanzig Yards haben, würden sie oft die Temperatur oder die Feuchtigkeit eines zwei- oder dreihundert Yards breiten Landstreifens günstig beeinflussen und so möglicherweise wertvolle Ernten vor der Zerstörung retten. [140]

Die örtliche Verzögerung des Frühlings, über die in Italien, Frankreich und der Schweiz so viel geklagt wird, und die erhöhte Häufigkeit von Spätfrösten zu dieser Jahreszeit scheinen auf den Eintritt kalter Windböen an die Oberfläche durch die Abholzung der früher bewaldeten Wälder zurückzuführen zu sein beide schirmten es wie durch eine Mauer ab und übermittelten die Wärme ihres Bodens an die Luft und die Erde an die Leeseite. Caimi gibt an, dass seit der Abholzung der Wälder des Apennins die kalten Winde die Vegetation zerstörten oder verkümmerten und dass der Bezirk Mugello infolge der „Usurpation des Winters in die Herrschaft des Frühlings" alle seine Maulbeeren verloren habe , außer den wenigen, die im Windschatten von Gebäuden einen Schutz finden, wie ihn einst der Wald bot. [141]

„Es ist bewiesen", sagt Clavé, „Études", S. 44, „dass das Departement Ardèche, das jetzt keinen einzigen nennenswerten Wald mehr enthält, innerhalb von dreißig Jahren eine klimatische Störung erlebt hat, von der die Spätfröste, die früher im Land unbekannt waren, eine der melancholischsten

Auswirkungen sind. Ähnliche Ergebnisse wurden erzielt." wurde in der Ebene des Elsass infolge der Entblößung mehrerer Vogesenkämme beobachtet.

Dussard behauptet, wie von Ribbe zitiert [142], dass selbst der *Mistral* oder Nordwestwind, dessen eisige Windböen im Frühling so tödlich für die zarte Vegetation sind, „das Kind des Menschen ist, das Ergebnis seiner Verwüstungen." „Unter der Herrschaft des Augustus", fährt er fort, „wurden die Wälder, die die Cevennen schützten, massenhaft abgeholzt oder durch Feuer zerstört. Ein riesiges Land, das zuvor mit undurchdringlichen Wäldern bedeckt war – mächtige Hindernisse für die Bewegung und sogar für die Bildung von Wäldern." Hurrikane – wurde plötzlich entblößt, freigefegt, abgestreift, und bald darauf verbreitete eine bis dahin unbekannte Geißel Schrecken über das Land von Avignon bis zu den Bouches du Rhone, von dort bis nach Marseille, und weitete dann ihre Verwüstungen aus, die allerdings durch eine lange Karriere gemindert wurden seine Kraft über die gesamte Seegrenze teilweise erschöpft. Die Menschen hielten diesen Wind für einen von Gott gesandten Fluch. Sie errichteten ihm Altäre und brachten Opfer dar, um seine Wut zu besänftigen. Es scheint jedoch, dass diese Pest weniger zerstörerisch war als heute, bis gegen Ende des 16. Jahrhunderts weitere Rodungen die meisten verbleibenden Hindernisse für ihren Verlauf beseitigt hatten. Bis zu diesem Zeitpunkt scheint der Nordwestwind noch nicht das Maximum seiner spezifischen Wirkung erreicht zu haben, das ihn heute als lokales Phänomen charakterisiert. Ausgedehnte Gebiete, aus denen die Strenge der Jahreszeiten inzwischen wertvolle Ernten verbannt hat, waren damals nicht dem Verlust ihrer Ernten durch Stürme, Kälte oder Dürre ausgesetzt. Der Verfall schritt rasch voran. Unter dem Konsulat hatten die Lichtungen eine so schädliche Wirkung auf das Klima gehabt, dass der Olivenanbau um mehrere Meilen zurückgegangen war und seit den Wintern und Frühlingen 1820 und 1836 dieser Zweig der ländlichen Industrie in großer Zahl aufgegeben wurde von Orten, an denen es zuvor vorteilhaft betrieben wurde. Die Orange gedeiht heute nur noch an wenigen geschützten Stellen der Küste und ist sogar in Ilyères bedroht, wo sich die Rodung der Hügel in der Nähe der Stadt als äußerst schädlich für diesen wertvollen Baum erwiesen hat.

Marchand teilt uns mit, dass es seit der Abholzung der Wälder in vielen Orten nördlich der Alpen häufiger zu späten Frühlingsfrösten kommt; dass Obstbäume nicht mehr gut gedeihen und dass es schwierig ist, junge Bäume zu züchten. [143]

F. *Bäume als Schutz vor Malaria.*

Der Einfluss von Wäldern auf die Verhinderung der Ausbreitung miasmatischer Dämpfe ist eine weniger bekannte Beobachtung und fällt vielleicht nicht unbedingt in den Bereich der vorliegenden Untersuchung, aber seine Bedeutung wird es mir rechtfertigen, diesem Thema etwas Raum zu widmen. „Es wurde beobachtet" (ich zitiere noch einmal Becquerel), „dass feuchte Luft, die mit Miasmen angereichert ist, beim Durchqueren des Waldes dieser entzogen wird. Rigaud de Lille beobachtete Orte in Italien, an denen durch die Zwischenschaltung eines Baumschirms alles dahinter erhalten blieb." es, während die ungeschützten Gebiete Fieber ausgesetzt waren. [144] Wenige europäische Länder bieten in diesem Punkt bessere Beobachtungsmöglichkeiten als Italien, da in diesem Königreich die Orte, die miasmatischen Ausdünstungen ausgesetzt sind, zahlreich sind und Baumgürtel, wenn nicht Wälder, so häufig vorkommen, dass ihre Wirksamkeit in dieser Hinsicht verloren geht lässt sich leicht testen. Der Glaube, dass Baumreihen einen wichtigen Schutz vor Malariaeinflüssen bieten, ist unter Italienern, die aufgrund ihrer Intelligenz und Berufserfahrung am besten dazu geeignet sind, über dieses Thema zu urteilen, weit verbreitet. Die Kommissare, die ernannt wurden, um über die zur Verbesserung der toskanischen Maremme zu treffenden Maßnahmen zu berichten, empfahlen die Anpflanzung von drei oder vier Reihen Pappeln, *Populus alba* , in solchen Richtungen, dass sie die Luftströmungen von Malariaorten behindern und so a abfangen einen großen Teil der schädlichen Ausdünstungen aus." [145] Leutnant Maury glaubte sogar, dass ein paar Reihen Sonnenblumen, die zwischen dem Washington Observatory und den sumpfigen Ufern des Potomac gepflanzt worden waren, die Bewohner dieser Einrichtung vor den intermittierenden Fiebern bewahrt hatten, an denen sie litten Maurys Experimente wurden in Italien wiederholt. Auf den alluvialen Ablagerungen des Oglio, oberhalb seiner Mündung in den Iseosee in der Nähe von Pisogne, wurden große Sonnenblumenplantagen angelegt, die sich angeblich positiv auf die Gesundheit des Oglio ausgewirkt haben Nachbarschaft. [146] Tatsächlich werden die allgemein wohltuenden Wirkungen einer Waldmauer oder eines anderen pflanzlichen Schutzes als Schutz gegen schädliche Ausdünstungen aus Sumpfgebieten oder anderen Krankheitsquellen, die windzugewandt von ihnen liegen, sehr allgemein zugegeben.

Es wird argumentiert, dass in diesen Fällen das Laub von Bäumen und anderen Gemüsesorten sowohl eine chemische als auch eine mechanische Wirkung auf die Atmosphäre ausübt, und einige erlauben es, dass Wälder die Zirkulation der miasmatischen Effluvia sumpfiger Böden unterbrechen können Sie machen sie sogar unschädlich, indem sie sie zersetzen, behaupten jedoch, dass sie selbst aktive Ursachen für die Entstehung von Malaria sind. Das Thema wurde in Italien ausführlich diskutiert, und es gibt einige Gründe zu der Annahme, dass der Einfluss des Waldes in dieser Hinsicht unter besonderen Umständen eher schädlich als heilsam sein kann, obwohl dies nicht allgemein der Fall zu sein scheint. [147] Es ist auf jeden Fall bekannt, dass die großen Sümpfe von Virginia und den Carolinas, in denen das Klima fast dem Italiens ähnelt, sogar für den Weißen gesund sind, solange die Wälder in und um sie herum bestehen bleiben. werden aber sehr ungesund, wenn der Wald gefällt wird. [148]

Der Wald als anorganische Materie neigt dazu, Extreme abzumildern.

Die Oberfläche, die Bäume und Blätter bieten, vergrößert die der Wärmeabsorption ausgesetzten allgemeinen Oberflächen der Erde und vergrößert im gleichen Verhältnis die Strahlungs- und Reflexionsfläche. Es ist unmöglich, den relativen Wert dieser beiden Elemente – Zunahme der absorbierenden und Zunahme der emittierenden Oberfläche – als thermometrische Einflüsse zu messen, da sie unter unendlich unterschiedlichen Bedingungen wirken; und es ist ebenso unmöglich, eine quantitative Schätzung irgendeines Teils oder noch mehr der Gesamtwirkung des Waldes, der als tote Materie betrachtet wird, auf die Temperatur der Atmosphäre und auf den Teil der Erdoberfläche, auf den er einwirkt, vorzunehmen. Aber es scheint wahrscheinlich, dass sein größter Einfluss in dieser Hinsicht auf seinen Charakter als Schirm oder mechanisches Hindernis für die Wärmeübertragung zwischen der Erde und der Luft zurückzuführen ist; und dies gilt gleichermaßen für den stehenden Baum und für das tote Laub, das er in aufeinanderfolgenden Schichten an seinem Fuß ablagert.

Die komplizierte Wirkungsweise von Bäumen und ihren Produkten als tote Absorptionsmittel, Strahler, Reflektoren und Wärmeleiter sowie als Abfanggeräte für deren Übertragung ist so eng mit ihren Auswirkungen auf die Luftfeuchtigkeit und die Luftfeuchtigkeit der Erde und mit all ihren Auswirkungen verbunden lebende Prozesse, dass es schwierig ist, die erstere von der letzteren Klasse von Einflüssen zu trennen; aber im Großen und Ganzen muss der Wald bisher als Mittel zur Milderung von Extremen und daher als Temperaturausgleicher angesehen werden.

BÄUME ALS ORGANISMEN.

Spezifische Wärme.

Bäume, die als Organismen betrachtet werden, erzeugen in sich selbst oder in der Luft eine gewisse Wärmemenge, indem sie atmosphärischen Dampf absorbieren und kondensieren, und sie üben einen entgegengesetzten Einfluss aus, indem sie Wasser absorbieren und es in Form von Dampf ausatmen; Aber es gibt noch eine andere Art und Weise, wie ihre Lebensprozesse die Luft um sie herum erwärmen können, unabhängig von den thermometrischen Effekten der Kondensation und Verdunstung. Die Lebenswärme von einem Dutzend Personen erhöht die Temperatur eines

Raumes. Besitzen Bäume eine bestimmte Eigentemperatur, eine organische Wärmeerzeugungskraft, wie sie den warmblütigen Tieren, wenn auch durch einen anderen Vorgang, verliehen wird, so ist diesem Element bei der Schätzung ein gewisses Gewicht beizumessen die Wirkung des Waldes auf die atmosphärische Temperatur.

„Beobachtungen zeigen", sagt Meguscher, „dass das Holz eines lebenden Baumes eine Temperatur von +12° oder 13° Celsius [= 54°, 56° Fahrenheit] beibehält, wenn die Lufttemperatur 3°, 7° Celsius beträgt." ° und 8° [=37°, 46°, 47° F.] über Null, und dass die innere Wärme des Baumes nicht proportional zu der der Atmosphäre steigt und fällt. Solange letztere unter 18 liegt ° [= 67° Fahren.], die des Baumes ist immer die höchste; wenn aber die Temperatur der Luft auf 18° steigt, ist die des Pflanzenwachstums die niedrigste. Daher behalten Bäume zu allen Jahreszeiten eine konstante Temperatur bei Bei einer Durchschnittstemperatur von 12° [= 54° Fahrenheit] ist es leicht zu verstehen, warum die Luft, die mit dem Wald in Berührung kommt, im Winter wärmer und im Sommer kühler sein muss, als in Situationen, in denen dieser Einfluss fehlt." [149]

Boussingault bemerkt: „Bei vielen Blüten wurde bei Annäherung an die Befruchtung eine sehr beträchtliche Wärmeentwicklung beobachtet. In bestimmten *Aronstabgewächsen* steigt die Temperatur auf 40° oder 50° Celsius [= 104° oder 122° Fahren.]. Es Es ist sehr wahrscheinlich, dass dieses Phänomen allgemein ist und nur in der Intensität variiert, mit der es sich manifestiert." [150]

Wenn wir annehmen, dass die Befruchtung der Blüten von Waldbäumen nur mit einem Zehntel dieser Kalorienkraft einhergeht, so müssen sie einen wichtigen Einfluss auf die Wärme der mit ihnen in Berührung kommenden atmosphärischen Schichten ausüben.

In einem Artikel über Meteorologie von Professor Henry, veröffentlicht im United States Patent Office Report für 1857, S. 504 bemerkt dieser angesehene Physiker: „Als allgemeine Schlussfolgerung aus chemischen und mechanischen Prinzipien gehen wir davon aus, dass es niemals zu einer Temperaturänderung kommt, wenn die zu einem oder beiden dieser Prinzipien gehörenden Wirkungen nicht vorhanden sind. Daher mitten im Winter, wenn alles pflanzlich ist." Da die Funktionen ruhen, glauben wir nicht, dass ein Baum Wärme entwickelt oder dass sich die Temperatur seines Inneren stärker von der Außenseite unterscheidet, als dass er vor der Außenluft geschützt ist. Die Experimente, die zu diesem Punkt durchgeführt wurden, sind unserer Meinung nach: wurden durch eine falsche Analogie geleitet. Während der aktiven Zirkulation des Saftes und der Produktion von neuem Gewebe können Temperaturschwankungen beobachtet werden, die ausschließlich der Pflanze zuzuordnen sind; es steht jedoch im Widerspruch zu allgemeinen Grundsätzen, dass Wärme dort erzeugt werden sollte, wo keine Veränderung stattfindet statt finden."

Es besteht kein Zweifel daran, dass Bäume bei extrem kaltem Winterwetter Feuchtigkeit abgeben und verdunsten, und wenn nicht neue Flüssigkeit aus den Wurzeln zugeführt würde, würde dem Baum seine Säfte erschöpft sein, bevor der Winter vorüber wäre. Dies wird jedoch nicht als Tatsache beobachtet, und obwohl dieser Punkt umstritten ist, erklären angesehene Autoritäten, dass „Holz, das im tiefsten Winter gefällt wird, das schwerste und saftreichste ist". [151] Warmes Wetter im Winter, das zu kurz anhält, um die Temperatur des Bodens sinnvoll zu beeinflussen, regt einen freien Saftfluss im Ahorn an. So wurde in der letzten Dezemberwoche 1862 und der ersten Januarwoche 1863 in verschiedenen Teilen Neuenglands Zucker aus diesem Baum hergestellt. „Ein einzelner Ast eines Baumes, der im Winter durch eine Fensteröffnung in einen warmen Raum gelangt, öffnete seine Knospen und entwickelte seine Blätter, während der Rest des Baumes in der Außenluft im Winterschlaf blieb." [152] Die Wurzeln von Waldbäumen in gemäßigten Klimazonen bleiben den ganzen Winter über größtenteils in einem feuchten Boden mit einer Temperatur, die nicht viel unter dem Jahresdurchschnitt liegt; und wir können die ununterbrochene Feuchtigkeit des Baumes nicht erklären, es sei denn, wir nehmen an, dass die Wurzeln einen ständigen Wasservorrat liefern.

Atkinson beschreibt eine Schlucht in einem Tal in Sibirien, die bis zu einer Tiefe von 25 Fuß mit Eis gefüllt war. Pappeln wuchsen in diesem Eis, das einige Zentimeter vom Stamm entfernt aufgetaut war. Aber die Oberfläche des Bodens darunter muss noch gefroren gewesen sein, denn die Löcher um die Bäume herum waren voller Schmelzwasser, und dieses wäre nach unten entwichen, wenn der Boden aufgetaut wäre. Obwohl die Wurzeln in diesem Fall die dicke Erdschicht über ihnen nicht aufgetaut hatten, müssen die Stämme das mit ihnen in Kontakt stehende Eis geschmolzen haben. Als Atkinson die Bäume beobachtete, waren sie in voller Blüte, es ist jedoch nicht ersichtlich, zu welcher Zeit das Eis um ihre Stämme geschmolzen war.

Aus diesen und ähnlichen Tatsachen geht hervor, dass „alle Pflanzenfunktionen" im Winter nicht vollständig „ruhen" und dass Bäume daher zu dieser Jahreszeit möglicherweise *etwas Wärme abgeben*. Doch wie auch immer dies sein mag, die „Zirkulation des Saftes" beginnt zu einem sehr frühen Zeitpunkt im Frühjahr, und die Temperatur der Luft in Kontakt mit Bäumen kann dann durch die in den lebenswichtigen Prozessen der Vegetation entstehende Wärme ausreichend beeinflusst werden Erhöhen Sie den thermometrischen Mittelwert der bewaldeten Länder für diese Jahreszeit und natürlich für das Jahr. [153]

Gesamteinfluss des Waldes auf die Temperatur.

Es hat sich noch nicht als praktikabel erwiesen, den gesamten Einfluss des Waldes, seiner Prozesse und seiner toten und lebenden Produkte auf die Temperatur zu messen, zusammenzufassen und gleichzusetzen, und die Forscher gehen in ihren Schlussfolgerungen zu diesem Thema sehr auseinander. Es scheint wahrscheinlich, dass in jedem einzelnen Fall das Ergebnis, wenn nicht sogar bestimmt, zumindest so sehr durch örtliche Bedingungen modifiziert wird, die unendlich unterschiedlich sind, dass keine allgemeine Formel auf die Frage anwendbar ist.

In dem Bericht, auf den ich mich auf Seite 149 bezog, sagt Gay-Lussac: „Meiner Meinung nach haben wir noch keinen eindeutigen Beweis dafür, dass der Wald an sich einen wirklichen Einfluss auf das Klima eines großen Landes oder eines bestimmten Landes hat." Wenn wir die Auswirkungen der Waldrodung genau untersuchen, sollten wir vielleicht feststellen, dass sie keineswegs ein Übel, sondern ein Vorteil ist; aber diese Fragen sind so kompliziert, wenn sie aus klimatologischer Sicht untersucht werden, dass die Lösung von ihnen ist sehr schwierig, um nicht zu sagen unmöglich."

Becquerel hingegen hält es für sicher, dass in tropischen Klimazonen die Zerstörung der Wälder mit einer Erhöhung der Durchschnittstemperatur einhergeht, und er hält es für sehr wahrscheinlich, dass sie in den gemäßigten Zonen die gleiche Wirkung hat. Das Folgende ist der Kern seiner Bemerkungen zu diesem Thema:

„Wälder wirken auf drei Arten als Kühlursachen:

„1. Sie schützen den Boden vor Sonneneinstrahlung und sorgen für eine höhere Luftfeuchtigkeit.

„2. Sie erzeugen eine Hauttranspiration durch die Blätter.

„3. Sie vervielfachen durch die Ausdehnung ihrer Zweige die durch Strahlung gekühlten Flächen.

„Da diese drei Ursachen mehr oder weniger stark wirken, müssen wir bei der Untersuchung der Klimatologie eines Landes das Verhältnis zwischen der Waldfläche und der von Bäumen entblößten und mit Kräutern und Gräsern bedeckten Fläche berücksichtigen.

„Wir sollten aufgrund der vorstehenden Überlegungen von vornherein geneigt sein zu glauben, dass die Rodung der Wälder, indem sie die Temperatur erhöht und die Trockenheit der Luft erhöht, sich auf das Klima auswirken sollte. Es besteht kein Zweifel daran, dass, wenn die *Weite* Wenn die Wüste der Sahara im Laufe der Jahrhunderte bewaldet würde, würde sich der Sand nicht mehr so stark erhitzen wie heute, wo die Durchschnittstemperatur 29 Grad [Celsius, $= 85°$ Fahren.] beträgt In diesem Fall würden die aufsteigenden Warmluftströme aufhören oder weniger warm sein und durch ihren Abstieg in unsere Breiten nicht dazu beitragen, das Klima Westeuropas zu mildern. Daher kann die Rodung eines großen Landes stärker auf das Klima von Regionen reagieren oder weniger weit davon entfernt.

„Die Beobachtungen von Boussingault lassen an diesem Punkt keinen Zweifel. Dieser Autor bestimmte die mittlere Temperatur bewaldeter und gerodeter Punkte unter demselben Breitengrad und auf derselben Höhe über dem Meer in Orten zwischen dem elften Grad Nord und dem." fünfter Grad südlicher Breite, also in dem Teil der Tropen, der dem Äquator am nächsten liegt, und wo die Strahlung während der Nacht stark dazu neigt, die Temperatur unter einem wolkenlosen Himmel zu senken." [154]

Das Ergebnis dieser Beobachtungen, das von Physikern ziemlich allgemein übernommen wurde, ist, dass die mittlere Temperatur des gerodeten Landes in den Tropen etwa ein Grad Celsius oder etwas weniger als zwei Grad Fahrenheit über der des Waldes zu liegen scheint. Auf Seite 147 des gerade zitierten Bandes argumentiert Becquerel, dass insofern derselbe und manchmal ein größerer Unterschied zugunsten des offenen Bodens an Punkten innerhalb der Tropen gefunden wird, die so hoch liegen, dass ein gemäßigtes oder sogar polares Klima herrscht, wir Ich muss zu dem Schluss kommen, dass die Wälder in Nordamerika einen ebenso starken kühlenden Einfluss haben. Aber die Bedingungen des Bodens sind in den beiden verglichenen Regionen so unterschiedlich, dass wir meines Erachtens nicht mit völliger Sicherheit von der einen auf die andere schließen können, und es wäre sehr zu wünschen, dass Beobachtungen über die Sommer- und Wintertemperatur gemacht werden der Luft und des Bodens in den Tiefen der nordamerikanischen Wälder, bevor es zu spät ist. [155]

EINFLUSS DER WÄLDER AUF DIE FEUCHTIGKEIT DER LUFT UND DER ERDE.

A. *Als anorganische Materie.*

Der wichtigste Einfluss des Waldes auf das Klima ist zweifellos der, den er auf die Feuchtigkeit der Luft und der Erde ausübt, und diese klimatische Wirkung übt er teils als tote, teils als lebende Materie aus. Indem es als Vorhang zwischen Himmel und Boden geschaltet wird, fängt es einen großen Teil des Taus und der leichteren Schauer ab, die sonst die Oberfläche des Bodens befeuchten würden, und gibt sie durch Verdunstung an die Atmosphäre zurück; während bei stärkerem Regen die großen Tropfen, die auf die Blätter und Zweige fallen, in kleinere zerbrochen werden und folglich mit geringerer mechanischer Kraft auf den Boden treffen oder vielleicht sogar in Dampf zerstreut werden, ohne ihn zu erreichen. [156] Als Schirm verhindert es den Zugang der Sonnenstrahlen zur Erde und natürlich auch einen Temperaturanstieg, der zu einem starken Anstieg der Verdunstung führen würde. Als mechanisches Hindernis behindert es den Durchgang von Luftströmen über dem Boden, was bekanntermaßen eines der wirksamsten Mittel zur Förderung der Verdunstung und der daraus resultierenden Kühlung ist. [157] Im Wald ist die Luft fast ruhig und bewegt sich nur, wenn lokale Temperaturänderungen das spezifische Gewicht ihrer Partikel beeinflussen. Deshalb herrscht im Wald oft völlige Stille, während in wenigen Metern Entfernung auf freiem Feld ein heftiger Sturm tobt . Je dichter der Wald – zum Beispiel dort, wo er aus ährigen Bäumen besteht oder dicht mit ihnen vermischt ist –, desto offensichtlicher ist seine Wirkung, und bei kaltem, windigem Wetter kann niemand vom Feld in den Wald gegangen sein. ohne es bemerkt zu haben. [158]

Der pflanzliche Schimmel, der durch die Zersetzung von Blättern und Holz entsteht, überzieht den Boden mit einer schwammigen Schicht, die die Verdunstung der darunter liegenden Mineralerde behindert und den Regen und den schmelzenden Schnee aufsaugt, der sonst schnell über die Oberfläche fließen und möglicherweise transportiert werden würde an das ferne Meer und gibt die so aufgenommene Feuchtigkeit dann langsam durch Verdunstung, Infiltration und Versickerung ab. Auch die Wurzeln dringen weit unter die Erdoberfläche ein, leiten das Wasser entlang ihrer Oberfläche in die tieferen Tiefen, bis zu denen sie reichen, und dienen so der Entwässerung der oberen Schichten und der Entfernung der Feuchtigkeit aus dem Bereich der Verdunstung.

B. *Der Wald als Bio.*

Dies sind die Hauptmodi, in denen die Feuchtigkeit der Atmosphäre durch den Wald beeinflusst wird, der als leblose Materie betrachtet wird. Wir wollen untersuchen, wie seine organischen Prozesse auf dieses meteorologische Element einwirken.

Die häufigste Beobachtung zeigt, dass das Holz und die Rinde lebender Bäume immer mehr oder weniger von wässrigen und anderen Flüssigkeiten durchdrungen sind, von denen eine, der Saft, bei Laubbäumen sehr reichlich vorhanden ist, wenn die Knospen anzuschwellen und sich die Blätter zu entwickeln beginnen sich im Frühling. Die äußere Rinde der meisten Bäume hat einen korkigen Charakter und lässt durch ihre Poren nicht viel Feuchtigkeit aus der Atmosphäre absorbieren, und wir können kaum annehmen, dass die Knospen in der Lage sind, der Luft einen viel größeren Vorrat zu entziehen. Die offensichtliche Schlussfolgerung hinsichtlich der Quelle, aus der die außergewöhnliche Menge an Saft zu dieser Jahreszeit stammt, ist die, zu der uns wissenschaftliche Untersuchungen führen, nämlich dass er von den Wurzeln aus der Erde aufgenommen und von dort in alle Teile der Erde verteilt wird Anlage. In der Tat geht die verbreitete Meinung davon aus, dass alle pflanzlichen Flüssigkeiten während der gesamten Wachstumsperiode auf diese Weise aus dem Schoß der Erde entnommen werden und dass das Holz und andere Produkte des Baumes vollständig aus im Wasser gelösten Stoffen bestehen durch die Wurzeln vom Boden abstrahiert. Dies ist ein Irrtum, denn nicht nur wird die feste Materie des Baumes, die in einem gewissen Verhältnis für unsere gegenwärtige Untersuchung nicht wichtig ist, aus der Atmosphäre in gasförmiger Form durch die Poren der Blätter und der jungen Triebe aufgenommen, sondern auch Wasser im Dampfzustand wird von denselben Organen absorbiert und dem Kreislauf zugeführt. [159] Die von den Wurzeln aufgenommene Wassermenge ist jedoch weitaus größer als die von den Blättern aufgenommene Wassermenge, insbesondere in der Jahreszeit, in der die Säfte am reichlichsten sind und wenn sich die Blätter, wie wir gesehen haben, noch im Embryo befinden . Die Wassermenge, die ein Wald von nur 100 Acres in einem einzigen Jahr aus der Luft und der Erde aufnimmt, ist sehr groß, obwohl Experimente noch keine Daten für eine auch nur annähernde Schätzung ihres Ausmaßes liefern können; Denn aus den Beobachtungen, die über die Aufnahme und Ausatmung von Wasser durch Bäume und andere Pflanzen gemacht wurden, die unter künstlichen Bedingungen gezüchtet wurden, die sich von denen des natürlichen Waldes unterscheiden, können nur vage Schlussfolgerungen gezogen werden. [160]

Holzmoose und Pilze.

Neben dem Wasser, das die Wurzeln aus der Erde ziehen, und dem von den Blättern aufgenommenen Dampf aus der Luft nehmen die Holzmoose und Pilze, die in allen dichten Wäldern reichlich vorkommen, eine große Menge Feuchtigkeit aus der Atmosphäre auf, wenn diese mit Feuchtigkeit aufgeladen ist , und atme es wieder aus, wenn die Luft trocken ist. Diese bescheidenen Organisationen, die eine wichtigere Rolle bei der Regulierung der Luftfeuchtigkeit spielen, als Autoren über den Wald ihnen normalerweise zuschreiben, sterben mit den Bäumen, auf denen sie wachsen; In vielen Situationen bietet die Natur jedoch einen Ausgleich für die Baummoose in Bodenarten, die auf kalten Böden, insbesondere solchen mit nördlicher Ausrichtung, reichlich sprießen, sowohl bevor der Wald gefällt wird als auch wenn das Land gerodet und bewirtschaftet wird Weideland oder verlassen. Diese Moose erfüllen einen Teil der dem Wald zugeschriebenen Funktionen, und während sie den Boden verbesserter Ländereien für die landwirtschaftliche Nutzung viel weniger geeignet machen, bereiten sie ihn gleichzeitig für das Wachstum einer neuen Baumernte vor, wenn die Die Unfruchtbarkeit, die sie hervorrufen, soll den Menschen dazu gebracht haben, es aufzugeben und es wieder in die Hände der Natur fallen zu lassen. [161]

Saftfluss.

Die Saftmenge, die lebenden Bäumen entzogen werden kann, liefert zwar kein Maß für die Wassermenge, die ihre Wurzeln aus dem Boden saugen – denn wir können einem Baum nicht seine gesamte Feuchtigkeit entziehen –, sondern numerische Daten, die die Vorstellungskraft unterstützen können um eine allgemeine Vorstellung von der kraftvollen Wirkung des Waldes als Absorber der Feuchtigkeit aus der Erde zu entwickeln.

Der einzige in Europa und Nordamerika bekannte Waldbaum, dessen Saft in großem Umfang für wirtschaftliche Zwecke verwendet wird, um die Menge seines Flusses zu einer Angelegenheit von praktischer Bedeutung und allgemeiner Beobachtung gemacht zu haben, ist der Zuckerahorn, Acer saccharinum, aus *dem* Englischen -Amerikanische Provinzen und Staaten. Im Laufe einer einzigen „Zuckersaison", die normalerweise fünfundzwanzig bis dreißig Tage dauert, wird ein Zuckerahorn mit einem Durchmesser von zwei Fuß nicht weniger als zwanzig Gallonen Saft produzieren, manchmal sogar viel mehr. [162] Dies ist jedoch nur ein unbedeutender Teil des Wassers, das die Wurzeln in dieser Jahreszeit der Erde entziehen, wenn die noch unentwickelten Blätter kaum eine nennenswerte Menge Dampf aus der Atmosphäre absorbieren können; [163] denn all diese Flüssigkeit fließt aus zwei oder drei Einschnitten oder Schneckenlöchern, die so eng sind, dass sie den Strom verhältnismäßig weniger Saftgefäße unterbrechen, und außerdem zeigt die Erfahrung, dass die aus dem Kreislauf entnommene Menge verhältnismäßig groß ist klein, um das Wachstum des Baumes sehr spürbar zu beeinflussen. [164] Die Anzahl großer Ahornbäume auf einem Acre beträgt häufig nicht weniger als fünfzig, [165] und natürlich wird die Menge an Feuchtigkeit, die allein dieser Baum dem Boden entzieht, in Tausenden von Gallonen pro Acre gemessen. In den Zuckerplantagen, wie sie genannt werden, gibt es auch viele junge Ahornbäume, die zu klein zum Anzapfen sind, und zahlreiche andere Bäume – darunter zumindest zwei, die Schwarz-Birke (Betula lenta) *und* die Gelb-Birke (*Betula excelsa*), die beide in der Region sehr häufig vorkommen gleichen Klimas, sind viel saftreicher als der Ahorn [166] – sind zwischen den Zuckerbäumen verstreut; denn die nordamerikanischen Urwälder zeichnen sich durch die Mischung ihrer Nutzpflanzen aus.

Der Saft des Ahorns und anderer Bäume mit Laubblättern, die im gleichen Klima wachsen, fließt am reichlichsten im zeitigen Frühjahr und besonders bei klarem Wetter, wenn die Nächte frostig und die Tage warm sind; Denn dann versorgt der schmelzende Schnee die Erde im richtigen Verhältnis mit Feuchtigkeit und die Aufnahmefähigkeit der Wurzeln wird zu höchster Aktivität angeregt. [167]

Wenn die Knospen zum Platzen bereit sind und die grünen Blätter unter ihrer schuppigen Hülle sichtbar werden, ist der Boden trockener geworden, der Durst der Wurzeln ist gestillt und der Saftfluss von ihnen zum Stamm ist stark verringert. [168]

Aufnahme und Ausatmung von Feuchtigkeit.

Die Blätter beginnen nun mit dem Absorptionsprozess und nehmen sowohl ungebundene Gase als auch eine unbestimmte, aber vielleicht beträchtliche Menge Wasserdampf aus der feuchten Frühlingsatmosphäre auf, die sie umhüllt.

Die bisher beschriebene organische Wirkung des Baumes führt zur Austrocknung von Luft und Erde; Aber wenn wir bedenken, welche Wassermengen täglich von einem großen Baum absorbiert werden und wie gering der Gewichtsanteil dieser Flüssigkeit aus Stoffen ist, die neue Verbindungen eingehen und ein Teil des festen Gerüsts der Pflanze werden, oder a Als Bestandteil seiner Laubprodukte ist es offensichtlich, dass die überschüssige Feuchtigkeit irgendwie fast genauso schnell abtransportiert werden muss, wie sie in den Baum fließt. [169] Ganz zu Beginn der Vegetation im Frühling entweicht sicherlich ein Teil dieser Flüssigkeit durch die Knospen, das entstehende Laub und die Poren der Widerhaken, und die Pflanzenphysiologie sagt uns, dass es auch einen Saftstrom in Richtung der Wurzeln gibt als von ihnen. [170] Ich weiß nicht, dass die Exsudation von Wasser in die Erde, durch die Rinde oder an den Enden dieser letzteren Organe, direkt nachgewiesen wurde, aber die anderen bekannten Arten, den Überschuss abzuleiten, scheinen für die Entsorgung nicht geeignet zu sein Es wird in der fast blattlosen Zeit gepflanzt, in der es am häufigsten vorkommt, und es ist daher schwer zu glauben, dass die Wurzeln die Wasserläufe ihres Stängels nicht bis zu einem gewissen Grad entwässern und überfluten. Später in der Saison nehmen die Wurzeln weniger auf und die nun entwickelten Blätter geben deutlich mehr Feuchtigkeit an die Luft ab. Auf jeden Fall wird das gesamte Wasser, das der wachsende Baum aus der Atmosphäre und dem Boden entnimmt, durch Transpiration oder Exsudation wieder zurückgegeben, nachdem es der Pflanze den geringen Anteil der für das Pflanzenwachstum erforderlichen Stoffe, die sie in Lösung oder Suspension hielt, abgegeben hat. [171] Das hygrometrische Gleichgewicht wird dann wiederhergestellt, und zwar insofern: Der Baum gibt die Feuchtigkeit, die er der Erde und der Luft entzogen hat, wieder ab, gibt sie jedoch nicht jedem wieder zurück; denn der durch die Transpiration fortgetragene Dampf übersteigt bei weitem die Wassermenge, die das Blattwerk aus der Atmosphäre aufnimmt und gegebenenfalls von den Wurzeln zum Boden zurückträgt.

Die Verdunstung der Pflanzensäfte, durch welchen Prozess auch immer, nimmt atmosphärische Wärme auf und erzeugt Kälte. Dieser Effekt ist im Wald nicht weniger real, wenn auch viel weniger spürbar als auf Wiesen oder Weiden, und es kann nicht bezweifelt werden, dass die örtliche Temperatur dadurch erheblich beeinflusst wird. Doch durch die Verdunstung, die die Luft abkühlt, diffundiert gleichzeitig ein Medium, das dem Entweichen der Wärme aus der Erde durch Strahlung einen starken Widerstand entgegensetzt. Es ist bekannt, dass sichtbare Dämpfe oder Wolken Frost verhindern, indem sie die Strahlung behindern oder vielmehr die von der Erde abgestrahlte Wärme zurückreflektieren, genau wie es jeder mechanische Schirm tun würde. Andererseits fangen Wolken auch die Sonnenstrahlen ab und verhindern, dass ihre Wärme die Erde erreicht. Die unsichtbaren Dämpfe, die von den Blättern abgegeben werden, behindern den Durchgang der von der Erde und allen terrestrischen Objekten reflektierten und abgestrahlten Wärme, setzen aber der Übertragung direkter Sonnenwärme viel weniger Widerstand entgegen, und tatsächlich scheinen die Sonnenstrahlen sengender zu sein, wenn sie durch sie hindurch empfangen werden klarere Luft mit nicht kondensierter Feuchtigkeit als nach dem Durchströmen einer trockenen Atmosphäre. Daher ist die Verringerung der Temperatur durch die Verdunstung von Feuchtigkeit aus der Vegetation zwar spürbar, aber geringer, als wenn Wasser im gasförmigen Zustand für die von der Sonne abgegebene Wärme genauso unempfindlich wäre wie für die von terrestrischen Objekten abgegebene.

Die Hygroskopizität pflanzlicher Schimmelpilze ist viel größer als die jeder mineralischen Erde, und daher nimmt der Waldboden mehr Luftfeuchtigkeit auf als der offene Boden. Die Kondensation des Dampfes durch Absorption setzt Wärme frei und erhöht folglich die Temperatur des Bodens, der sie absorbiert. Von Babo stellte fest, dass die Temperatur sandiger Erde auf diese Weise von 20° auf 27° Celsius anstieg, was einen Unterschied von fast 13 Grad Fahrenheit ausmachte, und die von humusreichem Boden von 20° auf 31° Celsius, was einen Unterschied von fast 20 Grad Fahrenheit ausmachte Fahrenheit. [172]

Gleichgewicht widersprüchlicher Einflüsse.

Wir haben gezeigt, dass der Wald, der als tote Materie betrachtet wird, dazu neigt, die Feuchtigkeit der Luft zu verringern, indem er verhindert, dass die Sonnenstrahlen den Boden erreichen und das auf die Oberfläche fallende Wasser verdunsten lassen, und indem er außerdem einen schwammigen Mantel über die Erde ausbreitet die die Feuchtigkeit, die sie aus der Atmosphäre erhält, aufsaugt und zurückhält, während diese Hülle gleichzeitig in der entgegengesetzten Richtung wirkt, indem sie das Niederschlagswasser, das sonst plötzlich in die Tiefe sinken könnte, in einem Reservoir ansammelt, das für verdampfende Einflüsse nicht ganz unzugänglich ist in das Erdinnere gelangen oder über oberflächliche Kanäle in andere Klimaregionen fließen. Wir sehen nun, dass er als lebender Organismus einerseits dazu neigt, die Feuchtigkeit der Luft zu verringern, indem er Feuchtigkeit aus ihr aufnimmt, und andererseits diese Feuchtigkeit zu erhöhen, indem er sie in die Atmosphäre abgibt dampfförmige Form, das Wasser, das es durch seine Wurzeln aufnimmt. Dieser letzte Vorgang senkt gleichzeitig die Temperatur der Luft, die mit dem Holz in Berührung kommt oder sich in dessen Nähe befindet, und zwar nach dem gleichen Gesetz wie in anderen Fällen der Umwandlung von Wasser in Dampf.

Wie ich wiederholt gesagt habe, können wir den Wert eines dieser Elemente der Klimastörung, des Anstiegs oder Abfalls der Temperatur, des Anstiegs oder Abfalls der Luftfeuchtigkeit nicht messen, noch können wir dies für eine bestimmte Jahreszeit, ein bestimmtes Jahr oder irgendein bestimmtes Jahr sagen In einem festen Zyklus, egal wie lang oder kurz, gleichen sie sich aus und kompensieren sich gegenseitig. Sie handeln manchmal, aber sicherlich nicht immer, gleichzeitig, unabhängig davon, ob ihre Tendenz in die gleiche oder in die entgegengesetzte Richtung geht, und daher ist ihr Einfluss manchmal kumulativ, manchmal widersprüchlich; aber im Großen und Ganzen scheint ihre allgemeine Wirkung darin zu bestehen, extreme atmosphärische Hitze und Kälte, Feuchtigkeit und Dürre zu mildern. Sie dienen als Ausgleicher für Temperatur und Feuchtigkeit, und es ist sehr wahrscheinlich, dass sie in Analogie zu den meisten anderen Werken und Wirkungen der Natur zu bestimmten oder unsicheren Zeiten das Gleichgewicht wiederherstellen, das sie, sei es als leblose Massen oder als lebende Organismen, herstellen möglicherweise vorübergehend gestört.

Als der Mensch daher diese natürlichen Harmonisierer klimatischer Zwietracht zerstörte, opferte er eine wichtige konservative Kraft, obwohl es bei weitem nicht sicher ist, dass er dadurch den Mittelwert beeinflusst hat, wie sehr er auch die Extreme der atmosphärischen Temperatur und Luftfeuchtigkeit übertrieben haben mag, oder, Mit anderen Worten: Möglicherweise wurde der Bereich vergrößert und der Maßstab der thermometrischen und hygrometrischen Variation verlängert.

Einfluss des Waldes auf Temperatur und Niederschlag.

Abgesehen von der Frage der Kompensation scheint es nicht wahrscheinlich, dass die Wälder die Gesamtniederschlagsmenge oder den allgemeinen Mittelwert der atmosphärischen Temperatur des Globus spürbar beeinflussen oder sogar, dass sie diesen Einfluss hatten, als ihre Ausdehnung weitaus größer war als heute . Das Wasser bedeckt etwa drei Viertel der Erdoberfläche, [173] und wenn wir die gefrorenen Zonen abziehen, die Gipfel und Kämme hoher Berge und ihre schroffen Hänge, die Sahara und andere große afrikanische und asiatische Wüsten und alles andere Wenn

Teile der festen Oberfläche für das Wachstum von Holz dauerhaft ungeeignet sind, werden wir feststellen, dass wahrscheinlich nicht ein Zehntel der gesamten Oberfläche unseres Planeten jemals zu irgendeinem Zeitpunkt in der gegenwärtigen geologischen Epoche mit Wäldern bedeckt war. Darüber hinaus ist die Verteilung des Waldlandes, der Wüste und des Wassers so, dass der mögliche Einfluss der ersteren auf ein geringes Maß reduziert wird; denn die Wälder liegen größtenteils in kalten oder gemäßigten Klimazonen, wo die Wirkung der Sonne sowohl hinsichtlich der Temperaturerhöhung als auch der Förderung der Verdunstung verhältnismäßig schwach ist; während in der heißen Zone die Wüste und das Meer – wobei letzteres immer eine verdunstbare Oberfläche bietet – enorm überwiegen. Im Großen und Ganzen ist es unwahrscheinlich, dass ein so kleines Waldgebiet in einer solchen Lage einen nennenswerten Einfluss auf das *allgemeine* Klima des Erdballs ausüben könnte, obwohl es die lokale Wirkung aller Klimaelemente spürbar beeinflussen könnte. Die jährliche Gesamtmenge der von der Erde absorbierten und abgestrahlten Sonnenwärme sowie die Summe aus terrestrischer Verdunstung und atmosphärischem Niederschlag müssen als konstant angenommen werden; aber die Verteilung von Wärme und Feuchtigkeit ist sowohl zeitlich als auch örtlich Störungen ausgesetzt, die auf eine Vielzahl lokaler Ursachen zurückzuführen sind, zu denen zweifellos das Vorhandensein oder Fehlen des Waldes gehört.

Soweit wir die allgemeinen Ergebnisse zusammenfassen können, scheint es, dass in Ländern der gemäßigten Zone, die noch hauptsächlich mit Holz bedeckt sind, die Sommer kühler, feuchter, kürzer und die Winter milder, trockener und länger wären als in die gleichen Regionen nach der Abholzung des Waldes. Die dürftigen historischen Beweise, die wir besitzen, scheinen auf die gleiche Schlussfolgerung hinzuweisen, obwohl es zu diesem Punkt einige widersprüchliche Zeugenaussagen und Meinungen gibt und es offenbar einige wohlbekannte Ausnahmen von bestimmten Zweigen dessen gibt, was das allgemeine Gesetz zu sein scheint.

Eine davon tritt sowohl in Klimazonen auf, in denen die Winterkälte stark genug ist, um den Boden in beträchtlicher Tiefe zu gefrieren, wie in Schweden und den nördlichen Staaten der Amerikanischen Union, als auch in milderen Zonen, in denen die Erdoberfläche der Kälte ausgesetzt ist kalte Bergwinde, wie in einigen Teilen Italiens und Frankreichs; denn dort glaubt man, wie wir gesehen haben, dass sich der Winter in die Monate ausdehnt, die zum Frühling gehören, und zwar später als in Perioden, in denen der Wald den größten Teil des Bodens bedeckt. [174] Mehr als eine Ursache trägt zweifellos zu diesem Ergebnis bei; aber im Falle Schwedens und der Vereinigten Staaten ist die offensichtlichste Erklärung für diese Tatsache im Verlust des Schutzes zu finden, den der Boden durch die dichte Laubschicht, die der Wald darauf wirft, und den Schnee, den der Wald darauf wirft, bietet Wälder schützen vor dem Wegblasen oder vor dem Schmelzen im kurzen Tauwetter des Winters. Ich habe bereits bemerkt, dass nackter Boden viel tiefer gefriert als der, der von Laubschichten bedeckt ist, und wenn die Erde dick mit Schnee bedeckt ist, beginnen die Schichten, die vor dem Fall gefroren waren, aufzutauen. Es ist nicht ungewöhnlich, den Boden in den Wäldern zu finden, wo der Schnee zwei bis drei Fuß hoch und völlig frostfrei liegt, wenn die Lufttemperatur mehrere Wochen lang unter dem Gefrierpunkt und an einigen Tagen sogar unter dem Nullpunkt liegt Fahrenheit. Wenn der Boden gerodet und bebaut wird, werden die Blätter in den Boden gepflügt und zersetzt, und der Schnee, besonders auf Hügeln und Anhöhen, wird im Winter mehrmals weggeblasen oder vielleicht sogar halb aufgetaut. Das Wasser aus dem schmelzenden Schnee läuft in die Senken, und wenn nach ein oder zwei Tagen mit warmem Sonnenschein oder lauem Regen die Kälte zurückkehrt, verfestigt es sich zu Eis, und die kahlen Bergrücken und Hügel der Erde sind tief gefroren. [175] Es sind viele Tage milden Wetters erforderlich, um die Temperatur des Bodens in diesem Zustand und der mit ihm in Kontakt stehenden Luft auf die Temperatur der Erde in den Wäldern derselben Klimaregion anzuheben. Flora ist bereits dabei, ihren Waldkranz zu flechten, bevor die Kornblumen, die die Girlande von Ceres schmücken sollen, aus ihrem Winterschlaf erwacht sind; und es ist kein weit verbreiteter Irrtum zu glauben, dass der Frühling seine Ankunft verzögert, wenn der Mensch die spontane Ernte der Natur durch künstliche Feldfrüchte ersetzt hat.

In vielen Fällen ist die scheinbare Veränderung der Jahreszeiten ein rein lokales Phänomen, das wahrscheinlich durch eine höhere Temperatur in anderen Monaten ausgeglichen wird, ohne dass das durchschnittliche thermometrische Gleichgewicht wirklich gestört wird. Wir können leicht annehmen, dass es analoge teilweise Abweichungen vom allgemeinen Niederschlagsgesetz gibt; und ohne darauf zu beharren, dass die Waldrodung die Gesamtmenge an Schnee und Regen verringert hat, können wir durchaus zugeben, dass sie die Menge verringert hat, die jährlich innerhalb bestimmter Grenzen liegt. Verschiedene theoretische Überlegungen machen dies wahrscheinlich. Das offensichtlichste Argument stammt vielleicht aus der allgemein anerkannten Tatsache, dass die Sommer- und sogar die Durchschnittstemperatur des Waldes unter der des offenen Landes auf demselben Breitengrad liegt. Wenn die Luft in einem Wald kühler ist als die Luft um ihn herum, muss sie die Temperatur der unmittelbar darüber liegenden atmosphärischen Schicht senken, und natürlich muss sie jedes Mal, wenn eine gesättigte Strömung darüber hinwegfegt, Niederschläge erzeugen, die auf oder in der Nähe des Waldes fallen würden .

a priori- Gründen zu entscheiden. Leider sind die Beweise in ihrer Tendenz widersprüchlich und manchmal zweideutig in der Interpretation, aber ich glaube, dass eine Mehrheit der Förster und Physiker, die sich mit dieser Frage befasst haben, der Meinung sind, dass in vielen, wenn nicht in allen Fällen die Zerstörung der Wälder stattgefunden hat gefolgt von einer Verringerung der jährlichen Regen- und Taumenge. Tatsächlich ist es seit langem ein weitverbreiteter Glaube, dass Vegetation und die Kondensation und der Abfall der atmosphärischen Feuchtigkeit wechselseitig notwendig seien, und sogar die Dichter besingen davon

Afrikas karger Sand,
wo nichts wachsen kann, weil es nicht regnet,
und wo kein Regen fallen kann, um das Land
zu segnen,
weil dort nichts wächst. [176]

Bevor jedoch die Beweise zu der allgemeinen Frage dargelegt und die Urteile der Gelehrten dazu zitiert werden, ist es angebracht, anzumerken, dass die relative Vielfalt oder Häufigkeit von Überschwemmungen in früheren und späteren Jahrhunderten nicht unbedingt, in den meisten Fällen wahrscheinlich auch nicht, gerechtfertigt ist irgendein Gewicht, als Beweis dafür, dass früher mehr oder weniger Regen gefallen ist als jetzt; Denn die Ansammlung von Wasser im Kanal eines Flusses hängt weit weniger von der Niederschlagsmenge in seinem Tal als vielmehr von der Geschwindigkeit ab, mit der es auf oder unter der Erdoberfläche zur zentralen Arterie geleitet wird, die das Becken entwässert. Dieser Punkt wird jedoch in einem späteren Kapitel ausführlicher besprochen.

Es gibt noch eine weitere wichtige Beobachtung, die hier angebracht sein sollte. Es ist nicht allgemeingültig oder sogar allgemein wahr, dass die Atmosphäre ihre Feuchtigkeit an die lokale Quelle zurückgibt, von der sie sie erhält. Die Luft ist ständig in Bewegung,

– Heulende Stürme fegen über uns hinweg
Vom Meer zum Land, vom Land zum Meer;
[177]

und daher ist es immer wahrscheinlich, dass die von der Atmosphäre eines bestimmten Flusses, Meeres, Waldes oder einer Wiese angezogene Verdunstung durch Niederschlag abgeführt wird, und zwar nicht an oder in der Nähe des Punktes, an dem sie aufstieg, sondern in einiger Entfernung von Meilen, Ligen oder sogar Grad. Die Strömungen der oberen Luft sind unsichtbar und sie hinterlassen keinen Orientierungspunkt, um ihre Spur aufzuzeichnen. Wir wissen nicht, woher sie kommen oder wohin sie gehen. Wir sind zwar mit den Gesetzen der allgemeinen atmosphärischen Bewegung schnell vertrauter, aber über den Ursprung und die Grenzen, den Anfang und das Ende dieser Bewegung, wie sie sich zu einem bestimmten Zeitpunkt und an einem bestimmten Ort manifestiert, wissen wir nichts. Wir können nicht sagen, wo oder wann der Dampf, der heute aus dem See, auf dem wir schwimmen, ausgeatmet wird, kondensiert und fallen wird; ob es sich in einer kargen Wüste verschwendet, Hochlandweiden erfrischt, auf Alpenhöhen im Schnee niedergeht oder dazu beiträgt, einen fernen Wildbach anschwellen zu lassen, der Quadratmeilen fruchtbaren Maislandes verwüsten wird; Wir wissen auch nicht, ob der Regen, der unsere Bäche speist, auf die Verdunstung aus einem benachbarten Wald oder auf die Verdunstung aus einem fernen Meer zurückzuführen ist. Wenn also bewiesen werden würde, dass die jährliche Menge an Regen und Tau beispielsweise auf den Ebenen von Kastilien heute genauso groß ist wie zu der Zeit, als sie mit einheimischen Wäldern bedeckt waren, würde dies keineswegs bedeuten, dass diese Wälder dies auch täten die Niederschlagsmenge an anderer Stelle nicht erhöhen.

Aber ich komme auf die Frage zurück. Beginnend mit den neuesten Autoritäten zitiere ich eine Passage aus Clavé. [178] Nachdem der Autor argumentiert hat, dass wir aus den klimatischen Auswirkungen des Waldes in tropischen und subtropischen Ländern nicht auf seinen Einfluss in gemäßigten Breiten schließen können, fährt er fort: „Die Wirkung der Wälder auf den Regen ist eine Folge dessen, was sie tun. " Einfluss auf die Temperatur ist in unserem Klima schwer abzuschätzen, ist aber in heißen Ländern sehr ausgeprägt und wird durch zahlreiche Beispiele belegt. M. Boussingault gibt an, dass dies in der Region zwischen der Bucht von Cupica und dem Golf von Guayaquil der Fall ist Mit riesigen Wäldern regnet es fast ununterbrochen und die mittlere Temperatur dieses feuchten Landes steigt kaum auf 26 Grad (= 80° Fahren). M. Blanqui teilt uns in seinen „Reisen in Bulgarien" mit, dass bei Der Regen auf Malta ist so selten geworden, seit die Wälder gerodet wurden, um Platz für den Baumwollanbau zu schaffen, dass zum Zeitpunkt seines Besuchs im Oktober 1841 seit drei Jahren kein Tropfen Regen gefallen war. [179] Die ^{schrecklichen} Dürren Die Verwüstung der Kapverdischen Inseln ist auch auf die Zerstörung der Wälder zurückzuführen. Auf der Insel St. Helena, wo sich die Waldfläche innerhalb weniger Jahre erheblich vergrößert hat, wurde beobachtet, dass der Regen im gleichen Verhältnis zugenommen hat. Die Menge ist jetzt doppelt so hoch wie während der Residenz Napoleons. In Ägypten haben neuere Plantagen Regenfälle verursacht, die bisher nahezu unbekannt waren.

Schacht [180] bemerkt: „In bewaldeten Ländern ist die Atmosphäre im Allgemeinen feucht, und Regen und Tau düngen den Boden. So wie der Blitzableiter dem stürmischen Himmel die elektrische Flüssigkeit entzieht, so zieht der Wald den Regen aus den Wolken an, der beim Fallen nicht nur ihn erfrischt, sondern seine Wohltaten auch auf die benachbarten Felder ausdehnt. * * Der Wald, der eine beträchtliche Oberfläche für die Verdunstung bietet, spendet seinem eigenen Boden und dem gesamten angrenzenden Boden reichlichen und belebenden Tau. Es fällt Es ist wahr, dass auf einem hohen und dichten Wald weniger Tau fällt als auf den umliegenden Wiesen, die, da sie tagsüber durch den Einfluss der Sonneneinstrahlung stärker erhitzt werden, durch Strahlung schneller abkühlen. Aber es muss bemerkt werden, dass dieser zunahm Die Tauablagerung auf den benachbarten Feldern ist teilweise auf die Wälder selbst zurückzuführen; denn die dichten, gesättigten Luftschichten, die über den Wäldern schweben, sinken an kühlen, ruhigen Abenden wie Wolken zu Tal und am Morgen in Tauperlen funkeln auf den Blättern des Grases und den Blumen des Feldes. Mit einem Wort: Wälder üben im Inneren von Kontinenten einen Einfluss wie das Meer auf das Klima von Inseln und Küsten aus: Beide bewässern den Boden und sichern dadurch seine Fruchtbarkeit." In einer Anmerkung zu dieser Passage, zitiert als In der *Historia de la Conquista de las siete islas de Gran Canaria, de Juan de Abreu Galindo* , 1632, S. 47, fügt er hinzu: „Alte Historiker berichten, dass ein berühmter Lorbeer in Ferro einst die Bewohner der Insel mit Trinkwasser versorgte." Das Wasser floss ununterbrochen Tropfen für Tropfen aus seinem Laubwerk und wurde in Zisternen gesammelt. Jeden Morgen trieb die Meeresbrise eine Wolke auf den wunderbaren Baum zu, die ihn zu seiner riesigen Spitze lockte, wo er zu einer flüssigen Form verdichtete.

In einer Reihe des in Boston veröffentlichten „*Missionary Herald*", *dessen Datum ich verloren habe,* gibt der als kompetenter Beobachter bekannte Rev. Mr. Van Lennep den folgenden bemerkenswerten Bericht über eine ähnliche Tatsache, die er bei einer Exkursion beobachtet hatte östlich von Tocat in Kleinasien:

„In dieser Region, etwa 3.000 Fuß über dem Meer, sind die Bäume größtenteils Eichen und erreichen eine große Größe. Mir ist ein Beispiel für den Einfluss von Bäumen im Allgemeinen auf das Sammeln von Feuchtigkeit aufgefallen. Trotz des Nebels, der eine Woche lang andauerte, war der Boden Überall war es vollkommen trocken. Die trockenen Eichenblätter hatten jedoch das Wasser gesammelt, und die Zweige und Stämme der Bäume waren mehr oder weniger nass. In vielen Fällen war das Wasser am Stamm heruntergelaufen und hatte den Boden um die Wurzeln herum befeuchtet An zwei Stellen hatten mehrere Bäume jeweils einen kleinen Wasserstrahl erzeugt, und diese waren, vereint, auf die Straße gelaufen, so dass Reisende durch den Schlamm gehen mussten; obwohl, wie gesagt, überall sonst der Boden perfekt war trocken. Darüber hinaus reichte die gesammelte Feuchtigkeit nicht aus, um direkt von den Blättern zu tropfen, sondern lief in jedem Fall die Zweige und den Stamm hinunter bis zum Boden. Weiter entfernt fanden wir einen Hain und am Fuße jedes Baumes im Norden Auf der anderen Seite befand sich ein Eisklumpen, dessen Wasser gefroren war, als es den Boden erreichte. Dies ist ein höchst eindrucksvolles Beispiel für den anerkannten Einfluss von Bäumen beim Sammeln von Feuchtigkeit; und man kann keinen Augenblick daran zweifeln, dass die ausgedörrten Regionen, die bei Sivas beginnen und sich in einer Richtung bis zum Persischen Golf und in einer anderen bis zum Roten Meer erstrecken, vor den Wäldern einst ein fruchtbarer Garten voller wohlhabender Bevölkerung waren die die Hügel bedeckten, wurden abgeholzt, bevor die Zeder und die Tanne an den Hängen des Libanon ausgewurzelt wurden.

„Als wir nun die Nordseite der Wasserscheide hinabstiegen, kamen wir durch den Hain aus Walnuss-, Eichen- und schwarzen Maulbeerbäumen, die das Dorf Oktab beschatten, dessen Häuser, Vieh und rothaarige Kinder ein Zeichen für Wohlstand waren."

Coultas argumentiert daher: „Das Meer, die Winde und die Wälder können als die verschiedenen Teile eines großen Destillationsapparats betrachtet werden. Das Meer ist der Kessel, in dem Dampf durch die Sonnenwärme angehoben wird, die Winde sind die Führungsrohre, die den Dampf transportieren." mit ihnen in die Wälder, wo eine niedrigere Temperatur herrscht. Dadurch kondensiert der Dampf auf natürliche Weise, und Regenschauer werden so von den darunter liegenden Wäldern aus den in der Atmosphäre schwebenden Wolkenmassen destilliert." [181]

Sir John FW Herschel zählt zu den „für Regen ungünstigen Einflüssen" das „Fehlen von Vegetation in warmen Klimazonen und insbesondere von Bäumen" auf. Dies ist zweifellos, fährt er fort, „einer der Gründe für die extreme Trockenheit Spaniens." Der Hass eines Spaniers gegen einen Baum ist sprichwörtlich. Viele Bezirke in Frankreich wurden durch Entblößung materiell geschädigt (Earl of Lovelace über das Klima usw.), und andererseits ist es in Ägypten seit der kräftigeren Bewirtschaftung häufiger zu regnen der Palme."

Hohenstein bemerkt: „Bezüglich der Temperatur im Wald habe ich bereits beobachtet, dass sie zu bestimmten Tages- und Jahreszeiten niedriger ist als auf freiem Feld. Daher kann es im Wald tagsüber, im Sommer, sein." und gegen Ende des Winters neigen sie dazu, den Regenfall zu verstärken; anders ist es jedoch in Sommernächten und zu Beginn des Winters, wenn im Wald eine höhere Temperatur herrscht, was diesem Effekt nicht förderlich ist. * * * Darüber hinaus ist der Wald wie der Berg ein mechanisches Hindernis für die Bewegung der Regenwolken, und indem er sie in ihrem Lauf aufhält, gibt er ihnen Gelegenheit, ihr Wasser abzulagern. Diese Überlegungen machen es wahrscheinlich, dass der Wald die Menge vergrößert des Regens; aber sie begründen nicht die Gewissheit dieser

Schlussfolgerung, da wir keine positiven numerischen Daten über den Temperaturabfall und die Luftfeuchtigkeit in den Wäldern haben. [182]

Barth vertritt die folgende Sicht auf das Thema: „Der Boden im Wald sowie die darüber liegende Luftschicht bleiben feucht, nachdem die waldlosen Gebiete ihre Feuchtigkeit verloren haben; und die Luft, die mit der ihnen entnommenen Feuchtigkeit aufgeladen ist, ist es normalerweise." Sie wird von den Winden fortgetragen, bevor sie sich in verdichteter Form auf der Erde niederschlägt. Bäume verdunsten ständig über ihre Blätter, eine große Menge Feuchtigkeit, die sie teilweise durch dieselben Organe wieder aufnehmen, während der größte Teil ihres Vorrats nach oben gepumpt wird durch ihre weit verzweigten Wurzeln aus beträchtlichen Tiefen im Boden. Dadurch entsteht eine ständige Verdunstung, die die Waldatmosphäre auch bei längerer Dürreperiode feucht hält, wenn alle anderen Feuchtigkeitsquellen im Wald selbst ausgetrocknet sind. * * * Es ist wenig erforderlich um die auf einem Wald ruhende Luftschicht dazu zu zwingen, ihre Feuchtigkeit abzugeben, die so als Regen, Nebel oder Tau an den Wald zurückgegeben wird. * * * Die warmen, feuchten Luftströme, die aus anderen Regionen kommen, werden gekühlt Wenn sie sich dem Holz nähern, sind sie aufgrund der weniger erhitzten Atmosphäre gezwungen, die Feuchtigkeit, mit der sie aufgeladen sind, abzulassen. Die Wälder tragen zum gleichen Effekt bei, indem sie die Bewegung von Nebel und Regenwolken mechanisch behindern, deren Partikel sich so ansammeln und zu Regen verdichten. Der Wald hat somit eine größere Fähigkeit als das offene Gelände, die bereits vorhandene Feuchtigkeit innerhalb seiner eigenen Grenzen zu behalten und zu bewahren, und er zieht das an, was der Wind ihm von anderswo herbringt, sammelt es und zwingt es, sich als Regen oder anderes niederzuschlagen Niederschlag. * * * Aus diesen Beziehungen des Waldes zur Feuchtigkeit folgt, dass bewaldete Gebiete sowohl häufiger als auch reichlicher regnen und im Allgemeinen feuchter sind als waldlose Regionen; denn was in dieser Hinsicht für die Wälder selbst gilt, gilt auch für ihre baumlose Umgebung, die infolge der leichten Beweglichkeit der Luft und ihrer ständigen Veränderungen einen Anteil an den Eigenschaften der Waldatmosphäre, Kühle und Umwelt erhält Feuchtigkeit. * * * Wenn die baumlosen Bezirke lange Zeit ohne Regen und Tau waren, * * * und das Gras und die Früchte des Feldes kurz vor dem Verdorren stehen, sind die von Wäldern umgebenen Ländereien grün und blühend . Nachts werden sie durch Tau erfrischt, der in der feuchten Luft des Waldes nie fehlt, und zu gegebener Zeit werden sie von einem wohltuenden Schauer oder einem Nebel bewässert, der langsam über sie rollt." [183]

Nachdem Asbjörnsen die bekannten theoretischen Argumente zu diesem Punkt angeführt hat, fügt er hinzu: „Die regenlosen Gebiete in Peru und Nordafrika untermauern diese Schlussfolgerung, und zahlreiche andere

Beispiele zeigen, dass Wälder einen Einfluss auf die Regenproduktion haben und dass der Regen dort ausbleibt, wo sie fehlen; denn vielen Ländern ist durch die Zerstörung der Wälder Regen, Feuchtigkeit, Quellen und Wasserläufe entzogen worden, die für das Pflanzenwachstum notwendig sind. * * * Die Erzählungen von Reisenden zeigen die beklagenswerten Folgen der Abholzung der Wälder auf der Insel Trinidad, Martinique, San Domingo und tatsächlich fast die gesamte westindische Gruppe. * * * In Palästina und vielen anderen Teilen Asiens und Nordafrikas, die in der Antike die fruchtbaren und bevölkerungsreichen Kornkammern Europas waren, haben ähnliche Folgen Diese Gebiete sind heute Wüsten, und allein die Zerstörung der Wälder hat zu dieser Verwüstung geführt Der Weinstock und der Olivenbaum haben seit der Entblößung der benachbarten Berge stark gelitten. Seit den ausgedehnten Rodungen zwischen Spree und Oder beklagen die Bewohner, dass der Kleeanbau deutlich weniger ertragreich ist als zuvor. Andererseits mangelt es nicht an Beispielen für den wohltuenden Einfluss der Bepflanzung und Wiederherstellung des Waldes. In Schottland, wo viele Quadratkilometer mit Bäumen bepflanzt wurden, war dieser Effekt offensichtlich, und ähnliche Beobachtungen wurden an mehreren Orten in Südfrankreich gemacht. In Unterägypten, sowohl in Kairo als auch in der Nähe von Alexandria, regnete es selten in nennenswerter Menge – zum Beispiel regnete es während der französischen Besetzung Ägyptens um 1798 sechzehn Monate lang nicht –, aber seit Mehemet Aali und Ibrahim Pacha ihre riesigen Plantagen angelegt hatten (Ersterer allein hat mehr als zwanzig Millionen Oliven- und Feigenbäume, Pappeln, Orangen, Akazien, Platanen usw. gepflanzt), jetzt fällt in den Monaten November, Dezember, vor allem entlang der Küste, viel Regen. und Januar; und selbst in Kairo regnet es häufiger und reichlicher, so dass echte Regenschauer keine Seltenheit sind." [184]

Babinet zitiert in einem seiner Vorträge [185] die angebliche Tatsache der Zunahme des Regens in Ägypten als Folge der Pflanzung von Bäumen und bemerkt dazu: „Vor ein paar Jahren hat es in Unterägypten nie geregnet. Die Konstante." Nordwinde, die dort fast ausschließlich vorherrschen, zogen ungehindert über eine Oberfläche ohne Vegetation. Getreide wurde in Alexandria auf den Dächern gelagert, ohne dass es abgedeckt oder anderweitig vor Schäden durch die Atmosphäre geschützt wurde; aber seit der Anlage von Plantagen gibt es ein Hindernis geschaffen, die den Luftstrom aus dem Norden verzögert. Die so kontrollierte Luft sammelt, dehnt sich aus, kühlt ab und sorgt für Regen. [186] Die Wälder der Vogesen und Ardennen erzeugen die gleichen Wirkungen im Nordosten Frankreichs und senden Wir haben einen großen Fluss, die Maas, der sowohl wegen seines Volumens als auch wegen der geringen Ausdehnung seines Beckens bemerkenswert ist. Bezüglich der Verzögerung der atmosphärischen Strömungen und der Auswirkungen dieser Verzögerung sagte einer meiner berühmten Kollegen, M. Mignet , der nicht weniger ein tiefgründiger Denker als auch ein beredter Schriftsteller ist, schlug mir vor, dass ein Wald genauso gut sei wie ein Berg, um Regen zu produzieren, und das ist im wahrsten Sinne des Wortes wahr."

Monestier-Savignat kommt zu dieser Schlussfolgerung: „Wälder verringern einerseits die Verdunstung, andererseits wirken sie als kühlende Ursachen auf die Atmosphäre dass es häufiger regnet und dass sie bei gleicher Regenmenge feuchter sind. [187]

Boussingault – dessen Beobachtungen über das Austrocknen von Seen und Quellen aufgrund der Zerstörung der Wälder im tropischen Amerika oft als schlüssiger Beweis dafür angeführt wurden, dass die Regenmenge dadurch verringert wurde – bemerkt nach sorgfältiger Untersuchung der Frage : „Meiner Meinung nach steht fest, dass sehr große Lichtungen den jährlichen Regenfall in einem Land verringern müssen." und auf einer weiteren Seite kommt er zu dem Schluss, dass „aufgrund der in den Äquinoktialregionen gesammelten meteorologischen Fakten Grund zu der Annahme besteht, dass Lichtungen den jährlichen Regenfall verringern." [188]

Derselbe bedeutende Autor schlägt eine Reihe von Beobachtungen über den Pegel natürlicher Seen, insbesondere von Seen ohne Abfluss, vor, um die Zunahme oder Abnahme der Niederschläge in ihren Becken zu bestimmen und natürlich die Auswirkungen der Rodung bei solchen Maßnahmen zu messen finden innerhalb dieser Becken statt. Es muss jedoch beachtet werden, dass Seen ohne sichtbaren Abfluss sehr selten vorkommen, und außerdem können wir dort, wo keine oberflächliche Leitung für den Abfluss von Seewasser existiert, selten oder nie sicher sein, dass die Natur keine unterirdischen Kanäle für ihren Abfluss bereitgestellt hat. In der Tat, wenn wir bedenken, dass die meisten Erden und sogar einige Gesteine, die unter großem hydrostatischem Druck stehen, für Wasser frei durchlässig sind und dass in fast allen Gesteinsschichten häufig Risse vorkommen, ist es offensichtlich, dass wir nicht wissen können, in welchem Verhältnis die Senkung des Niveaus erfolgt Die Entstehung eines Sees ist auf Infiltration, Versickerung oder Verdunstung zurückzuführen. [189] Darüber hinaus sind wir im Allgemeinen kaum in der Lage zu behaupten, dass ein bestimmter See sein gesamtes Wasser aus dem Regen innerhalb seines geografischen Beckens bezieht oder dass er das gesamte Wasser aufnimmt, das in dieses Becken fällt, mit Ausnahme dessen, was daraus verdunstet den Boden, da wir zeigen müssen, dass sein gesamtes überschüssiges Wasser durch sichtbare Kanäle und durch Verdunstung abtransportiert wird.

Angenommen, die Gebirgsschichten auf beiden Seiten eines Sees, im Osten und im Westen, seien in die gleiche Richtung geneigt, und die Schichten des Hügels auf der Ostseite neigen sich zum See hin, die des

Hügels auf der Westseite davon. In diesem Fall kann ein großer Teil des Regens, der am Osthang des Osthügels fällt, seinen Weg zwischen den Schichten zum See finden, und ein ebenso großer Teil des Niederschlags am Osthang des Westrückens kann aus dem See entweichen das Becken durch ähnliche Kanäle. In einem solchen Fall könnte die Rodung der *äußeren* Hänge eines oder beider Berge, während die Wälder der *inneren* Hänge intakt blieben, Auswirkungen auf die vom See aufgenommene Wassermenge haben, und es wäre immer unmöglich zu wissen, inwieweit die territoriale Ausdehnung dies beeinflusst Auswirkungen auf den Pegel eines Sees haben könnten. Boussingault räumt ein, dass ausgedehnte Rodungen *unterhalb* eines Alpensees, selbst in beträchtlicher Entfernung, den Wasserstand beeinflussen könnten. Wie dieser Einfluss entstehen würde, teilt er uns nicht mit, aber da er nichts über die natürliche unterirdische Entwässerung von Oberflächengewässern sagt, ist anzunehmen, dass er sich auf die angebliche Verringerung der Regenmenge durch die Abholzung des Waldes bezieht , die sich an einem höheren Punkt manifestieren könnte als die Ursache, die sie verursacht hat. Die Erhöhung oder Senkung des Wasserspiegels natürlicher Seen kann daher nicht als Beweis und schon gar nicht als Maß für die Zunahme oder Abnahme des Niederschlags in ihren geographischen Becken herangezogen werden, der aus der Abholzung der sie bedeckenden Wälder resultiert ihnen; Allerdings liefern solche Phänomene sehr starke mutmaßliche Beweise dafür, dass die Wasserversorgung irgendwie zunimmt oder abnimmt. Die Versorgung erfolgt in den meisten Fällen viel weniger aus den Niederschlägen, die direkt auf die Oberfläche von Seen fallen, als vielmehr aus Wasser, das über oder unter der Erde um sie herum fließt und im letzteren Fall oft aus Gebieten stammt, die nicht zu den Seen gehören innerhalb dessen, was die oberflächliche Geographie als zu den Seebecken gehörend betrachten würde.

Im Großen und Ganzen ist es offensichtlich, dass die Frage kaum geklärt werden kann, außer durch den Vergleich pluviometrischer Beobachtungen, die an einer bestimmten Station vor und nach der Zerstörung des Waldes gemacht wurden. Solche Beobachtungen sind leider kaum zu finden, und die Gelegenheit, sie zu machen, vergeht schnell, es sei denn, eine umgekehrte Reihe könnte in Ländern gesammelt werden – zum Beispiel in Frankreich – , wo die Waldpflanzung jetzt in großem Umfang erfolgt Skala. Die Smithsonian Institution in Washington ist gut aufgestellt, um die Aufmerksamkeit von Beobachtern im neueren Territorium der Vereinigten Staaten auf dieses Thema zu lenken, und es ist zu hoffen, dass sie es nicht versäumen wird, ihre Möglichkeiten zu diesem Zweck zu nutzen.

Zur Unterstützung der These, dass Wälder zumindest in bestimmten Breitengraden und zu bestimmten Jahreszeiten dazu neigen, Regen zu produzieren, könnten zahlreiche andere Autoritäten angeführt werden; Aber obwohl die Argumente der Befürworter dieser Doktrin sehr plausibel, um nicht zu sagen überzeugend sind, sind ihre Meinungen eher *a priori* Schlussfolgerungen aus allgemeinen meteorologischen Gesetzen als Schlussfolgerungen aus Beobachtungstatsachen, und es ist bemerkenswert, dass es so wenig direkte Beweise dafür gibt das Thema.

Andererseits vertritt Foissac die Meinung, dass Wälder keinen Einfluss auf die Niederschläge haben, außer dass sie die Ablagerung von Tau in ihrer Umgebung begünstigen, und stellt als Erfahrungstatsache fest, dass die Anpflanzung von großen Gemüsesorten und insbesondere von Bäumen ist ein sehr effizientes Mittel zur Trocknung von Sümpfen, da die Pflanzen der Erde eine größere Wassermenge entziehen, als der durchschnittliche jährliche Regenfall. [190] Klöden räumt ein, dass die Wassermengen der Flüsse Oder und Elbe abgenommen haben, die erstere seit 1778, die letztere seit 1828, bestreitet jedoch, dass die Volumenverringerung auf eine Abnahme der Niederschläge infolge der Abholzung zurückzuführen sei die Wälder, und stellt fest, was andere Physiker bestätigen, dass meteorologische Aufzeichnungen in verschiedenen Teilen Europas im gleichen Zeitraum eher eine Zunahme als eine Abnahme der Regenmenge zeigen. [191]

Die Beobachtungen von Belgrand zeigen entgegen der allgemeinen Meinung, dass in bewaldeten Gebieten weniger Regen fällt als in entblößten Gebieten. Er verglich die Niederschläge für das Jahr 1852 in Vezelay im Tal des Bouchat und in Avallon im Tal der Grenetière. An der ersten dieser Stellen waren es 881 Millimeter, an der zweiten 581 Millimeter. Die beiden Städte sind nicht mehr als acht Meilen voneinander entfernt. Sie liegen auf gleicher Höhe, und es wird angegeben, dass der einzige Unterschied in ihren geographischen Bedingungen in den unterschiedlichen Verhältnissen von Wald und Kulturland um sie herum besteht, wobei das Becken des Bouchat völlig kahl ist, während das des Grenetière reich bewaldet ist. [192] Beobachtungen in denselben Tälern, betrachtet unter Berücksichtigung der Jahreszeiten, zeigen folgende pluviometrische Ergebnisse:

FÜR LA GRENETIÈRE.			
Februar,	1852,	42.2	Millimeter Niederschlag.
November,	"	23.8	" "
Januar,	1853,	35.4	" "
	Gesamt,	106,4	in drei kalten Monaten.

September,	1851,	27.1	Millimeter Niederschlag.
Mai,	1852,	20.9	" "
Juni,	"	56.3	" "
Juli,	"	22.8	" "
September,	"	22.8	" "
	Gesamt,	149,9	in fünf warmen Monaten.

FÜR LE BOUCHAT.

Februar,	1852,	51.3	Millimeter Niederschlag.
November,	"	36.6	" "
Januar,	1853,	92,0	" "
	Gesamt,	179,9	in drei kalten Monaten.
September,	1851,	43,8	Millimeter Niederschlag.
Mai,	1852,	13.2	" "
Juni,	"	55,5	" "
Juli,	"	19.5	" "
September,	"	26.5	" "
	Gesamt,	158,5	in fünf warmen Monaten.

Diese Beobachtungen scheinen soweit sie gehen zu zeigen, dass in gerodeten Ländern mehr Regen fällt als in bewaldeten Ländern, aber dieses Ergebnis steht so im Widerspruch zu dem, was allgemein als theoretische Schlussfolgerung akzeptiert wurde, dass weitere Experimente erforderlich sind, um die Frage zu klären.

Becquerel – dessen Abhandlung über die klimatischen Auswirkungen der Waldzerstörung die umfassendste allgemeine Diskussion dieses Themas ist, die ich kenne – untersucht diesen speziellen Punkt nicht und schreibt ihn, wie in der Zusammenfassung der Ergebnisse seiner Untersuchungen, auch nicht zu Da der Wald keinen Einfluss auf den Niederschlag hat, wird davon ausgegangen, dass er die Lehre von seiner Bedeutung als Faktor bei der Erzeugung des Regenfalls ablehnt.

Die Auswirkung des Waldes auf den Niederschlag ist also nicht völlig zweifelsfrei, und wir können nicht mit Bestimmtheit behaupten, dass die gesamte jährliche Regenmenge durch die Zerstörung der Wälder verringert oder erhöht wird, obwohl sowohl theoretische Überlegungen als auch die Bilanz der Aussagen überzeugend sind vertreten die Meinung, dass in bewaldeten Ländern mehr Regen fällt als in offenen Ländern. Zumindest eine wichtige Schlussfolgerung über den meteorologischen Einfluss von Wäldern ist sicher und unbestritten: die These, dass sie innerhalb ihrer eigenen Grenzen und in der Nähe ihrer eigenen Grenzen einen gleichmäßigeren Feuchtigkeitsgrad in der Atmosphäre aufrechterhalten als beobachtet auf geräumtem Gelände. Es kann kaum weniger in Frage gestellt werden, dass sie die Häufigkeit von Schauern fördern und, wenn sie die Niederschlagsmenge nicht erhöhen, ihre Verteilung über die verschiedenen Jahreszeiten ausgleichen.

Einfluss des Waldes auf die Bodenfeuchtigkeit.

Ich habe mich bisher auf den Einfluss des Waldes auf die meteorologischen Bedingungen beschränkt, ein Thema, das, wie wir gesehen haben, voller Schwierigkeiten und Unsicherheiten ist. Seine vergleichenden Auswirkungen auf die Temperatur, die Feuchtigkeit, die Textur und Konsistenz, die Konfiguration und Verteilung des Schimmel- oder Ackerbodens und sehr oft der darunter liegenden Mineralschichten sowie auf die Beständigkeit und Regelmäßigkeit von Quellen und größeren oberflächlichen Wasserläufen, sind viel weniger umstritten und leichter abzuschätzen und viel wichtiger als ihr möglicher Wert als Ursache für ein streng klimatisches Gleichgewicht oder eine Störung.

Die Wirkung des Waldes auf die Erde ist hauptsächlich mechanischer Natur, aber der organische Prozess der Wasserentnahme durch seine Wurzeln beeinflusst die Menge dieser Flüssigkeit, die im pflanzlichen Schimmel und in den Mineralschichten nahe der Oberfläche enthalten ist, und folglich die Konsistenz des Bodens. Bei der Behandlung der Auswirkungen von Bäumen auf die Feuchtigkeit der Atmosphäre habe ich gesagt, dass der Wald, indem er einen Baldachin zwischen Himmel und Boden schob und die Oberfläche mit einem dicken Mantel aus abgefallenen Blättern bedeckte, gleichzeitig die Sonneneinstrahlung behinderte und verhinderte die Wärmeabstrahlung der Erde. Diese Einflüsse tragen weitgehend dazu bei, sich gegenseitig auszugleichen; aber bekannte Beobachtungen zeigen, dass der Waldboden im Sommer nicht so stark erhitzt wird wie offene, der Strahlung ausgesetzte Böden. Aus diesem Grund und infolge des mechanischen Widerstands, den das Bett aus toten Blättern dem Entweichen von Feuchtigkeit entgegensetzt, sollten wir damit rechnen, dass die oberflächlichen Schichten des Waldbodens, außer nach den jüngsten Regenfällen, feuchter sein würden als die des gerodeten Landes. Dies deckt sich mit der Erfahrung. Der Boden des Waldes ist immer feucht, außer bei extremer Dürre, und es kommt äußerst selten vor, dass ein Urwald unter Feuchtigkeitsmangel leidet. Inwieweit sich diese Wasseransammlung durch seitliche Infiltration auf den Zustand benachbarter Böden auswirkt, wissen wir nicht, aber wir werden in einem späteren Kapitel sehen, dass Wasser durch diesen Prozess über weite Entfernungen transportiert wird, und wir können daraus auf den Einfluss schließen in Frage kommt, ist wichtig.

Einfluss des Waldes auf den Quellfluss.

Es ist allgemein bekannt, dass der Schutz, den der Wald gegen das Entweichen von Feuchtigkeit aus seinem Boden bietet, die Beständigkeit und Regelmäßigkeit natürlicher Quellen nicht nur innerhalb der Grenzen des Waldes, sondern auch in einiger Entfernung über seine Grenzen hinaus gewährleistet und somit dazu beiträgt die Versorgung mit einem Element, das sowohl für das pflanzliche als auch für das tierische Leben wichtig ist. Wenn die Wälder zerstört werden, nehmen sowohl die Anzahl als auch das Volumen der Quellen ab, die aus den Wäldern entspringen, und folglich auch der größeren Wasserläufe, die von ihnen gespeist werden. Diese Tatsache ist in den gesamten amerikanischen Staaten und den britischen Provinzen so bekannt, dass es nur wenige alte Bewohner im Inneren dieser Bezirke gibt, die nicht in der Lage sind, ihre Wahrheit durch persönliche Beobachtung zu bezeugen. Meine eigene Erinnerung weist mich auf viele Beispiele dieser Art hin, und ich erinnere mich an einen Fall, wo eine kleine Bergquelle, die kurz nach der Rodung des Bodens, in dem sie entsprang, verschwand, vor etwa zehn oder zwölf Jahren durch einfaches Zulassen der Büsche geborgen wurde und junge Bäume wuchsen auf einem felsigen Hügel, der nicht mehr als einen halben Acre groß war, direkt darüber und flossen seitdem ununterbrochen weiter. Das Hochland der atlantischen Staaten war früher reich an Quellen und Bächen, aber in vielen Teilen dieser Staaten, die seit mehr als ein oder zwei Generationen gerodet wurden, leiden die Bergweiden jetzt stark unter Dürre und bieten in Trockenzeiten weder Wasser noch Wasser Kräuter für Rinder.

Tatsächlich zitiert Foissac aus dem älteren Plinius (*Nat. Hist.* , xxxi, ca. 30) eine Passage, in der er bestätigt, dass durch die Abholzung der Wälder Quellen entstehen, die vorher nicht existierten, weil das Wasser des Bodens von den Bäumen aufgenommen wurde ; und derselbe Meteorologe erklärt, wie ich bei der Behandlung der Wirkung des Waldes auf die Luftfeuchtigkeit beobachtet habe, dass das Pflanzen von Bäumen dazu neigt, sumpfigen

Boden auszutrocknen, weil die Wurzeln mehr Wasser absorbieren als aus der Luft fällt. Aber Plinius' Aussage beruht auf einer sehr zweifelhaften Autorität, und Foissac führt keine Beweise zur Stützung seiner eigenen Behauptung an. [193] In den amerikanischen Staaten wird immer wieder beobachtet, dass die Rodung des Bodens nicht nur zum Verschwinden laufender Quellen führt, sondern auch die stehenden Teiche und die schwammigen Böden der Tiefebene austrocknet. Die ersten Straßen in diesen Staaten verliefen, soweit möglich, entlang der Hügelkämme, weil dort nur die Erde trocken genug war, um ihren Bau zu ermöglichen, und aus dem gleichen Grund lagen die Hütten der ersten Siedler auf den Hügeln. Da von Zeit zu Zeit die Wälder abgeholzt und die Oberfläche der Erde der Luft und der Sonne ausgesetzt wurde, ist die Feuchtigkeit verdunstet und die Straßen und menschlichen Siedlungen von den kahlen Hügeln in die geschützten Täler verlegt worden. ist eine der angenehmsten unter den vielen Verbesserungen, die spätere Generationen im Inneren Neuenglands und der anderen nördlichen Staaten erlebt haben.

Fast jede Abhandlung über die Ökonomie des Waldes führt zahlreiche Fakten an, die die Lehre stützen, dass die Rodung des Waldes dazu neigt, den Quellfluss und die Feuchtigkeit des Bodens zu verringern, und es könnte unnötig erscheinen, zu diesem Punkt weitere Beweise vorzulegen . [194] Aber das Thema ist von zu großer praktischer Bedeutung und von zu großem philosophischem Interesse, als dass es zusammenfassend erledigt werden könnte; und es sollte besonders beachtet werden, dass es mindestens einen Fall gibt – den einiger lockerer Böden, die, wenn sie von Holz befreit werden, das Wasser, das sie aus der Atmosphäre erhalten, sehr schnell absorbieren und an tiefere Schichten weiterleiten, wie Vallès argumentiert [195] · – wo die Abholzung des Waldes den Abfluss von Quellen in den darunter liegenden Ebenen erhöhen kann, indem dem Regen und dem geschmolzenen Schnee eine Oberfläche ausgesetzt wird, die saugfähiger und gleichzeitig weniger zurückhaltend ist als ihre ursprüngliche Bedeckung. Unter solchen Umständen floss das Niederschlagswasser ab, ohne durch die oberflächlichen Blattschichten auf dem Boden einzudringen – was bei sehr starken Regenfällen manchmal der Fall ist – oder wurde vom Pflanzenschimmel absorbiert und zurückgehalten, bis es verdunstete , könnte durch poröse Erde herabsteigen, bis es auf eine undurchlässige Schicht trifft, und dann entlang dieser geleitet werden, bis es schließlich am Austritt dieser Schicht als fließende Quelle aus einem Hügel bricht. Aber solche Fälle sind zweifellos zu selten, als dass sie eine häufige oder wichtige Ausnahme vom allgemeinen Gesetz darstellen könnten, denn nur unter sehr seltenen Umständen läuft Regenwasser über die Oberfläche des Waldbodens ab, anstatt darin zu versinken, und das ist nur sehr selten der Fall dass ein solcher Boden, wie er gerade angenommen wurde, von einer Schicht pflanzlicher Erde bedeckt ist, die dick genug ist, um den gesamten Regen, der darauf fällt, bis zu seiner Verdunstung zurückzuhalten, ohne den darunter liegenden Schichten Wasser zuzuführen.

Wenn wir den diskutierten Punkt als eine reine Tatsachenfrage betrachten, die durch positive Beweise und nicht durch Argumente zu klären ist, dann sind die Beobachtungen von Boussingault sowohl in Bezug auf die Umstände, die sie detailliert beschreiben, als auch in Bezug auf das Gewicht der Autorität, die dem zugrunde liegt, zutreffend Zeugenaussage, eine der wichtigsten, die jemals aufgezeichnet wurde. Sie sind im vierten Abschnitt des zwanzigsten Kapitels der *Économie Rurale dieses Autors enthalten* , und ich habe sie bereits auf Seite 191 aus einem anderen Grund erwähnt. Das Interesse an der Frage wird es mir rechtfertigen, in Boussingaults eigenen Worten die Fakten und einige der Bemerkungen anzugeben, mit denen er die Einzelheiten dazu begleitet: „An vielen Orten", bemerkt er, [196] „hat man gedacht ، dass Innerhalb einer bestimmten Anzahl von Jahren wurde eine spürbare Verringerung des Wasservolumens von Bächen festgestellt, die als Antriebskraft genutzt wurden; an anderen Stellen gibt es Grund zu der Annahme, dass Flüsse flacher geworden sind und die Breite des Gürtels zugenommen hat Kieselsteine entlang ihrer Ufer scheinen den Verlust eines Teils ihres Wassers zu beweisen, und schließlich sind reichlich vorhandene Quellen fast ausgetrocknet. Diese Beobachtungen wurden hauptsächlich in Tälern gemacht, die von hohen Bergen begrenzt sind, und man glaubt, dass dies auch bemerkt wurde Der Rückgang des Wassers folgte unmittelbar auf die Epoche, in der die Bewohner begannen, die Wälder, die sich über die Landfläche erstreckten, schonungslos zu zerstören.

„Diese Tatsachen würden darauf hindeuten, dass es dort, wo Rodungen vorgenommen wurden, weniger regnet als früher, und das ist die allgemein verbreitete Meinung , dass seit der Rodung der Berge die Flüsse und Wildbäche, die einen Teil ihres Wassers verloren zu haben schienen, manchmal plötzlich anschwellen, und das gelegentlich in einem Ausmaß, das große Katastrophen verursacht. Außerdem, nach heftigen Stürmen , Es wurde beobachtet, dass Quellen, die fast erschöpft waren, mit Ungestüm hervorbrachen und bald darauf wieder versiegten. Diese letzteren Beobachtungen warnen uns, wie man sich leicht vorstellen kann, davor, vorschnell der allgemeinen Meinung zuzustimmen, dass die Abholzung der Wälder die Wasserkraft verringert Regenmenge; denn es ist nicht nur sehr gut möglich, dass sich die Regenmenge nicht verändert hat, sondern auch die durchschnittliche Menge an fließendem Wasser könnte gleich geblieben sein, trotz des Auftretens von Dürre, die die Flüsse und Quellen zu bestimmten Zeiten hervorriefen des Jahres. Der einzige Unterschied wäre vielleicht, dass der Fluss der gleichen Wassermenge infolge der Rodung unregelmäßiger wird. Wenn zum Beispiel das Niedrigwasser der Rhone während eines Teils des Jahres genau durch eine ausreichende Anzahl von Überschwemmungen ausgeglichen würde, würde daraus folgen, dass dieser Fluss die gleiche Wassermenge ins Mittelmeer befördern würde, die er in der Antike in dieses Meer beförderte Zeiten, vor der Zeit, als die Länder in der Nähe seiner Quelle ihrer Wälder beraubt wurden und als seine mittlere Tiefe wahrscheinlich nicht so großen Schwankungen unterlag wie in unseren Tagen. Wenn dem so wäre, hätten die Wälder diesen Wert – nämlich den, die Ableitung des Regenwassers zu regulieren, in gewisser Weise zu sparen.

„Wenn fließende Bäche mit zunehmender Rodung wirklich seltener werden, folgt daraus entweder, dass der Regen weniger reichlich ausfällt, oder dass die Verdunstung durch eine Oberfläche, die nicht mehr durch Bäume vor den Strahlen der Sonne und des Windes geschützt ist, stark begünstigt wird. Diese beiden Ursachen, die in die gleiche Richtung wirken, müssen in ihren Wirkungen oft kumulativ sein, und bevor wir versuchen, den Wert jeder einzelnen festzulegen, ist es angebracht zu untersuchen, ob es eine erwiesene Tatsache ist, dass fließende Gewässer auf der Oberfläche eines Landes abnehmen in dem umfangreiche Rodungen stattfinden; mit einem Wort, es geht darum zu prüfen, ob eine scheinbare Tatsache nicht mit einer realen verwechselt wurde. Und hier liegt der praktische Sinn der Frage, denn wenn einmal festgestellt wird, dass die Rodung das Volumen der Ströme verringert Es ist weniger wichtig zu wissen, auf welche besondere Ursache dieser Effekt zurückzuführen ist die Atmosphäre, die ich einzuschätzen vorschlage. Was ich im Folgenden näher erläutern werde, wurde insbesondere in Amerika beobachtet, aber ich werde versuchen festzustellen, dass das, was ich für Amerika halte, auch für jeden anderen Kontinent gelten würde.

„Einer der interessantesten Teile Venezuelas ist zweifellos das Aragua-Tal. Es liegt nicht weit von der Küste entfernt und ist von seiner Höhe her mit unterschiedlichen Klimazonen und einem Boden von beispielloser Fruchtbarkeit ausgestattet, so dass hier sofort Landwirtschaft betrieben wird Die Kulturpflanzen eignen sich für tropische Regionen und für Europa. Weizen gedeiht gut auf den Höhen von Victoria. Das Tal ist im Norden durch die Küstenkette, im Süden durch ein mit den Llanos verbundenes Gebirgssystem begrenzt und im Osten geschlossen im Westen durch Hügelketten, die ihn vollständig abschließen. Infolge dieser einzigartigen Konfiguration bilden die in ihm entspringenden Flüsse, die keinen Abfluss in den Ozean haben, durch ihre Vereinigung den wunderschönen Tacarigua- oder Valencia-See. Dieser See dementsprechend Laut Humboldt ist es größer als das von Neufchâtel; es liegt auf einer Höhe von 439 Metern [= 1.460 englische Fuß] über dem Meer und seine größte Länge überschreitet nicht zweieinhalb Meilen [= sieben englische Meilen].

„Zur Zeit von Humboldts Besuch im Aragua-Tal waren die Bewohner beeindruckt von der allmählichen Verminderung, die der See seit dreißig

Jahren erlebt hatte. Tatsächlich verglichen sie die Beschreibungen der Historiker mit seinem tatsächlichen Zustand und berücksichtigten dabei sogar große Berücksichtigung Bei Übertreibung war leicht zu erkennen, dass das Niveau erheblich gesenkt wurde. Die Fakten sprachen für sich. Oviedo, der gegen Ende des 16. Jahrhunderts oft das Tal von Aragua durchquert hatte, sagt positiv, dass Neu-Valencia im Jahr gegründet wurde 1555, eine halbe Meile vom Tacarigua-See entfernt; im Jahr 1800 fand Humboldt diese Stadt 5.260 Meter [= 3 ⅓ englische Meilen] vom Ufer entfernt.

„Der Anblick des Bodens lieferte neue Beweise. Viele Hügel in der Ebene behalten den Namen Inseln, den sie zu Recht trugen, wenn sie von Wasser umgeben waren. Der durch den Rückzug des Sees freigelegte Boden wurde in bewundernswerte Baumwollplantagen umgewandelt, Bananen und Zuckerrohr; und in der Nähe des Sees errichtete Gebäude zeigten, dass das Wasser von Jahr zu Jahr sank. Im Jahr 1796 tauchten neue Inseln auf. Ein wichtiger militärischer Punkt, eine 1740 erbaute Festung auf der Insel Cabrera, war jetzt auf einer Halbinsel; und schließlich auf zwei Granitinseln, denen von Cura und Cabo Blanco, beobachtete Humboldt zwischen den Sträuchern, einige Meter über dem Wasser, feinen Sand voller Helizite.

„Diese klaren und positiven Fakten legten zahlreiche Erklärungen nahe, die alle einen unterirdischen Abfluss vermuteten, der die Ableitung des Wassers in den Ozean ermöglichte. Humboldt verwarf diese Hypothesen, und nach einer sorgfältigen Untersuchung des Ortes zögerte der angesehene Reisende nicht, dies zu tun." führen die Verringerung des Wassers des Sees auf die zahlreichen Lichtungen zurück, die innerhalb eines halben Jahrhunderts im Tal von Aragua vorgenommen wurden. * * *

„Im Jahr 1800 war das Tal von Aragua so dicht bevölkert wie jeder der bevölkerungsreichsten Teile Frankreichs. * * * Das war der wohlhabende Zustand dieses schönen Landes, als Humboldt die Hacienda de Cura besetzte.

„Zweiundzwanzig Jahre später erkundete ich das Tal von Aragua und richtete meinen Wohnsitz in der kleinen Stadt Maracay ein. Einige Jahre zuvor hatten die Einwohner beobachtet, dass das Wasser des Sees nicht mehr zurückging, sondern im Gegenteil, stiegen merklich an. Gebiete, die kurz zuvor von Plantagen besetzt waren, wurden überschwemmt. Die Inseln Nuevas Aparecidas, die 1796 über der Oberfläche auftauchten, waren erneut zu Untiefen geworden, die für die Schifffahrt gefährlich waren. Cabrera, eine Landzunge auf der Nordseite des Das Tal war so eng, dass der geringste Anstieg des Wassers es vollständig überschwemmte. Ein anhaltender Nordwind reichte aus, um die Straße zwischen Maracay und Neu-Valencia zu überfluten. Die Ängste, die die Küstenbewohner so lange gehegt hatten, kehrten sich um. * * * Jene Wer die Verkleinerung des Sees mit der Annahme unterirdischer Kanäle erklärt hatte, wurde verdächtigt, diese zu verstopfen, um sich im Recht zu beweisen.

„In den vergangenen zweiundzwanzig Jahren ereigneten sich wichtige politische Ereignisse. Venezuela gehörte nicht mehr zu Spanien. Das friedliche Tal von Aragua war Schauplatz blutiger Kämpfe gewesen, und ein Vernichtungskrieg hatte diese lächelnden Länder verwüstet und dezimiert Bevölkerung. Beim ersten Ausruf der Unabhängigkeit erlangte eine große Zahl von Sklaven ihre Freiheit, indem sie sich unter den Bannern der neuen Republik meldeten; die großen Plantagen wurden aufgegeben, und der Wald, der in den Tropen so schnell vordringt, hatte bald einen großen Teil wiederhergestellt des Bodens, den der Mensch ihm durch mehr als ein Jahrhundert ständiger und mühsamer Arbeit entrissen hatte.

„Zur Zeit des wachsenden Wohlstands des Aragua-Tals wurden die Hauptzuflüsse des Sees umgeleitet, um zur Bewässerung zu dienen, und die Flüsse waren mehr als sechs Monate im Jahr trocken. Zum Zeitpunkt meines Besuchs waren ihre Wasser, das nicht mehr genutzt wurde, floss frei.“

Boussingault führt weiter aus, dass zwei Seen in der Nähe von Ubate in Neu-Granada auf einer Höhe von 2.562 Metern (= 8.500 englische Fuß) eine konstante Temperatur von 14° bis 16° Celsius [= 57°, 61° Fahrenheit] hatten erst ein Jahrhundert vor seinem Besuch gegründet; dass das Wasser allmählich zurückging und die Plantagen sich über das verlassene Bett erstreckten; dass er durch Nachforschungen bei alten Jägern und durch Prüfung der Kirchenbücher herausfand, dass umfangreiche Rodungen durchgeführt worden waren und noch im Gange waren.

Er fand auch heraus, dass die Länge des Sees von Fuquené im selben Tal innerhalb von zwei Jahrhunderten von zehn Meilen auf eineinhalb und seine Breite von drei Meilen auf eine verringert worden war. In der früheren Zeit gab es reichlich Holz, und die benachbarten Berge waren bis zu einer gewissen Höhe mit amerikanischen Eichen, Lorbeerbäumen und anderen Bäumen einheimischer Arten bedeckt. aber zum Zeitpunkt seines Besuchs waren die Berge fast vollständig von ihrem Holz befreit worden, hauptsächlich um den Brennstoff für die Salinen zu liefern. Unser Autor fügt hinzu, dass andere Fälle angeführt werden könnten, die den bereits beschriebenen ähneln, und er zeigt anhand mehrerer Beispiele, dass das Wasser anderer Seen in denselben Regionen, in denen die Täler immer kahl waren oder wo Die Wälder waren nicht gestört worden und hatten keine Höhenveränderung erfahren.

Boussingault behauptet weiter, dass die Seen der Schweiz seit der allzu weit verbreiteten Waldzerstörung einen Pegelabfall erlitten haben, und kommt zu dem allgemeinen Schluss, dass „in Ländern, in denen große Rodungen vorgenommen wurden, höchstwahrscheinlich ein Rückgang des

Wasserspiegels stattgefunden hat." die lebendigen Wasser, die auf der Oberfläche der Erde fließen." Diese Schlussfolgerung untermauert er weiter durch zwei Beispiele: eines, wo eine schöne Quelle am Fuße eines bewaldeten Berges auf der Insel Ascension versiegte, als der Berg gerodet wurde, aber wieder zum Vorschein kam, als der Wald neu gepflanzt wurde; der andere in Marmato in der Provinz Popayan, wo die zum Antrieb von Maschinen genutzten Bäche innerhalb von zwei Jahren nach der Rodung der Höhen, aus denen sie ihre Vorräte bezogen, stark an Volumen verloren hatten. Letzteres ist ein interessanter Fall, denn obwohl die Niederschlagsmesser, die aufgestellt wurden, sobald der Rückgang des Wassers Alarm zu erregen begann, im zweiten Beobachtungsjahr einen stärkeren Regenfall als im ersten anzeigten, gab es doch keinen nennenswerten Anstieg der Fluss der Mühlenbäche. Aus diesen Fällen schließt der angesehene Physiker, dass sehr begrenzte örtliche Lichtungen Quellen und Bäche vermindern oder sogar unterdrücken können, ohne dass sich die Gesamtregenmenge verringert.

Es wird bemerkt worden sein, dass diese Beobachtungen, mit Ausnahme der letzten beiden Fälle, nicht direkt mit der Frage der Verminderung von Quellen durch Lichtungen zu tun haben, sondern dass sie diese logischerweise aus dem Absinken der natürlichen Reservoirs ableiten, die einmal mit Quellen gefüllt sind. An positiven Beweisen zu diesem Thema mangelt es jedoch nicht.

Marschand führt folgende Beispiele an: „Vor der Abholzung der Wälder sorgte die Sorne in den letzten Jahren im Tal der Soulce, im Combe-ès-Mounin und im Kleinen Tal für eine regelmäßige und ausreichende Wasserversorgung Das Eisenwerk von Unterwyl blieb von Dürre oder heftigen Regenfällen nahezu verschont. Die Sorne ist mittlerweile zu einem Wildbach geworden, jeder Schauer führt zu einer Überschwemmung, und nach ein paar Tagen schönen Wetters sinkt die Strömung so stark, dass es nötig war die Wasserräder auszutauschen, da die der alten Konstruktion nicht mehr in der Lage sind, die Maschinen anzutreiben, und schließlich eine Dampfmaschine einzuführen, um zu verhindern, dass die Arbeiten wegen Wassermangels eingestellt werden.

„Als die Fabrik von St. Ursanne gegründet wurde, war der Fluss, der ihre Energie lieferte, reichlich vorhanden, seit langem bekannt und erprobt und hatte seit jeher für die Maschinen einer früheren Fabrik ausgereicht. Danach wurden die Wälder in der Nähe seiner Quellen abgeholzt Die Wasserversorgung fiel daraufhin aus, die Fabrik brauchte ein halbes Jahr lang Wasser und musste schließlich ganz aufhören.

„Die Quelle von Combefoulat in der Gemeinde Seleate war als eine der besten des Landes bekannt; sie war bemerkenswert reichlich und reichte trotz der schlimmsten Dürreperioden aus, um alle Brunnen der Stadt zu versorgen;

aber wie Sobald in Combe-de-pré Martin und im Tal von Combefoulat beträchtliche Wälder abgeholzt wurden, ist die berühmte Quelle, die unter diesen Wäldern liegt, zu einem bloßen Wasserstrahl geworden und verschwindet in Zeiten der Dürre ganz.

„Die Quelle von Varieux, die früher das Schloss von Pruntrut versorgte, verlor nach der Rodung von Varieux und Rongeoles mehr als die Hälfte ihres Wassers. Diese Wälder wurden neu bepflanzt, die jungen Bäume wachsen gut, und mit den Wäldern wächst auch das Wasser der Frühling nehmen zu.

„Die Hundequelle zwischen Pruntrut und Bressancourt ist vollständig verschwunden, seit die umliegenden Waldgebiete kultiviert wurden.

„Die Wolfsquelle in der Gemeinde Soubey ist ein bemerkenswertes Beispiel für den Einfluss des Waldes auf Brunnen. Vor einigen Jahren existierte diese Quelle noch nicht. An der Stelle, wo sie jetzt entspringt, wurde später ein kleiner Wasserstrahl beobachtet Es regnete sehr lange, aber der Bach verschwand mit dem Regen. Der Platz liegt mitten auf einer sehr steilen Weide, die nach Süden abfällt. Vor achtzig Jahren bemerkte der Besitzer des Landes, dass im oberen Teil junge Tannen in die Höhe schossen Sie beschlossen, sie wachsen zu lassen, und sie bildeten bald einen blühenden Hain. Sobald sie gut gewachsen waren, erschien an der Stelle des gelegentlichen Baches eine schöne Quelle und lieferte reichlich Wasser in den längsten Dürreperioden. Vierzig oder fünfzig Jahre lang Diese Quelle galt als die beste im Clos du Doubs. Vor ein paar Jahren wurde der Hain abgeholzt und der Boden wieder in eine Weide umgewandelt. Die Quelle verschwand mit dem Wald und ist jetzt genauso trocken wie vor neunzig Jahren. " [197]

„Der Einfluss des Waldes auf Quellen", sagt Hummel, „zeigt sich eindrucksvoll an einem Beispiel in Heilbronn. Die Wälder auf den Hügeln rund um die Stadt werden alle zwanzig Jahre in regelmäßiger Folge abgeholzt Quellen geben weniger Wasser, manche sogar gar keins; aber wenn das junge Wachstum in die Höhe schießt, sprudeln sie nun immer freier und sprudeln schließlich wieder in ihrer ganzen ursprünglichen Fülle. [198]

Piper gibt den folgenden Fall an: „Ungefähr eine halbe Meile von meinem Wohnsitz entfernt gibt es einen Teich, auf dem schon seit langer Zeit Mühlen standen, die, glaube ich, auf die erste Besiedlung der Stadt zurückgehen. Diese wurden konstant gehalten." Betrieb, bis innerhalb von etwa zwanzig oder dreißig Jahren die Wasserversorgung zu versagen begann. Der Teich verdankt seine Existenz einem Bach, der in den Hügeln entspringt, die sich einige Meilen südlich erstrecken. Innerhalb der genannten Zeit wurden diese Hügel, die waren mit einem dichten Wald bedeckt, fast vollständig von Bäumen befreit; und zum Erstaunen und Leidwesen der Mühlenbesitzer ist das Wasser im Teich ausgefallen, außer in der Frischzeitzeit; und, was noch nie zuvor gehört wurde, Der Bach selbst war völlig trocken. In den letzten zehn Jahren ist auf dem größten Teil des Landes, das früher vom alten Wald eingenommen wurde, ein neuer Waldwuchs entstanden, und jetzt fließt das Wasser das ganze Jahr über, ungeachtet der großen Dürreperioden der letzten paar Jahre Jahre, beginnend mit dem Jahr 1856.

Dr. Piper zitiert aus einem Brief von William C. Bryant die folgenden Bemerkungen: „Es ist eine allgemeine Beobachtung, dass unsere Sommer trockener und unsere Bäche kleiner werden. Nehmen Sie den Cuyahoga als Beispiel. Vor fünfzig Jahren fuhren große, mit Gütern beladene Lastkähne den Fluss hinauf und hinunter, und eines der Schiffe, die an der Schlacht am Eriesee beteiligt waren, in der der tapfere Perry siegreich war, wurde in Old Portage, sechs Meilen nördlich von Albion, gebaut und schwamm zum See hinab Bei normalem Wasserstand kann ein Kanu oder Kahn den Bach kaum hinabfahren. Viele Boote mit einer Last von fünfzig Tonnen wurden in den Tuscarawas in New Portage gebaut und beladen und fuhren nach New Orleans, ohne Masse zu zerstören. Jetzt der Fluss In New Portage gibt es kaum Wasser für den Kanal. Das Gleiche gilt auch für andere Bäche – sie trocknen aus. Und aus derselben Ursache – der Zerstörung unserer Wälder – werden unsere Sommer trockener und unsere Winter kälter. " [199]

Kein Beobachter hat den Einfluss des Waldes auf den Wasserfluss sorgfältiger untersucht oder die festgestellten Phänomene besser begründet als Cantegril. Die im folgenden Fall dargelegten Fakten, die er den *Ami des Sciences* für Dezember 1859 mitgeteilt hat, sind so schlüssig, wie es ein einzelner Fall nur sein kann:

„Auf dem Gebiet der Gemeinde Labruguière gibt es einen Wald von 1.834 Hektar [4.530 Acres], der unter dem Namen Wald von Montaut bekannt ist und zu dieser Gemeinde gehört. Er erstreckt sich entlang des Nordhangs der Black Mountains. Der Der Boden besteht aus Granit, die maximale Höhe beträgt 1.243 Meter [4.140 Fuß] und die Neigung liegt zwischen 15 und 60 bis 100.

„Ein kleiner Wasserstrom, der Bach Caunan, entspringt in diesem Wald und nimmt das Wasser von zwei Dritteln seiner Oberfläche auf. Am unteren Ende des Waldes und am Bach befinden sich mehrere Fulleren, die jeweils eine Kraft erfordern acht Pferdestärken, um die Wasserräder anzutreiben, die die Stampfer antreiben. Die Gemeinde Labruguière war lange Zeit für ihren Widerstand gegen die Forstgesetze bekannt. Übertretungen und Missbräuche des Weiderechts hatten den Wald in eine riesige Wüste verwandelt dass dieses riesige Grundstück nun kaum noch ausreichte, um die Kosten für seinen Schutz zu decken und die Bewohner mit einem dürftigen Vorrat an Brennstoff zu versorgen. Während der Wald auf diese Weise zerstört und der Boden auf diese Weise entblößt war, machte das Wasser nach jedem reichlichen Regen einen Schaden Ein Ausbruch ins Tal brachte eine große Menge Kieselsteine herab, die noch immer die Strömung des Caunan verstopfen. Die Gewalt der Überschwemmungen war manchmal so groß, dass sie gezwungen waren, die Maschinerie für einige Zeit anzuhalten. Während des Sommers kam es zu einer weiteren Unannehmlichkeit. Wenn die Trockenheit etwas länger anhielt als üblich, wurde die Wasserlieferung unbedeutend. In jeder Weberei konnte größtenteils nur ein einziger Stempelsatz eingesetzt werden, und es war nicht ungewöhnlich, dass die Arbeit völlig eingestellt wurde.

„Nach 1840 gelang es der Stadtverwaltung, die Bevölkerung über ihre wahren Interessen aufzuklären. Geschützt durch eine aufmerksamere Aufsicht und unterstützt durch eine gut durchgeführte Neubepflanzung hat sich der Wald bis heute weiter verbessert. Im Verhältnis zur Wiederherstellung des Waldes Wald, der Zustand der Manufakturen ist immer weniger prekär geworden und die Wirkung des Wassers hat sich völlig verändert. Es gibt beispielsweise keine plötzlichen und heftigen Überschwemmungen mehr, die einen Stillstand der Maschinen erforderlich machen. Es gibt keine Steigerung in der Lieferung bis sechs oder acht Stunden nach Beginn des Regens; die Überschwemmungen folgen einem regelmäßigen Verlauf, bis sie ihr Maximum erreichen, und nehmen in gleicher Weise ab. Schließlich sind die Fulleries nicht mehr gezwungen, die Arbeit im Sommer einzustellen; das Wasser ist immer ausreichend vorhanden, um den Einsatz von mindestens zwei Stempelsätzen, oft sogar von drei, zu ermöglichen.

„Dieses Beispiel ist in dieser Hinsicht bemerkenswert, da alle anderen Umstände gleich geblieben sind und die Veränderungen in der Wirkung des Baches nur auf die Wiederherstellung des Waldes zurückgeführt werden können – Veränderungen, die man so zusammenfassen kann: Verringerung des Hochwassers.“ bei Regen – Erhöhung der Lieferung zu anderen Jahreszeiten.“

Der Wald im Winter.

Um die Bedeutung des Waldes als natürlicher Apparat zur Ansammlung des Wassers, das auf die Oberfläche fällt, und zur Weiterleitung an die darunter liegenden Schichten richtig einzuschätzen, müssen wir den Zustand und die Eigenschaften seines Bodens mit denen von gerodeter und kultivierter Erde vergleichen und untersuchen folglich unterschiedliche Wirkung dieser Böden zu verschiedenen Jahreszeiten. Der Unterschied zwischen ihnen ist in Klimazonen am größten, in denen, wie in den nordamerikanischen Staaten und im Norden Europas, der offene Boden während eines beträchtlichen Teils des Winters gefriert und wasserundurchlässig bleibt; Doch selbst in Klimazonen, in denen die Erde überhaupt nicht gefriert, haben die Wälder immer noch einen wichtigen Einfluss derselben Art. In Ländern mit regelmäßigen Regen- und Trockenzeiten ist der Unterschied noch größer, da es in der ersten Periode sehr häufig regnet, in der zweiten jedoch kaum. Diese Länder liegen hauptsächlich in oder in der Nähe der Tropen, in höheren Breiten mangelt es ihnen jedoch nicht; denn ein großer Teil des asiatischen und sogar europäischen Teils der Türkei ist fast vollständig von Sommerregen ausgeschlossen. In den Hauptregionen, in denen der europäische Anbau stattfindet und in denen allein die in diesem Band behandelten Fragen gegenwärtig von praktischer Bedeutung sind, fällt zu allen Jahreszeiten Regen, und in diesen Regionen ist es auch in diesem Punkt der Fall Bei anderen beschränke ich hauptsächlich meine Aufmerksamkeit.

Der Einfluss des Waldes auf die Gewässer der Erde wurde in Frankreich besser untersucht als in jedem anderen Teil der zivilisierten Welt, da dieses Land in jüngster Zeit am stärksten unter der Zerstörung der Wälder gelitten hat. Aber in den südlichen Provinzen dieses Reiches, wo die aus dieser Ursache resultierenden Übel am deutlichsten zu spüren sind, sind die Winter nicht von viel Frost begleitet, während die Winter in Nordeuropa streng genug sind, um den Boden bis in die Tiefe zu gefrieren Einige Zentimeter oder sogar Fuß, eine feuchte Atmosphäre und häufige Sommerregen verhindern das in südlichen Breiten beobachtete Austrocknen der Quellen, wenn die Wälder verschwunden sind. Aus diesen Gründen hat der spezifische Charakter des Waldes als winterlicher Feuchtigkeitsspeicher in Ländern mit kalter und trockener Atmosphäre in Frankreich und Nordeuropa nicht so viel Aufmerksamkeit erregt, wie er in den Vereinigten Staaten, wo ein übermäßiges Klima herrscht, verdient diese Funktion des Waldes wichtiger.

So unregelmäßig das Klima in Neuengland auch ist, fällt der erste Herbstschnee normalerweise, bevor der Boden überhaupt gefroren ist, oder wenn der Frost höchstens bis zu einer Tiefe von nur wenigen Zentimetern reicht. In den Wäldern, besonders denen, die auf den erhöhten Bergrücken liegen, die für die natürliche Bewässerung des Bodens sorgen und die immerwährenden Quellen und Bäche speisen, bleibt der Boden im Winter mit Schnee bedeckt; denn die Bäume schützen den Schnee davor, von der allgemeinen Oberfläche in die Senken zu wehen, und neue Zuwächse werden aufgenommen, bevor die beim ersten Fall abgelagerte Decke geschmolzen ist. Schnee hat eine für Strahlung ungünstige Farbe, aber selbst wenn er von beträchtlicher Dicke ist, ist er für die Sonnenstrahlen nicht völlig undurchlässig, und aus diesem Grund sowie vor der Wärme tieferer Schichten ist die gefrorene Kruste Wenn sich ein solcher gebildet hat, taut er bald wieder auf und fällt im Winter nicht wieder unter den Gefrierpunkt.

Der mit der Erde in Kontakt stehende Schnee beginnt nun je nach der relativen Temperatur von Erde und Luft mehr oder weniger schnell zu schmelzen, während das bei seiner Auflösung entstehende Wasser vom pflanzlichen Schimmel aufgesaugt und so durch Infiltration abtransportiert wird Schnell, dass sowohl der Schnee als auch die mit ihm in Kontakt stehenden Blattschichten oft vergleichsweise trocken erscheinen, während sich die Unterseite des ersteren in Wirklichkeit in einem Zustand ständigen Tauwetters befindet. Zweifellos wird ein gewisser Teil des Schnees durch direkte Verdunstung in die Atmosphäre zurückgeführt, aber in den Wäldern ist er teilweise vor der Einwirkung der Sonne geschützt, und da im Winter, außer in seltenen Fällen, nur sehr wenig Wasser über oberflächliche Wasserläufe abfließt Bei plötzlichem Tauwetter besteht kein Zweifel daran, dass der weitaus größte Teil des im Wald abgelagerten Schnees langsam geschmolzen und von der Erde absorbiert wird.

Die Schneemenge, die in ausgedehnten Wäldern fernab des offenen Landes fällt, wurde selten durch direkte Beobachtung ermittelt, da es in solchen Situationen nur wenige Wetterstationen gibt. In den nordöstlichen Grenzstaaten der Amerikanischen Union ist der Boden in den tiefen Wäldern vier bis fünf Monate lang mit Schnee bedeckt, und der Anteil des Wassers, das als Schnee fällt, übersteigt nicht ein Fünftel des gesamten Jahresniederschlags. [200] Obwohl auf offenem Gelände Schnee und Eis bei klarem Wetter sehr schnell verdunsten, selbst wenn das Thermometer weit unter dem Gefrierpunkt steht, zeigt die Schneeoberfläche in den Wäldern keinen großen Verlust auf diese Weise an. Sehr kleine Schneeflockenablagerungen bleiben viele Tage lang unverdunstet im Wald, nachdem der Schnee, der gleichzeitig auf dem gerodeten Feld gefallen ist, verschwunden ist, ohne dass Tauwetter ihn zum Schmelzen bringt oder ein Wind stark genug ist, um ihn wegzutreiben. Selbst wenn die Bäume eines Waldes ihre Blätter entblößt haben, behindern sie in erheblichem Maße sowohl die direkte Einwirkung der Sonnenstrahlen auf den Schnee als auch die Bewegung trocknender und auftauender Winde.

Dr. Piper zeichnet die folgenden Beobachtungen auf: „Eine Schneemasse von einem Fuß Tiefe und einer Fläche von sechzehn Fuß im Quadrat wurde durch einen dichten Bretterzaun von etwa fünf Fuß Höhe vor dem Wind geschützt, während eine andere Schneemasse viel besser vor dem Wind geschützt war Die Sonne war größer als die erste, sechs Fuß tief und etwa sechzehn Fuß im Quadrat, und war vollständig dem Wind ausgesetzt. Als das Tauwetter einsetzte, das etwa zwei Wochen dauerte, löste sich die größere Schneemasse in weniger als einer Woche vollständig auf Der kleinere Körper war am Ende der zweiten Woche noch nicht vollständig verschwunden.

„Gleiche Mengen Schnee wurden in Gefäße gleicher Art und Kapazität gelegt, wobei die Lufttemperatur siebzig Grad betrug. In dem einen Fall wurde ein konstanter Luftstrom über das offene Gefäß geführt, während das andere durch ein geschütztes Gefäß geschützt war Der Schnee im ersten Fall löste sich in 16 Minuten auf, während im zweiten nach fünfundachtzig Minuten nur noch ein kleiner, nicht aufgetauter Anteil übrig blieb. [201]

Der Schnee im Wald wird auf die gleiche Weise geschützt, wenn auch nicht buchstäblich im gleichen Ausmaß wie in einem dieser Fälle durch den Zaun und im anderen Fall durch die Abdeckung. Daher geht nur wenig Winterniederschlag durch Verdunstung verloren, und da er am Boden langsam schmilzt, wird er von der Erde absorbiert, und nur eine sehr kleine Menge Wasser läuft von der Oberfläche ab. Die immense Bedeutung des Waldes als Speicher dieses Feuchtigkeitsvorrats wird deutlich, wenn man bedenkt, dass ein großer Teil des Sommerregens entweder in die Täler und Flüsse fließt, weil er schneller fällt, als der Boden ihn aufnehmen kann; oder wenn es von den warmen Oberflächenschichten absorbiert wird, verdunstet es aus ihnen, ohne tief genug abzusinken, um Brunnen und Quellen zu erreichen, deren gesamte Versorgung natürlich stark von Winterregen und Schnee abhängt. Obwohl diese Beobachtung besonders auf gerodete und kultivierte Böden zutrifft, ist sie nicht völlig unanwendbar auf den Wald, insbesondere wenn, wie es in Europa allzu oft der Fall ist, das Unterholz und die verrottenden Blätter entfernt werden.

Die allgemeine Wirkung des Waldes in kalten Klimazonen besteht darin, den Winterzustand des Bodens an den von Waldregionen mit weicherem Himmel anzupassen; und es ist ein bemerkenswerter Umstand, dass in Südeuropa, wo die Natur der Erde ein warmes Wintergewand aus flockigem Schnee verweigert hat, sie durch einen jener Ausgleiche, an denen ihr Reich so reich ist, die Hügel damit bekleidet hat Schirmkiefern, Steineichen, Korkeichen und andere Bäume mit hartnäckigem Laub, deren immergrüne Blätter dem Boden einen Schutz bieten, der dem Schutz entspricht, den er in nördlicheren Klimazonen durch Schnee erhält.

Das im Winter vom Boden aufgenommene Wasser sinkt, bis es auf eine mehr oder weniger undurchlässige oder gesättigte Schicht trifft, und findet dann über unsichtbare Kanäle langsam seinen Weg zu den Quellkanälen oder sickert in Tropfen aus dem Boden, die sich vereinen in Bächen, und so wird alles in die größeren Bäche und von diesen schließlich ins Meer geleitet. Das Wasser nimmt beim Durchsickern durch die pflanzlichen und mineralischen Schichten deren Temperatur an und wird durch ihre Wirkung chemisch beeinflusst, aber es trägt nur sehr wenig Materie in mechanischer Schwebe.

Der von mir beschriebene Prozess ist ein langsamer, und die Zufuhr von Feuchtigkeit aus dem Schnee, verstärkt durch die Regenfälle der folgenden

Jahreszeiten, hält den Waldboden, dessen Oberfläche eben oder nur mäßig geneigt ist, durchgehend in einem Zustand der Sättigung fast das ganze Jahr. Die von Quellen gespeisten und von Wäldern beschatteten Flüsse sind in ihrem Volumen, ihrer Temperatur und ihrer chemischen Zusammensetzung vergleichsweise gleichmäßig. Ihre Ufer sind kaum abgenutzt, und ihr Verlauf wird auch nicht stark durch umgestürztes Holz oder durch vom Hochland heruntergeschwemmte Erde und Kies behindert. Ihre Kanäle unterliegen nur langsamen und allmählichen Veränderungen, und sie befördern keine Anhäufungen von Sand oder Schlick in die Seen und ins Meer, um ihre Auslässe zu füllen und sie durch die Anhebung ihrer Schichten zu zwingen, sich über die nahe gelegenen Tiefebenen auszubreiten ihr Mund. [202]

In diesem Zustand der Dinge werden destruktive Tendenzen aller Art aufgehalten oder kompensiert, und Bäume, Vögel, Tiere und Fische finden gleichermaßen eine konstante Gleichmäßigkeit des Zustands vor, die für das regelmäßige und harmonische Zusammenleben aller von ihnen am günstigsten ist.

Allgemeine Folgen der Waldzerstörung.

Mit dem Verschwinden des Waldes ändert sich alles. Zu einer Jahreszeit gibt die Erde ihre Wärme durch Strahlung an den offenen Himmel ab, zu einer anderen empfängt sie übermäßige Wärme durch die ungehinderten Sonnenstrahlen. Daher wird das Klima übermäßig, und der Boden wird abwechselnd durch die Hitze des Sommers ausgedörrt und durch die Härten des Winters versengt. Kalte Winde fegen widerstandslos über seine Oberfläche, treiben den Schnee weg, der ihn vor dem Frost schützte, und trocknen seine spärliche Feuchtigkeit aus. Der Niederschlag wird so regelmäßig wie die Temperatur; Der schmelzende Schnee und der Frühlingsregen, der nicht mehr von einem lockeren und saugfähigen pflanzlichen Schimmel absorbiert wird, strömen über die gefrorene Oberfläche und ergießen sich die Täler hinab zum Meer, anstatt ein zurückhaltendes Bett aus saugfähiger Erde zu füllen und einen Vorrat an Feuchtigkeit für die Nahrungsaufnahme zu speichern mehrjährige Quellen. Der Boden wird seiner Laubdecke entblößt, vom Pflug aufgebrochen und gelockert, von den faserigen Wurzeln beraubt, die ihn zusammenhalten, von Sonne und Wind getrocknet und pulverisiert und schließlich durch neue Kombinationen erschöpft. Die Oberfläche der Erde ist kein Schwamm mehr, sondern ein Staubhaufen, und die Fluten, die die Wasser des Himmels über sie ergießen, strömen schnell an ihren Hängen entlang und tragen in der Schwebe große Mengen erdiger Partikel mit sich, die die Schleifkraft und die mechanische Kraft erhöhen der Strömung und, verstärkt durch den Sand und Kies fallender Ufer, füllen die Bachbetten, leiten sie in neue Kanäle um und verstopfen ihre Abflüsse. Die Bäche, die ihre frühere Regelmäßigkeit verloren haben und des schützenden Schattens der Wälder beraubt sind, werden erhitzt, verdunstet und dadurch in ihren sommerlichen Strömungen reduziert, schwellen aber im Herbst und Frühling zu reißenden Strömen an. Aus diesen Gründen kommt es zu einer ständigen Verschlechterung des Hochlandes und einer daraus resultierenden Anhebung der Gewässer- und Seebetten durch die Ablagerung von mineralischen und pflanzlichen Stoffen, die von den Gewässern herabgetragen werden. Die Kanäle großer Flüsse sind nicht mehr befahrbar, ihre Mündungen sind verstopft und Häfen, die einst großen Marinen Unterschlupf boten, sind von gefährlichen Sandbänken überschwemmt. Die Erde, der ihr pflanzlicher Glanz entzogen ist, wird immer weniger ertragreich und ist infolgedessen immer weniger in der Lage, sich selbst zu schützen, indem sie ein neues Netzwerk von Wurzeln webt, um ihre Partikel zusammenzubinden, einen neuen Rasenteppich, um sie vor Wind und Sonne zu schützen scheuernder Regen. Allmählich wird es völlig unfruchtbar. Das Abwaschen des Bodens aus den Bergen hinterlässt kahle Grate aus unfruchtbarem Gestein, und der reiche organische Schimmel, der sie bedeckte und jetzt in die feuchten Tiefebenen geschwemmt wurde, fördert eine üppige Wasservegetation, die Fieber und heimtückischere Formen tödlicher Krankheiten hervorruft , durch seinen Verfall, und so wird die Erde nicht mehr für die Besiedlung durch den Menschen geeignet. [203]

Von der allgemeinen Wahrheit dieses traurigen Bildes gibt es viele Ausnahmen, selbst in Ländern mit übermäßigem Klima. Einige davon sind auf günstige Bedingungen der Oberfläche, der geologischen Struktur und der Regenverteilung zurückzuführen; In vielen anderen Ländern hat man die schlimmen Folgen der Unvorsichtigkeit des Menschen noch nicht erlebt, nur weil seit der Abholzung des Waldes nicht genügend Zeit verstrichen ist, um ihnen die Entwicklung zu ermöglichen. Aber die Rache der Natur für die Verletzung ihrer Harmonien, wenn auch langsam, ist sicher, und die allmähliche Verschlechterung des Bodens und des Klimas in solch außergewöhnlichen Regionen wird ebenso sicher aus der Zerstörung der Wälder resultieren wie jede natürliche Wirkung, die ihrer Ursache folgt .

In dem riesigen Durcheinander von Grobheiten, das der Ehrgeiz des älteren Plinius nach enzyklopädischer Errungenschaft und seine bereitwillige Leichtgläubigkeit zusammengetragen haben, stoßen wir auf einige kluge Beobachtungen. Zu diesen gehört die Bemerkung, mit der er seine außergewöhnliche Aussage über die Verhinderung von Quellen durch das Wachstum von Waldbäumen begleitet, obwohl seine Philosophie, wie es bei ihm üblich ist, falsch ist. „Zerstörerische Sturzbäche entstehen im Allgemeinen, wenn Hügel von den Bäumen befreit werden, die früher den Regen eindämmten und absorbierten.“ Die Aufnahme, auf die hier Bezug genommen wird, ist nicht die des Bodens, sondern die der Wurzeln, die, wie

Plinius annahm, das Wasser aufsaugten, um das Wachstum der Bäume zu fördern.

Obwohl diese besondere schädliche Auswirkung einer zu umfassenden Rodung schon so früh erkannt wurde, scheint die Lektion bald vergessen worden zu sein. Die Gesetzgebung des Mittelalters in Europa ist voll von absurden Bestimmungen über die Wälder, die manchmal von Herrschern zerstört wurden, weil sie Rebellen und Räubern einen Rückzugsort boten, manchmal geschützt, weil sie zur Zucht von Hirschen und Wildschweinen für die Jagd notwendig waren, und manchmal wurden sie verschont die aufgeklärtere Sichtweise der Sicherung der Holz- und Brennstoffversorgung künftiger Generationen. [204] Es war späteren Zeitaltern vorbehalten, ihre geografische Bedeutung zu würdigen, und erst in jüngster Zeit, nur in wenigen europäischen Ländern, wurde die allzu allgemeine Abholzung der Wälder als die zerstörerischste unter den vielen Ursachen erkannt der physischen Verschlechterung der Erde.

Zustand des Waldes und seine Literatur in verschiedenen Ländern.

Die Waldliteratur, die in England und Amerika noch nicht so umfangreich geworden ist, dass sie als besonderer Zweig der Autorenschaft gelten könnte, zählt in Deutschland, Italien und Frankreich Tausende von Bänden. Im letztgenannten Land sind vielleicht die Beziehungen der Wälder zur regelmäßigen Entwässerung des Bodens und insbesondere zur Beständigkeit der natürlichen Konfiguration der Erdoberfläche am gründlichsten untersucht worden. Andererseits wurden in Deutschland die rein wirtschaftlichen Aspekte des Waldbaus am besten dargelegt und die Kunst am philosophischsten diskutiert und am geschicktesten und erfolgreichsten praktiziert.

Die herausragende Bedeutung italienischer theoretischer Hydrographen und das große Können italienischer Wasserbauingenieure sind allgemein bekannt, doch die spezifische geografische Bedeutung der Wälder wurde in Italien nicht so klar erkannt wie in den nördlich und westlich angrenzenden Staaten. Es ist wahr, dass das Gesicht der Natur durch den Menschen ebenso völlig verändert wurde und dass die Einwirkung von Sturzbächen in diesem Land ebenso große und hoffnungslose Verwüstungen angerichtet hat wie in Frankreich; aber im Französischen Reich ist die durch die Rodung der Wälder verursachte Verwüstung jüngeren Datums, [205] ist plötzlicher eingetreten und erregt daher ein lebhafteres und allgemeineres Interesse als in Italien, wo die öffentliche Meinung die Wirkung nicht so leicht in Zusammenhang bringt mit seiner wahren Ursache. Auch Italien verwendet aus alter Gewohnheit wenig Holz für den architektonischen Bau; Seit Generationen unterhält es keine militärische oder kommerzielle Marine, die groß genug ist, um große Mengen an Holz zu benötigen, [206] und das milde

Klima stellt nur geringe Ansprüche an die Wälder als Brennstoff. Abgesehen von diesen Umständen muss man bedenken, dass die Wissenschaften der Beobachtung erst dann zu Kenntnissen praktischer Anwendung wurden, als das Unheil im alpinen Italien bereits weitgehend angerichtet und sogar vergessen war, während seine Übel in Frankreich gerade erst spürbar zu spüren waren, als die Behauptungen aufkamen Die Naturphilosophie als liberales Studium wurde erstmals im modernen Europa anerkannt. Der frühere politische Zustand der italienischen Halbinsel hätte die Einführung eines allgemeinen Systems der Forstwirtschaft wirksam verhindert, wie wichtig auch eine kluge Verwaltung dieses großen öffentlichen Interesses gewesen sein mag. Die Wälder, die den Flussfluss kontrollierten und regulierten, befanden sich sehr oft in einem Zuständigkeitsbereich, während die Ebenen, die bewässert werden mussten oder von Überschwemmungen überschwemmt und von Sturzbächen verwüstet werden sollten, in einem anderen Zuständigkeitsbereich lagen. Ein gemeinsames Vorgehen zu einem solchen Thema zwischen einer Vielzahl neidischer kleiner Souveränitäten war offensichtlich unmöglich, und nichts als die Vereinigung aller italienischen Staaten unter einer einzigen Regierung kann die Einführung solcher Vereinbarungen zur Erhaltung und Wiederherstellung der Wälder und der Wälder praktikabel machen Regulierung des Wasserflusses, die für die vollständige Entwicklung der noch unerschöpften Ressourcen dieses schönsten aller Länder und sogar für die dauerhafte Aufrechterhaltung des gegenwärtigen Zustands seiner physischen Geographie erforderlich ist.

Die Entblößung des zentralen und südlichen Apennins sowie des italienischen Abhangs der Westalpen begann in einer Zeit unbekannten Altertums, aber sie scheint nicht zu einem sehr gefährlichen Ausmaß geführt zu haben, bis die ausländischen Eroberungen und der ausgedehnte Handel Roms ein großes Ausmaß an Bedeutung erlangten Die Nachfrage nach Holz für den Schiffsbau und für militärisches Material stieg stark an. Die Ostalpen, der Westapennin und die Seealpen behielten ihre Wälder erst viel später; Aber selbst hier führten der Mangel an Holz und die Beeinträchtigung der Ebenen und der Schifffahrt auf den Flüssen durch die von den Strömen herabgespülten Sedimente im 15. Jahrhundert durch die Republik Venedig zu einigen Gesetzen zum Schutz der Wälder das von Genua bereits mindestens im 17.; und Marschand gibt an, dass die letztgenannte Regierung Gesetze erlassen habe, die die Besitzer von Bergland dazu verpflichteten, die Wälder neu zu bepflanzen. Diese scheinen jedoch nicht wirksam durchgesetzt worden zu sein. In Italien ist es weit verbreitet, der französischen Besatzung unter dem Ersten Kaiserreich alle Verbesserungen und alle Missbräuche der letzten Zeit zuzuschreiben, je nach den politischen Sympathien des Einzelnen; und von den Franzosen heißt es oft, sie hätten jeden Wald zerstört, der innerhalb eines Jahrhunderts verschwunden sei. [207] Wie dem auch sei, nach dem Untergang des Kaiserreichs wurde in keinem der italienischen Staaten ein energisches System der Unterdrückung oder Wiederherstellung eingeführt, und die Steuern auf Waldbesitz waren in einigen von ihnen so hoch, dass ländliche Gemeinden manchmal vorschlugen ihre gemeinsamen Wälder an die Regierung abzutreten, ohne eine andere Entschädigung als den Erlass der auf Waldflächen erhobenen Steuern. [208] Unter solchen Umständen würden Wälder bald entwaldet werden, und wo Transportmöglichkeiten und eine gute Nachfrage nach Holz die Anreize für die Abholzung erhöht haben, wie an den Grenzen des Mittelmeers, kommt es zur Zerstörung des Waldes und all den Übeln, die damit einhergehen Es ist mit einer wirklich besorgniserregenden Geschwindigkeit vor sich gegangen. Schätzungen zufolge wurden sogar vier Zehntel der Fläche der ligurischen Provinzen durch die Abholzung der Wälder weggeschwemmt oder unbrauchbar gemacht. [209]

Das feuchte und kalte Klima Englands erfordert die Aufrechterhaltung von Hausbränden während eines Großteils des Jahres. Vorrichtungen zur Kraftstoffeinsparung wurden in diesem Land später eingeführt als auf dem Kontinent. Der Boden war im Allgemeinen wie der Himmel mit Feuchtigkeit aufgeladen; Sein natürlicher Zustand war für normale Straßen ungünstig, und der Transport eines so schweren Materials wie Kohle auf dem Landweg aus den abgelegenen Landkreisen, in denen im Mittelalter allein Kohle abgebaut wurde, war kostspielig und schwierig. Aus all diesen Gründen war der Holzverbrauch groß, und schon früh wurden Befürchtungen über die Erschöpfung der Wälder geweckt. Die Gesetzgebung erwies sich dort wie anderswo als unwirksam, um sie zu schützen, und viele Autoren des 16. Jahrhunderts äußern in dieser Hinsicht ihre Befürchtungen vor schwerwiegenden Übeln durch die verschwenderische Wirtschaft der Menschen. Harrison beklagt sich in seinem merkwürdigen Kapitel „Of Woods and Marishes" in Holinsheds Zusammenstellung über den raschen Rückgang der Wälder und fügt hinzu: „Allerdings wage ich zu behaupten, dass, wenn die Wälder in den nächsten hundert Jahren so schnell verfallen." Gnade, da sie Doone haben und gerne Doo dabei haben, * * * ist zu befürchten, dass der Fennie Bote, Broome, Turfe, Galle, Heide, Firze, Bremsen, Winseln, Leng, stirbt, Hassäcke, Fahnen, Stroh Segge, Schilf, Binse und auch *Seerose* werden in der Stadt London gute Handelsware sein, wobei einige von ihnen jetzt bereits die Durchfahrt erhalten haben und in den Salons der größten Kaufleute in ihre Läden gebracht wurden. * * * Ich würde Ich wünschte, ich könnte nicht länger warten, als vier Dinge in diesem Land reformiert zu sehen, nämlich: den Mangel an Disziplin in der Kirche, den höflichen Umgang der meisten unserer Kaufleute mit der Bevorzugung der Waren anderer Länder und die Behinderung ihrer Eigentum: Die Abhaltung von Jahrmärkten und Märkten am Sundae soll abgeschafft und auf die Mittwoche übertragen werden; und dieser Eureie-Mann verfügt in jedem Teil des Champaine-Bodens über vierzig Acres Land und darüber hinaus, nach diesem Satz, entweder durch freie Urkunde, Copie Hold oder Fee Farme könnte einen Acre Holz pflanzen oder dasselbe mit Oke Mast, Hasell, Béech besäen, und es werden genügend Vorräte geschaffen, damit es gehegt und aufbewahrt werden kann. Aber ich fürchte mich, dass ich dann zu lange verweilen würde, und zwar so lange, dass ich entweder der Welt oder der Welt meiner selbst überdrüssig würde." [210] Evelyns »Silva«, deren erste Ausgabe 1664 erschien, hat der Sache des Waldes einen äußerst wichtigen Dienst erwiesen, und es besteht kein Zweifel daran, dass die Zierplantagen, in denen England alle anderen Länder weit übertrifft, in gewissem Maße die Frucht von Evelyns Begeisterung sind. In England jedoch ist die Baumzucht, die Das Pflanzen und Pflegen einzelner Bäume wurde bis vor kurzem besser verstanden als der Waldbau, die Aussaat und Erziehung des Waldes. Aber dieser letztere Zweig der ländlichen Verbesserung wird heute in sehr beträchtlichem Umfang betrieben, obwohl, soweit ich weiß, nicht von der nationalen Regierung.

Der Einfluss des Waldes auf Überschwemmungen.

Abgesehen von der Klimafrage, die ich bereits ausreichend erörtert habe, und den offensichtlichen Unannehmlichkeiten einer dürftigen Versorgung mit Holzkohle, Brennstoff und Holz für den Architektur- und Schiffsbau sowie für die tausend anderen Verwendungszwecke, für die Holz in der ländlichen und häuslichen Wirtschaft verwendet wird und in den verschiedenen industriellen Prozessen des zivilisierten Lebens wurde die Aufmerksamkeit französischer Förster und öffentlicher Ökonomen besonders auf drei Punkte gelenkt, nämlich: den Einfluss der Wälder auf die Beständigkeit und den regelmäßigen Fluss von Quellen oder natürlichen Brunnen; bei Überschwemmungen durch Überschwemmungen von Flüssen; und über den Abrieb des Bodens und den Transport von Erde, Kies, Kieselsteinen und sogar beträchtlichen Gesteinsmassen von höheren zu niedrigeren Ebenen durch Wildbäche. Es gibt jedoch im Zusammenhang mit diesem allgemeinen Thema noch mehrere andere Themen von untergeordnetem oder rein lokalem Interesse oder von unsichererem Charakter, auf die ich im Folgenden ausführlicher eingehen werde.

Das erste dieser drei Hauptthemen – der Einfluss der Wälder auf Quellen und andere lebende Gewässer – wurde bereits berücksichtigt; und wenn die in dieser Diskussion dargelegten Fakten gut begründet sind und die Schlussfolgerungen, die ich daraus gezogen habe, logisch fundiert sind, scheint daraus als notwendige Konsequenz zu folgen, dass die Wirkung des Waldes für die Verringerung der Häufigkeit und Gewalt ebenso wichtig ist von Flussüberschwemmungen, etwa bei der Sicherung der Dauerhaftigkeit und Gleichmäßigkeit natürlicher Quellen; denn jede Ursache, die die Absorption und Ansammlung des Niederschlagswassers durch die oberflächlichen Schichten des Bodens fördert, um langsam durch Infiltration und Versickerung abgegeben zu werden, muss dazu beitragen, den schnellen Fluss des Oberflächenwassers in die natürlichen Entwässerungskanäle zu verhindern um den plötzlichen Anstieg von Flüssen und damit das Überlaufen ihrer Ufer zu verhindern, was eine sogenannte Überschwemmung darstellt. Auch der mechanische Widerstand, den die Baumstämme und das Unterholz dem Wasserstrom über die Oberfläche bieten, hat die Tendenz, die Geschwindigkeit seines Abstiegs an Abhängen spürbar zu verzögern und Ströme, die sich möglicherweise bereits aus kleineren Flüssen angesammelt haben, umzuleiten und zu teilen aus Wasser. [211]

Überschwemmungen entstehen dadurch, dass die natürlichen Flusskanäle nicht in der Lage sind, das Wasser aus ihren Einzugsgebieten so schnell abzuleiten, wie es in sie hineinfließt. Im Einklang mit der üblichen Ökonomie der Natur sollten wir annehmen, dass sie überall die Möglichkeit geschaffen hat, den Niederschlag, den sie auf die Erdoberfläche wirft, ohne Störung ihrer allgemeinen Ordnung oder ungewöhnliche Zerstörung ihrer Produkte abzuleiten. Beobachtungen bestätigen diese Vermutung, zumindest in den Ländern, auf die ich meine Untersuchungen beschränke; Denn soweit wir die primitiven Bedingungen der Regionen kennen, die in der historischen Periode von Menschen besiedelt wurden, scheint es, dass die Überschwemmungen der Flussufer viel seltener und zerstörerischer waren als heute, oder dass zumindest Flüsse anstiegen und fielen weniger plötzlich, bevor der Mensch die natürlichen Hindernisse für die zu schnelle Entwässerung der Becken, aus denen ihre Nebenflüsse entspringen, beseitigt hatte. Die Ufer der Flüsse und kleineren Bäche in den nordamerikanischen Kolonien wurden früher von den Strömungen kaum abgerieben. Selbst jetzt reichen die Bäume entlang der Flüsse in den größeren Wäldern der Vereinigten Staaten fast bis zum Wasserrand, und die Oberfläche der Bäche scheint keiner großen Änderung des Pegels oder der Strömungsgeschwindigkeit ausgesetzt zu sein. Ein fast schlüssiger Umstand für die Regelmäßigkeit des Flusses in Waldflüssen ist, dass sie an den Stellen, an denen sie in Seen oder größere Bäche münden, keine großen Sedimentablagerungen bilden; solche Ansammlungen beginnen nach den Tälern oder schreiten zumindest viel schneller voran werden gelöscht.

Obwohl es im Norden der Vereinigten Staaten manchmal im Hochsommer durch heftige Regenfälle zu Überschwemmungen kommt, lässt sich allgemein feststellen, dass der Anstieg des Wassers am schnellsten ist und natürlich auch die zerstörerischsten „Süßwasser" auftreten in Amerika genannt, entstehen durch die plötzliche Auflösung des Schnees, bevor das offene Gelände im Frühjahr aufgetaut wird. Es kommt häufig vor, dass nach einer längeren Frostperiode starkes Tauwetter einsetzt und sich der über Monate angesammelte Schnee innerhalb weniger Stunden auflöst und abtransportiert. Wenn der Schnee tief liegt, „holt er", wie es im Volksmund heißt, „den Frost aus dem Boden" in den Wäldern und, wenn er lange genug liegt, auch auf den Feldern. Aber der stärkste Schneefall fällt normalerweise nach Mittwinter und wird von warmen Regenfällen oder Sonnenschein abgelöst, die den Schnee auf dem geräumten Land auflösen, bevor er Zeit hatte, auf den frostigen Boden darunter einzuwirken. In diesem Fall wird der Schnee im Wald ebenso schnell absorbiert, wie er schmilzt, und zwar durch den Boden, den er vor dem Gefrieren geschützt hat, und er trägt nicht wesentlich zum Anschwellen der Flussströmungen bei. Wenn das milde Wetter, bei dem es normalerweise zu großen Schneestürmen kommt, nicht anhält und zu regelmäßigem Tauwetter wird, werden ihm mit ziemlicher Sicherheit treibende Winde folgen, und die Ungleichmäßigkeit, mit der sie den Schnee verteilen, lässt die Bergrücken verhältnismäßig kahl zurück, während die Senken verhältnismäßig kahl bleiben sind oft mit bis zu mehreren Fuß hohen Verwehungen gefüllt. Die Hügel erstarren bis in große Tiefen; Durch das nachfolgende teilweise Auftauen schmilzt der Oberflächenschnee, und das Wasser läuft in die Furchen gepflügter Felder und in andere künstliche und natürliche Mulden und gefriert dann oft zu festem Eis. In diesem Zustand ist fast die gesamte Oberfläche des gerodeten Landes wasserundurchlässig, und aufgrund der Abwesenheit von Bäumen und der allgemeinen Glätte des Bodens bietet es den oberflächlichen Strömungen kaum mechanischen Widerstand. Wenn unter diesen Umständen warmes Wetter mit Regen einhergeht, werden der Regen und der geschmolzene Schnee schnell auf den Grund der Täler geleitet und bilden dort reißende Ströme.

Es sollte weiterhin berücksichtigt werden, dass die leichteren gepflügten Böden zwar leicht viel Wasser aufnehmen, die Grasflächen und alle schweren und zähen Böden es jedoch in viel geringeren Mengen und weniger schnell absorbieren als der pflanzliche Schimmel Wald. Weide-, Wiesen- und Lehmböden zusammengenommen überwiegen in allen großen landwirtschaftlichen Bezirken gegenüber den sandigen, gepflügten Feldern bei weitem, und daher, selbst wenn in dem Fall, den wir annehmen, der offene Boden vor dem Schmelzen aufgetaut sein könnte Der Schnee, der es bedeckt, ist bereits mit Feuchtigkeit gesättigt oder wird dies sehr bald und kann den Druck natürlich nicht durch die Aufnahme von mehr Wasser verringern. Die Folge ist, dass die Oberfläche des Landes plötzlich mit einer Menge geschmolzenen Schnees und Regens überschwemmt wird, die einem Fall von 15 bis 20 Zentimetern oder sogar noch mehr entspricht. Dieser verläuft ungehindert zu Flüssen, die oft noch von dickem Eis umschlossen sind, und so kommt es zu Überschwemmungen von furchtbar verheerender Natur. Das Eis platzt durch den hydrostatischen Druck von unten oder wird durch die Strömung heftig zerrissen und wird von der ungestümen Strömung in großen Massen und mit unwiderstehlicher Gewalt gegen Ufer, Brücken,

Dämme und Mühlen gefegt, die in ihrer Nähe errichtet sind. Die Rinde der Bäume entlang der Flüsse wird oft in einer Höhe von vielen Fuß über dem normalen Wasserspiegel durch schwimmende Eisklumpen abgenutzt, die schließlich durch die zurückweichende Flut auf Wiesen oder Ackerland gestrandet werden, um durch deren Abkühlung das Wasser zu verzögern Einfluss, die Ankunft des verspäteten Frühlings.

Die Oberfläche eines Waldes kann in ihrem natürlichen Zustand niemals solche Wasserfluten ergießen, wie sie aus kultiviertem Boden fließen. Humus bzw. Pflanzenschimmel ist in der Lage, fast das Doppelte seines Eigengewichts an Wasser aufzunehmen. Der Boden in einem Laubwald besteht aus Humus, mehr oder weniger ungemischt, bis zu einer Tiefe von mehreren Zoll, manchmal sogar einem Fuß, und diese Schicht ist normalerweise in der Lage, das gesamte Wasser aufzunehmen, das möglicherweise aus dem Schnee entsteht, der irgendwo liegt Die Zeit deckt es ab. Aber der Pflanzenschimmel hört nicht auf, Wasser aufzunehmen, wenn er gesättigt ist, denn er gibt dann einen Teil seiner Feuchtigkeit an die darunter liegende Mineralerde ab und ist so bereit, neue Zufuhr zu erhalten; und außerdem nimmt das Blattbett, das noch nicht in Schimmel umgewandelt ist, einen sehr beträchtlichen Teil des Schneewassers sowie des Regens auf und hält ihn zurück.

In den warmen Klimazonen Südeuropas sind, wie ich bereits sagte, die Funktionen des Waldes, soweit es um die Entsorgung des Niederschlagswassers geht, im Wesentlichen zu allen Jahreszeiten die gleichen und denen analog, die er in den verschiedenen Jahreszeiten ausübt der Norden der Vereinigten Staaten im Sommer. Daher weisen die Winterüberschwemmungen in den ersteren Ländern nicht die Merkmale auf, die sie in den letzteren kennzeichnen, und auch der konservierende Einfluss der Wälder im Winter ist relativ nicht so wichtig, obwohl er ebenso unbestreitbar ist.

Wenn die Sommerüberschwemmungen in den Vereinigten Staaten mit weniger finanziellen Schäden einhergehen als die der Loire und anderer Flüsse in Frankreich, des Po und seiner Nebenflüsse in Italien, der Emme und ihrer Schwesterbäche, die die Täler der Schweiz verwüsten, liegt das zum Teil daran Die Ufer amerikanischer Flüsse sind noch nicht von Städten gesäumt, ihre Ufer und der Grund, der sie umgibt, sind noch nicht mit Verbesserungen bedeckt, deren Kosten sich auf Millionen belaufen, und infolgedessen ist ein kleinerer Teil des Eigentums dem Schaden durch Überschwemmung ausgesetzt. Aber die verhältnismäßige Befreiung des amerikanischen Volkes von den schrecklichen Katastrophen, die das Überschwemmen von Flüssen in einigen der schönsten Teile der Alten Welt verursacht hat, ist in noch größerem Maße der Tatsache zuzuschreiben, dass wir trotz all unserer Gedankenlosigkeit Durch unsere Unvorsichtigkeit haben wir noch nicht alle Quellen unserer Ströme freigelegt, noch nicht alle Barrieren überwunden, die die Natur errichtet hat, um ihre eigenen zerstörerischen Energien einzudämmen. Lasst uns rechtzeitig weise sein und von den Fehlern unserer älteren Brüder profitieren!

Der Einfluss des Waldes auf die Verhinderung von Überschwemmungen ist allgemein anerkannt, sowohl als theoretische Schlussfolgerung als auch als Tatsache der Beobachtung; aber Belgrand und sein Kommentator Vallès haben aus verschiedenen Erfahrungstatsachen und wissenschaftlichen Überlegungen ein gegenteiliges Ergebnis abgeleitet. Sie behaupten, dass die oberflächliche Entwässerung auf gerodetem Boden regelmäßiger erfolgt als auf bewaldetem Boden und dass die Rodung die Intensität der Überschwemmungen eher verringert als verstärkt. Keine dieser Schlussfolgerungen ist durch ihre Daten oder ihre Argumentation gerechtfertigt, und sie beruhen teilweise auf Tatsachen, die, wenn sie richtig interpretiert werden, nicht im Widerspruch zu den vorherrschenden Meinungen zu diesen Themen stehen, teilweise auf Annahmen, denen die Erfahrung widerspricht. Zwei davon sind erstens, dass die abgefallenen Blätter im Wald eine undurchlässige Abdeckung des Bodens bilden, über und nicht durch die das Wasser des Regens und des schmelzenden Schnees abfließt, und zweitens, dass die Wurzeln der Bäume eindringen und ersticken in den Felsspalten aufsteigen, um den Durchtritt des Wassers durch Kanäle zu verhindern, die die Natur für seinen Abfluss in tiefere Schichten vorgesehen hat.

Was die erste davon betrifft, können wir uns auf vertraute Tatsachen berufen, die zum persönlichen Wissen jedes Menschen gehören, der mit den Vorgängen der Waldnatur vertraut ist. Ich habe einen Brief eines scharfsinnigen und erfahrenen Beobachters vor mir, der diesen Absatz enthält: „Ich glaube, dass Regenwasser im Sommer oder Herbst nie über die Blätter im Wald fließt, außer in sehr geringen Mengen. Wasser läuft nur über sie." im Frühjahr, wenn sie glatt und kompakt niedergedrückt werden, ein Zustand, in dem sie nur so lange bleiben, bis sie trocken sind, wenn Schrumpfung und die Einwirkung des Windes bald die Oberfläche aufrauen, um durch Absorption jeden Wasserfluss wirksam zu stoppen ." Ich habe beobachtet, dass, wenn am Ende des Winters plötzlicher Frost auf Tauwetter folgt, nachdem der Schnee weitgehend verschwunden ist, das Wasser in und zwischen den Blattschichten manchmal zu einer festen Kruste gefriert, die den Wasserfluss darüber ermöglicht. Dies geschieht jedoch nur in Depressionen und in sehr geringem Umfang; und das so gebildete Eis löst sich so bald auf, dass keine spürbare Wirkung auf das Entweichen von Wasser von der allgemeinen Oberfläche ausgeübt wird.

Was den Einfluss der Wurzeln auf die Entwässerung betrifft, so glaube ich, dass es keinen Zweifel daran gibt, dass sie unabhängig von ihrer Wirkung als Absorptionsmittel diese mechanisch fördern. Das Wasser des Bodens folgt ihnen nicht nur nach unten, [212] sondern ihr anschwellendes Wachstum hat auch die starke Tendenz, die Felsspalten, in die sie eindringen, zu vergrößern; Und da es sich bei den Felsspalten um Längsspalten und nicht nur um kreisförmige Öffnungen handelt, vergrößert jede Linie, die durch das Wurzelwachstum in ihnen an Breite gewinnt, die Fläche der Spalte im Verhältnis zu ihrer Länge. Folglich könnte die Erweiterung eines Spalts um die Größe von einem Zoll zu einer zusätzlichen Entwässerung führen, die einem Quadratfuß an offenem Rohr entspricht.

Die Beobachtungen und Überlegungen von Belgrand und Vallès sind in gewisser Hinsicht sehr wichtig, auch wenn ihre Schlussfolgerungen nicht von vielen akzeptiert wurden. Diese Autoren bestehen nachdrücklich auf der Notwendigkeit, bei der Abschätzung der Beziehungen zwischen Niederschlag und Verdunstung die Wasserentnahme von der Oberfläche und den Oberflächenströmungen durch Absorption und Infiltration zu berücksichtigen – ein Element, das zweifellos von großem Wert ist, aber bisher von der Meteorologie stark vernachlässigt wurde Forscher, die sehr oft darüber nachgedacht haben, ob die Erdoberfläche entweder für Wasser undurchlässig oder bereits damit gesättigt sei; wohingegen es sich in Wirklichkeit um einen Schwamm handelt, der ständig Feuchtigkeit aufnimmt und diese immer wieder abgibt, nicht nur durch Verdunstung, sondern durch Infiltration und Versickerung.

Die zerstörerischen Auswirkungen von Überschwemmungen, die lediglich als mechanische Kraft angesehen werden, durch die Leben gefährdet, Ernten zerstört und künstliche Konstruktionen des Menschen zerstört werden, sind sehr schrecklich. Bisher ist die Flut jedoch ein vorübergehendes und keineswegs irreparables Übel, denn wenn ihre Verwüstungen hier enden, werden die produktiven Kräfte der Natur und der Fleiß des Menschen bald das Verlorene wiederherstellen, und das Antlitz der Erde nicht mehr zeigt Spuren der Sintflut, die es überschwemmt hatte. Überschwemmungen haben sogar ihren Ausgleich. Die Strukturen, die sie zerstören, werden durch bessere und sicherere Errichtungen ersetzt, und wenn sie eine Maisernte abfegen, hinterlassen sie nicht selten beim Absinken eine Düngeschicht, die das erschöpfte Feld für eine Reihe von Jahreszeiten bereichert. [213] Wenn also der zu schnelle Fluss des Oberflächenwassers kein anderes Übel verursachen würde, als durchschnittlich alle zehn Jahre eine Überschwemmung hervorzurufen, die die Ernte der Tieflandflächen entlang der Flüsse zerstören würde, wäre der Schaden groß zu unbedeutend und von zu vorübergehendem Charakter, um die Unannehmlichkeiten und Kosten zu rechtfertigen, die mit den Maßnahmen verbunden sind, die nach Ansicht der kompetentesten Richter in vielen Teilen Europas die jeweiligen Regierungen ergreifen sollten, um dies zu verhindern.

Aber das große, das irreparable, das entsetzliche Unheil, das durch zu schnelle oberflächliche Entwässerung bereits entstanden ist und künftig in noch größerem Ausmaß zu folgen droht, hat einen eigentlich geografischen Charakter und besteht hauptsächlich in Erosion, Verdrängung und Transport der oberflächlichen, pflanzlichen und mineralischen Schichten – sozusagen der Hüllen, mit denen die Natur das Skelettgerüst des Globus bekleidet hat. Es ist schwierig, durch Beschreibung eine Vorstellung von der Verwüstung der Regionen zu vermitteln, die den Verwüstungen von Wildbächen und Überschwemmungen am stärksten ausgesetzt waren; und die Tausenden, die in diesen Tagen der Reise vom Dampf in die Nähe oder sogar durch die Schauplätze dieser Katastrophen gewirbelt werden, haben nur seltene und unvollkommene Gelegenheiten, die zerstörerischen Ursachen in Aktion zu beobachten. Noch seltener können sie die Vergangenheit mit dem tatsächlichen Zustand der betreffenden Provinzen vergleichen und den Fortschritt ihrer Umwandlung von waldbedeckten Hügeln, üppigen Weideflächen und üppigen Getreidefeldern und Weinbergen, die von Quellen und fruchtbaren Bächen gut bewässert werden, in kahle Gebiete verfolgen Gebirgskämme, felsige Abhänge und steile Erdwälle, durchzogen von tiefen Schluchten, deren Schichten mal trocken sind, mal gefüllt mit Strömen aus flüssigem Schlamm und Kies, die herabströmen, sich über die Ebene ausbreiten und die einst produktiven Felder zur ewigen Öde verurteilen. Beim Durchqueren solcher Szenen kann man sich nur schwer des Eindrucks erwehren, dass die Natur den Fluch der ewigen Unfruchtbarkeit und Trostlosigkeit über diese erhabenen, aber furchteinflößenden Wüsten verhängt hat, von denen man kaum glauben kann, dass sie einst gesegnet waren und ohne die Torheit des Menschen immer noch gesegnet sein könnten alle natürlichen Vorteile, die die Vorsehung den günstigsten Gegenden geschenkt hat. Aber die historischen Beweise sind schlüssig hinsichtlich der zerstörerischen Veränderungen, die durch menschliches Handeln an den Flanken der Alpen, des Apennins, der Pyrenäen und anderer Gebirgszüge in Mittel- und Südeuropa verursacht wurden, und der Fortschritt des physischen Verfalls ging so schnell voran dass an manchen Orten eine einzige Generation den Beginn und das Ende der melancholischen Revolution miterlebt hat.

Es ist sicher, dass eine Verwüstung, wie sie viele einst schöne und fruchtbare Regionen Europas überschwemmt hat, einen wichtigen Teil des Territoriums der Vereinigten Staaten und anderer verhältnismäßig neuer Länder erwartet, über die die europäische Zivilisation jetzt ihre Herrschaft ausdehnt, es sei denn Es werden umgehend Maßnahmen ergriffen, um die Wirkung bereits in Betrieb befindlicher destruktiver Ursachen zu überprüfen. Es ist vergeblich zu erwarten, dass die Gesetzgebung irgendetwas Wirksames tun kann, um das Fortschreiten des Übels in diesen Ländern aufzuhalten, es sei denn, der Staat ist immer noch Eigentümer ausgedehnter Wälder. Wälder, die in private Hände übergegangen sind, werden trotz gesetzlicher Beschränkungen überall nach den gleichen wirtschaftlichen Grundsätzen bewirtschaftet wie andere Besitztümer, und jeder Eigentümer wird in der Regel seine Wälder fällen, es sei denn, er glaubt, dass sie ihm gehören finanzielles Interesse, sie zu erhalten. Nur wenige der neuen Provinzen, die in den letzten drei Jahrhunderten unter die Kontrolle der europäischen Rasse gebracht wurden, würden einen Eingriff der gesetzgebenden Macht in das dulden, was sie als das heiligste aller Bürgerrechte betrachten – nämlich das Recht jedes Menschen mit seinen eigenen machen, was er will. In der Alten Welt, selbst in Frankreich, dessen Bevölkerung von allen europäischen Nationen am liebsten regiert wird und sich am wenigsten durch bürokratische Aufsicht ärgert, hat sich das Gesetz als unwirksam erwiesen, um die Zerstörung oder verschwenderische Wirtschaft privater Wälder zu verhindern; und in vielen der gebirgigen Departements dieses Landes verwüstet der Mensch derzeit so schnell das Antlitz der Erde, dass die ernstesten Befürchtungen bestehen, nicht nur vor der Entvölkerung dieser Distrikte, sondern auch vor enormem Unheil für die Provinzen angrenzend an sie. [214] Die einzigen gesetzlichen Bestimmungen, von denen etwas zu hoffen ist, sind solche, die es dem Grundbesitzer zu einem privaten Vorteil machen, die Bäume auf seinem Grundstück zu schonen und das Wachstum des jungen Holzes zu fördern. Etwas kann erreicht werden, indem bestehende Wälder von der Besteuerung befreit werden und Steuern auf Holz erhoben werden, das als Brennstoff oder Nutzholz gefällt wird, oder durch Prämien oder Ehrenauszeichnungen für eine umsichtige Bewirtschaftung des Waldes. Es wäre schwierig, Regierungen auf nationaler oder lokaler Ebene dazu zu bewegen, die notwendigen Mittel für solche Zwecke bereitzustellen, aber es besteht kein Zweifel daran, dass es am Ende eine gesunde Wirtschaft wäre.

In Ländern, in denen es Gemeinden gibt, die über einen intelligenten Gemeinsinn verfügen, würde sich der Kauf und die Kontrolle von Wäldern durch solche Unternehmen oft als vorteilhaft erweisen; und in einigen Provinzen der nördlichen Lombardei hat die Erfahrung gezeigt, dass solche Operationen mit großem Nutzen für alle Interessen durchgeführt werden können, die mit der ordnungsgemäßen Bewirtschaftung der Wälder verbunden sind. In der Schweiz hingegen haben die Wälder der Gemeinden, abgesehen von einigen wenigen Fällen, in denen Wälder zum Schutz vor Lawinen erhalten wurden, kaum einen Nutzen für das öffentliche Interesse gebracht und sind im Allgemeinen dem Verfall preisgegeben. Die Weiderechte, die überall schädlich für die Bäume sind, gepaart mit der Duldung von Übertretungen haben deren Wert so stark gemindert, dass allzu oft nichts mehr übrig bleibt, was schützenswert wäre. Im Kanton Tessin haben die Bauern sehr häufig dafür gestimmt, den Stadtwald zu verkaufen und den Erlös unter den Unternehmern aufzuteilen. Die so zum Teil beträchtlichen Summen werden in wildem Vergnügen verschwendet, und die Opferung der Wälder bringt den Besitzern nicht einmal einen augenblicklichen Nutzen. [215]

Es ist offensichtlich von größter Bedeutung, dass die Öffentlichkeit und insbesondere die Landbesitzer sich der Gefahren bewusst werden, denen die wahllose Rodung der Wälder nicht nur künftige Generationen, sondern auch den Boden selbst aussetzen kann. Glücklicherweise behalten einige der amerikanischen Staaten sowie die Regierungen vieler europäischer Kolonien immer noch das Eigentum an großen Urwaldgebieten. Der Staat New York zum Beispiel verfügt in seinen nordöstlichen Landkreisen über ein riesiges Gebiet, in dem der Holzfäller nur hier und da sein Lager aufgeschlagen hat und in dem der Wald, obwohl er mit dauerhaften Siedlungen durchsetzt ist, einiges von ihm beraubt hat Feinste Pinienhaine, die oft von verheerenden Bränden heimgesucht wurden, bedecken immer noch den weitaus größten Teil der Fläche. In diesem Gebiet ist der Boden im Allgemeinen karg, und selbst die neuen Lichtungen weisen nur wenig von der Üppigkeit der Ernte auf, die sie anderswo auszeichnet. Der Wert des Landes für die landwirtschaftliche Nutzung ist daher sehr gering, und es werden nur wenige Käufe für andere Zwecke als die Entholzung des Bodens getätigt. Es wurde oft vorgeschlagen, dass der Staat den verbleibenden Wald zum unveräußerlichen Eigentum des Commonwealth erklären sollte, aber ich glaube, dass das Motiv dieses Vorschlags eher in poetischen als in wirtschaftlichen Ansichten des Themas entstanden ist. Beide Arten von Überlegungen haben einen echten Wert. Es ist wünschenswert, dass ein großes und leicht zugängliches Gebiet amerikanischen Bodens so weit wie möglich in seinem ursprünglichen Zustand erhalten bleibt und gleichzeitig ein Museum für den Unterricht des Studenten, ein Garten zur Erholung des Naturliebhabers und ein Garten für die Erholung des Naturliebhabers ist Zufluchtsort, in dem einheimische Bäume und bescheidene Pflanzen, die den Schatten lieben, Fische, Vögel und vierfüßige Tiere ihre Art beherbergen und verewigen können, in dem Genuss eines so unvollkommenen Schutzes, wie ihn die Gesetze eines Volkes, das auf Zurückhaltung eifersüchtig ist, ihnen gewähren können. Der unmittelbare Verlust für die Staatskasse durch die Einführung dieser Politik wäre unerheblich, da diese Grundstücke zu niedrigen Preisen verkauft werden. Allein der Wald würde bei sparsamer Bewirtschaftung ohne Schaden und selbst bei Nutzen für seine Dauerhaftigkeit und sein Wachstum bald ein regelmäßiges Einkommen abwerfen, das über dem gegenwärtigen Wert der Gebühr liegt.

Die zusätzlichen Vorteile der Erhaltung dieser Wälder wären weitaus größer. Die Natur hat diese Berge erschaffen und sie mit hohen Wäldern bekleidet, damit sie als Reservoir dienen könnten, um die tausend Flüsse und Bäche, die durch den Regen und Schnee der Adirondacks gespeist werden, mit ständigem Wasser zu versorgen, und als Schutzschild für die fruchtbaren Ebenen von die zentralen Landkreise gegen die eisigen Windböen des Nordwinds, die auf ihrem Weg vom Polarpol auf kein anderes Hindernis stoßen. Das Klima im Norden New Yorks weist schon jetzt größere Temperaturextreme auf als das Südfrankreichs. Die lange anhaltende Kälte des Winters ist viel intensiver, die kurze Hitze des Sommers nicht weniger heftig als in der Provence, und daher ist die Erhaltung aller Einflüsse, die dazu neigen, ein Gleichgewicht von Temperatur und Feuchtigkeit aufrechtzuerhalten, von entscheidender Bedeutung. Die Abholzung der Adirondack-Wälder hätte für Nord- und Zentral-New York letztendlich ähnliche Konsequenzen wie die Freilegung der südlichen und westlichen Abhänge der französischen Alpen und der Ausläufer, Bergrücken und abgetrennten Gipfel vor ihnen.

Es ist wahr, dass die durch die Rodung der Berge von New York zu befürchtenden Übel von geringerem Ausmaß sein könnten als diejenigen, die eine ähnliche Ursache in Südfrankreich verursacht hat, wo die Intensität ihrer Wirkung durch die Neigung des Berges erhöht wurde Gefälle und durch die besondere geologische Beschaffenheit der Erde. Die Verschlechterung des Bodens wird vielleicht in keinem der amerikanischen Atlantikstaaten durch eine Kombination derselben Umstände in gleichem Maße gefördert, aber dennoch gibt es dort steile Hänge und lockere und brüchige Böden, die bei weiterer Zerstörung mit Sicherheit eine weitverbreitete Verwüstung nach sich ziehen des Waldes wird nicht bald verhaftet. Die Auswirkungen der Rodung sind in dem vergleichsweise unberührten Bereich, von dem ich spreche, bereits spürbar. Die darin entspringenden Flüsse fließen in Trockenzeiten mit geringerer Strömung und nach starken Regenfällen mit größeren Wassermengen. Sie bringen viel größere Sedimentmengen mit sich, und die zunehmenden Hindernisse für die Schifffahrt auf dem Hudson, die sich kanalabwärts in dem Maße ausdehnen, wie die Felder in den Wald vordringen, geben guten Grund für die Befürchtung, dass der Handel ernsthaft beeinträchtigt werden könnte der wichtigen Städte an den oberen Gewässern dieses Flusses, es sei denn, es werden Maßnahmen ergriffen, um die Ausweitung von „Verbesserungen" zu verhindern, die bereits über die Anforderungen einer klugen Wirtschaft hinausgegangen sind.

Ich habe allgemein die Natur der betreffenden Übel und die Prozesse, durch die sie erzeugt werden, dargelegt; aber ich werde ihren genauen Charakter und ihr Ausmaß besser verstehen, indem ich einige beschreibende und statistische Einzelheiten von tatsächlich eintretenden Tatsachen präsentiere. Ich wähle für diesen Zweck den südöstlichen Teil Frankreichs aus, nicht weil dieses Gebiet stärker gelitten hat als einige andere, sondern weil seine Verschlechterung vergleichsweise neu ist und von sehr kompetenten und vertrauenswürdigen Beobachtern beobachtet und beschrieben wurde, deren Berichte leichter zugänglich sind als die in anderen Ländern veröffentlichten. [216]

Die Provinzen Dauphiny, Avignon und Provence umfassen ein Gebiet von 14.000 bis 15.000 Quadratmeilen, werden im Nordwesten durch die Isère, im Nordosten und Osten durch die Alpen, im Süden durch das Mittelmeer, im Westen durch die Rhone begrenzt und erstrecken sich von 42° bis etwa 200° 45° nördlicher Breite. Die Oberfläche ist im Allgemeinen hügelig und sogar gebirgig, und einige der Gipfel im Dauphiny liegen über der Grenze des ewigen Schnees. Das Klima ist im Vergleich zu den Vereinigten Staaten auf demselben Breitengrad äußerst mild. Es fällt wenig Schnee, außer auf den höheren Gebirgsketten, der Frost ist mild und die Sommer lang, wie man tatsächlich aus der Vegetation schließen kann; Denn in den Anbaugebieten gedeihen überall Wein und Feigen, der Olivenbaum gedeiht bis zum 43½° nördlichen Breitengrad, und an der Küste wachsen Orangen, Zitronen und Dattelpalmen. Auch die Waldbäume sind südlicher Art, Schirmkiefern, verschiedene Arten immergrüner Eichen und viele andere Bäume und Sträucher mit hartnäckigem Laub, die die Landschaft prägen.

Aufgrund der steilen Gebirgsneigung waren diese Provinzen natürlicherweise Schäden durch Sturzbäche ausgesetzt, und die Römer milderten ihre schädlichen Auswirkungen, indem sie in den Schluchtbetten Barrieren aus lose aufgetürmten Steinen errichteten, die ein langsames Abfließen des Wassers ermöglichten, es aber erzwangen die Erde und den Kies, mit denen es beladen war, über den Deichen abzulagern. [217] Zu einem späteren Zeitpunkt brachten die Kreuzfahrer aus Palästina zusammen mit vielen anderen Kenntnissen, die sie von den weiseren Moslems gesammelt hatten, die Kunst mit, die Hänge zu sichern und sie durch Terrassen und Bewässerung produktiv zu machen. Die Wälder, die die Berge bedeckten, sorgten für einen reichlichen Quellfluss, und die Rodung des Bodens ging so langsam voran, dass jahrhundertelang weder der Mangel an Holz und Brennstoff noch die anderen Übel, die hier beschrieben werden, ernsthaft zu spüren waren. Tatsächlich waren diese Provinzen während des gesamten Mittelalters waldreich und berühmt für die Fruchtbarkeit und Fülle nicht nur der Tiefebene, sondern auch der Hügel.

Dies war der Stand der Dinge am Ende des fünfzehnten Jahrhunderts. Die Statistiken des 17. zeigen, dass es zwar zu einem Anstieg des Wohlstands und der Bevölkerung in der Basse-Provence sowie in den entsprechend gelegenen Teilen der beiden anderen von mir erwähnten Provinzen gekommen war, dass aber sowohl der Reichtum als auch die Bevölkerung alarmierend zurückgingen Bevölkerung der Haute-Provence und des

Dauphiny, obwohl durch die Rodung der Wälder ein großer Teil des Acker- und Weidelandes dem Boden hinzugefügt wurde, bevor er auf den Ackerbau reduziert wurde. Es wurde tatsächlich festgestellt, dass die zunehmende Gewalt der Ströme mehr Land weggeschwemmt oder unter Sand und Kies begraben hatte, als durch die Rodung zurückerobert worden war; und die Steuern, die für Feuer oder Wohnzwecke erhoben wurden, erfuhren infolge der allmählichen Aufgabe des verwüsteten Bodens durch seine hungernden Bewohner mehrere aufeinanderfolgende Kürzungen. Das Wachstum der großen Städte an und in der Nähe der Rhone und der Küste, ihr Fortschritt in Handel und Industrie und die daraus resultierende erhöhte Nachfrage nach landwirtschaftlichen Produkten hätten natürlich die Landbevölkerung und den Wert ihrer Ländereien steigern müssen; Aber der physische Verfall des Hochlandes war so groß, dass beträchtliche Gebiete völlig verlassen wurden, und in der Haute-Provence wurden die Brände, die 1471 897 zählten, 1699 auf 747, 1733 auf 728 und 1776 auf 635 reduziert.

Diese Fakten entnehme ich dem *La Provence au point de vue des Bois, des Torrents et des Inondations* von Charles de Ribbe, einem der höchsten Autoritäten, und füge weitere Details aus derselben Quelle hinzu.

„Gemeinde Barles, 1707: Zwei Hügel sind durch Erdrutsche verbunden und haben einen See gebildet, der den größten Teil des Bodens bedeckt. 1746: Neue Erdrutsche begraben zwanzig Häuser, die ein Dorf bilden, von dem keine Spur mehr übrig ist; mehr als ein Drittel des Landes war verschwunden.

„Monans, 1724: Von seinen Bewohnern verlassen und nicht mehr bewirtschaftet.

„Gueydan, 1760: Aus Aufzeichnungen geht hervor, dass die besten Böden seit 1756 weggefegt wurden und dass an ihrer Stelle Schluchten entstanden sind.

„Digne, 1762: Der Fluss Bléone hat den wertvollsten Teil des Territoriums zerstört.

„Malmaison, 1768: Die Einwohner sind ausgewandert, alle ihre Felder sind verloren.“

Im Fall der Gemeinde St. Laurent du Var scheint es, dass nach Rodungen in den Alpen, gefolgt von anderen in den Wäldern der Stadt, die Überschwemmungen des Wildbachs Var immer gewaltiger wurden und bereits viel vernichtet hatten Bereits 1708 wurde Land gerodet. „Die Rodung ging weiter, und 1761 wurde mehr Erde weggeschwemmt. 1762 wanderten nach einer weiteren zerstörerischen Überschwemmung viele Einwohner aus, und 1765 war die Hälfte des Territoriums verwüstet worden.“

„Im Jahr 1766 sagte der Gutachter Serraire vor der Versammlung: ‚Was den durch Bäche und Wildbäche verursachten Schaden betrifft, so lässt sich sein Ausmaß nicht leugnen. Die Haute Provence ist von völliger Zerstörung bedroht, und die Gewässer, die sie verwüsten, bedrohen auch die Zerstörung der wertvollsten Ländereien in der Ebene darunter. Dörfer wurden von Sturzbächen, die früher nicht einmal Namen trugen, fast überschwemmt, und große Städte stehen aus derselben Ursache kurz vor der Zerstörung.'"

Im Jahr 1776 berichtete Viscount Puget: „Der bloße Anblick der Haute-Provence ist geeignet, den patriotischen Magistrat zu entsetzen. Man sieht nur hohe Berge, tiefe Täler mit steilen Seiten, Flüsse mit breiten Flüssen und wenig Wasser, reißende Wildbäche, die bei Überschwemmungen stürzen." verwüsten das kultivierte Land an ihren Ufern und wälzen riesige Steine entlang ihrer Kanäle; steile und ausgedörrte Hänge, die melancholischen Folgen der wahllosen Rodung; Dörfer, deren Bewohner, weil sie keinen Lebensunterhalt mehr finden, Tag für Tag abwandern; Häuser, die zu Hütten verfallen sind, und nur ein erbärmlicher Rest der Bevölkerung."

„In einem Dokument aus dem Jahr 1771 wurden die Verwüstungen der Wildbäche mit den Auswirkungen eines Erdbebens verglichen, in vielen Gemeinden schien die Hälfte des Bodens verschluckt worden zu sein.

„Unsere Berge", sagten die Verwalter der Voralpenprovinz 1792, „präsentieren nichts weiter als eine Oberfläche aus steinigem Tuffstein; die Rodungen sind noch im Gange, und die kleinen Bächlein werden zu Sturzbächen. Viele Gemeinden haben ihre Ernte verloren, ihre …" Herden und ihre Häuser durch Überschwemmungen. Das Niederschwemmen der Berge ist den Lichtungen und der Praxis zuzuschreiben, sie niederzubrennen."

Diese Klagen stammen, wie man sehen wird, alle aus der Zeit vor der Revolution, aber die Verwüstung, die sie beschreiben, ist seitdem mit noch schnelleren Schritten vorangeschritten.

Surell – dessen wertvolles Werk „ *Étude sur les Torrents des Hautes Alpes*", das 1841 veröffentlicht wurde, das erschreckendste Bild der Verwüstungen des Wildbachs und gleichzeitig die sorgfältigsten Studien der Geschichte und des wesentlichen Charakters dieses Großen bietet Das Böse sagt auf Seite 152 über das Tal von Dévoluy: „Alles deutet darauf hin, dass es einst bewaldet war. In seinen Torfmooren findet man vergrabene Baumstämme, Denkmäler seiner früheren Vegetation. Im Rahmen alter Häuser." , man sieht riesiges Holz, das in der Gegend nicht mehr zu finden ist. Viele Ortschaften, die jetzt völlig kahl sind, tragen noch immer den Namen „Holz", und einer von ihnen wird in alten Urkunden *„Comba nigra"* [Schwarzwald oder …] genannt dell], wegen seiner dichten Wälder. Diese und viele andere Beweise bestätigen die lokalen Traditionen, die in diesem Punkt einhellig sind.

„Dort, wie überall in den Oberalpen, begannen die Lichtungen an den Bergflanken und dehnten sich nach und nach in die Täler und dann bis zu den höchsten zugänglichen Gipfeln aus. Dann folgte die Revolution und verursachte die Zerstörung der restlichen Bäume das bisher der Axt des Holzfällers entgangen war.

In einer Anmerkung zu dieser Passage sagt der Autor: „Mehrere Personen haben mir erzählt, dass sie in den Wäldern des Mont Auroux, der die Berghänge von La Cluse bis Agnères bedeckte, durch Streuner Schafherden verloren hatten. Diese Abhänge sind jetzt so nackt wie die Handfläche.

Da der Boden auf den steilen Bergen einst von Bäumen entblößt war und das Unterholz durch das Weiden von gehörnten Rindern, Schafen und Ziegen abgetötet wurde, verwandelt sich jede Senke in einen Wasserlauf. „Jeder Sturm", sagt Surell, Seite 153, „führt zu einem neuen Sturzbach. Es werden Beispiele dafür gezeigt, die, obwohl noch keine drei Jahre alt, die schönsten Felder ihrer Täler verwüstet haben, und ganze Dörfer sind knapp davongekommen." Sie wird in Schluchten geschwemmt, die sich im Laufe weniger Stunden gebildet haben. Manchmal ergießt sich die Flut wie eine Schicht über die Oberfläche, ohne Schlucht oder Bett, und zerstört ausgedehnte Grundstücke, die für immer verlassen sind."

Ich kann Surell in seiner Beschreibung und Klassifizierung von Torrents nicht folgen und muss den Leser für eine vollständige Darstellung der Theorie des Themas auf sein lehrreiches Werk verweisen. Um jedoch zu zeigen, welche Konzentration zerstörerischer Energien durch die Abholzung der Wälder, die die Abgründe der Berge bedecken und stützen, erreicht werden kann, zitiere ich seine Beschreibung eines Tals, das vom Col Isoard herabfließt und das er „einen vollständigen Typus" nennt eines Auffangbeckens, also einer Schlucht, die als gemeinsamer Sammel- und Abflusspunkt für das Wasser mehrerer seitlicher Wildbäche dient. „Der Anblick des monströsen Kanals", sagt er, „ist furchtbar. Innerhalb einer Entfernung von weniger als drei Kilometern [= eine Meile und sieben Achtel Englisch] schleudern mehr als sechzig Sturzbäche die aus ihr herausgerissenen Trümmer in die Tiefen der Schlucht zwei Flanken. Der kleinste dieser sekundären Ströme würde, wenn er in ein fruchtbares Tal geleitet würde, ausreichen, um es zu ruinieren."

Der bedeutende politische Ökonom Blanqui drückt sich in seinen Memoiren, die am 25. November 1843 vor der Akademie für Moral- und Staatswissenschaften verlesen wurden, folgendermaßen aus: „So wichtig die bereits beschriebenen Ursachen der Verarmung auch sind, sie sind nicht mit den Folgen zu vergleichen." die sich aus den beiden unvermeidlichen Übeln der Alpenprovinzen Frankreichs, der Ausbreitung der Rodungen und den Verwüstungen durch Wildbäche, ergeben haben. * * Das wichtigste Ergebnis dieser Zerstörung ist folgendes: dass das landwirtschaftliche Kapital, oder vielmehr der Boden selbst – der, in einem rasch zunehmenden Ausmaß wird es täglich von den Wassern weggeschwemmt – geht völlig verloren. In der gesamten Bergzone sind Zeichen beispielloser Armut sichtbar, und die Einsamkeit dieser Gebiete nimmt einen unbeschreiblichen Charakter der Unfruchtbarkeit und Trostlosigkeit an. Die allmähliche Zerstörung von Der Wald hat an tausend Orten gleichzeitig die Quellen und den Brennstoff vernichtet. Zwischen Grenoble und Briançon im Tal der Romanche sind viele Dörfer so arm an Holz, dass sie gezwungen sind, ihr Brot in der Sonne zu backen. getrockneten Kuhmist, und selbst das können sie sich nur einmal im Jahr leisten. Dieses Brot wird so hart, dass es nur mit einer Axt geschnitten werden kann, und ich habe selbst im September einen Laib Brot gesehen, bei dessen Kneten ich im Januar zuvor dabei gewesen bin.

„Wer das Tal von Barcelonette, das Tal von Embrun und Verdun und das Arabia Petræa im Departement Oberalpen, genannt Dévoluy, besucht hat, weiß, dass es keine Zeit zu verlieren gibt, dass Frankreich es in fünfzig Jahren ab diesem Datum tun wird von Savoyen wie Ägypten von Syrien durch eine Wüste getrennt sein." [218]

Es verdient besonders hervorzuheben, dass der Bezirk, auf den hier Bezug genommen wird, obwohl er heute zu den hoffnungslosesten Wüsten Frankreichs zählt, selbst bis zu einer so späten Zeit wie dem Beginn der Französischen Revolution sehr produktiv war. Arthur Young schrieb 1789: „In der Gegend von Barcelonette und in den höchsten Teilen der Berge ernähren die Bergweiden eine Million Schafe sowie große Herden anderer Rinder." und er fügt hinzu: „Bei solch einem Boden und in einem solchen Klima dürfen wir ein Land nicht als unfruchtbar betrachten, weil es gebirgig ist. Die Täler, die ich besucht habe, sind im Allgemeinen wunderschön." [219] Den gleichen Charakter schreibt er den Provinzen Dauphiny, Provence und Auvergne zu, und obwohl er mit dem Auge eines aufmerksamen und erfahrenen Beobachters besuchte, waren viele der Szenen seitdem von der wilden Trostlosigkeit übersät, die Blanqui beschrieben hat Durance und ein Teil des Laufs der Loire sind die einzigen Bäche, die er als solche bezeichnet, die durch ihre Überschwemmungen schwere Schäden verursacht haben. Die Verwüstungen der Ströme hatten, wie wir gesehen haben, in der Tat schon früher an einigen anderen Orten begonnen, aber wir dürfen daraus schließen, dass sie zu Youngs Zeiten in ihrer Reichweite zu begrenzt und verhältnismäßig zu unbedeutend waren, als dass sie einer Aufmerksamkeit bedurften Gesamtansicht der Provinzen, in denen sie jetzt einen so großen Teil des Bodens ruiniert haben.

Aber ich setze meine Zitate fort.

„Ich übertreibe nicht", sagt Blanqui. „Wenn ich meine Exkursion beendet und Orte mit ihren Namen bezeichnet habe, werden, da bin ich mir sicher, mehr als eine Stimme aus den Orten selbst aufsteigen, um die strenge Genauigkeit dieses Bildes ihres Elends zu bezeugen. Ich habe noch nie etwas Vergleichbares gesehen." sogar in den kabylischen Dörfern der Provinz Constantine; denn dort kann man zu Pferd reisen und findet im Frühling Gras, während es in mehr als fünfzig Gemeinden in den Alpen überhaupt nichts gibt.

„Der klare, strahlende Alpenhimmel von Embrun, von Gap, von Barcelonette und von Digne, der monatelang wolkenlos ist, bringt Dürren hervor, die nur von sintflutartigen Regenfällen wie in den Tropen unterbrochen werden. Der Missbrauch des Weiderechts und Durch die Abholzung der Wälder wurde der Boden all seines Grases und aller Bäume beraubt, und die sengende Sonne backt ihn zu Porphyr. Wenn er vom Regen durchnässt wird, weil er weder Halt noch Zusammenhalt hat, rollt er in die Täler hinab , manchmal in Fluten, die schwarzer, gelber oder rötlicher Lava ähneln, manchmal in Strömen von Kieselsteinen und sogar riesigen Steinblöcken, die mit schrecklichem Getöse herabstürzen und in ihrem schnellen Lauf die krampfhaftesten Bewegungen zeigen. Wenn Sie von einem übersehen An der Spitze einer dieser von so vielen Schluchten durchzogenen Landschaften bietet sie nur Bilder der Verwüstung und des Todes. Riesige Ablagerungen von mehrere Fuß dicken Kieselsteinen, die herabgerollt sind und sich weit über die Ebene ausgebreitet haben, umgeben große Bäume und begraben sogar ihre Gipfel und erheben sich über sie und lassen dem Landwirt keinen Hoffnungsschimmer mehr. Man kann sich kein traurigeres Schauspiel vorstellen als die tiefen Risse in den Bergflanken, die in einer Eruption hervorgebrochen zu sein scheinen und die Ebenen mit ihren Ruinen zu bedecken scheinen. Diese Schluchten dringen unter dem Einfluss der Sonne, die die Felsen selbst zersplittert und zersplittert, und des Regens, der sie hinabschwemmt, immer tiefer in das Herz des Berges vor, während die Flüsse, die aus ihnen entspringen, manchmal tiefer und tiefer eindringen In einem einzigen Jahr wurden sie durch die Trümmer um mehrere Fuß angehoben, so dass sie das Niveau der Brücken erreichten, die dann natürlich weggetragen wurden. Die Wildbachbetten sind aus großer Entfernung zu erkennen, wenn sie aus den Bergen entspringen, und sie breiten sich in fächerförmigen Ausdehnungen über das niedrige Gelände aus, wie ein Mantel aus Stein, manchmal zehntausend Fuß breit, der sich in der Mitte hoch erhebt. und sich zum Umfang hin krümmen, bis ihre Unterkanten die Ebene berühren.

„So sehen sie bei trockenem Wetter aus. Aber keine Sprache kann eine angemessene Beschreibung ihrer Verwüstungen bei einer dieser plötzlichen

Überschwemmungen geben, die in fast keinem ihrer Phänomene der Wirkung von gewöhnlichem Flusswasser ähneln. Es sind jetzt keine überfließenden Bäche mehr , sondern echte Meere, die in Katarakten herabstürzen und Steinblöcke vor sich herrollen, die durch den Stoß der Wellen nach vorne geschleudert werden wie Kugeln, die durch die Explosion von Schießpulver herausgeschleudert werden. Manchmal werden Kämme aus Kieselsteinen herabgetrieben, wenn der transportierende Strom dies tut nicht hoch genug aufsteigen, um sich zu zeigen, und dann wird die Bewegung von einem Brüllen begleitet, das lauter ist als der Donnerschlag. Ein wütender Wind geht dem rauschenden Wasser voraus und kündigt seine Annäherung an. Dann kommt es zu einem heftigen Ausbruch, gefolgt von einem Strom schlammiger Wellen, und nach ein paar Stunden kehrt alles in die trostlose Stille zurück, die in Zeiten der Ruhe diese Orte der Trostlosigkeit kennzeichnet.

„Dies ist nur eine unvollständige Skizze dieser Geißel der Alpen. Ihre Verwüstungen nehmen mit dem Fortschritt der Rodung zu und verwandeln jeden Tag einen Teil unserer Grenzdepartements in öde Einöde."

„Die unglückliche Rodungsleidenschaft manifestierte sich zu Beginn der Französischen Revolution und hat unter dem Druck der unmittelbaren Not stark zugenommen. Sie hat jetzt einen äußersten Punkt erreicht und muss schnell unter Kontrolle gebracht werden, sonst wird der letzte Bewohner zum Rückzug gezwungen." wenn der letzte Baum fällt.

„Die Elemente der Zerstörung nehmen an Gewalt zu. Man könnte Flüsse erwähnen, deren Bett in einem einzigen Jahr um zehn Fuß angehoben wurde. Die Verwüstung schreitet in geometrischer Progression voran, während die höheren Hänge von ihrem Wald befreit werden und „die Ruine von oben" um die Worte eines Bauern zu verwenden: „hilft, die Verwüstung unten zu beschleunigen."

„Die Alpen der Provence bieten einen schrecklichen Anblick. Im ausgeglicheneren Klima Nordfrankreichs kann man sich keine Vorstellung von diesen ausgedörrten Bergschluchten machen, in denen nicht einmal ein Busch zu finden ist, der einem Vogel Unterschlupf bieten könnte, in denen der Wanderer höchstens etwas sieht im Sommer hier und da ein verdorrter Lavendel, wo alle Quellen versiegt sind und wo eine Totenstille herrscht, die kaum durch das Summen eines Insekts unterbrochen wird. Aber wenn ein Sturm losbricht, schießen plötzlich Wassermassen aus dem Berg Höhen in die zerschmetterten Abgründe, Wüste ohne Bewässerung, Überschwemmung ohne Erfrischung des Bodens, sie überschwemmen bei ihrem schnellen Abstieg und lassen ihn durch Mangel an Feuchtigkeit noch versengter zurück, als er war. Der Mensch zieht sich endlich aus der schrecklichen Wüste zurück, und ich habe, die In der jetzigen Saison habe ich keine lebende Menschenseele in den Bezirken gefunden, in denen ich mich erinnere, vor dreißig Jahren Gastfreundschaft genossen zu haben.

Im Jahr 1853, zehn Jahre nach dem Datum von Blanquis Memoiren, richtete M. de Bonville, Präfekt der Unteralpen, an die Regierung einen Bericht, in dem die folgenden Passagen vorkommen:

„Es ist sicher, dass der produktive Schimmel der Alpen, der durch die zunehmende Gewalt dieses Fluchs der Berge, der Wildbäche, hinweggeschwemmt wurde, täglich mit furchtbarer Geschwindigkeit abnimmt. Alle unsere Alpen sind ganz oder zu einem großen Teil kahl. Ihr Boden ist von der Sonne der Provence versengt, von den Hufen der Schafe zerschnitten, die, da sie an der Oberfläche nicht das Gras finden, das sie für ihren Lebensunterhalt brauchen, auf der Suche nach Wurzeln, um ihren Hunger zu stillen, den Boden zerkratzen und regelmäßig gewaschen und gereinigt werden von schmelzendem Schnee und Sommerstürmen fortgetragen.

„Ich werde mich nicht mit den Auswirkungen der Ströme befassen. Seit sechzig Jahren wurden sie zu oft dargestellt, als dass sie einer weiteren Erörterung bedürften, aber es ist wichtig zu zeigen, dass ihre Verwüstungen täglich das Ausmaß der Verwüstung vergrößern. Das Flussbett der Durance , das heute an manchen Orten eine Breite von mehr als 2.000 Metern [ungefähr 6.600 Fuß oder eineinhalb Meilen] aufweist und in gewöhnlichen Zeiten eine Wasserströmung von weniger als 10 Metern [ungefähr 33 Fuß] Breite aufweist, zeigt etwas davon Ausmaß des Schadens. [220] Wo vor zehn Jahren noch Wälder und Kulturland zu sehen waren, gibt es jetzt nur noch einen riesigen Wildbach: Es gibt keinen unserer Berge, der nicht mindestens einen Wildbach hat, und zwar einen neuen Es entstehen täglich neue.

„Ein indirekter Beweis für die Verminderung des Bodens ist die Entvölkerung des Landes. Im Jahr 1852 berichtete ich dem Generalrat, dass laut der Volkszählung dieses Jahres die Bevölkerungszahl des Departements der Unteralpen gestiegen sei in den fünf Jahren zwischen 1846 und 1851 nicht weniger als 5.000 Seelen verloren.

„Wenn keine schnellen und energischen Maßnahmen ergriffen werden, ist es leicht, die Epoche festzulegen, in der die französischen Alpen nur noch eine Wüste sein werden. Der Zeitraum zwischen 1851 und 1856 wird einen weiteren Bevölkerungsrückgang zeigen. Im Jahr 1862 wird das Ministerium eine Fortsetzung bekannt geben schrittweise Verringerung der Zahl der für die Landwirtschaft genutzten Hektar; jedes Jahr wird sich das Übel verschlimmern, und in einem halben Jahrhundert wird Frankreich mehr Ruinen haben und ein Departement weniger."

Die Zeit hat die Vorhersagen von De Bonville bestätigt. Die Ergebnisse der späteren Volkszählung zeigen einen fortschreitenden Bevölkerungsrückgang in den Departements Basse-Alpes, Isère, Drome, Ariège, Haute- und Basse-Pyrenäen, Lozère, Ardennen, Doubs, Vogesen und kurz gesagt , in allen Provinzen, die früher für ihre Wälder bemerkenswert waren. Dieser Rückgang ist nicht auf eine Leidenschaft für die Auswanderung ins Ausland zurückzuführen, wie in Irland und in Teilen Deutschlands und Italiens; Es handelt sich lediglich um eine Verlagerung der Bevölkerung von einem Teil des Reiches in einen anderen, von Böden, die durch menschliche Torheit unbewohnbar gemacht wurden, indem sie ihnen rücksichtslos ihre natürlichen Vorteile und Sicherheiten entzogen, in Provinzen, in denen die Erdoberfläche von der Natur so geformt wurde Sie benötigt keine derartigen Schutzmaßnahmen und behält daher trotz der verschwenderischen Unvorsichtigkeit des Menschen ihre Umrisse bei. [221]

Obwohl diese Bilder sehr farbenfroh erscheinen, sind sie doch nicht übertrieben, auch wenn der eilige Tourist durch Südfrankreich und Norditalien, der in seinen Erlebnissen auf der Landstraße kaum etwas findet, das sie rechtfertigen könnte, dies annehmen könnte. Die Kommunikationswege per Lokomotive und Post führen im Allgemeinen über sichereres Gelände, und nur wenn sie die Alpenpässe erklimmen und die Gebirgsketten überqueren, fallen dem gewöhnlichen Reisenden Szenen ins Auge, die den gerade beschriebenen ähneln. Aber die Ausweitung der Verwüstungssphäre durch die Verschlechterung der Berge und den Transport ihres Schutts hat ähnliche Auswirkungen auf die unteren Gebirgskämme der Alpen und die sie umgebenden Ebenen; und selbst jetzt braucht man nur eine Stunde, um einige große Hauptverkehrsstraßen zu verlassen, um Orte zu erreichen, an denen der Genius der Zerstörung so wild schwelgt wie in den schrecklichsten Abgründen, die Blanqui gemalt hat. [222]

Es gibt eine Auswirkung der Wirkung von Wildbächen, die nur wenige Reisende auf dem Kontinent unbesonnen ignorieren. Ich beziehe mich auf die Anhebung des Bettes von Gebirgsbächen infolge der Ablagerung des Schutts, mit dem sie gefüllt sind. Um die Ausbreitung von Sand und Kies über die Felder und das Überschwemmen der reißenden Wassermassen zu verhindern, werden die Bäche durch Mauern und Dämme begrenzt, die mit der Anhebung des Bachbetts nach und nach immer höher gebaut werden, um zu erreichen ein Fluss, du steigst von den Feldern daneben auf; und manchmal liegt der normale Pegel des Baches über den Straßen und sogar den Dächern der Städte, durch die er fließt. [223]

Der Reisende, der die Tiefen einer Alpenschlucht besucht, die Länge und Breite der Schlucht und die große Höhe und scheinbare Festigkeit der steilen Wände, die sie begrenzen, beobachtet und die Felsmasse berechnet, die erforderlich ist, um die Lücke zu füllen, kann das kaum glauben Der bescheidene Bach, der zu seinen Füßen plätschert, war der Hauptverursacher dieser enormen Erosion. Eine genauere Beobachtung wird ihm oft zeigen, dass der scheinbar ungebrochene Fels, der über dem Tal hängt, voller Risse und Spalten ist und sich tatsächlich in einem solchen Zustand des Verfalls befindet, dass jeder Frost Tonnen davon zum Einsturz bringen muss. Wenn er die Fläche des Beckens berechnet, das hier seinen einzigen Abfluss findet, wird er erkennen, dass ein plötzliches Auftauen der Winterschneeablagerungen oder einer dieser schrecklichen Regenabflüsse, die in den Alpen so häufig sind, eine Sintflut auslösen müssen, die mächtig genug ist zum Abfegen der größten Kies- und Felsmassen. [224] Die einfache Messung des kubischen Inhalts des halbkreisförmigen Hügels, den er erklomm, bevor er die Schlucht betrat, dessen Struktur und Zusammensetzung schlüssig zeigt, dass er durch sintflutartige Einwirkungen aus dieser letzteren ausgewaschen worden sein muss, wird oft Aufschluss darüber geben zufriedenstellend für die Beseitigung des größten Teils der Materie, die einst die Schlucht füllte.

Es muss außerdem daran erinnert werden, dass jeder Zoll der heftigen Bewegung der Felsen mit zermalmenden Erschütterungen oder zumindest mit großer Abnutzung einhergeht, und wenn man der Ablagerung entlang des Laufs des Wassers folgt, das sie transportiert, findet man Folgendes Die Steine werden allmählich runder und kleiner, bis sie nach und nach in Kies, Sand und unfühlbaren Schleim übergehen.

Ich möchte nicht behaupten, dass alle felsigen Täler der Alpen durch die Einwirkung von Wildbächen infolge der Zerstörung der Wälder entstanden sind. Alle größeren und viele der kleineren Kanäle, durch die diese Kette entwässert wird, verdanken ihren Ursprung höheren Ursachen. Es handelt sich um primitive Risse, die auf Störungen durch Umwälzungen oder andere geologische Erschütterungen zurückzuführen sind. Sie wurden durch die Einwirkung von Gletschern während der Eisperiode erweitert und abgeschrägt und oft sogar sozusagen poliert, und in späteren Epochen wurde ihre Form durch fließendes Wasser kaum verändert . [225]

In diesen Tälern uralter Formation, die sich bis ins Herz der Berge erstrecken, haben die Bäche, obwohl sie schnell sind, ihren wahren reißenden Charakter verloren, wenn sie ihn überhaupt jemals besessen haben. Ihre Schichten sind annähernd konstant geworden, und ihre Wände bröckeln nicht mehr und fallen nicht mehr in das Wasser, das ihre Basen umspült. Die von Wildbächen durchzogenen Schluchten, von denen ich gesprochen habe, stammen aus späterer Zeit und gehören eigentlich zu dem, was man die Kruste der Alpen nennen könnte, bestehend aus losen Steinen, Kies und Erde, die entlang der Oberfläche der Alpen verstreut sind große Abhänge des Mittelkamms und häuften sich dicht zwischen ihren soliden Strebepfeilern. Aber auf dieser Kruste wohnt der Bergsteiger. Hier sind seine

Wälder, hier seine Weiden und die Verwüstungen des Wildbachs zerstören seine Welt und verwandeln sie in eine Quelle überwältigender Verwüstung für die darunter liegenden Ebenen.

Transport der Kraft der Flüsse.

Ein Beispiel, das ich 1857 selbst beobachtet habe, wird dazu dienen, etwas von der erodierenden und transportierenden Kraft von Bächen zu zeigen, die in dieser Hinsicht unberechenbar unter die Wildbäche der Alpen fallen. Bei einer Überschwemmung des Ottaquechee, eines kleinen Flusses, der durch Woodstock, Vermont, fließt, brach ein Mühlendamm an diesem Bach, und das Sediment, mit dem der Teich gefüllt war und nach sorgfältiger Messung auf 13.000 Kubikmeter geschätzt wurde, wurde von der Strömung nach unten getragen. Zwischen diesem Damm und dem stillen Wasser eines anderen, vier Meilen tiefer gelegenen Damms ist das Bett des Baches, das aus Kieselsteinen besteht, die an einigen Stellen mit größeren Steinen durchsetzt sind, etwa 65 Fuß breit, bei niedrigem Wasserstand jedoch die Breite des Stroms ist deutlich geringer. Der Sand und der feine Kies waren glatt und gleichmäßig auf einer Breite von 55 bis 60 Fuß über das Bett verteilt und füllten über eine Entfernung von etwa zwei Meilen, mit Ausnahme von zwei oder drei dazwischen liegenden Stromschnellen, alle Zwischenräume zwischen den Steinen aus. Sie bedeckten sie bis zu einer Tiefe von neun oder zehn Zoll, so dass ein regelmäßig geformter, konkaver Kanal entstand, der mit Sand ausgekleidet war, und verringerte die Wassertiefe an einigen Stellen von fünf oder sechs Fuß auf fünfzehn oder achtzehn Zoll. Als ich diese Ablagerung beobachtete, nachdem der Fluss abgesunken war und so klar geworden war, dass der Grund sichtbar war, nahm ich an, dass die nächste Überschwemmung eine außerordentliche Erosion der Ufer und einige bleibende Veränderungen im Flussbett infolge der Höhe des Flusses hervorrufen würde das Bett und das Auffüllen der Räume zwischen den Steinen, durch die früher viel Wasser geflossen war; aber es kam zu keinem solchen Ergebnis. Der Frühlingsfrischwasser des nächsten Jahres spülte den Sand, den sein Vorgänger abgelagert hatte, vollständig aus, trug ihn zu den Teichen und Stillwassergebieten weiter unten und hinterließ das Flussbett fast genau in seinem früheren Zustand, wenn auch natürlich mit den geringfügigen Abweichungen Verschiebung der Kieselsteine, die jede Überschwemmung in den Kanälen solcher Bäche erzeugt. Obwohl der Teich schon oft zuvor durch den Bruch des Damms entleert worden war, war er damals etwa fünfundzwanzig Jahre lang ungestört gewesen, und sein Inhalt bestand fast ausschließlich aus Sand, wobei die Geschwindigkeit der Strömung bei Überschwemmungen so groß war, dass sie nur wenig leichter fallen ließ Sediment, auch über einem Hindernis wie einem Damm. Die Menge, die ich erwähnt habe, hat offensichtlich nur einen sehr unbedeutenden Anteil an der gesamten Erosion des Baches während dieser

Zeit, da die Uferspülung hauptsächlich aus feiner Erde und nicht aus Sand besteht und nachdem der Teich einmal oder nahezu gefüllt war, selbst dieses Material konnte darin nicht mehr abgelagert werden. Die Tatsache, dass die von mir beschriebene Ablagerung zwischen den beiden Dämmen in einem einzigen Frischwasser vollständig entfernt wurde, zeigt, dass trotz beträchtlicher Behinderung durch die Rauheit des Bettes große Mengen Sand von nicht großen Bächen aufgenommen und abtransportiert werden können Geschwindigkeit der Neigung; denn das gesamte Gefälle des Flussbettes zwischen den beiden Dämmen – eine Entfernung von vier Meilen – beträgt nur sechzig Fuß oder fünfzehn Fuß pro Meile.

Der Po und seine Vorkommen.

Die Strömung des Flusses Po ist über eine beträchtliche Strecke, nachdem sein Wasservolumen ansonsten für eine kontinuierliche Schifffahrt ausreicht, für diesen Zweck zu schnell, bis in die Nähe von Piacenza, wo seine Geschwindigkeit zu stark abnimmt, um große Mengen an Mineralien zu transportieren, außer in ein Zustand der Minutenteilung. Seine südlichen Zuflüsse bringen vom Apennin eine große Menge Feinerde aus verschiedenen geologischen Formationen herab, während seine alpinen Nebenflüsse westlich des Tessins hauptsächlich mit zu Sand oder Kies zermahlenem Gestein gefüllt sind. [226] Das Flussbett wurde durch die Ablagerungen in seinem Kanal etwas angehoben, allerdings keineswegs über das Niveau der angrenzenden Ebenen, wie so oft dargestellt wurde. Die Deiche, die die Strömung bei Hochwasser begrenzen, erhöhen gleichzeitig ihre Geschwindigkeit und zwingen sie, den größten Teil ihres Sediments in die Adria zu transportieren. Es hat daher weder seinen eigenen Kanal noch seine alluvialen Ufer erhöht, wie es der Fall gewesen wäre, wenn es unbeschränkt geblieben wäre. Da jedoch die Wasseroberfläche bei Überschwemmungen sechs bis fünfzehn Fuß über dem allgemeinen Niveau seiner Ufer liegt, kann der Po zu diesem Zeitpunkt keine Erdbeiträge aus dem Waschen der Felder der Lombardei erhalten, und das gibt es auch nicht bezweifeln, dass ein großer Teil des Sediments, das es jetzt an seiner Mündung ablagert, in Form von Gestein von den Alpen herabkam, obwohl es durch die Mahlwirkung des Wassers auf seinem Weg zum Meer in den Zustand von feinem Sand und oft auch von Schlick reduziert wurde . [227]

Wir wissen wenig über die Geschichte des Po oder über die Geographie der Küste nahe der Stelle, an der er in die Adria mündet, und zwar zu irgendeinem Zeitpunkt mehr als zwanzig Jahrhunderte vor unserer Zeit. Noch weniger können wir sagen, wie viel von den Ebenen der Lombardei durch seine Wirkung, verbunden mit anderen Ursachen, geformt worden war, bevor der Mensch seine Nivellierungsarbeiten beschleunigte, indem er die ersten Wälder auf den Bergen fällte, aus denen das Wasser stammt. Aber wir wissen, dass sich seine Ablagerungen seit der römischen Eroberung

Norditaliens auf eine Menge belaufen haben, die, wenn sie zu Gestein verfestigt wurde, sich wieder zu Kies, gewöhnlicher Erde und pflanzlichem Schimmel zusammenfügte und wieder in die Situation zurückkehrte, in der ein Ausbruch oder eine Umwälzung ursprünglich stattgefunden hatte Die Vegetation hat es abgelagert, Hunderte von tiefen Schluchten in den Alpen und im Apennin aufgefüllt, den Plan und das Profil ihrer Ketten verändert und ihren Süd- bzw. Nordwänden ein geographisches Aussehen verliehen, das sich von dem, was sie jetzt haben, deutlich unterscheidet. Ravenna, vierzig Meilen südlich der Hauptmündung des Po, wurde wie Venedig in einer Lagune erbaut, und die Adria umspülte noch zu Beginn der christlichen Ära ihre Mauern. Der Schlamm des Po hat die Lagune aufgefüllt und Ravenna liegt nun sechs Kilometer vom Meer entfernt. Die Stadt Adria, die etwa vier bis fünf Meilen voneinander entfernt zwischen dem Po und der Etsch liegt, war einst ein Hafen, der berühmt genug war, um dem Adriatischen Meer seinen Namen zu geben, und war noch immer ein Seehafen Zeit des Augustus. Die kombinierte Wirkung der beiden Flüsse hat die Küstenlinie so weit vorgeschoben, dass Adria jetzt etwa vierzehn Meilen landeinwärts liegt, und an anderen Orten haben die Ablagerungen, die diese und andere benachbarte Bäche im gleichen Zeitraum gemacht haben, eine Breite von zwanzig Meilen.

Wir wissen nicht, welchen Anteil der Erde, mit der diese Flüsse beladen sind, in den letzten zweitausend Jahren ins tiefe Wasser getragen haben, aber da sie immer noch enorme Mengen transportieren, da die Nordadria offenbar schnell aufgeschwemmt wurde, und Da sich gegenüber ihrer Mündung lange Inseln gebildet haben, die zum großen Teil aus fluviatilen Ablagerungen bestehen, muss sie offenbar sehr groß gewesen sein. Die Überschwemmungen des Po kommen nur einmal, manchmal sogar zweimal im Jahr vor. [228] Zu anderen Zeiten ist das Wasser vergleichsweise klar und scheint keine große Menge Schlamm oder feinen Sand in mechanischer Suspension zu enthalten; aber bei Hochwasser enthält es einen großen Anteil fester Materie, und laut Lombardini transportiert es jährlich nicht weniger als 42.760.000 Kubikmeter oder fast 55.000.000 Kubikyards an die Küsten der Adria, wodurch die Küstenlinie ins Meer hinausgetragen wird mit einer Geschwindigkeit von mehr als 200 Fuß pro Jahr. [229] Die Tiefe der jährlichen Ablagerung wird mit achtzehn Zentimetern, also mehr als sieben Zoll, angegeben, und sie würde mit einer Schicht dieser Dicke eine Fläche von nicht viel weniger als neunzig Quadratmeilen bedecken. Auch die Etsch bringt jedes Jahr viele Millionen Kubikmeter Alpenschutt in die Adria, und der Beitrag der Brenta aus derselben Quelle ist alles andere als unerheblich. Die Adria erhält jedoch nur einen kleinen Teil des Bodens und Gesteins, das von Wildbächen vom italienischen Alpenhang und dem Nordhang des Apennins weggeschwemmt wird. Fast der gesamte Schutt, der auf diese Weise von der Südwand der Alpen zwischen Monte Rosa und den Quellen der Adda entfernt wurde – einer Länge der Wasserscheide von nicht weniger als 150 Meilen – wird von den stillen Gewässern des Lago Maggiore und des Comer Sees aufgefangen und einige kleinere Seereservoirs und erreicht nie das Meer. Der Po ist bis auf die untere Hälfte seines Laufs nicht durchgehend eingedämmt. Oberhalb von Piacenza breitet er sich daher aus und lagert Sedimente auf einer großen Fläche ab, und das Wasser, das ihm zur Bewässerung an tiefer gelegenen Stellen entzogen wird, sowie seine Überschwemmungen bei gelegentlichen Brüchen seiner Ufer tragen große Mengen Schlamm über den angrenzenden Boden .

Wenn wir zu den geschätzten jährlichen Ablagerungen des Po an seiner Mündung noch die Erde und den Sand hinzufügen, die von der Etsch, der Brenta und anderen weniger wichtigen Strömen ins Meer transportiert werden, sowie die gewaltigen Mengen an Schutt, die von der Tosa in den Lago Maggiore geschwemmt werden Maggia und das Tessin, in den Comer See durch die Maira und die Adda, in den Gardasee durch seine Zuflüsse und die noch größeren Haufen von Kieselsteinen, Kies und Erde, die von den Wildbächen in der Nähe ihrer Ausbruchsstellen dauerhaft abgelagert wurden In den Gebirgsschluchten oder in den weiten Ebenen auf niedrigeren Ebenen können wir mit Sicherheit davon ausgehen, dass es sich hier um eine Gesamtmenge handelt, die nicht weniger als dem Vierfachen der Menge entspricht, die der Po in die Adria transportiert, oder 220.000.000 Kubikmeter fester Materie, die jedes Jahr entnommen wird die italienischen Alpen und den Apennin und wurden durch die Kraft des fließenden Wassers aus ihrem Herrschaftsbereich vertrieben. [230]

Die gegenwärtige Ablagerungsrate an der Mündung des Po hält seit dem Jahr 1600 an, während der vorherige Vormarsch der Küste nach dem Jahr 1200 nur ein Drittel so schnell war. Die starke Zunahme von Erosion und Transport wird von Lombardini hauptsächlich auf die Zerstörung der Wälder im Einzugsgebiet dieses Flusses und in den Tälern seiner Nebenflüsse seit Beginn des 17. Jahrhunderts zurückgeführt. [231] Wir haben keine Daten, die die Ablagerungsrate in einem bestimmten Jahrhundert vor dem Jahr 1200 belegen, und sie schwankte zweifellos je nach Bevölkerungsfortschritt und der daraus resultierenden Ausweitung der Rodung und des Anbaus. Die Transportkraft von Wildbächen ist bald nach ihrer Entstehung am größten, weil zu diesem Zeitpunkt ihre Entnahmestellen niedriger liegen und ihre allgemeine Neigung und Geschwindigkeit natürlich schneller ist, als nach Jahren der Erosion oben und der Ablagerung unten, die die Wasseroberfläche abgesenkt haben die Betten ihrer Gebirgstäler und erhöhte die Kanäle ihres Unterlaufs. Ihre erodierende Wirkung ist gleichzeitig auch am stärksten, sowohl weil dann ihre mechanische Kraft am größten ist, als auch weil sich lose Erde und Steine frisch gerodeter Waldböden am leichtesten entfernen lassen. Viele der

Alpentäler westlich des Tessins – zum Beispiel das der Dora Baltea – wurden in der Zeit des Römischen Reiches nahezu ihrer Wälder beraubt, andere im Mittelalter und natürlich auch zu anderen Zeiten Zeiträume vor dem Jahr 1200, Epochen, in denen die Erosion und der Feststofftransport aus den Alpen und dem Apennin so groß waren wie seit dem Jahr 1600.

Im Großen und Ganzen werden wir uns nicht sehr irren, wenn wir annehmen, dass die Wände des Po-Beckens – der italienische Abhang der Alpen und die nördlichen und nordöstlichen Abhänge des Apennins – für einen Zeitraum von nicht weniger als zweitausend Jahren entstanden sind – haben jedes Jahr nicht weniger als 150.000.000 Kubikmeter Erde und zerfallenes Gestein in die Adria, die Seen und die Ebenen geschickt. Wir verfügen also über eine Gesamtmenge von 300.000.000.000 Kubikmetern solchen Materials, was, wenn man der betreffenden Bergoberfläche eine Fläche von 50.000.000.000 Quadratyards zuordnet, das Ganze bis zu einer Tiefe von sechs Yards bedecken würde. [232] Es gibt sehr große Teile dieses Gebiets, in denen, wie wir aus antiken Überresten – Straßen, Brücken und dergleichen – aus anderen direkten Zeugnissen und aus geologischen Überlegungen wissen, innerhalb von zwanzig Jahrhunderten nur sehr geringe Verschlechterungen stattgefunden haben daher wird die Menge, die den Orten zuzuordnen ist, an denen die destruktiven Ursachen am aktivsten waren, proportional erhöht.

Wenn diese riesige Masse aus pulverisiertem Gestein und Erde an den Orten, aus denen sie stammte, wiederhergestellt würde, würde dies sicherlich nicht die Täler und Schluchten vernichten, die durch große geologische Ursachen ausgehöhlt wurden, aber es würde die Länge und die Tiefe der später entstehenden Schluchten verringern , verändern die Neigung ihrer Mauern, bedecken viele kahle Bergkämme mit Erde, verändern grundlegend die Verbindungslinie zwischen Ebene und Berg und führen einen langen Abschnitt der Adriaküste viele Meilen nach Westen zurück. [233]

Es ist zwar nicht anzunehmen, dass die gesamte Zerstörung der Berge auf die Zerstörung der Wälder zurückzuführen ist – dass die Flanken jedes Alpentals in Mitteleuropa unterhalb der Schneegrenze einst mit Erde bedeckt und mit Wäldern grün waren, sondern Es gibt nicht viele besondere Fälle, in denen wir mit Sicherheit oder sogar mit großer Wahrscheinlichkeit das Gegenteil behaupten können.

Wir können den Anteil menschlichen Handelns an der Verstärkung der Ursachen der Gebirgsschädigung nicht abschätzen, aber wir wissen, dass die Rodung der Wälder in manchen Fällen innerhalb von zwei oder drei Generationen zu so verheerenden Auswirkungen geführt hat, wie sie allgemein beschrieben werden geologische Erschütterungen und hat das Antlitz der Erde hoffnungsloser verwüstet, als wenn es von einem Lavastrom oder einem Schauer vulkanischen Sandes begraben worden wäre. Nun bilden sich in den Alpen jedes Jahr Wildbäche. Überlieferungen, schriftliche Aufzeichnungen und Analogien stimmen darin überein, die Annahme zu belegen, dass der Ruin der meisten heute verlassenen Täler in diesen Bergen derselben Ursache zuzuschreiben ist, und authentische Beschreibungen der unwiderstehlichen Kraft des Wildbachs belegen dies, unterstützt durch den Frost und Hitze reicht es aus, den Mont Blanc und den Monte Rosa dem Erdboden gleichzumachen, es sei denn, dass neue Umwälzungen ihre Höhe aufrechterhalten.

Es wurde behauptet, dass alle Flüsse, die in Bergen entspringen, ihren Ursprung in Wildbächen hatten. Diese, so heißt es, haben die Gipfel durch allmähliche Erosion abgesenkt und mit dem so gewonnenen Material Untiefen im Meer gebildet, die einst gegen die Klippen schlugen; Dann hoben sie sie durch aufeinanderfolgende Ablagerungen allmählich über die Oberfläche und weiteten sie schließlich zu weiten Ebenen aus, die von sanft fließenden Bächen durchzogen wurden. Wenn wir zu früheren geologischen Perioden zurückgehen könnten, würden wir feststellen, dass diese Theorie oft bestätigt wurde, und wir können nicht umhin zu sehen, dass die Sturzbäche in der gegenwärtigen Stunde weitergehen und die Bergkämme der Alpen und des Apennins noch tiefer drücken und die Berge noch höher anheben Ebenen der Lombardei und der Provence, die die Küste noch weiter in die Adria und das Mittelmeer hinein ausdehnen, die Neigung ihrer eigenen Flüsse und die Geschwindigkeit ihres Flusses verringern und so dazu neigen, einen flussähnlichen Charakter anzunehmen.

Es gibt Fälle, in denen Sturzbäche aufgrund einer Veränderung des Zustands des Beckens, in dem sie entstehen, oder der Bergwand auf einer höheren Ebene ihre Verwüstung einstellen, während die Ebene oder das Meer darunter im Wesentlichen unverändert bleibt Zustand wie zuvor. Wenn ein Wildbach in einem kleinen Tal entspringt, das nicht viel Erde und zerfallenes oder lockeres Gestein enthält, kann er im Laufe einer gewissen Zeit das gesamte transportable Material auswaschen, und wenn das Tal dann mit festen Mauern zurückbleibt, Es wird keine Trümmer mehr liefern, die von Überschwemmungen mitgerissen werden. Wenn in diesem Zustand ein neuer Kanal auf einer Höhe über dem Talschluss gebildet wird, kann er einen Teil oder sogar das gesamte Regenwasser und geschmolzenen Schnee umleiten, der sonst hineingeflossen wäre, und das Der einst wütende Strom versinkt nun in der Größe eines bescheidenen und harmlosen Bächleins. „Beim Durchqueren dieses Departements", sagt Surell, „sieht man am Ausgang einer Schlucht oft einen abgeflachten Hügel mit fächerförmigem Umriss und regelmäßigen Abhängen; es ist das Bett des Niedergangs eines alten Wildbachs. Manchmal ist es erforderlich." Eine lange und sorgfältige Untersuchung war nötig, um die ursprüngliche Form zu entdecken, die durch

Baumhaine, bebaute Felder und oft durch Häuser verdeckt ist. Bei näherer Betrachtung und aus verschiedenen Blickwinkeln zeigt sich jedoch ihre charakteristische Gestalt deutlich und sie ist wahr Die Geschichte kann sich nicht irren. Entlang des Hügels fließt ein Bach, der aus der Schlucht entspringt und still die Felder bewässert. Dies war ursprünglich ein Wildbach, und im Hintergrund ist sein Bergbecken zu erkennen. Solche erloschenen Wildbäche, wenn ich den Ausdruck *verwenden* darf , sind zahlreich." [234]

Ohne das Eingreifen von Menschen und Haustieren würden diese letztgenannten wohltätigen Revolutionen häufiger stattfinden und schneller voranschreiten. Die neuen schroffen Berge, die Hügel aus Schutt, die Ebenen, die durch darauf ausgebreiteten Sand und Kies erhöht wurden, die durch Flussablagerungen frisch entstandenen Küsten würden sich mit Sträuchern und Bäumen bedecken, die Intensität der Ursachen der Degradation würde verringert werden, und die Natur würde abnehmen würde so ihr altes Gleichgewicht wiedererlangen. Aber diese Prozesse erfordern unter gewöhnlichen Umständen nicht Jahre, Generationen, sondern Jahrhunderte; [235] Und der Mensch, der auf diesem riesigen Globus auch jetzt noch kaum Luft zum Atmen findet, kann sich nicht aus der Alten Welt auf einen noch unentdeckten Kontinent zurückziehen und darauf warten, dass das langsame Wirken solcher Ursachen den Garten Eden durch eine neue Schöpfung ersetzt hat verschwendet.

Bergrutschen.

Ich habe gesagt, dass die Bergregionen der atlantischen Staaten der Amerikanischen Union ähnlichen Verwüstungen ausgesetzt sind, und ich möchte hinzufügen, dass es in einigen Fällen Grund gibt, aus derselben Ursache noch schrecklichere Katastrophen zu befürchten, als die, die ich bisher erlebt habe beschrieben. Der Rutsch in der Kerbe der White Mountains, bei dem die Familie Willey ihr Leben verlor, ist ein Beispiel der Art, auf die ich mich beziehe, obwohl ich nicht sagen kann, dass es sich in diesem speziellen Fall um das Abrutschen von Erde und Fels handelte entsteht durch die Entblößung der Oberfläche. Möglicherweise war dies auf diese Ursache zurückzuführen oder auf den Bau der Straße durch die Notch, bei deren Ausgrabungen möglicherweise die Strebepfeiler durchtrennt wurden, die die darüber liegenden abfallenden Schichten stützten.

Ganz zu schweigen vom Fall der Erde, wenn die Wurzeln, die sie zusammengehalten haben, und das Bett aus Blättern und Schimmel, das sie sowohl vor zerfallendem Frost als auch vor plötzlicher Durchnässung und Auflösung durch heftige Regenfälle schützte, verschwunden sind. Es ist leicht zu erkennen, dass In einem Klima mit strengen Wintern könnte die Entfernung des Waldes und damit des Bodens, zu dessen Bildung er beigetragen hat, zur Verschiebung und Absenkung großer Gesteinsmassen führen. Die Wälder, der pflanzliche Schimmel und der Boden darunter schützen die Felsen, die sie bedecken, vor der direkten Einwirkung von Hitze und Kälte sowie vor der damit einhergehenden Ausdehnung und Kontraktion. Die meisten Felsen enthalten, obwohl sie mit Erde bedeckt sind, eine beträchtliche Menge Wasser. [236] Ein von Feuchtigkeit durchdrungenes Gesteinsfragment reißt und platzt, wenn es in einen Ofen geworfen wird, und manchmal mit einer lauten Detonation; und es ist eine bekannte Beobachtung, dass das Feuer, wenn es über neu gerodeten Gebieten brennt, die Steine aufbricht und manchmal fast pulverisiert. Dieser Effekt ist teilweise auf die ungleichmäßige Ausdehnung des Steins zurückzuführen, teilweise auf die Einwirkung von Wärme auf das Wasser, das er in seinen Poren enthält. Der plötzliche Einfall der Sonne auf Gestein, das jahrhundertelang mit feuchter Erde bedeckt war, bewirkt in gleicher Weise mehr oder weniger Zerfall, und auch das Gestein wird chemischen Einflüssen ausgesetzt, vor denen es zuvor geschützt war. Aber im Klima der Vereinigten Staaten und der Alpen ist Frost ein noch stärkerer Faktor bei der Zertrümmerung von Gebirgsmassen. Der Boden, der den Kalk- und Sandstein, den Schiefer und den Granit vor dem Einfluss der Sonne schützt, verhindert auch, dass das Wasser, das in ihre Spalten und zwischen ihre Schichten eindringt, in den härtesten Wintern gefriert und die Feuchtigkeit in flüssiger Form nach unten sinkt Form, bis es in Quellen entweicht oder durch tiefe unterirdische Kanäle abfließt. Aber wenn die Kämme freigelegt werden, füllt das Wasser des Herbstregens die kleinsten Poren und Adern, Risse und Trennlinien der Felsen, gefriert dann plötzlich und zerplatzt in riesigen, scheinbar festen Blöcken aus Adamantstein. [237] Wo die Schichten in einem beträchtlichen Winkel geneigt sind, könnte das Gefrieren eines dünnen Wasserfilms über einem großen interstratalen Gebiet zu einer Rutsche führen, die sich mit ihren Ruinen über Meilen erstrecken sollte; und ähnliche Ergebnisse könnten durch den einfachen hydrostatischen Druck einer Wassersäule erzielt werden, die durch die Entfernung der Erdhülle schneller in eine Spalte fließen kann, als sie durch darunter liegende Öffnungen entweichen könnte.

Erd- bzw. Bergrutsche, im Vergleich zu denen die Katastrophe, die die Familie Willey in New Hampshire begrub, nur eine Prise Staub war, kam es in den schweizerisch-italienischen und französischen Alpen häufig. Der Erdrutsch, der in der Nacht des 4. September 1618 die Stadt Plurs im Maira-Tal überwältigte und bis zu einer Tiefe von siebzig Fuß bedeckte und keine Seele einer Bevölkerung von 2.430 Einwohnern verschonte, ist einer davon Zu den denkwürdigsten dieser Katastrophen zählt auch der Fall des Rossbergs oder Rufibergs, der am 2. September 1806 die kleine Stadt Goldau in der Schweiz und 450 Einwohner zerstörte. Im Jahr 1771, so Wessely, rutschte der Berggipfel Piz in der Nähe von Alleghe in der Provinz Belluno in das Bett des Cordevole, einem Nebenfluss des Piave, und zerstörte bei seinem Sturz drei Weiler und sechzig Leben. Der Müll füllte das Tal über eine Strecke von fast zwei Meilen und bildete durch Aufstauen des Wassers des Cordevole einen etwa drei Meilen langen und 150 Fuß tiefen See, der noch existiert, wenn auch auf die Hälfte seiner ursprünglichen Größe reduziert Länge durch die Abnutzung seines Auslasses. [238]

Am 14. Februar 1855 rutschte der Hügel von Belmonte, etwas unterhalb der Gemeinde San Stefano in der Toskana, in das Tibertal, wodurch das Dorf bis zu einer Tiefe von fünfzig Fuß überschwemmt wurde und schließlich trockengelegt wurde durch einen Tunnel. Die Trümmermasse soll etwa 3.500 Fuß lang, 1.000 Fuß breit und nicht weniger als 600 Fuß hoch gewesen sein. [239]

Solche Verschiebungen von Erd- und Gesteinsschichten erreichen das Ausmaß geologischer Erschütterungen, kommen aber in Ländern, die noch von Urwäldern bedeckt sind, so selten vor, so häufig dort, wo die Berge ihrer natürlichen Bedeckung beraubt wurden, und in vielen Fällen sogar so leicht erklärbar durch die Durchnässung nicht zusammenhängender Erde durch Regen oder den freien Zutritt von Wasser zwischen den Gesteinsschichten – beides hätte eine Vegetationsschicht verhindert –, dass wir berechtigt sind, sie größtenteils derselben Ursache zuzuschreiben als das, worauf die zerstörerischen Auswirkungen von Gebirgsbächen hauptsächlich zurückzuführen sind – die Abholzung der Wälder.

In fast allen Fällen dieser Art, deren Umstände bekannt sind, war die unmittelbare Ursache des Ausrutschens entweder ein Erdbeben, die Aufnahme von Wasser in großen Mengen durch nackte Erde oder dessen Einbringung zwischen oder unter feste Schichten. Wenn Wasser zwischen die Schichten eindringt, erzeugt es eine Gleitfläche, oder es kann durch seine Ausdehnung beim Gefrieren Gesteinsbetten, die zuvor nahezu kontinuierlich waren, so weit trennen, dass die Schwerkraft der darüber liegenden Masse den Widerstand überwinden kann hervorgerufen durch Ungleichheiten im Gesicht und durch Reibung; Wenn es seinen Weg unter harte Erde oder Gestein findet, das auf Ton oder einer anderen Unterlage mit ähnlichen Eigenschaften ruht, verwandelt es die tragende Schicht in einen halbflüssigen Schlamm, der dem Gleiten der darüber liegenden Schichten kein Hindernis entgegensetzt.

Der obere Teil des Berges, der Goldau begrub, bestand aus einem harten, aber spröden Konglomerat, *Nagelflue genannt*, das auf einem geschmeidigen Lehm ruhte und schnell zum Dorf hin abfiel. Auf dem Felsen verblieb noch viel Erde in unregelmäßigen Massen, aber die Wälder waren abgeholzt worden, und das Wasser hatte freien Zugang zur Oberfläche und zu den Spalten, die Sonne und Frost bereits im Felsen gebildet hatten, und natürlich zu dem Schleim Schicht darunter. Der ganze Sommer 1806 war sehr nass gewesen, und am Tag vor der Katastrophe und am Tag ihres Auftretens war eine fast unaufhörliche Regenflut niedergegangen. Alle Bedingungen waren also günstig für das Gleiten des Gesteins, und den Gesetzen der Schwerkraft gehorchend stürzte es in das Tal, sobald seine Haftung an der darunter liegenden Erde durch die Umwandlung dieser in eine zähflüssige Substanz zerstört wurde Paste. Die Masse, die herabstürzte, war zwischen zweieinhalb und drei Meilen lang und tausend Fuß breit, und ihre durchschnittliche Dicke betrug vermutlich etwa dreißig Fuß. Der höchste Teil des Berges lag mehr als dreitausend Fuß über dem Dorf, und der Schwung, den die Felsen und die Erde bei ihrem Abstieg erlangten, trug riesige Steinblöcke weit den gegenüberliegenden Hang der Rigi hinauf.

Der Piz, der in den Cordevole mündete, ruhte auf einer steil geneigten Kalksteinschicht mit einer dünnen Schicht Kalkmergel dazwischen, die durch lange Frosteinwirkung und das Eindringen von Wasser ihre ursprüngliche Konsistenz verloren und locker geworden war und rutschige Masse anstelle eines zusammenhängenden und zähen Bettes.

Schutz vor Steinschlag und Lawinen durch Bäume.

Wälder erfüllen oft einen wertvollen Zweck, indem sie den Steinschlag durch bloßen mechanischen Widerstand verhindern. Bäume und krautige Vegetation wachsen in den Alpen an Abhängen mit überraschend steilem Gefälle, und der Reisende sieht sowohl üppiges Gras als auch blühende Wälder an Hängen, an denen der Boden in der trockenen Luft tiefer gelegener Regionen zerbröckeln und umfallen würde das Gewicht seiner eigenen Teilchen. Wenn lose Steine auf der Oberfläche dieser Abhänge verstreut liegen, werden sie von den Baumstämmen an Ort und Stelle gehalten, und es ist sehr üblich, einen Stein zu beobachten, der Hunderte von Pfund, vielleicht sogar Tonnen wiegt und gegen einen Baum ruht, der stehengeblieben ist Es machte gerade Fortschritte, als es begann, auf ein niedrigeres Niveau abzurutschen. Wenn ein Wald an einer solchen Stelle abgeholzt wird, verlieren diese Blöcke ihren Halt, und eine einzige Regenzeit reicht nicht nur aus, um eine beträchtliche Felsfläche freizulegen, sondern auch viele Hektar fruchtbaren Bodens darunter mit Erde und Steinen zu bedecken. [240]

In der Schweiz und anderen schneereichen und gebirgigen Ländern leisten Wälder einen wichtigen Dienst, indem sie die Bildung und den Fall zerstörerischer Lawinen verhindern, und in vielen Teilen der Alpen, die dieser Katastrophe ausgesetzt sind, werden die Wälder gesetzlich geschützt, wenn auch zu oft wirkungslos. Tatsächlich könnte kein Wald eine große Lawine aufhalten, wenn sie einmal in Bewegung ist, aber der mechanische Widerstand, den die Bäume bieten, verhindert ihre Bildung, indem er einerseits den Wind behindert, der dem trockenen Schnee der Staub-Lawine oder Staublawine ihre *erste* gibt Impuls und durch die Kontrolle der Neigung des feuchten Schnees, sich zu einer sogenannten *Rutsch-Lawine* oder Gleitlawine zu sammeln. Marschand berichtet, dass sich gleich im ersten Winter nach dem Fällen der Bäume auf dem höher gelegenen Teil eines Abhangs zwischen Saanen und Gsteig, wo der Schnee noch nie abrutschte, eine Lawine auf der Lichtung bildete, den Berg hinunterdonnerte und stürzte und trug einen bis dahin unberührten Wald im Umfang von fast einer Million Kubikfuß Holz mit sich. [241] Sobald sich der Weg die Flanken des Berges hinab öffnete, ist das Übel fast unheilbar. Manchmal reißt der Schnee die Erde von der Felswand ab, oder wenn der Boden übrig bleibt, zerstören jeden Winter neue Schneerutsche die jungen Plantagen, und die Wiederherstellung des Holzes wird unmöglich. Mit jeder neuen Lawine wird die Spur breiter. Wohnungen und ihre Bewohner werden im Schnee begraben oder von der strömenden Masse oder den heftigen Windstößen, die sie durch die Luftverdrängung hervorruft, weggeschwemmt; Straßen und Brücken werden zerstört; Flüsse verstopften sich, schwollen an, bis sie das Tal darüber überschwemmten, und dann sprengten sie ihre Schneebarriere und überschwemmten die Felder darunter mit all den Schrecken einer winterlichen Überschwemmung. [242]

Hauptursachen für die Zerstörung des Waldes.

Die Bedürfnisse der Landwirtschaft sind die bekannteste Ursache für die Zerstörung des Waldes in neuen Ländern; Denn eine wachsende Bevölkerung benötigt nicht nur zusätzliche Hektar, um das Gemüse anzubauen, das sie und ihre Haustiere ernährt, sondern die schlampige Landwirtschaft des Grenzsiedlers erschöpft auch bald die Üppigkeit seiner ersten Felder und zwingt ihn, seine Hausgötter auf ein frischeres zu verlegen Boden. Mit wachsender Zahl kommen auch die vielen Künste hinzu, für die Holz das Material ist. Die Nachfrage des nahen und fernen Marktes nach diesem Produkt erregt die Gier des zähen Försters, und ein paar Jahre dieser wilden Industrie, deren Gefahren und Triumphe Springers „Forest Life and Forest Trees" so anschaulich schildert, reichen aus, um es zu berauben die unzugänglichsten Täler ihrer schönsten Ornamente. Der Wert des Holzes steigt mit seinen Abmessungen in fast geometrischem Verhältnis, und die höchsten, kräftigsten und symmetrischsten Bäume fallen als erstes Opfer. Dies ist ein glücklicher Umstand für den Rest des Waldes; denn der ungeduldige Holzfäller begnügt sich damit, ein paar der besten Bäume zu fällen, und eilt dann weiter, um seinen Zehnten von noch jungfräulichen Hainen zu nehmen.

Die beispiellosen Möglichkeiten der Binnenschifffahrt, die die zahlreichen Flüsse der heutigen und ehemaligen britischen Kolonialbesitzungen in Nordamerika bieten, haben sich für die Wälder dieses Kontinents als äußerst verhängnisvoll erwiesen. Quebec ist zu einem

Zentrum des Holzhandels geworden, der hinsichtlich der Masse seines Materials und folglich auch hinsichtlich der für seinen Transport erforderlichen Tonnage mit dem Handel der größten europäischen Städte konkurriert. Riesige Flöße werden in Quebec von den großen Seen, vom Ottawa und von allen anderen Nebenflüssen gesammelt, die sich vereinen, um die Strömung des Sankt-Lorenz-Stroms anschwellen zu lassen und ihm zu helfen, gegen seine mächtigen Gezeiten zu kämpfen. [243] Um das Holz zu den Märkten Europas zu befördern, wurden Schiffe mit einer bis dahin ungeahnten Last gebaut, und in den Sommermonaten ist der Sankt-Lorenz-Strom fast so überfüllt mit Schiffen wie die Themse. [244] In letzter Zeit war Chicago in Illinois eines der größten Holz- und Getreidedepots der Vereinigten Staaten und empfängt und verteilt Beiträge von allen Wäldern in den Staaten, die vom Michigansee umspült werden, sowie von einige weiter entfernte Punkte.

Die Tätigkeit des Holzfällers birgt neben dem Verlust der von ihm gefällten Bäume noch weitere Gefahren für den Wald. Die schmalen Lichtungen rund um seine *Hütten* [245] bilden Öffnungen, die den Wind hereinlassen und so manchmal zum Umstürzen von Tausenden von Bäumen führen, deren Fall kleine Bäche aufstaut und durch die Ausbreitung des Wassers Sümpfe entstehen lässt, während sie verfallen Stämme erleichtern die Vermehrung der Insekten, die sich in totem Holz vermehren, und sind teilweise schädlich für lebende Bäume. Die Entstehung und Ausbreitung von Lagerbränden ist jedoch die verheerendste aller Zerstörungsursachen, die ihren Ursprung in den Tätigkeiten des Holzfällers haben. Der Anteil industriell nutzbarer Bäume ist in allen Urwäldern gering. Nur diese fallen vor der Axt des Försters, doch das Feuer vernichtet wahllos jedes Zeitalter und jede Baumart. [246] Während dann, ohne große Schäden an den jüngeren Beständen, der heimische Wald in einer Generation mehrere „Einschnitte" vertragen wird – denn der zunehmende Wert des Schnittholzes bringt alle vier oder fünf Jahre eine Qualität des Schnittholzes zum Einsatz, die … zuvor als unverkäuflich abgelehnt worden war – ein Brand kann den Abhang eines Berges ein Jahrhundert lang unproduktiv machen. [247]

Amerikanische Waldbäume.

In den übrigen Wäldern der Nordstaaten und Kanadas gibt es nicht mehr die mächtigen Kiefern, die fast mit dem gigantischen Mammutbaum Kaliforniens konkurrierten; und das Wachstum der größeren Waldbäume ist so langsam, nachdem sie eine bestimmte Größe erreicht haben, dass, wenn alle Kiefern und Eichen zwei Jahrhunderte lang verschont blieben, der größte, der jetzt steht, nicht die Größe von Hunderten erreichen würde, von denen berichtet wird, dass sie darin gefällt wurden zwei oder drei

Generationen. [248] Dr. Williams, der vor etwa sechzig Jahren schrieb, gibt Folgendes als die Dimensionen „solcher Bäume an, die in diesem Teil Amerikas als große ihrer Art gelten" [Vermont] und schränkt seinen Bericht mit der Bemerkung ein, dass seine Messungen „bezeichnen nicht das Größte, was die Natur von ihrer jeweiligen Art hervorgebracht hat, sondern das Größte, das in den meisten unserer Städte zu finden ist."

	Durchmesser			Höhe.
Kiefer,	6	Füße,		247 Fuß.
Ahorn,	5	"	9	Zoll,
Knopfholz,	5	"	6	"
Ulme,	5	"		
Schierling,	4	"	9	" — Von 100 bis 200 Fuß.
Eiche,	4	"		
Linde,	4	"		
Asche,	4	"		
Birke,	4	"		

Er fügt eine Notiz hinzu, die besagt, dass im Jahr 1736 in Dunstable, New Hampshire, eine Weißkiefer gefällt wurde, deren Durchmesser sieben Fuß und acht Zoll betrug. Dr. Dwight sagt, dass in Connecticut eine umgestürzte Kiefer gefunden wurde, die eine Höhe von 247 Fuß hatte, und fügt hinzu: „Ein paar Jahre später gab es solche Bäume in großer Zahl entlang der nördlichen Teile des Connecticut River." In einem anderen Brief spricht er von der Weißkiefer als „häufig sechs Fuß im Durchmesser und zweihundertfünfzig Fuß in der Höhe" und gibt an, dass in Lancaster, New Hampshire, eine Kiefer gefällt wurde, die zweihundertvierundsechzig maß Füße. Emerson schrieb 1846: „Vor fünfzig Jahren wuchsen mehrere Bäume, die auf ziemlich trockenem Land in Blandford, Massachusetts, wuchsen, nachdem sie gefällt wurden, 223 Fuß. Alle diese Bäume werden von einer in Hanover, New, gefällten Kiefer übertroffen." Hampshire, vor etwa hundert Jahren, mit einer Größe von 274 Fuß beschrieben. [249]

Diese Beschreibungen gelten, wie man bemerken wird, für Bäume, die vor 60 bis 100 Jahren gefällt wurden. Personen, die durch Beobachtung mit dem gegenwärtigen Charakter des amerikanischen Waldes vertraut gemacht wurden, werden von der Kleinheit des Durchmessers beeindruckt sein, den Dr. Williams und Dr. Dwight Bäumen von solch außergewöhnlicher Höhe

zuschreiben. Individuen der verschiedenen Arten, die in Dr. Williams'
Tabelle erwähnt werden, sind jetzt kaum noch in demselben Klima zu finden,
da sie mehr als die Hälfte oder höchstens zwei Drittel der Höhe erreichen,
die er ihnen zuschreibt; aber außer im Fall der Eiche und der Kiefer würde
der von ihm angegebene Durchmesser bei Bäumen von weitaus geringerer
Höhe, die jetzt stehen, nicht als sehr außergewöhnlich angesehen werden.
Sogar bei den Arten, die ich ausgenommen habe, könnten diese
Durchmesser, mit der Hälfte der Höhen von Dr. Williams, vielleicht zum
gegenwärtigen Zeitpunkt parallel sein; und viele verpflanzte Ulmen mit
einem Durchmesser von sechs Zoll haben im Gedächtnis noch lebender
Personen einen Durchmesser von sechs und manchmal sogar sieben Fuß.
Für diese Veränderung im Wachstum der Waldbäume gibt es zwei Gründe:
Der eine ist, dass der große kommerzielle Wert der Kiefer und der Eiche zur
Zerstörung aller besten – das heißt der höchsten und geradesten – Exemplare
beider geführt hat; die andere, dass die Durchforstung der Wälder durch die
Axt des Holzfällers den Zugang von Licht, Wärme und Luft zu Bäumen von
bescheidenerem Wert und geringerer Statur ermöglicht hat, die ihre höher
aufragenden Brüder überlebt haben. Diese konnten daher ihre Kronen
ausdehnen und ihre Stämme in einem Maße anschwellen lassen, das nicht
möglich war, solange sie von der stattlichen Eiche und Kiefer überschattet
und erstickt wurden. Daher muss der Förster Neuenglands lange suchen,
bevor er eine Kiefer findet

geeignet, der Mast
eines großen Admirals zu sein,

Buchen, Ulmen und Birken, so robust wie die mächtigsten ihrer Vorfahren,
sind noch immer keine Seltenheit. [250]

Ein weiteres Übel, manchmal von ernstem Ausmaß, das mit der Arbeit
des Holzfällers einhergeht, ist die Verletzung der Flussufer durch das
Treiben. Ich beziehe mich hier nicht auf Flöße, die unter der Kontrolle
derjenigen, die sie steuern, so geführt werden können, dass Schäden am Ufer
vermieden werden, sondern auf Masten, Baumstämme und andere
Holzstücke, die den Bächen einzeln anvertraut werden durch ihre
Strömungen zu Sägewerksteichen oder zu geeigneten Orten zum Sammeln
in Flößen befördert werden. Normalerweise schleppen die Holzfäller das
Holz im Winter an die Flussufer, und wenn die Frühlingsfluten die Bäche
anschwellen lassen und das Eis aufbrechen, rollen sie die Stämme ins Wasser
und lassen sie an ihrem Bestimmungsort treiben. Wenn der Transportstrom
zu klein ist, um einen ausreichenden Kanal für diese grobe Schifffahrt zu
bilden, wird er manchmal aufgestaut und das im Teich gesammelte Holz so
über dem Damm gebildet. Wenn der Teich voll ist, wird eine Schleuse
geöffnet oder der Damm gesprengt oder auf andere Weise plötzlich
gebrochen, und die gesamte Holzmasse darüber wird mit der rollenden Flut

nach unten getrieben. Beide Vorgehensweisen setzen die Ufer der Flüsse, die als Flotationskanäle dienen, einem Abrieb aus, [251] und in einigen amerikanischen Staaten hat es sich als notwendig erwiesen, die Gebiete, durch die sie fließen, durch besondere Gesetze vor dem Abrieb zu schützen Durch die von mir beschriebenen Praktiken kann es manchmal zu schweren Verletzungen kommen. [252]

Besondere Ursachen der Zerstörung europäischer Wälder.

Die bisher aufgezählten Ursachen für Waldabfälle sind mehr oder weniger auf beiden Kontinenten verbreitet; Aber in Europa wurden zu verschiedenen Zeiten ausgedehnte Wälder absichtlich durch Feuer oder die Axt zerstört, weil sie Feinden, Räubern und Gesetzlosen einen Rückzugsort boten, und auf diese Praxis soll in den Mittelmeerprovinzen Frankreichs zurückgegriffen worden sein erst vor kurzem, zur Zeit Napoleons I. [253] Die strenge und sogar blutige Gesetzgebung, mit der einige der Regierungen des mittelalterlichen Europas sowie früherer Zeitalter die Wälder schützten, wurde von der Liebe zur Jagd oder zum Schutz der Wälder diktiert Angst vor Treibstoff- und Holzknappheit. Die Gesetze fast aller europäischen Staaten sichern mehr oder weniger ausreichend den Fortbestand des Waldes; und ich glaube, Spanien ist das einzige europäische Land, das keine öffentlichen Vorkehrungen für den Schutz und die Wiederherstellung der Wälder getroffen hat – das einzige Land, dessen Volk systematisch gegen den Garten Gottes Krieg führt. [254]

Königliche Wälder und Wildgesetze.

Die von mir zitierten französischen Autoren sowie viele andere Schriftsteller derselben Nation beziehen sich darauf, dass die Französische Revolution den destruktiven Ursachen, die bereits mit der völligen Ausrottung der Wälder drohten, einen neuen Impuls gegeben habe. [255] Der allgemeine Kreuzzug gegen die Wälder, der dieses wichtige Ereignis begleitete, ist zu einem erheblichen Teil auf politische Ressentiments zurückzuführen. Die Waldgesetze der mittelalterlichen Könige und die lokalen „Coutumes" des Feudalismus enthielten viele strenge und sogar unmenschliche Bestimmungen, die eher zum Schutz des Wildes als aus aufgeklärten Ansichten über die wichtigeren Funktionen des Waldes übernommen wurden. Ordericus Vitalis teilt uns mit, dass Wilhelm der Eroberer sechzig Pfarreien zerstörte und ihre Bewohner vertrieb, um ihr Land in einen Wald zu verwandeln, [256] der als Jagdrevier für sich und seine Nachkommen reserviert werden sollte, und er bestrafte mit Tod das Töten eines Hirsches, eines Wildschweins oder sogar eines Hasen. Sein Nachfolger, William Rufus, laut *Histoire des Ducs de Normandie et des Rois d'Angleterre*, S. 67, „jagte eines Tages in einem neuen Wald, den er aus achtzehn von ihm zerstörten Pfarreien hatte errichten lassen, als er durch einen Zufall von einem Pfeil getötet wurde, den Tyreus de Rois [Sir Walter Tyrell] zu töten gedachte Er tötete ein Tier, verfehlte aber das Tier und erschlug den König, der sich dahinter befand. Und in diesem selben Wald rannte sein Bruder Richard so heftig gegen einen Baum, dass er daran starb. Und die Menschen sagten allgemein, dass diese Dinge darauf zurückzuführen seien Sie hatten die besagten Gemeinden verwüstet und eingenommen.

Diese barbarischen Taten waren, wie Bonnemère bemerkt, [257] einfach die Übertragung der Bräuche der französischen Könige, ihrer Vasallen und sogar minderwertiger Herren auf das eroberte England. „Der Tod eines Hasen", sagt unser Autor, „war eine hängende Angelegenheit, der Mord an einem Regenpfeifer ein Kapitalverbrechen. Der Tod wurde denjenigen zugefügt, die Netze für Tauben ausbreiteten; Unglückliche, die einen Bogen auf einen Hirsch gespannt hatten, sollten getötet werden." lebendig an das Tier gebunden; und unter den Herren war es eine ständige Ausrede dafür, Wild auf verbotenem Boden getötet zu haben, dass sie auf einen Leibeigenen zielten. Die Feudalherren setzten diese Kodizes mit unerbittlicher Strenge durch und nahmen das Gesetz nicht selten selbst in die Hand. Zur Zeit Ludwigs IX. gingen laut Wilhelm von Nangis „drei in Flandern geborene edle Kinder, die sich in der Abtei St. Nikolaus im Wald aufhielten, um die Sprache Frankreichs zu lernen, in den Wald von ..." Die Abtei jagte mit ihren Bögen und Pfeilen mit eiserner Spitze das Wild, das sie im Wald der Abtei begonnen hatten, in den Wald von Enguerrand, dem Herrn von Coucy, und wurde von den Sergeanten gefangen genommen, um sie beim Hasenschießen zu unterhalten behielt das Holz. Als der gefallene und unbarmherzige Sir Enguerrand dies erfuhr, ließ er die Kinder sofort und ohne Gerichtsverfahren hängen. [258] Als Sir Enguerrand dem guten König Ludwig zur Kenntnis gebracht wurde, wurde er vorgeladen und schließlich, nach vielen Feudalwechseln und aufschiebenden Bitten, vor Ludwig selbst und einem Sonderrat vor Gericht gestellt. Ungeachtet des Widerstands der anderen Herren, die natürlich keine Mühen scheuten, um einen Adligen zu retten, der wahrscheinlich kein größerer Verbrecher war als sie selbst, war der König sehr geneigt, dem stolzen Baron die Todesstrafe aufzuerlegen. „Wenn er glaubte", sagte er, „dass unser Herr mit dem Hängen ebenso zufrieden sein würde wie mit der Begnadigung, würde er Sir Enguerrand trotz aller seiner Barone hängen lassen." aber leider überwogen edle und geistliche Interessen. Der König wurde überredet, eine mildere Vergeltung zu verhängen, und der Mörder wurde dazu verurteilt, zehntausend Livres in Münzen zu zahlen und „für die Seelen der drei Kinder zwei Kapellen zu bauen, in denen jeden Tag die Messe gelesen werden sollte". [259] Die Hoffnung, die Zeit des Fegefeuers der jungen Menschen durch die in den Kapellen zu feiernden religiösen Riten zu verkürzen, war zweifellos die

Überlegung, die den König am stärksten beschäftigte; und Europa hat um einer Masse willen ein großes Beispiel verloren.

Die Verwüstung und Entvölkerung, die aus der Ausweitung des Waldes und der Durchsetzung der Wildgesetze resultierte, veranlasste mehrere französische Könige, einer gewissen Lockerung der Strenge dieser Gesetze zuzustimmen. Franz I. belebte jedoch ihre barbarischen Bestimmungen wieder, und laut Bonnemère setzte sogar ein so guter Monarch wie Heinrich IV. sie um und „unterzeichnete das Todesurteil für Bauern, die sich schuldig gemacht hatten, ihre Felder gegen die Verwüstung durch wilde Tiere verteidigt zu haben". „Eine Geldstrafe von zwanzig Livres", fährt er fort, „wurde gegen jeden verhängt, der auf Tauben schoss, die damals zu Tausenden auf die neu gesäten Felder herabstürzten und die Saat fraßen. Aber betrachten wir auch das als einen Fortschritt." , denn wir haben gesehen, dass der Mord an einer Taube ein Kapitalverbrechen war." [260]

Nicht nur das kleinste Vergehen im Waldgebiet – zum Beispiel das Abschneiden eines Ochsenstachels – wurde hart bestraft, auch Wildtiere waren noch immer heilig, als sie ihre Heimatgebiete verlassen hatten und die Felder der Bauernschaft verwüsteten. Eine Herde Hirsche oder Wildschweine verzehrte oder zerstampfte oft eine Getreideernte, die einzige Hoffnung des Jahres für eine ganze Familie; und die einfache Vertreibung solcher Tiere von dieser kostbaren Weide brachte schreckliche Rache für den Bauern, der sich bemüht hatte, das Brot seiner Kinder vor ihrer Gier zu retten. „Zu allen Zeiten", sagt Paul Louis Courier im Namen der Bauern von Chambord im „Simple Discours", „hat das Wild Krieg gegen uns geführt. Paris und seine Umgebung wurden achthundert Jahre lang vom Hirsch blockiert.", jetzt so reich, so fruchtbar, brachte nicht genug Brot ein, um die Wildhüter zu ernähren. [261]

Im Volksmund wurde der Wald mit allen Missbräuchen des Feudalismus in Verbindung gebracht, und die Übel, die die Bauern durch die Gesetzgebung erlitten hatten, die sowohl ihn als auch das Wild, das er beherbergte, schützten, machten sie blind für die noch größeren physischen Schäden, die seine Zerstörung mit sich bringen würde über ihnen. Da die Wälder der Krone und der Großherren nicht mehr gesetzlich geschützt waren, wurden sie mit gnadenloser Heftigkeit angegriffen, skrupellos geplündert und mutwillig verwüstet, und selbst die Eigentumsrechte in kleinen Privatwäldern wurden nicht mehr respektiert. [262] Verschiedene absurde Theorien, von denen einige noch nicht einmal widerlegt wurden, wurden im Hinblick auf die wirtschaftlichen Vorteile der Umwandlung des Waldes in Weide- und Ackerland, ihre schädlichen Auswirkungen auf das Klima, die Gesundheit, die Möglichkeit der internen Kommunikation und dergleichen propagiert. So führten die ärgerliche Erinnerung an das mit dem Wald verbundene Unrecht, die Unwissenheit der Bevölkerung und die Gier von Spekulanten, die schlau genug waren, diese Umstände gewinnbringend zu nutzen, dazu, die Opferung der verbleibenden Wälder zu beschleunigen, und es entstand eine Verschwendung, die sich über Hunderte von Jahren und Millionen erstreckte Der Schatz lässt sich kaum reparieren.

Kleine Waldpflanzen und die Vitalität von Samen.

Eine andere Funktion des Waldes, auf die ich kaum hingewiesen habe, verdient eine umfassendere Beachtung, als ihr in einer Abhandlung zuteil werden kann, deren Umfang rein ökonomischer Natur ist. Der Wald ist der heimische Lebensraum einer großen Zahl einfacherer Pflanzen, für deren Wachstum und Erhaltung sein Schatten, seine Feuchtigkeit und sein pflanzlicher Schimmel unerlässliche Notwendigkeiten zu sein scheinen. [263] Wir können nicht mit Sicherheit sagen, dass die Abholzung der Wälder in einer bestimmten Gemüseprovinz das endgültige Aussterben der kleineren Pflanzen nach sich ziehen würde, die nur in ihren Bezirken vorkommen. Einige von ihnen vermehren sich zwar nicht auf natürliche Weise im offenen Boden, können aber vielleicht unter künstlicher Stimulation und Schutz keimen und wachsen und schließlich robust genug werden, um eine unabhängige Existenz unter ganz anderen Umständen aufrechtzuerhalten, als denen, die derzeit für ihr Leben wesentlich erscheinen.

Darüber hinaus sind Berichte über das Wachstum von Samen, die jahrhundertelang in der ascheigen Trockenheit der ägyptischen Katakomben lagen, zwar mit großer Vorsicht zu genießen oder, was wahrscheinlicher ist, ganz abzulehnen, doch ihre Vitalität scheint bis dahin nahezu unvergänglich zu sein sie bleiben in den Situationen, in denen die Natur sie ablagert. Wenn ein Wald abgeholzt wird, der alt genug ist, um Zeuge der Geheimnisse der Druiden zu sein, sprießen an seiner Stelle Bäume anderer Arten; und wenn sie ihrerseits vor der Axt fallen, sprießen manchmal sogar, sobald sie ihren schützenden Schatten über die Oberfläche ausgebreitet haben, die Keime, die ihre Vorgänger vor Jahren, vielleicht Jahrhunderten, abgeworfen hatten, und zu gegebener Zeit, wenn nicht durch andere Bäume erstickt werden, die zu einem späteren Zeitpunkt in der Reihenfolge der natürlichen Sukzession gehören, das ursprüngliche Holz wieder wiederherstellen. In diesen Fällen können die Samen der neuen Ernte oft durch den Wind, durch Vögel, durch Vierbeiner oder aus anderen Gründen mitgebracht worden sein; In vielen Fällen ist diese Erklärung jedoch nicht wahrscheinlich.

Wenn in den Vereinigten Staaten neu gerodetes Land verbrannt wird, ist die Asche kaum erkaltet, bevor sie mit einer Ernte von Feuerkraut bedeckt ist, einer hohen krautigen Pflanze, die man unter anderen Umständen nur sehr selten wachsen sieht und die man oft aus der Ferne nicht findet viele Meilen von der Lichtung entfernt. Seine Samen, ob sie die Frucht einer alten Vegetation sind oder von Winden oder Vögeln neu gesät wurden, erfordern entweder eine Beschleunigung durch eine Hitze, die die Temperatur der Schicht, in der sie vergraben liegen, auf einen bestimmten Höchstpunkt erhöht, oder ein besonderes Saatgut, das nur durch die Samen bereitgestellt wird Verbrennung der Gemüsereste, die den Boden im Wald bedecken. Aus Brunnen oder anderen Ausgrabungen geförderte Erde bringt bald eine Ernte von Pflanzen hervor, die sich oft stark von denen der örtlichen Flora unterscheiden.

Moritz Wagner, zitiert von Wittwer [264], bemerkt in seiner Beschreibung des Berges Ararat: „Ein einzigartiges Phänomen, auf das mein Führer meine Aufmerksamkeit lenkte, ist das Erscheinen mehrerer Pflanzen auf den Erdhaufen, die von der letzten Katastrophe [einem Erdbeben] zurückgelassen wurden. , die nirgendwo sonst auf dem Berg wachsen und in dieser Region noch nie zuvor beobachtet wurden. Die Samen dieser Pflanzen wurden wahrscheinlich von Vögeln mitgebracht und in dem lockeren, lehmigen Boden gefunden, der von den Schlammströmen übrig geblieben ist, die Wachstumsbedingungen, die der andere Boden des Berges lehnte sie ab. Das ist wahrscheinlich genug, aber es ist kaum weniger, so dass der fließende Schlamm sie aus Tiefen, in denen sie vor Jahrhunderten von einer früheren Erschütterung begraben worden waren, in den Einfluss von Luft und Sonne brachte. Samen kleiner Waldpflanzen, die von aufeinanderfolgenden Laubschichten des Waldes und dem aus seiner Zersetzung resultierenden Schimmel zu tief vergraben sind, als dass der Pflug sie erreichen könnte, wenn die Bäume verschwunden sind und der Boden kultiviert wird, können, wenn eine weisere Nachwelt das Holz neu pflanzt Nachdem sie Generationen lang in einem Zustand der Schwebe gehalten hatten, keimten und wachsen sie, nachdem sie ihre Elternstämme beschützt hatten.

Darwin sagt: „In Staffordshire, auf dem Anwesen eines Verwandten, wo ich über reichliche Möglichkeiten zur Untersuchung verfügte, gab es eine große und äußerst karge Heide, die noch nie von Menschenhand berührt worden war, sondern mehrere hundert Hektar genau dasselbe." Die Natur war vor fünfundzwanzig Jahren umschlossen und mit Waldtannen bepflanzt worden. Die Veränderung in der einheimischen Vegetation des bepflanzten Teils der Heide war äußerst bemerkenswert – mehr als man allgemein beim Übergang von einem völlig anderen Boden zu einem anderen beobachtet; nicht nur der Die proportionale Anzahl der Heidepflanzen änderte sich völlig, aber in der Plantage gediehen *zwölf* Pflanzenarten (Gräser und Seggen nicht mitgerechnet), die auf der Heide nicht zu finden waren. [265] Hätte der Autor uns mitgeteilt, dass diese zwölf Pflanzen zu einer Art gehörten, deren Samen in die Nahrung der Vögel eingehen, die mit dem jungen Holz auftauchten, könnten wir ihr Vorkommen im Boden leicht erklären; aber er sagt deutlich, dass die Vögel zu insektenfressenden Arten gehörten, und es scheint daher wahrscheinlicher, dass die Samen abgelegt wurden, als ein alter Wald das Wachstum der Pflanzen, die sie hervorbrachten, schützte, und dass sie nach einer Rückkehr zu neuem Leben erwuchsen günstige Bedingungen erweckten sie aus einem jahrhundertelangen Schlaf. Darwin sagt tatsächlich, dass die Heide „niemals von Menschenhand berührt worden" sei. Vielleicht nicht, nachdem es zu einer Heide geworden war; Aber welche Beweise gibt es, um die allgemeine Annahme zu widerlegen, dass dieser Heide ein Wald vorausging, in dessen Schatten das Gemüse gewachsen sein könnte, aus dem die betreffenden Samen fielen? [266]

Obwohl also die Zerstörung eines Waldes und die Rückgewinnung des Bodens für landwirtschaftliche Zwecke den Tod seiner kleineren abhängigen Flora voraussetzen, schließen diese Revolutionen die Möglichkeit seiner Wiederauferstehung nicht aus. Aus praktischer Sicht müssen wir jedoch zugeben, dass der Holzfäller, wenn er einen Baum fällt, die Kolonie bescheidenerer Gewächse opfert, die unter seinem Schutz gewachsen waren. Es ist bekannt, dass einige Holzpflanzen wertvolle medizinische Eigenschaften besitzen, und Experimente könnten zeigen, dass die Anzahl dieser Pflanzen größer ist, als wir derzeit annehmen. Nur wenige von ihnen haben jedoch einen anderen wirtschaftlichen Wert als den, dem Vieh, das in den Wäldern umherstreifen darf, eine dürftige Weidefläche zu bieten; Und selbst dieser kleine Vorteil wird durch den Schaden, der den jungen Bäumen durch das Verbiss von Tieren zugefügt wird, bei weitem mehr als ausgeglichen. Im Großen und Ganzen ist die Bedeutung dieser Gemüseklasse, sei es als Arzneistoff oder als Nahrungsmittel, kein aussagekräftiges populäres Argument für die Erhaltung des Waldes als notwendiges Mittel für deren Fortbestand. Stärkere Heilmittel könnten ihren Platz in der *Materia medica einnehmen* , und ein Hektar Grasland liefert mehr Nährstoffe für Rinder als hundert Hektar Wald. Aber er, dessen Sympathien für die Natur ihn gelehrt haben, zu spüren, dass zwischen allen Geschöpfen Gottes eine Gemeinschaft besteht; das glänzende Erz mehr zu lieben als den stumpfen Barren, jodhaltiges Silber und kristallisiertes rotes Kupfer mehr als die Schilling und die Pfennige, die durch die List des Münzgießers daraus geschmiedet wurden; eine ehrwürdige Eiche als das Schnapsfass, dessen Dauben aus dem Kernholz herausgespalten sind; ein Beet aus Anemonen, Leberblümchen oder Waldveilchen als Lauch und Zwiebeln, die er auf dem Boden, den sie bereichert haben, und in der Luft, die sie duften ließen, anbauen kann – derjenige, der diese besondere Schulung des Herzens und des Intellekts genossen hat, die nur erworben werden kann in den unberührten Heiligtümern der Natur, „wo der Mensch fern, aber Gott nah ist" – wird nicht voreilig sein Recht geltend machen, einen Stamm harmloser Gemüsesorten auszurotten, schon allein deshalb, weil ihre Produkte weder seinen Gaumen kitzeln noch seine Taschen füllen; und sein Bedauern über die schwindende Fläche der Waldeinsamkeit wird durch die Überlegung verstärkt, dass die Jungtiere des Waldlandes mit den Kiefern, Eichen und Buchen, die ihnen Schutz boten, zugrunde gehen. [267]

Obwohl Vögel, wie ich bereits sagte, die tieferen Winkel des Waldes nicht häufig aufsuchen, [268] bauen doch sehr viele von ihnen ihre Nester in Bäumen und finden in ihrem Laubwerk und ihren Zweigen einen sicheren Rückzugsort vor den Unbilden der Jahreszeiten und die Verfolgung der Reptilien und Vierbeiner, die ihnen nachjagen. Die Ränder der Wälder sind voller Gesang; und wenn der graue Morgen die kriechenden Dinge der Erde aus ihren Nachtzellen ruft, ruft er aus den benachbarten Wäldern Legionen ihrer geflügelten Feinde herbei, die auf die Felder herabstürzen, um die Ernten der Menschen zu retten, indem sie den zerstörenden Wurm verschlingen und die Zurückgebliebenen überraschen Käfer auf seinem verspäteten Rückzug in die dunkle Deckung, wo er die Stunden des Tageslichts über lauert.

Die für die ländliche Industrie am schädlichsten Insekten vermehren sich nicht in oder in der Nähe von Wäldern. Die Heuschrecke, die mit ihren gefräßigen Heerscharen den Osten verwüstet, wird in weiten offenen Ebenen gezüchtet, die die volle Hitze der Sonne einlassen, um das Schlüpfen der Eier zu beschleunigen, keine Feuchtigkeit sammeln, um sie zu zerstören, und keinen Vogel beherbergen, der sich von den Larven ernähren könnte . [269] Erst seit der Abholzung der Wälder Kleinasiens und Kyrenes ist die Heuschrecke in diesen Ländern so schrecklich zerstörerisch geworden; und die Heuschrecke, die heute auf manchen nordamerikanischen Böden eine fast ebenso große Plage für die Landwirtschaft zu werden droht, brütet nur dort in ernsthaft schädlicher Zahl, wo große Flächen ohne Wald sind.

Nutzen des Waldes.

In den meisten Teilen Europas sind die Wälder bereits so weit ausgerottet, dass der bloße Schutz der jetzt vorhandenen Wälder keineswegs ein angemessenes Heilmittel für die Übel ist, die aus dem Mangel an Wäldern resultieren. und außerdem hat, wie ich bereits gesagt habe, reichlich Erfahrung gezeigt, dass keine Gesetzgebung den Fortbestand des Waldes in privater Hand sichern kann. Aufgeklärte Einzelpersonen in den meisten europäischen Staaten, Regierungen in anderen, haben sehr umfangreiche Plantagen angelegt, [270] und Frankreich hat sich nun energisch daran gemacht, die Wälder in den südlichen Provinzen wiederherzustellen und dadurch die völlige Entvölkerung und Verschwendung zu verhindern, die dies mit sich bringt einst fruchtbarer Boden und köstliches Klima sind bedroht.

Die Ziele der Wiederherstellung des Waldes sind ebenso vielfältig wie die Motive, die zu seiner Zerstörung geführt haben, und wie die Übel, die diese Zerstörung verursacht hat. Es besteht die Hoffnung, dass die

Bepflanzung der Berge die Häufigkeit und Heftigkeit von Flussüberschwemmungen verringert, die Bildung von Wildbächen verhindert, die extremen atmosphärischen Temperaturen, Luftfeuchtigkeiten und Niederschläge mildert, ausgetrocknete Quellen, Bäche und Bewässerungsquellen wiederherstellt, Schützen Sie die Felder vor Kälte und sengenden Winden, verhindern Sie die Ausbreitung miasmatischer Ausdünstungen und stellen Sie schließlich einen unerschöpflichen und sich selbst erneuernden Vorrat an Material bereit, das für so viele Zwecke des häuslichen Komforts und für die erfolgreiche Ausübung jeder Kunst des Friedens unverzichtbar ist , jede zerstörerische Energie des Krieges. [271]

Aber unsere Aufzählung der Verwendungsmöglichkeiten von Bäumen ist noch nicht vollständig. Neben dem Einfluss des Waldes in Gebirgszügen als Mittel zur Verhinderung des Ausgrabens von Schluchten und der Ansammlung von Wasser, die sie füllen, erfüllen Bäume in tieferen Lagen einen wertvollen Zweck als Barrieren gegen die Ausbreitung von Überschwemmungen Material, das sie mit sich transportieren; aber dies wird im Kapitel über die Gewässer besser berücksichtigt; und auf eine weitere sehr wichtige Verwendung von Bäumen, nämlich die Befestigung beweglicher Sanddünen und deren Rückgewinnung für eine gewinnbringende Bewirtschaftung, wird im Kapitel über die Sande hingewiesen.

Der enorme Ausbau der Eisenbahnen, der Manufakturen und der mechanischen Künste, der militärischen Bewaffnung und insbesondere der Handelsflotten und Marinen der Christenheit im gegenwärtigen Jahrhundert hat die Nachfrage nach Holz [272] und, abgesehen von Verbesserungen in der Metallurgie, erheblich erhöht die den Ersatz dieses Materials durch Eisen erleichtert haben, hätten die letzten 25 Jahre Europa fast seiner einzigen verbliebenen Bäume beraubt, die für solche Zwecke geeignet wären. [273] Allein die Walnussbäume, die in Europa innerhalb von zwei Jahren gefällt wurden, um die Armeen Amerikas mit Gewehrschäften auszustatten, würden einen Wald von nicht unerheblicher Ausdehnung bilden. [274]

Die Wälder Europas.

Mirabeau schätzte die Wälder Frankreichs im Jahr 1750 auf siebzehn Millionen Hektar [42.000.000 Acres]; 1860 wurden sie auf acht Millionen [19.769.000 Acres] reduziert. Das wären 82.000 Hektar [202.600 Acres] pro Jahr. Troy, dessen wertvoller Broschüre „ *Étude sur le Reboisement des Montagnes*" ich diese statistischen Details entnehme, geht davon aus, dass Mirabeaus Aussage vielleicht extravagant war, aber es bleibt sicher, dass die Verschwendung enorm war; denn es ist bekannt, dass in einigen Departements, zum Beispiel im Ariège, im letzten halben Jahrhundert jährlich dreitausend Acres gerodet wurden [275] und in allen Teilen des Reiches Bäume gefällt wurden schneller als sie gewachsen sind. Die

Gesamtfläche Frankreichs ohne Savoyen beträgt etwa 131 Millionen Acres. Der von Mirabeau angenommene Waldumfang würde etwa zweiunddreißig Prozent betragen. des gesamten Territoriums. [276] In einem Land und einem Klima, in dem die schützenden Einflüsse des Waldes so notwendig sind wie in Frankreich, müssen Bäume eine große Fläche bedecken und in großen Massen gruppiert werden, um die verschiedenen ihnen zugewiesenen Funktionen optimal zu erfüllen natürlich. Der Holzverbrauch nimmt in diesem Reich rasch zu, und ein großer Teil seines Territoriums ist gebirgig, unfruchtbar und ansonsten aufgrund seiner Beschaffenheit oder Lage so beschaffen, dass es gewinnbringender für den Holzanbau als für irgendeine landwirtschaftliche Nutzung verwendet werden kann. Daher ist es offensichtlich, dass der Waldanteil im Jahr 1750, selbst wenn man Mirabeaus große Schätzung zugrunde legt, nicht viel zu groß für eine dauerhafte Erhaltung war, obwohl die Verteilung zweifellos so ungleichmäßig war, dass es eine vernünftige Politik gewesen wäre, den Wald abzuholzen und Land zu roden In einigen Provinzen hätten große Wälder gepflanzt werden sollen. [277] Während des fraglichen Zeitraums exportierte Frankreich weder verarbeitetes Holz noch Rohholz und zog auch keine bedeutenden Nebenvorteile irgendeiner Art aus der Zerstörung seiner Wälder. Infolgedessen ist sie in dem Maße verarmt und verkrüppelt, wie der Unterschied zwischen dem, was sie tatsächlich an Waldfläche besitzt, und dem, was sie hätte behalten sollen, ausmacht.

Italien und Spanien sind in größerem Maße von Bäumen entblößt als Frankreich, und selbst Russland, das wir gewöhnlich als weitgehend bewaldetes Land betrachten, beginnt ernsthaft unter Holzmangel zu leiden. Jourdier bemerkt, wie von Clavé zitiert: „Statt eines ausgedehnten Gebiets mit riesigen Wäldern, das wir erwarten, sieht man nur vereinzelte Haine, die vom Wind oder von der Axt des Moujik ausgedünnt wurden, mehr oder weniger kürzlich umgehauene Böden . " für den Anbau freigegeben. Es gibt wahrscheinlich keinen einzigen Bezirk in Russland, der nicht die Verwüstungen des Menschen oder des Feuers, diese beiden großen Feinde des Moskauer Waldbaus, beklagen muss. Das ist so wahr, dass klarsichtige Menschen bereits eine Krise vorhersehen, die dies tun wird schrecklich werden, es sei denn, die Entdeckung großer Vorkommen eines neuen Brennstoffs, wie Steinkohle oder Anthrazit, wird seine Übel verringern." [278]

Aufgrund der Beschaffenheit der Oberfläche und des Klimas sowie der seit langem in allen deutschen Staaten dem Waldbau gewidmeten Aufmerksamkeit ist Deutschland in dieser Hinsicht insgesamt in einem weitaus besseren Zustand als seine südlicheren Nachbarn; aber in den Alpenprovinzen Bayern und Österreich hat dieselbe Unvorsichtigkeit, die die ländliche Wirtschaft der entsprechenden Gebiete der Schweiz, Italiens und Frankreichs kennzeichnet, kaum weniger verheerende Auswirkungen. Als

Beispiel für die Knappheit an Brennstoffen in einigen Teilen des bayerischen Territoriums, wo es vor nicht allzu langer Zeit Holz im Überfluss gab, möchte ich die Tatsache erwähnen, dass das Wasser von Salzquellen in einigen Fällen über eine Entfernung von sechzig Meilen transportiert wird , in Eisenrohren, um einen Brennstoffvorrat zum Einkochen zu erreichen. [279]

Wälder der Vereinigten Staaten und Kanadas.

Die riesigen Wälder der Vereinigten Staaten und Kanadas können den unvorsichtigen Gewohnheiten der Hinterwäldler und der gestiegenen Nachfrage nach Bauholz nicht lange widerstehen. Laut der Volkszählung des ehemaligen Landes für 1860, die nur die Rendite des „gesägten und gehobelten Holzes" angibt, wobei Holz für Rahmenkonstruktionen und für eine Vielzahl mechanischer Zwecke gänzlich weggelassen wird, beträgt der Wert des ehemaligen Materials, das für den Markt in den Vereinigten Staaten vorbereitet wurde Die Vereinigten Staaten betrugen 1850 58.521.976 US-Dollar; im Jahr 1860 95.912.286 $. Die Menge an ungesägtem Bauholz ist wahrscheinlich nicht im gleichen Verhältnis gestiegen, da in diesem Zustand verhältnismäßig wenig exportiert wird und weil das Mauerwerk im Bauwesen schnell das Zimmermannshandwerk verdrängt und Stein, Ziegel und Eisen anstelle von Holz verwendet werden größer als noch vor zehn Jahren. Dennoch muss im Jahr 1860 eine viel größere Menge ungesägten Schnittholzes vermarktet worden sein als im Jahr 1850. Es muss weiterhin zugegeben werden, dass der Preis für Schnittholz zwischen diesen Zeitpunkten erheblich gestiegen ist und dass die Mengenzunahme folglich nicht an der Steigerung gemessen werden darf Geldwert. Vielleicht reicht dieser Preisanstieg sogar aus, um den gesamten Unterschied zwischen dem Wert des in den fraglichen zehn Jahren von den sechs Neuenglandstaaten (21 Prozent) und den sechs Mittelstaaten (21 Prozent) produzierten „gesägten und gehobelten Holzes" auszugleichen (15 Prozent.); aber die von den westlichen und südlichen Staaten produzierte Menge hatte sich verdoppelt, und die aus den pazifischen Staaten und Territorien zurückgegebene Menge hatte sich im gleichen Zeitraum im Wert verdreifacht, so dass es in diesen Staaten sicherlich zu einem starken Anstieg der tatsächlichen Menge kam zum Verkauf vorbereitet.

Ich bezweifle sehr, dass einer der amerikanischen Staaten, außer vielleicht Oregon, derzeit mehr Waldland hat, als er dauerhaft erhalten sollte , obwohl zweifellos eine unterschiedliche Verteilung der Wälder in allen Staaten sehr unterschiedlich sein könnte vorteilhaft. Es ist ein großes Unglück für die Amerikanische Union, dass die Landesregierungen ihre ursprüngliche Domäne so allgemein an Privatpersonen abgegeben haben. Es stimmt, dass öffentliches Eigentum in den Vereinigten Staaten nicht ausreichend respektiert wird; und es ist auch wahr, dass Holz in der Erinnerung fast aller Männer im reifen Alter in diesem Land von so geringem

Wert war, dass die Besitzer privater Wälder sich fast ohne Klage dem unterwarfen, was anderswo als sehr schwerwiegende Übergriffe angesehen werden würde über ihnen. [280] Unter solchen Umständen ist es schwierig, den Wald zu schützen, unabhängig davon, ob er dem Staat oder Einzelpersonen gehört. Eigentum dieser Art würde häufig geplündert und häufig durch Feuer beschädigt werden. Die durch diese Ursachen verursachte Zerstörung würde sich zwar erheblich verringern, aber die klimatischen und geografischen Einflüsse des Waldes nicht völlig zunichte machen oder seinen Wert als regelmäßige Versorgungsquelle für Brennstoff und Holz ruinös mindern. Um den Übeln vorzubeugen, über die ich so lange nachgedacht habe, muss das amerikanische Volk auf die Verbreitung allgemeiner Intelligenz zu diesem Thema und auf das aufgeklärte Eigeninteresse achten, durch das es sich auszeichnet, und nicht auf die Aktion seiner örtlichen oder allgemeinen Gesetzgebungen. Selbst in Frankreich ist die Regierung zu langsam und zögerlich vorgegangen, und vorbeugende Maßnahmen können die destruktiven Ursachen noch nicht ausgleichen. Die klugen Bemerkungen Trojas zu diesem Punkt lassen sich durchaus auf andere Länder als Frankreich übertragen, auf andere Maßnahmen der öffentlichen Ordnung als die Erhaltung der Wälder. „Sanft vorgehen", sagt er, „bedeutet, die gefährlichste und unverzeihlichste aller Unvorsichtigkeiten zu begehen; es mindert das Ansehen der Autorität; es verschafft dem Spötter und Ungläubigen einen Triumph; es stärkt den Widerstand und ermutigt zum Widerstand; es ruiniert." „Die Regierung schwächt nach Meinung des Volkes ihre Macht und schwächt ihren Mut." [281]

Die Ökonomie des Waldes.

Die Gesetzgebung europäischer Staaten zum Waldbau und die Ausübung dieser Kunst gliedern sich in zwei große Zweige: die Erhaltung bestehender Wälder und die Schaffung neuer Wälder. Aufgrund der langen Wirkweise der bereits dargelegten Ursachen existiert das, was in Amerika und anderen neuen Ländern unter dem „Urwald" verstanden wird, in den Gebieten, die Sitze der alten Zivilisation und des Reiches waren, nicht mehr, außer in kleinem Maßstab und in abgelegene und fast unzugängliche Täler, die für gewöhnliche Beobachtungen völlig unerreichbar sind. Die ältesten europäischen Wälder sind in der Tat einheimisch, das heißt, sie sind aus selbst gesätem Samen oder aus den Wurzeln von Bäumen entstanden, die für menschliche Zwecke gefällt wurden; Ihr Wachstum wurde jedoch auf verschiedene Weise vom Menschen und von Haustieren kontrolliert, und sie weisen stets einen mehr oder weniger künstlichen Charakter und eine künstliche Anordnung auf. Sowohl sie als auch die bepflanzten Wälder, von denen es in Europa sicherlich nicht wenige, aber neueren Datums gibt, erfordern sowohl zum Schutz als auch zur Wachstumsförderung eine Behandlung, die sich in mancher Hinsicht von der unterscheidet, die dem

Charakter und den Bedürfnissen der Wälder angemessen wäre das jungfräuliche Holz.

Zu diesem letzten Zweig des Themas haben Erfahrung und Beobachtung noch keinen ausreichenden Bestand an Tatsachen gesammelt, um für den Aufbau eines vollständigen Waldbausystems zu dienen; Aber die Waldbewirtschaftung, wie sie in Frankreich existiert – die verschiedenen Zonen und Klimazonen dieses Landes weisen viele Ähnlichkeiten mit denen der Vereinigten Staaten und einiger britischer Kolonien auf – wurde sorgfältig untersucht und es wurden mehrere Handbücher zur Praxis erstellt für die Förster dieses Reiches vorbereitet. Ich glaube, das beste davon ist der *Cours Élémentaire de Culture des Bois créé à l'École Forestière de Nancy, par M. Lorentz, complété, et publié par A. Parade* , mit einer Ergänzung unter dem Titel *Cours d'Aménagement des Forêts* , *von Henri Nanquette* . Die *Études sur l'Économie Forestière von Jules Clavé* , die ich oft zitiert habe, präsentieren eine große Anzahl interessanter Ansichten zu diesem Thema und verdienen es durchaus, für den Gebrauch durch den englischen und amerikanischen Leser übersetzt zu werden; Es ist jedoch nicht als praktischer Leitfaden konzipiert und behauptet nicht, in seinen Details ausreichend spezifisch zu sein, um diesen Zweck zu erfüllen. Ungeachtet der unterschiedlichen Bedingungen zwischen dem ursprünglichen und dem bewirtschafteten Wald wird der kluge Beobachter, der auf die Erhaltung des ersteren abzielt, aus den von mir zitierten Abhandlungen viele Lehren ziehen, und ich glaube, er wird davon überzeugt sein, dass ein natürlicher Wald umso früher gebracht wird in den Zustand eines künstlich regulierten Staates umzuwandeln, desto besser ist es für alle vielfältigen Interessen, die von der klugen Verwaltung dieses Zweigs der öffentlichen Wirtschaft abhängen. [282]

Einer Überlegung zu diesem Thema wurde weniger Beachtung geschenkt, als sie verdiente, da die meisten Personen, die sich für solche Fragen interessieren, keine Gelegenheit für den Vergleich haben, auf den ich mich beziehe. Ich meine die große allgemeine Überlegenheit des kultivierten Holzes gegenüber dem rein spontanen Wachstum. Ich sage *allgemeine* Überlegenheit, weil es Ausnahmen von der Regel gibt. Die Weißkiefer (*Pinus strobus*) zum Beispiel und andere Bäume mit ähnlichem Charakter und ähnlichem Nutzen benötigen für ihr perfektes Wachstum eine dichte Waldvegetation um sie herum, die sie vor zu starker Windbewegung und vor der Beständigkeit des Windes schützt Seitenzweige, die das Holz mit Ästen füllen. Eine Kiefer, die unter diesen Bedingungen gewachsen ist, besitzt einen hohen, geraden Stamm, der hervorragend für Masten und Spieren geeignet ist, und gleichzeitig ist ihr Holz fast völlig frei von Ästen, hat eine regelmäßige ringförmige Struktur, eine weiche und gleichmäßige Textur, und daher fast allen anderen Bauhölzern überlegen. Wenn, während eine große Kiefer verschont bleibt, die Laubbäume oder andere kleinere Bäume um sie herum gefällt werden, erzeugt die Schwankung des Baumes durch die Einwirkung des Windes mechanisch Trennungen zwischen den Schichten des Jahreswachstums und mindert den Wert des Baumes erheblich Holz.

Derselbe Mangel wird häufig bei Kiefern beobachtet, die infolge eines zufälligen Wachstums ihre Artgenossen im Urwald weit überragt haben. Die Weißkiefer , die auf den Feldern oder in offenen Lichtungen im Wald wächst, unterscheidet sich sowohl im allgemeinen Aussehen als auch in der Holzqualität völlig vom echten Waldbaum. Sein Stamm ist viel kürzer, seine Spitze weniger spitz zulaufend, sein Laub ist dichter und neigt eher dazu, sich in Büscheln zu sammeln, seine Äste sind zahlreicher und haben einen größeren Durchmesser, sein Holz zeigt viel deutlicher die Jahreswachstumsteilung, ist von gröberer Körnung, härter und härter schwieriger in Gehrungsverbindungen einzuarbeiten. Vermischt mit den wertvollsten Kiefern in den amerikanischen Wäldern findet man viele Bäume des Charakters, den ich gerade beschrieben habe. Die Holzfäller nennen sie „Setzlinge" und betrachten sie im Allgemeinen als von der echten Weißkiefer verschiedene Arten, aber Botaniker sind nicht in der Lage, einen Unterschied zwischen ihnen zu machen, und da sie in fast jeder Hinsicht mit Bäumen übereinstimmen, die auf offenem Gelände von bekannten Bäumen gewachsen sind Ich glaube, dass ihr besonderer Charakter auf ungünstige Umstände in ihrem frühen Wachstum zurückzuführen ist. Die Kiefer ist also eine Ausnahme von der allgemeinen Regel, dass der Wald dem Freilandbaum unterlegen ist. Die Weideeiche und die Weidebuche hingegen produzieren bekanntermaßen viel besseres Holz als die im Wald wachsenden, und es gibt nur wenige Bäume, auf die diese Bemerkung nicht gleichermaßen anwendbar ist. [283]

Ein weiterer Vorteil des künstlich regulierten Waldes besteht darin, dass er eine solche Gradierung des Bodens zulässt, dass das Zurückhalten oder Ableiten von Wasser nach Belieben begünstigt wird, und dass er gleichzeitig die Möglichkeit bietet, die Bäume, die dies tun, auszuwählen, richtig zu dosieren und richtig anzuordnen Sie sind zu offensichtlich, als dass sie mehr als nur angedeutet werden müssten. Bei der Durchführung dieser Arbeiten müssen wir ein sorgfältiges Auge auf die Anforderungen der Natur haben und bedenken, dass ein Wald keine willkürliche Ansammlung von Bäumen ist, die nach dem Willen seines Besitzers ausgewählt und entsorgt werden. „Ein Wald", sagt Clavé, „ist nicht, wie oft angenommen wird, eine einfache Ansammlung von Bäumen, die auf lange Sicht aufeinander folgen, ohne Bindung und voneinander isoliert werden können; er ist im Gegenteil ein ein Ganzes, dessen verschiedene Teile voneinander abhängig sind und sozusagen eine wahre Individualität darstellen. Jeder Wald hat einen besonderen Charakter, der durch die Form der Oberfläche, auf der er wächst, und die Baumarten, aus denen er besteht, bestimmt wird und die Art und Weise, wie sie gruppiert sind. [284]

Europäische und amerikanische Bäume im Vergleich.

Die Wälder Nordamerikas unterscheiden sich deutlich von denen Europas durch die weitaus größere Artenvielfalt. Laut Clavé gibt es in „Frankreich und in den meisten Teilen Europas" nur etwa zwanzig Waldbäume, von denen fünf oder sechs stachelblättrig und harzig sind, der Rest breitblättrig." [285] Unser Autor jedoch zweifellos bedeutet Gattungen, obwohl er das Wort *espèces* verwendet. Rossmässler zählt siebenundfünfzig Arten von Waldbäumen auf, die in Deutschland vorkommen, aber einige davon sind bloße Sträucher, einige sind Obst- und eigentlich Gartenbäume und einige andere sind nur Varietäten bekannter Arten. Das wertvolle Handbuch von Parade beschreibt ungefähr die gleiche Anzahl, darunter jedoch zwei amerikanischen Ursprungs – die Heuschrecke *Robinia pseudacacia* und die Weymouth- oder Weißkiefer *Pinus strobus* – sowie die Libanon-Zeder aus Asien, obwohl sie in Algerien heimisch ist Wir können dann mit Sicherheit sagen, dass es in Europa nicht mehr als vierzig oder fünfzig Bäume gibt, deren wirtschaftlicher Wert die besondere Pflege des Försters wert wäre, während die Eiche allein in den Vereinigten Staaten nicht weniger als dreißig Arten umfasst. [286] und einige andere nordamerikanische Gattungen sind fast ebenso vielfältig. [287]

In den Vereinigten Staaten wurden nur wenige europäische Bäume eingebürgert, mit Ausnahme derjenigen, die essbare Früchte tragen, während die amerikanische Waldflora einen großen Beitrag zu der europäischen Waldflora geleistet hat. Es ist ein sehr schlechter Geschmack, der dazu geführt hat, dass auf einigen öffentlichen Anlagen in den Vereinigten Staaten die weniger malerische europäische Ulme durch die anmutige und majestätische amerikanische Ulme ersetzt wurde. Andererseits sind die europäische Eberesche – die unserer eigenen Schönheit und Wuchsgesundheit überlegen ist –, die Rosskastanie und die Abele oder Silberpappel wertvolle Ergänzungen zu den Zierbäumen Nordamerikas. Die Schweizer Arve oder Zirbelkiefer, *Pinus cembra* , die einen wohlschmeckenden, essbaren Samen hervorbringt und ein ausgezeichnetes Holz zum Schnitzen liefert, die Schirmkiefer, die ebenfalls einen geschmacklich angenehmen Samen trägt und aufgrund der Farbe ihres Laubs und der schönen Form gehört mit seiner kuppelförmigen Krone zu den elegantesten Bäumen, die Weiß-Birke Mitteleuropas, deren herabhängende Zweige in Länge, Flexibilität und Anmut des Herbstes fast denen der Trauerweide und insbesondere der „Zypresse" in nichts nachstehen „Fundamental" könnte mit großem Nutzen für die Landschaft in den

Vereinigten Staaten eingeführt werden. Die europäische Buche und die Kastanie liefern Holz von weitaus besserer Qualität als ihre amerikanischen Verwandten. Die Frucht der europäischen Kastanie ist zwar im Geschmack schlechter als die amerikanische, aber größer und ein wichtiger Ernährungsartikel der französischen und italienischen Bauernschaft. Die Walnuss Europas ist wegen ihres Holzes und ihres Öls wertvoll, auch wenn sie einigen amerikanischen Arten an Wuchs- oder Holzschönheit oder anderen an Stärke und Elastizität der Fasern nicht ebenbürtig ist. [288] Die Seekiefer, die sich bei der Befestigung von Treibsand in Frankreich als so außerordentlich nützlich erwiesen hat, ist für diesen Zweck möglicherweise besser geeignet als alle Kiefern der Neuen Welt, und sie ist von großer Bedeutung für ihr Terpentinharz , und Teer. Die Épicéa oder Gemeine Tanne (*Abies picea*, *Abies excelsa*, *Picea excelsa)*, die in den Bergen Frankreichs und des angrenzenden Landes häufig vorkommt, ist für ihr Produkt, das Burgunderpech, bekannt und gedeiht auf einer größeren Boden- und Klimavielfalt als Bei fast jedem anderen Ährenblattbaum könnte es sich durchaus lohnen, ihn zu verpflanzen. [289] Ich glaube, die Korkeiche wurde in den Vereinigten Staaten eingeführt und würde zweifellos im südlichen Teil der Union gedeihen. [290]

An der Walnuss, der Kastanie, der Korkeiche, der Maulbeere, der Olive, der Orange, der Zitrone, der Feige und der Vielzahl anderer Bäume, die durch ihre Früchte oder andere Produkte einen jährlichen Ertrag erwirtschaften, hat die Natur gewährte Südeuropa einen teilweisen Ausgleich für den Verlust des einheimischen Waldes. Es ist wahr, dass diese Bäume, da die meisten von ihnen in solchen Abständen gepflanzt sind, dass sie kultiviert werden können oder zwischen ihnen Gras wachsen kann, nur ein unzureichender Ersatz für den dichten und schattigen Wald sind; Aber sie üben bis zu einem gewissen Grad die gleichen Funktionen der Absorption und Transpiration aus, sie beschatten die Oberfläche des Bodens, sie dienen dazu, die Kraft des Windes zu brechen, und an manchen steilen Abhängen, an manchen kahlen und kargen Hängen bindet die Kastanie Der Boden wird mitsamt seinen Wurzeln durchnässt und verhindert, dass tonnenweise Erde und Kies auf die Felder und Gärten spülen. An Obstbäumen mangelt es nördlich der Alpen sicherlich nicht. Der Apfel, die Birne und die Pflaume sind für die Wirtschaft des Menschen und der Natur wichtig, aber sie sind in der Schweiz und in Nordfrankreich weitaus weniger zahlreich als die Bäume, die ich in Südeuropa erwähnt habe, weil sie im Allgemeinen seltener vorkommen lohnend und weil das Klima in höheren Breiten das freie Anpflanzen von Schattenbäumen auf landwirtschaftlich genutzten Flächen nicht zulässt. [291]

Die Vielfalt der Arten, die in ihrem spontanen Wachstum miteinander vermischt sind, verleiht der amerikanischen Waldlandschaft ein vielfältiges

Aussehen, das man in den Wäldern Europas nicht oft sieht, und die wunderschönen Farbtöne, die die Natur vom sterbenden Delphin wiederholt, um das fallende Blatt zu malen Die amerikanischen Ahornbäume, Eichen und Eschen bekleiden die Hänge und säumen die Wasserläufe mit einer regenbogenfarbenen Laubpracht, die von den leuchtendsten Gruppen der tropischen Flora unübertroffen ist. Es muss jedoch zugegeben werden, dass sowohl die nördlichen als auch die südlichen Abhänge der Alpen eine größere Annäherung an diese reiche und vielfältige Färbung der Herbstvegetation aufweisen, als die meisten amerikanischen Reisenden in Europa zuzugeben bereit sind; und außerdem sind die kleinen Laubsträucher, die oft die Waldlichtungen dieser Berge bedecken, mit einem rötlichen und orangefarbenen Schimmer gefärbt, der in der fernen Landschaft kein schlechter Ersatz für das Scharlachrot, Purpur, Gold und Bernstein der transatlantischen Wälder ist .

Kein mir bekanntes amerikanisches Immergrün ähnelt der Schirmkiefer hinreichend, um einen guten Vergleich mit ihr zu ermöglichen. [292] Eine Zeder, die oberhalb der Highlands am Hudson sehr häufig vorkommt, ist der Zypresse sehr ähnlich, gerade, schlank, mit aufrechten, zusammengedrückten Zweigen und bis zum Boden gefiedert, aber ihr Laub ist weder so dunkel noch so dicht wie der Baum erreicht weder die majestätische Höhe der Zypresse noch die geschmeidige Flexibilität dieses Baumes. Von ihrer bloßen Form her ähnelt die Pappel aus der Lombardei dieser letzteren fast, aber es ist fast eine Profanierung, die beiden zu vergleichen, besonders wenn sie vom Wind bewegt werden; Denn unter solchen Umständen ist der eine der majestätischste, der andere der unanmutigste oder – wenn ich einen solchen Ausdruck auf etwas anderes als die menschliche Affektiertheit der Bewegung anwenden darf – der unbeholfenste aller Bäume. Die Pappel zittert vor dem Windstoß, flattert, kämpft wild, zerzaust ihr Laub, tastet mit ihren schwachen Zweigen herum und zischt wie in ohnmächtiger Leidenschaft. Die Zypresse zieht ihre Gliedmaßen noch enger an ihren Stamm heran, verbeugt sich vor dem Sturm eher in einem gnädigen Gruß als in einer demütigen Ehrerbietung, beugt sich dem Wind mit einer Elastizität, die Ihnen die sofortige Rückkehr zu ihrer königlichen Haltung garantiert, und sendet ihre dicken Blätter aus ein Murmeln wie das Rauschen des fernen Ozeans.

Die Zypresse und die Schirmkiefer sind nicht nur herkömmliche Arten der italienischen Landschaft. Sie sind wesentliche Elemente in einem Gebiet ländlicher Schönheit, das in seiner Vollkommenheit nur im Becken des Mittelmeers zu sehen ist, und sie sind für diese Art von Landschaft ebenso charakteristisch wie die Dattelpalme für die Oasen der Wüste. Es gibt jedoch einen Unterschied: Eine einzelne Zypresse oder Kiefer reicht oft aus, um großflächig Schönheit zu verbreiten; Die Palme ist ein sozialer Baum, und ihre Schönheit ist nicht so sehr die des Einzelnen, sondern die der Gruppe. Die Häufigkeit der Zypresse und der Kiefer – kombiniert mit der Tatsache, dass die anderen Bäume Südeuropas, die einen Fremden aus dem Norden am meisten interessieren, die Orange und die Zitrone, die Korkeiche, die Ilex, die Myrte und der Lorbeer, sind immergrüne Pflanzen – erklärt bei weitem die Schönheit der Winterlandschaft Italiens. Tatsächlich kann sich ein Tourist, der sich auf Radkutschen und Landstraßen beschränkt, nur im Winter eine Vorstellung vom Antlitz der Erde machen und sich ein richtiges geographisches Bild von diesem Land machen. Zu anderen Jahreszeiten schränken nicht nur hohe Mauern, sondern ebenso undurchdringliche Hecken und jetzt unglücklicherweise dicht an den Eisenbahnstrecken gepflanzte Akazien die Sicht so vollständig ein, dass der Bogen eines Tunnels oder eine Nachtmütze über den Augen des Reisenden erscheint kaum ein wirksameres Hindernis für die Befriedigung seiner Neugier. [293]

Waldbau.

Die Kunst oder, wie die kontinentalen Förster es nennen, die Wissenschaft des Waldbaus wurde in England und Amerika so wenig betrieben, dass ihre Nomenklatur nicht in den englischen Wortschatz eingeführt wurde und ich ihre Prozesse nicht mit technischen Mitteln beschreiben kann Anstand der Sprache, ohne gelegentlich ein Wort aus der Waldliteratur Frankreichs und Deutschlands zu übernehmen. Eine ausführliche Diskussion der Methoden des Waldbaus wäre in einem Werk wie dem vorliegenden tatsächlich fehl am Platz, aber der nahezu völlige Mangel an bequem zugänglichen Informationsquellen zu diesem Thema in englischsprachigen Ländern wird mich dazu rechtfertigen, es vorzustellen mit etwas mehr Details, als sonst relevant wäre.

Die beiden bekanntesten Methoden sind die *Taillis* , Gehölz- oder Niederwaldbehandlung [294] und die *Futaie* , für die ich kein englisches Äquivalent finde, die aber nicht unpassend als *Vollwachstumssystem bezeichnet werden darf* . Ein *Taillis* , Wäldchen oder Niederwald ist ein Gehölz, das aus Trieben der Wurzeln von Bäumen besteht, die zuvor als Brennstoff und Nutzholz abgeholzt wurden. Die Triebe werden von Zeit zu Zeit ausgedünnt und schließlich geschnitten, entweder nach einer festgelegten Anzahl von Jahren oder nachdem die jungen Bäume eine bestimmte Größe erreicht haben, wobei ihre Wurzeln dann wie zuvor belassen werden, um neue Nachkommen hervorzubringen. Dies ist die billigste und daher beste Wirtschaftsweise überall dort, wo der Preis der Arbeit und des Kapitals in einem hohen Verhältnis zu dem des Bodens und des Holzes steht; aber es ist im Wesentlichen eine verschwenderische Wirtschaft. Wenn der Wald zunächst vollständig abgeholzt wird, wie es in der Praxis am bequemsten ist, haben die jungen Triebe weder den für das Waldwachstum so wichtigen Schatten noch den Schutz vor Wind, und ihr Fortschritt ist verhältnismäßig langsam, während bei Gleichzeitig ersticken die dicken Klumpen, die sie bilden, die Sämlinge, die möglicherweise in ihrer Nähe gekeimt sind. Wenn Haustiere jeglicher Art im Wald umherstreifen dürfen, fressen sie an den Endknospen und den zarten Zweigen, wodurch sie die jungen Bäume verkümmern, wenn sie nicht sogar töten, und ihnen jegliche Schönheit und Wachstumskraft nehmen. Die immergrünen Pflanzen wachsen, wenn sie einmal geschnitten sind, nicht wieder in die Höhe, [295] und der gemischte Charakter des Waldes – in vielerlei Hinsicht ein wichtiger Vorteil, wenn nicht eine unentbehrliche Wachstumsbedingung – geht verloren; [296] Außerdem kann mit dieser Methode kein großes Holz jeglicher Art gezüchtet werden, da Bäume, die aus verrottenden Baumstümpfen und ihren absterbenden Wurzeln sprießen, hohl oder anderweitig krank werden, bevor sie ihre volle Größe erreichen. Ein noch verhängnisvollerer Einwand ist, dass die Wurzeln der Bäume nicht mehr als zwei oder drei oder höchstens vier Triebabschnitte tragen, bevor ihre Lebenskraft erschöpft ist, und dass das Holz dann nur durch vollständige Neubepflanzung wiederhergestellt werden kann. Der Zeitraum für das Schneiden von Niederwäldern variiert in Europa je nach Boden, Art und Wachstumsgeschwindigkeit zwischen fünfzehn und vierzig Jahren.

Im *Futaie-* oder Vollwachstumssystem dürfen die Bäume so lange stehen, wie sie gesund und kräftig wachsen. Dies ist eine kürzere Zeitspanne, als man zunächst annehmen würde, wenn man das fortgeschrittene Alter und die großen Ausmaße bedenkt, die viele Waldbäume in gemäßigten Klimazonen unter günstigen Umständen erreichen. Aber wie jeder beobachtende und mit dem Naturwald vertraute Mensch weiß, handelt es sich dabei um Ausnahmefälle, ebenso wie bei Menschen mit großer Langlebigkeit oder gigantischer Statur. Fähige Pflanzenphysiologen haben behauptet, dass der Baum, wie die meisten Reptilien, keine natürliche Lebens- oder Wachstumsgrenze hat und dass der einzige Grund, warum unsere Eichen und Kiefern nicht das Alter von zwanzig Jahrhunderten und die Höhe von hundert Klaftern erreichen, Das heißt, dass bei der Vielzahl von Zufällen, denen sie ausgesetzt sind, die Chancen, dass sie eine solche Länge von Jahren und ein solches Ausmaß an Wachstum erreichen, eine Million zu eins gegen sie stehen. Eine andere Erklärung dieser Tatsache ist jedoch möglich. Bei Bäumen, bei denen keine erkennbare äußere Todesursache vorliegt, beginnt der Verfall an den obersten Ästen, die aus Mangel an Nährstoffen zu verdorren und abzusterben scheinen. Man kann sich die geheimnisvolle Kraft, durch die der Saft von den Wurzeln bis zu den äußersten Zweigen transportiert wird, nicht als eine unbegrenzte Kraft vorstellen, und es ist wahrscheinlich, dass sie bei verschiedenen Arten unterschiedlich ist, so dass sie zwar ausreicht, um die Flüssigkeit auf die Höhe zu heben Von fünfhundert Fuß im Mammutbaum kann es sein, dass es in der Eiche nicht weiter als hundertfünfzig Fuß tragen kann. Die Grenze kann auch bei verschiedenen Bäumen derselben Art unterschiedlich sein, nicht aufgrund einer mangelhaften Organisation bei Bäumen mit geringerem Wachstum, sondern aufgrund mehr oder weniger günstiger Boden-, Ernährungs- und Expositionsbedingungen. Immer wenn ein Baum die Grenze erreicht, über die seine zirkulierenden Flüssigkeiten nicht hinaussteigen können, können wir annehmen, dass der Verfall beginnt und der Tod folgt, und zwar aus denselben Ursachen, die bei Tieren begrenzter Größe zu denselben Ergebnissen führen – wie zum Beispiel der Unterbrechung lebenswichtiger Funktionen infolge der Verstopfung der Kanäle durch assimilierbare Materie im Wachstumsstadium, jedoch nicht mehr, wenn die Zunahme aufgehört hat.

In den natürlichen Wäldern beobachten wir, dass es zwar unter den Myriaden von Bäumen, die auf einer Quadratmeile wachsen, mehrere Pflanzenriesen gibt, die große Mehrheit von ihnen jedoch zu verfallen beginnt, lange bevor sie ihre maximale Größe erreicht haben, und zwar genau das scheint noch deutlicher auf den künstlichen Wald zuzutreffen. In Frankreich, so Clavé, „können Eichen in einem geeigneten Boden zwei- oder dreihundert Jahre lang stehen, ohne Anzeichen von Verfall zu zeigen; die Kiefern überschreiten kaum einhundertzwanzig und die weichen oder weißen Wälder [bois blancs]".] verkümmern und sterben in feuchten Böden, bevor sie das fünfzigste Jahr erreichen." [297] Dieses Alter liegt sicherlich unter dem Durchschnitt der amerikanischen Waldbäume und wird in sehr zahlreichen gut belegten Fällen isolierter Bäume in Europa weit überschritten.

Die frühere Art der Behandlung der Futaie, das so genannte Gartensystem, bestand darin, die Bäume einzeln zu fällen, sobald sie ihre Reife erreicht hatten. In den am besten regulierten Wäldern wurde diese Praxis jedoch zugunsten der deutschen Methode aufgegeben, die nicht nur die Sicherung umfasst Der größte unmittelbare Gewinn ist jedoch die Neubepflanzung des Waldes und die Pflege des jungen Wachstums. Dies erfolgt bei einem Wald, ob natürlich oder künstlich, der einer regelmäßigen Bewirtschaftung unterzogen werden soll, durch drei Arbeitsgänge. Die erste davon besteht darin, etwa ein Drittel des Holzes so zu fällen, dass ausreichend Platz für das Wachstum junger Bäume bleibt. Die restlichen zwei Drittel sind darauf angewiesen, die freien Flächen durch natürliche Aussaat neu zu bepflanzen, was sie selten oder nie versäumen. Die Sämlinge werden beobachtet, ausgedünnt, wenn sie zu dicht sind, die schlecht geformten und kränklichen sowie die von minderwertigem Wert, und die Sträucher und Dornen, die sie sonst ersticken oder zu stark beschatten könnten, werden herausgerissen. Wenn sie eine ausreichende Festigkeit und Laubentwicklung erreicht haben, um mehr Licht und Luft auszuhalten oder zu benötigen, wird im zweiten Schritt ein geeigneter Teil der alten Bäume entfernt, die beim ersten Schnitt verschont geblieben waren; und wenn sie schließlich so verhärtet sind, dass sie Frost und Sonne ohne anderen Schutz als den, den sie sich gegenseitig geben, ertragen können, wird der Rest des ursprünglichen Waldes abgeholzt, und der Wald besteht jetzt ausschließlich aus jungen und kräftigen Bäumen. Dieses Ergebnis wird nach etwa zwanzig Jahren erreicht. Zu geeigneten Zeitpunkten danach werden die ungesunden und durch Wind oder andere Unfälle beschädigten Bestände entfernt, und in einigen Fällen wird das Wachstum der verbleibenden Bestände durch Bewässerung oder Düngung gefördert. [298] Wenn der Wald sich seiner Reife nähert, wiederholen sich die bereits beschriebenen ursprünglichen Prozesse; Und da sie in verschiedenen Teilen eines ausgedehnten Waldes in verschiedenen Zonen stattfinden würden, würde dies eine unbegrenzte jährliche Ernte von Brennholz und Bauholz ermöglichen.

Die Aufgaben des Försters enden hier nicht. Es kommt manchmal vor, dass die Lichtungen, die durch das Fällen älterer Bäume entstanden sind, nicht ausreichend gesät sind oder dass die Arten oder *Essenzen* , wie die Franzosen sie seltsamerweise nennen, in der neuen Ernte nicht richtig proportioniert sind. In diesem Fall muss künstlich Saatgut ausgesät oder junge Bäume in die freien Stellen gepflanzt werden.

Eine der wichtigsten Regeln in der Waldverwaltung ist der absolute Ausschluss heimischer Vierbeiner aus jedem Wald, der nicht zur Rodung bestimmt ist. Dort, wo das Vieh zu jeder Jahreszeit auf die Weide gelassen wird, ist kein Wachstum junger Bäume möglich, obwohl diese zweifellos am zerstörerischsten sind, wenn die Bäume Blätter haben. [299]

Es ist oft notwendig, Maßnahmen zu ergreifen, um junge Bäume vor dem Kaninchen, dem Maulwurf und anderen vierfüßigen Nagetieren und ältere Bäume vor Schäden zu schützen, die durch die Larven von Insekten verursacht werden, die auf der Oberfläche oder im Gewebe der Rinde geschlüpft sind. oder sogar im Holz selbst. Die viel größere Anfälligkeit des künstlichen als des natürlichen Waldes für Schäden aus dieser Ursache ist vielleicht der einzige Punkt, in dem die Überlegenheit des ersteren gegenüber dem letzteren nicht so ausgeprägt ist wie die eines domestizierten Gemüses gegenüber seinem wilden Vertreter. Aber die bessere Qualität des Holzes und das viel schnellere Wachstum des gepflegten und regulierten Waldes sind ein reichlicher Ausgleich für den dadurch verursachten Verlust, und der Fortschritt der entomologischen Wissenschaft wird vielleicht neue Methoden zur Verhinderung der Verwüstung durch Insekten hervorbringen. Bisher hat sich jedoch das Sammeln und Vernichten der Eier mit einfachen, aber teuren Mitteln als einzige wirksame Abhilfe erwiesen. [300]

In Europa ist es üblich, die Entfernung der abgefallenen Blätter sowie der Rinden- und Zweigstücke, mit denen der Waldboden bedeckt ist, und manchmal auch das Abschneiden der unteren Zweige immergrüner Pflanzen zuzulassen. Die Blätter und Zweige dienen vor allem als Einstreu für das Vieh, schließlich als Mist, die Rinde und vom Wind gefallene Äste als Brennstoff. Durch lange Nutzung, manchmal durch ausdrückliche Gewährung, ist dieses Privileg in der Nachbarschaft vieler öffentlicher und sogar großer privater Wälder zu einem Eigentumsrecht der Bevölkerung geworden; aber es wird allgemein als ein ernstes Übel angesehen. Das Entfernen der Blätter und abgefallenen Zweige bedeutet, dass dem Baum ein großer Teil des Zellstoffs entzogen wird, von dem er sich ernähren sollte. Die kleinen Zweige und Blätter sind die Teile des Baumes, die bei der Verbrennung den größten Anteil an Asche abgeben, und natürlich liefern sie den jungen Trieben eine große Menge an Nährstoffen. „Ein Kubikfuß Zweige", sagt Vaupell, „ergibt viermal so viel Asche wie ein Kubikfuß Stammholz. * * Für jedes Hundert Gewicht getrockneter Blätter, das aus einem Buchenwald weggetragen wird, opfern wir 160 Kubikfuß. " aus Holz. Die Blätter und Moose dienen nicht nur als Ersatz für Dünger, sondern auch für das Pflügen. Die von verrottenden Blättern abgegebene Kohlensäure dient bei Aufnahme durch Wasser zur Auflösung der mineralischen Bestandteile des Bodens und ist besonders aktiv in zerfallendem Feldspat und dem aus seiner Zersetzung resultierenden Ton. * * * Die Blätter gehören zum Boden. Ohne sie kann er seine Fruchtbarkeit nicht bewahren und die Buche nicht mit Nährstoffen versorgen. Die Bäume verkümmern, produzieren Samen, die nicht keimen können, und das Spontane Die Selbstaussaat, die in den besten Forstwirtschaftssystemen ein unverzichtbares Element ist, versagt auf dem entblößten und verarmten Boden völlig." [301]

Abgesehen von diesen Übeln wird dem Boden durch das Entfernen der Blätter der schwammige Charakter entzogen, der ihm einen so immensen Wert als Feuchtigkeitsspeicher und Regler für den Abfluss von Quellen verleiht; und schließlich setzt es die Oberflächenwurzeln dem austrocknenden Einfluss von Sonne und Wind, zufälligen mechanischen Verletzungen durch den Tritt von Tieren oder Menschen und in kalten Klimazonen den zerstörerischen Auswirkungen von Frost aus.

Das in Europa so übliche jährliche Fällen und Beschneiden von Bäumen zur Brennstoffgewinnung ist für die höhere Nutzung des Waldes fatal, aber wenn kleine Haine angelegt oder Baumreihen gepflanzt werden, und zwar zu keinem anderen Zweck als der Sicherung der Brennholzversorgung, oder als Stütze für die Rebe zu dienen, ist oft sehr vorteilhaft. Die Weiden und viele andere Bäume vertragen das Bestäuben über eine lange Reihe von Jahren, ohne dass das Wachstum der Zweige offensichtlich nachlässt, und obwohl ein behornter Baum oder, um ein altes englisches Wort zu verwenden, ein Doddered-Baum sicherlich im Allgemeinen ein melancholisches Objekt ist, ist Dennoch muss man zugeben, dass das Aussehen einiger Arten – zum Beispiel der Amerikanischen Heuschrecke, *Robinia pseudacacia* – in jungen Jahren durch diesen Prozess verbessert wird. [302]

Ich habe davon gesprochen, dass die Bedürfnisse der Landwirtschaft eine der Hauptursachen für die Zerstörung des Waldes sind und dass die Bedürfnisse des Hausviehs das Wachstum junger Bäume besonders beeinträchtigen. Diese Tiere wirken sich jedoch indirekt und in noch wichtigerer Weise auf den Wald aus, da der Umfang der für die landwirtschaftliche Nutzung erforderlichen gerodeten Flächen sehr stark von der Anzahl und Art der gezüchteten Rinder abhängt. Wir haben in einem früheren Kapitel gesehen, dass es in den Vereinigten Staaten mehr als hundert Millionen heimische Vierbeiner gibt, also das Dreifache der menschlichen Bevölkerung der Union. In vielen westlichen Staaten ernähren sich die Schweine mehr oder weniger von Eicheln, Nüssen und anderen Produkten des Waldes, und die Prärien oder natürlichen Wiesen des Mississippi-Tals liefern sowohl für Tiere als auch für Tiere eine große Menge an Nahrung Mann. Mit diesen Ausnahmen ernährt sich die gesamte riesige Armee von Vierbeinern ausschließlich von Gras, Getreide, Hülsenfrüchten und Wurzeln, die auf dem von europäischen Siedlern aus dem Wald gewonnenen Boden wachsen. Es ist wahr, dass das Fleisch heimischer Vierbeiner zu einem großen Teil in die Ernährung des amerikanischen Volkes einfließt und die Menge an pflanzlicher Nahrung, die es sonst zu sich nehmen würde, stark reduziert, so dass eine geringere Menge landwirtschaftlicher Produkte für die unmittelbare menschliche Ernährung erforderlich ist Natürlich ist für das Wachstum dieses Produkts eine geringere Menge an gerodetem Land erforderlich, als wenn es keine Haustiere gäbe. Aber das Fleisch des Pferdes, des Esels und des Maultiers wird vom Menschen nicht verzehrt, und die Schafe werden eher wegen ihrer Wolle als als Nahrung gezüchtet. Darüber hinaus würde der Boden, der für die Produktion des Grases und Getreides erforderlich ist, das bei der Aufzucht und Mästung eines grasenden Vierbeiners verbraucht wird, eine weitaus größere Menge an Nährstoffen liefern, wenn er für den Anbau von Nahrungsmitteln verwendet würde, als sein Fleisch liefert; und im Großen und Ganzen, welche Vorteile auch immer die Zucht von Hausvieh bringen mag, ist es klar, dass das gerodete Land, das ihrem Unterhalt gewidmet ist, im ursprünglich bewaldeten Teil der Vereinigten Staaten liegt, nach Abzug einer Menge, die ausreicht, um eine ausreichende Menge an Nahrungsmitteln zu produzieren gleich ihrem Fleisch, übersteigt aber immer noch bei weitem das, was für Gemüse angebaut wird und von den Menschen derselben Regionen direkt verzehrt wird; oder, um eine nahezu äquivalente Idee auszudrücken, mit anderen Worten: Wiese und Weide zusammengenommen übertreffen das Ackerland bei weitem. [303]

In fruchtbaren Ländern wie den Vereinigten Staaten erweitert die ausländische Nachfrage nach tierischen und pflanzlichen Nahrungsmitteln, nach Baumwolle und nach Tabak den Bereich landwirtschaftlicher Betriebe erheblich und führt natürlich zu weiteren Eingriffen in den Wald. Der Handel mit diesen Artikeln stellt daher in Amerika eine besondere Ursache für die Zerstörung der Wälder dar, die es in den zahlreichen Staaten der Alten Welt nicht gibt, die den Rohstoff für ihre mechanische Industrie aus fernen Ländern beziehen und viele Artikel importieren von pflanzlichen Nahrungsmitteln oder Luxusgütern, die ihr eigenes Klima nicht vorteilhaft hervorbringen kann.

Das Wachstum der Baumvegetation ist so langsam, dass derjenige, der eine Eichel vergräbt, zwar hoffen kann, sie zu einer Miniaturähnlichkeit des majestätischen Baumes emporschießen zu sehen, der seine entfernten Nachkommen beschatten soll, das längste Leben jedoch kaum die Saatzeit und die Ernte umfasst ein Wald. Der Pflanzer eines Waldes muss von höheren Beweggründen angetrieben werden als denen einer Investition, deren Gewinn in einem direkten finanziellen Gewinn für ihn selbst oder sogar für seine Nachkommen besteht; Denn wenn in seltenen Fällen ein künstlicher Wald in zwei oder drei Generationen mehr als seine ursprünglichen Kosten amortisieren kann, wird der Wert seines Holzes im Allgemeinen dennoch nicht das aufgewendete Kapital und die aufgelaufenen Zinsen zurückzahlen. [304] Aber wenn wir die immensen Nebenvorteile bedenken, die sich aus der Präsenz ergeben, die schrecklichen Übel, die zwangsläufig aus der Zerstörung des Waldes resultieren, sowohl die Erhaltung vorhandener Wälder als auch die weitaus kostspieligere Erweiterung derselben, wenn sie übermäßig reduziert wurden, gehören zu den offensichtlichsten Pflichten, die dieses Zeitalter seinen Nachfolgern schuldet. Diese Verpflichtung obliegt insbesondere den Amerikanern. Kein zivilisiertes Volk profitiert so stark von den Mühen und Opfern seiner unmittelbaren Vorgänger wie sie; Keine Generation hat jemals so großzügig gesät und in ihrer eigenen Person einen so geringen Ertrag geerntet wie die Pioniere des angloamerikanischen Gesellschaftslebens. Wir können unsere Schuld gegenüber unseren edlen Vorfahren nur mit der gleichen Großmut und der gleichen selbstvergessenen Fürsorge für die moralischen und materiellen Interessen unserer eigenen Nachkommen zurückzahlen.

Instabilität des amerikanischen Lebens.

Alle menschlichen Institutionen, verbundenen Arrangements und Lebensweisen haben ihre charakteristischen Unvollkommenheiten. Der natürliche, vielleicht notwendige Fehler bei uns ist ihre Instabilität, ihr

Mangel an Festigkeit, nicht nur in der Form, sondern auch im Geiste. Das Erscheinungsbild der physischen Natur in den Vereinigten Staaten teilt diese unaufhörliche Schwankung, und die Landschaft ist ebenso variabel wie die Gewohnheiten der Bevölkerung. Es ist an der Zeit, die rastlose Liebe zur Veränderung, die uns auszeichnet und uns eher zu Nomaden als zu einem sesshaften Volk macht, etwas nachzulassen. [305] Wir haben mittlerweile überall genug Wald abgeholzt, in vielen Bezirken viel zu viel. Lassen Sie uns dieses eine Element des materiellen Lebens wieder in seine normalen Proportionen bringen und Mittel entwickeln, um die Beständigkeit seiner Beziehungen zu den Feldern, Wiesen und Weiden, zum Regen und Tau des Himmels, zu den Quellen und Bächen aufrechtzuerhalten mit dem es die Erde bewässert. Die Festlegung eines annähernd festen Verhältnisses zwischen den beiden am weitesten gefassten Unterscheidungen ländlicher Flächen – Wald und Ackerland – würde eine gewisse Beharrlichkeit des Charakters aller Industriezweige, aller Beschäftigungen und Lebensgewohnheiten mit sich bringen, die davon abhängen oder bestehen unmittelbar mit beiden verbunden, ohne eine Starrheit zu implizieren, die eine flexible Anpassung an die vielen Veränderungen der äußeren Umstände, die die menschliche Weisheit weder verhindern noch vorhersehen kann, ausschließen sollte und uns so nachdrücklicher helfen würde, ein wohlgeordnetes und stabiles Gemeinwesen zu werden, und, nicht weniger auffällig, ein Volk des Fortschritts.

ANMERKUNG zum Wort „*Wasserscheide*", weggelassen auf S. 257. – Sir John FW Herschel (*Physikalische Geographie* , 137 und anderswo) buchstabiert dieses Wort „ *water-sched* ", weil er es für eine Übersetzung oder vielmehr eine Übernahme des deutschen „Wasser-scheide, Trennung der Gewässer, nicht Wasser-" hält. *shed* , der Hang , *den* das Wasser hinunterfließt. Aus historischen Etymologiegründen ist es wahrscheinlich, dass das fragliche Wort denjenigen, die es erstmals verwendeten, durch das deutsche Wort *Wasserscheide nahegelegt wurde* ; aber die von Herschel vorgeschlagene Schreibweise „*water-sched*" ist anstößig, sowohl weil „ *sch*" eine Buchstabenkombination ist, die der modernen englischen Orthographie völlig unbekannt ist und keinen in der englischen Orthoepie anerkannten Laut darstellt, als auch aus dem noch besseren Grund „ *watershed* " in diesem Sinne von „*division-of-the-waters*" hat eine legitime englische Etymologie.

Das angelsächsische *Wort* „*sceadan*" bedeutete sowohl „trennen" oder „teilen" als auch „schatten" oder „Schutz". Es ist die Wurzel der englischen Verben *to shed* und *to shadow* und in der früheren Bedeutung das AS-Äquivalent des deutschen Verbs *scheiden* .

Shed hatte im Altenglischen die Bedeutung „*trennen*" oder „*unterscheiden*". So wird es in „*Eule und Nachtigall*" , *Vers 197*, verwendet . Palsgrave (*Lesclarcissement, etc.* , S. 717) definiert „*I shede*", „Iabgabe Dinge asonder"; und

das Wort bedeutet immer noch, sich in mehrere lokale englische Dialekte *zu
unterteilen* . Daher ist „*watershed*", die Teilung oder Trennung der Gewässer,
sowohl im Sinn als auch in der Schreibweise gutes Englisch.

KAPITEL IV.

DIE GEWÄSSER.

KÜNSTLICH AUS DEM WASSER GEWONNENES LAND: *a*, AUSSCHLUSS DES MEERES DURCH DICHTUNG; *b*, Entwässerung von Seen und Sümpfen; *c*, GEOGRAPHISCHER EINFLUSS SOLCHER VORGÄNGE – ABSENKUNG VON SEEN – GEBIRGSSEEN – KLIMATISCHE AUSWIRKUNGEN DER ENTWÄSSERUNG VON SEEN UND SUMPFEN – GEOGRAPHISCHE UND KLIMAISCHE AUSWIRKUNGEN VON AQUÄKÄHTEN, RESERVOIRS UND KANÄLEN – OBERFLÄCHEN- UND UNTERENTWÄSSERUNG UND IHRE KLIMAISCHEN UND GEOGRAFISCHEN AUSWIRKUNGEN – BEWÄSSERUNG UND SEIN KLIMA TIC UND GEOGRAFISCHE AUSWIRKUNGEN.

Überschwemmungen und Ströme: *a*, Flussufer; *b*, Überschwemmungen der ARDÈCHE; *c*, ZERSTÖRENDE KRAFT VON TURRENTS; *d*, Überschwemmungen von 1856 in Frankreich; *e*, Heilmittel gegen Überschwemmungen – Folgen, wenn der Nil durch seitliche Deiche begrenzt worden wäre.

VERBESSERUNGEN IM VAL DI CHIANA – VERBESSERUNGEN IN DER TOSKANISCHEN MAREMME – VERSTOPFUNG DER FLUSSMÜNDUNGEN – UNTERGRUNDGEWÄSSER – ARTESISCHE BRUNNEN – KÜNSTLICHE QUELLEN – EINSPARUNG VON NIEDERSCHLÄGEN.

Land, das den Gewässern künstlich entzogen wurde.

Wie wir gesehen haben, hat der Mensch viel dazu beigetragen, die feste Oberfläche des Globus zu revolutionieren und die Verteilung und Proportionen, wenn nicht sogar den wesentlichen Charakter, der Organismen zu verändern, die das Land und sogar die Gewässer bewohnen. Abgesehen von dem Einfluss, den er auf diese Weise auf das Leben im Meer ausübte, brachte sein Eingreifen auf das Land einen gewissen indirekten Eingriff in die territoriale Gerichtsbarkeit des Ozeans mit sich. Soweit er die Erosion fließender Gewässer durch die Zerstörung des Waldes verstärkte, förderte er die Ablagerung fester Stoffe im Meer, verringerte so dessen Tiefe, rückte die Küstenlinie vor und verkleinerte die vom Wasser bedeckte Fläche. Er ging darüber hinaus und drang in das Reich des Ozeans ein, indem er innerhalb seiner Grenzen Kaianlagen, Piers, Leuchttürme, Wellenbrecher, Festungen und andere Einrichtungen für seine kommerziellen und militärischen Operationen errichtete; und in einigen Ländern hat er Landstriche, die groß genug waren, um wertvolle Ergänzungen zu seinem landwirtschaftlichen Bereich darzustellen, dauerhaft vor Überschwemmungen und sogar aus dem Grund der Tiefe gerettet. Die

Menge an Boden, die dem Meer durch diese verschiedenen Arten des Erwerbs entzogen wird, ist in der Tat zu unbedeutend, um einen nennenswerten Faktor beim Vergleich des allgemeinen Verhältnisses zwischen den beiden großen Formen der Landoberfläche, Land und Wasser, zu bilden ; aber die Ergebnisse solcher Operationen sind, betrachtet in ihrer physischen und moralischen Bedeutung, so wichtig, dass sie in jeder umfassenden Betrachtung der Beziehungen zwischen Mensch und Natur besondere Beachtung finden.

Es gibt Fälle, wie an den Westküsten der Ostsee, wo infolge der weltlichen Hebung der Küste das Meer sich scheinbar zurückzieht; andere, bei denen es aufgrund des langsamen Absinkens des Landes so aussieht, als würde es voranschreiten. Diese Bewegungen hängen von geologischen Ursachen ab, die völlig außerhalb unserer Reichweite liegen, und der Mensch kann sie weder vorantreiben noch aufhalten. Es gibt auch Fälle, in denen ähnliche scheinbare Auswirkungen durch lokale Meeresströmungen, durch Flussablagerungen oder Erosion, durch Gezeiteneinwirkung oder durch den Einfluss des Windes auf die Wellen und den Sand des Meeresstrandes hervorgerufen werden. Eine regelmäßige Strömung kann schwebende Erde und Algen entlang einer Küste treiben, bis sie von einem Wirbel erfasst und schließlich außerhalb der Reichweite weiterer Störungen abgelagert werden, oder sie kann den Meeresboden aushöhlen und Vorgebirge und Landzungen untergraben; Ein mächtiger Fluss kann, wenn der Wind an seiner Mündung die Richtung seiner Strömung ändert, an einer Stelle Ufer und Sandbänke wegspülen, um ihr Material an einer anderen abzulagern. Die Gezeiten oder Wellen, die vom Wind bis in ungewöhnliche Tiefen bewegt werden, können die Küstenlinie allmählich abtragen, oder sie können Untiefen und Küstendünen bilden, indem sie den Sand ablagern, den sie vom Grund des Ozeans aufgerollt haben. Diese letzteren Wirkungsweisen erzeugen nur langsam Wirkungen, die so wichtig sind, dass sie in der allgemeinen Geographie bemerkt werden oder sogar in den Darstellungen der Küstenlinien auf gewöhnlichen Karten sichtbar sind; Dennoch bilden sie auffällige Merkmale in der lokalen Topographie und sind mit Konsequenzen von großer Tragweite für die materiellen und moralischen Interessen der Menschen verbunden.

Die Kräfte, die diese Ergebnisse hervorbringen, unterliegen alle in erheblichem Maße der Kontrolle oder vielmehr der Führung und dem Widerstand durch menschliche Macht, und durch ihre Führung und Bekämpfung hat der Mensch einige seiner bemerkenswertesten und ehrenvollsten Eroberungen über die Natur erzielt. Die fraglichen Triumphe oder das, was wir allgemein als Hafen- und Küstenverbesserungen bezeichnen, müssen einen sehr hohen Rang einnehmen, unabhängig davon, ob wir ihren Wert anhand des dafür aufgewendeten Geldes und der Arbeit oder anhand ihres Einflusses auf die Interessen des Handels und der Künste der Zivilisation schätzen Sie gehören zu den großen Werken der Menschheit und nehmen schnell eine Größe an, die ihre frühere relative Bedeutung bei weitem übersteigt. Die Ausweitung des Handels und der Militärmarine und insbesondere die Einführung von Schiffen mit größerer Belastung und größerem Wassertiefgang haben den Ingenieuren Aufgaben von einer Art auferlegt, die vor einem Jahrhundert noch gestellt worden wären und tatsächlich auch gewesen wären undurchführbar; Aber die Notwendigkeit hat einen Einfallsreichtum angeregt, der Mittel zu ihrer Ausführung ersonnen hat und der in der Zukunft noch größere Leistungen verspricht.

Die Menschen haben aufgehört, die Macht zu bewundern, die die große Pyramide auftürmte, um den Stolz eines Despoten mit einem riesigen Grab zu befriedigen; denn viele große Häfen, viele wichtige Linien der internen Kommunikation in der zivilisierten Welt zeigen heute Werke, die an Masse und Gewicht die größten Überreste antiker Architekturkunst übertreffen, die Anwendung weitaus größerer konstruktiver Fähigkeiten erfordern und viel schwerer sind finanzieller Aufwand, als heute für den Bau des Cheops-Grabes erforderlich wäre. Es wird berechnet, dass die große Pyramide, deren Feststoffinhalt bei Fertigstellung etwa 3.000.000 Kubikmeter betrug, für eine Million Pfund Sterling errichtet werden konnte. Der Wellenbrecher von Cherbourg, der in rauem Wasser mit einer Tiefe von 60 Fuß und einer durchschnittlichen Entfernung von mehr als zwei Meilen vom Ufer gegründet wurde, enthält die doppelte Masse der Pyramide, und viele vergleichsweise unwichtige Eisenbahnstrecken wurden zu doppelt so hohen Kosten gebaut Bauen Sie jetzt dieses gewaltige Denkmal. Obwohl der Mensch, losgelöst von der festen Erde, fast machtlos ist, gegen das Meer anzukämpfen, wird er in der Tat schnell unbesiegbar, solange sein Fuß am Ufer oder sogar auf dem Grund des wogenden Ozeans steht; und obwohl er auf einigen Schlachtfeldern zwischen Wasser und Land gezwungen ist, langsam seinen Boden aufzugeben, zieht er sich doch immer noch dem Feind zugewandt zurück und wird schließlich in der Lage sein, dem Meer zu sagen: „Bis hierher sollst du kommen und nicht weiter.", und hier werden deine stolzen Wellen zurückbleiben!"

Die Beschreibung von Hafen- und Küstenverbesserungsarbeiten, die nur einen wirtschaftlichen Wert, aber keine wirkliche geografische Bedeutung haben, fällt nicht in den Rahmen des vorliegenden Bandes, und bei der Behandlung dieses Zweigs meines Themas werde ich mich auf solche beschränken, die dies sind Entweder um neuen Boden zu gewinnen, indem das Wasser von den Böden ausgeschlossen wird, die sie dauerhaft oder gelegentlich bedeckt hatten, oder um neuen Eingriffen des Meeres in das Land entgegenzuwirken.

A. *Ausschluss des Meeres durch Deiche.*

Die Trockenlegung der Moore von Lincolnshire in England, die etwa 400.000 Acres Sumpf-, Teich- und von der Flut überschwemmtes Flachland in Ackerland und Weideland umwandelte, ist ein Werk oder besser gesagt eine Reihe von Arbeiten von großem Umfang und weist viele wirtschaftliche, und tatsächlich keine unbedeutende geografische Bedeutung. Seine Pläne und Methoden wurden zumindest teilweise dem Beispiel ähnlicher Verbesserungen in Holland entlehnt, und es ist in Schwierigkeit und Umfang den Arbeiten unterlegen, die zu demselben Zweck an der gegenüberliegenden Nordseeküste von niederländischen, Frisische und plattdeutsche Ingenieure. Der Raum, den ich solchen Operationen widmen kann, wird bei der Beschreibung letzterer besser genutzt, und ich begnüge mich mit der einfachen Aussage, die ich bereits über die Menge an wertlosem und sogar pestilenziellem Land gemacht habe, das in Lincolnshire sowohl produktiv als auch heilsam gemacht wurde das Meer und die Flüsse, die die Moore dieses Landes durchqueren, eindämmen.

Das nahezu anhaltende Vorherrschen von Westwinden an beiden Küsten des Deutschen Ozeans führt zu einem konstanten Wechsel der Strömungen dieses Meeres nach Osten , und zwar sowohl aus diesem Grund als auch wegen der größeren Heftigkeit der Stürme aus dem ersteren Viertel, den englischen Küsten sind der Invasion durch die Wellen viel weniger ausgesetzt als die Niederlande und die angrenzenden Provinzen im Norden. Die alten niederländischen Chroniken sind voll von den verblüffendsten Berichten über die Schäden, die durch die Einbrüche des Ozeans durch Westwinde oder außerordentlich hohe Gezeiten verursacht wurden, und zwar zeitweise lange bevor nennenswerte Küstenabschnitte eingedämmt wurden. Mehrere Hundert dieser schrecklichen Überschwemmungen sind registriert, und bei sehr vielen von ihnen wird der Verlust an Menschenleben auf bis zu einhunderttausend geschätzt. Es besteht kein Zweifel daran, dass diese Zahlen enorm übertrieben sein müssen; Denn trotz all der rücksichtslosen Kühnheit, die die Menschen an den Tag legen, wenn sie den Gefahren und Entbehrungen trotzen, die die Natur mit ihrem Geburtsort mit sich bringt, ist es unvorstellbar, dass eine so dichte Bevölkerung, wie eine solche umfassende Zerstörung des Lebens vermuten lässt, die Mittel zum Lebensunterhalt finden oder sich mit dem Leben zufrieden geben könnte , auf einem Gebiet, das ein Dutzend Mal in einem Jahrhundert solch schrecklicher Verwüstung ausgesetzt ist. Es besteht jedoch kein Zweifel daran, dass die niedrigen Kontinentalufer des Deutschen Ozeans sehr häufig durch Überschwemmungen durch das Meer enormen Schaden erlitten haben, und es ist daher natürlich, dass die verschiedenen Künste des Widerstands gegen die Übergriffe des Ozeans und, Schließlich hätten die Angriffskriege in seinem Herrschaftsbereich und die dauerhafte Eroberung seines Territoriums in den letztgenannten Ländern früher untersucht und zu höherer Perfektion gebracht werden müssen als in England, das durch die

Einfälle oder die Angriffe viel weniger zu verlieren oder zu gewinnen hatte Rückzug des Wassers.

Obwohl die Eindämmung anschwellender Flüsse durch künstliche Dämme sehr alt ist, weiß ich nicht, dass die Verteidigung oder der Erwerb von Land vor dem Meer durch Deiche jemals in großem Umfang praktiziert wurde, bis die Niederländer einige Jahrhunderte später systematisch vorgingen der Beginn der christlichen Ära. Das Schweigen der römischen Historiker legt die starke Vermutung nahe, dass diese Kunst den Bewohnern der Niederlande zur Zeit der römischen Invasion unbekannt war, und die Beschreibung des älteren Plinius über die Lebensweise entlang der Küste, die inzwischen seit langem eingedeicht ist, gilt genau für die Gewohnheiten der Menschen, die auf den niedrigen Inseln und Festlandebenen leben, die außerhalb der Deichkette liegen und völlig ungeschützt durch Dämme jeglicher Art sind.

Es wurde vermutet, und das nicht ohne Wahrscheinlichkeit, dass die von den Römern in ihren Feldzügen gegen die germanischen Stämme über die Sümpfe der Niederlande gebauten Dammwege den Eingeborenen den ersten Hinweis auf den Nutzen gaben, der sich aus ähnlichen Bauwerken ergeben könnte zu einem anderen Zweck. [306] Wenn dem so ist, dann ist es eines der interessantesten unter den vielen Beispielen, in denen die Künste und die Technik des Krieges so verändert wurden, dass sie die Segnungen des Friedens außerordentlich förderten und dadurch in gewissem Maße das Unrecht kompensierten welche Leiden sie der Menschheit zugefügt haben. [307] Es wird angenommen, dass die Tiefländer bereits im achten oder neunten Jahrhundert einige Küsten- und Buchtinseln durch Ringdeiche gesichert und einige Süßwasserkanäle eingedämmt haben; aber es scheint nicht, dass Seedeiche, die wichtig genug waren, um in historischen Aufzeichnungen erwähnt zu werden, vor dem 13. Jahrhundert auf dem Festland errichtet wurden. Die Praxis, im Landesinneren angesammeltes Wasser, sei es Süß- oder Salzwasser, abzuleiten, um den von ihnen bedeckten Boden kultivierbar zu machen, ist späteren Ursprungs und soll erst nach der Mitte des 15. Jahrhunderts übernommen worden sein. [308]

Die Gesamtfläche, die der Landwirtschaft der Niederlande durch die Deichung des Meeres und die Trockenlegung flacher Buchten und Seen gewonnen wurde, wird von Staring auf dreihundertfünfundfünfzigtausend Bünde oder Hektar geschätzt, was *achthundertsiebenundsiebzigtausend* entspricht zweihundertvierzig Acres, was einem Zehntel der Fläche des Königreichs entspricht. [309] In sehr vielen Fällen wurden die Deiche durch die Gewalt des Meeres teilweise, an einigen besonders exponierten Stellen völlig zerstört, und die entwässerten Gebiete wurden erneut überschwemmt. In einigen Fällen ist der Boden, der so mühsam dem Ozean entzogen wurde, vollständig verloren gegangen; in anderen wurde es durch die Reparatur oder den

Wiederaufbau der Deiche und das Abpumpen des Wassers wiederhergestellt. Darüber hinaus sinkt das Gewicht der Deiche nach und nach in den darunter liegenden weichen Boden, und dieser Höhenverlust muss durch Anheben der Oberfläche ausgeglichen werden, während die dadurch erhöhte Belastung dazu führt, dass sie noch tiefer sinken. „Tetens erklärt", sagt Kohl, „dass die Deiche an manchen Stellen nach und nach bis auf eine Tiefe von sechzig oder sogar dreißig Fuß abgesunken sind." [310] Aus diesen Gründen wurden die Prozesse des Deichbaus fast überall immer wieder wiederholt, und daher ist der Gesamtaufwand an Geld und Arbeit für die betreffenden Arbeiten viel größer, als es aus einer Schätzung der tatsächlichen Kosten hervorgehen würde Eindeichung eines bestimmten Küstengebiets und Entwässerung eines bestimmten Bereichs der Wasseroberfläche. [311]

Auf der anderen Seite haben die Niederlande durch die Erosion der Küstenlinie, das Abdriften von Sanddünen ins Landesinnere und das Überfluten von Mooren und Sumpfgebieten durch das Eindringen des Meeres – alles durch menschliche Unvorsichtigkeit verursacht oder zumindest stark verschlimmert – dies getan Sie haben seit Beginn der christlichen Ära eine weitaus größere Landfläche verloren, als sie durch Eindeichungen und Trockenlegungen gewonnen haben. Staring verzweifelt an der Möglichkeit, den Verlust aus den erstgenannten beiden Zerstörungsursachen zu berechnen, schätzt aber, dass nicht weniger als sechshundertvierzigtausend Bünde oder eine Million fünfhunderteinundachtzigtausend Acres Moor und Sumpf vorhanden sind wurden weggeschwemmt, oder besser gesagt, ihrer pflanzlichen Oberfläche beraubt und mit Wasser bedeckt, und 37.000 Bünde oder 91.400 Acres zurückgewonnenes Land sind durch die Zerstörung der Deiche, die sie schützten, verloren gegangen. [312] Der durchschnittliche Wert des aus dem Meer gewonnenen Landes wird auf etwa neunzehn Pfund Sterling oder neunzig Dollar pro Acre geschätzt; während das verlorene Moor und Morast nicht mehr als ein Fünfundzwanzigstel desselben Preises wert war. Der Boden, der durch die Dünenverwehungen verschüttet wurde, scheint fast ausschließlich von dieser letztgenannten Art gewesen zu sein, und im Großen und Ganzen besteht kein Zweifel daran, dass der Boden durch menschliche Industrie im Laufe der historischen Periode erheblich zum Gebiet der Niederlande beigetragen hat übertrifft an Geldwert das, was im gleichen Zeitalter den Wellen zum Opfer gefallen ist.

An den meisten Tief- und Steilküsten, wie denen der Niederlande, ändern sich die Meeresströmungen ständig, infolge der Veränderlichkeit der Winde und der Verschiebung der Sandbänke, die die Strömungen selbst mal bilden und mal verschieben. Während also an einer Stelle das Meer landwärts vordringt und große Anstrengungen erfordert, um die Untergrabung und das Wegschwemmen der Deiche zu verhindern, wird es an einer anderen Stelle durch seine eigenen Ablagerungen zu Untiefen und legt bei Niedrigwasser einen sich allmählich verbreiternden Gürtel frei Sand und Schlamm. Die für die Eindeichung ausgewählten Küstengebiete liegen immer an Stellen, an denen das Meer fruchtbaren Boden ablagert. Eider, Elbe, Weser, Ems, Rhein, Maas und Schelde bringen große Mengen Feinerde herab. Die vorherrschenden Westwinde verhindern, dass das Wasser dieses Material weit von der Küste wegträgt, und es wird schließlich von der Mündung der Flüsse, die es liefern, nach Norden oder Süden abgelagert, je nach der unterschiedlichen Strömungsrichtung.

Der Prozess der natürlichen Ablagerung, der die Küste auf die Eindeichung vorbereitet, wird von Staring so beschrieben: „Alle vom Meer abgelagerten Böden bestehen aus den gleichen Bestandteilen. Zuerst kommt eine Sandschicht mit darin lebenden Meeresmuscheln oder Muschelschalen.“ Brackwasser. Wenn es Gezeiten und natürlich fließende und abklingende Strömungen gibt, wird Schlamm erst dann auf den Sand fallen gelassen, wenn dieser über die Niedrigwassermarke angehoben wurde; denn nur dann, beim Wechsel von Flut zu Ebbe, Ist das Wasser ruhig genug, um eine Ablagerung von so leichtem Material zu bilden? Wo Schlamm in größeren Tiefen gefunden wird, wie zum Beispiel in einem großen Teil des IJ, ist dies ein Beweis dafür, dass es zu diesem Zeitpunkt nie nennenswerte Gezeiten gab Strömung oder andere Strömung. * * * Die starken Gezeitenströme, die zweimal am Tag fließen und abebben, treiben Sand mit sich. An einer Stelle heben sie den Boden aus, an einer anderen heben sie ihn an, und die Sandbänke in der Strömung verschieben sich ständig. As Sobald sich ein Ufer über die Niedrigwassermarke erhebt, etablieren sich Fahnen und Schilf darauf. Der mechanische Widerstand dieser Pflanzen hemmt den Rückzug des Hochwassers und begünstigt die Ablagerung der darin schwebenden Erde, und die Landbildung geht überraschend schnell vonstatten. Wenn es den Hochwasserstand erreicht hat, ist es bald mit Gräsern bedeckt und wird zu dem, was in Zeeland *Schor und in Friesland Kwelder genannt wird* . Solche Gelände sind die Grundlage oder der Ausgangspunkt des Deichprozesses. Wenn sie einmal auf das Niveau der Flut angehoben sind, lagert sich kein Schlamm mehr auf ihnen ab, außer bei außergewöhnlicher Flut. Ihr weiterer Anstieg erfolgt dementsprechend sehr langsam, und es ist selten von Vorteil, den Eindeichvorgang länger hinauszuzögern.“ [313]

An Stellen, die für die Ablagerung von Sand und Erde günstig sind, schreitet die Bildung neuer Ufer durch das Meer fortwährend voran, und daher bietet sich immer wieder die Möglichkeit, neues Land außerhalb des bereits eingedeichten Gebietes einzuschließen, die Küste rückt schnell seewärts vor, und so weiter Neue Böschung erhöht die Sicherheit ehemaliger Einfriedungen. Die Provinz Zeeland besteht aus Inseln, die an ihrer Westküste vom Meer umspült werden und durch die vielen Kanäle getrennt sind, durch die die Schelde und einige andere Flüsse ins Meer fließen. Im zwölften Jahrhundert waren diese Inseln viel kleiner und zahlreicher als heute. Sie wurden nach und nach erweitert und in mehreren Fällen schließlich durch die Erweiterung ihres Deichsystems verbunden. Walcheren besteht aus zehn Inseln, die gegen Ende des 14. Jahrhunderts zu einer einzigen Insel vereint wurden. In der Mitte des fünfzehnten Jahrhunderts bestanden Goeree und Overflakkee aus getrennten Inseln mit einer Gesamtfläche von etwa zehntausend Acres; Durch über sechzig aufeinanderfolgende Vorstöße der Deiche wurden sie zu einer einzigen Insel zusammengebracht, deren Fläche nicht weniger als sechzigtausend Acres beträgt. [314]

In den Niederlanden – die der erste Napoleon als Lagerstätte des Rheins bezeichnete und die daher laut Naturrecht rechtmäßig Eigentum dessen waren, der die Quellen dieses großen Flusses kontrollierte – und an den angrenzenden friesischen, niederdeutschen und dänischen Küsten und Inseln, See- und Flussdeiche wurden in größerem und imposanterem Maßstab errichtet als in jedem anderen Land. Die gesamte Ökonomie der Kunst wurde dort am gründlichsten untersucht, und die Literatur zu diesem Thema ist sehr umfangreich. Für mein gegenwärtiges Ziel, das sich eher mit Ergebnissen als mit Prozessen befasst, lohnt es sich nicht, auf Fachabhandlungen zu verweisen, und ich werde mich damit begnügen, Informationen zu präsentieren, die aus Werken populäreren Charakters gewonnen werden können. [315]

Die oberen Schichten der Tiefebene an der Küste und in deren Nähe bestehen, wie wir gesehen haben, hauptsächlich aus Erde, die von den großen Flüssen, die ich erwähnt habe, heruntergespült und von ihnen entweder direkt auf dem Sand des Meeresbodens abgelagert oder ins Meer getragen wird durch ihre Strömungen und dann, nach einer kürzeren oder längeren Einwirkung der chemischen und mechanischen Einwirkung von Salzwasser und Meeresströmungen, durch Gezeitenüberschwemmung und Senkung des Wassers, in dem es schwebte, wieder an Land zurückgeführt. In sehr langer Zeit wurden die Küstenebenen an vielen Stellen durch aufeinanderfolgende Schwemm- oder Gezeitenablagerungen so hoch angehoben, dass sie über dem normalen Hochwasserstand lagen, aber sie waren immer noch gelegentlichen Überschwemmungen durch Flussüberschwemmungen und durch das Meerwasser ausgesetzt auch wenn starke oder langanhaltende Westwinde es landwärts trieben. Die außergewöhnliche Fruchtbarkeit dieses Bodens und seine Sicherheit als Rückzugsort vor feindlicher Gewalt lockten eine beträchtliche Bevölkerung an, während sein Mangel an Schutz vor Überschwemmungen ihn den Verwüstungen aussetzte, von denen die Chronisten des Mittelalters so farbenprächtige Bilder hinterlassen haben. Die ersten dauerhaften

Behausungen in den Küstenebenen wurden auf künstlichen Hügeln errichtet, und auf den unbefestigten Inseln und Küsten jenseits der Deichkette gibt es noch immer viele ähnliche prekäre Behausungen. Flussdämme, die, wie allgemein bekannt ist, seit der frühesten Antike in vielen Ländern verwendet werden, in denen Seedeiche unbekannt sind, waren wahrscheinlich die ersten Werke dieser Art, die in den Niederlanden errichtet wurden, und zwar zu einer Zeit, als zwei benachbarte Süßwasserströme angelegt wurden Eingedämmt wäre der nächste Schritt in diesem Prozess natürlich, die Flusswände durch einen Querdamm oder einen erhöhten Damm miteinander zu verbinden, der dazu dienen würde, den Zwischenboden sowohl gegen den Rückstau von Flussüberschwemmungen als auch gegen Überschwemmungen durch das Meer zu sichern. Die ältesten echten Seedeiche, die in historischen Aufzeichnungen beschrieben werden, sind jedoch diejenigen, die Inseln in den Mündungen großer Flüsse umschließen, und es ist nicht unmöglich, dass der doppelte Charakter, den sie als Schutz vor Überschwemmungen auf See und als militärischer Wall besitzen, zu ihrer Entstehung geführt hat Adoption auf diesen Inseln, bevor ähnliche Bauten auf dem Festland versucht wurden.

An einigen Stellen der Küste werden verschiedene Vorrichtungen, wie Piers, Pfähle und tatsächlich Hindernisse aller Art gegen die Ebbe der Strömung, verwendet, um die Ablagerung von Schlamm zu erleichtern, bevor mit einer regelmäßigen Einschließung begonnen wird. In der Regel besteht der erste Schritt jedoch darin, niedrige und kostengünstige Dämme zu errichten, die von einem älteren Deich oder von einer Anhöhe aus rund um das zu sichernde Grundstück reichen. Diese werden Sommerdeiche genannt (*sommer-deich* , pl. *sommer-deiche* , deutsch; *zomerkaai* , *zomerkade* , pl. *zomerkaaie* , *zomerkaden* , niederländisch). Sie werden errichtet, wenn ausreichend Bodenfläche zur Deckung der Kosten angehoben wurde, sodass sie mit grober, als Weideland geeigneter Vegetation bedeckt werden kann. Sie dienen sowohl dazu, den Boden vor Überschwemmungen durch die gewöhnlichen Fluten bei mildem Wetter zu schützen, als auch dazu, den durch sehr hohes Wasser abgelagerten Schlamm zurückzuhalten, der andernfalls teilweise durch die zurückweichende Ebbe weggetragen würde. Danach erfolgt die Hebung des Bodens langsam; aber wenn es endlich ausreichend angereichert und hoch genug angehoben ist, um den notwendigen Aufwand zu rechtfertigen, werden dauerhafte Deiche gebaut, durch die das Wasser zu jeder Jahreszeit ausgeschlossen wird. Diese Böschungen bestehen aus Sand von Küstendünen oder Sandbänken und aus Erde vom Festland oder von Ebenen außerhalb der Deiche, werden durch Faschinen gebunden und verstärkt und sind mit Schleusen versehen, die im Allgemeinen auf Pfählen gegründet sind und eine sehr kostspielige Konstruktion haben. zur Entwässerung bei Niedrigwasser. Die nach außen gerichtete Neigung der Seedeiche ist sanft, da diese Form erfahrungsgemäß sowohl durch Wellen als auch durch schwimmendes Eis am wenigsten anfällig für Verletzungen ist, und die modernsten Deiche weisen eine noch gemäßigtere Neigung der seewärts gerichteten Böschung auf als die älteren . [316] Die Krone des Deichs ist jedoch auf den letzten drei bis vier Fuß seiner Höhe viel steiler, da sie eher als Schutz gegen die Gischt als gegen die Wellen gedacht ist, und die innere Neigung ist immer verhältnismäßig steil.

Die Höhe und Dicke von Deichen variiert je nach der Höhe des von ihnen umschlossenen Bodens, dem Anstieg der Gezeiten, der Richtung der vorherrschenden Winde und anderen besonderen Expositionsursachen, aber man kann im Allgemeinen sagen, dass sie erhöht sind von fünfzehn bis zwanzig Fuß über der normalen Hochwassermarke. Die Uferböschungen von Flussdeichen werden durch Anpflanzungen von Weiden oder kräftigen semi-aquatischen Sträuchern oder Gräsern geschützt. Da diese jedoch nicht an Ufern wachsen, die Salzwasser ausgesetzt sind, müssen Seedeiche mit Steinen, Faschinen oder einer anderen Ummauerung versehen *werden* . [317] An der Küste Schleswigs und Holsteins, wo die Menschen weniger Kapital zur Verfügung haben, verteidigen sie ihre Ufer gegen Eis und Wellen durch einen Überzug aus gedrehtem Stroh oder Schilf, der oft einmal, manchmal zweimal erneuert werden muss ein Jahr. Die Bewohner dieser Küsten nennen die Deichkette „die goldene Grenze", ein Name, den sie durchaus verdient, sei es nun wegen ihrer enormen Kosten oder, was wahrscheinlicher ist, wegen ihres immensen Wertes als Schutz ihrer Felder und ihre Kamine.

Wenn abgelegene Siedlungen durch den Bau neuer Dämme umschlossen werden, müssen die alten Innendeiche erhalten bleiben, zum einen als zusätzliche Sicherheit gegen die Wellen und zum anderen, weil ihre Entfernung kostspielig wäre. Sie dienen auch als Straßen oder Dammwege, ein Zweck, für den die dem Meer am nächsten gelegenen Böschungen selten genutzt werden, weil das gesamte Bauwerk durch das Aufbrechen des Rasens durch Räder und Pferdehufe gefährdet sein könnte. Wo auf diese Weise aufeinanderfolgende Deichreihen errichtet wurden, wurde beobachtet, dass der von den älteren Dämmen geschützte Boden niedriger ist als der in den neueren Einfriedungen eingeschlossene, und diese Niveausenkung wurde einem allgemeinen Absinken der Küste aus geologischen Gründen zugeschrieben ; aber die bessere Meinung scheint zu sein, dass dies in den meisten Fällen lediglich auf die Verfestigung und Beruhigung der Erde durch eine wirksamere Trocknung, auf das Gewicht der Deiche, auf den Tritt von Menschen und Vieh und auf die Bewegung zurückzuführen ist der schweren Wagen, die die Ernte abtransportieren. [318] Trotz dieses langsamen Absinkens liegt der größte Teil des von Deichen umschlossenen Landes immer noch über der Niedrigwassermarke und kann daher durch geöffnete Schleusen ganz oder teilweise vom Regenwasser und von dem durch Infiltration aus höher gelegenen Gebieten aufgenommenen Wasser befreit werden bei Ebbe. Zu diesem Zweck wird das Land sorgfältig umgraben und jede günstige Gelegenheit genutzt, um das Wasser durch die Schleusen abzuleiten. Aber der Boden kann auf diese Weise nicht wirksam entwässert werden, es sei denn, er liegt mindestens vier bis fünf Fuß über dem Niveau der Ebbe, weil die Gräben sonst nicht genügend Gefälle hätten, um das Wasser in der kurzen Zeitspanne abzuleiten zwischen Ebbe und Flut, und weil die Feuchtigkeit des gesättigten Untergrunds durch Kapillaranziehung ständig ansteigt. Wann immer also der Boden unter das von mir erwähnte Niveau gesunken ist und in Fällen, in denen seine Oberfläche nie darüber angehoben wurde, müssen sehr häufig Pumpen eingesetzt werden, die durch Wind oder eine andere mechanische Kraft betrieben werden, um das Land ausreichend trocken zu halten für Weideland und Anbau. [319]

B. *Entwässerung von Seen und Sümpfen.*

Der Ersatz der schwachen und unsicheren Wirkungsweise von Windmühlen durch Dampfmaschinen beim Antrieb von Pumpen hat die Entfernung von Wasser aus den Poldern und die Trockenlegung von Seen, Sümpfen und flachen Buchten erheblich erleichtert und diesen Unternehmungen so einen solchen Impuls gegeben, dass zwischen 1815 und 1858 nicht weniger als 110.000 Acres aus den Gewässern zurückgewonnen und dem landwirtschaftlichen Gebiet der Niederlande hinzugefügt wurden. Das wichtigste dieser Unterfangen war die Trockenlegung des Haarlemer Sees, und zwar zu diesem Zweck Einige der leistungsstärksten Hydraulikmotoren, die je gebaut wurden, wurden entworfen und gebaut. [320] Der Ursprung dieses Sees ist unbekannt. Einige Geographen gehen davon aus, dass es sich um einen Teil eines alten Rheinbetts handelt, dessen Kanal, wie man mit gutem Grund annehmen kann, seit der römischen Invasion in den Niederlanden große Veränderungen erfahren hat; Andere gehen davon aus, dass es sich einst um einen Binnenkanal handelte, der durch eine Kette niedriger Inseln vom Meer getrennt war und den der von den Gezeiten angeschwemmte Sand seitdem mit dem Festland verbunden und in eine durchgehende Küstenlinie umgewandelt hat. Die besten Experten finden jedoch geologische Beweise dafür, dass die vom See eingenommene Oberfläche ursprünglich ein sumpfiges Gebiet war, das innerhalb seiner Grenzen wenig festen Boden, aber viele Teiche und Buchten sowie viele schwimmende und feste Moore enthielt.

Infolge des Abholzens des Rasens als Brennstoff und der Zerstörung der wenigen Bäume und Sträucher, die mit ihren Wurzeln den losen Boden zusammenhielten, sollen sich die Teiche allmählich ausgedehnt haben, bis die Einwirkung des Windes auf ihre vergrößerte Oberfläche nachgab Ihre Wellen waren stark genug, um den Widerstand der schwachen Barrieren, die sie trennten, zu überwinden und sie alle in einem einzigen See zu vereinen. Die volkstümliche Überlieferung schreibt zwar die Entstehung des Haarlemer Sees einem einzelnen Meereseinbruch in einer fernen Zeit zu und bringt ihn mit der einen oder anderen der zerstörerischen Überschwemmungen in Verbindung, von denen die niederländischen Chroniken so viele beschreiben; aber auf einer Karte aus dem Jahr 1531 nimmt eine Kette von vier kleineren Gewässern fast den Boden ein, der später vom Haarlemer See bedeckt wurde, und sie sind wahrscheinlicher durch allmähliche Übergriffe verbunden worden, die auf die oben erwähnten unvorsichtigen Praktiken zurückzuführen sind, obwohl kein Zweifel besteht Die Vollendung wurde möglicherweise durch Überschwemmungen und durch die Vernachlässigung oder absichtliche Zerstörung der Deiche in den langen Kriegen des 16. Jahrhunderts beschleunigt.

Der Haarlemer See war ein Gewässer von nicht weit fünfzehn Meilen Länge und sieben Meilen größter Breite, das zwischen den Städten Amsterdam und Leyden lag und parallel zur Küste Hollands in einer Entfernung von etwa fünf Meilen vom Meer verlief. und erstreckt sich über eine Fläche von etwa 45.000 Hektar. Über den Ij kommunizierte es mit der Zuiderzee, dem Mittelmeer der Niederlande, und seine Oberfläche lag kaum über der mittleren Meereshöhe. Immer wenn also starke Nordwestwinde auf das Wasser der Zuiderzee einwirkten, wurden die Wassermassen des Haarlemer Sees proportional angehoben und nach Süden getrieben, während Südwinde dazu neigten, eine Strömung in die entgegengesetzte Richtung zu erzeugen. Die Ufer des Sees waren überall niedrig, und obwohl im Laufe der achtzig Jahre zwischen 1767 und 1848 mehr als 350.000 Pfund oder 1.700.000 Dollar ausgegeben wurden, um seine Übergriffe einzudämmen, sprengte er oft seine Barrieren und verursachte zerstörerische Überschwemmungen. Am 29. November 1836 brachte ein Südwind sein Wasser bis vor die Tore Amsterdams, und am 26. Dezember desselben Jahres überschwemmte es bei einem Nordweststurm zwanzigtausend Acres Land am südlichen Ende der Stadt See und überschwemmte einen Teil der Stadt Leyden. Die Wassertiefe betrug im Allgemeinen nicht mehr als vierzehn Fuß, aber der Grund war ein halbflüssiger Schlamm oder Schleim, der an der Bewegung der Wellen teilnahm und deren mechanische Kraft beträchtlich verstärkte. Es gab ernsthafte Befürchtungen, dass der See eine Verbindung mit den Binnengewässern von Legmeer und Mijdrecht bilden, große Mengen wertvollen Bodens verschlingen und schließlich die Sicherheit eines großen Teils des Landes gefährden würde, das die holländische Industrie erobert hatte im Laufe der Jahrhunderte aus dem Ozean.

Aus diesem Grund und wegen der großen Vergrößerung des kultivierbaren Bodens des Staates durch den Grund des Sees wurde beschlossen, ihn trockenzulegen, und die vorbereitenden Schritte zu diesem

Zweck wurden im Jahr 1840 begonnen. Der erste Die Aufgabe bestand darin, den gesamten See mit einem Ringkanal und einem Deich zu umgeben, um die Verbindung mit dem IJ abzuschneiden und das Wasser der Bäche und Moränen, die sich von der Landseite in ihn ergossen, auszuschließen. Der Deich bestand aus unterschiedlichen Materialien, entsprechend den Versorgungsmitteln an den verschiedenen Stellen, wie zum Beispiel Sand aus den Küstendünen, Erde und Rasen, der von der Linie des Ringkanals ausgegraben wurde, und schwimmender Rasen, [321] Faschinen waren überall üblich Binden und verdichten Sie die Masse. Diese Arbeiten wurden 1848 abgeschlossen und anschließend wurden fünf Jahre lang drei Dampfpumpen zur Ableitung des Wassers eingesetzt. Das gesamte Unternehmen wurde auf Kosten des Staates geführt, und 1853 wurden die zurückgewonnenen Ländereien zu seinen Gunsten zum Verkauf angeboten. Bis 1858 wurden 42.000 Acres für nicht weit von sechzehn Pfund Sterling oder 77 Dollar pro Acre verkauft, was einem Gesamtwert von 661.000 Pfund Sterling oder 3.200.000 Dollar entspricht. Die unverkauften Grundstücke hatten einen Wert von mehr als 6.000 £ oder fast 30.000 $, und da die Gesamtkosten 764.500 £ oder etwa 3.700.000 $ betrugen, kann der direkte Verlust für den Staat, ohne Zinsen auf das aufgewendete Kapital, mit 100.000 £ oder weniger angegeben werden als 500.000 US-Dollar.

In einem Land wie den Vereinigten Staaten mit nahezu grenzenlosen, dünn besiedelten Gebieten wären solche Ausgaben für ein solches Objekt wirtschaftlich schlecht. Aber Holland verfügt über ein begrenztes Gebiet, große finanzielle Ressourcen, eine übermäßig überfüllte Bevölkerung und einen daraus resultierenden Bedarf an größerem Raum und Möglichkeiten für die Ausübung der Industrie. Unter solchen Umständen und insbesondere angesichts der enormen Gefahren, denen man ausgesetzt ist, besteht kein Zweifel an der Sinnhaftigkeit dieser Maßnahme. Es hat bereits mehr als fünftausend Bürgern Wohnraum und Beschäftigung geboten und eine gewinnbringende Investition für ein Kapital von nicht weniger als 400.000 Pfund Sterling oder 2.000.000 Dollar bereitgestellt, das über das Kaufgeld des Bodens hinaus in Verbesserungen investiert wurde; und der größte Teil dieser Summe sowie die Entwässerungskosten wurden als Arbeitsentschädigung gezahlt. Der Überschuss der Staatsausgaben gegenüber den Einnahmen hätte, wenn er für den Bau von Kriegsschiffen oder Befestigungsanlagen verwendet worden wäre, kaum zur militärischen Stärke des Königreichs beigetragen; Aber die Vergrößerung des Territoriums, die Vermehrung der Häuser und Feuerstellen, an deren Verteidigung das Volk ein Interesse hat, und die Vergrößerung der landwirtschaftlichen Ressourcen stellen ein stärkeres Bollwerk gegen eine ausländische Invasion dar als ein Linienschiff oder eine mit hundert Kanonen bewaffnete Festung.

Der Einfluss der Werke, die ich bemerkt habe, und anderer Werke ähnlicher Art auf die sozialen und moralischen sowie die rein wirtschaftlichen Interessen des niederländischen Volkes hat mich dazu veranlasst, sie ausführlicher als den allgemeinen Zweck zu beschreiben Man könnte meinen, dass dieser Band dies rechtfertigt; Aber wenn wir sie einfach vom geographischen Standpunkt aus betrachten, werden wir feststellen, dass sie als Modifikationen des natürlichen Zustands der Erdoberfläche von nicht geringer Bedeutung sind. Es gibt guten Grund zu der Annahme, dass vor der Etablierung einer teilweise zivilisierten Rasse auf dem Gebiet, das jetzt von niederländischen, friesischen und niederdeutschen Gemeinden besetzt ist, die Gebiete, die nicht der Überschwemmung ausgesetzt waren, mit dichten Wäldern bewachsen waren, und dass die Tiefebene zwischen diesen Wäldern und dem Meeresküsten waren Sumpfgebiete, die von einer dichten Matte aus Torfpflanzen und Sträuchern, durchsetzt mit Bäumen, bedeckt und teilweise verfestigt waren, und dass selbst die Sanddünen der Küste durch einen Pflanzenbewuchs geschützt waren, der das Abdriften und Umsiedeln weitgehend verhinderte ihnen.

Die gegenwärtigen Ursachen der Fluss- und Küstenerosion existierten tatsächlich zum fraglichen Zeitraum; aber einige von ihnen müssen mit geringerer Intensität gewirkt haben, es gab starke natürliche Schutzmaßnahmen gegen den Einfluss von Meeres- und Süßwasserströmungen, und die widersprüchlichen Tendenzen hatten einen Zustand annähernden Gleichgewichts erreicht, der nur langsame und allmähliche Veränderungen im Gesicht zuließ von Natur. Die Zerstörung der Wälder rund um die Quellen und entlang der Flusstäler durch den Menschen verlieh ihnen einen stärker reißenden Charakter. Durch das Fällen der Bäume und die Ausrottung des Gebüschs auf den Mooren durch das Hausvieh wurde die Oberfläche ihres Zusammenhalts und ihrer Konsistenz beraubt, und durch das Stechen von Torf als Brennstoff entstanden darin Hohlräume, die sich sofort mit Wasser füllten und sich schnell ausdehnten durch Abrieb ihrer Grenzen und vergrößerte sich schließlich zu Tümpeln, Seen und Buchten, wie dem Haarlemer See und dem nördlichen Teil der Zuiderzee. Durch das Abholzen des Waldes und die Weideung der Gräser auf den Sanddünen verwandelten sie sich von festen Bollwerken gegen das Meer in lockere Staubansammlungen, die jede Meeresbrise weiter landeinwärts trieb, wobei sie vielleicht fruchtbaren Boden begrub und Wasserläufe auf der einen Seite verstopfte Andererseits wird die Küste der Erosion durch das Meer ausgesetzt.

C. *Geografischer Einfluss solcher Operationen.*

Die Veränderungen, die menschliches Handeln innerhalb von zwanzig Jahrhunderten in den Niederlanden und den angrenzenden Provinzen hervorgerufen hat, sind sicherlich von nicht geringer geografischer

Bedeutung, da sie einfach als eine direkte Frage des Verlusts und Gewinns von Territorium betrachtet werden. Sie waren zweifellos auch mit einigen klimatischen Konsequenzen verbunden, sie übten einen großen Einfluss auf das spontane Tier- und Pflanzenleben dieser Region aus, und es kann nicht verfehlt haben, dass sie Auswirkungen auf Gezeiten- und andere Meeresströmungen hatten, deren Ausmaß sehr groß sein kann umfangreich. Die Kraft der Flutwelle, die Höhe, bis zu der sie steigt, die Richtung ihrer Strömungen und tatsächlich alle Phänomene, die sie charakterisieren, sowie alle Auswirkungen, die sie hervorruft, hängen ebenso stark von der Konfiguration der Küste ab es wäscht, und die Tiefe des Wassers und die Form des Bodens in der Nähe des Ufers, als auf der Anziehungskraft, die es verursacht. Alle terrestrischen Bedingungen, die den Charakter von Gezeiten- und anderen Meeresströmungen beeinflussen, wurden durch die von mir beschriebenen Vorgänge sehr deutlich verändert, und zumindest an dieser Küste hat der Mensch fast ebenso stark auf die physische Geographie des Meeres eingewirkt wie auf dem des Landes.

Senkung der Seen.

Die Wasserbauwerke der Niederlande und der Nachbarstaaten sind so groß, dass sie alle anderen bekannten künstlichen Einrichtungen zur Verteidigung des Landes gegen die Übergriffe der Flüsse und des Meeres und zur Rückgewinnung in den Bereich der Landwirtschaft völlig in den Schatten stellen und Zivilisationsboden, der lange Zeit vom Wasser bedeckt war. Aber obwohl die Wiederherstellung und der Schutz vom Meer überschwemmter Gebiete eine Kunst zu sein scheint, die ausschließlich niederländischen Ursprungs ist, haben wir zahlreiche Beweise dafür, dass sowohl in der Antike als auch in vergleichsweise modernen Zeiten große Unternehmungen mit mehr oder weniger ähnlichem Charakter erfolgreich unternommen wurden , sowohl im europäischen Binnenland als auch in den weniger bekannten Ländern des Ostens.

Einer der bekanntesten davon ist der Tunnel, der dazu dient, das überschüssige Wasser des Albaner Sees, etwa vierzehn Meilen von Rom entfernt, abzuleiten. Dieser See mit einem Umfang von etwa sechs Meilen liegt in einem der Krater einer erloschenen Vulkankette, und die Wasseroberfläche liegt etwa 900 Fuß über dem Meer. Es wird von Bächen und unterirdischen Quellen gespeist, die im Alban-Gebirge oder Monte Cavo entspringen, dem höchsten Gipfel der gerade erwähnten Vulkangruppe, der eine Höhe von etwa dreitausend Fuß erreicht. Gegenwärtig verfügt der See über keinen erkennbaren natürlichen Abfluss, es ist jedoch nicht bekannt, dass das Wasser jemals so hoch stand, dass es regelmäßig über den Rand des Kraters floss. Es scheint, dass in der frühesten Zeit, für die wir authentische

Denkmäler haben, der Wasserstand normalerweise durch Verdunstung oder durch Abfluss durch unterirdische Kanäle deutlich unterhalb des Randes des Beckens, das ihn umgab, gehalten wurde, im Jahr 397 v. Chr. jedoch DER Wasserspiegel Entweder aufgrund der Verstopfung solcher Kanäle oder infolge erhöhter Zufuhren aus unbekannten Quellen stiegen die Wassermassen so hoch an, dass sie über den Rand des Kraters flossen und eine Überschwemmung des darunter liegenden Landes drohten, indem sie durch die Wände brachen. Um dieser Gefahr vorzubeugen, wurde ein Tunnel zur Ableitung des Wassers auf einer Höhe gebohrt, die weit unter der Höhe lag, bis zu der er gestiegen war. Diese Galerie, die vollständig mit dem Meißel über eine Länge von sechstausend Fuß oder fast einer Meile und einem Siebtel durch den Felsen gehauen wurde, ist immer noch in einem so guten Zustand, dass sie ihrem ursprünglichen Zweck dient. Die Tatsache, dass dieses Werk zeitgleich mit der Belagerung von Veii entstand, hat den antiken Annalisten Anlass gegeben, die beiden Ereignisse miteinander in Verbindung zu bringen, doch moderne Kritiker neigen dazu, Livius' Bericht über die Angelegenheit als eine der vielen unwahrscheinlichen Fabeln abzulehnen, die die Seiten von verunstalten dieser Historiker. Es wird jedoch von Cicero und den Dionysos von Halikarnassos wiederholt, und es ist keineswegs unmöglich, dass in einer Zeit, in der Priester und Wahrsager sowohl die Künste der natürlichen Magie als auch das Wenige, was es an physikalischer Wissenschaft gab, die Regierung von … monopolisierten Mit ihrer Hilfe machte sich Rom gleichzeitig den Aberglauben und den militärischen Eifer seiner Bürger zunutze, um ihre Zustimmung zu einem Unternehmen zu erhalten, zu dessen Billigung sie fundiertere Argumente vielleicht nicht geführt hätten.

Noch bemerkenswerter ist der von Kaiser Claudius angelegte Tunnel zur Entwässerung des Fucinus-Sees, des heutigen Lago di Celano, auf neapolitanischem Gebiet, etwa fünfzig Meilen östlich von Rom. Soweit seine Geschichte bekannt ist, hat sich die Größe dieses Sees zu verschiedenen Zeiten entsprechend dem Charakter der Jahreszeiten sehr stark verändert. Es hat keinen sichtbaren Abfluss, wurde aber ursprünglich entweder durch natürliche unterirdische Leitungen entwässert oder durch Verdunstung in bestimmten extremen Grenzen gehalten. In Jahren ungewöhnlicher Feuchtigkeit breitete sie sich über den angrenzenden Boden aus und zerstörte die Ernte; In Trockenzeiten zog es sich zurück und verursachte epidemische Krankheiten durch giftige Ausdünstungen aus dem Verfall pflanzlicher und tierischer Materie auf seinem freigelegten Bett. Julius Cäsar hatte den Bau eines Tunnels zur Entwässerung des Sees vorgeschlagen, aber das Unternehmen wurde erst unter der Herrschaft von Claudius tatsächlich in Angriff genommen, als – nach einem vorübergehenden Misserfolg, aufgrund von Fehlern bei der Nivellierung durch die Ingenieure, wie damals behauptet wurde, oder Wie mittlerweile sicher erscheint, wurde es aufgrund von

Betrügereien der Auftragnehmer bei der Ausführung der Arbeiten zumindest teilweise fertiggestellt. Aufgrund dieser unvollkommenen Konstruktion war es bald nicht mehr zu reparieren, wurde aber von Hadrian restauriert und scheint seinem Entwurf einige Jahrhunderte lang entsprochen zu haben. In der Barbarei, die auf den Untergang des Reiches folgte, verfiel es erneut, und obwohl im Mittelalter zahlreiche Versuche unternommen wurden, es wiederherzustellen, scheint bis zur heutigen Generation bei keinem dieser Bemühungen ein erträglicher Erfolg zu verzeichnen gewesen zu sein.

Die Arbeiten an der Restaurierung bzw. Vergrößerung und dem Wiederaufbau dieses alten Tunnels sind nun schon seit einigen Jahren im Gange, und zwar in einem Ausmaß an Erhabenheit, das der Großzügigkeit und dem Gemeinsinn der Projektanten unendliche Ehre erweist, und mit einem Einfallsreichtum in der Gestaltung und einem konstruktiven Können spiegeln höchste Anerkennung für die Fachkompetenz der Ingenieure wider, die die Arbeiten geplant und deren Ausführung geleitet haben. Die Länge dieses Tunnels beträgt 18.634 Fuß, also mehr als dreieinhalb Meilen. Natürlich ist es eine der längsten unterirdischen Galerien, die jemals in Europa gebaut wurden, und sie bietet in ihrer ursprünglichen Gestaltung viele merkwürdige Details, die hier nicht beschrieben werden können. Der Unterschied zwischen dem höchsten und dem niedrigsten bekannten Niveau der Seeoberfläche beträgt mindestens vierzig Fuß, und der Unterschied der auf diesen jeweiligen Stufen bedeckten Fläche beträgt nicht viel weniger als achttausend Acres. Der Tunnel wird das Wasser auf einen viel niedrigeren Punkt reduzieren, und es wird berechnet, dass, einschließlich der gelegentlich überfluteten Ländereien, nicht weniger als 40.000 Acres fruchtbarer Boden wie jeder andere in Italien aus dem See geborgen und dauerhaft vor Überschwemmung geschützt werden wird seine Gewässer.

Viele ähnliche Unternehmen wurden in der Neuzeit konzipiert und durchgeführt, sowohl zum Zweck der Rückgewinnung von wasserbedecktem Land als auch aus hygienischen Gründen. [322] Sie sind manchmal mit völlig unerwarteten Übeln verbunden, wie zum Beispiel im Fall von Barton Pond in Vermont und im Fall des Sees Storsjö in Schweden, der bereits auf einer früheren Seite erwähnt wurde. Eine weitere, noch weniger offensichtliche Folge des Wasserentzugs wurde gelegentlich bei diesen Operationen beobachtet. Die hydrostatische Kraft, mit der das Wasser aufgrund seines spezifischen Gewichts gegen die Ufer drückt, die es begrenzen, hat die Tendenz, sie zu stützen, wann immer ihre Zusammensetzung und Textur nicht so sind, dass sie einer Erweichung und Auflösung durch das Eindringen von Wasser ausgesetzt sind Wasser. Wenn das Gefälle der Ufer beträchtlich ist oder wenn die Erde, aus der sie bestehen, auf einer glatten und rutschigen Schicht ruht, die zum Grund des Sees hin abfällt, besteht die Gefahr, dass sie unter der mechanischen Unterstützung des Wassers herunterfallen oder nach vorne rutschen entfernt wird, und dies geschieht manchmal in erheblichem Umfang. Vor einigen Jahren wurde die Oberfläche des Lungerersees im Kanton Unterwalden in der Schweiz abgesenkt, indem ein etwa eine Viertelmeile langer Tunnel durch den schmalen Grat, den Kaiserstuhl, getrieben wurde, der eine Barriere bildet Nordende des Beckens. Als das Wasser abgesaugt wurde, rutschten die steilen, rissigen und platzenden Ufer ab, mehrere Hektar Land rutschten so tief ab, dass das Wasser zurückging, und man glaubte, dass sogar das ganze Dorf Lungern in nicht geringer Gefahr sei.

Andere sehr schwerwiegende Unannehmlichkeiten sind häufig auf die natürliche Abnutzung oder, noch häufiger, die unvorsichtige Zerstörung der Barrieren, die Bergseen begrenzen, zurückzuführen. In ihrem natürlichen Zustand dienen solche Becken sowohl dazu, die Steine und anderen Schutt aufzunehmen und zurückzuhalten, die von den in sie mündenden Strömen herabgespült werden, als auch dazu, die Kraft des strömenden Wassers einzudämmen, indem sie sie vorübergehend zum Stillstand bringen; Wenn aber die Auslässe abgesenkt werden, um die Stauseen zu entleeren, fließen die Ströme weiterhin schnell durch das alte Beckenbett und tragen den Sand und Kies, mit dem sie beladen sind, mit nach unten, anstatt ihre Last wie zuvor darin abzulagern das stille Wasser der Seen.

Bergseen.

In Amerika ist man allgemein der Meinung, dass die Flussauen, -böden oder *-intervalle* , wie sie im Volksmund genannt werden, im Allgemeinen die Böden alter Seen sind, die ihre Barrieren durchbrochen haben und an ihrer Stelle fließende Strömungen hinterlassen haben. Dr. Dwight hat vor vielen Jahren gezeigt, dass dies bei weitem nicht allgemeingültig ist; aber es besteht kein Zweifel, dass Bergseen in der ursprünglichen Geographie viel häufiger vorkamen als in der modernen Geographie, und es gibt noch viele Ketten solcher Seen in Regionen, in denen der Mensch die ursprünglichen Merkmale der Erde noch kaum verändert hat. In den langen Tälern des Adirondack-Gebirges im Norden von New York und in den gebirgigen Teilen von Maine findet man manchmal acht, zehn und noch mehr Seen und Seenchen nacheinander, die jeweils in das nächsttiefere Becken münden, und so schließlich alle in einen beträchtlichen Fluss. Wenn die Berghänge, die diese Becken versorgen, von ihren Wäldern befreit werden, wird das zunehmende Anschwellen der Seen ihre Barrieren niederreißen, ihr Wasser wird abfließen und die Täler werden eine Reihe von Ebenen aufweisen, durch die Flüsse statt Ketten fließen von Seen, die durch natürliche Kanäle verbunden sind.

Ein ähnlicher Zustand scheint in der antiken Geographie Frankreichs geherrscht zu haben. „Die Natur", sagt Lavergne, „hat an den Flanken unserer Alpen keine so prächtigen Stauseen wie in der Lombardei ausgegraben; sie hat jedoch kleinere, aber zahlreichere Seen geschaffen, die durch die Nachlässigkeit des Menschen verschwinden ließen." Auguste de Gasparin, der Bruder des berühmten Landwirts, wies vor mehr als dreißig Jahren in einer Originalarbeit nach, dass in den Bergtälern früher viele natürliche Deiche existierten, die vom Wasser weggeschwemmt wurden. Er schlug vor, sie wieder aufzubauen und zu vervielfachen. Dies Ein interessanter Vorschlag ist seitdem mehrmals wieder aufgetaucht, stieß jedoch auf heftigen Widerstand von erfahrenen Ingenieuren. Dennoch wäre es gut, das Experiment auszuprobieren, künstliche Seen zu schaffen, die sich mit dem Wasser von schmelzendem Schnee und strömenden Regenfällen füllen sollten in Zeiten der Dürre aus. Wenn dieser Plan fähige Gegner hat, hat er auch herzliche Befürworter. Allein die Erfahrung kann die Frage entscheiden." [323]

Klimatische Auswirkungen der Entwässerung von Seen und Sümpfen.

Die Entwässerung von Seen, Sümpfen und anderen oberflächlichen Feuchtigkeitsansammlungen verringert die Wasseroberfläche eines Landes und natürlich auch die daraus resultierende Verdunstung. Auch Seen in erhöhter Lage verlieren einen Teil ihres Wassers durch Versickerung und versorgen dadurch andere Seen, Quellen und Bäche in tieferen Lagen. Daher ist es offensichtlich, dass die Entwässerung solcher Gewässer, wenn sie in großem Maßstab durchgeführt wird, sowohl die Luftfeuchtigkeit und die Temperatur der Atmosphäre als auch die ständige Wasserversorgung ausgedehnter Gebiete beeinflussen muss. [324]

Geografische und klimatische Auswirkungen von Aquädukten, Stauseen und Kanälen.

Viele interne Verbesserungsprozesse, wie etwa Aquädukte zur Versorgung großer Städte, Eisenbahnabschnitte und Dämme und dergleichen, leiten Wasser aus seinen natürlichen Kanälen ab und beeinflussen seine Verteilung und endgültige Ableitung. Das Sammeln des Wassers eines beträchtlichen Gebietes in Stauseen, um es von dort durch Aquädukte abzuleiten, wie zum Beispiel im Wald von Belgrad in der Nähe von Konstantinopel, entzieht den ursprünglich von den Quellen und Bächen bewässerten Böden die notwendige Feuchtigkeit und reduziert sie zur Unfruchtbarkeit. Ähnliche Auswirkungen muss der Bau der zahlreichen Aquädukte gehabt haben, die das antike Rom mit so reichlich Wasser versorgten. Andererseits schadet das Filtrieren von Wasser durch die Ufer oder Wände eines Aquädukts, das auf einer hohen Ebene über niedriges Gelände geleitet wird, oft dem angrenzenden Boden und schadet der Gesundheit der benachbarten Bevölkerung; und es wurde in der Schweiz beobachtet, dass durch die Stagnation des Wassers in Ausgrabungen, aus denen Erde entnommen wurde, um Dämme für Eisenbahnen zu bilden, Fieber hervorgerufen wurde.

Wenn wir nur den Einfluss physischer Verbesserungen auf das zivilisierte Leben betrachten, werden wir schiffbaren Kanälen vielleicht eine höhere Bedeutung oder zumindest einen vielfältigeren Einfluss zuschreiben als allen anderen Werken des Menschen, die dazu bestimmt sind, die Gewässer der Erde zu kontrollieren beeinflussen ihre Verbreitung, sie verbinden entfernte Regionen durch soziale Bindungen, durch die Vermittlung des Handels, den sie fördern; Sie erleichtern den Transport von Militärvorräten und -maschinen sowie von anderem schweren Material, das mit der Wahrnehmung der Regierungsaufgaben verbunden ist. Sie fördern die Industrie, indem sie Rohstoffen und künstlich hergestellten Gegenständen einen marktfähigen Wert verleihen, die sonst aufgrund der Transportkosten wertlos wären. Sie liefern aus ihrem überschüssigen Wasser Mittel zur Bewässerung und zur mechanischen Energiegewinnung; und auf viele andere Arten tragen sie viel dazu bei, den Wohlstand und die Zivilisation der Nationen voranzutreiben. Sie sind auch nicht ganz ohne geografische Bedeutung. Manchmal entwässern sie Land, indem sie Wasser ableiten, das sonst an der Oberfläche stagnieren würde, und andererseits machen sie wie Aquädukte den angrenzenden Boden kalt und feucht, indem sie Wasser durch ihre Dämme versickern lassen. [325] Sie stauen, kontrollieren und lenken den Lauf natürlicher Strömungen um und leiten sie an Punkten ab, die ihren ursprünglichen Auslässen gegenüberstehen oder von diesen entfernt sind. Sie benötigen oft ausgedehnte Stauseen, um sie zu ernähren, wodurch sie das ganze Jahr über Wasseransammlungen zurückhalten – die andernfalls in der Trockenzeit abfließen oder verdunsten würden – und dadurch die verdunstungsfähige Oberfläche des Landes vergrößern. und wir haben bereits gesehen, dass sie die Flora und Fauna von Provinzen vertauschen, die durch die Natur weit voneinander entfernt sind. Alle diese Wirkungsweisen beeinflussen sicherlich das Klima und die Beschaffenheit der Erdoberfläche, obwohl unsere Beobachtungsmethoden noch nicht so perfektioniert sind, dass wir ihre Auswirkungen beurteilen und messen könnten.

Klimatische und geografische Auswirkungen der Oberflächen- und Untergrundentwässerung.

Ich habe dieses Kapitel mit einer Beschreibung der Deiche und anderer hydraulischer Arbeiten der niederländischen Ingenieure begonnen, weil die geographischen Ergebnisse solcher Arbeiten offensichtlicher und leichter zu messen, wenn auch sicherlich nicht wichtiger, als die der älteren und weiter verbreiteten Arbeiten sind Arten, dem Wasserfluss Widerstand zu leisten oder ihn zu lenken, die seit der Antike im Inneren aller zivilisierten Länder praktiziert werden. Trockenlegung und Bewässerung werden üblicherweise als rein landwirtschaftliche Prozesse angesehen, die wenig oder gar keinen Bezug zur technischen Geographie haben; Wir werden jedoch feststellen, dass sie einen starken Einfluss auf den Boden, das Klima sowie das tierische und pflanzliche Leben ausüben und daher mit Recht behaupten können, als geografische Elemente angesehen zu werden.

Oberflächen- und Unterentwässerung und ihre Auswirkungen.

Eine oberflächliche Entwässerung ist auf allen neu aus dem Wald gewonnenen Flächen eine Notwendigkeit. Die Oberfläche des Waldbodens ist nie so gleichmäßig geneigt, dass das Wasser ungehindert darüber fließen könnte. Selbst an den Hängen gibt es viele kleine Hügel und Vertiefungen, die teils zur ursprünglichen Verteilung des Bodens gehören, teils durch Unregelmäßigkeiten im Wachstum und der Ablagerung pflanzlicher Stoffe verursacht werden. Diese dienen in der Natur als Dämme und Reservoirs, um einen größeren Feuchtigkeitsvorrat aufzufangen, als die schwammige Erde auf einmal aufnehmen kann. Darüber hinaus gibt der Pflanzenschimmel selbst unter den günstigsten Umständen nur langsam die Feuchtigkeit ab, die er unter dem Schutz der Wälder angesammelt hat, und die Infiltration aus benachbarten Wäldern trägt dazu bei, dass der Boden kleiner Lichtungen für den Nutzen zu feucht bleibt Anbau künstlicher Pflanzen. Aus diesen Gründen muss die Oberflächenentwässerung mit der Landwirtschaft selbst begonnen haben, und es gibt wahrscheinlich keinen bebauten Bezirk, man könnte fast sagen, kein einziges Feld, das nicht mit künstlichen Vorrichtungen versehen wäre, um das Entweichen von Oberflächenwasser und damit den Abtransport von Feuchtigkeit zu erleichtern , im natürlichen Zustand der Erde, wäre vom Boden aufgenommen worden.

Die positiven Auswirkungen der Oberflächenentwässerung, die Notwendigkeit, die Felder bei zunehmender Bevölkerungszahl zu erweitern, und die Unannehmlichkeiten, die sich aus dem Vorhandensein von Sümpfen in ansonsten verbesserten Regionen ergeben, müssen schon in einer sehr frühen Phase der menschlichen Industrie die Zweckmäßigkeit der Umwandlung von Mooren und Sümpfen nahegelegt haben trockenes Land, indem sie ihnen Wasser entziehen; und es sollte nicht lange nach der Einführung dieser Praxis dauern, bis weitere landwirtschaftliche Gebiete erworben werden konnten, indem man den Abfluss kleiner Teiche und Seen senkte und das von ihnen bedeckte Land dem Herrschaftsgebiet des Landwirts hinzufügte.

Alle diese Prozesse gehören zur beginnenden Zivilisation der vorgeschichtlichen Perioden, aber der Bau unterirdischer Kanäle zur Entfernung eingedrungenen Wassers prägt Zeitalter und Länder, die sich durch einen großen Fortschritt in der landwirtschaftlichen Theorie und Praxis, eine große Anhäufung von pekuniärem Kapital usw. auszeichnen eine Bevölkerungsdichte, die eine große Nachfrage und einen hohen Preis für alle Produkte der ländlichen Industrie schafft. Auch eine Unterentwässerung wäre in feuchten und kühlen Klimazonen, in denen die Verdunstung langsam ist, und auf Böden, in denen die natürliche Neigung der Oberfläche keinen sehr schnellen Abfluss des Oberflächenwassers begünstigt, am vorteilhaftesten. Alle Voraussetzungen, um diese Art der ländlichen Verbesserung, wenn auch nicht absolut notwendig, so doch zumindest scheinbar rentabel zu machen, sind in Großbritannien vorhanden, und es ist daher ganz natürlich, dass die wohlhabenden und intelligenten Bauern Englands diese Praxis weiter vorangetrieben haben. und erntete daraus einen größeren finanziellen Ertrag als jedes andere Land.

Neben der oberflächlichen und unterirdischen Entwässerung gibt es noch eine andere Methode zur Entsorgung von überschüssigem Oberflächenwasser, die jedoch selten praktiziert werden kann, da die notwendigen Bedingungen für ihre Verwendung nicht häufig gegeben sind. Immer dann, wenn eine zähe, wasserhaltende Schicht auf einem lockeren, kiesigen Bett ruht und so gelegen ist, dass ein ungehinderter Abfluss von Wasser aus oder durch sie möglich ist, und zwar durch das Austreten des Betts auf einer niedrigeren Ebene oder durch tief liegende Leitungen, die dorthin führen Zu entfernten Abflussstellen kann oberflächliches Wasser abtransportiert werden, indem man ihm einen Durchgang durch die undurchlässige in die durchlässige Schicht öffnet. So wurde laut Bischof bereits zur Zeit von König Réné in der ersten Hälfte des fünfzehnten Jahrhunderts die Ebene von Paluns bei Marseille durch Bohren trockengelegt, und Wittwer teilt uns mit, dass die Entwässerung in München durch Leitungen erfolgt Das überschüssige Wasser wird in große Baugruben geleitet, von wo aus es in eine etwas oberhalb des Isarspiegels liegende untere Schicht aus Kies und Kies sickert. [326] So sind in Washington, im westlichen Teil der Stadt, der hoch über den Flüssen Potomac und Rock Creek liegt, viele Häuser mit Trockenbrunnen zur Entwässerung ihrer Keller und Fundamente ausgestattet. Diese erstrecken sich durch harte, zähe Erde bis zu einer Tiefe von dreißig bis vierzig Fuß, wo sie auf eine Kiesschicht treffen, durch die das Wasser leicht abfließt.

Diese Praxis wurde in Paris in großem Umfang angewendet, und zwar nicht nur zur Ableitung von gewöhnlichem Oberflächenwasser, sondern auch zur Ableitung anstößiger und schädlicher Flüssigkeiten aus Chemie- und Produktionsbetrieben. Ein Brunnen dieser Art erhielt im Winter 1832/33 pro Tag 20.000 Gallonen verdorbenes Wasser aus einer Stärkefabrik, und das gleiche Verfahren wurde weitgehend auch in anderen Fabriken angewendet. Die Befürchtung von Schäden an öffentlichen und artesischen Brunnen und Quellen führte im letzten Jahr zu einer Untersuchung zu diesem Thema im Auftrag der Stadtbehörden durch Girard und Parent Duchatelet. Der Bericht dieser Herren, veröffentlicht in den *Annales des Ponts et Chaussées* für das zweite Halbjahr 1833, ist voll von merkwürdigen und lehrreichen Tatsachen über die Lage und Verteilung der unterirdischen Gewässer unter und in der Nähe von Paris; aber es muss genügen zu sagen, dass der Bericht zu dem Schluss kam, dass aufgrund der absoluten Unbeweglichkeit dieser Gewässer und der relativ geringen Menge an schädlicher Flüssigkeit, die ihnen zugeführt werden sollte, keine Gefahr der Verbreitung dieser letzteren bestand. wenn es in sie entlassen wird. Dieses Ergebnis wird diejenigen nicht überraschen, die wissen, dass Duchatelet in einem anderen Werk ähnliche Ansichten über die Auswirkungen der Einleitung der städtischen Abwasserkanäle in die Seine auf das Wasser dieses Flusses vertritt. Die Menge der von ihnen gelieferten Materie hält er im Vergleich zum Wasservolumen der Seine für so nahezu unendlich gering, dass sie unmöglich einen nennenswerten Einfluss darauf haben kann. Ich würde jedoch entschlossenen Wassertrinkern, die in Paris leben, raten, seine Schlussfolgerungen zu übernehmen, ohne seine Fakten und Argumente zu studieren; denn es ist durchaus möglich, dass er seine Leser zu einem Glauben bekehrt, der seinem eigenen entgegengesetzt ist, und dass sie schließlich dem Dichter zustimmen, der Wasser für ein „unedles Getränk" hielt.

Klimatische und geografische Auswirkungen der Oberflächenentwässerung.

Wenn wir Wasser von der Oberfläche entfernen, verringern wir dessen Verdunstung, und natürlich verringert sich auch die mit jeder Verdunstung einhergehende Kühlung entsprechend. Daher sollte eine oberflächliche Entwässerung mit einer Erhöhung der atmosphärischen Temperatur einhergehen, und in kalten Ländern kann damit gerechnet werden, dass dadurch die Häufigkeit von Frösten verringert wird. Dementsprechend ist es eine Erfahrungstatsache, dass trockene Böden und die mit ihnen in Kontakt stehende Luft unter sonst gleichen Bedingungen während der Vegetationsperiode, wenn die Verdunstung am schnellsten ist, spürbar wärmer sind als feuchte Böden und die darauf liegende atmosphärische Schicht ihnen. Instrumentelle Beobachtungen zu diesem speziellen Punkt wurden noch nicht in sehr großem Maßstab durchgeführt, aber wir verfügen immer noch über ausreichende thermometrische Daten, um die allgemeine Schlussfolgerung zu rechtfertigen, und der Einfluss der Entwässerung auf die Verringerung der Frosthäufigkeit scheint sogar noch besser nachgewiesen zu sein als eine direkte Anstieg der atmosphärischen Temperatur. Die steilen und trockenen Hochebenen der Green Mountain Range in Neuengland entgehen oft dem Frost, wenn die indische Maisernte auf feuchteren Böden, fünfhundert oder sogar tausend Fuß tiefer, zerstört oder stark geschädigt wird. Die Umgebung eines Sumpfgebietes ist mit Sicherheit Spätfrühlings- und Frühherbstfrösten ausgesetzt, doch nach der Entwässerung sind sie nicht mehr gefürchtet, und dies ist besonders in sehr kalten Klimazonen, wie zum Beispiel in Lappland, zu beobachten. [327]

In England werden unterirdische Abflüsse im Allgemeinen nicht unterhalb der Reichweite täglicher Temperaturschwankungen oder unterhalb eines Punktes verlegt, von dem aus Feuchtigkeit durch Kapillaranziehung an die Oberfläche gebracht und durch die Hitze der Sonne verdunstet werden könnte. Sie entziehen daher wie Oberflächenabläufe der lokalen Sonneneinwirkung viel Feuchtigkeit, die andernfalls verdampfen würde, und erhöhen gleichzeitig durch das Austrocknen des darüber liegenden Bodens dessen effektive Hygroskopizität, die folglich aus der Atmosphäre absorbiert wird eine größere Wassermenge als damals, wenn der Untergrund mangels ausreichender Entwässerung immer feucht, wenn nicht sogar gesättigt war. Unterentwässerungen tragen also sowohl zur Trockenheit als auch zur Wärme der Atmosphäre bei, und da trockener Boden durch die Sonnenstrahlen leichter erwärmt wird als feuchter, neigen sie auch dazu, den Mittelwert und insbesondere den Sommer zu erhöhen Temperatur des Bodens.

Was die unmittelbare Verbesserung des Bodens und des Klimas und die zunehmende Fülle der Ernten betrifft, hat das englische System der Oberflächen- und Untergrundentwässerung die Lobreden seiner Befürworter völlig gerechtfertigt; aber seine umfassende Einführung scheint mit einigen völlig unvorhergesehenen und unerwünschten Folgen verbunden gewesen zu sein, die denen sehr ähnlich sind, die ich als Folge der Rodung der Wälder beschrieben habe. Die Unterkanäle leiten das vom Boden aufgenommene Wasser aus Niederschlägen und durch Versickerung aus benachbarten Quellen oder anderen Versorgungsquellen sehr schnell ab. Folglich erhält ein Fluss, der von künstlich entwässertem Land begrenzt wird, in der Regenzeit oder nach starken Regenfällen in wenigen Stunden aus oberflächlichen und unterirdischen Leitungen Wasserzufluss, der im natürlichen Zustand der Erde nur ihn erreicht hätte in kleinen Raten, nachdem es wochen- oder sogar monatelang durch verborgene Pfade versickert war, und hätte statt anschwellender Überschwemmungen beständige und vergleichsweise regelmäßige Beiträge zu seinem Kanal geleistet. Wenn also die menschliche Ungeduld die langsamen Methoden, mit denen die Natur die Oberfläche und die oberflächlichen Schichten eines Flussbeckens trockenlegt, vorschnell durch schnell wirkende künstliche Vorrichtungen ersetzt, wird das ursprüngliche Gleichgewicht gestört, und das Wasser des Himmels wird nicht länger in der Erde gespeichert nach und nach wieder ausgegeben, aber mit verschwenderischer Eile aus dem

Herrschaftsbereich des Menschen vertrieben; Und während die Überschwemmungen des Flusses plötzlich und verheerend sind, wird seine Strömung, wenn die Abflüsse ausgetrocknet sind, zu einem Rinnsal, er liefert nicht mehr die Kraft, die Maschinerie anzutreiben, für die er einst völlig ausreichend war, und führt kaum noch Wasser die Herden, die an seinem Rand weiden. [328]

Bewässerung und ihre klimatischen und geografischen Auswirkungen.

Wir wissen wenig über die Geschichte der ausgestorbenen Zivilisationen, die der Kultur der klassischen Zeitalter vorausgingen, und keine Nation ist in der Neuzeit spontan aus der Barbarei hervorgegangen und hat sich die Künste des gesellschaftlichen Lebens geschaffen. [329] Die Verbesserungen der wilden Rassen, deren Geschichte wir deutlich verfolgen können, sind entlehnt und nachgeahmt, und unsere Theorien über den Ursprung und die natürliche Entwicklung der industriellen Kunst sind Mutmaßungen. Natürlich hängt das relative Alter bestimmter Zweige der menschlichen Industrie stark von der natürlichen Beschaffenheit des Bodens, des Klimas und des spontanen Pflanzen- und Tierlebens in verschiedenen Ländern ab; und während der geographische Einfluss des Menschen unter bestimmten Umständen in eine Richtung ausgeübt würde, würde er unter anderen Bedingungen in eine entgegengesetzte oder divergierende Richtung wirken. Ich habe einige Gründe für die Annahme angeführt, dass in den Klimazonen, auf die sich unsere Aufmerksamkeit hauptsächlich richtete, der erste Eingriff des Menschen in die natürliche Anordnung und Bewirtschaftung der Gewässer die Entwässerung der Oberfläche war. Aber wenn wir allein anhand der vorhandenen Überreste urteilen, sollten wir wahrscheinlich zu dem Schluss kommen, dass die Bewässerung älter ist als die Entwässerung; denn in den Regionen, die von der allgemeinen Überlieferung als die Wiege der Menschheit angesehen werden, finden wir Spuren von Kanälen, die offensichtlich zu diesem früheren Zweck in einer Zeit gebaut wurden, die lange vor den Zeitaltern liegt, über die wir schriftliche Denkmäler haben. Es gibt im alten Armenien ausgedehnte Gebiete, die bereits in der frühesten historischen Epoche der Verwüstung überlassen waren, die aber in noch fernerer Antike durch ein kompliziertes und höchst künstliches System von Kanälen bewässert wurden, deren Linien noch heute erhalten bleiben können gefolgt; und es gibt in allen Hochländern, wo die Quellen des Euphrat entspringen, in Persien, in Ägypten, in Indien und in China, Werke dieser Art, die existiert haben müssen, bevor der Mensch begann, seine eigenen Annalen aufzuzeichnen.

In warmen Ländern, wie den meisten der gerade genannten, würden die von mir beschriebenen Auswirkungen, die normalerweise aus der Abholzung der Wälder resultieren, sehr bald eintreten. In solchen Klimazonen neigen die Regenfälle dazu, periodisch zu sein; Sie sind auch heftig, und aus diesen Gründen wäre der Boden im Sommer ausgetrocknet und im Winter leicht ausgewaschen. In diesen Ländern muss daher schon bald die Notwendigkeit der Bewässerung gespürt worden sein, und auf die Einführung in Bergregionen wie Armenien muss sofort ein System der Terrassierung oder zumindest der Abkantung der Hänge gefolgt sein. Tatsächlich können Weiden und Wiesen sogar dann bewässert werden, wenn die Oberfläche sowohl steil als auch unregelmäßig ist, wie dies sowohl am Schweizer als auch am piemontesischen Alpenhang reichlich beobachtet werden kann; Aber in trockenen Klimazonen erfordern Ackerland und Gärten auf hügeligem Gelände eine Terrassierung, sowohl zur Unterstützung des Bodens als auch zur Wasserversorgung durch Bewässerung, und es sollte beachtet werden, dass die Terrassierung an sich, auch ohne besondere Vorkehrungen zur Kontrolle der Wasserverteilung, verhindert oder kontrolliert zumindest den Durchfluss des Regenwassers und gibt ihm Zeit, im Boden zu versinken, anstatt über die Oberfläche abzufließen.

Es gibt wenige Dinge in der kontinentalen Landwirtschaft, die englische oder amerikanische Beobachter so sehr überraschen wie das Ausmaß, in dem Bewässerung in der Landwirtschaft eingesetzt wird, und zwar auf Böden und bei einer Temperatur, bei der sie aufgrund ihrer eigenen Erfahrung davon ausgegangen wären würde der Vegetation eher schaden als ihr nützen. Die Sommer in Norditalien sind zwar länger, aber sehr oft nicht wärmer als in Neuengland; und in gewöhnlichen Jahren sind die Sommerregen im ersteren Land ebenso häufig und ebenso reichlich wie im letzteren. Doch im Piemont und in der Lombardei wird fast jede Feldfrucht bewässert, während sie in Neuengland überhaupt nie in der Landwirtschaft eingesetzt wird, und auch nicht für irgendeinen Zweck außer in Küchengärten und möglicherweise, in seltenen Fällen, in einem anderen kleinen Zweig der Agrarindustrie. [330]

Die Sommer in Ägypten, in Syrien und in Kleinasien und sogar Rumelien sind nahezu regenlos. In solchen Klimazonen liegt die Notwendigkeit der Bewässerung auf der Hand, und der Verlust der alten Mittel zu ihrer Bewässerung erklärt leicht die verminderte Fruchtbarkeit der meisten der betreffenden Länder. [331] Die Oberfläche Palästinas zum Beispiel besteht zu einem großen Teil aus abgerundeten Kalksteinhügeln, die einst zweifellos mit Wäldern bedeckt waren. Diese wurden vor der jüdischen Eroberung teilweise entfernt. [332] Als der Boden unter Dürre zu leiden begann, wurden in der Nähe der Hügelkuppen Stauseen in den Felsen gehauen, um das Winterwasser aufzufangen, und die Hänge wurden terrassiert. Solange die Zisternen in gutem Zustand waren und die Terrassen instand gehalten wurden, war die Fruchtbarkeit Palästinas unübertroffen, aber als Misswirtschaft und äußere und innerliche Kriege zur Vernachlässigung oder

Zerstörung dieser Werke führten, deren Spuren dem Reisenden immer noch ins Auge fallen Schritt – als die Stauseen kaputt waren und die Terrassenmauern eingestürzt waren, gab es im Sommer kein Wasser mehr für die Bewässerung, die Regenfälle des Winters schwemmten bald den größten Teil der dünnen Erdschicht auf den Felsen weg, und Palästina wurde fast auf Null reduziert der Zustand einer Wüste.

Der Verlauf der Ereignisse war in Idumæa derselbe. Der beobachtende Reisende entdeckt überall in Petra, insbesondere wenn er die Stadt über die Route des Wadi Ksheibeh betritt, sehr ausgedehnte Spuren antiker Kultivierung, und auf den benachbarten Bergrücken befinden sich die Ruinen zahlreicher Zisternen, die offensichtlich zur Wasserversorgung für die Bewässerung gebaut wurden. [333] In der Urzeit wurden die Niederschläge des Winters in diesen hügeligen Ländern zum großen Teil eine Zeit lang im oberflächlichen Boden zurückgehalten, zunächst durch den Pflanzenschimmel der Wälder und dann durch die von mir beschriebenen künstlichen Einrichtungen. Das von der Erde aufgenommene Wasser wurde teils durch direkte Verdunstung aufgenommen, teils von der Vegetation absorbiert und teils durch Infiltration in darunter liegende Schichten getragen, die es in tiefer gelegenen Quellen abgaben und so zu einer Fruchtbarkeit des Bodens und einem Zustand der Atmosphäre führten wurden ausreichend erhalten, um die dichte Bevölkerung aufzunehmen, die einst diese jetzt trockenen Ödlande bewohnte. Gegenwärtig läuft das Regenwasser sofort von der Oberfläche ab und wird ins Meer getragen oder vom Sand der Wadis aufgesogen, und die einst reichlich vorhandenen Hänge sind kahl von Vegetation und werden von den sengenden Winden versengt der Wüste.

In Südeuropa, im Türkischen Reich und in vielen anderen Ländern wird ein sehr großer Teil der Oberfläche im Laufe jeder Jahreszeit sehr oft, wenn auch nicht völlig überflutet, so doch zumindest gründlich durch Bewässerung befeuchtet Vor allem in Zeiten, in denen es sonst recht trocken wäre und in denen auch die Kraft der Sonne und die Fähigkeit der Luft, Feuchtigkeit aufzunehmen, am größten sind. Daher ist es offensichtlich, dass die Menge der Verdunstung aus der Erde in diesen Ländern und natürlich die Feuchtigkeit und die Temperatur sowohl des Bodens als auch der damit in Kontakt stehenden Atmosphäre stark durch die Bewässerungspraxis beeinflusst werden müssen. Die Anbaufläche Ägyptens oder der für den Anbau zugängliche Raum zwischen Wüste und Wüste beträgt mehr als siebentausend Quadratmeilen. Ein großer Teil der Oberfläche liegt zwar nicht außerhalb der Reichweite der Bewässerung, liegt aber zu hoch, um wirtschaftlich bewässert zu werden, und Bewässerung und Anbau sind daher auf eine Fläche von fünf- oder sechstausend Quadratmeilen beschränkt, die fast vollständig regelmäßig und ständig bewässert wird wenn sie nicht von der Überschwemmung bedeckt sind, außer in der kurzen Zeitspanne zwischen der Ernte und dem Anstieg des Wassers. Fast die Hälfte des Jahres lang vergrößert die Bewässerung also die verdunstbare Oberfläche des Niltals um fünf- oder sechstausend Quadratmeilen oder mehr als ein Quadratäquatorgrad, oder, mit anderen Worten, die Fläche, von der ein nennenswerter Wasseranteil ausgeht, wird um mehr als verzehnfacht Feuchtigkeitsmenge würde sonst verdunsten; denn nachdem sich der Nil innerhalb seiner Ufer zurückgezogen hat, bedecken seine Gewässer keineswegs ein Zehntel der eben erwähnten Fläche. [334] Die derzeit im Zusammenhang mit den Arbeiten am Suezkanal gebauten Süßwasserkanäle werden nicht nur die lange Zeit verlassenen Felder östlich des Nils wiederherstellen, sondern auch den Ackerboden Ägyptens um Hunderte Quadratmeilen neu gewonnener Wüste erweitern und somit die klimatischen Auswirkungen der Bewässerung noch weiter steigern. [335]

Der Nil erhält auf seinem Weg durch Ägypten keinen einzigen Zufluss; Es gibt nicht einmal eine lebende Quelle im ganzen Land, [336] und mit Ausnahme eines schmalen Küstenstreifens, wo der jährliche Niederschlag sechs Zoll betragen soll, fällt der Regen im Gebiet der Pharaonen sind keine fünf Zentimeter im Jahr. Der Untergrund des gesamten Tals ist durch Infiltration aus dem Nil mit Feuchtigkeit durchdrungen, und Wasser ist überall in einer Tiefe von wenigen Fuß zu finden. Wäre die Bewässerung eingestellt und Ägypten, wie es in diesem Fall der Fall sein muss, den Kräften der Natur überlassen worden, so besteht kein Zweifel daran, dass Bäume, deren Wurzeln tief eindringen, sich mit der Zeit auf dem verlassenen Boden festsetzen und das Tal mit Wasser füllen würden und vielleicht endlich das Klima mildern und sogar reichlich Regen vom Himmel herabrufen. [337] Aber die unmittelbare Auswirkung einer Einstellung der Bewässerung wäre zunächst eine enorme Verringerung der Verdunstung aus dem Tal in der Trockenzeit und dann eine stark zunehmende Trockenheit und Hitze in der Atmosphäre. Selbst der fast konstante Nordwind – dessen Stärke sich infolge dieser Veränderungen verstärken würde – würde die Temperatur in der engen Spalte zwischen den brennenden Bergen, die den Nilkanal umschließen, kaum senken, so dass ein einziges Jahr die Temperatur verändern würde Sie verwandeln den fruchtbarsten Boden in die kargste aller Wüsten und machen ein Gebiet unbewohnbar, das dank der Bewässerung eine so dichte Bevölkerung wie nie zuvor in irgendeinem Teil der Welt ernähren kann. [338] Ob der Mensch das Niltal als Wald oder als eine Wüste, wie ich sie gerade beschrieben habe, vorfand, wissen wir historisch nicht. In beiden Fällen hat er nicht einfach eine Wildnis in einen Garten verwandelt, sondern zweifellos weitreichende Klimaveränderungen herbeigeführt. [339]

Die Felder Ägyptens werden regelmäßiger bewässert als die jedes anderen an das Mittelmeer angrenzenden Landes, mit Ausnahme der

Reisfelder in Italien und vielleicht der *Marcit-* oder Winterwiesen der Lombardei; aber Bewässerung wird mehr oder weniger im gesamten Becken dieses Meeres eingesetzt und ist überall mit Wirkungen verbunden, die, wenn auch in geringerem Ausmaß, im Charakter denen ähneln, die sich daraus in Ägypten ergeben. Im Allgemeinen kann man sagen, dass der Boden nirgendwo künstlich bewässert wird, außer wenn er so trocken ist, dass wenig Feuchtigkeit aus ihm verdunsten würde, und dass folglich jeder Acre bewässerter Boden so viel zur verdunstbaren Oberfläche des Landes hinzufügt. Wenn der Wasservorrat unbegrenzt ist, darf es, nachdem es seinen Zweck auf einem Feld erfüllt hat, in Abflüsse, Kanäle oder Flüsse fließen. Aber in den meisten Regionen, in denen regelmäßig Bewässerung betrieben wird, ist es notwendig, das Wasser zu sparen; Nachdem es über oder durch ein Grundstück gegangen ist, wird es zu einem anderen weitergeleitet; An keinem Punkt wird den Kanälen mehr entzogen, als von dem Boden, den sie bewässern, aufgenommen oder verdunstet wird, und daher wird der Flüssigkeitskreislauf nicht wiederhergestellt, außer durch Infiltration oder Niederschlag. Wir können also mit Sicherheit sagen, dass die aus jedem künstlich bewässerten Boden verdunstete Feuchtigkeit um eine Menge zunimmt, die ein großes Verhältnis zur gesamten darüber verteilten Menge hat; denn der größte Teil dessen, was von der Erde aufgenommen wird, wird sofort wieder abgegeben, sei es durch Pflanzen oder durch Verdunstung.

Es ist nicht einfach, die Größe der so bewässerten Fläche oder die Menge des zugeführten Wassers in einem bestimmten Land genau zu bestimmen, da diese Mengen je nach Jahreszeit variieren. aber es gibt nicht viele Bezirke in Südeuropa, in denen die Verwaltung der Bewässerungsanlagen nicht zu den wichtigsten Zweigen der landwirtschaftlichen Arbeit gehört. Der bedeutende Ingenieur Lombardini beschreibt das Bewässerungssystem in der Lombardei als „jeden Tag im Sommer, der bei einer gewöhnlichen Überschwemmung oder einem Anstieg über 550.000 Hektar Land 45.000.000 Kubikmeter Wasser verteilt, was dem gesamten Volumen der Seine entspricht." von drei Metern über dem Hydrometer an der Brücke von La Tournelle in Paris. [340] Niel gibt die Menge des bewässerten Landes im ehemaligen Königreich Sardinien, einschließlich Savoyen, im Jahr 1856 mit 240.000 Hektar oder nicht viel weniger als 600.000 Acres an. Das sind etwa vier Dreizehntel des kultivierbaren Bodens des Königreichs. Dem gleichen Autor zufolge betrug die bewässerte Fläche in Frankreich nicht mehr als 100.000 Hektar bzw. 247.000 Acres, während sich die bewässerte Fläche in der Lombardei auf 450.000 Hektar bzw. mehr als 1.100.000 Acres belief. [341] Allein in diesen drei Staaten gab es also mehr als dreitausend Quadratmeilen künstlich bewässertes Land, und wenn wir die bewässerten Böden des übrigen Italiens, der Mittelmeerinseln, der spanischen Halbinsel und der Türkei hinzufügen In Europa und in Kleinasien, in Syrien, in Ägypten und im übrigen Nordafrika werden wir sehen, dass die Bewässerung die verdunstbare Oberfläche des Mittelmeerbeckens um eine Menge vergrößert, die nicht unerheblich im Vergleich zu der dort natürlicherweise mit Wasser bedeckten Fläche steht. Soweit man feststellen kann, ist die auf bewässertes Land aufgebrachte Wassermenge kaum geringer als der Gesamtniederschlag während der Vegetationsperiode, und im Allgemeinen übersteigt sie diese Menge bei weitem. Auf Grasflächen und in der Feldkultur reicht sie von 27 oder 28 bis 60 Zoll, während sie bei kleineren Kulturen, die von Hand bestellt werden, manchmal bis zu 300 Zoll hoch getragen wird. [342] Die Reisböden und der *Markit* der Lombardei sind in diesen Schätzungen der eingesetzten Wassermenge nicht enthalten. Es werden Vereinbarungen getroffen und neue Pläne vorgeschlagen, um die durch Bewässerung gedüngten Ländereien in Frankreich und Italien enorm zu vergrößern, und es gibt allen Grund zu der Annahme, dass der künstlich bewässerte Boden des letzteren Landes zuvor verdoppelt, der Frankreichs vervierfacht wird Ende dieses Jahrhunderts. Es besteht kein Zweifel daran, dass der Mensch durch diese Operationen einen starken Einfluss auf den Boden, auf das Pflanzen- und Tierleben sowie auf das Klima ausübt und dass er daher in diesem, wie in vielen anderen Industriezweigen, tatsächlich eine geographische Instanz ist. [343] Die Wassermenge, die fließenden Bächen zum Zweck der Bewässerung künstlich entzogen wird, kann deren Volumen sehr deutlich beeinflussen und ist daher ein wichtiges Element in der Geographie von Flüssen. Bäche mit nicht unerheblicher Strömung werden oft vollständig von ihren natürlichen Kanälen abgeleitet, um die Kanäle zu versorgen, und ihre gesamte Wassermasse wird vollständig absorbiert, so dass sie den Fluss, den sie auf natürliche Weise speist, nur in dem Maße erreicht, wie sie ihm zugeführt wird durch Infiltration. Durch die Bewässerung werden große Flüsse in warmen Ländern daher geschwächt, indem sie ihre Versorgungsquellen abschneidet und Wasser direkt aus ihren Kanälen entnimmt. Wir haben gerade gesehen, dass das Bewässerungssystem in der Lombardei dem Po eine Wassermenge entzieht, die der Gesamtmenge entspricht, die die Seine bei gewöhnlichem Hochwasser liefert, oder mit anderen Worten, dem Äquivalent eines Nebenflusses, der mit Schiffen über Hunderte von Meilen befahrbar ist einer erheblichen Belastung. Die begonnenen und geplanten neuen Kanäle werden den Verlust erheblich erhöhen. Der Wasserbedarf für die Bewässerung in Ägypten ist geringer, als aufgrund der außerordentlich schnellen Verdunstung in diesem trockenen Klima anzunehmen wäre; denn der Boden ist während der Überschwemmung vollständig gesättigt, und die Infiltration aus dem Nil liefert auch in der trockensten Jahreszeit weiterhin eine beträchtliche Menge Feuchtigkeit. Linant Bey berechnete, dass 29 Kubikmeter pro Tag ausreichten, um einen Hektar im Delta zu bewässern. [344] Dies entspricht einem Regenfall von zwei Millimetern und neun Zehnteln pro Tag oder, wenn wir annehmen, dass während der Trockenzeit einhundertfünfzig Tage lang Wasser aufgetragen wird, einer

Gesamtniederschlagsmenge von 435 Millimetern, also etwa siebzehn Zoll und ein Drittel. Nimmt man die Fläche des tatsächlich kultivierten Bodens in Ägypten bei der niedrigen Schätzung von 3.600.000 Acres und die durchschnittliche Menge an Wasser, die täglich in Ober- und Unterägypten in einer Tiefe von zwölf Hundertstel Zoll ausgebracht wird, ergibt sich eine Entnahme von 61.000.000 Kubikyards, was – die durchschnittliche tägliche Lieferung des Nils beträgt rund 320.000.000 Kubikmeter – ist fast ein Fünftel der durchschnittlichen Wassermenge, die dieser Fluss zum Mittelmeer liefert.

Bewässerung, wie sie in Europa und Amerika für bestimmte besondere Zwecke eingesetzt wird, hat sehr schädliche klimatische Auswirkungen. Ich beziehe mich insbesondere auf den Reisanbau in den Sklavenstaaten der Amerikanischen Union und in Italien. Das Klima der Südstaaten ist für den Weißen nicht unbedingt ungesund, doch er kann kaum eine Nacht in der Nähe der Reisfelder schlafen, ohne von einem gefährlichen Fieber befallen zu werden. [345] Die Umgebung der Reisfelder ist in der Lombardei und im Piemont weniger pestilenzial als in South Carolina und Georgia, aber dennoch sehr ungesund für Mensch und Tier. „Dort, wo Reis angebaut wird, nimmt nicht nur die Population ab“, sagt Escourrou Milliago, „sondern auch die Herden werden von Typhus befallen. In den Reisfeldern ist der Boden in Abschnitte unterteilt, die allmählich bis zur Höhe des Bewässerungskanals ansteigen. damit das Wasser, nachdem es von einem Feld geflossen ist, zu einem anderen abgeleitet werden kann und so ein einziger Strom mehrere Abteile versorgt, wobei das unterste Feld natürlich immer noch höher ist als der Graben, der schließlich sowohl es als auch das Feld entwässert angrenzender Boden. Diese Anordnung verleiht dem Wasser, mit dem der Reis bewässert wird, eine gewisse hydrostatische Druckkraft, und die Infiltration von diesen Feldern soll sich über benachbarte Böden erstrecken, manchmal bis zu einer Entfernung von nicht weniger als einem Myriamètre oder sechs Englischen Meilen, und zerstörerisch für Ernten und sogar Bäume, die von ihm erreicht werden. Das so betroffene Land kann nicht mehr für andere Zwecke als den Reisanbau genutzt werden, und wenn es für diese Ernte vorbereitet wird, verbreitet es die Übel, unter denen es selbst gelitten hat, noch weiter. und natürlich wächst das Unheil.“ [346]

Der aufmerksame Reisende in Ägypten und Nubien kann nicht übersehen, dass es viele, meist kleine Orte gibt, an denen der Boden durch einen Überschuss an salzhaltigen Stoffen in seiner Zusammensetzung unfruchtbar wird. In vielen Fällen, vielleicht sogar in allen Fällen, liegen diese kargen Stellen etwas über dem Niveau, das normalerweise durch die Überschwemmungen des Nils überschwemmt wird, und weisen dennoch Spuren früherer Bewirtschaftung auf. Jüngste Beobachtungen in Indien, von denen ich eine Notiz in einem Bericht über ein Treffen der Asiatischen Gesellschaft im Athenæum vom 20. Dezember 1862, Nr. 1834, finde, legen eine mögliche Erklärung dieser Tatsache nahe. Bei diesem Treffen las Professor Medlicott einen Aufsatz über „die salzhaltigen Ausblühungen namens ‚Reh' und ‚Kuller'", die nach und nach in viele der fruchtbarsten Gebiete Nord- und Westindiens eindringen und sie in sterile Wüsten verwandeln. Es besteht hauptsächlich aus sulfatierter Natron (Glaubersalz) mit unterschiedlichen Anteilen an Kochsalz. Herr Medlicott erklärt: „Diese Salze (die in kleinen Mengen die Fruchtbarkeit des Bodens fördern) sind das allmähliche Ergebnis der Konzentration durch Verdunstung von Fluss- und Kanalwasser, das sie in sehr geringen Mengen enthält und mit dem die Ländereien verbunden sind." bewässert oder gelegentlich überflutet." In heißen Ländern kommt es gewöhnlich nur einmal im Jahr zu Flussüberschwemmungen, und obwohl die Ufer tagelang oder sogar wochenlang unter Wasser bleiben, muss das Wasser zu dieser Zeit, das hauptsächlich aus Regen und Schnee stammt, weniger stark mit Mineralien angereichert sein als auf niedrigeren Stufen, und außerdem ist es immer in Bewegung. Das Bewässerungswasser hingegen wird über viele Monate hintereinander ausgebracht, es wird den Flüssen zu den Jahreszeiten entnommen, in denen der Salzgehalt am größten ist, und es versinkt entweder in der oberflächlichen Erde und trägt die salzhaltigen Substanzen mit sich bleibt in Lösung oder verdampft von der Oberfläche und hinterlässt sie darauf. Daher muss die Bewässerung dem Boden mehr Salze zuführen als die natürliche Überschwemmung. Wir können annehmen, dass die unfruchtbaren Böden in Ägypten und Nubien, die außerhalb der Reichweite der Überschwemmungen liegen, wie ich bereits sagte, erstmals in jener fernen Antike bewirtschaftet wurden, als das Niltal seine ersten Bewohner aufnahm. Sie müssen von Anfang an künstlich bewässert worden sein; Möglicherweise wurden sie viele Jahrhunderte lang bewirtschaftet, bevor der Mensch in tiefer gelegene Böden eindrang, und daher ist es natürlich, dass sie stärker mit salzhaltigen Stoffen imprägniert sind als Felder, die jedes Jahr mehrere Wochen lang dieser Einwirkung ausgesetzt werden fließendes Wasser, das so rein ist, dass es Salze eher auflöst als ablagert.

Überschwemmungen und Ströme.

Als ich in einem früheren Kapitel auf die Übel hinwies, die aus der allzu umfassenden Zerstörung der Wälder resultierten, ging ich ausführlich auf die zunehmende Heftigkeit von Flussüberschwemmungen und insbesondere auf die Verwüstungen von Wildbächen in Ländern ein, denen die Wälder unvorsichtigerweise entzogen wurden. und ich sprach von der Wiederaufforstung der Wälder als der einzig wirksamen Methode, um das häufige Wiederauftreten katastrophaler Überschwemmungen zu verhindern. Es gibt viele Regionen, in denen aufgrund des Verlusts des oberflächlichen Bodens, aus finanziellen Gründen und aus anderen Gründen unter den gegenwärtigen Umständen nicht auf eine Wiederherstellung der Wälder zu hoffen ist. Selbst wenn diese Maßnahme durchführbar ist und tatsächlich umgesetzt wird, müssen viele Jahre vergehen, bevor die Wirkung der betreffenden destruktiven Ursachen dadurch aufgehalten oder vielleicht sogar spürbar gemildert werden kann. Abgesehen davon lassen wir die von Belgrand und seinen Anhängern vorgebrachten Einwände gegen die allgemein verbreiteten Meinungen über den wohltuenden Einfluss des Waldes auf Flussüberschwemmungen außer Acht – denn niemand bestreitet seine Bedeutung für die Verhinderung der Entstehung und Begrenzung der Verheerungen von Gebirgsbächen – In Jahren mit übermäßigem Niederschlag kommt es immer zu Überschwemmungen, unabhängig davon, ob die Bodenoberfläche allgemein gerodet oder allgemein bewaldet ist.

Die körperliche Verbesserung in dieser Hinsicht kann sich also nicht auf vorbeugende Maßnahmen beschränken, sondern in Ländern, die von Überschwemmungen betroffen sind, müssen Mittel gefunden werden, um Gefahren zu verhindern und Verletzungen zu verringern, denen menschliches Leben und alle Werke der menschlichen Industrie gelegentlich ausgesetzt sein werden , trotz aller Bemühungen, die Häufigkeit ihres Wiederauftretens zu verringern, indem man direkt auf die Ursachen einwirkt, die sie hervorrufen. Da jedes zivilisierte Land bis zu einem gewissen Grad der Überschwemmung durch überflutete Flüsse ausgesetzt ist, ist das Übel vertraut und bedarf keiner allgemeinen Beschreibung. Bei der Erörterung dieses Teils des Themas kann ich mich daher hauptsächlich auf die Mittel beschränken, die eingesetzt wurden oder eingesetzt werden können, um der Gewalt zu widerstehen und die Verheerungen von Überschwemmungen zu begrenzen, die, wenn sie völlig ungebremst blieben, nicht nur immensen Schaden anrichten würden materielle Interessen des Menschen, sondern führen zu geografischen Revolutionen von nicht geringem Ausmaß.

A. *Flussufer.*

Die offensichtlichste und zweifellos früheste Methode, das Entweichen von Flusswasser aus ihren natürlichen Kanälen und die Überschwemmung von Feldern und Städten durch ihre Ausbreitung zu verhindern, sind erhöhte Dämme entlang ihres Flusslaufs. Die Notwendigkeit solcher Böschungen ergibt sich normalerweise aus der allmählichen Anhebung des Bettes fließender Bäche infolge der Ablagerung von Erde und Kies, mit denen sie bei Hochwasser belastet sind; und wie wir gesehen haben, beschleunigt sich dieser Anstieg rapide, wenn das Hochland rund um die Quellflüsse der Flüsse von Wäldern befreit wird. Wenn ein Fluss an einer bestimmten Stelle eingedämmt wird und dadurch das Wasser seiner Überschwemmungen, das sich sonst über eine weite Fläche ausbreiten würde, auf enge Grenzen beschränkt wird, erhöhen sich die Geschwindigkeit der Strömung und ihre Transportkraft sowie ihre Belastung Sand und Kies werden an einem tiefer gelegenen Punkt abgelagert, wo die Geschwindigkeit seines Flusses durch eine Verringerung der Neigung des Bettes, durch einen breiteren Kanal oder schließlich durch ein See- oder Meeresbecken, das sein Wasser aufnimmt, eingeschränkt wird. Überall dort, wo er festes Material fallen lässt, wird dadurch seine Rinne angehoben und das Gefälle des gesamten Bettes zwischen dem Dammkopf und dem Durchhang des Baches verringert. Daher wird der Strom, der zunächst durch den Einschluss beschleunigt wurde, später durch den mechanischen Widerstand der abgelagerten Materie und durch die verminderte Neigung seines Kanals gehemmt und beginnt dann erneut, die Erde, die er in der Schwebe hält, fallen zu lassen und sein Bett anzuheben an der Stelle, an der sein Überlauf zuvor durch eine Aufschüttung verhindert worden war. Das Ufer muss nun entsprechend angehoben werden, und diese Vorgänge würden sich auf unbestimmte Zeit wiederholen, wenn die Natur nicht Abhilfe bei Überschwemmungen geschaffen hätte, die jüngste Ablagerungen wegfegen, die Bindungen des Flusses sprengen und das angrenzende Land mit endgültiger Verwüstung überschwemmen, oder Umleitung der Strömung in einen neuen Kanal, der wiederum zum Schauplatz eines ähnlichen Kampfes zwischen Mensch und Wasser werden soll.

Nur wenige Flüsse wie der Nil können durch die fruchtbaren Eigenschaften ihres Wassers und ihres Schlamms den Schaden, den sie durch Überschwemmungen anrichten können, mehr als ausgleichen, und folglich gibt es nur wenige, deren Überschwemmungen nicht ein Gegenstand der Angst sind, wenige, deren Überschwemmungen sie nicht bedrohen Banken sind für die Eigentümer der Ländereien, durch die sie fließen, keine Quelle ständiger Sorgen und Kosten. Flussdeiche zur Begrenzung der Ausbreitung von Strömungen bei Hochwasser sind im Osten von großem Alter, und die Deiche des Po und seiner Nebenflüsse wurden begonnen, bevor wir über verlässliche physische oder politische Annalen der Provinzen an ihren Grenzen verfügen. Seit jeher stehen die italienischen Wasserbauingenieure an der Spitze ihres Berufsstandes, und die italienische Literatur zu diesem Zweig der Materialverbesserung ist außerordentlich umfangreich. Aber die Länder, für die ich schreibe, haben keine Flüsse wie den Po, keine Ebenen wie die der Lombardei, und die Gefahren, denen die Bewohner der englischen und amerikanischen Flussufer ausgesetzt sind, ähneln eher denen, die den Boden und die Bevölkerung in der Region bedrohen Täler und Ebenen Frankreichs, als zu den Gefahren und Verlusten der Langobarden. Auch die Schriften der italienischen Hydrographen sind, obwohl sie reich an professionellen Lehren sind, für Ausländer weniger zugänglich und für den allgemeinen Gebrauch weniger geeignet als die der französischen Ingenieure. [347] Aus diesen Gründen werde ich meine Zitate hauptsächlich von französischen Behörden beziehen, obwohl ich gelegentlich auf italienische Autoren über die Überschwemmungen des Tiber, des Arno und einiger anderer italienischer Ströme verweisen werde, die denen der Flüsse Englands und Englands sehr ähneln Die Vereinigten Staaten.

B. *Überschwemmungen der Ardèche.*

Die Überschwemmungen von Gebirgsbächen sind mit einer größeren unmittelbaren Gefahr für Leben und Eigentum verbunden als die von Flüssen mit geringerer Fließgeschwindigkeit, weil ihre Strömungen heftiger sind und sie plötzlicher und ohne vorherige Vorwarnung ansteigen. Gleichzeitig werden ihre Verwüstungen in engeren Grenzen gehalten, die Gewässer ziehen sich früher in ihre gewohnte Rinne zurück und die Gefahr ist schneller vorüber als bei Überschwemmungen größerer Flüsse. Die Ardèche, die einem Departement in Frankreich ihren Namen gegeben hat, entwässert ein Becken von 600.238 Acres oder etwas weniger als 938 Quadratmeilen. Seine am weitesten entfernte Quelle liegt etwa 75 Meilen (Luftlinie) von der Mündung in die Rhone entfernt und entspringt auf einer Höhe von 4000 Fuß über diesem Punkt. Auf der untersten Stufe des Flusses ist das Bett des Chassezac, seines größten und längsten Nebenflusses, an vielen Stellen oberflächlich völlig ausgetrocknet – das Wasser reichte nur aus, um die unterirdischen Versickerungskanäle zu versorgen – und die Ardèche selbst ist fast überall vorhanden begehbar, sogar unterhalb der Mündung des Chassezac. Aber bei Überschwemmungen ist der Fluss am Pont d'Arc, einem natürlichen Bogen mit einer Sehne von 60 Metern, der den Bach unterhalb seiner Mündung mit allen wichtigen Zuflüssen überspannt, manchmal um mehr als 20 Meter angestiegen. Auf dem Höhepunkt der Überschwemmung von 1827 die Wassermenge, die diesen Punkt passierte – nach Abzug von dreißig Prozent. für Material, das mit der Strömung transportiert wurde, und für Unregelmäßigkeiten der Strömung – wurde auf 8.845 Kubikmeter pro Sekunde geschätzt, und zwischen zwölf Uhr mittags am 10. September dieses Jahres und zehn Uhr am nächsten Morgen floss das Wasser durch den Durchgang ab Es handelte sich um mehr als 450.000.000 Kubikmeter. Diese Menge würde, gleichmäßig über das Flussbecken verteilt, dessen gesamte Fläche bis zu einer Tiefe von mehr als fünf Zoll abdecken.

Die Ardèche steigt so plötzlich an, dass die Frauen, die sich im Flussbett wuschen, bei der Überschwemmung im Jahr 1846 keine Zeit hatten, ihre Wäsche zu retten, und kaum mit dem Leben davonkamen, obwohl sie sofort flohen, als sie das Brüllen der herannahenden Fluten hörten Flut. Ihr Wasser und das ihrer Zuflüsse sinken fast ebenso schnell, denn in weniger als vierundzwanzig Stunden, nachdem der Regen in den Cevennen, wo sie entspringt, aufgehört hat, kehrt die Ardèche in ihren gewöhnlichen Kanal zurück, selbst an ihrer Mündung in die Rhone. Bei der Überschwemmung von 1772 stieg das Wasser bei La Beaume de Ruoms an der Beaume, einem Nebenfluss der Ardèche, 35 Fuß über Niedrigwasser, doch am Abend desselben Tages war der Bach wieder begehbar. Die Überschwemmung von

1827 war in dieser Hinsicht außergewöhnlich, denn sie dauerte drei Tage, in denen die Ardèche 1.305.000.000 Kubikmeter Wasser in die Rhone strömte.

Der Nil speist im Jahresdurchschnitt 101.000 Kubikfuß oder 3.741 Kubikyard pro Sekunde ins Meer. [348] Das entspricht 323.222.400 Kubikmetern pro Tag. An einem einzigen Hochwassertag trug die Ardèche, ein Fluss, der zu unbedeutend ist, um ihn außer in der lokalen Topographie Frankreichs zu kennen, anderthalb Mal zur Rhone bei, und an drei aufeinanderfolgenden Tagen eineinhalb Mal so viel wie die Ardèche Die durchschnittliche Wassermenge des Nils beträgt in denselben Zeiträumen, obwohl das Einzugsgebiet des letztgenannten Flusses 500.000 Quadratmeilen Fläche umfasst, also mehr als fünfhundertmal so viel wie das des ersteren.

Der durchschnittliche jährliche Niederschlag im Becken der Ardèche ist nicht höher als in vielen anderen Teilen Europas, allerdings fallen in diesem Tal im Herbst häufig übermäßige Regenmengen. Am 9. Oktober 1827 fielen bei Joyeuse an der Beaume zwischen drei Uhr morgens und Mitternacht nicht weniger als 31 Zoll. Solche Tatsachen erklären die außerordentliche Plötzlichkeit und Heftigkeit der Überschwemmungen der Ardèche, und die Becken vieler anderer Nebenflüsse der Rhone weisen nicht weniger bemerkenswerte meteorologische Phänomene auf. [349] Die Überschwemmung vom 10. September 1857 ging mit einem gewaltigen Hurrikan einher, der am Osthang des Hochlandes vorbeizog, wo die Ardèche und mehrere andere westliche Nebenflüsse der Rhone entspringen. Der Wind riß alle Bäume auf seinem Weg, und die reißenden Ströme trugen ihre Stämme hinab zu den größeren Bächen, die sie wiederum in solchen Flößen zur Rhone transportierten, dass man diesen Fluss fast überqueren könnte, indem man von Stamm zu Stamm schritt. [350] Die Rhone ist daher von Natur aus großen und plötzlichen Überschwemmungen ausgesetzt, und die gleiche Bemerkung kann auf die meisten Hauptflüsse Frankreichs angewendet werden, da der geographische Charakter aller von ihnen ungefähr derselbe ist.

Die Höhe und Stärke der Überschwemmungen der meisten großen Flüsse wird durch das zeitliche Zusammentreffen der Überschwemmungen der verschiedenen Nebenflüsse bestimmt. Würden alle Zuflüsse der Rhone gleichzeitig ihre höchsten jährlichen Überschwemmungen in ihr Bett ergießen, würden sich ein Dutzend Nile im selben Moment in ihr Bett ergießen, so würde ihr Wasser zu einer Höhe ansteigen und mit einer Wucht strömen, die hineinströmen würde das Mittelmeer, die gesamte Bevölkerung seiner Ufer und alle Werke, die der Mensch in den angrenzenden Ebenen errichtet hat. Aber solch ein Zufall kann niemals passieren. Die Nebenflüsse dieses Flusses verlaufen in sehr verschiedene Richtungen, und einige von ihnen werden hauptsächlich durch die Schneeschmelze an ihren Quellen angeschwollen, andere fast ausschließlich durch starke Regenfälle. Wenn ein feuchter Südostwind das Tal der Ardèche hinaufbläst, verdichtet sich seine Feuchtigkeit und fällt in einer Sintflut auf die Berge nieder, die das Quellgebiet dieses Baches umschließen, wodurch eine Überschwemmung entsteht, während ein benachbartes Becken, dessen Achse quer liegt, überschwemmt wird oder schräg zu dem der Ardèche, ist davon überhaupt nicht betroffen. [351]

Es ist leicht zu erkennen, dass die Schäden, die solche Überschwemmungen, wie ich sie beschrieben habe, verursachen, nahezu unkalkulierbar sein müssen und sich keineswegs auf die Auswirkungen beschränken, die durch Überschwemmungen und die mechanische Kraft der Oberflächenströmungen entstehen. Als ich in einem früheren Kapitel die Verwüstungen von Wildbächen behandelte, beschränkte ich mich hauptsächlich auf die Erosion der Oberfläche und den Transport von Mineralstoffen durch sie in tiefer gelegene Gebiete. Die allgemeine Wirkung von Wildbächen zielt, wie dort gezeigt, auf die endgültige Anhebung ihrer Flüsse durch die Ablagerung von Erde, Kies und Steinen, die sie transportieren; Aber bis sie ihre Abflüsse auf diese Weise erhöht haben, um die Neigung ihrer Kanäle deutlich zu verringern – und manchmal, wenn außergewöhnliche Überschwemmungen den Strömen genügend Schwung verleihen, um die Ansammlungen, die sie selbst angehäuft haben, wegzuschwemmen – wird der schnelle Fluss ihrer Strömungen unterstützt durch Der Abrieb der rollenden Steine und des Kieses gräbt ihre Schichten immer tiefer und untergräbt dadurch nicht nur ihre Ufer, sondern untergräbt häufig auch die solidesten Fundamente, die die Kunst des Menschen zur Unterstützung von Brücken und Wasserbauwerken errichten kann. [352]

Bei der Überschwemmung von 1857 zerstörte die Ardèche eine Steinbrücke bei La Beaume, die etwa achtzig Jahre zuvor gebaut worden war. Der Widerstand der Pfeiler, die auf Pfählen errichtet waren, da der Kanal an dieser Stelle aus Kies bestand, erzeugte eine Wirbelströmung, die das Flussbett über ihnen wegspülte, und das Fundament, das dadurch keinen seitlichen Halt mehr hatte, gab dem Gewicht nach der Brücke, und die Pfähle und Pfeiler fielen flussaufwärts.

Durch ein merkwürdiges Kompensationsgesetz füllt der Bach, der bei Hochwasser Hohlräume in seinem Bett ausgräbt, diese oft wieder auf, sobald die verringerte Strömungsgeschwindigkeit es ihm ermöglicht, den Sand und Kies, mit dem er gefüllt ist, fallen zu lassen . Wenn das Wasser also in seinen gewohnten Kanal zurückkehrt, zeigt der Boden keinerlei Anzeichen einer Störung. Bei einer Überschwemmung des Escontay, einem Nebenfluss der Rhone, im Jahr 1846 wurden 16 Fuß in das kiesige Bett gerammte Pfähle für die Gründung eines Piers abgerissen und weggetragen, und das, obwohl der Fluss bereits auf die Niedrigwassermarke gefallen war , der Boden an dieser

Stelle schien durch neue Sand- und Kiesablagerungen höher angehoben worden zu sein als vor der Flut, während die geschnittenen Steine des halbfertigen Piers in der Ausgrabung, die der Wasser war zunächst ausgewaschen. Der Kies, mit dem Flüsse auf diese Weise das Niveau ihres Bettes wiederherstellen, stammt hauptsächlich aus der Zerkleinerung der von Gebirgsbächen herabgestürzten Steine, und die zerstörerischen Auswirkungen von Überschwemmungen werden durch diese Zerkleinerung großer Steine in winzige Fragmente immens gemindert. Wenn die von den Klippen herabgeschleuderten Blöcke ungebrochen in die Kanäle großer Flüsse transportiert würden, wäre die mechanische Kraft ihrer Bewegung unwiderstehlich. Sie würden die stärksten Barrieren niederreißen, sich über eine Fläche ausbreiten, die so groß ist wie der Fluss des Wassers, und die lächelndsten Täler in Schauplätze der wildesten Verwüstung verwandeln.

C. *Brechende Kraft der Torrents.*

Es gibt wenige Vorgänge in der Natur, bei denen die Wirkung in einem größeren Missverhältnis zur Ursache zu stehen scheint als bei der Zerkleinerung von Gestein im Kanal reißender Wassermassen. Magmatische Gesteine sind im Allgemeinen so hart, dass sie nur mit großer Mühe bearbeitet werden können, und sie tragen das Gewicht enormer Aufbauten, ohne dem Druck nachzugeben; aber für den Bach sind sie wie Weizen für den Mühlstein. Die Bäche, die den südlichen Ausläufer der Mittelmeeralpen entlang der Riviera di Ponente in der Nähe von Genua hinunterfließen, haben kurze Strömungen, und ein flotter Spaziergang von ein paar Stunden oder weniger führt Sie vom Meeresstrand zur Quelle vieler von ihnen . Bei ihren schwersten Überschwemmungen bringen sie runde Massen von Serpentinen ganz hinab zum Meer, aber bei gewöhnlichem Hochwasser ist ihr Unterlauf nur mit fein zerteilten Partikeln dieses Gesteins beladen. Während daher ihre Kanäle in der Nähe ihrer Quellen mit Kieselsteinen und eckigen Fragmenten gefüllt sind, vermischt mit etwas Kies, sind die Verhältnisse in der Nähe ihrer Mündungen umgekehrt und gerade über den Stellen, an denen ihre Auslässe teilweise durch die rollenden Kieselsteine des Flusses verstopft sind Strand, ihre Böden bestehen aus Sand und Kies, fast ohne Kieselsteine. Die größte Tiefe des Beckens der Ardèche beträgt 75 Meilen, aber die meisten ihrer Nebenflüsse haben einen viel kürzeren Verlauf. „Diese Zuflüsse", sagt Mardigny, „schleudern riesige Felsblöcke in das Bett der Ardèche, die dieser Fluss seinerseits bei Hochwasser weiterträgt und abschleift, so dass seine Strömung an seinem Zusammenfluss nur Kies mit sich herumwälzt." mit der Rhone. [353]

Guglielmini argumentierte, dass Kies und Sand in den Gewässern fließender Bäche aus der Verreibung von Gesteinen durch die Wirkung der Strömungen entstanden seien, und schlussfolgerte, dass diese Wirkung im Allgemeinen ausreichte, um hartes Gestein auf seinem Weg von der Quelle zum Auslass in Sand zu verwandeln von Flüssen. Frisi widersprach dieser Meinung und behauptete, dass Flusssand älteren Ursprungs sei, und schloss aus Experimenten mit dem künstlichen Mahlen von Steinen, dass die Erschütterung, Reibung und Abrieb des Gesteins im Kanal fließender Gewässer für seine Zerkleinerung unzureichend seien, obwohl er zugab dass dieselben Ursachen dazu führen könnten, dass siliziumhaltiger Sand zu einem feinen Pulver zerfällt, das durch die Strömungen ins Meer transportiert werden kann. [354] Frisis Experimente wurden an abgerundeten und polierten Flusskieseln durchgeführt und beweisen nichts im Hinblick auf die Wirkung von Wildbächen auf die unregelmäßigen, mehr oder weniger verwitterten und oft rissigen und zerbrochenen Felsen, die lose im Boden an der Spitze des Berges liegen Täler. Die Gewalt des Wassers und des Windes, der sie bei den Überschwemmungen der französischen Alpenbäche begleitet, ist so groß, dass große Steinblöcke aus dem Bachbett in eine Höhe von zwölf bis dreizehn Fuß geschleudert werden. Der Stoß von Massen, die mit solcher Kraft vorangetrieben werden, stürzt das stabilste Mauerwerk um, und ihre Erschütterung muss unweigerlich mit der Zertrümmerung der Felsen selbst einhergehen. [355]

D. *Überschwemmungen von 1856 in Frankreich.*

Der Monat Mai 1856 war durch heftige und fast ununterbrochene Regenfälle gekennzeichnet, und die meisten Flusseinzugsgebiete Frankreichs wurden bis zu einer außergewöhnlichen Höhe überschwemmt. In den Tälern der Loire und ihrer Zuflüsse standen etwa eine Million Hektar Land, darunter viele Städte und Dörfer, unter Wasser, und die Höhe des finanziellen Schadens war nahezu unkalkulierbar. [356] Die Flut war im Rhonetal nicht weniger zerstörerisch, und tatsächlich hätte ein Einmarsch einer feindlichen Armee für die Bewohner der Ebene kaum verheerender sein können als diese schreckliche Sintflut. Im Jahr 1840 hatte es eine Überschwemmung des letztgenannten Flusses gegeben, die hinsichtlich Höhe und Wassermenge fast ebenso bemerkenswert war wie die von 1856, aber sie ereignete sich im Monat November, als die gesamte Ernte eingebracht war. und der dadurch den Landwirten zugefügte Schaden war daher weniger schwerwiegend und weniger unmittelbar spürbar als die Folgen der Überschwemmung von 1856. [357]

In den fünfzehn Jahren zwischen diesen beiden großen Überschwemmungen waren die Bevölkerung und die ländlichen Verbesserungen der Flusstäler stark gestiegen, gemeinsame Straßen, Brücken und Eisenbahnen waren vervielfacht und erweitert worden, Telegraphenlinien waren gebaut worden, die alle gemeinsam mit dem General verbunden waren Die Katastrophe von 1856 hatte den Ruin zur Folge, und daher waren größere und vielfältigere Interessen von der Katastrophe von 1856 betroffen als von irgendeiner vergleichbaren

Katastrophe zuvor. Die große Überschwemmung von 1840 hatte die Aufmerksamkeit und die Sympathien des französischen Volkes erregt, und das Thema wurde durch den noch schrecklicheren Charakter der Überschwemmungen von 1856 mit neuem Interesse erfüllt. Man hatte das Gefühl, dass diese Geißeln keine Rolle mehr spielten Sie waren nur von örtlicher Bedeutung, denn obwohl sie am schwersten diejenigen trafen, deren Häuser und Felder in unmittelbarer Reichweite des anschwellenden Wassers lagen, zerstörten sie doch häufig Ernten, die wertvoll genug waren, um eine Angelegenheit von nationalem Interesse zu sein, und gefährdeten die persönliche Sicherheit der Menschen Bevölkerung wichtiger politischer Zentren, unterbrach tage- und sogar wochenlang die Kommunikation auf großen Verkehrs- und Reiselinien – und trennte so sozusagen den gesamten Südwesten Frankreichs vom Rest des Reiches – und drohte schließlich große und dauerhafte geografische Veränderungen hervorzurufen. Man ging davon aus, dass das Wohlergehen des gesamten Gemeinwesens eine Rolle bei der Verhinderung einer Wiederholung und bei der Begrenzung des Ausmaßes solcher Verwüstungen spielte. Die Regierung förderte die wissenschaftliche Untersuchung der Phänomene und ihrer Gesetze. Ihre Ursachen, ihre Geschichte, ihre unmittelbaren und fernen Folgen und die möglichen Schutzmaßnahmen gegen sie wurden von den bedeutendsten Physikern sowie den fähigsten theoretischen und praktischen Ingenieuren Frankreichs sorgfältig untersucht. Viele bisher unbeachtete Tatsachen wurden gesammelt, viele neue Hypothesen aufgestellt und viele mehr oder weniger originelle Pläne zur Bekämpfung des Übels entwickelt; Bisher sind sich die kompetentesten Richter jedoch nicht einig über die Art und Weise oder auch nur die Möglichkeit, einen Rechtsbehelf anzuwenden.

e. *Heilmittel gegen Überschwemmungen.*

Vielleicht ist in den Diskussionen kein Punkt wichtiger gewesen als der Einfluss des Waldes auf den Ausgleich und die Regulierung des Flusses des Niederschlagswassers. Wie wir bereits gesehen haben, ist die Meinung zu diesem Thema immer noch etwas geteilt, aber das konservative Vorgehen der Wälder in dieser Hinsicht wurde von der Öffentlichkeit Frankreichs allgemein anerkannt, und die Regierung des Kaiserreichs hat diesen Grundsatz zur Grundlage wichtiger Gesetze gemacht zum Schutz bestehender Wälder und zur Bildung neuer Wälder. Die Rodung von Wäldern sowie die Organisation und Aufgaben einer Polizei zu ihrem Schutz werden durch ein Gesetz vom 18. Juni 1859 geregelt, und die Förderung der Wiederherstellung privater Wälder wurde durch ein am 28. Juli verabschiedetes Gesetz vorgesehen. 1860. Das erstere dieser Gesetze wurde von der gesetzgebenden Körperschaft mit 246 zu 4 Stimmen verabschiedet, das letztere mit nur einer einzigen Gegenstimme. Der Einfluss der Regierung würde in einem Land, in dem der Thron so mächtig ist wie in Frankreich, eine große Mehrheit ausmachen, aber wenn man bedenkt, dass beide Gesetze, insbesondere das erstere, sehr erheblich in die Rechte des Privatbereichs eingreifen, die Die fast völlige Einstimmigkeit, mit der sie angenommen wurden, ist ein Beweis für die allgemeine Überzeugung der Bevölkerung, dass der Schutz und die Ausweitung der Wälder eine Maßnahme ist, die eher als jede andere dazu geeignet ist, die Gewalt zerstörerischer Überschwemmungen einzudämmen, wenn nicht sogar deren Wiederholung zu verhindern. Durch das Gesetz vom 28. Juli 1860 wurden 10.000.000 Francs zur Verfügung gestellt, die in Höhe von 1.000.000 Francs pro Jahr für die Durchführung oder Unterstützung der Neubepflanzung von Wäldern ausgegeben werden sollten. Es wird geschätzt, dass diese Mittel die Schaffung neuer Wälder im Umfang von etwa 250.000 Acres bzw. einem Elftel des Bodens sicherstellen werden, auf dem die Wiederherstellung des Waldes als machbar und gleichzeitig als Sicherheit besonders wichtig erachtet wird die Übel, die zu einem großen Teil auf seine Zerstörung zurückzuführen sind.

Die Bestimmungen der betreffenden Gesetze dienen eher der Vorbeugung als der Abhilfe; Es ist jedoch zu erwarten, dass sie eine gewisse unmittelbare Wirkung haben, insbesondere wenn sie mit bestimmten anderen Maßnahmen einhergehen, deren Vorschlag positiv aufgenommen wurde. Der starke Widerwille der Bergbewohner gegen die Anwendung eines Systems, das ihnen einen Teil ihrer Weideflächen entzieht – denn der völlige Ausschluss von Haustieren ist für die Erhaltung eines bestehenden Waldes und für die Bildung eines neuen Waldes unabdingbar – ist der größte Hindernis für die Ausführung der Gesetze von 1859-60. Es wird vorgeschlagen, diesen Verlust durch ein kostengünstiges Bewässerungssystem für tiefer gelegene Weideflächen zu kompensieren, das kaum mehr als das Anlegen horizontaler Furchen entlang der Hänge umfasst und so die Steilhänge der Hügel in eine Reihe kleiner Terrassen umwandelt, die, wenn sie einst mit Rasen bedeckt waren, umwandelten , sind sehr dauerhaft. Die Erfahrung soll gezeigt haben, dass dieses einfache Verfahren ausreicht, um das Wasser des Regens, des Schnees und kleiner Quellen und Bäche lange genug zurückzuhalten, um den Boden zu bewässern, und so die Grasproduktion um das Fünffache zu steigern Es verhindert teilweise den zu schnellen Abfluss von Oberflächenwasser in die Täler und vermeidet damit in gewissem Maße eine der häufigsten Ursachen für Überschwemmungen. [358] Es ist offensichtlich, dass, wenn mit dieser Methode solche Ergebnisse erzielt werden, ihre Einführung in großem Maßstab auch die gleichen klimatischen Auswirkungen haben muss wie andere Bewässerungssysteme.

Was auch immer die letztendlichen Vorteile sein mögen, einen großen Teil des Territoriums Frankreichs mit Holz zu bedecken oder seine Oberfläche so zu gestalten, dass ein zu schneller Wasserfluss darüber verhindert wird, die durch solche Prozesse erzielten Ergebnisse können in einem realisiert werden erst nach einer langen Reihe von Jahren ein ausreichendes Maß erreichen. Es müssen weitere Schritte unternommen werden, sowohl für die unmittelbare Sicherheit des Lebens und Eigentums der heutigen Generation als auch zur Verhinderung noch größerer und fernerer Übel, die unvermeidlich sind, sofern nicht Mittel zu ihrer Abwendung gefunden werden, bevor es für immer zu spät ist. Das häufige Wiederauftreten von Überschwemmungen wie denen von 1856 in den Einzugsgebieten der Rhone und der Loire über einen Zeitraum von nur zwanzig Jahren, wenn nur die gegenwärtigen Sicherheiten dagegen bestehen, würde die Täler dieser Flüsse fast entvölkern und physische Revolutionen in ihnen hervorrufen , die, wie Revolutionen in der politischen Welt, niemals zu einem „Rückschritt" führen könnte.

Zerstörerische Überschwemmungen werden selten, wenn überhaupt, durch Niederschläge innerhalb der Grenzen des Haupttals verursacht, sondern fast ausschließlich durch plötzliches Tauwetter oder übermäßige Regenfälle in den Gebirgszügen, in denen die Nebenflüsse entspringen. Es ist daher klar, dass alle Maßnahmen, die den Zufluss von Oberflächenwasser in die Kanäle der Zuflüsse bremsen oder die Einleitung dieses Wassers in den Hauptstrom durch seine Nebenflüsse verzögern, die Gefahren und Übel im gleichen Maße verringern werden der Überschwemmung durch große Flüsse. Die Rückhaltung des Oberflächenwassers auf oder im Boden kann kaum erreicht werden, außer durch die bereits erwähnten Methoden, Neuanpflanzung von Wäldern, Furchenbildung oder Terrassierung. Die Strömung von Gebirgsbächen kann mit verschiedenen Methoden kontrolliert werden. Die bekannteste und offensichtlichste davon ist die Errichtung von Barrieren oder Dämmen über ihren Kanälen an geeigneten Stellen, um Stauseen zu bilden, die groß genug sind, um das überschüssige Wasser bei starken Regenfällen und Tauwetter aufzufangen. Neben dem Nutzen solcher Becken zur Verhinderung von Überschwemmungen wird der Bau solcher Becken auch aus sehr wichtigen Gründen empfohlen, wie z. B. den meteorologischen Auswirkungen einer vergrößerten verdunstbaren Oberfläche, der Gewährleistung einer konstanten Wasserversorgung für landwirtschaftliche und mechanische Zwecke und schließlich deren Bedeutung als Teiche für die Zucht und Aufzucht von Fischen und möglicherweise für den Anbau von Wassergemüse.

Die Einwände gegen die allgemeine Einführung des Systems von Stauseen sind folgende: die Kosten für deren Bau und Wartung; die Verringerung der Anbaufläche um die Fläche, die sie bedecken müssen; die Unterbrechung, die sie der freien Kommunikation verschaffen würden; die Wahrscheinlichkeit, dass sie sich bald mit Sedimenten füllen würden, und die offensichtliche Tatsache, dass sie, wenn sie mit Erde oder sogar Wasser gefüllt wären, ihren Hauptzweck nicht mehr erfüllen würden; die große Gefahr, der sie das Land unter ihnen aussetzen würden, wenn ihre Barrieren brechen würden; [359] die bösen Folgen, die sie verursachen würden, wenn sich die Überschwemmungsströme in dem Maße verlängern würden, wie sie ihre Höhe verringern; die schädlichen Auswirkungen, die sie vermutlich auf die Gesundheit der benachbarten Bezirke haben würden; und schließlich die angebliche Unmöglichkeit, künstliche Becken zu bauen, die in der Lage sind, die Übel, vor denen sie schützen sollen, zu verhindern oder in erheblichem Maße zu mildern.

Das letzte Argument lässt sich leichter auf eine numerische Frage reduzieren als die anderen. Der mittlere und extreme Jahresniederschlag aller Becken, in denen der Bau solcher Anlagen ernsthaft vorgeschlagen würde, ist durch meteorologische Tabellen bereits annähernd bekannt, und die Wassermenge, die von den größten Überschwemmungen seit Menschengedenken geliefert wurde, ist möglicherweise bereits bekannt anhand ihrer sichtbaren Spuren grob geschätzt. Aus diesen Elementen oder aus aufgezeichneten Beobachtungen kann die Kapazität der notwendigen Reservoire berechnet werden. Nehmen wir den Fall der Ardèche. Bei der Überschwemmung von 1857 ergoss sich dieser Fluss innerhalb von drei Tagen 1.305.000.000 Kubikmeter Wasser in die Rhone. Wenn wir davon ausgehen, dass die Hälfte dieser Menge ohne Unannehmlichkeiten durch den Kanal hätte fließen können, müssten wir etwa 650.000.000 Kubikmeter durch Reservoirs decken. Die Ardèche und ihr Hauptzufluss, der Chassezac, haben zusammen etwa zwölf bedeutende Nebenflüsse, die nahe dem Kamm der das Becken begrenzenden Berge entspringen. Wenn auf allen Reservoirs gleicher Kapazität errichtet würden, müsste jedes Reservoir 54.000.000 Kubikmeter fassen können, oder mit anderen Worten, es müsste einem See von 3.000 Yards Länge, 1.000 Yards Breite und 18 Yards Tiefe und darüber hinaus entsprechen Um einen wirksamen Dienst zu leisten, müssen die Stauseen zu Beginn der Regenfälle, die die Überschwemmung verursacht haben, alle leer gewesen sein.

Bisher habe ich angenommen, dass das Wasser im gesamten Becken gleichmäßig anschwillt; Dies war jedoch bei der Überschwemmung von 1857 keineswegs der Fall, denn der Anstieg des Chassezac, der so groß ist wie die eigentliche Ardèche, überschritt nicht die Grenzen gewöhnlicher Überschwemmungen, und der gefährliche Überschuss kam ausschließlich von den Quellflüssen des Chassezac letzterer Strom. Daher wären an den Nebenflüssen dieses Flusses, wie ich angenommen habe, Stauseen mit doppeltem Fassungsvermögen notwendig gewesen, um die schädlichen Auswirkungen der Überschwemmung zu verhindern. Es ist offensichtlich, dass der Bau von Stauseen dieser Größenordnung für einen solchen Zweck finanziell, wenn nicht sogar physisch, undurchführbar ist, und wenn wir einen Punkt berücksichtigen, den ich gerade angedeutet habe, nämlich, dass die Stauseen zu jedem Zeitpunkt, zu dem sie angenommen werden, leer sein müssen Da sie sich zwar auf Überschwemmungen beziehen und ihre Nützlichkeit natürlich fast ausschließlich auf das einzige Ziel der Verhinderung von Überschwemmungen beschränkt ist, wird die völlige Unanwendbarkeit einer solchen Maßnahme in diesem speziellen Fall noch deutlicher deutlich.

Eine andere, nicht weniger schlüssige Tatsache ist, dass die Täler aller Hochlandzuflüsse der Ardèche so schnell abfallen und sich seitlich so wenig ausdehnen, dass der Bau geräumiger Stauseen in ihnen völlig undurchführbar ist. Tatsächlich haben Ingenieure nur zwei Stellen im gesamten Becken gefunden, die für diesen Zweck geeignet sind, und die dort zulässigen Reservoirs hätten zusammen nur eine Kapazität von etwa 70.000.000 Kubikmetern, also weniger als ein Neuntel dessen, was ich für erforderlich halte. Der Fall der Ardèche ist zweifellos ein extremer Fall, sowohl wegen der topografischen Beschaffenheit ihres Beckens als auch wegen ihrer Exposition gegenüber übermäßigen Regenfällen; Aber alle zerstörerischen Überschwemmungen sind in gewissem Sinne auch Extremfälle, und dieser Fall der Ardèche zeigt, dass der Bau von Stauseen keineswegs als Allheilmittel gegen Überschwemmungen angesehen werden kann.

Andererseits ist diese Maßnahme auch nicht pauschal abzulehnen. Die Natur hat es in großem Maßstab übernommen, an beiden Flanken der Alpen, und in kleinerem Maßstab, an denen der Adirondacks und der unteren Bergketten, und in diesem wie in vielen anderen Fällen können ihre Prozesse oft mit Vorteil nachgeahmt werden. Die Gültigkeit der verbleibenden Einwände gegen das diskutierte System hängt von der Topographie, Geologie und dem besonderen Klima der Regionen ab, in denen die Errichtung solcher Stauseen vorgeschlagen wird. Viele Hochlandbäche weisen zahlreiche Punkte auf, bei denen keiner dieser Einwände, außer denen der Kosten und der Gefahr durch den Bruch von Dämmen, irgendeinen Grund haben könnte. Stauseen können so gebaut sein, dass sie den gesamten Niederschlag der stärksten Tauwetter- und Regenfälle zurückhalten und nur die gewöhnliche Menge entlang des Kanals fließen lassen; Sie dürfen so hoch angehoben werden, dass sie die Oberflächenentwässerung nur teilweise behindern. oder sie können mit Schleusen versehen sein, durch die ihr gesamter Inhalt in der Trockenzeit abgelassen werden kann und bei Hochwasser eine Sommerernte auf dem Boden angebaut werden kann, den sie bedecken. Die Zweckmäßigkeit ihres Einsatzes und die Art der Bauweise hängen von den örtlichen Gegebenheiten ab, und es können keine allgemeingültigen Regeln für diesen Bereich aufgestellt werden.

Es ist bemerkenswert, dass Nationen, die wir im falschen Stolz unserer modernen Zivilisation so allgemein als kaum weniger als barbarisch betrachten, dem christlichen Europa lange vorausgegangen sind, indem sie systematisch große künstliche Becken für die verschiedenen Zwecke eingesetzt haben, denen sie dienen sollen. Die alten Peruaner bauten starke, hervorragend verarbeitete Mauern über die Kanäle der Gebirgsquellen wichtiger Bäche, und die Araber führten gewaltige Bauwerke ähnlicher Art sowohl auf der großen arabischen Halbinsel als auch in allen Provinzen Spaniens aus, die das Glück hatten unter ihren Einfluss fallen. Die Spanier des fünfzehnten und sechzehnten Jahrhunderts, die in vielen Punkten der wahren Zivilisation und Kultur den von ihnen unterworfenen Rassen weit unterlegen waren, zerstörten mutwillig diese edlen Denkmäler sozialer und politischer Weisheit oder ließen sie zugrunde gehen, weil sie es auch waren Sie waren unwissend, um ihren Wert zu schätzen, oder als praktische Ingenieure zu unfähig, um sie zu erhalten, und einige ihrer wichtigsten Gebiete gerieten infolgedessen bald in Unfruchtbarkeit und Armut.

Eine andere Methode, die Übel der Überschwemmung durch Wildbäche und Gebirgsflüsse zu verhindern oder zu vermindern, analog zu der zur Entwässerung von Seen angewandten Methode, besteht in der dauerhaften oder gelegentlichen Umleitung ihres überschüssigen Wassers oder ihrer gesamten Strömungen von ihrem natürlichen Lauf Tunnel oder offene Kanäle durchschneiden ihre Ufer. Die Natur greift in vielen Fällen auf einen ähnlichen Prozess zurück. Die meisten großen Flüsse teilen sich in ihrem Unterlauf in mehrere Arme und münden an verschiedenen Mündungen ins Meer. Es gibt auch Fälle, in denen Flüsse Seitenarme abgeben, um einen Teil ihres Wassers in die Rinne anderer Bäche zu leiten. [360] Das bemerkenswerteste davon ist die Verbindung zwischen dem Amazonas und dem Orinoco durch den natürlichen Kanal des Cassiquiare und des Rio Negro. In Indien sind Kambodscha und Menam durch den Anam verbunden; die Saluen und die Irawaddi am Panlaun. Ähnliche Beispiele, wenn auch in viel kleinerem Maßstab, gibt es in Europa. Die Flüsse Torneå und Calix sind in Lappland durch den Tarando miteinander verbunden, und in Westfalen mündet die Else, ein Nebenarm der Haase, in die Weser.

Die Veränderung des Flussbettes durch allmähliche Erosion ihrer Ufer ist jedem bekannt, aber es fehlen keineswegs Beispiele für die plötzliche Aufgabe eines ursprünglichen Flusses. In einer Zeit unbekannter Antike durchbohrte die Ardèche einen 200 Fuß breiten und 100 Fuß hohen Tunnel durch einen Felsen und schickte ihren gesamten Strom durch ihn hindurch, wobei sie ihr früheres Bett verließ, das sich allmählich füllte, obwohl sein Verlauf nachvollziehbar blieb. Bei der großen Überschwemmung von 1827 erwies sich der Tunnel als unzureichend für die Ableitung des Wassers, und der Fluss brach durch die Hindernisse, die nun seinen alten Kanal verstopft hatten, und nahm seinen ursprünglichen Lauf wieder auf. [361]

Wahrscheinlich waren es solche Tatsachen, die den antiken Ingenieuren die Möglichkeit ähnlicher künstlicher Operationen nahelegten, und es gibt zahlreiche Beispiele für die Ausführung von Arbeiten zu diesem Zweck in sehr weit zurückliegenden Zeitaltern. Der Bahr Jusef, der große Strom, der den Fayoum mit Wasser aus dem Nil versorgt, wurde von einigen Autoren als natürlicher Kanal angesehen; aber sowohl bei ihm als auch beim Bahr el Wady handelt es sich mit ziemlicher Sicherheit um künstliche Kanäle, die gebaut wurden, um dieses Becken zu bewässern, den Pegel des Moeris-Sees zu regulieren und möglicherweise auch die Gefahren zu verringern, die sich aus übermäßigen Überschwemmungen des Nils ergeben, indem sie als Abfallwehre dienen einen Teil seines überschüssigen Wassers abzuleiten. Es wird angenommen, dass mehrere der sieben antiken Mündungen des Nils künstliche Kanäle waren, und Herodot behauptet sogar, dass König Menes den gesamten Flusslauf von der libyschen auf die arabische Seite des Tals umgeleitet habe. Es gibt Spuren eines alten Flussbettes entlang der westlichen Berge, die diese Aussage einigermaßen untermauern. Es ist jedoch viel wahrscheinlicher, dass die Werke von Menes eher darauf abzielten, eine natürliche, als eine künstliche Veränderung des Flusslaufs zu verhindern.

Zwei der berühmtesten Wasserfälle Europas, die des Teverone bei Tivoli und des Velino bei Terni, verdanken, wenn nicht ihre Existenz, so doch zumindest ihre Lage und ihren Charakter der Umleitung ihres Wassers aus ihren natürlichen Quellen in neue Kanäle. um die durch ihre häufigen Überschwemmungen verursachten Übel zu verhindern. Bemerkenswerte Werke dieser Art wurden in jüngster Zeit in der Schweiz ausgeführt. Bis zum Jahr 1714 verlief die Kander, die mehrere große Alpentäler entwässert, über weite Strecken parallel zum Thunersee und mündete wenige Kilometer unterhalb der gleichnamigen Stadt in die Aar. Da es im unteren Teil seines Verlaufs häufig zu Überschwemmungen kam, wurde beschlossen, es in den Thunersee umzuleiten. Zu diesem Zweck wurden zwei parallele Tunnel durch das dazwischen liegende Gestein geschlagen, in die der Fluss mündete. Die Heftigkeit der Strömung sprengte die Decke der Tunnel und trug in sehr kurzer Zeit den neuen Kanal um nicht weniger als 30 Fuß in die Tiefe und vertiefte sogar das frühere Bett um mindestens 15 Fuß auf einer Strecke von zwei oder drei Metern drei Meilen über dem Tunnel. Der See war an der Stelle, an der der Fluss in ihn mündete, 60 Meter tief, aber der von der Kander herabgetragene Kies und Sand hat an seiner Mündung ein Delta mit einer Fläche von mehr als 400 Hektar gebildet, das immer noch mit der Geschwindigkeit vordringt mehrere Meter pro Jahr. Die Linth, die früher ihr Wasser direkt in den Zürichsee leitete und oft sehr zerstörerische Überschwemmungen verursachte, wurde vor etwa vierzig Jahren in den Wallensee umgewandelt, und in beiden Fällen wurde eine große Menge wertvollen Landes sowohl vor Überschwemmungen als auch vor Überschwemmungen gerettet Unsauberkeit.

In der Schweiz entstehen die schlimmsten Überschwemmungen oft dadurch, dass tiefe Täler durch Eisschollen oder durch das allmähliche Vordringen von Gletschern aufgestaut werden und sich über den Hindernissen große Wassermassen ansammeln. Das Eis löst sich schließlich durch die Hitze des Sommers oder den Zufluss warmen Wassers auf, und wenn es platzt, wird der darüber gebildete See fast augenblicklich entleert, und alles darunter wird bis zur sicheren Zerstörung hinabgerissen. Im Jahr 1595 kamen durch den Ausbruch eines Sees, der durch den Abstieg eines Gletschers in das Drance-Tal entstanden war, etwa hundertfünfzig Menschen ums Leben und eine große Menge Eigentum verloren, und eine ähnliche Katastrophe verwüstete einen beträchtlichen Teil des Bodens in der Drance Jahr 1818. Bei dieser letzten Gelegenheit war die Barriere aus Eis und Schnee 3.000 Fuß lang, 600 dick und 400 hoch, und der See, der sich darüber gebildet hatte, enthielt nicht weniger als 800.000.000 Kubikfuß. Ein Tunnel wurde durch das Eis getrieben und etwa 300.000.000 Kubikfuß Wasser sicher abgesaugt, aber das Auftauen der Wände des Tunnels vergrößerte ihn schnell, und bevor der See zur Hälfte trockengelegt war, gab die Barriere nach und die restlichen 500.000.000 Kubikfuß Kubikfuß Wasser wurden in einer halben Stunde abgepumpt. Das Wiederauftreten dieser Überschwemmungen wurde seitdem dadurch verhindert, dass von der Sonne erwärmte Wasserströme auf das Eis im Talgrund gerichtet wurden und es so auftauten, bevor es sich in ausreichender Masse ansammelte, um eine ernsthafte Gefahr zu verursachen.

In den oben genannten Fällen der Umleitung von Wasserläufen wurden durch diese Vorgänge direkt wichtige geografische Veränderungen verursacht. Durch den selteneren Prozess der Entwässerung von Gletscherseen wurden natürliche Wasserausbrüche, die zu nicht weniger bedeutenden Veränderungen im Erdboden geführt hätten, durch menschliches Handeln verhindert.

Das wichtigste Mittel zum Schutz vor Flussüberschwemmungen war bisher der Bau von Deichen entlang der Ufer der Bäche, parallel zum Kanal und im Allgemeinen durch einen Abstand voneinander getrennt, der nicht viel größer als die natürliche Breite des Bettes war. [362] Wenn solche Mauern hoch genug sind, um das Wasser einzudämmen, und stark genug, um seinem Druck standzuhalten, schützen sie das Land dahinter vor allen Übeln der Überschwemmung, mit Ausnahme derjenigen, die durch Infiltration entstehen; aber solche Wälle sind im ursprünglichen Bau und Unterhalt enorm kostspielig, und wie wir bereits gesehen haben, erfordert die Auffüllung des Flussbettes in seinem Unterlauf durch Sand und Kies gelegentlich neue Ausgaben für die Erhöhung Höhe der Ufer. [363] Sie sind auch mit einigen Nebennachteilen verbunden. Sie entziehen der Erde die düngenden Ablagerungen des Wassers, das eine starke natürliche

Wiederherstellung der durch die Bewirtschaftung erschöpften Böden darstellt; Sie beschleunigen die Geschwindigkeit und die Transportkraft der Strömung bei Hochwasser, indem sie sie auf einen engeren Kanal beschränken. Dadurch befördert sie die Erdmasse, die sie in der Schwebe hält, ins Meer und verstopft Häfen mit Ablagerungen, über die sie sich sonst ausgebreitet hätte eine breite Oberfläche; Sie behindern die Straßen und die Bequemlichkeit der Flussschifffahrt, und weder große Kosten noch Sorgfalt können sie vor gelegentlichen Brüchen bewahren, bei denen der Wasserstrom durch die Bresche zerstörerischer ist als der natürliche Fluss der höchsten Überschwemmung. [364]

Aus diesen Gründen sind viele erfahrene Ingenieure der Meinung, dass das System der Längsdeiche aufgegeben werden sollte oder, wo dies nicht möglich ist, ohne zu große Einbußen bei den bestehenden Bauwerken mit sich zu bringen, ihre Höhe stark verringert werden sollte, so dass keine neuen Deiche mehr vorhanden sind Sie sollten die seitliche Ausbreitung außergewöhnlicher Überschwemmungen behindern und mit Schleusen versehen sein, um das Wasser ohne Gewalt durchzulassen, wenn die Gefahr einer Überschwemmung besteht. Wo keine Deiche errichtet und ihre Höhe verringert wurden, wird vorgeschlagen, in geeigneten Abständen Querdämme mittlerer Höhe zu errichten, die von den Ufern des Flusses über die Ebenen bis zu den sie begrenzenden Hügeln verlaufen. Es wird argumentiert, dass diese Maßnahmen die Gewalt von Überschwemmungen verringern werden, indem sie es dem Wasser ermöglichen, sich über eine größere Oberfläche auszudehnen und so den Fluss der Flussströmungen verzögern, und gleichzeitig die Ablagerung von befruchtendem Schlamm auf allen sicherstellen der von der Flut bedeckte Boden.

Rozet, ein bedeutender französischer Ingenieur, hat eine Methode zur Verringerung der verheerenden Folgen von Überschwemmungen vorgeschlagen, die darauf abzielt, die Vorteile aller anderen Systeme zu kombinieren und gleichzeitig die Einwände zu beseitigen, denen sie alle mehr oder weniger ausgesetzt sind. [365] Der Plan von Rozet wird aufgrund seiner Einfachheit und Billigkeit sowie seiner Leichtigkeit und Schnelligkeit der Ausführung empfohlen und wird von vielen Personen, die in solchen Angelegenheiten sehr kompetent sind, mit Wohlwollen betrachtet. Er schlägt vor, mit den Amphitheatern zu beginnen, in denen Gebirgsbäche so oft entspringen, indem man ihre Hänge bedeckt und ihre Bettungen mit losen Felsblöcken auffüllt und indem man an ihren Mündungen und an anderen engen Stellen in den Kanälen der Ströme durchlässige Barrieren errichtet aus demselben Material, gemischt aufgehäuft, ganz nach der Methode, die die alten Römer in ihren nördlichen Provinzen zu einem ähnlichen Zweck verwendeten. Er vermutet, dass auf diese Weise die Geschwindigkeit der

Strömung eingeschränkt und die Menge der transportierten Kieselsteine und Kies erheblich verringert werden würde.

Wenn der Bach den Teil seines Laufs erreicht hat, an dem er von kultivierbarem Boden begrenzt wird, der die Kosten für den Schutz wert ist, schlägt er vor, entlang einer oder beiden Seiten des Baches, je nach den Umständen, eine Reihe kubischer Blöcke anzubringen Steine oder Mauerwerkssäulen, die drei bis vier Fuß hoch und breit sind und etwa elf Meter voneinander entfernt sind. Der Abstand zwischen den beiden Linien oder zwischen einer Linie und dem gegenüberliegenden Hochufer würde natürlich durch Beobachtung der Breite der Schnellwasserströmung bei Hochwasser bestimmt werden. Als Hilfsmaßnahme sollten aus der Blockreihe über das zu schützende Gelände kleine Gräben und Böschungen oder niedrige Kieselsteine errichtet werden, nahezu im rechten Winkel zur Strömung, aber leicht nach unten geneigt und in geeigneten Abständen von jedem andere. Rozet glaubt, dass der richtige Abstand 300 Yards betragen würde, und es ist offensichtlich, dass Hecken, Baumreihen oder sogar gewöhnliche Zäune, wenn er mit seinem Grundprinzip recht hat, in vielen Fällen einen ebenso guten Zweck erfüllen würden wie Böschungen und Gräben oder dergleichen niedrige Mauern. Die Blöcke oder Säulen aus Stein würden, so behauptet er, die seitlichen Strömungen behindern und sie dazu zwingen, alle ihre Kieselsteine und Kies in den Hauptkanal fallen zu lassen — wo sie entlanggerollt würden, bis sie zu Sand oder Schlick zermahlen würden — und in den Querkanal Hindernisse würden das Wasser lange genug auf dem Boden zurückhalten, um die Ablagerung seines düngenden Schleims sicherzustellen. Zur Untermauerung der Ansichten des Autors werden zahlreiche Fakten angeführt, und ich kann mir vorstellen, dass es nur wenige Bewohner ländlicher Bezirke gibt, deren eigene Beobachtung nicht ein Zeugnis liefern wird, das ihre Richtigkeit bestätigt. [366]

Die Ablagerung von Schlamm durch Flüsse auf den Ebenen entlang ihrer Ufer trägt nicht nur wesentlich zur Fruchtbarkeit des auf diese Weise fließenden Bodens bei, sondern dient auch einem noch wichtigeren Zweck in der allgemeinen Ökonomie der Natur. Alle fließenden Bäche beginnen mit der Ausgrabung von Kanälen oder der Vertiefung der natürlichen Senken, in denen sie fließen. [367] aber in dem Maße, in dem ihre Auslässe durch das von ihren Strömungen transportierte feste Material angehoben werden, nimmt ihre Geschwindigkeit ab, sie lagern Kies und Sand an immer höheren und höheren Punkten ab und steigen so schließlich im mittleren und unteren Teil an ihren Verlauf, die Beete, die sie zuvor ausgehöhlt hatten. [368] Die Anhebung der Kanäle wird zum Teil durch die gleichzeitige Anhebung ihrer Ufer und der an sie angrenzenden Ebenen kompensiert, die aus der Ablagerung der feineren Erdpartikel und pflanzlichen Schimmelpilze resultiert, die von den Bergen herabgebracht wurden, ohne welche

Anhebung die angrenzenden Tiefebenen alle Flüsse wären, was in vielen Fällen tatsächlich der Fall ist, bloße Sümpfe.

Alle Anordnungen, die darauf abzielen, diesen Prozess der Anhebung der an den Kanal angrenzenden Ebenen zu behindern, seien es Deiche, die das Wasser begrenzen und gleichzeitig die Strömungsgeschwindigkeit erhöhen, oder andere Mittel zur Erzeugung des letztgenannten Dies hat zur Folge, dass die Wiederherstellungsökonomie der Natur beeinträchtigt wird und letztendlich die Bildung von Sümpfen entsteht, in denen sie, wenn sie sich selbst überlassen wäre, unerschöpfliche Vorräte an fruchtbarstem Boden angesammelt und diese in Ebenen außerhalb der Reichweite gewöhnlicher Überschwemmungen ausgebreitet hätte. [369]

Folgen, wenn der Nil eingedeicht worden wäre.

Wenn in Ägypten in den frühen Dynastien ein System kontinuierlicher seitlicher Deiche wie am Po eingeführt worden wäre, als die Macht und der Wille, die gewaltigsten materiellen Unternehmungen zu unternehmen, so überaus charakteristisch für die Regierung dieses Landes waren, und die … Da das Wasser der jährlichen Überschwemmung dadurch daran gehindert wurde, das Land zu überschwemmen, ist es denkbar, dass die Produktivität der kleinen kultivierbaren Bodenfläche im Niltal durch künstliche Bewässerung und die Ausbringung von Düngemitteln lange aufrechterhalten werden konnte. Aber die Natur hätte schließlich rebelliert, und Jahrhunderte vor unserer Zeit hätte der mächtige Fluss die Fesseln gesprengt, mit denen der ohnmächtige Mensch vergeblich versucht hatte, seine anschwellenden Fluten zu binden, die fruchtbaren Felder Ägyptens wären in feuchte Sümpfe verwandelt worden, und dann, Vielleicht würde es sich in einer fernen Zukunft, wenn die Vertreibung des Menschen die allmähliche Wiederherstellung des ursprünglichen Gleichgewichts hätte ermöglichen sollen, wieder in üppige Gärten und Ackerland verwandeln. Glücklicherweise lehrte die „Weisheit Ägyptens" ihre Kinder Besseres. Sie luden die schleimigen Umarmungen von Nilus ein und begrüßten sie, statt sie abzuwehren, und seine Gunstbezeugungen waren seit der grauen Antike der größte materielle Segen, der jemals einem Volk zuteil wurde. [370]

Das Po-Tal wird wahrscheinlich nicht so lange bebaut oder besiedelt wie das Niltal, aber an seinem Unterlauf wurden seit mindestens zweitausend Jahren Dämme angelegt, die über viele Jahrhunderte hinweg in einer ununterbrochenen Kette miteinander verbunden waren. Ich habe in einem früheren Kapitel auf die Auswirkungen hingewiesen, die die Ablagerung von Flusssedimenten im Meer an den Mündungen des Po, der Etsch und der Brenta auf die Geographie der Adria hat. Hätte man diese Flüsse, wie den Nil, unbeschränkt gelassen und ihnen erlaubt, ihr schlammiges Wasser gemäß den Naturgesetzen nach Belieben auszubreiten, so wäre der Schlamm, den sie an die Küste getragen haben, hauptsächlich über die Ebenen der Lombardei verteilt worden. Ihre Ufer wären ebenso schnell angestiegen wie ihre Gewässer, die Küstenlinie wäre nicht so weit in die Adria hinein ausgedehnt worden, und da die Strömung der Bäche folglich kürzer gewesen wäre, wären auch die Neigung ihres Kanals und die Geschwindigkeit ihres Fließens nicht so weit gestiegen so stark verringert worden. Hätte der Mensch einen angemessenen Teil der Wälder der Alpen verschont und nicht versucht, die natürliche Entwässerung der Oberfläche zu kontrollieren, würde der Po in all seinen wesentlichen Merkmalen dem Nil ähneln und trotz des unterschiedlichen Klimas vielleicht als angesehen angesehen werden als Freund und Verbündeter, nicht als Feind und Eindringling, der Bevölkerung, die an seinen Ufern lebt. [371]

Der Nil ist größer als alle Flüsse der Lombardei zusammen, [372] er entwässert ein zwanzigmal so großes Becken, seine Ufer sind wahrscheinlich doppelt so lange vom Menschen bewohnt. Aber sein geographischer Charakter hat sich in der gesamten aufgezeichneten Geschichte nicht wesentlich verändert, und obwohl seine Mündungen in Anzahl und Lage etwas schwankten, sind seine historisch bekannten Eingriffe in das Meer im Vergleich zu denen des Po und der benachbarten Bäche unbedeutend. Die Ablagerungen des Nils sind in Oberägypten naturgemäß größer als in Unterägypten. Es wurde festgestellt, dass sie den Boden in Theben in den letzten siebzehnhundert Jahren um etwa sieben Fuß angehoben haben, und im Delta war die Erhöhung sicherlich mehr als halb so groß.

Wir werden daher nicht über die Wahrheit hinausgehen, wenn wir annehmen, dass die jährlich überschwemmte Oberfläche Ägyptens innerhalb der letzten 5.000 Jahre, oder zweimal anderthalb der Zeitspanne, in der die Geschichte des Po stattfand, durchschnittlich um zehn Fuß angehoben wurde ist uns bekannt. [373]

Wir können die derzeit tatsächlich bebaute Fläche Ägyptens auf etwa 5.500 Quadratmeilen schätzen. Wie ich in einer Anmerkung auf Seite 372 berechnet habe, ist dieses Gebiet nicht mehr als halb so groß wie unter den Dynastien der Pharaonen und Ptolemäer; Denn obwohl die Überschwemmungen infolge der Höhe des Flussbetts nun eine größere *natürliche* Ausbreitung haben, leitete die Industrie der alten Ägypter das Nilwasser über einen großen Teil des Bodens, den es heute nicht mehr erreicht. Wir können dann einen Mittelwert zwischen den beiden Größen annehmen, und wir werden wahrscheinlich der Wahrheit nahe kommen, wenn wir die praktische Zahl von 7.920 Quadratmeilen als durchschnittliche Größe des überschwemmten Landes während der historischen Periode annehmen. Geht man davon aus, dass sich auf dieser Oberfläche eine Ablagerung von zehn Fuß befindet, so würde das Flusssediment, das in den letzten fünfzig Jahrhunderten auf den Boden Ägyptens gefallen ist, fünfzehn Kubikmeilen betragen.

Wäre der Nil wie der Po eingedämmt gewesen, wären alle diese Ablagerungen, mit Ausnahme derjenigen, die im Wasser enthalten wären, das durch Kanäle umgeleitet oder auf andere Weise dem Fluss zur Bewässerung und anderen Zwecken entnommen wurde, ins Meer verschleppt worden. [374] Das wäre eine beträchtliche Menge gewesen; denn der Nil hält die Erde auch bei Niedrigwasser in der Schwebe, einen viel größeren Teil während der Flut, und die Bewässerung muss das ganze Jahr über stattgefunden haben. Die genaue Menge, die auf diese Weise über den Boden verteilt worden wäre, lässt sich nur vermuten, aber drei Kubikmeilen sind sicherlich eine großzügige Schätzung. Damit blieben zwölf Kubikmeilen als die Menge übrig, die der Nil durch die Deiche gezwungen hätte, über das hinaus, was er tatsächlich in diesem Meer abgelagert hat, ins Mittelmeer zu transportieren. Das Mittelmeer ist entlang der gesamten Küste des Deltas einige Meilen weit ins Meer hinein flach, und die großen Buchten oder Lagunen innerhalb der Küstenlinie, die sowohl mit dem Fluss als auch mit dem Meer in Verbindung stehen, haben eine geringe Wassertiefe. Die Ablagerungen des Flusses hätten diese Lagunen aufgefüllt und es gäbe immer noch genügend überschüssige Erde, um das Delta bis weit ins Mittelmeer hinein auszudehnen. [375]

Ablagerungen der toskanischen Flüsse.

Der Arno und alle Flüsse, die an den Westhängen und Ausläufern des Apennins entspringen, transportieren riesige Mengen Schlamm ins Mittelmeer. Es besteht kein Zweifel daran, dass das so transportierte Erdvolumen sehr viel größer ist, als es gewesen wäre, wenn der Boden um die Quellflüsse dieser Flüsse weiterhin durch Wälder vor dem Auswaschen geschützt worden wäre; und es besteht ebenso wenig Zweifel daran, dass die von den Flüssen Westitaliens ins Meer getragene Menge durch künstliche Dämme erheblich erhöht wird, weil sie dadurch daran gehindert werden, die Sedimentmaterie, mit der sie belastet sind, über die Oberfläche zu verteilen. Die Westküste der Toskana ist innerhalb weniger Jahrhunderte einige Meilen seewärts vorgedrungen. Der Meeresboden wurde über eine weite Strecke angehoben, und natürlich verringerte sich natürlich auch die relative Höhe des darüber liegenden Landes; Häfen wurden zugefüllt und zerstört; Lange Reihen von Küstendünen haben sich gebildet, und die geringere Neigung der Flussbetten in der Nähe ihrer Mündungen hat dazu geführt, dass ihr Wasser über die Ufer tritt und sie in pestilenzielle Sümpfe verwandelt. Die territoriale Ausdehnung Westitaliens hat sich dadurch erheblich vergrößert, die Menge des vom Menschen bewohnbaren und bebaubaren Bodens ist jedoch in noch größerem Maße zurückgegangen. Die Küste des alten Etrurien war voller großer Handelsstädte, und in der ländlichen Umgebung lebte eine große und wohlhabende Bevölkerung. Aber die maritime Toskana war lange Zeit einer der ungesündesten Bezirke der Christenheit; der berühmte Markt von Populonia hat keinen Einwohner; Die Küste ist fast vollständig entvölkert, und die Malaria-Fieber hat ihre Verwüstung bis weit ins Landesinnere ausgeweitet.

Diese Ergebnisse sind sicherlich nicht ausschließlich auf menschliches Handeln zurückzuführen. Sie sind zu einem großen Teil auf geologische Ursachen zurückzuführen, auf die der Mensch keinen Einfluss hat. Der Boden in weiten Teilen der Toskana wird pastös, fast sogar flüssig, sobald er angefeuchtet wird, und wenn er gründlich mit Wasser gesättigt ist, fließt er wie ein Fluss. Ein solcher Boden wäre nicht vollständig durch Wälder geschützt, und tatsächlich wäre es jetzt schwierig, ihn lange genug einzuschließen, damit er sich mit Waldvegetation bedecken kann. Dennoch war es einst sicherlich hauptsächlich bewaldet, und die Flüsse, die durch es flossen, müssen damals viel weniger mit erdigem Material belastet gewesen sein als heute, und sie müssen einen geringeren Teil ihrer Sedimente ins Meer getragen haben, als sie sich frei ablagern konnten es an ihren Ufern als seit sie durch Deiche begrenzt sind. [376]

Es ist im Allgemeinen wahr, dass das Eingreifen des Menschen bisher scheinbar die endgültige Erschöpfung, den Ruin und die Verwüstung aller Gebiete der Natur, die er unter seine Herrschaft gebracht hat, herbeigeführt hat. Attila gab den Tendenzen des menschlichen Handelns, wie sie in ihm selbst verkörpert waren, nur einen energischen und malerischen Ausdruck, als er sagte, dass „kein Gras wuchs, wo die Hufe seines Pferdes getreten waren". Es gibt nur wenige Fälle, in denen auf den Ruinen einer alten Kultur eine zweite Zivilisation erblühte und Ländereien, die einst durch menschliches Handeln oder Vernachlässigung unbewohnbar gemacht wurden, im Allgemeinen für immer als hoffnungslos uneinnehmbar aufgegeben wurden. Es ist, wie ich bereits bemerkt habe, eine Frage von enormer Wichtigkeit, inwieweit es möglich ist, den Garten, den wir verschwendet haben, wiederherzustellen, und es ist ein Problem, über das die Erfahrung wenig Licht wirft, da bisher nur wenige bewusste Versuche unternommen wurden Arbeit der körperlichen Regeneration, in einem Ausmaß, das groß genug ist, um allgemeine Schlussfolgerungen für eine beliebige Klasse von Fällen zu rechtfertigen.

Die Täler und Küsten der Toskana bilden jedoch eine bemerkenswerte Ausnahme von dieser Bemerkung. Der Erfolg, mit dem die menschliche Führung im Val di Chiana und in der toskanischen Maremma die Wirkungsweisen der Natur selbst für die Wiederherstellung ihrer gestörten Harmonien nutzbar gemacht hat, gehört zu den edelsten, wenn nicht sogar zu den brillantesten Errungenschaften der modernen Ingenieurskunst und wird angesehen In all seinen Bezügen zu der großen Frage, von der ich gerade gesprochen habe, ist es beispielsweise für die allgemeinen Interessen der Menschheit von größerer Bedeutung als das stolzeste Werk der inneren Verbesserung, das mechanische Mittel bisher geschaffen haben. Die Maßnahmen im Val di Chiana bestanden hauptsächlich darin, den Fluss der Oberflächengewässer in und durch das Tal so zu regulieren, dass sie gezwungen wurden, ihre Sedimente nach dem Willen der Ingenieure abzulagern und dadurch gesundheitsschädliche und unbrauchbare Böden zu errichten landwirtschaftliche Nutzung durch stehendes Wasser; Die Verbesserungen in der Maremma umfassten sowohl diese Methode der Anhebung des Bodenniveaus als auch die Verhinderung der Vermischung von Salzwasser mit Süßwasser an den Küstensümpfen und flachen Buchten, was eine sehr aktive Ursache für die Entwicklung von Malariaeinflüssen ist. [377]

Verbesserungen im Val di Chiana.

Nachdem sich die entlegensten Quellflüsse des Arno zu einem beträchtlichen Strom vereint haben, fließt dieser Fluss über zwanzig Meilen oder mehr südöstlich bis in die Nähe von Arezzo. Hier schwenkt er nach Nordwesten und folgt diesem Kurs bis nahe zu seiner Kreuzung mit dem Sieve, ein paar Meilen oberhalb von Florenz, von wo aus seine allgemeine Richtung nach Westen zum Meer verläuft. Von der Biegung bei Arezzo aus erstreckt sich eine Senke namens Val di Chiana nach Südosten, bis sie in das Tal der Paglia, einem Nebenfluss des Tiber, mündet und so das Becken des letzteren mit dem des Arno verbindet. Im Mittelalter und bis ins 18. Jahrhundert hinein wurde das Val di Chiana häufig von Wildbächen überschwemmt und verwüstet, die aus dem Hochland herabflossen und mit ihren Strömungen große Mengen Schlamm transportierten, der auf seiner Oberfläche stagnierte und ihn nach und nach in Schlamm umwandelte ein sumpfiges und ungesundes Viertel, dessen Bevölkerung und Produktivität zuletzt sehr stark zurückgingen. Tatsächlich war es so verlassen geworden, dass sogar die Schwalbe es verlassen hatte. [378]

Das Flussbett des Arno bei Arezzo und das der Paglia am südlichen Ende des Val di Chiana unterschieden sich in der Höhe kaum. Die allgemeine Neigung des Tals war daher gering; Es scheint, dass er nie durch eine echte Wasserscheide in gegenüberliegende Hänge geteilt wurde, und die Position des Gipfels scheint sich je nach der unterschiedlichen Menge und dem Ort der Ablagerung des Sediments, das von den seitlichen Bächen herabgebracht wurde, die in ihn mündeten, verändert zu haben. Die Länge seines Hauptentwässerungskanals und sogar die Richtung seines Flusses an einem bestimmten Punkt schwankten daher. Daher gab es zu verschiedenen Zeiten große Meinungsverschiedenheiten über den normalen Verlauf dieses Stroms und folglich über die Frage, ob er eigentlich als Zufluss des Tiber oder des Arno anzusehen sei.

Das Bett des letzteren Flusses an der Biegung ist bis zu einer Tiefe von dreißig bis vierzig Fuß erodiert, und das offenbar in nicht allzu langer Zeit. Wenn es auf seine offensichtlich ursprüngliche Höhe angehoben würde, würde die Strömung des Arno so viel über der des Paglia liegen, dass ein regelmäßiger Fluss von seinem Kanal zum letzteren Bach durch das Val di Chiana, das das Bett lieferte, möglich wäre Die Höhe des Tals blieb auf dem Niveau, das Ausgrabungen beweisen, dass es sich vor einigen Jahrhunderten befand, bevor es durch die von mir erwähnten Ablagerungen angehoben wurde. Diese Tatsachen, zusammen mit den Aussagen antiker Geographen, die kaum eine andere Erklärung zulassen, sollen beweisen, dass alle Gewässer des Oberen Arno ursprünglich durch das Val di Chiana in den Tiber eingeleitet wurden und dass ein Teil davon noch immer weiterfloss bis in die Zeit des Römischen Reiches und vielleicht noch einige Zeit später in diese Richtung zu fließen. Die Senkung des Flussbetts des Arno und die Anhebung des Talbetts durch die Ablagerungen der Seitenbäche und des Arno selbst führten schließlich dazu, dass der Flussarm, der zum Tiber geflossen war, und alle seine Gewässer abgeschnitten wurden verwandelte sich in seinen heutigen Kanal, obwohl die Hauptentwässerung des Val di Chiana bis vor vergleichsweise kurzer Zeit in südöstlicher Richtung verlaufen zu sein scheint.

Im 16. Jahrhundert war die Höhe des Talbetts so beträchtlich geworden, dass man 1551 an einem Punkt etwa zehn Meilen südlich des Arno feststellte, dass es nicht weniger als 130 Fuß über diesem Fluss lag; Dann folgte eine Ebene von zehn Meilen und dann ein kontinuierlicher Abstieg zur Paglia. Entlang des ebenen Teils des Tals verlief ein fahrbarer Kanal, und an verschiedenen Stellen weiter südlich hatten sich Seen gebildet, die manchmal eine Meile oder sogar zwei Meilen breit waren. Zu diesem Zeitpunkt hätte die Entwässerung des Gipfelniveaus leicht in beide Richtungen bestimmt werden können, und die entgegengesetzten Gefälle des Tals hätten ihren Höhepunkt am nördlichen oder südlichen Ende des Niveaus erreichen können. Im ersteren Fall hätte die Wasserscheide zehn Meilen südlich des Arno gelegen; in letzterem zwanzig Meilen, und die Aufteilung wäre nicht sehr ungleich gewesen.

Zu dieser Zeit wurden verschiedene Pläne zur Ableitung des stehenden Wassers sowie zur künftigen regelmäßigen Entwässerung des Tals vorgeschlagen, und kleine Maßnahmen zu diesem Zweck wurden mit teilweisem Erfolg durchgeführt. Man befürchtete jedoch, dass die Ableitung des angesammelten Wassers in den Tiber zu einer gefährlichen Überschwemmung führen würde, während die Umleitung des Abflusses in den Arno die Gewalt der Überschwemmungen verstärken würde, denen dieser Fluss stark ausgesetzt war, und es wurden keine entscheidenden Schritte unternommen . Im Jahr 1606 schlug ein Ingenieur, dessen Name nicht erhalten ist, als einzig mögliche Verbesserungsmethode vor, einen Tunnel durch die Hügel zu bohren, die das Tal im Westen begrenzen, um das Wasser zum Ombrone zu leiten, doch die Kosten und andere Einwände verhinderten dies die Annahme dieses Projekts. [379] Die Befürchtungen der römischen Regierung um die Sicherheit des Tibertals hatten sie dazu veranlasst, Barrieren über den Teil des Kanals zu errichten, der innerhalb ihres Territoriums lag, und diese Hindernisse, obwohl nicht speziell für diesen Zweck gedacht, förderten natürlich die Ablagerung von Sedimenten und die Höhe des Talbetts in ihrer Nachbarschaft. Die Wirkung dieser Maßnahme und der anhaltenden spontanen Wirkung der Ströme bestand darin, dass der Nordhang , der 1551 in einer Entfernung von zehn Meilen vom Arno begonnen hatte, im Jahr 1605 fast dreißig Meilen südlich dieses Flusses begann , und im Jahr 1645 war es etwa sechs Meilen weiter in die gleiche Richtung entfernt worden. [380]

Im 17. Jahrhundert konsultierten die toskanischen und päpstlichen Regierungen Galileo, Torricelli, Castelli, Cassini, Viviani und andere angesehene Philosophen und Ingenieure über die Möglichkeit, das Tal durch eine regelmäßige künstliche Entwässerung zurückzugewinnen. Die meisten dieser bedeutenden Physiker waren der Meinung, dass die Maßnahme undurchführbar sei, wenn auch nicht ganz aus den gleichen Gründen; Sie scheinen sich jedoch darin einig zu sein, dass die Öffnung solcher Kanäle in beide Richtungen, die der Strömung eine ausreichend schnelle Strömung verleihen würden, um das Land ordnungsgemäß zu entwässern, die Überschwemmungen des Flusses – sei es des Tiber oder des Arno – gefährlich verstärken würde. in den das Wasser umgewandelt werden sollte. Die allgemeine Verbesserung des Tals wurde nun für lange Zeit aufgegeben, und das Wasser konnte sich ausbreiten und stagnieren, bis es durch teilweise Entwässerung, Infiltration und Verdunstung verschleppt wurde. Torricelli hatte behauptet, dass die Neigung eines großen Teils des Tals zu gering sei, um eine Entwässerung mit gewöhnlichen Methoden zu ermöglichen, und dass keine praktikable Tiefe und Breite des Kanals für diesen Zweck ausreichen würde. Er glaubte, dass es nur trocken gelegt werden könne, indem man seine Oberfläche in eine schiefe Ebene umwandelte, und er schlug vor, dass dies erreicht werden könnte, indem man den Fluss der zahlreichen Ströme, die in das Wasser strömen, kontrollierte, um sie zu zwingen, ihre Sedimente dort abzulagern dem Vergnügen des Ingenieurs zu dienen und folglich das Niveau des Gebiets zu erhöhen, über das es verteilt werden soll. [381] Dieser Plan fand nicht sofort allgemeine Akzeptanz, wurde aber bald an einigen Stellen im südlichen Teil des Tals für lokale Zwecke übernommen, erlangte nach und nach öffentliche Gunst und wurde in der

Anwendung bis zu seinem endgültigen Siegeszug im Jahr 1900 ausgeweitet Jahre später.

Trotz dieser ermutigenden Erfolge befürchtete man jedoch eine Gefahr für das Tal des Arno und des Tiber und die Schwierigkeit einer Einigung zwischen der Toskana und Rom – der Grenze zwischen den Staaten, die das Val di Chiana nicht weit von der Hälfte der Strecke überquerten zwischen den beiden Flüssen – und der Ausgleich anderer widerstreitender Interessen – verhinderte die Wiederaufnahme der Projekte zur allgemeinen Entwässerung des Tals bis nach der Mitte des 18. Jahrhunderts. Mittlerweile war die Wissenschaft der Hydraulik besser verstanden und das Naturgesetz etabliert worden, nach dem die Geschwindigkeit eines Wasserstroms und natürlich auch die proportionale Menge, die er in einer bestimmten Zeit abgibt, durch Erhöhung seiner Geschwindigkeit erhöht werden Die Angst, die Ufer des Arno einer größeren Gefahr durch Überschwemmungen auszusetzen, indem das Val di Chiana in das Tal mündet, hat sich verringert, wenn nicht sogar zerstreut.

Der Vorschlag von Torricelli wurde schließlich als Grundlage für ein umfassendes Verbesserungssystem übernommen, und es wurde beschlossen, die Umkehrung des ursprünglichen Wasserlaufs fortzusetzen und auszuweiten und sie von einem Punkt weiter südlich in den Arno umzuleiten wie es für praktikabel befunden werden sollte. Die Leitung der Arbeiten wurde einer Reihe fähiger Ingenieure übertragen, die viele Jahre lang unter der allgemeinen Leitung des berühmten Philosophen und Staatsmannes Fossombroni standen, und der Erfolg hat die Erwartungen der optimistischsten Befürworter des Projekts voll und ganz gerechtfertigt planen. Der Verbesserungsplan umfasste zwei Zweige: Zum einen die Beseitigung bestimmter Hindernisse im Flussbett des Arno und infolgedessen die weitere Senkung des Flussbetts an bestimmten Stellen mit der Absicht, die Schnelligkeit des Flusses zu erhöhen aktuell; die andere, die allmähliche Auffüllung der Teiche und Sümpfe und die Anhebung der unteren Gebiete des Val di Chiana, indem der Fluss der in das Val di Chiana strömenden Bäche an geeignete Stellen geleitet und dort ihr Wasser durch provisorische Dämme begrenzt wird Das Sediment wurde dort abgelagert, wo es benötigt wurde. Das wirtschaftliche Ergebnis dieser Maßnahmen war, dass im Jahr 1835 eine Fläche von mehr als 450 Quadratmeilen Teich, Sumpf und feuchtem, kränklichem Tiefland in fruchtbaren, gesunden und gut durchlässigen Boden umgewandelt wurde , dass der landwirtschaftlichen Domäne der Toskana so viel Territorium hinzugefügt wurde.

Aber aus unserer gegenwärtigen Sicht auf das Thema ist die geographische Revolution, die vollzogen wurde, noch interessanter. Der klimatische Einfluss der Hebung und Entwässerung des Bodens muss beträchtlich gewesen sein, obwohl ich nicht weiß, dass durch meteorologische Beobachtungen ein Anstieg oder Rückgang der Durchschnittstemperatur oder des Niederschlags im Tal festgestellt wurde. Allerdings gibt es in der Verbesserung des sanitären Zustands des Val di Chiana, der früher äußerst ungesund war, einen zufriedenstellenden Beweis für eine vorteilhafte Klimaveränderung. Die Fieber, die nicht nur die Bevölkerung der Tiefebene dezimierten, sondern auch die angrenzenden Hügel befielen, haben aufgehört, ihre Verwüstungen auszuüben, und sind jetzt nicht häufiger als in anderen Teilen der Toskana. Der rein topografische Effekt der betreffenden Maßnahmen bestand neben der Umwandlung von Sumpf in trockene Oberfläche in der Umkehrung der Neigung des Tals über eine Strecke von 35 Meilen, so dass innerhalb einer verhältnismäßig kurzen Zeitspanne diese große Ebene entstand , neigte sich und leitete sein Wasser nach Süden ab, neigt sich nun und leitet sein Wasser nach Norden ab. Die Umkehrung der Strömungen des Tales hat dem Arno einen neuen Nebenfluss hinzugefügt, der dem größten seiner früheren Zuflüsse entspricht, und ein höchst wichtiger Umstand, der mit dieser letzteren Tatsache zusammenhängt, ist, dass die Zunahme des Volumens seiner Wasser ihre Geschwindigkeit beschleunigt hat in einem noch größeren Ausmaß, und anstatt die Gefahr seiner Überschwemmungen zu vergrößern, hat er diese Quelle der Besorgnis fast vollständig beseitigt. Zwischen dem Beginn des 15. Jahrhunderts und dem Jahr 1761 wurden 31 zerstörerische Überschwemmungen des Arno registriert; Zwischen 1761, als die Hauptflüsse des Val di Chiana in diesen Fluss umgeleitet wurden, und 1835 gab es keinen einzigen. [382]

Verbesserungen in der toskanischen Maremme.

Bei der Verbesserung der toskanischen Maremma sind noch größere Schwierigkeiten aufgetreten. Das zurückzuerobernde Gebiet war umfangreicher; die wohltuenden Rückzugsorte für Arbeiter und Inspektoren lagen weiter entfernt; die zu kontrollierenden Flussläufe waren länger und ihr natürliches Gefälle weniger schnell; einige von ihnen, die in bewaldeten Regionen entstanden, transportierten vergleichsweise wenig Erdmaterial, [383] und vor allem

Ein ähnliches Beispiel wird am Anapus in der Nähe von Syrakus beobachtet, der unterhalb der Kreuzung seiner beiden Arme schmaler, aber schneller als jeder von ihnen ist, und solche Fälle sind keineswegs selten. Die unmittelbare Auswirkung des Zusammenflusses zweier Flüsse auf die Strömung darunter hängt von den örtlichen Gegebenheiten und insbesondere vom Einfallswinkel ab. Wenn die beiden in ihrer Richtung nahezu übereinstimmen und einen kleinen Winkel einschließen, wird der gemeinsame Strom eine größere Geschwindigkeit haben als der langsamere Zusammenfluss, vielleicht sogar als einer von beiden. Wenn die beiden Flüsse quer verlaufen, noch mehr, wenn sie in mehr oder weniger entgegengesetzte Richtungen fließen, wird die Geschwindigkeit des Hauptarms sowohl oberhalb als auch unterhalb der Kreuzung verzögert und kann bei Hochwasser sogar die Strömung des Zuflusses verlangsamen .

Andererseits verlangsamt die Abzweigung eines beträchtlichen Seitenarms von einem Fluss dessen Geschwindigkeit unterhalb des Trennungspunkts, und hier beginnt sofort eine Erdablagerung in seinem Kanal, die die Tendenz hat, den gesamten Fluss in ein neues Bett umzuwandeln. „Theorie und die Autorität aller hydrographischen Autoren zeigen zusammen, dass die Kanäle von Flüssen eine Erhöhung des Bettes unterhalb eines Umleitungskanals erfahren." – Brief von FOSSOMBRONI , in SALVAGNOLI , *Raccolta di Documenti* , S. 32. Siehe die frühen Quellen und Diskussionen über das im Text dargelegte Prinzip in FRISI, *Del modo di regolare i Fiumi ei Torrenti* , Libro III, Kapitel. ich. Die Küste, die eine junge Ablagerung des Wassers ist, liegt kaum über dem Meer und lässt bei jedem Westwind und jeder steigenden Flut Überschwemmungen von Salzwasser in ihre Lagunen und die Mündungen ihrer Flüsse zu. [384]

Die Westküste der Toskana soll vor der Eroberung Etruriens durch die Römer keine ungesunde Region gewesen sein, doch wenige Jahrhunderte nach diesem Ereignis wurde sie sicherlich eine solche. Dies war eine natürliche Folge der Vernachlässigung oder mutwilligen Zerstörung der öffentlichen Verbesserungen, insbesondere der hydraulischen Arbeiten, in denen die Etrusker so geschickt waren, und der Abholzung der Hochlandwälder, um den Holzbedarf Roms für häusliche und industrielle Zwecke zu decken und militärische Zwecke. Nach dem Untergang des Römischen Reiches verschärften die Einfälle der Barbaren und dann Feudalismus, Fremdherrschaft, innere Kriege sowie weltliche und geistige Tyrannei die moralischen und physischen Übel, die die Toskana und die anderen italienischen Staaten erleiden mussten, noch grausamer , und von dem sie während der gesamten modernen Geschichte nur kurze Atempausen genossen haben. Die Maremma war bereits zur Zeit Dantes, der sich in mehreren bekannten Passagen auf diese Tatsache bezieht, sprichwörtlich ungesund, und die kleinen Tyrannen an ihren Grenzen schickten als langsame, aber sichere Art der Hinrichtung oft Kriminelle in Haftanstalten auf ihrem Territorium. Die Unkenntnis der Ursachen der Ungesundheit und häufig der Eingriff in die Privatrechte [385] verhinderten die Annahme von Maßnahmen zu ihrer Beseitigung, und die wachsende politische und kommerzielle Bedeutung der großen Städte in gesünderen Gegenden erregte die Aufmerksamkeit der Regierung beraubte die Maremma ihres gerechten Anteils an den Systemen der körperlichen Verbesserung, die im Landesinneren und in Norditalien erfolgreich eingeführt wurden.

Bevor ernsthafte Versuche unternommen wurden, die Sümpfe der Maremme trockenzulegen oder aufzufüllen, wurden verschiedene andere sanitäre Experimente durchgeführt. Man glaubte allgemein, dass die Unzulänglichkeit der Provinz die Folge und nicht die Ursache ihrer Entvölkerung war und dass, wenn sie einst dicht besiedelt wäre, die normalen landwirtschaftlichen Betriebe und insbesondere die Aufrechterhaltung zahlreicher Hausfeuer sie wiederherstellen würden zu seiner alten Heilkraft. [386] Diesen Ansichten zufolge wurden Siedler aus verschiedenen Teilen Italiens, aus Griechenland und nach der Thronbesteigung der lothringischen Fürsten auch aus diesem Land eingeladen und in der Maremme kolonisiert. Für Fremde, die aus Böden und Himmeln kamen, die denen der toskanischen Sümpfe so unähnlich waren, war das Klima verhängnisvoller als für die Bewohner der benachbarten Bezirke, deren Konstitution sich bis zu einem gewissen Grad an die örtlichen Einflüsse gewöhnt hatte oder die es zumindest besser wussten Hüte dich vor ihnen. Die Konsequenz war ganz natürlich, dass das Experiment überhaupt nicht die gewünschten Ergebnisse zeitigte und mit einem großen Opfer an Menschenleben und einem schweren Verlust für die Staatskasse verbunden war.

Das Gebiet, das als toskanische Maremma, *ora maritima* oder Maremme bekannt ist – denn die Pluralform wird am häufigsten verwendet – liegt an und in der Nähe der Westküste der Toskana und umfasst etwa 1.900 Quadratmeilen Englisch, davon 500 Quadratmeilen oder 320.000 Acres , sind Ebene und Sumpfland, einschließlich 45.500 Acres Wasserfläche, und etwa 290.000 Acres sind Wald. Einer der Berggipfel, der Mount Amiata, erreicht eine Höhe von 6.280 Fuß. Die Berge der Maremma sind gesund, die unteren Hügel jedoch viel weniger, da die Malaria an einigen Stellen in einer Höhe von 1.000 Fuß zu spüren ist und die Ebenen, mit Ausnahme einiger günstig an der Meeresküste gelegener Orte, in einem Zustand sind hochgradig pestilenzial. Die feste Bevölkerung beträgt etwa 80.000, von denen ein Sechstel im Winter und etwa ein Zehntel im Sommer in den Ebenen lebt. Neun- oder zehntausend Arbeiter kommen in der Spätsaison von den Bergen der Maremma und den angrenzenden Provinzen in die Ebene, um die Ernte anzubauen und einzusammeln.

Von dieser kleinen Zahl von Einwohnern und Fremden waren 35.619 zwischen dem 1. Juni 1840 und dem 1. Juni 1841 so krank, dass sie einer medizinischen Behandlung bedurften, und mehr als die Hälfte der Fälle waren intermittierende, bösartige, Magen- oder Magen-Darm-Erkrankungen katarrhalisches Fieber. Nur sehr wenige Landarbeiter entkamen dem Fieber, obwohl sich die Krankheit erst nach ihrer Rückkehr in die Berge manifestierte. In der Provinz Grosseto, die fast die gesamte Maremma umfasst, lag die jährliche Sterblichkeit bei 3,92 Prozent. Die durchschnittliche Lebenserwartung beträgt aber 23,18 Jahre und 75 Prozent. der Todesfälle ereigneten sich bei Personen, die in der Landwirtschaft tätig waren.

Die seit dem Jahre 1827 im Gange befindliche Aufschüttung der Tiefebene und die teilweise Trennung der Gewässer von Meer und Land zeigten nun ganz entscheidende Auswirkungen auf den Gesundheitszustand der Bevölkerung. In dem am 1. Juni 1842 endenden Jahr ging die Zahl der Kranken um mehr als 2.000 und die Zahl der Fieberfälle um mehr als 4.000 zurück. Im nächsten Jahr sank die Zahl der Fieberfälle auf 10.500 und in dem am 1. Juni 1844 endenden Jahr auf 9.200. Die politischen Ereignisse des Jahres 1848 und der vorangegangenen und folgenden Jahre führten dazu, dass die Verbesserungsarbeiten in der Maremma eingestellt wurden. Nach der Revolution von 1859 wurden sie jedoch wieder aufgenommen und sind nun erfolgreich im Gange.

Ich habe ausführlich über die Verbesserungen im Val di Chiana und in der toskanischen Maremma gesprochen, wegen ihrer großen relativen Bedeutung und weil ihre Geschichte gut bekannt ist; aber ähnliche Operationen wurden im Gebiet von Pisa und an der Küste des Herzogtums Lucca durchgeführt. Im letzteren Fall beschränkten sie sich hauptsächlich darauf, die Vermischung von Süßwasser mit dem Meerwasser zu verhindern. Im Jahr 1741 wurden zu diesem Zweck Schleusen oder Schleusentore gebaut, und im folgenden Jahr verschwanden die Fieberfieber, die lange Zeit zuvor für die Küstenbevölkerung verheerend gewesen waren, vollständig. In den Jahren 1768 und 1769, als die Bauwerke dem Verfall preisgegeben waren, kehrten die Fieberfälle in sehr bösartiger Form zurück, aber der Wiederaufbau der Tore stellte die Gesundheit des Ufers wieder her. Ähnliche Tatsachen ereigneten sich in den Jahren 1784 und 1785 und erneut in den Jahren 1804 bis 1821. Diese lange und wiederholte Erfahrung hat den Menschen endlich die Notwendigkeit eingeprägt, den Schleusen, die jetzt ständig instand gehalten werden, wachsame Aufmerksamkeit zu schenken. Die Gesundheit der Küste ist ungebrochen, und Viareggio, die Hauptstadt des Bezirks, wird heute wegen seiner Meeresbäder und seiner allgemeinen Gesundheit viel besucht, zu einer Zeit, in der es früher zu Recht als Aufenthaltsort von Krankheit und Tod gemieden wurde. [387]

Seit dem Beginn der Verbesserungen im Val di Chiana sind nun hundert Jahre vergangen, und die Verbesserungen in der Maremma werden seit über einer Generation mehr oder weniger fortgesetzt. Sie haben, wie wir gesehen haben, bedeutende geographische Veränderungen in der Erdoberfläche und im Verlauf beträchtlicher Flüsse hervorgerufen, und ihre Auswirkungen waren nicht weniger deutlich, da sie andere Veränderungen schädlicher Art verhinderten, die unfehlbar stattgefunden hätten wenn sie nicht durch die fraglichen Verbesserungen aufgehalten worden wären. Es wurde bereits erwähnt, dass die päpstlichen Behörden lange vor Beginn der toskanischen Arbeiten nahe dem südlichen Ende des Tibertals starke Barrieren errichteten, um ein Überfließen des Tiber-Tals durch den freien Abfluss des Val di

Chiana zu verhindern das Tal, das das Wasser der Regenzeit zurückhielt, bis es nach und nach in die Paglia abgeleitet werden konnte. Sie lagerten daher den größten Teil ihrer Sedimente im Val di Chiana ab und transportierten vergleichsweise wenig Erde zum Tiber. Die Seitenflüsse, die die größten Mengen an Sedimentmaterial in das Val di Chiana einbrachten, flossen ursprünglich in dieses Tal in der Nähe seines nördlichen Endes; und die Änderung ihrer Kanäle und Auslässe in südlicher Richtung, um diesen Teil des Tals durch ihre Ablagerungen anzuheben und dadurch seine Entwässerung umzukehren, war einer der Hauptschritte im Prozess der Verbesserung.

Wir haben gesehen, dass das nördliche Ende des Val di Chiana in der Nähe des Arno durch spontane Sedimentablagerungen auf eine solche Höhe angehoben wurde, dass es ein ausreichendes Hindernis für alle Strömungen in dieser Richtung darstellte. Wenn also der römische Damm nicht errichtet worden wäre oder die Arbeiten der toskanischen Regierung nicht unternommen worden wären, wäre die gesamte Erde, die durch diese Arbeiten aufgehalten und dazu verwendet worden wäre, das Bett anzuheben und das Gefälle des Tals umzukehren, nicht erfolgt zum Tiber und von dort ins Meer getragen worden. Die so geschaffene Ablagerung hätte natürlich dazu beigetragen, den Vorstoß des Ufers an der Mündung dieses Flusses zu verstärken, der seit langem mit einer Geschwindigkeit von drei Metern und neun Zehnteln (zwölf Fuß und neun Zoll) pro Jahr vor sich geht . [388] Es ist offensichtlich, dass eine Menge Erde, die ausreichen würde, um die gewaltigen Veränderungen zu bewirken, die ich in einem weiten Tal von mehr als dreißig Meilen Länge beschrieben habe, wenn sie an der Mündung des Tiber abgelagert worden wäre, den Umriss der Küste sehr erheblich verändert hätte , und haben keinen unwesentlichen Einfluss auf den Fluss dieses Flusses ausgeübt, indem sie seinen Abflusspunkt erhöht und seinen Kanal verlängert haben.

Die in die Sümpfe der Maremme geschwemmten Sedimente betragen nicht weniger als 12.000.000 Kubikmeter pro Jahr. Das Entweichen dieser Menge ins Meer, das jetzt fast vollständig verhindert wird, würde ausreichen, um die Küstenlinie um vierzehn Yards pro Jahr über eine Strecke von vierzig Meilen voranzutreiben, wenn man die mittlere Meerestiefe in Küstennähe auf zwölf Yards errechnet. Es ist wahr, dass in diesem Fall, wie auch in dem anderer Flüsse, die Sedimente nicht gleichmäßig entlang des Ufers verteilt wären und ein großer Teil davon in tiefes Wasser getragen oder vielleicht durch die Strömungen an entfernte Küsten transportiert würde . Die unmittelbaren Auswirkungen der Ablagerung wären daher nicht so greifbar, wie sie in dieser numerischen Form erscheinen, aber sie wären ebenso sicher und würden sich unfehlbar zunächst vielleicht an einem entfernten Punkt und danach an oder in der Nähe des Punkts manifestieren Mündungen der Flüsse, die sie hervorgebracht haben.

Verstopfung von Flussmündungen.

Die Mündungen eines großen Teils der Bäche, die in der antiken Binnenschifffahrt bekannt waren, sind bereits durch Sandbänke oder Flussablagerungen verstopft, und die maritimen Zugänge zu den Flusshäfen, die von den Schiffen Phöniziens und Karthagos sowie Griechenlands und Roms frequentiert wurden, sind weit entfernt von Untiefen bedeckt zum Meer. Die Neigung fast aller bekannten Flussbetten wurde im Laufe der Geschichte erheblich verringert, und nichts als große Wassermengen oder außergewöhnliche Fließgeschwindigkeiten ermöglichen heute die Entstehung einiger großer Bäche wie des Amazonas, des La Plata, des Ganges und ... in geringerem Maße der Mississippi, um ihre eigenen Ablagerungen weit genug in tiefes Wasser zu befördern, um die Bildung schwerwiegender Hindernisse für die Schifffahrt zu verhindern. Aber die Verschlechterung ihrer Ufer und der Transport von Erdmaterial ins Meer durch ihre Strömungen füllen nach und nach die Flussmündungen selbst dieser mächtigen Überschwemmungen, es sei denn, das drohende Übel wird durch die Wirkung geologischer oder künstlicher Kräfte abgewendet Da es sich um wirksamere Vorrichtungen als Baggermaschinen handelt, wird die Zerstörung jedes Hafens auf der Welt, der einen beträchtlichen Fluss aufnimmt, unweigerlich in nicht allzu ferner Zukunft stattfinden.

Dieses Ergebnis wäre vielleicht in einer unkalkulierbar fernen Zukunft eingetreten, wenn der Mensch nicht die Erde besiedelt hätte, sobald die Naturkräfte, die ihre Oberfläche gebildet hatten, ein so ungefähres Gleichgewicht erreicht hatten, dass seine Existenz auf dem Globus möglich war; aber die allgemeine Wirkung seiner industriellen Aktivitäten bestand darin, sie immens zu beschleunigen. Flüsse in Ländern, die von Natur aus mit Wäldern bepflanzt sind und nie von Menschen bewohnt wurden, nutzen die geringe Menge an Erde und Kies, die sie transportieren, hauptsächlich dazu, ihre eigenen Flussbetten anzuheben und Ebenen in ihren Becken zu bilden. [389] In ihrem Oberlauf, wo die Strömung am schnellsten ist, sind sie am stärksten mit groben, gerollten oder suspendierten Stoffen gefüllt, die sie bei Überschwemmungen an ihren Ufern in den Bergtälern ablagern, wo sie aufsteigen; in ihrem mittleren Verlauf breitet sich eine leichtere Erde über den Boden ihrer sich erweiternden Becken aus und bildet Ebenen von mäßiger Ausdehnung; Der feine Schlick, der weiter schwimmt, wird auf einer noch größeren Fläche abgelagert oder, wenn er ins Meer getragen wird, zum großen Teil schnell von Meeresströmungen weit weggeschwemmt und schließlich in tiefes Wasser geworfen. Die „Verbesserung" des Bodens durch den Menschen verstärkt die Erosion seiner Oberfläche; Seine Vorkehrungen zur Begrenzung der seitlichen Ausbreitung des Wassers bei

Überschwemmungen zwingen die Flüsse, die durch diese Erosion entstandene Erde auch in ihrem Oberlauf zu ihren Mündungen zu transportieren. und folglich ist das Sediment, das sie an ihren Auslässen ablagern, nicht nur viel größer, sondern besteht auch aus schwereren Materialien, die leichter auf den Meeresboden sinken und von Meeresströmungen weniger leicht entfernt werden.

Die Gezeitenbewegung des Ozeans, tiefe Meeresströmungen und die Bewegung der Binnengewässer durch den Wind heben den Sand an, der von Flutströmen über den Boden gestreut oder von Gebirgsbächen herabgeschleudert wird, und schleudert ihn auf trockenes Land oder lagert ihn ab in geschützten Buchten und Winkeln der Küste – denn die Strömung ist stärker als die Ebbe, die Überflutung ist stärker als die zurückfließende Welle. Es liegt nicht in der Macht des Menschen, dieser Ursache der Schädigung von Häfen mit derzeit verfügbaren Mitteln zu widerstehen; aber wie wir gesehen haben, kann etwas getan werden, um die Verschlechterung der Hochebenen zu verhindern und die Erdmenge zu verringern, die jährlich den Bergen, Hochebenen und Flussufern entnommen wird, um den Meeresboden anzuheben .

Diese letztere Ursache der Hafenverstopfung ist zwar ein aktiver Faktor, in vielen Fällen jedoch die schwächere der beiden. Die im Unterlauf fluviatiler Strömungen schwebende Erde ist leichter als Meeressand, Flusswasser leichter als Meerwasser, und wenn daher ein Landstrom mit beträchtlichem Volumen in das Meer mündet, fließt sein Wasser über das des Meeres und trägt dessen Wasser Schlamm mit sich, bis er ihn weit vom Ufer fallen lässt oder, was häufiger der Fall ist, sich mit einer Meeresströmung vermischt und sein Sediment zu einem entfernten Ablagerungspunkt transportiert. Die aus den Mündungen des Nils getragene Erde wird teilweise über die Wellen getragen, die Meeressand an den Strand werfen, und im tiefen Wasser abgelagert, teilweise wird sie von der Strömung getrieben, die entlang der Küsten Ägyptens und Ägyptens nach Osten und Norden streicht Syrien, bis es im nordöstlichen Winkel des Mittelmeers eine Ruhestätte findet. [390] So trägt die Erde, die von der rauen abessinischen Pflugschar gelockert und vom Regen von den Hügeln Äthiopiens, die der Mensch ihrer schützenden Wälder beraubt hat, heruntergespült wird, dazu bei, die Ebenen Ägyptens anzuheben und die Meereskanäle, die dorthin führen, zu verstopfen Stadt, die von Alexander nahe der Nilmündung erbaut wurde, und um die durch den phönizischen Handel berühmten Häfen zu füllen.

Unterirdische Gewässer.

Ich habe häufig auf einen Zweig der Geographie hingewiesen, dessen Bedeutung erst seit Kurzem ausreichend erkannt wird: die unterirdischen

Gewässer der Erde, die als stationäre Reservoire, als fließende Strömungen und als filtrierende Flüssigkeiten betrachtet werden. Die Erde nimmt Feuchtigkeit durch direkte Absorption aus der Atmosphäre, durch Tauablagerung, durch Regen und Schnee, durch Versickerung aus Flüssen und anderen oberflächlichen Gewässern und manchmal durch Strömungen auf, die in Höhlen oder kleinere sichtbare Öffnungen fließen. [391] Ein Teil dieser Feuchtigkeit wird vom Boden wieder ausgeatmet, ein Teil wird von organischen Wucherungen und anorganischen Verbindungen aufgenommen, ein Teil wird von Quellen an die Oberfläche geschüttet und entweder sofort verdunstet oder in größere Bäche und ins Meer getragen, ein Teil fließt durch unterirdische Bahnen in das Bett von Süßwasserflüssen [392] oder in den Ozean, und einige bleiben, wenn auch auch hier nicht in ewiger bewegungsloser Ruhe, zurück, um tiefe Hohlräume und unterirdische Kanäle zu füllen. [393] In jedem Fall sind die wässrigen Dämpfe der Luft die letzte Versorgungsquelle, und alle diese verborgenen Vorräte werden durch Verdunstung wieder in die Atmosphäre zurückgeführt.

Der Anteil des Niederschlagswassers, der durch direkte Verdunstung von der Bodenoberfläche aufgenommen wird, scheint im Allgemeinen übertrieben gewesen zu sein, da der Feuchtigkeitstransport nach unten oder in seitlicher Richtung durch Infiltration oder durch Spalten im oberen Felsgestein nicht ausreichend berücksichtigt wurde oder erdige Schichten. Laut Wittwer stellte Mariotte fest, dass nur ein Sechstel des Niederschlags im Seinebecken von diesem Fluss ins Meer geleitet wurde, „so dass fünf Sechstel zur Verdunstung und zum Verbrauch durch die organische Welt übrig blieben". [394]

Leutnant Maury – dessen wissenschaftlicher Ruf zwar gesunken, aber noch nicht ganz auf das Niveau seines Patriotismus gesunken ist – schätzt die jährliche Niederschlagsmenge im Tal des Mississippi auf 620 Kubikmeilen und den Abfluss dieses Flusses ins Meer auf 107 Kubikmeilen und kommt zu dem Schluss, dass „dies jährlich 513 Kubikmeilen Wasser aus diesem Flussbecken verdunsten würde." [395] Bei diesen und anderen ähnlichen Berechnungen wird das Wasser, das durch Kapillaren und größere Leitungen in die Erde geleitet wird, völlig aus den Augen verloren, und es wird kein Gedanke an die Versorgung mit Quellen, gemeinsamen und artesischen Brunnen und unterirdischen Flüssen verschwendet. wie die in den großen Höhlen von Kentucky, die in Süßwasserströmungen am Grund des Karibischen Meeres hervorsprudeln oder auf der fernen Halbinsel Florida ans Tageslicht kommen.

Der Fortschritt der betont modernen Wissenschaft der Geologie hat diese falschen Ansichten korrigiert, denn die Beobachtungen, auf denen sie beruht, haben nicht nur die Existenz, sondern auch die Bewegung von Wasser in fast allen geologischen Formationen nachgewiesen und Beweise für das Vorhandensein großer Stauseen gesammelt in mehr oder weniger tiefen Tiefen unter Oberflächen fast aller Art und haben die Gründe für die damit verbundenen Phänomene untersucht. Die Verteilung dieser Gewässer wurde anhand einer großen Anzahl von Orten genau untersucht, und obwohl die tatsächliche Art ihrer vertikalen und horizontalen Übertragung immer noch in großen Zweifeln steckt, sind die Gesetze, die ihre Aggregation bestimmen, so gut verstanden, dass, wann Da die Geologie eines bestimmten Gebiets bekannt ist, ist es nicht schwer zu bestimmen, in welche Tiefe das Wasser gelangt und bis zu welcher Höhe es ansteigt.

Die gleichen Prinzipien wurden erfolgreich auf die Entdeckung kleiner unterirdischer Ansammlungen oder Wasserströme angewendet, und einige Personen haben durch mäßige Kenntnisse der oberflächlichen Struktur der Erde in Kombination mit langer Übung eine Fähigkeit erworben, günstige Orte dafür auszuwählen Brunnen zu graben, was für gewöhnliche Beobachter kaum weniger als ein Wunder erscheint. Der Abbé Paramelle – ein französischer Geistlicher, der sich mehrere Jahre lang diesem Thema widmete und ausgiebig als Brunnensucher tätig war – gibt in seiner Arbeit über Brunnen an, dass er im Laufe von vierunddreißig Jahren mehr als zehn aufgezeigt habe Tausend unterirdische Quellen, und obwohl seine geologischen Spekulationen oft falsch waren, haben die höchsten wissenschaftlichen Autoritäten in Europa den großen praktischen Wert seiner Methoden und die nahezu unfehlbare Sicherheit seiner Vorhersagen bezeugt. [396]

Babinet zitiert ein französisches Sprichwort: „Sommerregen macht nichts nass" und erklärt es damit, dass das Wasser solcher Regenfälle „fast vollständig durch Verdunstung aufgenommen wird". „Die Regenfälle im Sommer", fügt er hinzu, „dringen, so reichlich sie auch sein mögen, nicht tiefer als 15 oder 20 Zentimeter in den Boden ein. Im Sommer ist die Verdunstungskraft der Hitze fünf- bis sechsmal so groß wie im Winter." , und diese Kraft wird von einer Atmosphäre ausgeübt, die fünfmal so viel Dampf enthalten kann wie im Winter." „Eine Schneeschicht, die die Verdunstung [aus dem Boden] verhindert, bewirkt, dass fast das gesamte Wasser, aus dem sie besteht, in die Erde sickert und eine Reserve für Quellen, Brunnen und Flüsse bildet, die nicht durch jede Menge Sommerregen gespeist werden könnte ." „Letzteres ist – wie der Tau – für die Vegetation nützlich – dringt nicht in den Boden ein und sammelt keinen Vorrat an, um Quellen zu speisen und von ihnen ins Freie gebracht zu werden." [397] Diese Schlussfolgerung, so anwendbar sie auch auf das Klima und den Boden Frankreichs sein mag, ist zu weit gefasst, um als allgemeine Wahrheit akzeptiert zu werden, und in Ländern, in denen die Niederschläge in den Wintermonaten gering sind, zeigen bekannte Beobachtungen, dass die Niederschlagsmenge in den Wintermonaten gering ist Die Menge an Wasser, die tiefe Brunnen und natürliche Quellen liefern, hängt nicht weniger von den Regenfällen des Sommers als von denen des restlichen Jahres ab, und folglich muss ein Großteil der Niederschläge dieser Jahreszeit ihren Weg in Schichten finden, die zu tief sind, um Wasser zu verlieren durch Verdunstung.

Die Versorgung unterirdischer Reservoire und Strömungen sowie von Quellen beruht zweifellos hauptsächlich auf Infiltration und muss daher durch alle Veränderungen der natürlichen Oberfläche beeinflusst werden, die die Entwässerung des Bodens beschleunigen oder verzögern oder die entweder fördern oder behindern Verdunstung daraus. Aus dem Vorhergehenden ist hinlänglich hervorgegangen, dass die spontane Entwässerung des gerodeten Bodens schneller erfolgt als die des Waldes, und dass folglich die Abholzung der Wälder ebenso wie die Trockenlegung von Sümpfen den unterirdischen Gewässern ihre Zuflüsse entzieht die sonst durch Infiltration zu ihnen gelangen würden. Die gleiche Wirkung wird durch künstliche Vorrichtungen zum Trocknen des Bodens entweder durch offene Gräben oder durch unterirdische Rohre oder Kanäle erzeugt, und je größer der Umfang dieser Vorgänge wird, desto spürbarer wird sich ihre Wirkung immer deutlicher bemerkbar machen die verminderte Wasserversorgung durch Brunnen und fließende Quellen. [398]

Es ist zweifellos wahr, dass lockere Böden, die von der Vegetation befreit und durch den Pflug oder andere Bearbeitungsverfahren aufgebrochen wurden, bis sie wieder mit Gräsern oder anderen Pflanzen bedeckt sind, mehr Regen- und Schneewasser absorbieren können, als wenn sie von einem natürlichen Bewuchs bedeckt wären; aber es ist auch wahr, dass die Verdunstung aus solchen Böden in noch größerem Maße zunimmt. Regen dringt kaum unter die Grasnarbe ein, sondern läuft über die Oberfläche ab; und nach den stärksten Regenfällen wird ein gepflügtes Feld oft durch Verdunstung getrocknet, bevor das Wasser durch Versickerung abtransportiert werden kann, während der Boden eines benachbarten Hains mehrere Wochen lang halb gesättigt bleibt. Sandige Böden ruhen häufig auf einem zähen Untergrund in mäßiger Tiefe, wie man es üblicherweise in den Kiefernebenen der Vereinigten Staaten sieht, wo sich Regenwasserpfützen in leichten Vertiefungen auf der Erdoberfläche sammeln, deren obere Schicht ebenso porös ist als Schwamm. Auf freiem Gelände trocknen solche Teiche durch Sonne und Wind sehr schnell aus; in den Wäldern bleiben sie lange genug unverdunstet, damit das Wasser sich seitlich ausbreiten kann, bis es im Untergrund Spalten findet, durch die es entweichen kann, oder Hänge, denen es bis zu ihrem Aufschluss folgen oder entlang dieser in tiefere Schichten absteigen kann.

Die Leichtigkeit, mit der sich Wasser, das nicht durch undurchlässige Schichten behindert wird, in alle Richtungen durch die Erde verbreitet – und folglich die Bedeutung der Aufrechterhaltung der Versorgung unterirdischer Reservoirs – findet ein bekanntes Beispiel in der Wirkung der Bodenpflasterung um die Stämme von Weinreben herum und Bäume. Die Erdoberfläche rund um den Stamm eines Baumes kann durch Steinplatten und Zement über eine Distanz, die größer ist als die Ausbreitung der Wurzeln, völlig wasserundurchlässig gemacht werden; und doch leidet der Baum nicht unter Feuchtigkeitsmangel, außer bei Dürreperioden, die so stark sind, dass die Versorgung in tiefen Brunnen und Quellen beeinträchtigt wird. Sowohl Wald- als auch Obstbäume gedeihen gut in Städten, in denen die Straßen und Höfe dicht gepflastert sind und wo sogar der seitliche Zugang des Wassers zu den Wurzeln durch tiefe Keller und Grundmauern mehr oder weniger behindert wird. Die tief liegenden Adern und Wasserschichten, die durch Infiltration von oben zugeführt werden, befördern Feuchtigkeit durch Kapillaranziehung, und der Belag verhindert, dass der Boden darunter seine Feuchtigkeit durch Verdunstung verliert. Daher finden in der Stadt wachsende Bäume genug Feuchtigkeit für ihre Wurzeln, und obwohl sie von Rauch und Staub geplagt werden, behalten sie oft ihre Frische, während Bäume, die auf offenen Feldern gepflanzt werden, wo Sonne und Wind den Boden schneller austrocknen, als die unterirdischen Brunnen ihn bewässern können, verdorren vor der Dürre. Ohne die Hilfe künstlicher Leitungen oder Wasserträger erfrischen Themse und Seine die Zierbäume, die die Hauptstraßen von London und Paris beschatten, und unter dem heißen und stinkenden Schimmel Ägyptens schickt der Nil Strömungen bis an die äußerste Grenze seines Landes Schlucht. [399]

Artesische Brunnen.

Die Existenz artesischer Brunnen hängt von der Existenz unterirdischer Stauseen und Flüsse ab, und die Versorgung durch Bohrungen wird durch die Fülle solcher Quellen reguliert. Das Wasser der Erde stammt in vielen Fällen aus oberflächlichen Strömungen, von denen man sieht, dass sie in Abgründe strömen, die sozusagen eigens für ihre Aufnahme geöffnet sind; und in anderen, wo keine Öffnungen in der Erdkruste entdeckt wurden, wird ihre Existenz durch die Tatsache bewiesen, dass artesische Brunnen manchmal aus großer Tiefe Samen, Blätter und sogar lebende Fische hervorbringen, die durch große Kanäle nach unten getragen worden sein müssen genug, um einen beträchtlichen Strom zuzulassen. Aber im Allgemeinen scheinen die durch Tiefbohrungen erreichten Wasserschichten und -ströme in erster Linie auf Infiltration aus dem Hochland zurückzuführen zu sein, wo das Wasser zunächst in oberflächlichen oder unterirdischen Reservoirs gesammelt wird. Mittels Kanälen, die sich an die Neigung der Schichten anpassen, stehen diese Reservoirs mit den unteren Becken in Verbindung und üben auf sie einen Flüssigkeitsdruck aus, der ausreicht, um eine Säule an die Oberfläche zu heben, wann immer eine Öffnung geöffnet wird. [400] Das von einem artesischen Brunnen gelieferte Wasser stammt daher oft aus entfernten Quellen und kann von geographischen oder meteorologischen Veränderungen in seiner unmittelbaren Umgebung völlig unberührt bleiben, während die gleichen Veränderungen die gespeisten Brunnen und Quellen völlig austrocknen lassen können nur durch die lokale Infiltration ihrer eigenen engen Becken.

In den meisten Fällen wurden artesische Brunnen zu rein wirtschaftlichen oder industriellen Zwecken gebohrt, beispielsweise um gutes Wasser für den Hausgebrauch oder zum Antrieb leichter Maschinen zu erhalten, um an Salz- oder andere Mineralquellen zu gelangen und seit kurzem auch in Amerika, um Erdölbrunnen zu öffnen oder Steinöl. Die geographischen und geologischen Auswirkungen einer solchen Entnahme von Flüssigkeiten aus dem Erdinneren sind zu weit entfernt und ungewiss, als dass sie hier berücksichtigt werden könnten. [401] Aber artesische Brunnen wurden in letzter Zeit in Algerien zu einem Zweck eingesetzt, der schon heute eine erhebliche Bedeutung hat und künftig eine sehr große geographische Bedeutung erlangen könnte. Viele frühere und neuere Reisende im Osten, unter denen Shaw besondere Erwähnung verdient, haben beobachtet, dass die libysche Wüste, die an die kultivierten Küsten des Mittelmeers grenzt, an vielen Stellen auf einem unterirdischen See in zugänglicher Entfernung zu ruhen schien unter der Oberfläche. Die Mauren sollen vage artesische Brunnen bis zu diesem Stausee gebohrt haben, um Wasser für den Hausgebrauch und die Bewässerung zu gewinnen, aber ich finde, dass solche Brunnen von keinem vertrauenswürdigen Reisenden beschrieben wurden, und das allgemeine Erstaunen und die Ungläubigkeit, mit der die einheimischen Stämme das *betrachteten* Die Operationen der französischen Ingenieure, die zu diesem Zweck in die Wüste geschickt wurden, sind ein ausreichender Beweis dafür, dass diese Art, in die unterirdischen Gewässer zu gelangen, für sie neu war. Sie waren sich jedoch der Existenz von Wasser unter dem Sand bewusst und waren geschickt darin, Brunnen – quadratische Schächte, die mit einem Gerüst aus Palmenstämmen ausgekleidet waren – bis zur Höhe des Blattes zu graben. Die so errichteten Brunnen dienen demselben Zweck, obwohl sie technisch gesehen keine artesischen Brunnen sind. denn das Wasser steigt an die Oberfläche und fließt darüber wie aus einer Quelle. [402]

Diese Brunnen sind jedoch zu wenige und zu spärlich vorhanden, um anderen Zwecken als den heimischen Brunnen anderer Länder zu dienen, und erst vor kurzem wurde ernsthaft versucht, die Wüste auf diese Weise in kultivierbares Land zu verwandeln. Die französische Regierung hat innerhalb weniger Jahre eine große Anzahl artesischer Brunnen in der algerischen Wüste gebohrt, und die einheimischen Scheichs beginnen, von diesem

Verfahren Gebrauch zu machen. Jeder Brunnen wird zum Kern einer Siedlung, die der Wasserversorgung angemessen ist, und vor dem Ende des Jahres 1860 hatten mehrere Nomadenstämme ihr Wanderleben aufgegeben, sich rund um die Brunnen niedergelassen und neben anderen Stauden mehr als 30.000 Palmen gepflanzt Gemüse. [403] Das Wasser befindet sich in einer geringen Tiefe, im Allgemeinen zwischen 100 und 200 Fuß, und obwohl es einen zu großen Anteil an Mineralien enthält, um für den europäischen Gaumen akzeptabel zu sein, eignet es sich gut zur Bewässerung und erweist sich für die Menschen nicht als ungesund Eingeborene.

Die offensichtlichste Verwendung artesischer Brunnen in der Wüste besteht derzeit darin, Stationen für die Errichtung von Militärposten und Rastplätze für Wüstenreisende zu schaffen. Sollte sich jedoch die Wasserversorgung als ausreichend erweisen, um das System auf unbestimmte Zeit auszudehnen, wird dies wahrscheinlich zu einer größeren geographischen Veränderung führen, als jemals ein Plan menschlicher Verbesserung bewirkt hat. Der auffälligste Landschaftskontrast, den die Natur zeitlich oder örtlich zusammenbringt, ist der zwischen dem Grün der Tropen oder eines nördlichen Sommers und der schneebedeckten Hülle eines blattlosen Winters. Neben dieser verblüffend neuen Wirkung müssen wir den plötzlichen Übergang von der schattigen und grünen Oase der Wüste zum kahlen und brennenden, partyfarbenen Ozean aus Sand und Felsen, der sie umgibt, einordnen. [404] Der zuversichtlichste Anhänger eines unbegrenzten menschlichen Fortschritts erwartet kaum, dass die List des Menschen die universelle Erfüllung der Prophezeiung „Die Wüste wird blühen wie die Rose" im wörtlichen Sinne erreichen wird; aber nüchterne Geographen halten die künftige Umwandlung der Sandebenen Nordafrikas in fruchtbare Gärten mittels artesischer Brunnen für keine unwahrscheinliche Erwartung. Sie gingen noch weiter und argumentierten, dass, wenn der Boden mit Feldern und Wäldern bedeckt wäre, die Vegetation Feuchtigkeit vom libyschen Himmel herabholen würde und dass die Regenfälle, die jetzt auf dem Meer verschwendet werden, Südeuropa oft mit zerstörerischen Überschwemmungen überschwemmen, würde sich zum Teil über den trockenen Wüsten Afrikas verdichten und so ohne weitere Hilfe des Menschen Regionen Fülle bescheren, die die Natur offenbar zur ewigen Verwüstung verdammt hat.

Eine ebenso kühne Spekulation, die auf der wohlbekannten Tatsache beruht, dass die Temperatur der Erde und ihres inneren Wassers zunimmt, wenn wir unter die Oberfläche abtauchen, hat vorgeschlagen, dass artesische Brunnen Wärme für industrielle und häusliche Zwecke, also für Treibhäuser, liefern könnten Anbau und sogar für die lokale Verbesserung des Klimas. Der Erfolg, mit dem Graf Lardarello natürliche heiße Quellen zur Verdunstung von mit Borsäure angereichertem Wasser und andere glückliche Anwendungen der Wärme thermischer Quellen genutzt hat, verleiht dem letztgenannten Projekt eine gewisse Unterstützung; aber beide müssen vorerst zu den vagen Möglichkeiten der Wissenschaft gezählt werden und nicht als wahrscheinliche zukünftige Triumphe des Menschen über die Natur angesehen werden.

Künstliche Quellen.

Ein plausiblerer und einladenderer Plan ist die Schaffung mehrjähriger Quellen durch die Aufbereitung von Regen- und Schneewasser, dessen Speicherung in künstlichen Erdreservoirs und die Filterung durch reinigende Schichten in Analogie zu den Vorgängen der Natur. Der kluge Palissy schlug vor, die Theorie in die Praxis umzusetzen und die natürlichen Prozesse nachzuahmen, durch die Regen absorbiert wird. Er ging dabei von der Theorie aus, dass alle Quellen hauptsächlich aus Niederschlägen stammen, und argumentierte zu Recht mit der Ansammlung und Bewegung von Wasser in der Erde in die Erde gespült und in fließenden Brunnen wieder ausgegeben. „Als ich lange und fleißig über die Ursache des Entspringens natürlicher Quellen und die Orte nachgedacht hatte, an denen sie normalerweise entspringen", sagt er, „wurde mir endlich deutlich klar, dass sie tatsächlich entstehen und aus nichts anderem als dem entstehen." Und es ist dies, sehen Sie, was mich dazu bewogen hat, das Sammeln von Regenwasser nach der Art und Weise der Natur zu unternehmen, und zwar so genau wie möglich nach ihrer Art; und ich bin mir sicher, dass ich dies befolge Nach der Formel des Höchsten Erfinders der Brunnen kann ich Quellen erschaffen, deren Wasser genauso gut, rein und klar sein soll wie das Wasser natürlicher Quellen. [405] Palissy erörtert das Thema der Entstehung von Quellen ausführlich und mit viel Geschick, wobei er sich insbesondere mit der Infiltration beschäftigt, und erklärt unter anderem die Häufigkeit von Quellen in Bergregionen so: „Nachdem du gut darüber nachgedacht hast, was, kannst du es klar sagen Erkennen Sie den Grund, warum aus den Bergen mehr Quellen und Bäche entspringen als aus dem Rest der Erde; und das hat keinen anderen Grund, als dass die Felsen und Berge das Wasser des Regens wie Gefäße aus Messing zurückhalten. Und die besagten Wasser Wenn sie auf die besagten Berge fallen, steigen sie fortwährend durch die Erde und durch Spalten hinab und machen nicht Halt, bis sie eine Stelle finden, die mit Steinen oder engen und dicken Felsen bedeckt ist; und sie ruhen auf diesem Boden, bis sie einen Kanal oder eine andere Art von Ausgang finden und dann entspringen sie in Quellen oder Bächen oder Flüssen, je nach der Größe der Stauseen und ihrer Ausflüsse." [406]

Nach einer ausführlichen Darstellung seiner Theorie beschreibt Palissy seine Methode zur Erzeugung von Quellen, die im Wesentlichen mit der kürzlich von Babinet vorgeschlagenen übereinstimmt, wie folgt: „Wählen Sie ein Stück Land mit einer Fläche von vier oder fünf Acres und sandigem

Boden." und mit einem sanften Gefälle, um den Wasserfluss zu bestimmen. Graben Sie entlang seiner oberen Linie einen fünf bis sechs Fuß tiefen und sechs Fuß breiten Graben. Richten Sie den Boden des Grabens aus und machen Sie ihn durch Pflastern, Makadamisieren usw. undurchlässig Bitumen oder, einfacher und billiger, durch eine Lehmschicht. Graben Sie neben diesem Graben einen weiteren und werfen Sie die Erde daraus in den ersten und so weiter, bis Sie den Untergrund der gesamten Parzelle regenundurchlässig gemacht haben Wasser. Bauen Sie eine Mauer entlang der unteren Linie mit einer Öffnung in der Mitte für das Wasser, und pflanzen Sie Obstbäume oder andere niedrige Bäume auf dem Ganzen, um den Boden zu beschatten und die Luftströmungen zu kontrollieren, die die Verdunstung fördern. Dies wird Ihnen unfehlbar eine ... geben eine gute Quelle, die ohne Unterbrechung sprudelt und den Bedarf eines ganzen Weilers oder eines großen Schlosses stillt." [407] Babinet gibt an, dass die gesamte Niederschlagsmenge auf einem Stausee des vorgeschlagenen Gebiets im Pariser Klima etwa 13.000 Kubikmeter betragen würde, nicht mehr als die Hälfte davon würde seiner Meinung nach verloren gehen, und natürlich , die andere Hälfte bliebe für die Versorgung der Feder verfügbar. Ich bezweifle stark, dass sich diese Erwartung in ihrem ganzen Ausmaß in der Praxis verwirklichen würde ; Denn wenn Babinet mit seiner Annahme recht hat, dass der Sommerregen vollständig verdunstet ist, würden die viel geringeren Winterregen kaum ausreichen, um die Erde gesättigt zu halten und einen so großen Überschuss abzugeben.

Obwohl die Methode von Palissy, wie ich bereits sagte, im Prinzip der von Babinet ähnelt, wäre sie in der Ausführung billiger und gleichzeitig wirksamer. Er schlägt den Bau relativ kleiner Filterbehälter vor, in die er den Regen leiten würde, der auf eine große Fläche eines felsigen Hügels oder eines anderen abschüssigen Bodens fällt, der das Wasser nicht leicht aufnimmt. Dieser Prozess wäre aller Wahrscheinlichkeit nach eine sehr erfolgreiche und kostengünstige Möglichkeit, atmosphärische Niederschläge einzusparen und Regen und Schnee dazu zu zwingen, nach Belieben immerwährende Fontänen zu bilden.

Niederschlag einsparen.

Die von Palissy und Babinet vorgeschlagenen Methoden sind nur begrenzt anwendbar und nur dazu gedacht, eine ausreichende Wassermenge für den häuslichen Gebrauch kleiner Dörfer oder großer privater Einrichtungen bereitzustellen. Dumas hat ein viel umfassenderes System zum Sammeln und Zurückhalten des gesamten Niederschlags in beträchtlichen Tälern und zur Speicherung in Reservoirs vorgeschlagen, aus denen er für Haushalts- und mechanische Zwecke, zur Bewässerung und kurz gesagt für alle anderen Zwecke entnommen werden soll für die das Wasser natürlicher Quellen und Bäche anwendbar ist. Sein Plan besteht darin, sowohl die Oberfläche als auch den Untergrund mithilfe von Leitungen zu entwässern, deren Konstruktion sich je nach den örtlichen Gegebenheiten unterscheidet, im Großen und Ganzen jedoch denen in der verbesserten Landwirtschaft nicht unähnlich ist, das Wasser in einem zentralen Kanal zu sammeln, seine ordnungsgemäße Filterung sicherzustellen und auch seine Kontrolle zu kontrollieren Schnelles Fließen durch Barrieren an geeigneten Stellen und schließlich die Aufnahme des Ganzen in geräumige überdachte Reservoirs, aus denen es je nach Zweckmäßigkeit in einem konstanten Fluss oder in Abständen abgelassen werden kann. [408]

Es besteht kein vernünftiger Zweifel daran, dass ein sehr umfassender Einsatz dieser verschiedenen Vorrichtungen zur Wassereinsparung und -versorgung praktikabel ist, und die Zweckmäßigkeit, auf sie zurückzugreifen, ist fast eine rein wirtschaftliche Frage. Es scheint keinen ernsthaften Grund zu geben, aus ihnen Nebenwirkungen zu befürchten, und tatsächlich sind sie alle, mit Ausnahme artesischer Brunnen, lediglich indirekte Methoden zur Wiederherstellung der ursprünglichen Ordnungen der Natur oder, mit anderen Worten, zur Wiederherstellung der Flüssigkeitszirkulation der Globus; Denn als die Erde mit Wald bedeckt war, sprudelten ewige Quellen am Fuße jedes Hügels, und Bäche flossen das Bett jedes Tals hinab. Die teilweise Wiederherstellung der Quellen und Bäche, die einst das Antlitz der landwirtschaftlichen Welt reichlich bewässerten, scheint auf diese Weise machbar, sogar ohne eine allgemeine Neubepflanzung der Wälder; und die Kosten einer einjährigen Kriegsführung würden, wenn sie mit Bedacht in einer Kombination beider Verbesserungsmethoden aufgewendet würden, in fast jedem Land, das der Mensch erschöpft hat, eine Verbesserung des Klimas, eine wiederhergestellte Fruchtbarkeit des Bodens und eine allgemeine physische Verbesserung gewährleisten Man könnte es fast als eine neue Schöpfung bezeichnen.

KAPITEL V

DER SAND.

URSPRUNG DES SANDES – SAND, DER JETZT IN DAS MEER GETRAGEN WIRD – DER SAND ÄGYPTENS UND DER ANGRENZENDEN WÜSTE – DER SUEZKANAL – DER SAND ÄGYPTEN – KÜSTENDÜNEN UND SANDFLÄCHEN – SANDBÄNDE – DÜNEN AN DER KÜSTE AMERIKAS – DÜNEN DES WESTENS EUROPA – BILDUNG DER DÜNEN – CHARAKTER DES DÜNENSANDS – INNERE STRUKTUR DER DÜNEN – FORM DER DÜNEN – GEOLOGISCHE BEDEUTUNG DER DÜNEN – BINNENDÜNEN – ALTER, CHARAKTER UND DAUERHAFTIGKEIT DER DÜNEN – VERWENDUNG DER DÜNEN ALS BARRIERE GEGEN DAS MEER – EINGRIFFE DES MEERES – DAS LÜMFJORD – EINGRIFFE DES MEERES – DÜNENSANDVERWEHRUNG – DÜNEN VON GASKONIEN – DÜNEN VON DÄNEMARK – DÜNEN VON PREUSSEN – KÜNSTLICHE BILDUNG VON DÜNEN – FÜR DÜNENPLANTAGEN GEEIGNETE BÄUME – AUSDEHNUNG DER DÜNEN IN EUROPA – DÜNENWEINBERGE VON KAP-BRETON – ENTFERNUNG DER DÜNEN – SANDFLÄCHEN IM Binnenland – DIE GASKONISCHEN LANDES – DAS BELGISCHE CAMPINE – SANDE UND STEPPEN OSTEUROPAS – VORTEILE DER RÜCKHOLUNG DER DÜNEN – VERBESSERUNGSARBEITEN DER REGIERUNG.

Ursprung des Sandes.

Sand, der in Schichten oder Schichten am Meeresboden oder in Flussbetten sowie in ausgedehnten Ablagerungen auf oder unter der Oberfläche des trockenen Landes vorkommt, scheint im Wesentlichen aus Gesteinsschutt zu bestehen. Es ist keineswegs immer klar, wodurch das feste Gestein in einen körnigen Zustand gebracht wurde; denn es gibt Schichten aus Quarzsand, wo die scharfe, kantige Form der Teilchen es höchst unwahrscheinlich macht, dass sie durch allmählichen Abrieb und Abrieb entstanden sind, und wo die Annahme einer zermalmenden mechanischen Kraft ebenso unzulässig erscheint. Im gewöhnlichen Sand sind die Quarzkörner am zahlreichsten; Dies ist jedoch kein Beweis dafür, dass die Gesteine, aus denen diese Teilchen entstanden sind, ganz oder auch nur überwiegend quarzosen Charakter hatten; denn in vielen zusammengesetzten Gesteinen, wie z. B. in der Granitgruppe, werden Glimmer, Feldspat und Hornblende durch chemische Einwirkung leichter zersetzt oder durch mechanische Kraft aufgelöst, zerkleinert und in einen nicht greifbaren Zustand gebracht als der Quarz . Bei der Zerstörung solcher Gesteine würde der Quarz daher die anderen Bestandteile überleben und unvermischt bleiben, wenn sie zersetzt und neue chemische Verbindungen eingegangen wären oder zu Schleim zermahlen und von Wasserströmungen weggespült worden wären.

Das größere oder geringere spezifische Gewicht der verschiedenen Gesteinsbestandteile trägt zweifellos dazu bei, sie nach dem Zerfall in verschiedene Massen zu trennen, obwohl es geäderte und geschichtete Sandschichten gibt, bei denen der Unterschied zwischen der oberen und der unteren Schicht in dieser Hinsicht zu gering ist angenommen werden, dass sie in der Lage seien, eine vollständige Trennung herbeizuführen. [409] In Fällen, in denen Gestein durch Hitze oder durch unbekannte chemische und andere molekulare Kräfte in Sandfragmente zerfallen ist, können die Sandbetten ungestört bleiben und in der Reihe der geologischen Schichten die festen Formationen darstellen, aus denen sie entstanden sind. Die großen Sandmassen, die nicht an Ort und Stelle gefunden wurden, wurden durch Wasser oder Wind transportiert und angesammelt, wobei ersterer allgemein als die wichtigste dieser Kräfte angesehen wird; denn die ausgedehnten Ablagerungen der Sahara, der Wüsten Persiens und der Gobi werden allgemein angenommen, dass sie durch Meeresströmungen zusammengeschwemmt oder verteilt worden seien und dass sie auf die gleiche Weise wie andere emporgehobene Schichten über den Ozean gehoben worden seien .

Bei der Zerkleinerung von Gesteinen in einen fragmentarischen Zustand sind immer noch meteorische und mechanische Einflüsse aktiv; aber die Sandmenge, die heute ins Meer transportiert wird, scheint verhältnismäßig unbedeutend zu sein, da – ganz zu schweigen vom Fehlen einer Diluvialwirkung – die Zahl der Sturzbäche, die direkt ins Meer münden, viel geringer ist als in früheren Zeiten. Die Bildung alluvialer Ebenen in Meeresbuchten durch die von den Bergen heruntergebrachten Sedimente hat die Strömung solcher Bäche verlängert und sie ganz allgemein in Flüsse oder vielmehr in Nebenflüsse von Flüssen umgewandelt, die viel jünger sind als sie selbst. Die Verfüllung der Flussmündungen hat das Gefälle aller großen und vieler kleiner Flüsse so stark verringert und damit auch die Strömung dessen, was die Deutschen ihren Unterlauf nennen, so stark eingeschränkt, dass sie viel *weniger* schweres Material transportieren können in früheren Epochen. Der Schlamm, der von Flüssen an ihrer Mündung ins Meer abgelagert wird, besteht normalerweise aus Material, das zu fein gemahlen und zu leicht ist, um als Sand bezeichnet zu werden, und es kann ausführlich gezeigt werden, dass die Sandbänke an der Mündung großer Bäche von Gezeiten geprägt sind. nicht fluviatilen Ursprungs oder, in Seen und gezeitenlosen Meeren, ein Ergebnis der gleichzeitigen Einwirkung von Wellen und Wind.

Große Sandablagerungen müssen daher im Allgemeinen als uralte und nicht als neuere Formation betrachtet werden, und viele bedeutende Geologen führen sie auf die Wirkung der Sintflut zurück. Staring hat diese Frage sehr ausführlich erörtert, mit besonderem Bezug auf den Sand der Nordsee, der Zuiderzee und der Buchten und Kanäle der niederländischen Küste. [410] Seine allgemeine Schlussfolgerung ist, dass die Flüsse der Niederlande „Sand nur durch eine sehr langsame Verschiebung von Sandbänken bewegen und ihn nicht als schwebendes oder schwimmendes Material mit sich führen." Die Sande des Deutschen Ozeans hält er für ein Produkt der „großen norddeutschen Strömung", die dort vor Beginn der gegenwärtigen geologischen Periode dort abgelagert wurden, wo sie jetzt liegen, und er vertritt ähnliche Ansichten in Bezug auf die vom Mittelmeer aufgewirbelten Sande an den Mündungen des Nils und an der Berberküste. [411]

Sand wird nun ins Meer getragen.

Es gibt jedoch Fälle, in denen Gebirgsbäche immer noch vielleicht relativ kleine, aber sicherlich absolut große Mengen zerfallenen Gesteins ins Meer tragen. [412] Die Menge an Sand und Kies, die von den Wildbächen der Seealpen, des ligurischen Apennins, der Inseln Korsika, Sardinien und Sizilien sowie den Bergen Kalabriens ins Mittelmeer transportiert wird, ist offenbar groß. In bloßer Masse ist es möglich, wenn nicht sogar wahrscheinlich, dass Europa genauso viel mehr oder weniger zerkleinertes Gesteinsmaterial in das Becken des Mittelmeers einbringt, sogar mit Ausnahme der Küsten der Adria und des Euxine, wie von dort angeschwemmt wird es an den Küsten Afrikas und Syriens. Ein großer Teil dieses Materials wird von den Wellen an den europäischen Küsten dieses Meeres wieder hinausgeschleudert. Die Häfen von Luni, Albenga, San Remo und Savona westlich von Genua und von Porto Fino auf der anderen Seite füllen sich, und die Küste bei Carrara und Massa soll bis zu einer Entfernung von 475 Fuß auf das Meer vorgedrungen sein in dreiunddreißig Jahren. [413] Darüber hinaus haben wir keine Hinweise auf die Existenz von Tiefwasserströmungen im Mittelmeer, die groß genug und stark genug wären, um Quarzsand über das Meer zu transportieren. Es kann hinzugefügt werden, dass ein Großteil des Gesteins, aus dem die Wildbachsande Südeuropas gewonnen werden, wenig Quarz enthält, und daher ist der allgemeine Charakter dieser Sande so, dass sie zersetzt oder zu einem unfühlbaren Schleim zermahlen werden müssen, lange bevor sie dazu in der Lage sind an die afrikanische Küste geschwemmt werden.

Die Ströme Europas liefern also derzeit nicht das Material, aus dem der Strandsand Nordafrikas besteht, und es ist ebenso sicher, dass dieser Sand nicht von den Flüssen des letzteren Kontinents herabgetragen wird. Sie gehören zu einer fernen geologischen Periode und wurden durch Ursachen angehäuft, die wir derzeit nicht zuordnen können. Der Wind treibt das Wasser nicht mit ausreichender Kraft in große Tiefen, um den Boden aufzuwühlen, [414] und der Sand, der an die betreffende Küste geworfen wird, muss aus einem schmalen Meeresgürtel stammen. Daher muss es mit der Zeit erschöpft sein, und die Bildung neuer Sandbänke und Dünen an den südlichen Ufern des Mittelmeers wird aus Materialmangel endlich aufhören. [415]

Aber selbst in den Fällen, in denen die Ansammlungen von Sand in ausgedehnten Wüsten den Anschein erwecken, als seien sie mariner Formation oder vielmehr Aggregation zuzurechnen und durch Umwälzungen in ihre jetzige Lage gebracht worden zu sein, bestehen sie nicht vollständig aus Material, das durch die Strömungen der Wüsten gesammelt oder verteilt wird das Meer; denn in all diesen Regionen erhalten sie weiterhin einige kleine Beiträge aus dem Zerfall der Gesteine, die unter den oberflächlichen Ablagerungen liegen oder durch sie hervortreten . In einigen Fällen, wie in Nordafrika, kommt es auch zu einer ständigen Vergrößerung der Masse durch die vorherrschenden Meereswinde, die den feineren Strandsand über weite Strecken ins Landesinnere transportieren oder, genauer gesagt, rollen. Aber das ist ein sehr langsamer Prozess, und die Übertreibungen der Reisenden haben eine Menge verbreiteter Irrtümer zu diesem Thema zerstreut.

Sand von Ägypten.

Im engen Tal des Nils – das oberhalb seiner Gabelung in der Nähe von Kairo in ganz Ägypten und Nubien im Allgemeinen von steilen Klippen begrenzt ist – sieht man überall dort, wo eine Schlucht oder eine andere beträchtliche Senke in der Felswand auftritt, etwas, das wie ein Fluss aussieht Wüstensand strömte herab, und gewöhnliche Beobachter sind daher zu dem Schluss gekommen, dass das gesamte Tal Gefahr läuft, unter einer Schicht unfruchtbaren Bodens begraben zu werden. Die alten Ägypter erkannten dies und errichteten Mauern, oft aus unverbrannten Ziegeln, über den Mündungen von Schluchten und Seitentälern, um den Fluss der Sandbäche einzudämmen. In späteren Zeiten verfielen diese Mauern größtenteils und es werden heute keine vorbeugenden Maßnahmen gegen solche Eingriffe ergriffen. Aber das Ausmaß des Unheils auf dem Boden Ägyptens und die künftige Gefahr, die von dieser Quelle ausgeht, wurden weit überbewertet. Der Sand an den Ufern des Nils wird vom Wind weder so hoch aufgewirbelt, noch wird er von ihm in so großen Massen transportiert, wie gemeinhin angenommen wird; und von dem, was tatsächlich angehoben oder gerollt und schließlich durch Luftströme abgelagert wird, ist ein beträchtlicher Teil entweder kalkhaltig und daher leicht zersetzbar oder befindet sich im Zustand eines sehr feinen Staubs und ist daher in keinem Fall schädlich für die Umwelt Boden. Es gibt zwar sowohl in Afrika als auch in Arabien beträchtliche Gebiete mit feinem Kieselsand, die durch starke Winde weit getragen werden können, aber das sind Ausnahmefälle, und im Allgemeinen erfolgt die Fortbewegung des Wüstensands durch eine rollende Bewegung entlang der Küste Oberfläche. [416] Es wurde so wenig angehoben, und so unerheblich ist die Menge, die noch an den Grenzen Ägyptens verblieben ist, dass eine Mauer von vier bis fünf Fuß Höhe jahrhundertelang ausreicht, um seine Übergriffe einzudämmen. Dies ist für das Auge jedes Betrachters offensichtlich, der das Wahre dem Wunderbaren vorzieht; Aber die altweltliche Fabel von der Überwältigung von Karawanen durch den furchterregenden Simoom – die selbst die Araber nicht mehr wiederholen, wenn sie tatsächlich die Urheber davon sind – ist so tief in der Vorstellung des Christentums verwurzelt, dass die meisten Wüstenreisenden, des Touristen aus der Touristenklasse glauben, dass sie die Leser ihrer Zeitschriften enttäuschen werden, wenn sie nicht die Einzelheiten ihrer Flucht vor der lebendigen Beschüttung durch einen Sandsturm erzählen, und dem populären Wunsch nach einer „Sensation" muss entsprechend entsprochen werden. [417]

Bei der Einschätzung der Gefahr, der die Ackerflächen Ägyptens ausgesetzt sind, muss noch ein weiterer Umstand berücksichtigt werden. Der vorherrschende Wind im Niltal und an seinen Grenzen kommt aus Norden, und man kann ohne Übertreibung sagen, dass der Nordwind drei Viertel des Jahres weht. [418] Die Wirkung von Winden, die das Tal hinaufblasen, besteht darin, den Sand des Wüstenplateaus, das es begrenzt, in eine Richtung parallel zur Talachse und nicht quer dazu zu treiben; und wenn es in einer geraden Linie verlief, würde der Nordwind keinen Wüstensand hineintragen. Es gibt jedoch sowohl Kurven als auch Winkel in seinem Verlauf, und daher kann es überall dort, wo seine Richtung von der des Windes abweicht, Sandverwehungen aus der Wüstenebene, durch die er verläuft, erhalten. Aber im Laufe der Jahrhunderte haben die Winde die vorspringenden Spitzen ihrer alten Ablagerungen weitgehend freigelegt, und es sind keine großen Ansammlungen mehr übrig, von denen entweder ein Nord- oder ein Südwind sie ins Tal tragen würde. [419]

Der Suezkanal.

Diese Überlegungen gelten gleichermaßen für die vermeintliche Gefahr einer Verstopfung des Suezkanals durch die Verwehung des Wüstensands. Die Winde über der Landenge kommen fast gleichmäßig aus dem Norden und haben sie schon vor langer Zeit von herumfliegenden Sandpartikeln befreit. Die Spuren des alten Kanals zwischen dem Roten Meer und dem Nil sind über eine beträchtliche Entfernung von Suez aus leicht zu verfolgen. Wären die Verwehungen auf der Landenge so gewaltig gewesen, wie einige befürchtet und andere gehofft hatten, wären diese Spuren vor vielen Jahrhunderten verwischt worden und der Timsah-See und die Bitter Lakes wären aufgefüllt worden. Die wenigen Partikel, die von den seltenen Ost- und Westwinden in Richtung Kanallinie getrieben werden, könnten durch Plantagen oder andere einfache Methoden leicht aufgehalten oder durch Baggerarbeiten entfernt werden. Die wirklichen Gefahren und Schwierigkeiten dieses großartigen Unternehmens – und sie sind groß – bestehen in der Beschaffenheit des Bodens, der zur Bildung der Linie abgetragen werden muss, und insbesondere in der ständig zunehmenden Ansammlung von Meeressand am südlichen Ende durch die Gezeiten das Rote Meer und im Norden durch die Wirkung der Winde. Beide Meere sind kilometerweit von der Küste entfernt flach, und der Aushub und die Instandhaltung tiefer Kanäle und geräumiger Häfen mit einfachen und sicheren Eingängen an solchen Orten ist zweifellos eines der schwierigsten Probleme, vor denen moderne Ingenieure eine praktische Lösung haben.

Sand von Ägypten.

Der Sand, den der Nordwind in Ägypten fallen lässt, stammt nicht aus der Wüste, sondern aus einer ganz anderen Quelle – dem Meer. Beträchtliche Mengen Sand werden vom Mittelmeer an und zwischen den Mündungen des Nils und tatsächlich entlang fast der gesamten Südküste dieses Meeres aufgewirbelt und je nach Windstärke und Fülle unterschiedlich weit ins Landesinnere getrieben und Qualität des Materials. Der so transportierte Sand trägt zur allmählichen Anhebung des Deltas sowie der Ufer und des Flussbetts selbst bei. Aber in dem Maße, in dem das Bachbett angehoben wird, nimmt auch die Höhe des Wassers bei den jährlichen Überschwemmungen zu, und wenn die Neigung des Kanals abnimmt, wird die Geschwindigkeit der Strömung und die Ablagerung des Schlamms gehemmt es bleibt in der Schwebe und wird folglich gefördert. So verbinden sich Wind und Wasser, die sich in entgegengesetzte Richtungen bewegen, zu einer gemeinsamen Wirkung.

Der Sand, der während der Überschwemmung über das Delta und das flussaufwärts gelegene Kulturland geweht wird, wird mit der fruchtbaren Erde, die der Fluss herabschwemmt, bedeckt oder vermischt, und es entstehen dadurch keine ernsthaften Schäden. Sie breiten sich nach dem Abklingen des Wassers und während der kurzen Zeitspanne, in der der Boden nicht durch Kultivierung bewegt oder von der Überschwemmung bedeckt wird, über den gleichen Boden aus und bilden so weit wie möglich ein dünnes Häutchen über der Oberfläche, das der Teilung und Unterscheidung dient die aufeinanderfolgenden Schleimschichten, die durch die jährlichen Überschwemmungen abgelagert werden. Die vom Wind am

Meeresstrand aufgenommenen Partikel werden durch eine hüpfende Bewegung weitergetragen oder über die Oberfläche gerollt, bis sie durch das vorübergehende Aufhören des Windes, durch die Vegetation oder durch ein anderes Hindernis aufgehalten werden, und zwar möglicherweise Im Laufe der Zeit sammeln sie sich in großen Massen im Windschatten von Felsvorsprüngen, Gebäuden oder anderen Barrieren an, die die Kraft des Windes brechen.

In diesen Tatsachen finden wir die wahre Erklärung für die Sandverwehungen, die die Sphinx und so viele andere antike Denkmäler in diesem Teil Ägyptens zur Hälfte begraben haben. Diese Strömungen stammen, wie ich bereits sagte, nicht in erster Linie aus der Wüste, sondern aus dem Meer; und wie aus der Entfernung, die sie zurückgelegt haben, hervorgeht, haben sie sich schon lange versammelt. Während Ägypten ein großes und blühendes Königreich war, wurden Maßnahmen ergriffen, um sein Territorium vor dem Eindringen von Sand zu schützen, sei es aus der Wüste oder aus dem Meer. Doch die ausländischen Eroberer, die so viele ihrer religiösen Denkmäler zerstörten, verschonten die öffentlichen Bauwerke nicht, und der Prozess der physischen Verschlechterung begann zweifellos bereits mit der persischen Invasion. Die dringende Notwendigkeit, die alle aufeinanderfolgenden Tyrannen Ägyptens dazu gezwungen hat, einige der Kanäle und andere Bewässerungsanlagen instand zu halten, wurde im Hinblick auf die Förderung des Sandes nicht gespürt; denn ihr Fortschritt war so langsam, dass er im Laufe einer einzigen Herrschaft kaum wahrnehmbar war, und lange Erfahrung hat gezeigt, dass der kultivierbare Boden des Tals aufgrund der natürlichen Wirkung der Überschwemmungen im Großen und Ganzen das Herrschaftsgebiet vergräbt der Wüste, nicht vor ihr zurückweichen.

Die Oasen der libyschen wie auch vieler asiatischer Wüsten verfügen über keine solchen Schutzmaßnahmen. Der Sand dringt schnell über sie vor und droht, sie bald zu verschlingen, es sei denn, der Mensch greift rechtzeitig auf artesische Brunnen und Plantagen oder auf andere wirksame Mittel zurück, um den Vormarsch dieses furchtbaren Feindes einzudämmen, um diese Inseln vor der Wüste zu retten endgültige Zerstörung.

Sandansammlungen sind in bestimmten Fällen als Schutz vor den Verwüstungen des Meeres von Vorteil; aber im Allgemeinen sind die Umgebung und insbesondere die Bewegung von Körpern dieses Materials zerstörerisch für die menschliche Industrie, und daher werden in zivilisierten Ländern Maßnahmen ergriffen, um seine Ausbreitung zu verhindern. Dies ist jedoch nur dort möglich, wo die Bevölkerung groß und aufgeklärt ist und der Wert des Bodens oder der künstlichen Errichtungen und Verbesserungen auf ihm beträchtlich ist. Daher wird in den Wüsten Afrikas und Asiens und den daran angrenzenden bewohnten Gebieten normalerweise keine Mühe darauf verwendet, die Verwehungen zu kontrollieren, und wenn einmal die Felder, die Häuser, die Quellen oder die Bewässerungskanäle bedeckt oder verstopft sind , wird der Bezirk kampflos verlassen und der ewigen Verwüstung preisgegeben. [420]

Sanddünen und Sandebenen.

Zwei Formen von Sandablagerungen sind in der europäischen und amerikanischen Geographie besonders wichtig. Das eine ist das einer Düne oder eines Wanderhügels an der Küste, das andere das einer kargen Ebene im Landesinneren. Die Küstendünen bestehen aus Sand, der von den Wellen aus den Tiefen des Meeres angeschwemmt und vom Wind zu Hügeln und Bergrücken aufgeschüttet wird. Der Sand, mit dem viele Ebenen bedeckt sind, scheint manchmal darauf abgelagert worden zu sein, während sie noch unter Wasser waren, manchmal scheint er von der Meeresküste hergetrieben und durch Windströmungen über sie verstreut worden zu sein, manchmal scheint er durch Laufen auf sie gespült worden zu sein Wasser. In diesen letzteren Fällen ist die Ablagerung, obwohl sie an sich beträchtlich ist, verhältnismäßig schmal in ihrer Ausdehnung und unregelmäßig in ihrer Verteilung, während sie in den ersteren Fällen oft gleichmäßig über eine sehr breite Oberfläche verteilt ist. In allen großen Körpern beider Arten sind die siliziumhaltigen Körner der Hauptbestandteil, obwohl sie, wenn sie nicht aus der Zersetzung von siliziumhaltigem Gestein resultieren und noch an Ort und Stelle bleiben, im Allgemeinen von einer mehr oder weniger großen Beimischung anderer Mineralteilchen begleitet sind Tier- und Pflanzenreste [421] und ihre Konsistenz wird gewöhnlich auch durch die ständig wechselnden Temperatur- und Feuchtigkeitsbedingungen, denen sie seit ihrer Ablagerung ausgesetzt waren, etwas verändert. Sofern der Anteil dieser letztgenannten Bestandteile nicht so groß ist, dass eine gewisse Klebrigkeit in der Masse entsteht – in diesem Fall kann man sie nicht mehr richtig Sand nennen – ist sie unfruchtbar und, wenn sie nicht mit Wasser angereichert ist, teilweise durch Eisen und Kalk verklebt B. oder anderer Zement, oder durch darauf ruhende Anschwemmungen eingeengt wird, ist es sehr geneigt abzudriften, wann immer zufällig das pflanzliche Netzwerk, das es in den meisten Fällen dünn umhüllt und gleichzeitig einschließt, zerbrochen wird.

Die menschliche Industrie hat nicht nur die fliegenden Dünen repariert, sondern sie auch durch das Mischen von Ton und anderen zähen Erden mit der oberflächlichen Schicht ausgedehnter Sandebenen und durch die Anwendung düngender Substanzen zu einer reichlichen Fruchtbarkeit pflanzlichen Lebens gemacht. Diese letzteren Prozesse gehören zur Landwirtschaft und nicht zur Geographie und werden daher nicht in den Rahmen des vorliegenden Themas einbezogen. Aber die vorbereitenden Schritte, bei denen Ödland aus losem, treibendem, unfruchtbarem Sand in bewaldete Hügel und Ebenen und schließlich durch die Anhäufung von

pflanzlichem Schimmel in Ackerland umgewandelt wird, stellen eine
Eroberung der Natur dar, die der Landwirtschaft vorausgeht – eine
geographische Revolution – und Daher gehört ein Bericht über die Mittel,
mit denen die Veränderung herbeigeführt wurde, eigentlich zur Geschichte
des Einflusses des Menschen auf die großen Merkmale der physischen
Geographie. Ich untersuche dann die Struktur der Dünen und beschreibe
den Krieg, den der Mensch mit den Sandhügeln führt, indem er einerseits
versucht, sie als natürliche Barriere gegen das Eindringen des Meeres zu
erhalten und sogar zu erweitern, und andererseits andererseits, um ihre
Wander- und Wanderneigung einzudämmen und sie daran zu hindern, die
Felder, die er gepflanzt hat, und die Wohnungen, in denen er wohnt, zu
betreten.

Küstendünen.

Küstendünen sind längliche Grate oder runde Hügel, die durch die
Einwirkung des Windes auf Sand gebildet werden, der von den Wellen an
den Stränden von Meeren und manchmal auch von Süßwasserseen
aufgewirbelt wird. An den meisten Küsten wird der Sand für die
Dünenbildung durch Flutwellen bereitgestellt. Die Strömung der Flut ist
schneller und daher ihre Transportkraft größer als die der Ebbe; Der
Schwung, den die schweren Teilchen beim Hineinrollen mit dem Wasser
erlangen, hat die Tendenz, sie sogar über den Wellenfluss hinaus zu tragen;
und beim Gezeitenwechsel befindet sich das Wasser lange genug in einem
Ruhezustand, um einen Großteil der Feststoffe, die es in der Schwebe hält,
fallen zu lassen. Daher gibt es an allen von Ebbe und Flut umspülten Küsten
von Meeren mit Sandboden verschiedene Bedingungen, die die Bildung von
Sandablagerungen entlang der Hochwasserlinie begünstigen. [422] Wenn die
Landwinde häufiger, länger oder stärker sind als die Seewinde, wird der von
der sich zurückziehenden Welle zurückgelassene Sand ständig ins Wasser
zurückgeblasen; aber wenn die vorherrschenden Luftströmungen in der
entgegengesetzten Richtung sind, werden die Sande bald aus der Reichweite
der höchsten Wellen getragen und immer weiter und weiter in das
Landesinnere transportiert, sofern sie nicht durch hohe Böden, Vegetation
oder anderes behindert werden Hindernisse.

Die Gezeiten sind zwar üblich, aber keineswegs eine notwendige
Voraussetzung für die Sandansammlungen, aus denen sich Dünen bilden.
Die Ostsee und das Mittelmeer sind fast gezeitenfreie Meere, aber an der
russischen und preußischen Küste der Ostsee sowie an den Mündungen des
Nils und an vielen anderen Stellen der Mittelmeerküste gibt es Dünen. Die
riesigen Untiefen im letztgenannten Meer, die in der Antike als Große und
Kleine Syrtis bekannt waren, sind marinen Ursprungs. Sie füllen sich immer
noch mit Sand, der aus größeren Tiefen angeschwemmt wurde oder
manchmal in kleinen Mengen von der Küste weggeschwemmt wurde, und

werden wahrscheinlich irgendwann in der Zukunft in trockenes, mit Sandhügeln bedecktes Land umgewandelt. Es gibt auch ausgedehnte Dünenketten am Ostufer des Kaspischen Meeres und am südlichen bzw. südöstlichen Ende des Michigansees. [423] Es besteht kein Zweifel, dass sich dieser letztere See früher viel weiter in dieser Richtung erstreckte, aber sein südlicher Teil wurde infolge der Vorherrschaft der Nordwestwinde allmählich flacher und schließlich in festes Land umgewandelt. Diese blasen die meiste Zeit des Jahres über den See und erzeugen eine Strömung nach Süden, die Sand vom Seegrund wegspült und ans Ufer schleudert. Sand wird vom Strand von Michigan City durch jeden Wind aus dieser Gegend aufgewirbelt , und nach einem heftigen Windstoß von mehreren Stunden Dauer können auf der Nordseite der Zäune Sandwälle beobachtet werden, die an Schneekränze erinnern, die durch Verwehungen abgelagert wurden Wind im Winter. Einige der Partikel werden durch Gegenwinde zurückgetragen, die meisten bleiben jedoch auf oder hinter den Dünen oder im feuchten Boden in der Nähe des Sees hängen oder werden von Pflanzen verfangen und neigen dazu, den Pegel dauerhaft anzuheben. Ähnliche Effekte werden durch ständige Seewinde hervorgerufen, und Dünen werden im Allgemeinen an allen niedrigen Küsten gebildet, wo solche vorherrschen, sei es in Gezeiten- oder Gezeitengewässern.

So beschreibt Jobard die *Vorgehensweise* unter normalen Umständen an den Mündungen des Nils, wo kaum eine Flut zu erkennen ist: „Wenn eine Welle bricht, lagert sie eine kaum wahrnehmbare Linie aus feinem Sand ab. Die nächste Welle bringt auch ihren Beitrag dazu, und schiebt die vorhergehende Zeile ein wenig höher. Sobald die Partikel ziemlich außerhalb der Reichweite des Wassers sind, werden sie durch die Hitze der brennenden Sonne getrocknet und sofort vom Wind erfasst und weiter landeinwärts gerollt oder getragen. Der Kies ist wird nicht von den Wellen hinausgeschleudert, sondern rollt hin und her, bis es zu feinem Sand zermürbt ist, der dann wiederum auf das Land geworfen und vom Wind aufgewirbelt wird." [424] Diese Beschreibung gilt nur für die alltägliche Einwirkung von Wind und Wasser; Aber genau im Verhältnis zur zunehmenden Kraft des Windes und der Wellen nimmt die Sandmenge und die Größe der von ihm vom Strand weggetragenen Partikel zu, und natürlich auch jeder Sturm im Landesinneren Richtung trägt sinnvoll zur Ansammlung am Ufer bei.

Sandbänke.

Obwohl Dünen, wie sie eigentlich so genannt werden, nur auf trockenem Land und oberhalb der gewöhnlichen Hochwasserlinie zu finden sind und ihre Höhe und Struktur der Einwirkung des Windes verdanken, bilden sich an vielen Schelfküsten darunter Sandansammlungen, die Dünen sehr ähneln Wasser in einiger Entfernung vom Ufer durch die Schwingungen der Wellen und sind unter dem Namen Sandbänke bekannt. Es handelt sich meist eher um Bergrücken als um Ufer, von mäßiger Neigung und mit dem steilsten Gefälle seewärts; und ihre Form unterscheidet sich von der der Dünen nur dadurch, dass sie niedriger und kontinuierlicher ist. An der Westküste der Insel Amrum gibt es beispielsweise drei Reihen solcher Ufer, deren Gipfel vielleicht einige Meilen voneinander entfernt sind; so dass, einschließlich der Breite der Ufer selbst, der Räume zwischen ihnen und der Breite der Dünenzone auf dem Land, der Gürtel aus bewegtem Sand an dieser Küste wahrscheinlich nicht weniger als acht Meilen breit ist.

Unter normalen Umständen rollen Sandbänke immer landeinwärts und bilden das Magazin, aus dem das Material für die Dünen gewonnen wird. Tatsächlich handelt es sich bei den Dünen lediglich um aquatische Sandbänke, die auf trockenes Land übertragen wurden. Die Gesetze ihrer Bildung sind weitgehend analog, da die Wirkung der beiden Flüssigkeiten, durch die sie jeweils angesammelt und aufgebaut werden, sehr ähnlich ist, wenn sie auf lose Teilchen fester Materie ausgeübt werden. Es scheint tatsächlich, dass die langsamen und verhältnismäßig regelmäßigen Bewegungen des schweren, unelastischen Wassers solche Teilchen ganz anders beeinflussen sollten als die plötzlichen und unbeständigen Impulse der leichten und elastischen Luft. Aber die Geschwindigkeit der Windströmungen verleiht ihnen eine mechanische Kraft, die der der langsameren Wellen nahe kommt, und so schwierig es auch sein mag, alle Phänomene zu erklären, die die Struktur der Dünen charakterisieren, die Beobachtung hat gezeigt, dass sie damit nahezu identisch ist von überfluteten Sandbänken. Die Formunterschiede sind im Allgemeinen auf die größere Anzahl und Vielfalt der Oberflächenunfälle des Bodens zurückzuführen, auf dem die Sandhügel des Landes aufgebaut sind, sowie auf die häufigeren Änderungen und die größere Vielfalt der Richtungen im Verlauf des Windes .

Dünen an der Küste Amerikas.

An der Atlantikküste der Vereinigten Staaten ist das Vorherrschen westlicher oder ablandiger Winde ungünstig für die Bildung von Dünen, und obwohl Meeresströmungen an dieser Küste große Mengen Sand in Form von Ufern ablagern, ist dies an den Ufern der Fall proportional freier von Sandhügeln als einige andere von geringerem Ausmaß. Es gibt jedoch sehr wichtige Ausnahmen. Die Wirkung der Gezeiten wirft viel Sand auf einige Punkte der Küste Neuenglands sowie auf die Strände von Long Island und andere südlichere Küsten, und hier bilden sich Dünen, die denen Europas ähneln. Auch an der Pazifikküste der Vereinigten Staaten gibt es ausgedehnte Dünenketten, und in San Francisco säumen sie einige Straßen der Stadt.

Die Dünen Amerikas sind viel älter als ihre Zivilisation, und der Boden, den sie bedrohen oder schützen, besitzt im Allgemeinen einen zu geringen Wert, als dass große Ausgaben für Maßnahmen zur Eindämmung ihres Fortschritts oder zur Verhinderung ihrer Zerstörung gerechtfertigt wären. Daher haben sie, so groß ihr Ausmaß und ihre geographische Bedeutung auch sind, gegenwärtig keine so enge Beziehung zum menschlichen Leben, dass sie in dem von mir vertretenen Standpunkt zu Objekten von besonderem Interesse werden könnten, und ich kenne die Gesetze nicht Ihre Entstehung und Bewegung wurden von jedem amerikanischen Beobachter zum Gegenstand ursprünglicher Untersuchungen gemacht.

Dünen Westeuropas.

An der Westküste Europas hingegen haben die durch die Bewegung der Sanddünen verursachten Verwüstungen und die schwerwiegenden Folgen, die oft aus ihrer Zerstörung resultieren, seit langem die ernsthafte Aufmerksamkeit von Regierungen und Wissenschaftlern erregt, und zwar seit fast einem Jahr Jahrhundert wurden beharrliche und systematische Anstrengungen unternommen, um sie unter menschliche Kontrolle zu bringen. Das Thema wurde in Dänemark und den angrenzenden Herzogtümern, in Westpreußen, in den Niederlanden und in Frankreich sorgfältig untersucht; und die Versuche, das Abdriften der Dünen aufzuhalten und sie und die von ihnen geschützten Gebiete vor den Eingriffen des Meeres zu schützen, haben zur Einführung eines Systems zur Küstenverbesserung geführt, das in allen diesen Ländern im Wesentlichen gleich ist . Die Sande haben jetzt wie die Wälder ihre eigene Fachliteratur, und die Bände und Memoiren, die sie und die Verfahren zu ihrer Unterdrückung beschreiben, sind voller wissenschaftlicher Interessen und praktischer Lehren. [425]

Bildung von Dünen.

Die Gesetze, die die Bildung von Dünen bestimmen, sind im Wesentlichen diese. Wir haben gesehen, dass sich unter bestimmten Bedingungen an Niedrigwasser- und Seeufern Sand über der Hochwassermarke ansammelt. Solange der Sand durch die Gischt oder die Kapillaranziehung feucht gehalten wird, wird er nicht durch Luftströmungen gestört. Sobald sich die Wellen jedoch so weit zurückziehen, dass er trocknen kann, wird er zum Spiel des Windes und wird nach oben getrieben den sanft abfallenden Strand, bis er durch Steine, Pflanzen oder andere Hindernisse aufgehalten wird und so eine Anhäufung entsteht, die das Fundament einer Düne bildet. Wie gering die so geschaffene Erhebung auch sein mag, sie dient dazu, den Fortschritt der Sandkörner, die gegen die Uferseite getrieben werden, zu stoppen oder zu verzögern und die Partikel, die über sie hinausgetragen oder über ihre Kuppe gerollt werden, vor dem weiteren

Einfluss des Windes zu schützen , und falle dahinter hin. Wenn das Ufer oberhalb der Strandlinie vollkommen eben und gerade wäre, das Gras oder die Büsche darauf gleich hoch wären, der von den Wellen aufgewirbelte Sand gleichmäßig in Größe und Gewicht der Partikel sowie in der Verteilung sei und wenn die Wirkung des Windes gleich wäre Wären sie stabil und regelmäßig, würde sich eine durchgehende Bank bilden, die überall in Höhe und Querschnitt gleich wäre. Aber nirgendwo gibt es solche konstanten Bedingungen. Die Ufer sind gekrümmt, gebrochen und ungleichmäßig; sie sind manchmal kahl, manchmal mit Gemüse unterschiedlicher Struktur und Größe bedeckt; der aufgewirbelte Sand ist in Menge und Beschaffenheit unterschiedlich; und die Winde wechseln, sind böig, wirbelnd und wehen oft in sehr schmalen Strömungen. Aus all diesen Gründen erheben sich statt gleichmäßiger Hügel unregelmäßige Reihen von Sandhaufen, und diese haben, wie man es natürlich erwarten würde, eine Pyramiden- oder vielmehr Kegelform und sind unten durch mehr oder weniger kontinuierliche Grate derselben verbunden Material.

An einer zurückweichenden Küste werden die Dünen nicht so hoch werden wie an sichereren Ufern, weil sie untergraben und weggetragen werden, bevor sie Zeit haben, ihre größte Ausdehnung zu erreichen. Während es also an geschützten Stellen im Südwesten Frankreichs Dünen mit einer Höhe von 300 Fuß und mehr gibt, sind die auf den friesischen Inseln und den exponierten Teilen der Küste Schleswig-Holsteins nur 20 bis 100 Fuß hoch. An den Westküsten Afrikas sollen sie manchmal eine Höhe von 600 Fuß erreichen. Dies ist einer der wenigen den Geographen bekannten Punkte, an denen Wüstensand seewärts vordringt, und hier erreicht er die größte Höhe, bis zu der Sandkörner vom Wind getragen werden können.

Sobald die Hügel abgelagert sind, werden sie zusammengehalten und in Form gehalten, teils durch bloße Schwerkraft, teils durch die leichte Kohäsion des mit dem Sand vermischten Kalks, Tons und organischen Materials; und es wird beobachtet, dass sie aufgrund der Kapillaranziehung, der Verdunstung aus tieferen Schichten und der Zurückhaltung von Regenwasser immer etwas unter der Oberfläche feucht sind. [426] Durch aufeinanderfolgende Anhäufungen steigen sie allmählich auf eine Höhe von dreißig, fünfzig, sechzig oder hundert Fuß und manchmal sogar noch höher. Anstatt ihre Höhe zu erhöhen, fegen starke Winde lose Partikel von ihrer Oberfläche weg, und diese bilden zusammen mit anderen, die darüber oder dazwischen geweht werden, eine zweite Reihe von Dünen und so weiter, je nach der Art des Windes, der Versorgung und Beschaffenheit des Sandes und das Gesicht des Landes. Auf diese Weise entsteht ein Gürtel aus Sanddünen, die unregelmäßig verteilt sind und in Höhe und Größe stark variieren und manchmal mehrere Meilen breit sind. Auf der Insel Sylt im

Deutschen Meer, wo es mehrere Reihen gibt, beträgt die Breite des Gürtels eine halbe bis eine Meile. An der Küste Hollands gibt es ähnliche Gebirgszüge mit einer Breite von mehr als zwei Meilen, während sie an den Mündungen des Nils eine Zone von nicht weniger als zehn Meilen Breite bilden. Die Basis einiger Dünen im Nildelta wird vom Fluss während der jährlichen Überschwemmung erreicht, und das Eindringen des kalkhaltigen Wassers hat die unteren Schichten in einen kieselhaltigen Kalkstein bzw. einen kalkhaltigen Sandstein umgewandelt. und bot somit die Möglichkeit, die Struktur dieses Gesteins an einem Ort zu untersuchen, an dem sein Ursprung und die Art seiner Aggregation und Verfestigung bekannt sind.

Charakter von Dune Sand.

„Dünensand", sagt Staring, „besteht aus gut abgerundeten Quarzkörnern, die mehr oder weniger durch Eisen gefärbt sind und oft mit Muschelfragmenten vermischt sind, zwar klein, aber immer noch mit bloßem Auge sichtbar. [427] Diese Fragmente sind Sie sind keine ständigen Bestandteile des Dünensands. Sie kommen manchmal ganz oben auf den Hügeln vor, wie in Overveen; in der Königsdüne in der Nähe von Egmond bilden sie einen groben Kalkkies, der weitgehend im Sand verteilt ist, während sie in den inneren Dünen zwischen Haarlem und Warmond weisen keine Spur davon auf. Es ist noch ungeklärt, ob das Vorhandensein oder Fehlen dieser Fragmente durch die Periode der Bildung der Dünen bestimmt wird oder ob es von einem Unterschied im Prozess abhängt, durch den verschiedene Dünen akkumuliert wurden. Landmuscheln, wie zum Beispiel Schnecken, kommen auf der Oberfläche der Dünen in Hülle und Fülle vor, und viele der Muschelfragmente im Inneren der Hügel könnten aus derselben Quelle stammen." [428]

JG Kohl hat einige poetische Gedanken zum Ursprung und Charakter der Dünensande, die es wert sind, zitiert zu werden:

„Der Sand bestand aus reinem transparentem Quarz. Ich konnte diesen Sand nicht ohne größte Bewunderung betrachten. Wenn er das Produkt der Wellen ist, die Feuersteine und Quarzfragmente brechen und gegeneinander zerdrücken, ist es ein Ergebnis, das erzielt werden könnte. " erst im Laufe unzähliger Zeitalter. Wir müssen uns nicht zu den Sternen erheben, zu ihren unkalkulierbaren Größen, Entfernungen und Zahlen, um den Schwindel des Erstaunens zu spüren. Hier auf der Erde, im einfachen Sand, finden wir Wunder genug . Denken Sie an die Anzahl der Sandkörner, die in einer einzigen Düne enthalten sind, dann an alle Dünen an dieser weit ausgedehnten Küste – ganz zu schweigen von den unzähligen Körnern in den arabischen, afrikanischen und preußischen Wüsten – das allein reicht aus überwältigen eine nachdenkliche Vorstellung. Wie lange, wie oft müssen die

Wellen gestiegen und gesunken sein, um diese riesigen Haufen zu Staub zu machen!

„Während der ganzen Zeit, die ich an dieser Küste verbrachte, hatte ich immer etwas Sand in meinen Fingern, rieb und rollte ihn herum, untersuchte ihn von allen Seiten, hielt ein kleines glänzendes Korn auf meiner Fingerspitze und dachte mir, wie In seinen Ecken, seinen Winkeln, seiner gesamten Konfiguration könnte es sehr wahrscheinlich eine längere Geschichte haben als die der alten deutschen Nation – möglicherweise länger als die der Menschheit. Wo war der ursprüngliche Quarzkristall, von dem dies ein Fragment ist? , zuerst geformt? Woran war es einst befestigt? Welche Kraft löste es? Wie wurde es von den Wellen immer kleiner geschlagen? Sie warfen es äonenlang am Strand hin und her, rollten es auf und ab, zwangen es Es unternahm Tausende und Abertausende von täglichen Reisen über Millionen und Abermillionen von Tagen. Dann trug es der Wind fort und baute daraus eine Düne; dort lag es jahrhundertelang, zusammen mit seinen Artgenossen, beschützte die Sümpfe und wurde von ihnen geliebt die Bewohner, bis es, erneut vom verfolgenden Meer erfasst, erneut ins Wasser fiel, um dort den endlosen Tanz von neuem zu beginnen – und erneut vom Wind davongetragen zu werden – und erneut in den Dünen Ruhe zu finden, einen Schutz und Schutz ein Segen für die Küste. Ein solches Sandkorn hat etwas Geheimnisvolles, und schließlich ging ich so weit, mir einen kleinen unsterblichen Funken vorzustellen, der mit jedem einzelnen verbunden ist, sein Schicksal leitet und seine Wechselfälle teilt. Könnten wir unsere Augen mit einem Mikroskop bewaffnen und dann wie ein Sparling in eine dieser Dünen eintauchen, würde uns der Haufen, der in Wirklichkeit nur ein Haufen unzähliger kleiner Kristallblöcke ist, als das wunderbarste Gebäude auf der Erde erscheinen. Die Sonnenstrahlen würden mit leuchtender Kraft durch all diese kleinen kristallinen Körper dringen. Wir sollten sehen, wie jedes Sandkorn gebildet wird, durch welche mannigfaltigen kleinen Facetten es begrenzt wird, wir sollten sogar entdecken, dass es selbst aus vielen verschiedenen Teilchen besteht." [429]

Innerhalb der Dünen und vor allem in den Senken dazwischen bilden sich Sandkonkremente. Diese sind manchmal so ausgedehnt und undurchlässig, dass sie einen ausreichenden Wasservorrat zur Versorgung mehrjähriger Quellen und zur Bildung kleiner dauerhafter Teiche zurückhalten, und sie sind ein großes Hindernis für das Eindringen von Wurzeln und folglich für das Wachstum gepflanzter oder keimender Bäume aus selbst gesäten Samen auf den Dünen. [430]

Innenstruktur der Dünen.

Die innere Struktur der Dünen, die Anordnung ihrer Partikel, ist nicht, wie man erwarten könnte, die eines ungeordneten, wirren Haufens, sondern sie zeigen eine starke Tendenz zur Schichtung. Dies ist ein Punkt von großem geologischen Interesse, da er darauf hindeutet, dass Sandstein seinen geschichteten Charakter möglicherweise sowohl der Einwirkung von Wind als auch von Wasser verdankt. Die Entstehung und Eigenart dieser Schichten hat verschiedene Ursachen. Ein Südwestwind und eine Strömung können auf einer Düne eine Schicht einer bestimmten Farbe und Mineralzusammensetzung ablagern, und darauf kann ein Nordwestwind und eine Strömung folgen, die Partikel unterschiedlicher Farbe, Beschaffenheit und Herkunft mit sich bringen.

Wenn wir wiederum annehmen, dass ein heftiger Sturm den Strand mit Sandkörnern sehr unterschiedlicher Größe und spezifischem Gewicht übersät und nach dem Trocknen des Sandes eine sanfte Brise folgt, ist es offensichtlich, dass nur die leichteren Partikel erfasst werden hochgehoben und zu den Dünen getragen. Wenn nach einiger Zeit der Wind auffrischt, werden schwerere Körner transportiert und auf ersteren abgelegt, und ein noch stärkerer nachfolgender Sturm wird noch größere Körner aufrollen. Jede dieser Lagerstätten bildet eine Schicht. Wenn wir annehmen, dass dem Sturm nach dem Trocknen des Sandes nicht eine sanfte Brise folgt, sondern ein Wind, der stark genug ist, um gleichzeitig Teilchen sehr unterschiedlicher Größe und Gewichte anzuheben, werden sich die schwersten oft auf der Düne festsetzen das Feuerzeug wird weiter getragen. Dies würde eine Schicht aus grobem Sand erzeugen, und der gleiche Effekt könnte durch das Wegblasen leichter Partikel aus einer gemischten Schicht entstehen, während die schwereren ungestört blieben. [431] Eine weitere Ursache der Schichtung kann in der gelegentlichen Zwischenlage einer dünnen Schicht von Blättern oder anderen pflanzlichen Überresten zwischen aufeinanderfolgenden Ablagerungen gefunden werden, und ich stelle mir vor, dass dies häufiger vorkommt, als allgemein angenommen wird.

Die Wirbel starker Winde zwischen den Hügeln müssen ebenfalls zu Störungen und Neuordnungen der Sandschichten führen, und es scheint möglich, dass die unregelmäßige Dicke und die seltsamen Verzerrungen der Sandsteinschichten bei Petra auf eine solche Ursache zurückzuführen sind. Eine merkwürdige Beobachtung von Professor Forchhammer legt eine Erklärung für eine weitere Besonderheit in der Struktur des Sandsteins des Berges Seir nahe. Er beschreibt Dünen in Jütland, die aus gelbem Quarzsand, vermischt mit schwarzem Titaneisen, bestehen. Wenn der Wind über die Oberfläche der Dünen weht, zerfurcht er den Sand mit abwechselnden Graten und Vertiefungen, kurz gesagt, Wellen wie Wasser. Die Wellen, die trennenden Grate des Sandwellensystems, bestehen aus leichten Quarzkörnern, während das schwerere Eisen in die dazwischen liegenden

Vertiefungen rollt, und so erscheint die gesamte Oberfläche der Düne wie mit einem feinen schwarzen Netzwerk bedeckt.

Form von Dünen.

Die Meerseite der Dünen ist den Launen des Windes stärker ausgesetzt und hat eine unregelmäßigere Form als die Lee- oder Landseite, wo die Anordnung der Partikel weniger störenden und widersprüchlichen Einflüssen unterliegt. Daher ist die Schichtung des Luvhangs etwas verwirrend, während der Sand auf der Leeseite in regelmäßigeren Schichten angeordnet ist, die landwärts geneigt sind und in denen die größten Partikel am tiefsten liegen, wohin ihr größeres Gewicht sie natürlicherweise tragen würde. Die Leeseite der Dünen, die auf diese Weise aus nach den Gesetzen der Schwerkraft abgelagertem Sand besteht, weist eine sehr gleichmäßige Neigung auf, die laut Forchhammer ab einem Winkel von 30° zum Horizont kaum variiert, während die exponiertere und Die unregelmäßige Wetterseite liegt in einer Neigung von 5° bis 10°. Wenn sich jedoch die äußere Dünenschicht so nahe an der Wasserlinie bildet, dass sie der unmittelbaren Wirkung der Wellen ausgesetzt ist, wird sie untergraben und die Hügelwand ist sehr steil und manchmal fast senkrecht.

Geologische Bedeutung der Dünen.

Diese Beobachtungen und andere Tatsachen, die eine genauere Untersuchung vor Ort aufdecken würde, könnten die Möglichkeit bieten, interessante und wichtige Fragen bezüglich geologischer Formationen an Orten zu klären, die denen, an denen heute Dünen aufgeworfen werden, sehr unähnlich sind. Studer geht beispielsweise davon aus, dass die treibenden Sandhügel der afrikanischen Wüste ursprünglich Küstendünen waren und dass sie durch die rollende und sich verschiebende Leebewegung, zu der alle nicht mit Vegetation bedeckten Dünen gehören, an ihre heutige Position weit im Landesinneren transportiert wurden Thema. Die gegenwärtige allgemeine Drift des Sandes dieser Wüste scheint nach Südwesten und Westen zu erfolgen, wobei die vorherrschenden Winde aus Nordosten und Osten wehen; Es wurde jedoch bezweifelt, ob die Untiefen der Westküste Nordafrikas und der Sand an dieser Küste auf die übliche Weise vom Grund des Atlantiks oder durch einen umgekehrten Prozess von denen der Sahara stammen. Letzteres ist, wie bereits erwähnt, wahrscheinlich die Wahrheit, obwohl Beobachtungen die Frage noch nicht klären können. [432] Die Annahme, dass sie zunächst vom Mittelmeer an der libyschen Küste hochgeschleudert und von dort nach Süden und Westen über den riesigen Raum geweht wurden, den sie jetzt bedecken, ist nicht gerade unwahrscheinlich. Aber was auch immer ihre Herkunft und Bewegung gewesen sein mag, sie können kaum umhin, auf ihrer Route einige Sandsteindenkmäler zurückgelassen zu haben, die ihren Fortschritt markieren, wie wir beispielsweise gesehen haben, dass sie aus dem Dünensand an der Nilmündung geformt wurden; und es ist denkbar, dass die Beschaffenheit der Treibsande selbst und der Konglomerate und Sandsteine, zu deren Bildung sie beigetragen haben, zufriedenstellende Beweise für ihren Ursprung, ihren Ausgangspunkt und den Weg liefern könnten, auf dem sie bisher gewandert sind das Meer. [433]

Wenn der Sand von Küstendünen, wie Staring es beschreibt, hauptsächlich aus gut abgerundeten Quarzkörnern, Muschelfragmenten und anderen konstanten Bestandteilen besteht, wäre er in seinem agglutinierten Sandsteinzustand oft als Küstensand erkennbar. Die Textur dieses Gesteins variiert von einer fast unmerklichen Kornfeinheit bis hin zu großer Grobheit und bietet gute Möglichkeiten für die mikroskopische Beobachtung seiner Struktur. Es gibt Sandsteine, wie sie zum Beispiel für Schleifsteine verwendet werden, deren Körnung, wie sie genannt wird, von außerordentlicher Schärfe ist; andere, bei denen die Winkel der Körner so stumpf sind, dass sie auf harte Metalle kaum einwirken. Die ersteren könnten aus Felskörnern zusammengesetzt sein, die zwar zerfallen und wieder zusammengefügt, aber in der Zwischenzeit nicht stark gerollt sind; Letzteres besteht aus Sand, der lange Zeit vom Meer umspült und von Landwinden verweht wurde. Es besteht in der Tat eine so große Ähnlichkeit zwischen den Auswirkungen treibender Winde und rollenden Wassers auf leichte Körper, dass es schwierig wäre, sie zu unterscheiden; [434] aber schließlich ist es unwahrscheinlich, dass Sandstein, der aus Körnern besteht, die aus dem Salzmeer hochgeschleudert und lange von den Winden herumgewirbelt wurden, in seiner Struktur mit dem identisch ist, der aus durch mechanische Kraft zerkleinerten Felsfragmenten gebildet wird, oder durch Hitze zerfallen und wieder verklumpen, ohne der Einwirkung von fließendem Wasser viel ausgesetzt zu sein. [435]

Binnendünen.

Ich habe einige Beobachtungen gemacht, die auf einen strukturellen Unterschied zwischen Binnen- und Küstendünen hinweisen, der vielleicht in den Sandsteinen erkannt werden könnte, die aus diesen beiden Arten von Sandhügeln entstanden sind. In der großen amerikanischen Wüste zwischen den Anden und dem Pazifik fand Meyen Sandhaufen von perfekter falziförmiger Form. [436] Sie waren sieben bis fünfzehn Fuß hoch und die Sehne ihres Bogens maß zwanzig bis siebzig Schritt. Die Neigung der konvexen Fläche wird als sehr gering beschrieben, die der konkaven Fläche sogar mit 70° oder 80°, und ihre Oberflächen waren geriffelt. Es wurden weder kleinere Dünen noch solche im Entstehungsprozess beobachtet. Die konkave Seite zeigte einheitlich nach Nordwesten, mit Ausnahme der Mitte der Wüste, wo sie sich über eine Entfernung von ein bis zweihundert Schritt allmählich nach Westen öffnete und dann allmählich wieder die frühere Position einnahm.

Medanos , derselben Wüste eine falziforme Form zu, eine konische . „Die Medanos", bemerkt er, „sind hügelartige Sanderhebungen, von denen einige eine feste, andere eine lockere Basis haben. Die ersteren [letzteren], die immer halbmondförmig sind, sind zehn bis zwanzig Fuß hoch und haben eine Spitzer Kamm. Die Innenseite ist senkrecht und die Außen- oder Bugseite bildet einen Winkel mit einer steilen Neigung nach unten. Wenn sie von heftigen Winden angetrieben werden, ziehen die Medanos schnell über die Ebene. Die kleineren und leichteren bewegen sich schnell vorwärts, vor den größeren ; aber diese überholen sie bald und zerquetschen sie, während sie selbst durch den Zusammenstoß erschaudern. Diese Medanos nehmen alle möglichen außergewöhnlichen Gestalten an und bewegen sich manchmal in Reihen über die Ebene und bilden äußerst komplizierte Labyrinthe. * * Eine Ebene scheint oft bedeckt zu sein mit einer Reihe von Medanos, und einige Tage später wird es wieder auf sein Niveau und sein einheitliches Aussehen zurückgeführt. * * *

„Die Medanos mit unbeweglicher Basis werden auf den Felsblöcken gebildet, die über die Ebene verstreut sind. Der Sand wird vom Wind gegen sie getrieben, und sobald er den höchsten Punkt erreicht, sinkt er auf der anderen Seite ab, bis er ebenfalls ist bedeckt; so entsteht nach und nach ein kegelförmiger Hügel. Ganze Hügelketten mit spitzen Kämmen werden auf ähnliche Weise gebildet. * * * An ihren südlichen Abhängen finden sich riesige Sandmassen, die von den Mittagsstürmen dorthin getrieben wurden. Der nördliche Abhang , obwohl nicht steiler als der südliche, ist er nur spärlich mit Sand bedeckt. Wenn sich eine etwas vom Meer entfernte Hügelkette in einer Linie parallel zu den Anden erstreckt, nämlich von SSO nach NNW, ist der westliche Abhang fast völlig frei von Sand, da es vom Südostwind, der sich ständig mit dem Wind aus dem Süden abwechselt, in die darunter liegende Ebene getrieben wird. [437]

Es ist schwierig, diese Beschreibung mit der von Meyen in Einklang zu bringen, aber wenn man sich auf die Genauigkeit eines der beiden Beobachter verlassen kann, muss die Bildung der betreffenden Sandhügel ganz anderen Gesetzen unterliegen als denen, die die Struktur der Küstendünen bestimmen . Kapitän Gilliss von der amerikanischen Marine stellte fest, dass die Sandhügel der peruanischen Wüste im Allgemeinen halbmondförmig sind, wie von Meyen beschrieben, und eine ähnliche Struktur soll die Binnendünen des Llano Estacado und anderer Hochebenen Nordamerikas charakterisieren Wüste, obwohl diese letzteren eine größere Höhe und andere Abmessungen haben als die von Meyen beschriebenen. Es gibt keine eindeutige Erklärung für diesen Unterschied in der Form zwischen

Meeres- und Binnensandhügeln, und das Thema verdient eine Untersuchung. [438]

Alter, Charakter und Beständigkeit der Dünen.

Der Ursprung der meisten großen Dünenreihen reicht weit in die Vergangenheit zurück. An vielen Küsten gibt es mehrere ausgeprägte Sandhügelketten, die sehr unterschiedlich alt zu sein scheinen und unter unterschiedlichen relativen Bedingungen von Land und Wasser entstanden zu sein scheinen. [439] In einigen Fällen kam es seit der Bildung der ältesten Hügel zu einer Umwälzung der Küstenlinie, und diese haben sich zu Binnendünen entwickelt, während jüngere Reihen an den neuen Strand geworfen wurden, der durch die Erhebung des Meeresbodens freigelegt wurde . Unser Wissen über die Art ihrer ersten Ansammlung beruht auf der Beobachtung der Wirkung von Wind und Wasser in den wenigen Fällen, in denen mit oder ohne Hilfe des Menschen neue Küstendünen angesammelt wurden, und auf dem Einfluss des Windes allein auf die Anhebung neue Sandhaufen im Landesinneren der Küstenebene, wenn die äußeren Reihen vom Meer zerstört werden, sowie auch, wenn die durchnässte Oberfläche des alten Sandes aufgebrochen und die darunter liegenden Schichten der Luft zugänglich gemacht wurden.

Es ist eine Frage von großem Interesse, inwieweit der nackte Zustand der meisten Dünen auf die Unvorsichtigkeit und Unbesonnenheit des Menschen zurückzuführen ist. In Westfrankreich gibt es ausgedehnte Dünenketten, die mit alten und dichten Wäldern bedeckt sind, während die kürzlich entstandenen Sandhügel zwischen ihnen und dem Meer keine Vegetation aufweisen und schnell auf die bewaldeten Dünen vordringen, die sie unter sich zu begraben drohen Drifts. Zwischen den alten und den neuen Dünen gibt es keinen erkennbaren Unterschied im Material oder in der Struktur; aber die modernen Sandhügel sind nackt und veränderlich, die alten, mit Vegetation bedeckt und fest. Es wurde vermutet, dass die primitiven Bewohner Galliens künstliche Einsperrungs- und Plantagenmethoden anwandten; und Laval, der seine Berechnungen auf die jährliche Bewegungsrate der Wanderdünen stützt, ordnet das fünfte Jahrhundert der christlichen Ära als den Zeitraum zu, in dem diese Prozesse aufgegeben wurden. [440]

Es gibt keine historischen Beweise dafür, dass die Gallier mit künstlichen Methoden zur Sandfixierung an der Küste vertraut waren, und wir haben wenig Grund anzunehmen, dass sie in ihrer Zivilisation weit genug fortgeschritten waren, um wahrscheinlich auf solche Verfahren zurückzugreifen, insbesondere zu einer Zeit, als Land noch Land war hätte nur einen mäßigen Wert haben können.

In anderen Ländern haben sich Dünen spontan mit Wäldern bedeckt, und die Schnelligkeit, mit der ihre Oberfläche von verschiedenen Arten von Sandpflanzen und schließlich von Bäumen bedeckt wird, wo Menschen, Vieh und grabende Tiere von ihnen ausgeschlossen sind, macht es sehr wahrscheinlich, dass dies der Fall ist Sie würden sich in der Regel selbst schützen, wenn sie der ungestörten Wirkung natürlicher Ursachen überlassen würden. Die Sandhügel der Frischen Nehrung an der Küste Preußens waren früher bis an den Wasserrand bewaldet und wurden erst im letzten Jahrhundert durch die Zerstörung ihrer Wälder zu Wandersanden. [441] Es gibt allen Grund zu der Annahme, dass die Dünen der Niederlande bis nach der römischen Invasion mit Bäumen bewachsen waren. Die alten Geographen sprechen bei der Beschreibung dieser Länder von riesigen Wäldern, die bis an den Rand des Meeres reichen; aber treibende Küstendünen werden erstmals von den Chronisten des Mittelalters erwähnt, und soweit wir wissen, haben sie aufgrund der Unvorsichtigkeit des Menschen einen zerstörerischen Charakter angenommen. [442] Die Geschichte der Dünen von Michigan ist, soweit ich aus meinen eigenen Beobachtungen oder denen anderer lernen konnte, dieselbe. Vor dreißig Jahren, als diese Region kaum besiedelt war, waren sie im Allgemeinen mit einem dichten Bewuchs von Bäumen, hauptsächlich Kiefern, und Unterholz bedeckt, und es gab kaum Anzeichen von Untergrabungen und Überschwemmungen auf der Seeseite oder von Sandverlagerungen, außer wo die Bäume gefällt oder mit den Wurzeln umgestürzt wurden. [443]

Während die Natur Dünen zum Schutz der Meeresküste errichtet, sorgt sie mit ähnlicher Konservativität für die Erhaltung der Dünen selbst; so dass diese Hügel ohne das Eingreifen des Menschen vielleicht nicht unbedingt ewig, aber von sehr dauerhafter Dauer wären und sich sehr langsam in Form oder Position verändern würden. Wenn Dünen einmal mit Bäumen, Sträuchern und krautigen Gewächsen bedeckt sind, die an solche Orte angepasst sind, unterliegen sie keiner offensichtlichen Veränderung, außer der langsamen, gelegentlichen Untergrabung der äußeren Schicht und der zufälligen Zerstörung durch die Freilegung des Inneren, durch das Eingraben von Tieren usw Das Umkippen von Bäumen mit ihren Wurzeln und alle diese Ursachen der Verschiebung sind sehr viel weniger zerstörerisch, wenn in der unmittelbaren Nachbarschaft des Bruches eine Pflanzendecke vorhanden ist.

Vor der Besetzung der Küsten durch den zivilisierten und daher zerstörerischen Menschen scheinen die Dünen an allen Stellen, an denen sie beobachtet wurden, in ihrem Rücken durch Wälder geschützt gewesen zu sein, die dazu dienten, die Kraft der Winde in beiden Richtungen zu brechen, [444] und sich spontan mit einem dichten Bewuchs der verschiedenen Pflanzen, Gräser, Sträucher und Bäume bekleidet zu haben, die die Natur solchen Böden zugeordnet hat. In Europa ist zu beobachten, dass Dünen, obwohl sie jetzt keinen Schutz mehr durch ein Waldgebiet hinter sich haben, beginnen, sich zu schützen, sobald menschliche Eindringlinge ausgeschlossen werden und grasenden Tieren der Zugang zu ihnen verwehrt wird. Krautige und baumartige Pflanzen sprießen fast gleichzeitig, zuerst in den Senken und dann auf der Oberfläche der Sandhügel. Jeder Samen, der keimt, bindet mit seinen Wurzeln eine gewisse Menge Sand zusammen, beschattet mit seinen Blättern ein wenig Boden und bietet Nahrung und Schutz für noch jüngere oder kleinere Gewächse. Eine Abfolge von sehr wenigen günstigen Jahreszeiten reicht aus, um die gesamte Oberfläche durch ein pflanzliches Netzwerk zu verbinden, und die Widerstandskraft, die die Dünen selbst besitzen, und der Schutz, den sie den dahinter liegenden Feldern bieten, stehen im richtigen Verhältnis zu der Fülle und Vielfalt Dichte der Pflanzen, die sie unterstützen.

Das Wachstum der Gemüsebedeckung kann natürlich durch umsichtiges Pflanzen und aufmerksame Pflege erheblich beschleunigt werden, und diese Art der Verbesserung wird heute in großem Umfang überall dort durchgeführt, wo der Wert des Landes beträchtlich und die Bevölkerung dicht ist. Im Großen und Ganzen sind die Dünen an der Küste des Deutschen Meeres trotz der großen Menge oft fruchtbaren Landes, die sie bedecken, und der Übel, die aus ihrer Bewegung resultieren, im Großen und Ganzen ein schützendes und wohltuendes Mittel, und ihre Erhaltung ist es auch ein Gegenstand der Besorgnis bei den Regierungen und Menschen der Küsten, die sie schützen. [445]

Nutzung der Dünen als Barriere gegen das Meer.

Obwohl das Meer an flachen Leeküsten große Mengen Sand aufwirbelt, kommt es, wie wir gesehen haben, in vielen Fällen vor, in denen es fortwährend in dieselben Küsten eindringt und sie wegspült. An allen Stellen der flachen Nordsee, an denen die Wellenbewegung bis zum Grund reicht, bilden sich Ufer und rollen nach Osten. Daher neigt der Meeressand dazu, sich an der Küste Schleswig-Holsteins und Jütlands anzusammeln, und wenn es keine widerstreitenden Einflüsse gäbe, würde sich die Küste schnell nach Westen ausdehnen. Aber dieselben Wellen, die den Sand an die Küste spülen, untergraben den Strand, den sie bedecken, und verschlechtern die Küste noch schneller an Stellen, an denen sie zu hoch ist, um durch die Bildung von Dünen teilweise geschützt zu werden. Die Erde der Küste besteht im Allgemeinen aus Partikeln, die feiner, leichter und besser auf dem Wasser transportierbar sind als der Meeressand. Während daher die von einem starken Westwind aufgeworfenen Wellen Tausende von Tonnen Sand aufrollen und entlang des Strandes ablagern können, können dieselben Wellen sogar eine größere Menge feiner Ufererde verschlucken. Diese Erde wird zusammen mit einem Teil des Sandes durch nördliche und südliche

Strömungen weggeschwemmt und an anderen Stellen der Küste herabfallen gelassen oder ganz weggetragen, außer Reichweite von Ursachen, die sie in ihre frühere Position zurückbringen könnten .

Obwohl also das Ostufer des Deutschen Ozeans hier und da ins Meer vordringt, zieht es sich im Allgemeinen vor ihm zurück, und ohne den Schutz, den ihm natürliche Einrichtungen gewähren, unterstützt durch die Kunst und den Fleiß des Menschen, würden bald ganze Provinzen verschwinden vom Wasser verschlungen. Dieser Schutz besteht aus einer fast ununterbrochenen Kette von Sandbänken und Dünen, die sich vom nördlichsten Punkt Jütlands bis zur Elbe erstreckt, eine Entfernung von nicht viel weniger als dreihundert Meilen, und wieder von der Elbe, allerdings mit häufigeren und breiteren Unterbrechungen. bis zu den Atlantikgrenzen Frankreichs und Spaniens. [446] Solange die Dünen durch die Natur oder durch menschliche Kunst erhalten bleiben, dienen sie wie alle anderen Böschungen oder Deiche als teilweiser oder vollständiger Schutz gegen die Eingriffe des Meeres; und andererseits, wenn ihre Strömungen nicht durch natürliche Prozesse oder durch die Arbeit des Menschen aufgehalten werden, werden sie zu einer ebenso sicheren, wenn nicht sogar so plötzlichen Zerstörungsursache wie der Ozean selbst, dessen Fortschreiten sie verlangsamt.

Eingriffe des Meeres.

Das Fortschreiten des Meeres nach Osten an der dänischen und niederländischen Küste sowie an bestimmten Küsten des Atlantiks hängt in hohem Maße von der örtlichen geologischen Struktur, von der Stärke und Richtung der Gezeiten- und anderen Meeresströmungen, vom Volumen und der Geschwindigkeit der Küstenflüsse ab. Abhängig von den Zufälligkeiten des Wetters und anderen unterschiedlichen Umständen kann ihm kein allgemeiner Preis zugewiesen werden.

Bei Agger, nahe dem westlichen Ende des Limfjords in Jütland, wurde die Küste zwischen 1815 und 1839 mit einer Geschwindigkeit von mehr als 18 Fuß pro Jahr weggespült. Das Vordringen des Meeres scheint vor einem Jahrhundert etwas weniger rasch gewesen zu sein; aber von 1840 bis 1857 gewann es jährlich nicht weniger als dreißig Fuß an Land. An anderen Stellen der Küste Jütlands ist der Verlust geringer, aber das Meer dringt im Allgemeinen auf die gesamte Küstenlinie ein. [447]

Der Limfjord.

Der Einbruch des Meeres in die Süßwasserlagune des Lümfjords in Jütland im Jahr 1825 – einer der bemerkenswertesten Eingriffe des Ozeans in der Neuzeit – wird ausdrücklich auf „Missmanagement der Dünen" auf der schmalen Landzunge zurückgeführt, die sie trennte Der Fjord von der

Nordsee. In früheren Zeiten war das Meer über die Landenge gespült und sogar durchgebrochen, aber der Kanal war wieder aufgefüllt worden, manchmal durch künstliche Mittel, manchmal durch das Wirken natürlicher Ursachen, und bei all diesen Gelegenheiten wurden sehr ähnliche Wirkungen hervorgerufen zu denen, die sich aus der Gründung des neuen Kanals im Jahr 1825 ergaben, der noch immer offen ist. [448] In verhältnismäßig jüngeren historischen Zeitaltern wurde der Limfjord also mehrmals abwechselnd mit Süß- und Salzwasser gefüllt, und der Mensch hat durch die Vernachlässigung der Dünen Veränderungen hervorgerufen, die mit denen identisch waren, die er zumindest hätte verhindern können, indem er sie instand gehalten hätte werden üblicherweise dem Wirken großer geologischer Ursachen zugeschrieben und es wird manchmal angenommen, dass ihre Verwirklichung sehr lange gedauert hat.

„Dieser Bruch", sagt Forchhammer, „der den Lümfjord in einen Sund und den nördlichen Teil Jütlands in eine Insel verwandelte, führte zu bemerkenswerten Veränderungen. Das erste und auffälligste Phänomen war die plötzliche Vernichtung fast aller zuvor vorkommenden Süßwasserfische." Sie bewohnten diese Lagune, die für ihre reichen Fischgründe bekannt war. Millionen von Süßwasserfischen wurden teils tot, teils im Sterben an Land geworfen und von den Menschen fortgeschleppt. Nur wenige überlebten und tummeln sich immer noch an den Ufern an der Mündung Der Aal hat sich jedoch nach und nach an die veränderten Umstände angepasst und kommt in allen Teilen des Fjords vor, während das Salzwasser des Ozeans für alle anderen Süßwasserfische tödlich gewesen zu sein scheint. Es ist mehr als wahrscheinlich, dass der durch den Einbruch eingeschwemmte Sand an vielen Stellen eine Schicht toter Fische bedeckt und so den Weg für eine versteinerte Schicht bereitet hat, wie sie in so vielen älteren Formationen beobachtet wurde.

„Da es ein Naturgesetz zu sein scheint, dass Tiere, deren Leben plötzlich erlischt, während sie noch in voller Kraft sind, am wahrscheinlichsten durch Versteinerung erhalten bleiben, finden wir hier eine der günstigen Bedingungen für die Bildung einer solchen versteinerten Schicht." Der Grund des Limfjords war mit einem kräftigen Bewuchs von Wasserpflanzen bedeckt, die sowohl zum Süß- als auch zum Salzwasser gehörten, insbesondere *Zostera Marina* . Diese Vegetation verschwand nach dem Ausbruch vollständig und wurde in einigen Fällen vom Sand begraben; und hier Wiederum haben wir es mit einem bekannten Phänomen zu tun, das oft in alten Gesteinsschichten beobachtet wird – der Hinweis auf eine bestimmte Formation durch eine bestimmte Pflanzenart – und wenn die Gesteinsschichten, die zum Zeitpunkt des Bruchs abgelagert wurden, durch Umwälzungen zugänglich werden, wird die Eruptionsperiode durch a markiert Stratum von *Zostera* und wahrscheinlich durch Abdrücke von Süßwasserfischen.

„Es ist sehr bemerkenswert, dass die *Zostera-Marina* , eine Meerespflanze, auch dort zerstört wurde, wo kein Sand abgelagert wurde. Dies war wahrscheinlich eine Folge des plötzlichen Wechsels von Brack- zu Salzwasser Deutsches Meer zu einer früheren Zeit. Zu dieser Zeit gehören die tiefen Schichten von Austernschalen und *Cardium edule* , die noch immer auf dem Grund des Fjords zu finden sind. Und jetzt, nach einer Zeitspanne von Jahrhunderten, in der die Lagune kein Salzwasser enthielt Schalentiere, es produziert wiederum große Mengen von *Mytilus edulis* . Könnten wir einen tiefen Abschnitt des Bodens erhalten, würden wir Beete mit *Ostrea edulis* und *Cardium edule finden* , dann eine Schicht *Zostera Marina* mit Süßwasserfischen und dann ein Beet mit *Mytilus edulis* . Sollte der neue Kanal im Laufe der Zeit geschlossen werden, würden die Bäche die Lagune wieder mit Süßwasser füllen; Süßwasserfische und Schalentiere würden wieder auftauchen, und so würde es zu einem wiederholten Wechsel organischer Bewohner kommen das Meer und die Wasser des Landes.

„Diese Ereignisse gingen mit einer vergleichsweise unbedeutenden Veränderung der Landoberfläche einher, während die Formationen im Grund dieses Binnenmeeres in ihrem Charakter völlig verändert wurden.“ [449]

Küsten von Schleswig-Holstein, Holland und Frankreich.

Auf den Inseln vor der Küste Schleswig-Holsteins war das Vordringen des Meeres deutlicher und schneller. Zu Beginn des letzten Jahrhunderts begannen die Dünen, die die Westküste der Insel Sylt geschützt hatten, nach Osten zu rollen, und das Meer zog sich dicht hinter ihnen zurück. Im Jahr 1757 musste die Kirche von Rantum, einem Dorf auf dieser Insel, infolge des Vordringens der Sandhügel abgerissen werden; Im Jahr 1791 waren diese Hügel über ihren Standort hinausgegangen, die Wellen hatten ihre Fundamente verschluckt, und das Meer gewann so schnell, dass der Ort, an dem sie lagen, fünfzig Jahre später siebenhundert Fuß vom Ufer entfernt war. [450]

Das bekannteste geologische Wahrzeichen an der Küste Hollands ist das Huis te Britten, *Arx Britannica* , eine von den Römern zur Zeit Caligulas auf dem Festland nahe der Rheinmündung erbaute Festung. Am Ende des 17. Jahrhunderts war das Meer bereits 1600 Schritt weiter vorgedrungen. Die älteren niederländischen Chronisten berichten mit großer numerischer Genauigkeit über häufige Eingriffe des Meeres in viele Teile der niederländischen Küste. Aber obwohl die allgemeine Tatsache eines Vordringens des Ozeans auf das Land unbestritten ist, ist die Genauigkeit der angegebenen Messungen fraglich. Staring jedoch, der die Erosion der

Küste für von populären Geographen stark übertrieben hält, gibt einen Verlust von mehr als anderthalb Millionen Acres zu, hauptsächlich wertlosen Morast; [451] und es ist sicher, dass ohne den Widerstand des Menschen, ohne die Errichtung von Deichen und den Schutz der Dünen von Holland nur noch der Name übrig geblieben wäre. Wie wir bereits gesehen haben, ist es unter Geologen immer noch eine umstrittene Frage, ob die Küste Hollands jetzt und schon seit Jahrhunderten absinkt. Ich glaube, dass die meisten Ermittler dies bejahen; und wenn die Tatsache so ist, dann ist das Vordringen des Meeres über das Land zum Teil auf diese Ursache zurückzuführen. Aber die Senkungsrate ist auf jeden Fall sehr gering, und daher sind die Eingriffe des Ozeans in die Küste hauptsächlich auf die Erosion und den Transport des Bodens durch Meereswellen und -strömungen zurückzuführen.

Das Meer schreitet an mehreren Stellen der Westküste Frankreichs rasch voran, und unbekannte Ursachen haben seinen Verwüstungen seit Beginn dieses Jahrhunderts neuen Auftrieb gegeben. Zwischen 1830 und 1842 zog sich der Point de Grave auf der Nordseite der Gironde um 180 Meter oder etwa fünfzig Fuß pro Jahr zurück; Vom letzten Jahr bis 1846 wurde die Rate auf mehr als das Dreifache dieser Menge erhöht, und der Verlust betrug in diesen vier Jahren über sechshundert Fuß. Alle Gebäude am äußersten Ende der Halbinsel wurden abgerissen und weiter landeinwärts wieder aufgebaut, und der Leuchtturm von Grave nimmt nun seinen dritten Platz ein. Das Meer griff auch die Basis der Halbinsel an, und die Pointe de Grave und die angrenzenden Küsten waren zwanzig Jahre lang Schauplatz eines der hartnäckigsten Kämpfe zwischen Mensch und Meer, die in den Annalen der modernen Technik verzeichnet sind.

Es kann in der Tat nicht behauptet werden, dass menschliche Kraft in der Lage ist, das Eindringen der Wellen an sandigen Küsten vollständig aufzuhalten, indem sie den Strand bepflanzt und die Dünen mit Holz bedeckt. Im Gegenteil hat es sich sowohl in Holland als auch an der französischen Küste als notwendig erwiesen, die Dünen selbst durch Pfähle sowie Pfeiler und Deiche aus schwerem Mauerwerk zu schützen. Die Erfahrung hat jedoch reichlich gezeigt, dass die genannten Prozesse durchaus erfolgreich sind, um die Bewegung der Dünen und das Verdriften ihres Sandes über das hinter ihnen liegende Kulturland zu verhindern; und dass die Plantagen gleichzeitig den landwärts gerichteten Fluss der Gewässer sehr verzögern. [452]

Driften von Dünensanden.

Neben ihrer Bedeutung als Barriere gegen das Eindringen des Ozeans sind Dünen auch nützlich, da sie das hinter ihnen liegende Kulturland vor der Gewalt des Seewinds, vor Salznebel und vor Strandsandverwehungen schützen, die sie sonst überwältigen würden. Aber die Dünen selbst rollen ständig nach innen, es sei denn, ihr Oberflächensand wird feucht gehalten und durch das Wachstum von Pflanzen oder zumindest durch eine Kruste pflanzlicher Erde begrenzt. und während sie auf der einen Seite die Spuren alter menschlicher Behausungen oder andere Zeugnisse des gesellschaftlichen Lebens des Urmenschen freilegen, begraben sie auf der anderen Seite Felder, Häuser, Kirchen und verwandeln bevölkerungsreiche Bezirke in unfruchtbare und unfruchtbare Gebiete verlassene Ödlande.

Besonders zerstörerisch sind sie, wenn durch Zufall ein Hohlraum in beträchtlicher Tiefe in ihnen geöffnet wird, wodurch der Wind Zugang ins Innere erhält, wo der Sand auf diese Weise zunächst getrocknet, dann herausgeschöpft und weit über den benachbarten Boden verstreut wird. Die Düne ist jetzt ein Sandspeicher und kein Schutzwall mehr, und dem Schaden, der von dieser Quelle ausgeht, scheint es schwerer zu widerstehen als von fast jeder anderen Drift, weil der Materialvorrat auf Befehl des Windes reichlicher und umfangreicher ist konzentrierter als in seinen ursprünglichen dünnen und ausgedehnten Ablagerungen am Strand. Das Eingraben von Zapfen in den Dünen ist daher nicht selten die Ursache für deren Zerstörung und für große Schäden an den dahinter liegenden Feldern. Verwehungen und sogar Sandhügel im Landesinneren entstehen manchmal dadurch, dass die Oberfläche flacherer Sandablagerungen weit im Bereich der Küstendünen aufbricht. So erfahren wir von Staring, dass eine der höchsten Binnendünen Frieslands ihren Ursprung der Öffnung des Flugsandes durch die Entwurzelung einer großen Eiche verdankt. [453]

So groß die Verwüstungen sind, die das Vordringen des Meeres an den Westküsten Kontinentaleuropas anrichtet, so wurden sie doch bis zu einem gewissen Grad durch spontane Meeresablagerungen an anderen Stellen der Küste ausgeglichen, und wir haben in einem früheren Kapitel gesehen, dass die Industrie von Der Mensch hat ein großes Territorium aus dem Schoß des Ozeans zurückerobert. Diese letztgenannten Triumphe sind nicht neueren Ursprungs, und die ersten Siege, die ihnen den Weg ebneten, reichen vielleicht bis zu zehn Jahrhunderte zurück. Inzwischen waren die Dünen den Naturgesetzen überlassen oder vielmehr durch menschliche Unvorsichtigkeit von den Fesseln befreit worden, mit denen die Natur sie gebunden hatte, und es ist kaum drei Generationen her, seit der Mensch zum ersten Mal versuchte, sie zu kontrollieren destruktive Bewegungen. Als sie vorrückten, gab er widerstandslos nach und zog sich vor ihnen zurück, und sie begruben unter ihren Sandwogen viele hundert Quadratmeilen üppiger Maisfelder, Weinberge und Wälder.

Dünen der Gascogne.

An der Westküste Frankreichs erstreckt sich vom Adour bis zur Mündung der Gironde ein Dünengürtel mit einer Breite von einer

Viertelmeile bis fünf Meilen und erstreckt sich über eine Fläche von 375 Quadratmeilen. Wenn sie nicht durch Pflanzenbewuchs fixiert werden, dringen sie mit einer durchschnittlichen Geschwindigkeit von etwa einer Rute oder sechzehneinhalb Fuß pro Jahr ostwärts vor. Wir wissen historisch nicht, wann sie zu treiben begannen, aber wenn wir davon ausgehen, dass ihre Bewegung immer dieselbe gewesen wäre wie heute, hätten sie den Raum zwischen der Meeresküste und ihrer Ostgrenze überquert und das oben erwähnte große Gebiet bedeckt , in vierzehnhundert Jahren. Aus schriftlichen Aufzeichnungen wissen wir, dass sie ausgedehnte Felder und Wälder sowie blühende Dörfer begraben und die Flussläufe verändert haben und dass die leichteren Partikel, die der Wind von ihnen weggetragen hat, selbst wenn sie nicht in ausreichender Menge transportiert wurden, um Sandhügel zu bilden, haben viel Land, das früher fruchtbar war, unfruchtbar gemacht. [454] Sie haben auch die natürliche Entwässerung der Küstengebiete schädlich behindert, indem sie die Flussbetten verstopften und Seen und pestilenzielle Sümpfe von nicht unerheblichem Ausmaß bildeten. Tatsächlich dämmen sie die Küste so vollständig ein, dass es zwischen der Gironde und dem Dorf Mimizan, eine Entfernung von hundert Meilen, nur zwei Abflüsse für das gesamte Wasser gibt, das vom Land ins Meer fließt ; und die Ostfront der Dünen wird von einer Reihe stehender Teiche begrenzt, von denen einige mehr als sechs Meilen lang und breit sind. [455]

Die Dünen von Dänemark und Preußen.

Im kleinen Königreich Dänemark, einschließlich der Herzogtümer Schleswig und Holstein, bedecken die Dünen eine Fläche von mehr als 260 Quadratmeilen. Die Breite der Kette ist sehr unterschiedlich und besteht an manchen Stellen nur aus einer einzigen Reihe von Sandhügeln, während sie an anderen mehr als sechs Meilen breit ist. Die allgemeine Geschwindigkeit der Ostbewegung der Wanderdünen beträgt zwischen drei und vierundzwanzig Fuß pro Jahr. Wenn wir für die jährliche Bewegung den Mittelwert von dreizehneinhalb Fuß annehmen, haben die Dünen seit etwa 2500 Jahren den breitesten Teil des Gürtels durchquert. Über den Zeitraum der Entstehung dieser Dünen und den Beginn ihrer Verwehungen liegen keine historischen Daten vor. aber es gibt dokumentierte Beweise dafür, dass sie innerhalb von drei oder vier Jahrhunderten eine riesige Fläche wertvollen Landes begraben haben, und ein weiterer Beweis findet sich in der Tatsache, dass die Bewegung des Sandes ständig Ruinen antiker Gebäude und andere Beweise menschlicher Besetzung freilegt. an Punkten weit innerhalb der gegenwärtigen Grenzen der unbewohnbaren Wüste. Andresen schätzt die durchschnittliche Tiefe des über diesem Gebiet abgelagerten Sandes auf dreißig Fuß, was einer Gesamtmenge von eineinhalb Kubikmeilen entspricht. [456]

Die Verwehung der Dünen an der Küste Preußens begann vor nicht viel mehr als hundert Jahren. Die Frische Nehrung ist durch das Frische Haff vom Festland getrennt und an ihrer Ostgrenze gibt es nur einen schmalen Streifen Ackerland. Daher haben seine rollenden Sande einen verhältnismäßig kleinen Teil des trockenen Landes bedeckt, aber Felder und Dörfer wurden begraben und wertvolle Wälder wurden dadurch verwüstet. Die lockere Küstenreihe ist über die Binnengebirge gedriftet, die, wie in der Beschreibung dieser Dünen auf einer früheren Seite bemerkt wurde, durch eine Oberfläche unterschiedlicher Zusammensetzung geschützt waren, und der Sand wurde dadurch auf eine Höhe angehoben, die er nicht erreichen konnte auf ebenem Boden angekommen sind. Diese Höhe hat es ihm ermöglicht, auf Wälder vorzudringen und diese zu überwältigen, die auf einer Ebene sein Vordringen behindert hätten, und in einem Fall wurde zwischen 1804 und 1827 ein Wald von mehreren hundert Hektar mit hohen Kiefern durch die Verwehungen zerstört.

Kontrolle der Dünen durch den Menschen.

Es gibt drei Hauptarten, in denen der Fleiß des Menschen in den Dünen zum Einsatz kommt. Erstens ihre Entstehung an Stellen, an denen aufgrund von Änderungen der Strömungen oder aus anderen Gründen neue Eingriffe in das Meer drohen; zweitens die Erhaltung und der Schutz derselben dort, wo sie auf natürliche Weise entstanden sind; und drittens die Entfernung der inneren Reihen, wo der Gürtel so breit ist, dass von deren Verlust keine Gefahr zu befürchten ist.

Künstliche Dünenbildung.

Bei der Beschreibung der natürlichen Bildung von Dünen wurde gesagt, dass sie mit einer Ansammlung von Sand um Pflanzen oder andere zufällige Hindernisse für die Drift der Partikel begannen. Eine hohe, senkrechte Klippe, die den Wind völlig dämpft, verhindert jegliche Sandansammlung; Aber bis zu einem gewissen Punkt gilt: Je höher und breiter das Hindernis, desto mehr Sand häuft sich davor an und desto besser wird das, was dahinter fällt, vor einem weiteren Abdriften geschützt. Diese bekannte Beobachtung hat den Küstenbewohnern gezeigt, dass ein künstlicher Wall oder Deich in vielen Situationen einen breiten Dünengürtel entstehen lässt. So hat ein Sanddeich oder eine Sandmauer von drei bis vier Meilen Länge, die im Jahr 1610 über das Koegras, eine von Gezeiten umspülte Ebene zwischen der Zuiderzee und der Nordsee, geworfen wurde, die Bildung von Dünenreihen mit einer Breite von einer Meile verursacht schloss das Meer vollständig aus dem Koegras aus. Ein ähnlicher Deich namens Zijperzeedijk hat im Laufe von zwei Jahrhunderten einen weiteren, kaum weniger ausgedehnten Gürtel geschaffen.

Vor einigen Jahren drohte das Meer die Insel Ameland zu durchschneiden, und durch das Vordringen an der Südseite und das Wegblasen des Sandes von einer niedrigen Ebene, die die beiden höher gelegenen Teile der Insel verband, hatte es dies erreicht Fortschritt, dass bei schweren Stürmen die Wellen manchmal ganz über die Landenge rollten. Durch den Bau eines Wellenbrechers und eines Sanddeichs wurde das Vordringen des Meeres bereits gestoppt und eine große Anzahl von Sandhügeln gebildet, deren schnelles Wachstum für die Zukunft völlige Sicherheit gegen Wind und Wellen verspricht. Ähnliche Wirkungen wurden durch die Errichtung von Bretterzäunen und sogar einfachen Abschirmungen aus Flechtwerk und Schilf erzielt. [457]

Schutz der Dünen.

Die Dünen Hollands werden manchmal durch eine Steinmauer oder durch Pfähle vor dem Schlagen der Wellen *geschützt* ; und die seitlichen Hochwasserströmungen, die ihre Basis wegspülen, werden gelegentlich durch Querwände eingeschränkt, die vom Fuß der Dünen bis zur Niedrigwassermarke verlaufen; aber die hohen Kosten solcher Konstruktionen haben ihre Einführung in großem Maßstab verhindert. [458] Die wichtigsten Mittel zum Schutz der Sandhügel sind die Bepflanzung ihrer Oberflächen und der Ausschluss von Grab- und Weidetieren. Es gibt Gräser, Kriechpflanzen und Sträucher mit spontanem Wachstum, die in lockerem Sand gedeihen und sich, wenn sie geschützt werden, über beträchtliche Gebiete ausbreiten und schließlich ihre Oberfläche in einen Boden verwandeln, der zur Kultur oder zumindest zur Bildung von Waldbäumen geeignet ist . Krause zählt einhunderteinundsiebzig Pflanzen auf, die in den Küstensanden Preußens heimisch sind, und die Beobachtungen von Andresen in Jütland belaufen sich auf die Zahl dieser Gemüsesorten auf zweihundertvierunddreißig.

Einige dieser Pflanzen, insbesondere die *Arundo arenaria* oder *arenosa* oder *Psamma* oder *Psammophila arenaria* – Klittetag oder Hjelme auf Dänisch, helm auf Niederländisch, Dünenhalm, Sandschilf oder Hügelrohr auf Deutsch, gourbet auf Französisch und Marram auf Englisch – sind ausschließlich beschränkt auf sandigen Böden und gedeiht nur in salzhaltiger Atmosphäre gut. [459] Der Arundo wächst bis zu einer Höhe von etwa 24 Zoll, sendet aber seine starken Wurzeln mit ihren vielen Wurzeln bis zu einer Entfernung von 40 bis 50 Fuß aus. Es hat die besondere Eigenschaft, sich am besten auf dem lockersten Boden zu nähren, und ein Sandschauer scheint es zu erfrischen, während der Regen die durstigen Pflanzen der gewöhnlichen Erde wiederbelebt. Seine Wurzeln verbinden die Dünen miteinander und seine Blätter schützen deren Oberfläche. Wenn der Sand aufhört zu treiben, stirbt der Arundo, seine verrottenden Wurzeln düngen den Sand und die Zersetzung seiner Blätter bildet eine Schicht pflanzlicher Erde darüber. Dann folgt eine Reihe anderer Pflanzen, die sich nach und nach durch Wachstum und Verfall für die Waldbepflanzung, als Weideland und manchmal auch für die normale landwirtschaftliche Nutzung in die Sandhügel einfügen.

Doch der Schutz und die allmähliche Umgestaltung der Dünen ist nicht der einzige Dienst, den diese wertvolle Pflanze leistet. Seine Blätter sind nahrhafte Nahrung für Schafe und Rinder, seine Samen für Geflügel; [460] Aus seinen Fasern werden Tauwerk und Netzgarn hergestellt, es eignet sich gut als Strohdachmaterial und seine getrockneten Wurzeln liefern hervorragenden Brennstoff. Diese nützlichen Eigenschaften wirken sich leider allzu oft nachteilig auf sein Wachstum aus. Die Bauern verfüttern es mit ihrem Vieh, schneiden es zur Seilherstellung oder graben es als Brennstoff aus, und es hat sich als notwendig erwiesen, auf strenge Gesetze zurückzugreifen, um zu verhindern, dass sie sich selbst ruinieren, indem sie so unvorsichtigerweise ihren wirksamsten Schutz davor opfern das Treiben des Sandes. [461]

Im Jahr 1539 verhängte ein Erlass von Christian III., König von Dänemark, eine Geldstrafe gegen Personen, die wegen der Zerstörung bestimmter Arten von Sandpflanzen an der Westküste Jütlands verurteilt wurden. Diese Verordnung wurde 1558 erneuert und umfassender gestaltet, und 1569 wurden die Einwohner mehrerer Bezirke durch königliche Verordnung verpflichtet, ihr Bestes zu tun, um die Sandverwehungen zu kontrollieren, obwohl die spezifischen Maßnahmen, die zu diesem Zweck ergriffen werden sollten, nicht angegeben sind. Im darauffolgenden Jahrhundert wurden verschiedene Gesetze erlassen, die das Entfernen der Vegetation aus den Dünen verbieten sollten, aber bis 1779, als ein vorläufiges System für diesen Zweck verabschiedet wurde, wurden keine aktiven Maßnahmen zur Unterwerfung der Sandverwehungen ergriffen. Dies bestand in kaum mehr als der Anpflanzung von *Arundo arenaria* und anderen Sandpflanzen sowie dem Ausschluss von Tieren, die diese Gemüsesorten zerstören würden. [462] Zehn Jahre später wurde mit der Anpflanzung von Waldbäumen begonnen, die sich seitdem als äußerst wertvolles Mittel zur Befestigung und Ergiebigkeit der Dünen erwiesen haben, und wird seitdem fortgesetzt. [463] Während dieser letzten Zeit experimentierte Brémontier, ohne zu wissen, was in Dänemark vor sich ging, mit der Kultivierung von Waldbäumen in den Dünen der Gascogne und perfektionierte ein System, das, mit einigen Verbesserungen im Detail, bis heute gültig ist weitgehend an diesen Ufern verfolgt. Das Beispiel Dänemarks folgte bald im benachbarten Königreich Preußen und in den Niederlanden; und wie wir später sehen werden, waren diese Verbesserungen überall von schmeichelhaftem Erfolg gekrönt.

Unter der Regierung von Reventlov organisierte die dänische Regierung kurz vor Ende des letzten Jahrhunderts ein regelmäßiges System zur

Verbesserung der Dünenwirtschaft. Sie wurden mit Arundo und anderem Gemüse ähnlicher Art bepflanzt, vor Eindringlingen geschützt und schließlich teilweise mit Waldbäumen bedeckt. Auf diese Weise wurde viel Brachland in Ackerland umgewandelt, ein großer Zuwachs an wertvollem Holz gewonnen und die weitere Ausbreitung der Verwehungen, die die ganze Halbinsel Jütland zu verwüsten drohten, weitgehend aufgehalten.

In Frankreich wurden die Arbeiten zur Befestigung und Rückgewinnung der Dünen durchgeführt, die unter der Leitung von Brémontier etwa zur gleichen Zeit wie in Dänemark begannen und im Prinzip und in vielen Einzelheiten denen im letztgenannten Königreich ähneln wurde in weitaus größerem Umfang und mit größerem Erfolg durchgeführt als in jedem anderen Land. Dies ist zum Teil auf ein Klima zurückzuführen, das für das Wachstum geeigneter Waldbäume günstiger ist als in Nordeuropa, und zum Teil auf die Großzügigkeit der Regierung, die, da es wichtigere Landinteressen zu schützen gilt, dem Land größere Mittel zur Verfügung gestellt hat Ingenieure als Dänemark und Preußen fanden es bequem, sich für diesen Zweck zu eignen. Die Fläche der Dünen, die bereits vor Abdriften geschützt und nach den von Brémontier erfundenen und von seinen Nachfolgern perfektionierten Verfahren bepflanzt wurden, beträgt etwa 100.000 Acres. [464] Diese Menge produktiven Bodens wurde also zu den Ressourcen Frankreichs hinzugefügt, und eine noch größere Menge wertvollen Landes wurde dadurch vor der ansonsten sicheren Zerstörung gerettet, die ihm durch das Vordringen der sanften Sandhügel drohte .

Die Verbesserungen der Dünen an der Küste Westpreußens begannen 1795 unter dem aus Dänemark stammenden Sören Björn und wurden seitdem, mit Ausnahme der zehn Jahre zwischen 1807 und 1817, strafrechtlich verfolgt. Die Methoden unterscheiden sich nicht wesentlich von denen in Dänemark und Frankreich, obwohl sie durch die örtlichen Gegebenheiten und, was die zum Pflanzen ausgewählten Bäume betrifft, durch das Klima angepasst werden. Im Jahr 1850 waren zwischen der Weichselmündung und dem Kahlberg 6.300 Hektar Land, davon etwa 1.900 Hektar mit Kiefern und Birken bepflanzt, gegen Abdriften gesichert; zwischen Kahlberg und der Ostgrenze Westpreußens 8.000 Acres; und es wurden wichtige Vorarbeiten zur Unterwerfung der Dünen an der Westküste durchgeführt. [465]

Für Dünenplantagen geeignete Bäume.

Der Baum, der auf den Sandhügeln der französischen Küste am besten gedeiht und gleichzeitig den Sand am stärksten einschließt und den größten finanziellen Ertrag abwirft, ist die Seekiefer *Pinus maritima* , eine wegen ihrer Eigenschaften wertvolle Art Holz und seine harzhaltigen Produkte. Es wird immer aus Samen gezogen, und die jungen Triebe müssen mehrere Saisons lang durch die Zweige anderer Bäume geschützt, in Reihen gepflanzt oder über die Oberfläche ausgebreitet und abgesteckt werden, durch das Wachstum der Arundo arenaria und anderen *kleinen* Sandbäumen Pflanzen oder durch Flechthecken. Der Strand, von dem der Sand stammt, wurde im Allgemeinen mit der Arundo-Kiefer bepflanzt, da die Kiefer in der Nähe des Meeres nicht gut gedeiht; Es wird jedoch angenommen, dass eine Tamariskenart in diesem Breitengrad wahrscheinlich noch besser gedeihen wird als die Arundo. Der Schatten und der Schutz, den die verzweigten Wipfel dieser Kiefer bieten, begünstigen das Wachstum von Laubbäumen und, solange sie noch jung sind, von Sträuchern und kleineren Pflanzen, die schneller zur Bildung von Pflanzenschimmel beitragen, und somit, wenn die Sobald die Kiefer Wurzeln geschlagen hat, gilt die Rücknahme der Abfälle als wirksam gesichert.

In Frankreich wird die Seekiefer sowohl auf den Sandstränden im Landesinneren als auch auf den Dünen der Meeresküste gepflanzt, und zwar mit gleichem Vorteil. Dieser Baum ähnelt in seinen Gewohnheiten der Pechkiefer der südamerikanischen Staaten und wird für die gleichen Zwecke verwendet. Die Gewinnung von Terpentin beginnt im Alter von etwa zwanzig Jahren oder wenn es einen Durchmesser von 9 bis 12 Zoll erreicht hat. Auf und ab des Stammes werden Einschnitte bis zu einer Tiefe von etwa einem halben Zoll in das Holz gemacht, und es wird darauf bestanden, dass der Baum durch den Vorgang nicht nennenswert geschädigt wird, wenn nicht mehr als zwei solcher Schlitze geschnitten werden. Das Wachstum ist zwar etwas gebremst, aber das Holz wird dem von Bäumen überlegen, aus denen das Terpentin nicht gewonnen wird. So behandelt, blüht die Kiefer bis zum Alter von einhundert oder einhundertzwanzig Jahren weiter, und bis zu diesem Alter liefern die Bäume auf einem Hektar jährlich 350 Kilogramm Terpentinöl und 280 Kilogramm Harz, was zusammen 110 Francs wert ist . Der Aufwand für Gewinnung und Destillation wird mit 44 Franken berechnet, und es verbleibt ein deutlicher Gewinn von 66 Franken pro Hektar, also mehr als fünf Dollar pro Hektar. [466] Dies gilt ohne den Wert des endgültig gefällten Holzes, der natürlich eine sehr beträchtliche Summe ausmacht.

In Dänemark, wo das Klima viel kälter ist, erweisen sich härtere Nadelbäume sowie die Birke und andere nördliche Bäume als besser geeignet als die Seekiefer, und es ist zweifelhaft, ob dieser Baum dem Winter standhalten könnte die Dünen von Massachusetts. Wahrscheinlich würde sich die Pechkiefer der Nordstaaten in Verbindung mit einigen amerikanischen Eichen, Birken und Pappeln und insbesondere der Robinie oder Heuschrecke als sehr geeignet für den Einsatz auf den Sandhügeln von Cape Cod und Long Island erweisen. Der Ailanthus, der jetzt als sandliebender Baum bekannt wird, könnte vielleicht einem besseren Zweck dienen als alle anderen.

Ausmaß der Dünen in Europa.

Die Dünen Dänemarks bedecken, wie wir gesehen haben, eine Fläche von zweihundertsechzig Quadratmeilen oder einhundertsechsundsechzigtausend Acres; die Fläche der preußischen Küste wird vage auf 85 bis 110.000 Acres geschätzt; die von Holland mit einhundertvierzigtausend Acres; [467] die der Gascogne auf etwa dreihunderttausend Acres. [468] Ich finde keine Schätzung ihrer Ausdehnung in anderen Provinzen Frankreichs, in den Herzogtümern Schleswig und Holstein oder in den baltischen Provinzen Russlands, aber es ist wahrscheinlich, dass die gesamte Menge an Dünen an den Ostküsten landet Die Fläche des Atlantiks und der Ostsee beträgt nicht viel weniger als eine Million Hektar. [469] Diese riesige Ablagerung von Meeressand erstreckt sich entlang der Küste über eine Entfernung von mehreren hundert Meilen, und von der Zeit der Zerstörung der Wälder, die sie bedeckten, bis zum Jahr 1789 rollte die gesamte Linie nach innen und begrub den Boden darunter liegen oder die Felder durch den davontreibenden Sand unfruchtbar machen. Zur gleichen Zeit, als sich die Sandhügel nach Osten bewegten, folgte das Meer ihrem Rückzug und verschluckte den Boden, den sie bedeckt hatten, so schnell, wie ihre Bewegung ihn freilegte.

Durch die Bepflanzung der Dünen konnte der Oberflächensand vollständig daran gehindert werden, über den Boden zur Leeseite der Plantagen zu wehen, und obwohl dies nicht in allen Fällen das Eindringen des Meeres aufgehalten hat, hat es doch die Geschwindigkeit ihres Vordringens so stark verlangsamt, dass Sandige Küsten können, wenn sie einmal mit Wäldern bedeckt sind, als im Wesentlichen sicher angesehen werden, sofern geeignete Maßnahmen zum Schutz der Wälder getroffen werden.

Dünenweinberge von Cap Breton.

In der Nähe von Cap Breton in Frankreich wird ein besonderes Verfahren erfolgreich angewendet, um sowohl das Vertreiben von Dünen zu verhindern als auch den Sand selbst sofort produktiv zu machen; Diese Methode ist jedoch nur in Ausnahmefällen mit günstigem Klima und günstiger Lage anwendbar. Es besteht darin, Weinberge auf den Dünen zu pflanzen und sie durch Hecken aus Ginster (*Erica scoparia) zu schützen* , die so angeordnet sind, dass sie Rechtecke von etwa dreißig mal vierzig Fuß bilden. Die in diesen Gehegen gepflanzten Weinreben gedeihen prächtig und die von ihnen produzierten Trauben gehören zu den besten, die in Frankreich angebaut werden. Die Dünen sind weit davon entfernt, ein ungünstiger Boden für die Rebe zu sein, so dass regelmäßig frischer

Meersand als Dünger für sie verwendet wird, alle zwei Jahreszeiten abwechselnd mit gewöhnlichem Dünger. Die so alle zwei Jahre ausgebrachte Sandmenge erhöht die Oberfläche des Weinbergs um etwa vier bis fünf Zoll. Die Rebstöcke werden jedes Jahr auf drei bis vier Triebe zurückgeschnitten und durch das Anheben des Bodens werden die alten Rebstöcke rasch bedeckt. Sobald sie vergraben sind, treiben sie neue Wurzeln in der Nähe der Oberfläche aus, so dass der Weinberg ständig erneuert wird und immer ein jugendliches Aussehen behält, auch wenn er möglicherweise schon seit einigen Generationen gepflanzt ist. Diese Praxis wird nachweislich seit zwei Jahrhunderten praktiziert und gehört zu den ältesten, gut nachweisbaren Versuchen des Menschen, sich den Dünen zu widersetzen und sie zu besiegen. [470]

Entfernung von Dünen.

Die künstliche Entfernung von Dünen, die als Schutz nicht mehr erforderlich sind, scheint außer in den Niederlanden, wo die zahlreichen Kanäle ein einfaches und kostengünstiges Mittel zum Transport des Sandes darstellen und wo der Bau und die Instandhaltung erfolgen, nicht in großem Umfang praktiziert worden zu sein von See- und Flussdeichen sowie von Dämmen und anderen Böschungen und Aufschüttungen erzeugen eine große Nachfrage nach diesem Material. Sand wird in Holland auch in großen Mengen verwendet, um die Konsistenz des zähen Tons zu verbessern, der an diluviale Ablagerungen grenzt oder darunter liegt, und um einen künstlichen Boden für das Wachstum bestimmter Garten- und Ziergemüse zu bilden. Wenn die Dünen entfernt werden, wird der von ihnen bedeckte Boden der Industrie zurückgegeben; und die Menge an Land, die in den Niederlanden durch die Entfernung des unfruchtbaren Sandes, der sie belastete, wiedergewonnen wurde, beläuft sich auf Hunderte, vielleicht Tausende von Acres. [471]

Sandebenen im Landesinneren.

Die Binnensandebenen Europas sind entweder durch Verwehungen von Dünen oder anderem Strandsand entstanden oder bestehen aus Flussablagerungen. Wie wir gesehen haben, wird, wenn das Innere einer Düne einmal dem Wind ausgesetzt ist, ihr Inhalt bald weit und breit über das angrenzende Land und den Strandsand verstreut, ohne dass sie mehr durch den Wall eingeschränkt werden, zu dessen Bau die Natur sie gezwungen hatte gegen ihre eigenen Übergriffe, werden auch über beträchtliche Entfernungen von der Küste verschleppt. Nur wenige Regionen haben im Verhältnis zu ihrem Ausmaß so stark unter dieser Ursache gelitten wie die Halbinsel Jütland. Solange die Wälder, mit denen die Natur die dänischen Dünen bepflanzt hatte, verschont blieben, scheinen sie stationär gewesen zu sein, und wir haben keinen historischen Beweis aus einem früheren Datum als dem 16. Jahrhundert, dass sie in irgendeiner Weise schädlich geworden wären. Aus dieser Zeit gibt es häufig Berichte über das Eindringen von Sand in Kulturflächen; und Ausgrabungen bringen immer wieder Beweise für menschliche Besiedlung und landwirtschaftliche Industrie früherer Zeiten auf Böden ans Licht, die heute unter tiefen Verwehungen der Dünen und Strände der Meeresküste begraben sind. [472]

Ausgedehnte Gebiete wertvollen Flachlandes in den Niederlanden und in Frankreich wurden auf die gleiche Weise mit einer Sandschicht bedeckt, die tief genug war, um sie unfruchtbar zu machen, und sie können nur durch Verfahren, die denen zur Befestigung und Verbesserung des Bodens analog sind, wieder zur Bewirtschaftung gebracht werden Dünen. [473] Auch im Herzogtum Österreich, zwischen Wien und dem Semmering, in Jütland und im großen Champagnerland Norddeutschland, insbesondere in der Mark Brandenburg, wo künstliche Wälder möglich sind, wurden mit diesen Methoden auch sumpfige Sandebenen urbar gemacht sich mit großer Leichtigkeit vermehren lässt und wo dieser Industriezweig folglich in großem Umfang und mit äußerst vorteilhaften Ergebnissen betrieben wurde, sowohl was die Versorgung mit Waldprodukten als auch die Vorbereitung des Bodens für die landwirtschaftliche Nutzung betrifft.

Als allgemeine Regel gilt, dass Binnensande lockerer, trockener und eher zur Drift neigen als Sande an der Meeresküste, wo die feuchte und salzhaltige Atmosphäre des Ozeans sie immer mehr oder weniger feucht und zusammenhängend hält. Keine Küstendünen sind so beweglich wie die Medanos Perus, die in einer von Pöppig auf einer früheren Seite zitierten Passage beschrieben wurden, oder wie die Sandhügel Polens, die beide eher die Bezeichnung Sandwellen zu tragen scheinen als die der Sahara oder von die arabische Wüste. Die Sande des Tals des Unteren Euphrat – selbst wahrscheinlich unterseeischen Ursprungs und nicht aus Dünen stammend – dringen mit einer Geschwindigkeit nach Nordwesten vor, die im Vergleich zu der langsamen Bewegung der Sandhügel der Gascogne und der niederdeutschen Küsten sagenhaft erscheint . Loftus sagt über Niliyya, eine alte arabische Stadt ein paar Meilen östlich der Ruinen Babylons: „Im Jahr 1848 begann sich der Sand um sie herum anzusammeln, und in sechs Jahren breitete sich die Wüste in einem Umkreis von sechs Meilen aus. war mit kleinen, wellenförmigen Kuppeln bedeckt, während die Ruinen der Stadt so begraben waren, dass es heute unmöglich ist, ihre ursprüngliche Form oder Ausdehnung zu verfolgen. [474] Loftus betrachtet diese Sandflut als „die Vorhut jener gewaltigen Strömungen, die, von Südosten kommend, schließlich Babylon und Bagdad zu überwältigen drohen“.

Eine von Loftus zitierte Beobachtung von Layard scheint mir eine mögliche Erklärung für diesen Einbruch zu liefern. Er „kam an zwei oder drei Stellen vorbei, wo der Sand, der wie Wasser aus der Erde sprudelt,

„Aioun-er-rummal', Sandquellen, genannt wird." Bei diesen „Quellen" handelt es sich höchstwahrscheinlich lediglich um die Verwehung von Sand aus dem alten Untergrund, wo die schützende Kruste aus Wasserablagerungen und pflanzlicher Erde durchbrochen wurde, wie im Fall der Verwehung, die durch das Umdrehen einer Eiche entstand, die auf a erwähnt wird ehemalige Seite. Als das Tal des Euphrat regelmäßig bewässert und kultiviert wurde, waren die darunter liegenden Sande durch Feuchtigkeit, Schwemmschlamm und Vegetation gebunden; Aber jetzt, wo jede Verbesserung vernachlässigt wird und die Oberfläche, die nicht mehr bewässert wird, ausgedörrt, pudrig und kahl geworden ist, kann sich ein bloß zufälliger Spalt in der oberflächlichen Schicht bald zu einer weiten Öffnung vergrößern, die genügend Sand freilassen wird eine Provinz überwältigen.

Die Landes der Gascogne.

Die bemerkenswerteste Sandebene Frankreichs liegt am südwestlichen Ende des Reiches und ist allgemein als Landes oder Heide der Gascogne bekannt. Clavé beschreibt es so: „Der Boden der Landes bestand aus reinem Sand und ruhte auf einer undurchlässigen Schicht namens *Alios* . *Jahrhundertelang galt er als ungeeignet für den Anbau. Im Sommer ausgetrocknet, im Winter versunken, brachte er nur Farne, Binsen usw. hervor* Heide und kaum versorgtes Weideland für ein paar halbverhungerte Herden. Um ihr Elend zu krönen, wurde diese Ebene ständig durch das Vordringen der Dünen bedroht: Riesige Sandkämme, die von den Wellen über eine Entfernung von mehr als fünfzig Meilen aufgewirbelt wurden entlang der Küste und immer wieder erneuert, wurden vom Westwind ins Landesinnere getrieben, und während sie über die Ebene rollten, begruben sie den Boden und die Weiler, überwanden jeden Widerstand und rückten mit furchtbarer Regelmäßigkeit vor. Die ganze Provinz schien sicher zu sein Zerstörung, als Brémontier seine Methode erfand, die Dünen durch Anpflanzungen von Strandkiefern zu befestigen. [475]

Obwohl die Landes seit Jahrhunderten nahezu verlassen waren, weisen sie zahlreiche Spuren früherer Kultivierung und Wohlstands auf, und vor allem durch die Ausbreitung des Sandes sind sie in ihren heutigen trostlosen Zustand geraten. Die Zerstörung der Küstenstädte und Häfen, die Märkte für die Produkte der Ebene boten, die Stauung der Flüsse und die Verstopfung der kleineren natürlichen Entwässerungskanäle durch das Vordringen der Dünen waren zweifellos sehr einflussreiche Ursachen; und wenn wir das Vertreiben des Meeressands über den Boden hinzufügen, haben wir zumindest eine teilweise Erklärung für die verfallene Landwirtschaft und die verringerte Bevölkerung dieser großen Einöde. Als die Dünen einmal festgehalten waren und man glaubte, der Boden östlich von ihnen sei gegen eine Invasion durch sie sicher, wurden Versuche zur landwirtschaftlichen Verbesserung durch Entwässerung und Plantage begonnen, und sie wurden mit einem solchen Signal begleitet Erfolg, dass die vollständige Bergung einer der trostlosesten und umfangreichsten Abfälle in Europa sowohl als wahrscheinliches als auch als nahes Ereignis angesehen werden kann. [476]

Der belgische Campine.

Im nördlichen Teil Belgiens und über die Grenzen Hollands hinaus erstreckt sich eine weitere sehr ähnliche Heideebene, die Campine. Dabei handelt es sich um eine ausgedehnte Sandfläche, die von Sümpfen und Binnendünen durchzogen ist und bis vor Kurzem als völlig unkultivierbar galt. Es wurden enorme Summen aufgewendet, um es durch Entwässerung und andere bekannte landwirtschaftliche Verfahren zurückzugewinnen, aber ohne Ergebnisse, die im Verhältnis zum investierten Kapital standen. Im Jahr 1849 wurde der unbebaute Teil der Campine auf etwas weniger als 350.000 Acres geschätzt. Das Beispiel Frankreichs hat zu Experimenten mit der Anpflanzung von Bäumen, insbesondere von Seekiefern, auf dieser kargen Einöde geführt, und die Ergebnisse haben gezeigt, dass seine Sande sowohl fixiert als auch produktiv gemacht werden können, und zwar nicht nur ohne Verlust, sondern auch mit positiver finanzieller Vorteil. [477]

Sande und Steppen Osteuropas.

In vielen Teilen Europas gibt es immer noch unberührte Sandwüsten, die weder Touristen noch Geographen bekannt sind. „Olkuez und Schiewier in Polen", sagt Naumann, „liegen in wahren Sandwüsten, und um Ozenstockau erstreckt sich eine grenzenlose Sandebene, auf der weder Bäume noch Sträucher wachsen. Bei starkem Wind gleicht diese Ebene einem wogenden Meer, und das." Sandhügel erheben sich und verschwinden wie die Wellen des Ozeans. Die Müllberge aus den Olkuez-Minen sind bis zu einer Tiefe von vier Klaftern mit Sand bedeckt." [478] Es wurden noch keine Versuche unternommen, die Sandstrände Polens zu unterwerfen, aber wenn Frieden und Wohlstand in diesem unglücklichen Land wiederhergestellt werden sollen, besteht kein begründeter Zweifel daran, dass die Maßnahmen, die sich bei ähnlichen Formationen in Deutschland als so erfolgreich erwiesen haben, dies auch können in den polnischen Wüsten mit Vorteil eingesetzt werden.

In Teilen der Steppen Russlands gibt es Sandverwehungen, aber im Allgemeinen hat der Boden dieser weiten Ebenen eine andere, wenn auch sehr unterschiedliche Zusammensetzung und ist mit Vegetation bedeckt. Die Steppen haben jedoch viele Parallelen zu den Sandebenen Norddeutschlands, und wenn sie jemals für eine zivilisierte Besiedlung geeignet sind, muss dies mit denselben Mitteln geschehen, nämlich durch die

Anpflanzung von Wäldern. Es ist umstritten, ob die Steppen jemals bewaldet waren. Zu einem sehr fernen Zeitpunkt waren sie sicherlich ohne Waldbewuchs; denn Herodot beschreibt das Land der Skythen zwischen Ister und Tanais als waldlos, mit Ausnahme der kleinen Provinz Xylæa zwischen dem Dnjepr und dem Golf von Perekop. Es ist bekannt, dass sie bis zum 16. Jahrhundert von einer großen Nomaden- und Hirtenbevölkerung bewohnt waren, obwohl diese Stämme heute zahlenmäßig stark zurückgegangen sind. Die Gewohnheiten solcher Rassen sind für den Wald kaum weniger zerstörerisch als die des zivilisierten Lebens. Hirtenstämme verwenden nicht viel Holz als Brennstoff oder für den Bau, aber sie brennen die Wälder achtlos oder rücksichtslos nieder, und ihr Vieh hemmt effektiv das Wachstum junger Bäume, wo immer sich ihr Verbreitungsgebiet erstreckt.

Gegenwärtig stellen die heftigen Winde, die über die Ebenen fegen, die Dürren des Sommers und die Rechte und Missbräuche der Weidewirtschaft äußerst gewaltige Hindernisse für die Anwendung von Maßnahmen dar, die in den Sandwüsten Frankreichs und Deutschlands so wertvolle Ergebnisse gebracht haben . Die russische Regierung hat jedoch versucht, die Steppen zu bewalden, und in der Umgebung von Odessa gibt es blühende Plantagen, wo der Boden besonders locker und sandig ist. [479] Der Baum, der am besten für diesen Ort und, wie gute Gründe annehmen, für Sandebenen im Allgemeinen geeignet ist, ist der *Ailanthus Glandulosa* oder der japanische Lackbaum. [480] Der bemerkenswerte Erfolg, der die Experimente mit dem Ailanthus in Odessa gekrönt hat, wird zweifellos zu ähnlichen Versuchen anderswo anregen, und es scheint nicht unwahrscheinlich, dass der Arundo und die Seekiefer, die so viele tausend Hektar Driftfläche geschaffen haben, den Anstoß geben Sande in Westeuropa werden zumindest teilweise von der Tamariske und dem Lackbaum verdrängt.

Vorteile der Rückgewinnung des Sandes.

Wenn wir die Menge des Brachlandes berücksichtigen, das durch die Bepflanzung der Sandhügel und -ebenen produktiv gemacht wurde, und das Ausmaß des fruchtbaren Bodens, die Anzahl der Dörfer und anderer menschlicher Verbesserungen und den Wert der Häfen, die den gleichen Prozess bewirken gerettet hat, bevor er unter den wogenden Dünen begraben und schließlich von den Invasionen des Meeres für immer verschlungen wurde, werden wir geneigt sein, Brémontier und Reventlov zu den größten Wohltätern ihrer Rasse zu zählen. Mit Ausnahme der Deiche in den Niederlanden sind ihre Arbeiten die ersten bewussten und direkten Versuche des Menschen, sich in großem Maßstab zu einer geografischen Macht zu machen, um natürliche Gleichgewichte, die frühere Generationen gestört hatten, wiederherzustellen und durch Taten wiedergutzumachen geleitet von vorausschauender und fester Absicht, für die Verschwendung, die gedankenlose Unvorsichtigkeit verursacht hatte.

Regierungsarbeiten.

Zwischen diesen letztgenannten Werken und dem Deichsystem der niederländischen und deutschen Küste besteht ein wichtiger politischer Unterschied. Bei den Deichen handelte es sich ursprünglich und in der Neuzeit ganz allgemein um Privatunternehmen, deren einziges Ziel darin bestand, eine bestimmte Menge kultivierbaren Bodens zu den früheren Besitztümern ihres Eigentümers oder manchmal auch des Staates hinzuzufügen. Kurz gesagt handelte es sich, von wenigen Ausnahmen abgesehen, lediglich um eine finanzielle Investition, eine Art des Landerwerbs, die sich wirtschaftlich nicht vom Kauf unterscheidet. Die Bepflanzung der Dünen hingegen war schon immer eine öffentliche Arbeit, die nicht in der Erwartung durchgeführt wurde, einen regelmäßigen direkten Prozentsatz der Einnahmen aus den Ausgaben zu erzielen, sondern von höheren Ansichten über die Staatswirtschaft diktiert wurde – von denselben Regierungsprinzipien. in der Tat, die alle Gemeinwesen dazu anspornen, die Invasion feindlicher Armeen abzuwehren oder den Schaden zu reparieren, den die Invasionskräfte möglicherweise den allgemeinen Interessen des Volkes zugefügt haben. Die Wiederherstellung der Wälder im südlichen Teil Frankreichs, wie sie jetzt von der Regierung dieses Reiches durchgeführt wird, ist eine Maßnahme von demselben hohen Charakter wie die Befestigung der Dünen. In früheren Zeiten wurden Wälder einfach deshalb angelegt oder geschützt, weil sie dem Wild Schutz boten oder weil sie Holz lieferten. Aber die jüngste Gesetzgebung Frankreichs und einiger anderer kontinentaler Länder zu diesem Thema zielt auf weiter entfernte und edlere Ziele ab, und diese gehören zu den öffentlichen Akten, die die Hoffnung, die die Herrscher der Christenheit erreichen, am stärksten fördern die wahren Pflichten und Interessen einer zivilisierten Regierung verstehen.

KAPITEL VI.

PROJEKTIERTE ODER MÖGLICHE GEOGRAFISCHE VERÄNDERUNGEN DURCH DEN Menschen.

Durchtrennung von Meereslandengen – Suezkanal – Kanal über die Landenge von Darien – Kanäle zum Toten Meer – Seekanäle in Griechenland – Kanal von Saros – Cape Cod-Kanal – Umleitung des Nils – Veränderungen im Kaspischen Meer – Verbesserungen in der nordamerikanischen Hydrographie – Umleitung des Rheins – Entwässerung des Zuidersees – Gewässer des Karsts – unterirdische Gewässer Griechenlands – Boden unter Felsen – Bedecken von Felsen mit Erde – Wadies von Arabia PetrÆa – zufällige Auswirkungen menschlichen Handelns – Widerstand gegen große Naturkräfte – Auswirkungen des Bergbaus – Spionage THEORIEN – FLUSSSEDIMENT – NICHTS KLEINES IN DER NATUR.

Durchtrennung mariner Landengen.

Neben den großen Unternehmungen der physischen Transformation, von denen ich bereits gesprochen habe, wurden in der Antike und Neuzeit andere Werke der inneren Verbesserung oder Veränderung geplant, deren Durchführung beträchtliche und in einigen Fällen äußerst wichtige Revolutionen in der Welt hervorrufen würde Gesicht der Erde. Einige der Schemata, auf die ich mich beziehe, sind offensichtlich chimärisch; andere sind in der Tat schwierig, können aber nicht als undurchführbar bezeichnet werden, obwohl sie durch die Befürchtung katastrophaler Folgen einer Störung bestehender natürlicher oder künstlicher Vorkehrungen entmutigt werden; und es gibt noch andere, deren Verwirklichung letztendlich sicher ist, obwohl sie aus wirtschaftlichen Gründen vorerst verboten ist.

Wenn wir die Anzahl der Engpässe oder Landengen berücksichtigen, die Golfe und Buchten des Meeres voneinander oder vom Hauptmeer trennen, und die Zeit und Kosten sowie die Risiken der Schifffahrt berücksichtigen, die durch den Bau von Verbindungskanälen eingespart würden Solche Gewässer zu bauen und so die Notwendigkeit zu vermeiden, lange Kaps und Landzungen oder sogar Kontinente zu verdoppeln, erscheint es merkwürdig, dass nicht mehr von dem Unternehmen und Geld, das so verschwenderisch in die Bildung künstlicher Flüsse für die Binnenschifffahrt investiert wurde, in den Bau gesteckt wurde von Seekanälen. Viele davon wurden in frühen und neueren Zeiten geplant, und einige unbedeutende Schnitte zwischen Meeresgewässern wurden tatsächlich vorgenommen, aber es wurde bisher kein Werk dieser Art durchgeführt, das wirkliche geografische oder auch nur kommerzielle Bedeutung hätte.

Diese Unternehmungen sind mit Schwierigkeiten verbunden und anfällig für Einwände, die auf den ersten Blick nicht offensichtlich sind. Die Natur schützt gut die Ketten, mit denen sie Vorgebirge mit Festland verbindet und Kontinente miteinander verbindet. Landengen bestehen normalerweise aus Adamantgestein oder Flugsand – letzterer ist das wesentlich widerstandsfähigere Material, mit dem man umgehen muss. Bei all diesen Arbeiten müssen tiefe Ausgrabungen unterhalb der Niedrigwassermarke durchgeführt werden – was immer eine große Schwierigkeit darstellt; die Abmessungen von Kanälen für Seeschiffe müssen viel größer sein als die von Kanälen der Binnenschifffahrt; Die Höhe der Masten oder Rauchrohre dieser Schiffsklasse machte eine Überbrückung oft unmöglich, und so konnte ein Schiffskanal eine Kommunikation behindern, die wichtiger war als die, die er fördern sollte; Die Sicherung der Eingänge von Seekanälen und der Bau von Häfen an ihren Endpunkten wäre im Allgemeinen schwierig und kostspielig, und die Häfen und der Kanal, der sie verband, würden höchstwahrscheinlich durch vom Meer und von der Küste angeschwemmte Ablagerungen gefüllt werden. Darüber hinaus besteht in vielen Fällen eine besorgniserregende Unsicherheit über die Auswirkungen der Verbindung von Gewässern, die die Natur getrennt hat. Ein neuer Kanal kann starke Strömungen von sicheren Kursen ablenken und so zu einer zerstörerischen Erosion ansonsten sicherer Küsten führen oder den Transport von Sand oder Schlamm fördern, um wichtige Häfen zu blockieren, oder er kann einem mächtigen Feind gefährliche Einrichtungen für feindliche Operationen entlang des Kanals bieten Küste.

Die Natur verspottet manchmal die List und die Macht des Menschen, indem sie spontan zu seinem Nutzen Werke ausführt, vor deren Ausführung er zurückschreckt und deren Ausführung durch ihn sie sich mit unüberwindlicher Hartnäckigkeit widersetzen würde. Eine gefährliche Sandbank, die alle Maschinen der Welt in einer Generation nicht ausbaggern könnten, kann in einer Nacht von einer starken Flussflut oder einer Strömung, die von einem heftigen Wind aus einer ungewöhnlichen Richtung angetrieben wird, und kaum einer Passage davongetragen werden Der für Fischerboote befahrbare Kanal kann so in einen bequemen Kanal für das größte Schiff, das auf dem Ozean schwimmt, umgewandelt werden. In der bemerkenswerten Bucht von Lümfjord in Jütland hat die Natur ein einzigartiges Beispiel für einen Kanal geschaffen, der sich abwechselnd als Meerenge öffnet und durch erneutes Schließen in eine Süßwasserlagune verwandelt. Der Lümfjord war ursprünglich zweifellos ein offener Kanal vom Atlantik zur Ostsee zwischen zwei Inseln, aber der vom Meer angeschwemmte Sand versperrte den westlichen Eingang und bildete eine

Dünenmauer, um ihn fester zu verschließen. Wie wir gesehen haben, wurde dieser natürliche Deich mehr als einmal durchbrochen, und es liegt vielleicht in der Macht des Menschen, die Barriere entweder dauerhaft aufrechtzuerhalten oder sie zu entfernen und einen schiffbaren Kanal ständig offen zu halten. Wenn der Lümfjord zu einer offenen Meerenge wird, würde das Durchspülen des Meeressands möglicherweise einige der Gürtel und kleinen Kanäle blockieren, die jetzt für die Schifffahrt in der Ostsee wichtig sind, und die direkte Einführung einer Gezeitenströmung könnte sehr spürbare Auswirkungen auf die Meerenge haben Hydrographie des Cattegat.

Der Suezkanal.

Sollte sich der Suezkanal – die größte und wahrhaft kosmopolitischste physische Verbesserung, die jemals von Menschenhand vorgenommen wurde – als erfolgreich erweisen, wird er die Becken des Mittelmeers und des Roten Meeres erheblich beeinträchtigen, wenn auch auf andere Weise und wahrscheinlich in geringerem Maße die Umleitung des Nilstroms von einem zum anderen – auf die ich gleich zurückkommen werde – würde genügen. Es ist in der Tat denkbar, dass, wenn einmal ein freier Kanal von Meer zu Meer geschnitten würde, das Zusammentreffen von Flut und starkem Südwind eine hydraulische Kraft erzeugen könnte, die den engen Kanal in eine offene Meerenge verwandeln würde. In einem solchen Fall ist es unmöglich, die Folgen abzuschätzen oder auch nur vorherzusehen, die sich aus der ungehinderten Vermischung der fließenden und abschwellenden Strömungen des Roten Meeres mit den nahezu gezeitenlosen Gewässern des Mittelmeers ergeben könnten. Es kann jedoch kein Zweifel darüber bestehen, dass sie im Hinblick auf die einfach geographischen Merkmale und das organische Leben beider von höchster Bedeutung wären. Aber die Flachheit der beiden Meere an den Enden des Kanals, die Wirkung der Gezeiten des einen und der Strömungen des anderen sowie die Beschaffenheit der dazwischen liegenden Landenge machen das Auftreten einer solchen Katastrophe im höchsten Grade unwahrscheinlich. Die Verstopfung des Kanals durch Seesand an beiden Enden ist eine weitaus schwieriger zu verhindernde und abzuwendende Gefahr als ein Einbruch des Wassers beider Meere.

Es gibt also keinen Grund, eine Veränderung der Küstenlinien oder der natürlichen schiffbaren Kanäle als direkte Folge der Öffnung des Suezkanals zu erwarten, aber sie wird zweifellos sehr interessante Umwälzungen in der Tier- und Pflanzenpopulation beider Gebiete hervorrufen Becken. Das Mittelmeer ist, mit einigen lokalen Ausnahmen – wie den Buchten von Kalabrien und der von Quatrefages [481] so malerisch beschriebenen Küste Siziliens HYPERLINK "https://gutenberg.org/files/37957/37957-h/37957-h.htm" \l "Footnote_481_481" – vergleichsweise arm an Meeresvegetation und an Muscheln sowie Flossenfischen. Der Fischmangel in einigen seiner Golfe ist sprichwörtlich, und Sie können lange Strandabschnitte an den Nordufern nach jedem Südwind einen ganzen Winter lang absuchen, ohne ein Dutzend Muscheln zu finden, die Ihre Suche belohnen. Aber niemand, der nicht schon einmal in tropische oder subtropische Meere geschaut hat, kann sich den erstaunlichen Reichtum des Roten Meeres an organischem Leben vorstellen. Sein Boden ist mit Meerespflanzen, Zoophyten und Muscheln bedeckt oder gepflastert, während es in seinen Gewässern von unzähligen Formen sich bewegenden Lebens wimmelt. Zweifellos sind die meisten ihrer Pflanzen und Tiere durch die Gesetze ihrer Organisation auf wärmere Temperaturen als die des Mittelmeers beschränkt, aber unter ihnen muss es viele geben, deren Lebensraum größer ist und deren Anpassungsfähigkeit dies auch tun würde ermöglichen es ihnen, sich an ein kälteres Meer zu gewöhnen.

Wir können davon ausgehen, dass die weniger zahlreiche Wasserfauna und -flora des Mittelmeers gleichermaßen zur Anpassung an das Klima fähig ist, und dass es daher bei der Öffnung des Kanals zu einem Austausch der organischen Bevölkerung kommen wird, die nicht bereits in beiden Meeren üblich ist. Auf diese Weise neu eingeführte zerstörerische Arten können die Anzahl ihrer eigentlichen Beutetiere in beiden Becken verringern, und andererseits kann die erhöhte Versorgung mit geeigneten Nahrungsmitteln die Häufigkeit anderer Arten erheblich vervielfachen und gleichzeitig wichtige Beiträge zum Bestand leisten Nahrungsmittel des Menschen in den Anrainerstaaten des Mittelmeers.

Ein Nebenmerkmal dieses großartigen Projekts verdient Beachtung, da es keine unerhebliche geografische Bedeutung besitzt. Ich beziehe mich auf die Leitung oder die Leitungen, die vom Nil zur Landenge gebaut wurden, in erster Linie, um die Arbeiter am großen Kanal mit Frischwasser zu versorgen und schließlich als Aquädukte für die Stadt Suez sowie für die Bewässerung und Landgewinnung eines großen Gebietes zu dienen aus Wüstenboden. In der Blütezeit des ägyptischen Reiches wurde das Wasser des Nils über wichtige Gebiete östlich des Flusses geleitet. In späteren Zeiten verwandelte sich der größte Teil dieses Gebiets in eine Wüste, weil die Kanäle, die es einst befruchteten, verfielen. Es ist keine Schwierigkeit, die alten Kanäle wiederherzustellen oder neue zu bauen und so nicht nur den gesamten Boden zu bewässern, den die Weisheit der Pharaonen verbessert hatte, sondern auch viel zusätzliches Land. Hunderte Quadratmeilen trockener Sandabfälle würden so in Felder mit mehrjähriger Vegetation umgewandelt und die Geographie Unterägyptens würde dadurch spürbar verändert. Wenn der Kanal gelingt, werden an beiden Enden des Kanals und an Zwischenpunkten gleichzeitig beträchtliche Städte entstehen, die alle auf die Unterhaltung von Aquädukten aus dem Nil angewiesen sind, sowohl für die Wasserversorgung als auch für die Bewässerung der benachbarten Felder, die sie versorgen sollen sie mit Brot. Auf diese Weise werden wichtige Interessen geschaffen, die den Fortbestand der Wasserwerke und der von ihnen hervorgerufenen geografischen Veränderungen sichern, und Suez oder Port Said oder die Stadt am Timsah-See könnten zur Hauptstadt der bisherigen Regierung werden seit langem in Kairo ansässig.

Kanal über den Isthmus von Darien.

Das kolossalste Kanalisierungsprojekt, das jemals vorgeschlagen wurde, unabhängig davon, ob man die physikalischen Schwierigkeiten seiner Ausführung, die Größe und Bedeutung der zu vereinigenden Gewässer oder die Entfernung, die bei der Schifffahrt eingespart werden würde, berücksichtigt, ist das eines Kanals zwischen dem Golf von … Mexiko und der Pazifik, jenseits der Landenge von Darien. Ich spreche jetzt nicht von einem Schleusenkanal über den Nicaragua-See oder eine andere Route – denn ein solches Bauwerk würde sich nicht wesentlich von anderen Kanälen unterscheiden und hätte kaum einen geografischen Charakter –, sondern von einem offenen Schnitt zwischen beiden Meere. Es ist keineswegs bewiesen, dass der Bau eines solchen Kanals möglich ist, und wenn er geöffnet würde, wäre es sehr wahrscheinlich, dass sich an beiden Eingängen Sandbänke ansammeln würden, die jede starke Strömung durch ihn behindern würden. Aber wenn wir davon ausgehen, dass die Arbeit tatsächlich abgeschlossen wird, würde es erstens eine solche Vermischung des tierischen und pflanzlichen Lebens der beiden großen Ozeane geben, wie ich sie als wahrscheinlich durch die Eröffnung des Suezkanals angegeben habe zwischen zwei viel kleineren Becken. Zweitens könnte der Kanal, wenn er nicht durch Sandbänke blockiert wäre, früher oder später durch die mechanische Wirkung der Strömung durch ihn erheblich erweitert und vertieft werden, und dies hätte Folgen, die in ihrem Ausmaß nicht geringer sind als jede physische Revolution, die stattgefunden hat seit der Mensch auf der Erde erschien, daraus resultieren könnte.

Was diese Konsequenzen wären, ist größtenteils reine Vermutung, und es gibt viel Raum für die Ausübung der Fantasie zu diesem Thema; aber wie mehr als ein Geograph angedeutet hat, gibt es ein mögliches Ergebnis, das alle anderen denkbaren Wirkungen eines solchen Werkes völlig in den Schatten stellt. Ich beziehe mich auf Veränderungen im Verlauf der beiden großen ozeanischen Flüsse, des Golfstroms und der entsprechenden Strömung auf der pazifischen Seite der Landenge. Das warme Wasser, das der Golfstrom in hohe Breiten transportiert und sich dann wie eine ausgestreckte Hand entlang der Ostküste des Atlantiks ausbreitet, gibt beim Abkühlen genügend Wärme ab, um die Durchschnittstemperatur Westeuropas um mehrere Grad zu erhöhen. Tatsächlich ist der Golfstrom die Hauptursache für die Überlegenheit des Klimas in Westeuropa gegenüber dem in Ostamerika und Ostasien in den entsprechenden Breitengraden. Alle meteorologischen Bedingungen der ehemaligen Region werden in hohem Maße durch sie reguliert, und daher ist sie das großartigste und wohltuendste aller rein geographischen Phänomene. Wir wissen noch nicht genug über die Gesetze, die die Bewegungen dieser mächtigen Flut von Wärme und Leben regeln, um sagen zu können, ob ihre Strömung durch die Durchtrennung des Isthmus von Darien spürbar beeinträchtigt würde; aber wenn er in den Golf von Mexiko eintritt und ihn umspült, ist es möglich, dass die Beseitigung des Widerstands des Landes, das die Westküste dieses Meeres bildet, es dem Strom ermöglichen könnte, seine ursprüngliche Richtung nach Westen beizubehalten und sich mit dem tropischen zu verbinden Strömung des Pazifiks.

Die Folge einer solchen Änderung wäre ein sofortiger Rückgang der Durchschnittstemperatur Westeuropas auf das Niveau Ostamerikas, und vielleicht könnte das Klima des ersteren Kontinents genauso überhöht werden wie das des letzteren oder sogar ein neues Klima. Eisperiode" durch den Entzug einer so wichtigen Wärmequelle aus den nördlichen Zonen verursacht werden. Die Folge wäre das Aussterben großer Mengen an Land- und Meerespflanzen und -tieren und eine völlige Revolution in der häuslichen und ländlichen Wirtschaft des menschlichen Lebens in allen Ländern, aus denen die Neue Welt ihre zivilisierte Bevölkerung aufgenommen hat. Man kann sich andere, kaum weniger überraschende Folgen als möglich vorstellen; aber die ganze Spekulation ist zu trostlos, weit entfernt und unwahrscheinlich, als dass sie es verdient, lange damit beschäftigt zu werden. [482]

Kanäle zum Toten Meer.

Das Projekt von Kapitän Allen, durch Schnitte zwischen dem Mittelmeer und dem Toten Meer sowie zwischen dem Toten Meer und dem Roten Meer eine neue Route nach Indien zu eröffnen, bietet viele interessante Überlegungen. [483] Die hypsometrischen Beobachtungen von Bertou, Roth und anderen machen es höchst wahrscheinlich, wenn nicht sogar sicher, dass die Wasserscheide im Wadi-el-Araba zwischen dem Toten Meer und dem Roten Meer nicht weniger als dreihundert Fuß über dem Meeresspiegel liegt Der mittlere Pegel des letzteren ist nicht höher, und wenn dies der Fall ist, kommt die Errichtung eines Kanals von einem Meer zum anderen überhaupt nicht in Frage. Es wird jedoch angenommen, dass der Gipfel zwischen dem Mittelmeer und dem Jordan, in der Nähe von Jesreel, nur wenig oder gar nicht mehr als 30 Meter über dem Meer liegt, und dass die Entfernung so kurz ist, dass ein Kanal durch den trennenden Bergrücken geschnitten werden müsste wird wahrscheinlich keineswegs als undurchführbares Unterfangen angesehen werden. Obwohl wir daher keinen Grund zu der Annahme haben, dass es möglich sei, einen schiffbaren Kanal nach Osten über das Tote Meer zu eröffnen, besteht kaum ein Zweifel daran, dass das Becken des Toten Meeres vom Mittelmeer aus zugänglich gemacht werden könnte.

Der Meeresspiegel des Toten Meeres liegt 1.316,7 Fuß unter dem Meeresspiegel. Es wird im Osten und Westen von Bergkämmen begrenzt, die eine Höhe von 2.000 bis 4.000 Fuß über dem Meer erreichen. Von seinem südlichen Ende erstreckt sich eine Senke namens Wadi-el-Araba bis zum Golf von Akaba, dem östlichen Arm des Roten Meeres. Der Jordan mündet in sein nördliches Ende, nachdem er den See von Tiberias auf einer Höhe von 663,4 Fuß über dem Toten Meer oder 653,3 Fuß unter dem Mittelmeer durchquert hat, und entwässert nördlich des Sees ein beträchtliches Tal sowie die Ebene von Jericho , das zwischen See und Meer liegt. Wenn das Wasser des Mittelmeers ungehindert in das Becken des Toten Meeres gelangen würde, würde es dessen Oberfläche auf das allgemeine Niveau des Ozeans anheben und folglich das gesamte trockene Land unterhalb dieses Niveaus innerhalb des Beckens überfluten.

Ich weiß nicht, ob im Jordantal oberhalb des Tiberias-Sees genaue Höhenmessungen vorgenommen wurden, und unsere Informationen über die Hypsometrie des nördlichen Teils des Wadi-el-Araba sind sehr vage. Ebensowenig wissen wir, wo eine Höhenlinie, die auf Höhe des Mittelmeers um das Becken herumgeführt wird, seine östlichen und westlichen Grenzen treffen würde. Wir können daher nicht genau berechnen, wie groß das jetzt trockene Land ist, das durch den Zutritt der Gewässer des Mittelmeers abgedeckt würde, und auch nicht die Fläche des Binnenmeeres, die dadurch geschaffen würde. Seine Länge würde jedoch sicherlich mehr als einhundertfünfzig Meilen betragen, und seine mittlere Breite, einschließlich seiner Golfe und Buchten, könnte kaum weniger als fünfzehn, vielleicht sogar zwanzig betragen. Es würde sehr wenig Boden bedecken, der jetzt von zivilisierten oder sogar unzivilisierten Menschen bewohnt wird, obwohl ein Teil des Bodens, der überschwemmt wäre – zum Beispiel der Boden, der von der Elisa-Brunnen und anderen benachbarten Quellen bewässert wird –, von großer Fruchtbarkeit ist und, wenn man bedenkt, weiser Regierung und bessere zivile Institutionen könnten an Bedeutung gewinnen, da es aufgrund seines Tiefdrucks ein sehr warmes Klima besitzt und Südosteuropa leichter mit tropischen Produkten versorgen könnte, als sie aus irgendeiner anderen Quelle bezogen werden können. Ein solcher Kanal und ein solches Meer hätten derzeit keine kommerzielle Bedeutung, da sie keinen Zugang zu neuen Märkten oder Versorgungsquellen ermöglichen würden; aber wenn die fruchtbaren Täler und die verlassenen Ebenen östlich des Jordans für

Landwirtschaft und Zivilisation zurückerobert werden sollen, würden diese Gewässer einen Kommunikationskanal bieten, der zum Medium eines sehr ausgedehnten Handels werden könnte.

Was auch immer die wirtschaftlichen Ergebnisse der Öffnung und Füllung des Beckens des Toten Meeres sein mögen, die Schaffung eines neuen verdunstbaren Gebiets, das die derzeitige flüssige Oberfläche Syriens um nicht weniger als 2.000 oder vielleicht 3.000 Quadratmeilen erweitert, konnte nicht umhin, wichtige meteorologische Ergebnisse zu liefern Auswirkungen. Das Klima Syriens würde gemildert, seine Niederschläge und seine Fruchtbarkeit würden erhöht, die Windrichtungen und der elektrische Zustand seiner Atmosphäre würden sich ändern. Das gegenwärtige organische Leben des Tals würde ausgelöscht werden und viele Pflanzen- und Tierstämme würden aus dem Mittelmeerraum in die neue Heimat auswandern, die die menschliche Kunst für sie vorbereitet hatte. Es ist auch möglich, dass die Hinzufügung von 1.300 Fuß oder vierzig Atmosphären hydrostatischem Druck auf den Boden des Beckens das Gleichgewicht zwischen den inneren und äußeren Kräften der Erdkruste an diesem Punkt abnormaler Konfiguration stören könnte. und so geologische Erschütterungen hervorrufen, deren Intensität nicht einmal vermutet werden kann.

Seekanäle in Griechenland.

Ein in der Antike gebauter Seekanal und ein weiterer geplanter Kanal, von denen letzterer wieder Aufmerksamkeit erregt, verdienen einige Beachtung, obwohl ihre Bedeutung eher kommerzieller als geographischer Natur ist. Das erste davon ist der von Xerxes gemachte Schnitt durch den Felsen, der das Vorgebirge des Berges Athos mit dem Festland verbindet; der andere ist ein schiffbarer Kanal durch die Landenge von Korinth. Trotz der Aussage von Herodot und Thukydides zählten die Römer den Kanal von Nachdem es so verstopft war, dass es nicht mehr befahrbar war, wurde es wahrscheinlich zugeschüttet, um die Kommunikation auf dem Landweg zwischen dem Vorgebirge und dem Land dahinter zu erleichtern.

Wenn das schicke Königreich Griechenland jemals eine nüchterne Realität werden soll, entfliehen Sie seiner Vormundschaft und erlangen Sie einen solchen moralischen und politischen Status, dass seine eigenen Kapitalisten – die sich nun lieber anderswo als in ihrem Heimatland niederlassen und ihre Gelder einsetzen möchten – Vertrauen in die Beständigkeit seiner Institutionen haben, wird zweifellos ein schiffbarer Kanal zwischen den Golfen von Lepanto und Ægina eröffnet. Durch den Anschluss der Ionischen Inseln an Griechenland wird ein solches Werk fast zu einer politischen Notwendigkeit, und es würde nicht nur wertvolle Möglichkeiten für den innerstaatlichen Verkehr bieten, sondern auch zu einem wichtigen Kommunikationskanal bzw. Leitungskanal zwischen der Levante und den an die Adria angrenzenden Ländern werden ihren Handel über dieses Meer.

Wie ich bereits sagte, wäre die Bedeutung dieses letzteren Kanals und eines schiffbaren Kanals zwischen dem Berg Athos und dem Kontinent hauptsächlich kommerzieller Natur, aber beide wären auffällige Beispiele für die Kontrolle des Menschen über die Natur in einem Bereich, den er bisher ausgeübt hat tat wenig, um ihre spontanen Arrangements zu beeinträchtigen. Wenn sie in einer solchen Größenordnung gebaut wären, dass das Wasser in beiden Richtungen ungehindert hindurchströmen könnte, je nachdem, wie die vorherrschenden Winde es antreiben würden, würden sie einen gewissen Einfluss auf die Küstenströmungen ausüben, die als hydrographische Elemente wichtig sind und außerdem eine Abnutzung der Küste und eine Drift auf dem Meeresboden verursachen und daher einen höheren Rang als nur ein künstliches Transportmittel hätten.

Kanal von Saros.

Es wurde für praktikabel gehalten, einen Kanal über die Halbinsel Gallipoli von der Mündung des Marmora-Meeres in den Golf von Saros zu schlagen. Es kann bezweifelt werden, ob die mechanischen Schwierigkeiten eines solchen Werkes nicht als unüberwindbar gelten würden; aber wenn Konstantinopel den wichtigen politischen und kommerziellen Rang wiedererlangt, der ihm natürlicherweise zukommt, wird der Bau eines solchen Kanals sowohl aus starken militärischen Zweckmäßigkeitsgründen als auch aus Handelsinteressen empfohlen. Ein offener Kanal über die Halbinsel würde einen Teil des Wassers, das jetzt durch die Dardanellen fließt, umleiten, die Geschwindigkeit dieser starken Strömung verringern und somit teilweise die Schwierigkeiten beseitigen, die die Schifffahrt durch die Meerenge behindern. Es würde die Entfernung auf dem Wasserweg zwischen Konstantinopel und der Nordküste der Ägäis erheblich verkürzen und hätte den wichtigen Vorteil, dass ein Feind gezwungen wäre, zwei Blockadeflotten statt einer zu unterhalten.

Cape Cod-Kanal.

Die Eröffnung eines schiffbaren Schnitts durch den schmalen Hals, der den südlichen Teil der Cape Cod Bay in Massachusetts vom Atlantik trennt, wurde schon vor langer Zeit vorgeschlagen, und es gibt nur wenige Küstenverbesserungen an den Atlantikküsten der Vereinigten Staaten, die aus höheren Erwägungen empfohlen werden des Nutzens. Es würde dem wichtigsten Küstenhandel der Vereinigten Staaten die lange und gefährliche Schifffahrt um Cape Cod ersparen, einen neuen und sichereren Zugang zum

Bostoner Hafen für Schiffe aus südlichen Häfen ermöglichen, eine Auswahl an Passagen sichern und so die Ankunft an der Küste und die Abreise ermöglichen von dort aus zu Zeiten, in denen Wind und Wetter sie sonst verhindern könnten, und stellen eine äußerst wertvolle interne Kommunikation im Falle einer Küstenblockade durch eine ausländische Macht dar. Die Schwierigkeiten des Unternehmens sind zweifellos gewaltig, aber die Wartungskosten und die Ungewissheit über die Auswirkungen der Strömungen, die durch die neue Meerenge ziehen, sind noch schwerwiegendere Einwände.

Umleitung des Nils.

Das vielleicht bemerkenswerteste Projekt großer physischer Veränderungen, das in früheren Zeiten vorgeschlagen oder bedroht wurde, ist die Ablenkung des Nils von seinem natürlichen Kanal und die Umwandlung seiner Strömung in die libysche Wüste oder das Rote Meer. Die äthiopischen oder abessinischen Fürsten bedrohten die Memlouk-Sultane mehr als einmal mit der Ausführung dieses alarmierenden Vorhabens, und die Furcht vor einem so schwerwiegenden Übel soll die Moslems dazu veranlasst haben, die abessinischen Könige durch große Geschenke und einige Zugeständnisse an die Könige zu versöhnen unterdrückte Christen Ägyptens. [484] Tatsächlich behaupten arabische Historiker, dass die Äthiopier im zehnten Jahrhundert den Fluss aufstauten und ihn ein ganzes Jahr lang von Ägypten abschlossen. Die wahrscheinliche Erklärung für diese Geschichte liegt in einer Zeit extremer Dürre, wie sie manchmal im Niltal vorkam. Zu Beginn des 16. Jahrhunderts nahm Albuquerque der „Schreckliche" den Plan wieder auf, den Nil in das Rote Meer umzuwandeln, in der Hoffnung, den Transithandel durch Ägypten über Kesseir zu zerstören. Im Jahr 1525 wurde der König von Portugal vom Kaiser von Abessinien gebeten, ihm zu diesem Zweck Ingenieure zu schicken; Ein Nachfolger dieses Fürsten drohte um das Jahr 1700, das Projekt zu versuchen, und noch während der französischen Besetzung Ägyptens wurde in England die Möglichkeit in Betracht gezogen, den Eindringling auf diese Weise zu vertreiben.

Es kann nicht mit Sicherheit behauptet werden, dass die Umleitung des Nilwassers in das Rote Meer unmöglich ist. In der Gebirgskette, die die beiden Täler trennt, fand Brown eine tiefe Senke oder Wadi, die sich von dem einen zum anderen erstreckte und keine große Höhe über dem Flussbett hatte. Die libysche Wüste liegt so viel höher als der Nil unterhalb der Kreuzung der beiden Hauptarme bei Khartum, dass es keinen Grund zu der Annahme gibt, dass in dieser Richtung ein neuer Kanal für ihre vereinten Gewässer gefunden werden könnte; aber der Bahr-el-Abiad fließt, wenn er nicht entspringt, durch ein großes Hochland, und einige seiner Nebenflüsse sollen in der Regenzeit mit Zweigen großer Flüsse in Verbindung stehen, die in eine ganz andere Richtung fließen. Daher ist es wahrscheinlich, dass zumindest ein Teil des Wassers dieses großen Nilarms – und vielleicht eine Menge, deren Entnahme in Ägypten deutlich zu spüren wäre – vom Niger in den Atlantik geleitet und in den Binnenseen verloren geht Zentralafrikas oder zur Düngung der libyschen Sandwüste eingesetzt.

Unter Berücksichtigung der Möglichkeit, den gesamten Fluss in das Rote Meer zu verwandeln, wollen wir die wahrscheinlichen Auswirkungen dieser Veränderung betrachten. Erstens und am offensichtlichsten ist die völlige Zerstörung der Fruchtbarkeit Mittel- und Unterägyptens, die Umwandlung dieses Teils des Tals in eine Wüste und das Aussterben seiner unvollkommenen Zivilisation, wenn nicht sogar die völlige Ausrottung seiner Bewohner. Dies ist das Unglück, das die abessinischen Fürsten und die wilden portugiesischen Krieger drohten und das die Sultane Ägyptens fürchteten. Über diese unmittelbaren und spürbaren Konsequenzen hinaus blickte damals keine der Parteien; aber ein viel größeres geografisches Gebiet und weitaus umfangreichere und vielfältigere menschliche Interessen wären von der Maßnahme betroffen. Die Ausbreitung des Nils während der jährlichen Überschwemmung bedeckt viele Wochen lang mehrere tausend Quadratmeilen mit Wasser und durchdringt zu anderen Jahreszeiten das gleiche und sogar ein größeres Gebiet durch Infiltration mit Feuchtigkeit. Die Entnahme einer so großen verdunstbaren Oberfläche von den Südküsten des Mittelmeers konnte nicht umhin, wichtige Auswirkungen auf viele meteorologische Phänomene zu haben, und die Luftfeuchtigkeit, die Temperatur, die elektrischen Bedingungen und die atmosphärischen Strömungen im Nordosten Afrikas könnten in einem solchen Ausmaß verändert werden würde das Klima in Europa spürbar beeinflussen.

Da das Mittelmeer nicht über die Beiträge des Nils verfügt, wäre eine größere Wasserversorgung und natürlich eine stärkere Strömung vom Atlantik durch die Straße von Gibraltar erforderlich. Der darin enthaltene Salzanteil würde erhöht und das Tierleben zumindest an seinen südlichen Grenzen würde dadurch verändert; Die Strömung, die sich entlang seiner südlichen, östlichen und nordöstlichen Küsten windet, würde an Kraft und Volumen gemindert, wenn nicht sogar ganz zerstört, und sein Becken und seine Häfen wären von keinen neuen Ablagerungen aus dem Hochland von Innerafrika überschwemmt.

Im viel kleineren Roten Meer würden unmittelbar spürbarere, wenn nicht sogar größere Auswirkungen erzielt. Die Schlammablagerungen würden seine Tiefe verringern und es vielleicht im Laufe der Jahrhunderte in ein Binnen- und ein offenes Meer teilen; sein Wasser würde mehr oder weniger erfrischt sein, und seine immens reiche Meeresfauna und -flora würde sich in Charakter und Proportion verändern und in der Nähe der Flussmündung vielleicht sogar ganz zerstört werden; seine schiffbaren

Kanäle waren in ihrer Lage verändert und oft stark verstopft; Der Gezeitenfluss würde durch die neuen geografischen Bedingungen verändert; Das Sediment des Flusses würde neue Küstenlinien und Tiefebenen bilden, die mit Vegetation bedeckt wären und dadurch wahrscheinlich spürbare Klimaveränderungen hervorrufen würden.

Veränderungen im Kaspischen Meer.

Die russische Regierung hat die Einrichtung einer nahezu direkten Wasserverbindung zwischen dem Kaspischen Meer und dem Asowschen Meer erwogen, teils durch natürliche, teils durch künstliche Kanäle, und es gibt jetzt schiffbare Kanäle zwischen dem Don und der Wolga; aber diesen Werken mangelt es zwar nicht an kommerziellem und politischem Interesse, sie besitzen jedoch keine geografische Bedeutung. Es ist jedoch durchaus möglich, durch die Umleitung der großen Flüsse, die aus Zentralrussland fließen, erhebliche geographische Veränderungen im Becken des Kaspischen Meeres hervorzurufen . Die Oberfläche des Kaspischen Meeres liegt 83 Fuß unter dem Niveau des Asowschen Meeres, und sein Tiefgang wurde mit der Hypothese erklärt, dass die Verdunstung die direkt und indirekt aus dem Niederschlag resultierende Versorgung übersteigt, obwohl fähige Physiker jetzt behaupten, dass die Der Untergang dieses Meeres ist auf ein Absinken seines Bodens aus geologischen Gründen zurückzuführen. Bei Zarizin nähern sich der Don, der in das Asowsche Meer mündet, und die Wolga, die ins Kaspische Meer mündet, auf zehn Meilen an. In der Nähe dieses Punktes könnte durch offene oder unterirdische Kanäle der Don in die Wolga oder die Wolga in den Don umgewandelt werden. Wenn wir davon ausgehen, dass das gesamte Wasser des Don oder ein großer Teil auf diese Weise von seinem natürlichen Abfluss abgelenkt und zum Kaspischen Meer hinabgeleitet wird, könnte das Gleichgewicht zwischen der Verdunstung aus diesem Meer und seiner Wasserversorgung bzw. seinem Wasserspiegel wiederhergestellt werden sogar über seine alten Grenzen hinaus. Wenn die Wolga in das Asowsche Meer verwandelt würde, würde das Kaspische Meer verkleinert werden, bis das Gleichgewicht zwischen Verlust und Gewinn wiederhergestellt wäre, und es würde eine viel kleinere Fläche einnehmen als derzeit. Solche Änderungen im Verhältnis von fester und flüssiger Oberfläche hätten einige klimatische Auswirkungen auf das Gebiet, das in das Kaspische Meer mündet, und andererseits würde die Einführung einer größeren Menge Süßwasser in das Asowsche Meer diesen Golf weniger salzhaltig machen , beeinflussen den Charakter und die Anzahl seiner Fische und bleiben möglicherweise nicht ganz ohne spürbaren Einfluss auf das Wasser des Schwarzen Meeres.

Verbesserungen in der nordamerikanischen Hydrographie.

Wir sind mit der Geographie Zentralafrikas oder des Inneren Südamerikas noch nicht gut genug vertraut, um zu vermuten, welche hydrographischen Revolutionen dort hervorgerufen werden könnten; aber aus der Tatsache, dass viele wichtige Flüsse auf beiden Kontinenten ausgedehnte Hochebenen mit sehr mäßiger Neigung entwässern, gibt es Grund zu der Annahme, dass wichtige Veränderungen im Flusslauf herbeigeführt werden könnten. Unser Wissen über die Entwässerung Nordamerikas ist viel vollständiger, und es ist sicher, dass es zahlreiche Punkte gibt, an denen die Laufläufe großer Flüsse oder der Abfluss beträchtlicher Seen vollständig umgeleitet oder zumindest teilweise in andere Kanäle geleitet werden könnten.

Die Oberfläche des Eriesees liegt 565 Fuß über der des Hudson bei Albany und liegt so nahe an der Ebene der östlich davon liegenden großen Ebene, dass es sich als praktikabel erwies, den westlichen Abschnitt des Kanals zu versorgen, der ihn mit dieser verbindet der Hudson, mit Wasser aus dem See, oder besser gesagt aus dem Niagara, der aus ihm fließt. Daher könnte ein Kanal gebaut werden, der einen beliebigen gewünschten Teil des vom Niagara auf natürliche Weise abfließenden Wassers in das Tal des Genesee ableiten würde. Die größte bisher festgestellte Wassertiefe im Eriesee beträgt nur 270 Fuß, die mittlere Tiefe 120 Fuß. Offene Kanäle parallel zum Niagara oder direkt zum Genesee hin könnten in einem Ausmaß angelegt werden, das einen wichtigen Einfluss auf die Entwässerung des Sees ausüben würde, wenn es einen geeigneten Grund für ein solches Unternehmen gäbe. Noch einfacher wäre es, zusätzliche Abflüsse für das Wasser des Lake Superior am Saut St. Mary zu schaffen – wo der Fluss, der den See entwässert, in einer Meile 22 Fuß abfällt – und so unkalkulierbare Auswirkungen sowohl auf diesen See als auch auf ihn zu haben auf der großen Kette von Binnengewässern, die mit ihm kommunizieren.

Der Gipfel zwischen dem Michigansee und Des Plaines, einem Nebenfluss des Mississippi, liegt nur 27 Fuß über dem See, und die Entfernung dazwischen beträgt nur sehr wenige Meilen. Es wurde oft vorgeschlagen, einen offenen Kanal über diesen Grat zu schlagen, und es besteht kein Zweifel an der Durchführbarkeit des Projekts. Wäre dies möglich, würde ein Teil des Wassers des Michigansees in den Golf von Mexiko und nicht in den des Sankt-Lorenz-Stroms fließen, obwohl ein solcher Schnitt an sich keinen schiffbaren Kanal bilden würde, und dies könnte der Fall sein so reguliert, dass Illinois und Mississippi zu jeder Jahreszeit überschwemmt bleiben. Die Zunahme des Volumens dieser Flüsse würde ihre Geschwindigkeit und ihre Transportkraft erhöhen und in der Folge die Erosion ihrer Ufer und die Ablagerung von Schlamm im Golf von Mexiko zur Folge haben, während gleichzeitig eine größere Menge an kaltem Wasser in die Flussbetten eindringen würde Diese Flüsse würden höchstwahrscheinlich einen erheblichen Einfluss auf die Tierwelt haben, die sie bevölkert. Die Umleitung des Wassers aus dem gemeinsamen Becken der großen Seen durch einen neuen Kanal, in einer Richtung, die ihrem natürlichen Abfluss entgegengesetzt ist, würde nicht ganz ohne Einfluss auf den Sankt-Lorenz-Strom bleiben, obwohl die Wirkung wahrscheinlich zu gering wäre, um irgendeinen Einfluss zu haben Art und Weise wahrnehmbar.

Umleitung des Rheins.

Die Beeinträchtigung physischer Verbesserungen mit erworbenen Rechten und alten Vereinbarungen ist in alten Ländern ein größeres Hindernis als in neuen für Unternehmen, die einer geographischen Revolution ähneln. Daher stoßen solche Projekte in Europa auf stärkeren Widerstand als in Amerika, und die Zahl der wahrscheinlichen Veränderungen im Gesicht der Natur ist auf dem ersteren Kontinent verhältnismäßig geringer. Ich habe einige wichtige hydraulische Verbesserungen festgestellt, die in Europa bereits durchgeführt oder im Gange sind, und ich verweise möglicherweise auf einige andere, die in Betracht gezogen oder vorgeschlagen werden. Eine davon ist die Umleitung des Rheins aus seinem heutigen Lauf unterhalb von Ragatz durch einen Schnitt durch den schmalen Bergrücken bei Sargans und die damit verbundene Wendung seiner Strömung in den Wallenstädter See. Das wäre ein äußerst leichtes Unterfangen, denn der Bergrücken liegt nur zwanzig Fuß über dem Rheinspiegel und ist kaum zweihundert Meter breit. Es gibt derzeit keinen angemessenen Grund für diese Ablenkung, aber es ist leicht anzunehmen, dass sie in nicht allzu langer Zeit ratsam sein könnte. Die Schifffahrt auf dem Bodensee gewinnt rasch an Bedeutung, und die Überschwemmung des östlichen Endes dieses Sees durch die Ablagerungen des Rheins erfordert möglicherweise eine Abhilfe, die durch kein anderes so schnelles Mittel wie durch die Einleitung dieses Flusses in diesen Fluss gefunden werden kann der Wallenstädter See. Die Schifffahrt auf diesem letztgenannten See ist nicht wichtig und wird es wahrscheinlich auch nie werden, da der felsige und steile Charakter seiner Ufer ihre Bewirtschaftung unmöglich macht. Es ist sehr tief und sein Becken ist groß genug, um alle Sedimente aufzunehmen und festzuhalten, die der Rhein über Jahrtausende hinweg hineintragen würde.

Trockenlegung der Zuiderzee.

Ich habe die Trockenlegung des Haarlemer Sees als eine Operation von großem geografischem sowie wirtschaftlichem und mechanischem Interesse bezeichnet. Ein viel gigantischeres Projekt ähnlichen Charakters erregt nun die Aufmerksamkeit der niederländischen Ingenieure. Es wird vorgeschlagen, das große Salzwasserbecken Zuiderzee trockenzulegen. Dieses Binnenmeer erstreckt sich über eine Fläche von nicht weniger als zweitausend Quadratmeilen oder etwa einer Million dreihunderttausend Acres. Es wird angenommen, dass die seewärtige Hälfte oder der Teil, der nordwestlich einer Linie von Enkhuizen nach Stavoren liegt, seit dem fünften Jahrhundert nach Christus von einem Sumpfland in eine offene Bucht umgewandelt wurde, und diese Veränderung wird, teilweise, wenn nicht vollständig, darauf zurückgeführt der Eingriff des Menschen in die Ordnung der Natur. Die Zuiderzee ist durch mindestens sechs beträchtliche Kanäle mit dem Meer verbunden, die durch niedrige Inseln voneinander getrennt sind, und die Flut steigt innerhalb des Beckens auf eine Höhe von drei Fuß. Um die Zuiderzee entwässern zu können, müssen diese Kanäle zunächst geschlossen und der Durchgang des Gezeitenhochwassers durch sie unterbrochen werden. Wenn dies geschieht, werden die Küstenströmungen wieder annähernd die Linien erreichen, denen sie vor vierzehn oder fünfzehn Jahrhunderten folgten, und es besteht kaum ein Zweifel daran, dass dadurch eine nennenswerte Wirkung auf alle Gezeitenphänomene dieser Küste und natürlich auf alle Gezeitenphänomene dieser Küste ausgeübt wird , über die maritime Geographie Hollands.

Anschließend müssen ein Ringdeich und ein Kanal um die Landseite des Beckens herum gebaut werden, um die nun in das Becken mündenden Süßwasserströme abzuleiten und abzuleiten. Einer davon, die IJssel, ist ein beträchtlicher Fluss, hat einen Lauf von 80 Meilen und ist in der Tat einer der Ausflüsse des Rheins, obwohl er durch das Wasser mehrerer unabhängiger Nebenflüsse verstärkt wird. Nachdem diese Vorbereitungen getroffen und möglicherweise an geeigneten Stellen Querdeiche errichtet wurden, um den Golf in kleinere Abschnitte zu unterteilen, muss das Wasser maschinell abgepumpt werden, und zwar im Wesentlichen auf die gleiche Weise wie im Fall des Haarlemer Sees. Der Zeit- und Geldaufwand, der für die Durchführung dieses gewaltigen Unternehmens erforderlich ist, kann nicht sicher berechnet werden, aber ich glaube, dass seine Durchführbarkeit von kompetenten Richtern nicht bestritten wird, obwohl Zweifel an seiner finanziellen Zweckmäßigkeit bestehen. Die geographischen Ergebnisse dieser Verbesserung würden denen der Entwässerung des Haarlemer Sees ähneln, sich jedoch um ein Vielfaches vervielfachen, und ihre meteorologischen Auswirkungen wären, obwohl sie an der Küste vielleicht nicht wahrnehmbar sind, im Landesinneren kaum spürbar Holland.

Gewässer des Karsts.

Die einzigartige Struktur des Karsts, des großen Kalksteinplateaus nördlich von Triest, hat einige Ingenieurarbeiten nahegelegt, die erhebliche Auswirkungen auf die Geographie der Provinz haben könnten. Ich habe dieses Tafelland so beschrieben, dass es, obwohl es jetzt keine Wälder und fast keine Vegetation mehr gibt, einst mit Wäldern bedeckt war und vollständig von Höhlen durchzogen war, durch die die Entwässerung dieser Region geleitet wird. Schmidl hat Jahre damit verbracht, die unterirdische Geographie und Hydrographie dieses einzigartigen Gebiets zu studieren, und seine Entdeckungen sowie die früherer Höhlenjäger haben zu verschiedenen Vorschlägen zur körperlichen Verbesserung neuartigen Charakters geführt. Viele der unterirdischen Wasserläufe des Karstes haben keinen sichtbaren Abfluss, und zumindest in einigen Fällen leiten sie ihr Wasser zweifellos über tiefe Kanäle in die Adria. [485] Die Stadt Triest ist sehr unzureichend mit Süßwasser versorgt. Es wurde für möglich gehalten, diesen Bedarf zu decken, indem man einen Tunnel durch die Mauer des Plateaus bohrte, die im hinteren Teil der Stadt abrupt ansteigt, bis man auf einen unterirdischen Bach trifft, dessen Strom zur Stadt geleitet werden kann. Visionärere Projektoren sind noch weiter gegangen und haben sich vorgestellt, dass die natürlichen Tunnel unter dem Karst für den Durchgang von Straßen, Eisenbahnen und sogar schiffbaren Kanälen genutzt werden könnten. Aber so chimär diese letzteren Pläne auch erscheinen mögen, es gibt allen Grund zu der Annahme, dass die Kunst diese Galerien nutzen könnte, um die unvollständige Entwässerung des vom Karst begrenzten Champaign-Landes zu verbessern, und dass das Stoppen oder Öffnen der natürlichen Kanäle dies erheblich verändern könnte Hydrographie einer ausgedehnten Region.

Unterirdische Gewässer Griechenlands.

Es gibt Teile des kontinentalen Griechenlands, die dem Karst und den angrenzenden Ebenen ähneln, da sie über eine natürliche unterirdische Entwässerung verfügen. Das überschüssige Wasser fließt in Kalksteinhöhlen ab, die *Catavothra* (καταβόθρα) genannt werden. In der Antike wurden die Eingänge zur Katavothra vergrößert oder teilweise geschlossen, wenn die Entwässerung oder Bewässerung erforderlich war, und es besteht kein Zweifel, dass ähnliche Maßnahmen auch heute noch mit großem Vorteil sowohl für die Gesundheit als auch für die Produktivität der Katavothra ergriffen werden könnten Regionen so ausgelaugt.

Boden unter Felsen.

Eine der einzigartigsten vom Menschen verursachten Veränderungen der natürlichen Oberfläche ist die von Beechey und Barth in Lîn Tefla und in der Nähe von Gebel Genûnes im Distrikt Ben Gâsi in Nordafrika beobachtete. In dieser Region bestand die oberflächliche Schicht ursprünglich aus einer dünnen Felsschicht, die eine Schicht fruchtbarer Erde bedeckte. Dieses Gestein wurde zerkleinert und, wenn es nicht möglich war, es für Zäune, Festungen oder Behausungen zu verwenden, zu hohen Haufen zusammengeschichtet, und der so von seiner steinigen Hülle befreite Boden wurde für landwirtschaftliche Zwecke genutzt. [486] Wenn wir uns daran erinnern, dass Schießpulver zu der Zeit, als diese bemerkenswerten Verbesserungen durchgeführt wurden, unbekannt war und dass der Fels natürlich nur mit Meißel und Keil gebrochen werden konnte, müssen wir schlussfolgern, dass Land zu dieser Zeit einen sehr hohen finanziellen Wert hatte Wert, und natürlich, dass die Provinz, obwohl jetzt erschöpft und fast vollständig von Menschen verlassen, einst eine dichte Bevölkerung hatte.

Felsen mit Erde bedecken.

Wenn der Mensch in manchen Fällen Gestein aufgebrochen hat, um darunter fruchtbaren Boden zu erreichen, hat er in vielen anderen Fällen kahle Felsvorsprünge und manchmal ausgedehnte Flächen aus festem Stein mit fruchtbarer Erde bedeckt, die er aus nicht unerheblicher Entfernung herbeigebracht hat. Ganz zu schweigen vom Campo Santo in Pisa, der zu einem ganz anderen Zweck mit Erde aus dem Heiligen Land gefüllt oder zumindest bedeckt ist. Es wird behauptet, dass der Garten des Klosters St. Katharina am Berg Sinai aus Nil besteht Schlamm, der auf dem Rücken von Kamelen von den Ufern dieses Flusses transportiert wurde. Parthey und ältere Autoren geben an, dass der gesamte produktive Boden der Insel Malta von Sizilien herübergebracht wurde. [487] Die Genauigkeit der Informationen kann in beiden Fällen in Frage gestellt werden, aber ähnliche Praktiken in kleinerem Maßstab sind in vielen Teilen Südeuropas Gegenstand täglicher Beobachtung. Ein Großteil des Moselweins wird aus Trauben gewonnen, die auf der Erde angebaut werden und auf den Schultern von Menschen hoch die Klippen hinaufgetragen werden. Auch in China wurden Felsen künstlich in einem Ausmaß mit Erde bedeckt, die solchen Operationen eine echte geografische Bedeutung verleihen, und die Berichte über den Import von Erde in Malta und die Düngung der Felsen auf dem Berg Sinai mit Schleim aus dem Nil, möglicherweise nicht ganz unbegründet.

Wadies von Arabien, Petræa.

Im letzteren Fall könnte Flusssediment zwar als Dünger sehr nützlich sein, aber als Boden dürfte es kaum benötigt werden; denn das Wachstum der Vegetation in den Tälern der Sinai-Halbinsel zeigt, dass das zerfallene Gestein seiner Berge nur Wasser benötigt, um es zu beträchtlicher Produktivität anzuregen. Die Wadies weisen nicht selten enge Schluchten auf, die leicht geschlossen werden könnten, und so könnten sich Erdansammlungen und Wasserreservoirs zu ihrer Bewässerung bilden, die viele Quadratmeilen Wüste in blühende Dattelgärten und Maisfelder verwandeln würden. Unweit von Wadi Feiran, auf dem direktesten Weg zum Wadi Esh-Sheikh, befindet sich ein sehr schmaler Pass, der von den Arabern El Bueb (El Bab) oder „Das Tor" genannt wird und der bis zu einer sehr beträchtlichen Höhe sicher verschlossen sein könnte, mit wenig Arbeit oder Kosten. Oberhalb dieses Passes befindet sich eine weite und nahezu ebene

Fläche mit einer Fläche von 100 Acres, vielleicht sogar noch mehr. Dieser ist bis zu einem bestimmten regelmäßigen Niveau mit Ablagerungen aufgefüllt, die von Strömen heruntergespült wurden, bevor das Tor oder Bueb durchbrochen wurde, und sie haben jetzt einen Kanal in den Ablagerungen bis zum Bett des Wadi abgenutzt. Würde man am Pass einen Damm bauen und Stauseen bauen, um den Winterregen aufzufangen, könnte ein großer Teil des Tals kultivierbar gemacht werden.

Nebeneffekte menschlichen Handelns.

Ich habe mehr als einmal darauf hingewiesen, dass die Nebenfolgen und ungewollten Konsequenzen menschlichen Handelns oft weitreichender sind als die direkten und gewünschten Ergebnisse. Es gibt Fälle, in denen solche zufälligen oder, wie es im Volksmund heißt, zufälligen Folgen, obwohl sie an sich von untergeordneter Bedeutung sind, dazu dienen, natürliche Prozesse zu veranschaulichen; andere, wo sie durch die Größe und Art der materiellen Spuren, die sie hinterlassen, beweisen, dass der Mensch in den ersten oder fortgeschritteneren Stadien des sozialen Lebens bestimmte Bezirke für einen längeren Zeitraum bewohnt haben muss, als die populäre Chronologie annimmt . „An der Küste Jütlands", sagt Forchhammer, „werden überall dort, wo ein Bolzen eines Wracks oder ein anderes Eisenfragment im Strandsand abgelagert wird, die Partikel zusammengeklebt und bilden eine sehr feste Masse um das Eisen. Eine bemerkenswerte Formation." Diese Art wurde vor einigen Jahren beim Bau der Ufermauer des Hafens von Elsineur beobachtet. Diese Schicht, die selten mehr als einen Fuß dick war, ruhte auf gewöhnlichem Strandsand und wurde in verschiedenen Tiefen gefunden, weniger in Küstennähe, mehr in einiger Entfernung davon. Es bestand aus Kieselsteinen und Sand und enthielt eine große Menge Nadeln und einige Münzen aus der Regierungszeit von Christian IV. zwischen dem Anfang und der Mitte des 17. Jahrhunderts. Hier und da eine Schicht von metallisches Kupfer war durch galvanische Wirkung abgeschieden worden, und oft wurde das Vorhandensein von vollständig oxidiertem metallischem Eisen festgestellt. Eine von Ratsrat Reinhard und mir im Auftrag der Society of Science durchgeführte Untersuchung ergab, dass diese Formation höchstwahrscheinlich darauf zurückzuführen ist Sein Ursprung liegt im Straßenkehricht der Stadt, der auf den Strand geworfen und von den Wellen fortgetragen und über den Grund des Hafens verteilt wurde. [488] Diese und andere bekannte Beobachtungen ähnlicher Art zeigen, dass ein Sandsteinriff von nicht unerheblicher Größe durch das Stranden eines Schiffes mit einer Ladung Eisen entstehen könnte, [489] oder durch das Wegwerfen der Abfälle einer Arbeitsstätte Metalle in fließendes Wasser, das sie ins Meer tragen könnte.

Parthey berichtet von einem einzigartigen Fall unvorhergesehenen Unheils durch einen Eingriff in die Vorkehrungen der Natur. Ein Landbesitzer auf Malta besaß ein Felsplateau, das allmählich zum Meer hin abfiel und in einem vierzig bis fünfzig Fuß hohen Abgrund endete, durch den das Meerwasser in eine große Höhle unter dem Felsen floss. Der Besitzer versuchte, an der Oberfläche eine Salinenanlage zu errichten und flache Becken in den Fels zu schneiden, um das Wasser zu verdunsten. Um die Salzpfannen schneller füllen zu können, ließ er einen Brunnen bis in die darunter liegende Höhle bohren, durch den er mit einer Ankerwinde und Eimern Wasser förderte. Die Spekulation erwies sich als Fehlschlag, denn das Wasser sickerte durch den porösen Boden der Pfannen und hinterließ nur wenig Salz. Aber das war ein kleines Übel im Vergleich zu den anderen zerstörerischen Folgen, die folgten. Als das Meer durch heftige West- oder Nordwestwinde in die Höhle getrieben wurde, schoss es einen *Jet d'eau* bis zu einer Höhe von sechzig Fuß durch den Brunnen, dessen Gischt weit und breit über die benachbarten Gärten verstreut wurde und die Ernte sprengte. Der Brunnen war nun mit Steinen verschlossen, aber die Stürme des nächsten Winters schleuderten sie wieder heraus und verteilten wie zuvor den Salznebel über das umliegende Gelände. Es wurden wiederholt Versuche unternommen, die Öffnung zu verschließen, doch zur Zeit von Partheys Besuch war das Meer bereits dreimal durchgebrochen, und man befürchtete, dass das Übel kein Heilmittel hatte. [490]

Ich habe das große Ausmaß der Austern- und anderen Muschelhaufen erwähnt, die die amerikanischen Indianer an der Atlantikküste der Vereinigten Staaten hinterlassen haben. Einige der ihnen sehr ähnlichen dänischen Küchenhaufen sind tausend Fuß lang, 150 bis 200 Fuß breit und 6 bis 10 Fuß hoch. Diese Pfähle haben als geologische Zeugen eine Bedeutung, unabhängig von ihrer Bedeutung für die Menschheitsgeschichte. Überall dort, wo die Küstenlinie nach anderen Beweisen seit ihrer Anhäufung in Umriss und Höhe unverändert geblieben zu sein scheint, findet man sie in der Nähe des Meeres und nicht mehr als etwa zehn Fuß über dessen Meeresspiegel. In einigen Fällen befinden sie sich in beträchtlicher Entfernung vom Strand, und in diesen Fällen gibt es, soweit bisher untersucht, Beweise dafür, dass die Küste infolge von Umwälzungen oder fluviatilen oder marinen Ablagerungen vorgedrungen ist. Wo sie überhaupt fehlen, scheint die Küste versunken oder vom Meer weggespült worden zu sein. Die Konstanz dieser Beobachtungen berechtigt die Geologen dazu, in Fällen, in denen andere Beweise fehlen, das Vordringen des Landes bzw. des Meeres bzw. die Erhebung oder Senkung des ersteren allein auf die Lage oder das Fehlen dieser Haufen zurückzuführen.

Jeder Italienreisende kennt den Monte Testaccio, den Berg der Tonscherben, bei Rom; aber diese Lagerstätte, so groß sie auch ist, schrumpft im Vergleich zu Massen ähnlicher Herkunft in der Umgebung älterer Städte zur Bedeutungslosigkeit. Die weggeworfenen Töpferwaren der antiken Städte in Magna Graecia bestehen aus Schichten von solcher Ausdehnung und Dicke, dass ihnen die Bezeichnung „Keramikformation" verliehen wurde. Während der Nil langsam sein Bett ändert, legt er an seinen Ufern Massen desselben Materials frei, die so groß sind, dass die Weltbevölkerung während der gesamten historischen Periode dieses Tal als allgemeine Lagerstätte für ihre zerbrochenen Schiffe gewählt zu haben scheint.

Die Fruchtbarkeit, die den Ufern des Nils durch das Wasser und den Schlamm der Überschwemmungen verliehen wird, ist so groß, dass Düngemittel kaum eingesetzt werden. Daher wird viel Hausmüll, der anderswo zur Anreicherung des Bodens verwendet werden würde, auf freien Plätzen in der Nähe der Stadt entsorgt. So türmen sich Müllberge auf, die den Reisenden fast ebenso in Erstaunen versetzen wie die massiven Pyramiden selbst. Die an den Grenzen und innerhalb der Grenzen von Kairo gesammelten Asche- und anderen Hausmüllhaufen waren so groß, dass ihre Beseitigung durch Ibrahim Pacha als eines der großen Werke dieser Zeit angesehen wurde.

Der Boden in der Nähe von Städten, dessen Straßenkehricht als Mist auf den Boden gestreut wird, wird durch sie und andere Auswirkungen menschlicher Industrie spürbar angehoben, und trotz aller Bemühungen, den Abfall zu entfernen, ist das Bodenniveau sehr hoch Der Stand der Städte wird ständig erhöht. Die heutigen Straßen Roms liegen zwanzig Fuß über denen der antiken Stadt. Als die Via Appia zwischen Rom und Albano vor ein paar Jahren geräumt wurde, lag sie vier bis fünf Fuß tief verschüttet vor, und die Felder entlang der Straße lagen fast oder ganz genauso hoch. Die Böden vieler Kirchen in Italien, die nicht älter als sechs oder sieben Jahrhunderte sind, liegen heute drei bis vier Fuß unter den angrenzenden Straßen, obwohl Ausgrabungen beweisen, dass sie ebenso viele Fuß über ihnen gebaut wurden.

Widerstand gegen große Naturgewalten.

Ich habe oft von den größeren und subtileren Naturkräften und insbesondere von geologischen Kräften als Mächten gesprochen, die jenseits menschlicher Führung oder Widerstand liegen. Das trifft derzeit zweifellos im Wesentlichen zu, aber der Mensch hat gezeigt, dass er selbst mit diesen mächtigen Dienern der Natur nicht ganz unfähig ist, zu kämpfen, und sein unbewusstes sowie sein absichtliches Handeln mögen in manchen Fällen die Intensität verstärkt oder abgeschwächt haben ihrer Energien. Es ist ein sehr alter Glaube, dass Erdbeben dort zerstörerischer sind, wo die Erdkruste fest und homogen ist, als dort, wo sie lockerer und unterbrochener ist. Aristoteles, Plinius der Ältere und Seneca glaubten, dass nicht nur natürliche

Schluchten und Höhlen, sondern auch Steinbrüche, Brunnen und andere menschliche Ausgrabungen, die die Kontinuität der Erdschichten unterbrechen und das Entweichen elastischer Dämpfe erleichtern, einen spürbaren Einfluss auf die Verringerung haben Gewalt und die Verhinderung der Ausbreitung der Erdwellen. In allen erdbebengefährdeten Ländern wird diese Meinung immer noch vertreten, und es wird behauptet, dass sowohl in der Antike als auch in der Neuzeit Gebäude, die durch tiefe Brunnen unter oder in der Nähe von ihnen geschützt wurden, weniger unter Erdbeben gelitten haben als diejenigen, deren Architekten diese Vorsichtsmaßnahme vernachlässigt haben . [491]

Wenn die allgemein akzeptierte Theorie über die Ursache von Erdbeben zutrifft – nämlich jene, die sie auf die elastische Kraft von Gasen zurückführt, die sich in unterirdischen Reservoirs ansammeln oder erzeugen –, ist es offensichtlich, dass offene Kommunikationskanäle zwischen solchen Reservoirs und der Atmosphäre als solche dienen könnten eine harmlose Freisetzung von Gasen, die andernfalls zerstörerische Energie erlangen würden. Es besteht Zweifel, ob künstliche Ausgrabungen tief genug durchgeführt werden können, um das Labor zu erreichen, in dem die elastischen Flüssigkeiten destilliert werden. An vielen Stellen gibt es kleine natürliche Spalten, durch die solche Flüssigkeiten entweichen, und ihre Quelle liegt manchmal in so mäßiger Tiefe, dass sie den oberflächlichen Boden durchdringen und sozusagen über eine beträchtliche Fläche aus ihm austreten. Wenn der Bohrer eines gewöhnlichen artesischen Brunnens in einen Hohlraum in der Erde eindringt, strömt eingeschlossene Luft oft mit großer Heftigkeit heraus, und dies wurde noch häufiger bei absinkenden Mineralölbrunnen beobachtet. Im letzteren Fall dauert der Austritt eines heftigen Stroms brennbarer Flüssigkeit manchmal stundenlang oder sogar länger an. Diese Tatsachen scheinen es nicht ganz unwahrscheinlich zu machen, dass der weit verbreitete Glaube an die Wirksamkeit von Tiefbrunnen bei der Linderung der Gewalt von Erdbeben begründet ist.

Im Allgemeinen werden leichte Holzgebäude durch Erdbeben weniger beschädigt als solidere Bauwerke aus Stein oder Ziegeln, und es wird allgemein angenommen, dass die von der Erdwelle ausgehende Kraft zu groß ist, als dass sie durch irgendein Gewicht oder eine feste Masse widerstanden werden könnte Dieser Mann kann sich an der Oberfläche anhäufen. Aber die Tatsache, dass in Ländern, die von Erdbeben betroffen sind, viele sehr große und stark gebaute Paläste, Tempel und andere Denkmäler jahrhundertelang vergleichsweise unversehrt geblieben sind, lässt Zweifel an der Richtigkeit dieser Meinung aufkommen. Das Erdbeben vom 1. November 1755, das sich auf einem Zwölftel der Erdoberfläche bemerkbar machte, war wahrscheinlich das heftigste, von dem wir klare und eindeutige

Berichte haben, und seine zerstörerischste Kraft scheint es in Lissabon entfaltet zu haben. Es ist oft als eine bemerkenswerte Tatsache festgestellt worden, dass die Münzstätte, ein Gebäude von großer Solidität, von dem Schock, der jedes Haus und jede Kirche in der Stadt zerstörte, fast völlig verschont blieb und dass ihr Entkommen aus der allgemeinen Ruine kaum anders erklärt werden kann unter der Annahme, dass sein Gewicht, seine Kompaktheit und seine Materialstärke es ihm ermöglichten, einer Erschütterung der Erde zu widerstehen, die alle schwächeren Strukturen umstürzte. Andererseits sank bei demselben Erdbeben ein steinerner Pier im Hafen von Lissabon, auf dem Tausende von Menschen Zuflucht gesucht hatten, mit seinen Fundamenten in große Tiefe; und es ist klar, dass dort, wo unterirdische Hohlräume in mäßiger Tiefe vorhanden sind, die Errichtung schwerer Massen darauf den Abbau der Schichten, die sie bedecken, begünstigen würde.

Ich glaube, kein Physiker hat angenommen, dass der Mensch den Ausbruch eines Vulkans verhindern oder die Menge an geschmolzenem Gestein verringern kann, die er aus den Eingeweiden der Erde ausstößt; Aber es ist nicht immer unmöglich, den Lauf selbst eines großen Lavastroms umzuleiten. „Die kleineren Lavaströme in der Nähe von Catania", beschreibt Ferrara den großen Ausbruch von 1669, „wurden durch den Bau trockener Steinmauern als Barriere von ihrem Lauf abgelenkt." * * * Es wurde vorgeschlagen, den Hauptstrom umzuleiten Aus Catania wurden fünfzig Männer, geschützt durch Felle, mit Haken und Eisenstangen geschickt, um die Flanke des Baches in der Nähe von Belpasso zu durchbrechen. [492] Als die Öffnung gemacht wurde, ergoss sich flüssige Lava und floss schnell nach Paterno; aber die Bewohner Da sie nicht bereit waren, ihre eigene Stadt zu opfern, um Catania zu retten, stürmten sie mit Waffen los und stoppten die Operation." [493] Beim Ausbruch des Vesuvs im Jahr 1794 rettete der Vizekönig die Stadt Portici und die wertvolle Antiquitätensammlung, die damals dort deponiert, aber inzwischen nach Neapel verbracht worden war, vor der drohenden Zerstörung, indem er mehrere tausend Männer anheuerte, um einen Graben über der Stadt auszuheben. wodurch der Lavastrom in eine andere Richtung abgeführt wurde. [494]

Auswirkungen des Bergbaus.

Die vom Menschen für Bergbau- und andere Zwecke vorgenommenen Ausgrabungen können manchmal zu Störungen der Oberfläche durch das Absinken der darüber liegenden Schichten führen, wie im Fall der Mine von Fahlun, aber solche Unfälle müssen immer von zu unbedeutendem Ausmaß sein, als dass sie gerechtfertigt wären Beachten Sie in geografischer Hinsicht. Solche Ausgrabungen können jedoch den Verlauf unterirdischer Gewässer erheblich beeinträchtigen, und es wurde sogar vermutet, dass die Entfernung großer Mengen metallischen Erzes aus ihren ursprünglichen Lagerstätten zumindest lokal Auswirkungen auf den magnetischen und elektrischen Zustand der Erdkruste haben könnte in einem vernünftigen Maße.

Unglückliche Brände in Kohle- oder Braunkohlebergwerken führen manchmal zu Folgen, die nicht nur große Mengen an wertvollem Material zerstören, sondern können auch direkt oder indirekt zu geografisch wichtigen Ergebnissen führen. Gelegentlich wird die Kohle durch die Lichter der Bergleute oder andere von ihnen genutzte Feuer entzündet und kann, wenn sie in verlassenen Stollen längere Zeit der Luft ausgesetzt ist, spontan entzündet werden. Unter günstigen Umständen brennt eine Kohleschicht, bis sie erschöpft ist, und in wenigen Monaten kann ein Hohlraum ausgebrannt sein, den menschliche Arbeit viele Jahre lang nicht ausheben konnte. Wittwer teilt uns mit, dass in St. Etienne in Dauphiny seit dem 14. Jahrhundert ein Kohlebergwerk brennt und dass ein Bergwerk in der Nähe von Duttweiler, ein weiteres in der Nähe von Epterode und ein drittes in Zwickau seit zweihundert Jahren in Flammen stehen. Solche Feuersbrünste erzeugen nicht nur Hohlräume in der Erde, sondern übertragen auch ein wahrnehmbares Maß an Hitze an die Oberfläche, und der gerade zitierte Autor führt Fälle an, in denen diese Hitze vorteilhaft zum Forcieren der Vegetation genutzt wurde. [495]

Espys Theorien.

Espys wohlbekannte Vermutung, es könne durch das Anzünden großer Brände künstlich Regen herbeigeführt werden, wird sich wahrscheinlich nicht in die Praxis umsetzen lassen, aber die Spekulationen dieses fähigen Meteorologen sollten aus diesem Grund nicht als wertlos zurückgewiesen werden. Seine Arbeiten zeichnen sich durch großen Fleiß bei der Sammlung von Fakten, großen Einfallsreichtum im Umgang mit ihnen, bemerkenswerte Einsicht in die Naturgesetze und ein klares Gespür für Analogien und Beziehungen aus, die für weniger philosophisch veranlagte Geister nicht offensichtlich sind. Sie haben zweifellos wesentlich zum Fortschritt der meteorologischen Wissenschaft beigetragen. Die Möglichkeit, dass die Verteilung und Wirkung der Elektrizität durch lange Linien aus Eiseneisenbahnen und Telegraphendrähten erheblich verändert werden kann, ist ein verwandter Gedanke und beruht tatsächlich weitgehend auf derselben Grundlage wie der Glaube an die Nützlichkeit von Blitzableitern, aber auf einen solchen Einfluss ist zu dunkel und zu klein, um noch entdeckt zu werden.

Flusssediment.

Das Auftreten der inneren Wärme der Erde an einem bestimmten Punkt wird durch die Dicke der Erdkruste an diesem Punkt bestimmt. Die

Ablagerungen von Flüssen neigen dazu, diese Mächtigkeit an ihren Mündungen zu vergrößern. Das Sediment langsam fließender Flüsse, die in flache Meere münden, ist über eine so große Oberfläche verteilt, dass wir uns kaum vorstellen können, wie viel Schlamm sie in einem Jahrhundert über ein weites Gebiet fallen ließen, um selbst unter den verschwindend kleinen Mengen, aus denen sie bestehen, ein Element zu bilden Begriffe der Naturgleichungen. Aber einige schnelle Flüsse, rollende Berge aus feiner Erde, ergießen sich in tief gegrabene Abgründe oder Buchten, und in solchen Fällen beläuft sich die Ablagerung im Laufe einiger Jahre auf eine Masse, deren Übertragung von der Oberfläche eines großen Beckens erfolgt und seine Anhäufung an einem einzigen Punkt kann man annehmen, dass sie andere Wirkungen hervorrufen als die, die durch die Sondierungslinie messbar sind. Nun erhöhen fast alle Vorgänge des Landlebens, wie ich ausführlich gezeigt habe, die Anfälligkeit des Bodens für Erosion durch Wasser. Daher muss die Rodung des Tals des Ganges durch den Menschen die Erdmenge, die von diesem Fluss zum Meer transportiert wurde, erheblich vergrößert haben und natürlich die Auswirkungen der Verdickung der Erdkruste im Ganges verstärkt haben, was auch immer sie sein mögen Golf von Bengalen. In solchen Fällen muss also menschliches Handeln zu den geologischen Einflüssen zählen.

Nichts Kleines in der Natur.

Es ist eine Rechtsmaxime, dass „das Gesetz sich nicht um Kleinigkeiten kümmert", *de minimus non curat lex* ; Aber im Vokabular der Natur sind Klein und Groß nur Vergleichsbegriffe; Sie kennt keine Kleinigkeiten, und ihre Gesetze sind im Umgang mit einem Atom ebenso unflexibel wie mit einem Kontinent oder einem Planeten. [496] Die in den letzten Absätzen erwähnten menschlichen Operationen wirken daher tatsächlich auf die ihnen zugeschriebene Weise, obwohl unsere begrenzten Fähigkeiten derzeit, vielleicht für immer, nicht in der Lage sind, ihre unmittelbaren und noch mehr ihre endgültigen Konsequenzen abzuwägen. Aber unsere Unfähigkeit, diesen Ursachen der Störung natürlicher Ordnungen eindeutige Werte zuzuordnen, ist kein Grund, die Existenz solcher Ursachen in einer allgemeinen Sicht der Beziehungen zwischen Mensch und Natur zu ignorieren, und wir haben niemals das Recht, eine solche Kraft anzunehmen unbedeutend, weil sein Maß unbekannt ist oder auch weil keine physikalische Wirkung mehr auf ihn als Ursprung zurückgeführt werden kann. Die Sammlung von Phänomenen muss ihrer Analyse vorausgehen, und jede neue Tatsache, die die Aktion und Reaktion zwischen der Menschheit und der sie umgebenden materiellen Welt veranschaulicht, ist ein weiterer Schritt zur Klärung der großen Frage, ob der Mensch der Natur angehört oder über ihr steht .

FUSSNOTEN:

[1] Im Mittelalter setzten der Feudalismus und ein nominelles Christentum, dessen Korruption die wohltätigste aller Religionen in den verderblichsten aller Aberglauben verwandelt hatte, jeden Missbrauch der römischen Tyrannei fort und fügten den von ihr erfundenen neuen Unterdrückungen und neuen Erpressungsmethoden hinzu ältere Despotismen. Die fraglichen Lasten lasteten am schwersten auf den Provinzen, die am längsten von der lateinischen Rasse kolonisiert worden waren, und das sind die Teile Europas, die den größten physischen Verfall erlitten haben. „Der Feudalismus", sagt Blanqui, „war eine Konzentration von Geißeln. Der Bauer, der das Erbe seiner Väter verloren hatte, wurde Eigentum unflexibler, unwissender, träger Herren; er war gezwungen, mit ihren Karren fünfzig Meilen zurückzulegen, wann immer sie es brauchten." ; er arbeitete drei Tage in der Woche für sie und überließ ihnen während der anderen drei Tage die Hälfte seines Einkommens; ohne ihre Zustimmung konnte er seinen Wohnsitz nicht ändern oder heiraten. Und warum sollte er tatsächlich heiraten wollen? als er kaum genug sparen konnte, um sich selbst zu ernähren? Der Abt Alcuin hatte zwanzigtausend Sklaven, sogenannte *Leibeigene* , die für immer an den Boden gebunden waren. Dies ist die Hauptursache für die im Mittelalter beobachtete rasche Entvölkerung und für die ungeheure Vielzahl von Sklaven Klöster, die auf allen Seiten aus dem Boden schossen. Es war zweifellos eine Erleichterung für so elende Männer, in den Klöstern einen Zufluchtsort vor der Unterdrückung zu finden; aber die Menschheit erlitt nie ein grausameres Verbrechen, die Industrie erlitt nie eine Wunde, die besser geeignet war, die Welt noch einmal zu stürzen in die Dunkelheit der rauesten Antike. Es genügt zu sagen, dass die Vorhersage des nahenden Endes der Welt, die zu dieser Zeit von den räuberischen Mönchen eifrig verbreitet wurde, ohne Schrecken aufgenommen wurde." – *Résumé de l'Histoire du Commerce* , S. 156.

Die Abtei Saint-Germain-des-Prés, die zur Zeit Karls des Großen eine Million Hektar Land besessen hatte, war bis zur Revolution immer noch so wohlhabend, dass das persönliche Einkommen des Abtes 300.000 Livres betrug. Die Abtei von Saint-Denis war fast so reich wie die von Saint-Germain-des-Prés. – LAVERGNE , *Économie Rurale de la France* , S. 104.

Paul Louis Courier zitiert aus La Bruyère das folgende eindrucksvolle Bild der Lage der französischen Bauernschaft zu seiner Zeit: „Man sieht bestimmte dunkle, fahle, nackte, sonnenverbrannte, wilde Tiere, männliche und weibliche, über das Land verstreut und am Boden verankert." , die sie mit unbeugsamer Beharrlichkeit verwurzeln und umdrehen. Sie haben sozusagen eine artikulierte Stimme, und wenn sie aufstehen, zeigen sie ein menschliches Gesicht. Sie sind tatsächlich Männer, sie kriechen nachts in Höhlen , wo sie von Schwarzbrot, Wasser und Wurzeln leben. Sie ersparen anderen Menschen die Arbeit des Pflügens, Säens und Erntens und verdienen daher einen kleinen Anteil an dem Brot, das sie angebaut haben. „Das sind seine eigenen Worte", fügt Courier hinzu; „Er spricht von den glücklichen Bauern, von denen, die Arbeit und Brot hatten, und sie waren damals die wenigen." – *Pétition à la Chambre des Députís pour les Villageois que l'on empêche de danser.*

Arthur Young, der von 1787 bis 1789 Frankreich bereiste, gibt im einundzwanzigsten Kapitel seiner Reisen einen schrecklichen Bericht über die Belastungen der Landbevölkerung selbst in dieser späten Zeit. Neben den regulären staatlichen Steuern und einer Vielzahl hoher Bußgelder, die für Bagatelldelikte verhängt werden, zählt er etwa dreißig herrschaftliche Rechte auf, von denen Ursprung und Natur einiger heute unbekannt sind, während die Rechte anderer auch von kirchlichen Stellen beansprucht und durchgesetzt werden B. durch weltliche Herren, sind für die Menschheit und die Moral ebenso abstoßend wie die schlimmsten Missbräuche, die je durch heidnischen Despotismus begangen wurden. Die meisten davon waren in der Tat in Geldzahlungen umgewandelt worden und wurden von der Bauernschaft als finanzielle Abgaben zugunsten von Prälaten und Laienherren erhoben, die aufgrund ihres Adels von der Besteuerung befreit waren. Wer kann sich über die Feindseligkeit der französischen Plebejerklassen gegenüber der Aristokratie in den Tagen der Revolution wundern?

[2] Die vorübergehende Entvölkerung eines erschöpften Bodens kann in manchen Fällen ein physischer, wenn auch, wie Brachland in der Landwirtschaft, ein teuer erkaufter Vorteil sein. Unter günstigen Umständen ermöglicht der Rückzug des Menschen und seiner Herden der Erde, sich wieder mit Wäldern zu bekleiden und in wenigen Generationen ihre alte Produktivität wiederherzustellen. Im Mittelalter wurden ausgelaugte Felder in vielen Teilen des Kontinents durch zivile und kirchliche Tyrannen entvölkert, die auf der Herausgabe der Hälfte eines Laibs bestanden, die bereits zu klein war, um den Erzeuger zu ernähren. Auf diese Weise verlassen, verfielen diese Gebiete oft wieder in den Waldzustand und wurden einige Jahrhunderte später wieder mit erneuerter Fruchtbarkeit bewirtschaftet.

[3] Das Thema des Klimawandels, mit und ohne Bezug auf menschliches Handeln als Ursache, wurde von Moreau de Jonnes, Dureau, de la Malle, Arago, Humboldt, Fuster, Gasparin, Becquerel und vielen anderen Autoren

ausführlich diskutiert Europa und von Noah Webster, Forry, Drake und anderen in Amerika. Fraas hat sich bemüht, anhand der Geschichte der Vegetation in Griechenland nicht nur zu zeigen, dass Rodung und Anbau das Klima beeinflusst haben, sondern auch, dass der Klimawandel den Charakter des Pflanzenlebens wesentlich verändert hat. Siehe sein *Klima und Pflanzenwelt in der Zeit* .

[4]

Gods Almagt wenkte van the troon,
En schiep elk volk a land ter woon:Hier vestte
Zij a grondgebied,Dat Zij ons zelven
scheppen liet.

[5] Die udometrischen Messungen von Belgrand, berichtet in den *Annales Forestières* für 1854 und von Vallès in Kap. vi seiner *Études sur les Inondations* stellen die früheste und in mancher Hinsicht bemerkenswerteste mir bekannte Reihe beharrlicher und systematischer Beobachtungen dar, die sich direkt und ausschließlich auf den Einfluss menschlichen Handelns auf das Klima beziehen, oder genauer gesagt , über Niederschlag und natürliche Entwässerung. Die Schlussfolgerungen von Belgrand und von Vallès, der sie übernimmt, wurden jedoch von der wissenschaftlichen Welt nicht allgemein akzeptiert und scheinen zumindest teilweise durch die Argumente von Héricourt und die Beobachtungen von Cantegril und Jeandel widerlegt worden zu sein , und Belland. Siehe Kapitel III: *Der Wald* .

[6] Von GC an Sir Walter Raleigh gerichtete Verse. – HAKLUYT , i, p. 668.

[7]

——Ich glaube, bei Synets Sands liegt er in
Öiet,
das ist Redskab. Synet strömmerFra Sjælens
Dyb, og Öiets fine NerverGaae ud fra
Hjernens hemmelige Værksted.
HENRIK HERTZ , *Kong René's Datter* , sc. ii.

Im materiellen Auge, denkst du, bleibt das
Sehen bestehen!
Das *Auge* ist nur ein Organ. *Das Sehen* strömt

aus den innersten Tiefen der Seele. Der feine
Wahrnehmungsnerv entspringt der
geheimnisvollen Werkstatt des Gehirns.

[8] Das Geschick beim Schießen mit Schusswaffen oder anderen
Projektilwaffen hängt mehr von der Schulung des Auges ab, als allgemein
angenommen wird, und ich habe oft festgestellt, dass besonders gute Schüsse
über eine nahezu teleskopische Sicht verfügen. Beim normalen Gebrauch
des Gewehrs dient der Lauf als Orientierung für das Auge, es gibt jedoch
Sportler, die mit dem Gewehrkolben aus der Hüfte schießen. In diesem Fall,
wie beim Gebrauch der Schleuder, des Lassos und der Bolas, beim Werfen
des Messers (siehe BABINET , *Vorlesungen* , vii, S. 84), beim Werfen des
Bumerangs, des Speers oder eines Steins und so weiter Der Einsatz des
Blasrohrs und des Bogens, die Bewegungen der Hand und des Arms werden
von der geheimnisvollen Sympathie geleitet, die zwischen dem Auge und den
unsichtbaren Organen des Körpers besteht.

Beim Schießen auf die Schildkröten des Amazonas und seiner
Nebenflüsse verwenden die Indianer einen Pfeil mit einer langen Schnur und
einem daran befestigten Schwimmkörper. Avé-Lallemant (*Die Benutzung der
Palmen am Amazonenstrom* , S. 32) beschreibt ihre Art des Zielens so: „So wie
der Pfeil, wenn er direkt auf die schwimmende Schildkröte zielte, sie in einem
kleinen Winkel treffen und aus ihrer flachen und nassen Lage aufblitzen
würde." Die Bogenschützen verfügen über eine besondere Schießmethode:
Sie können ihre eigene Muskelanstrengung, die Geschwindigkeit des Stroms,
die Entfernung und Größe der Schildkröte genau berechnen und schießen
den Pfeil direkt in die Luft, sodass er fällt fast senkrecht auf den Panzer der
Schildkröte und bleibt darin hängen. Analoge Berechnungen – wenn solche
physisch-mentalen Operationen überhaupt so genannt werden können –
werden beim Einsatz anderer Raketen angestellt; denn kein Projektil fliegt in
einer rechten Linie zu seinem Ziel. Aber die genaue Ausbildung des Auges
liegt ihnen allen zugrunde, und die Treffsicherheit hängt fast ausschließlich
von der Kraft dieses Organs ab, dessen Richtungen die blinden Muskeln
unbedingt befolgen. Es ist vielleicht nicht unangebracht, hier zu bemerken,
dass unser englisches Wort „Ziel" vom lateinischen „æstimo" (ich berechne
oder schätze) stammt. Siehe WEDGWOOD'S *Dictionary of English Etymology*
und die Anmerkung zur amerikanischen Ausgabe unter *Aim* .

Ein weiterer Beweis für die Kontrolle der Gliedmaßen durch das Auge
wurde in Taubstummenschulen und anderen Schulen beobachtet, in denen
den Schülern zunächst beigebracht wird, auf große Schiefertafeln oder
Tafeln zu schreiben. Die Schrift ist in großen Buchstaben geschrieben, wobei
die kleinen Buchstaben einen Zoll oder mehr hoch sind. Sie werden mit

Kreide oder einem Schieferstift, der fest in den Fingern gehalten wird, und durch entsprechende Bewegungen des Handgelenks, des Ellenbogens und der Schulter, nicht der Fingergelenke, geformt. Wenn jedoch einem auf diese Weise unterrichteten Schüler eine Feder in die Hand gegeben wird, ist seine Handschrift, obwohl sie von einem völlig anderen Satz von Muskeln und Muskelbewegungen erzeugt wird, im Charakter identisch mit der, die er an der Tafel geübt hat.

Es wurde stark bezweifelt, ob die Künstler des klassischen Zeitalters über ein perfekteres Sehvermögen verfügten als die der Neuzeit, oder ob sie bei der Ausführung ihrer winzigen Mosaike und Edelsteingravuren Lupen verwendeten. In Pompeji wurden konvex geschliffene Gläser gefunden, aber sie sind zu grob gearbeitet und zu unvollkommen poliert, als dass sie für optische Zwecke von praktischem Nutzen gewesen wären. Doch obwohl die antiken Künstler über ein mikroskopisches Sehvermögen verfügten, können ihre Astronomen nicht über ein teleskopisches Sehvermögen verfügen; denn sie haben die Satelliten des Jupiter nicht entdeckt, die oft mit bloßem Auge in Oormeeah in Persien und manchmal, wie ich durch persönliche Beobachtung bezeugen kann, in Kairo gesehen werden können.

Einen sehr bemerkenswerten Bericht über die Wiederherstellung altersbedingter Sehstörungen durch vernünftiges Training finden Sie in *Lessons in Life* von TIMOTHY TITCOMB, Lektion xi.

[9] *Altertum des Menschen*, S. 377.

[10] „Einer von ihnen [die Indianer] setzte sich neben mich und fertigte aus einem Quarzfragment ein einfaches Stück runden Knochen an, dessen eines Ende halbkugelförmig war und eine kleine Falte darin aufwies (als ob er getragen würde). ein Faden), der sechzehntel Zoll tief war, eine Pfeilspitze, die sehr scharf und durchdringend war, wie sie sie für alle ihre Pfeile verwenden. Die Geschicklichkeit und Schnelligkeit, mit der sie hergestellt wurde, ohne einen Schlag, sondern durch einfaches Brechen der Spitze Es war bemerkenswert, dass er mit der Kraft seiner Hände die Kanten mit dem gefalteten Knochen schnitt – denn die Falte diente lediglich dazu, ein Abrutschen des Instruments zu verhindern und bot keine Hebelwirkung – war bemerkenswert." – Reports of Explorations and Surveys *for Pacific Railroad*, Bd. II, 1855, *Lieut.* BECKWITHS *Bericht*, S. 43.

Es heißt, dass es auf Sizilien keine Steinwaffen gibt, außer in bestimmten Höhlen, die zur Hälfte mit Skeletten ausgestorbener Tiere gefüllt sind. Wenn sie auf dieser Insel nicht an leichter zugänglichen Orten gefunden wurden, liegt das vermutlich daran, dass Augen, die mit solchen Objekten vertraut sind, nicht nach ihnen gesucht haben. Im Januar 1854 fand ich in einer kleinen Schlucht oder Furche auf einem Feld in der Nähe des Simeto eine Pfeilspitze aus Quarz, die gerade von einem heftigen Regen ausgewaschen worden war. Es ist grob gestaltet, aber sein künstlicher Charakter und sein besonderer Zweck sind ganz eindeutig.

[11] Wahrscheinlich bietet kein angebautes Gemüse eine so gute Gelegenheit, die Gesetze der Akklimatisierung von Pflanzen zu studieren wie Mais oder Mais. Mais wird von den Tropen bis mindestens zum Breitengrad angebaut. 47° im Nordosten Amerikas und weiter nördlich in Europa. Alle zwei oder drei Breitengrade bringt Sie eine neue Sorte mit neuen klimatischen Anpassungen mit sich, und die Fähigkeit der Pflanze, sich an neue Temperatur- und Jahreszeitenbedingungen anzupassen, scheint nahezu unbegrenzt. Wir können leicht annehmen, dass eine Sorte dieses Getreides, das sich in noch höheren Breiten akklimatisiert hatte, verloren gegangen ist, und in einem solchen Fall würde das Versäumnis, eine Ernte aus Samen anzubauen, die aus einiger Entfernung aus dem Süden gebracht wurden, nicht beweisen, dass das Klima dies getan hatte kälter werden.

Viele heute lebende Menschen erinnern sich daran, dass die gewöhnliche Tomate, als sie zum ersten Mal in Nord-Neuengland eingeführt wurde, oft nicht reifte; aber im Laufe weniger Jahre hat es sich vollständig an das Klima angepasst und reift jetzt nicht nur sowohl seine Früchte als auch seine Samen mit so großer Sicherheit wie jedes angebaute Gemüse, sondern vermehrt sich auch regelmäßig durch selbst gesätes Saatgut. Meteorologische Beobachtungen zeigen jedoch keine Verbesserung des Sommerklimas in diesen Staaten in diesem Zeitraum. Siehe *Anhang*, Nr. 1.

Mais und Tomaten sind zwar nichts Neues für den menschlichen Gebrauch, doch sind sie der Zivilisation noch nicht lange bekannt und wurden sehr wahrscheinlich erst in viel jüngerer Zeit zurückgewonnen und domestiziert als die Pflanzen, die in Europa und Asien die Grundnahrungsmittel der Landwirtschaft bilden . Ist die große Anpassungsfähigkeit an das Klima, die sie besitzen, auf diesen Umstand zurückzuführen? Es gibt einige Gründe anzunehmen, dass der Charakter des Mais durch den Anbau in Südamerika spürbar verändert wurde; denn laut Pöppig gehören die Ähren dieses Getreides, die in alten peruanischen Gräbern gefunden wurden, zu Sorten, die heute in Peru nicht bekannt sind. — *Reisen in Peru*, Kap. vii.

[12] Der Krappanbau soll im Jahr 1765 von einem Orientalen in Europa eingeführt worden sein und erstmals in der Nähe von Avignon gepflanzt

worden sein. Natürlich wird es in diesem Bezirk seit weniger als einem Jahrhundert angebaut; aber auf Böden, auf denen es häufig angebaut wurde, verliert es bereits einen Großteil seiner färbenden Eigenschaften. – LAVERGNE , *Économie Rurale de la France* , S. 259-291.

Ich glaube, es besteht kein Zweifel daran, dass der Krappanbau in der Umgebung von Avignon erst vor kurzem eingeführt wurde; aber aus Fuller und anderen Beweisen geht hervor, dass diese Pflanze vor der Mitte des 17. Jahrhunderts in Europa angebaut wurde. Der aus Persien nach Frankreich gebrachte Krapp kann einer anderen Art oder zumindest einer anderen Sorte angehören. „Vor etwa zwei Jahren", sagt Fuller, „wurde von Sir Nicholas Crispe in Debtford Krapp gesät, und ich hoffe, dass er guten Erfolg haben wird; erstens, weil er in Zeland auf demselben (wenn nicht nördlicheren) Breitengrad wächst . Zweitens , weil *Wilder Krapp* wächst hier in Hülle und Fülle; und warum sollte man *Krapp nicht zähmen* , wenn er durch Kunst *verbreitet wird*? Schließlich, weil so gut wie jeder Krapp vor etwa dreißig Jahren in Barn-Elms in Surrey wuchs, obwohl dies nicht durch einen Fehler im ersten Pflanzer verursacht wurde davon, von dem wir jetzt hoffen, dass es korrigiert wird." – FULLER , *Worthies of England* , II, S. 57, 58.

Vielleicht sind die jüngsten Krankheiten des Olivenbaums, des Weinstocks und der Seidenraupe – die vorherrschende Krankheit dieses Insekts wird von manchen als Folge eines beginnenden Verfalls des Maulbeerbaums angesehen – teilweise auf Veränderungen im Baum zurückzuführen Beschaffenheit des Bodens durch Erschöpfung durch lange Bearbeitung.

[13] In vielen Teilen Neuenglands gibt es kilometerlange Gebiete mit allen Arten von Oberfläche und Exposition, die vor sechzig oder siebzig Jahren teilweise gerodet wurden und in denen sich das Verhältnis von bebautem Boden und Weideland kaum oder gar nicht verändert hat , und Wald hat seitdem stattgefunden. In einigen Fällen handelt es sich bei diesen Gebieten um Becken, die offenbar kaum einem lokalen Einfluss in Form von Versickerung oder Infiltration von Wasser in oder aus benachbarten Tälern ausgesetzt sind. Aber in solchen Situationen wird der Boden, abgesehen von zufälligen Störungen, von Jahr zu Jahr immer trockener, die Quellen verschwinden immer noch und die Wasserversorgung der Bäche nimmt im Sommer immer weiter ab. Eine wahrscheinliche Erklärung hierfür liegt in der schnellen Entwässerung der Oberfläche des gerodeten Bodens, die verhindert, dass sich die unterirdischen natürlichen Reservoire, seien es Hohlräume oder bloße Schichten saugfähiger Erde, füllen. Wie lange dieser Prozess dauern soll, bis ein Gleichgewicht erreicht ist, kann niemand sagen. Es mag jahrelang so sein; es kann sein, seit Jahrhunderten.

Livingstone führt Tatsachen an, die die Annahme stützen, dass in Zentralafrika immer noch eine säkulare Austrocknung im Gange ist. Wann die Gebiete, in denen die Erde trockener wird, abgeholzt wurden oder ob dort jemals Wälder wuchsen, können wir nicht sagen, aber der Wandel scheint schon lange im Gange zu sein. Es gibt Grund zu der Annahme, dass es in Arabia Petræa zu einer ähnlichen Revolution kommen könnte. In vielen Wadis und insbesondere in den Schluchten zwischen Wadi Feiran und Wadi Esh Sheikh gibt es vom Wasser ausgewaschene Ufer, die darauf hinweisen, dass die Überschwemmungen im Winter in nicht allzu ferner Zeit in Kanälen, in denen Akazien wachsen, fünfzehn Fuß hoch gewesen sein müssen Tamarisken und die Aussagen der Araber stimmen darin überein, dass sie in der Erinnerung oder Tradition der heutigen Bewohner nicht sechs Fuß hoch gewachsen sind. Es besteht kaum eine Wahrscheinlichkeit, dass ein nennenswerter Teil der Sinai-Halbinsel seit ihrer ersten Besiedelung durch den Menschen bewaldet war, und wir müssen die Ursache für die zunehmende Trockenheit anderswo als in der Abholzung des Waldes suchen.

[14] Der Boden neu unterworfener Länder ist im Allgemeinen in hohem Maße günstig für das Wachstum der Früchte des Gartens und des Obstgartens, wird aber in der Regel in sehr wenigen Jahren viel weniger günstig. Pflaumen vieler Sorten wurden früher in großer Perfektion und Fülle in vielen Teilen Neuenglands angebaut, wo sie heute kaum noch angebaut werden können; und der Pfirsich, der vor ein oder zwei Generationen im südlichen Teil derselben Staaten einen bewundernswerten Erfolg hatte, wird dort fast nicht mehr angebaut. Das Verschwinden dieser Früchte ist teilweise auf die Verwüstung durch Insekten zurückzuführen, die sie in späteren Jahren befallen haben; aber dies ist offensichtlich keineswegs die einzige oder auch nur die Hauptursache für ihren Verfall. In diesen Fällen ist es nicht die Erschöpfung der einzelnen Hektar, auf denen die Obstbäume gewachsen sind, dass wir ihre Degeneration zurückführen müssen, sondern eine allgemeine Veränderung im Zustand des Bodens oder der Luft; denn es ist ebenso unmöglich, sie erfolgreich auf völlig neuem Land in der Nähe von Böden zu züchten, auf denen sie vor nicht allzu langer Zeit die schönsten Früchte getragen haben.

Ich erinnere mich, dass mir vor vielen Jahren einer der ersten Siedler des Staates Ohio, ein sehr intelligenter und aufmerksamer Mensch, erzählte, dass die Apfelbäume, die dort aus Samen gezüchtet wurden, die kurz nach der Rodung des Landes gesät wurden, zu weniger als der Hälfte Früchte trugen die Zeit, die erforderlich ist, um diejenigen zur Welt zu bringen, die aus Samen gezüchtet wurden, die gesät wurden, nachdem der Boden zwanzig Jahre lang kultiviert worden war.

In den Torfmoosen Dänemarks kommen Waldtannen und andere Bäume, die heute nicht mehr an denselben Orten wachsen, in Hülle und Fülle vor. Jede Baumgeneration hinterlässt den Boden in einem anderen Zustand als dem, in dem sie ihn vorgefunden hat; Jeder Baum, der in einer Gruppe von Bäumen einer anderen Art als seiner eigenen wächst, wächst unter anderen Licht- und Schatteneinflüssen und einer anderen Atmosphäre als seine Vorgänger. Daher scheint die Abfolge der Nutzpflanzen, die in allen natürlichen Wäldern vorkommt, eher auf Veränderungen des Zustands als auf Klimaänderungen zurückzuführen zu sein. Siehe Kapitel III, *Beitrag* .

[15] Die Nomenklatur der Meteorologie ist vage und manchmal zweideutig. Vor nicht allzu langer Zeit wurde vermutet, dass sich die einer wissenschaftlichen Einrichtung berichtenden Beobachter in ihrem Verständnis der in ihren Anweisungen vorgeschriebenen Art und Weise der Angabe der Windrichtung nicht einig waren. Bei einer Untersuchung stellte sich heraus, dass sehr viele von ihnen die Namen der Himmelsrichtungen verwendeten, um die Richtung anzugeben, *aus* der der Wind wehte, während andere sie zur Bezeichnung der Richtung verwendeten, *in* die sich die atmosphärischen Strömungen bewegten. In einigen Fällen waren die Beobachter nicht mehr für die Untersuchung zugänglich, und natürlich waren ihre Windtabellen wertlos.

„Winde", sagt Mrs. Somerville, „werden nach den Punkten benannt, von denen sie wehen, Strömungen genau umgekehrt. Ein Ostwind kommt aus dem Osten, wohingegen eine Ostströmung aus dem Westen kommt und nach Osten fließt." – *Physikalisch Geographie* , S. 229.

Für diese Unterscheidung gibt es keine philologische Grundlage, und sie entstand wahrscheinlich aus einer Verwechslung der Endungen -*wardly* und -*erly* , die beide modern sind. Die Wurzel der ersten Endung impliziert die Richtung, *in die* bzw. *in* die sich die Bewegung versetzen soll. Es entspricht dem lateinischen *versus und ist wahrscheinlich damit verwandt* . Die Endung -*erly* ist eine Verfälschung oder Abschwächung von -*ernly* , östlich für östlich, und viele Autoren des 17. Jahrhunderts schreiben es so. In Hakluyt (i, S. 2) wird „ *eastern* "auf einen Ort angewendet, „ *östliche* Grenzen" und bedeutet „*östlich*" . In einer Passage in Drayton müssen „ *Ostwinde* " *Winde aus* dem Osten bedeuten; aber derselbe Autor verwendet, wenn er von Nationen spricht, „*nördlich*" für „*nördlich*". Hakewell sagt: „Die Sonne kann nicht *südlicher* von vs kommen, noch *nördlicher* in Richtung vs kommen." Holland bezieht sich in seiner Übersetzung von Plinius auf den Mond: „Wenn Shee *nördlich ist* " und „Shee ist *nach Süden gegangen* ". Richardson, dem ich für die obigen Zitate zu Dank verpflichtet bin, zitiert eine Passage von Dampier, in der *westlich* auf den Wind bezogen wird, der Kontext jedoch nicht die Richtung bestimmt.

Das einzige von diesem Lexikographen angeführte Beispiel für die Endung „in -*wardly* " stammt von Donne, wo es „ *nach* Westen" bedeutet.

Shakespeare nutzt in *Hamlet* (V. ii) den *Nordwind* als Wind *aus* dem Norden. Milton verwendet keine dieser Endungen, noch waren sie den Angelsachsen bekannt, die jedoch Richtungsadjektive in *-an* oder *-en* , *-ern* und *-weard hatten* , wobei das letzte immer den Punkt bedeutete, auf den sich die Bewegung *bezieht* angenommen, die anderen das, *woraus* es hervorgeht.

Wir verwenden „ *Ostwind* ", „ *Ostwind* " und „ *Ostwind* ", um dasselbe auszudrücken. Die beiden ersteren Ausdrücke sind alt und haben eine konstante Bedeutung; Letzteres ist neu, überflüssig und zweideutig. Siehe *Anhang* , Nr. 2 .

[16] Ich spreche hier nicht von der riesigen Prärieregion des Mississippi-Tals, von der man nicht mit Recht sagen kann, dass sie jemals ein Gebiet britischer Kolonialisierung gewesen ist; sondern der ursprünglichen Kolonien und ihrer Abhängigkeiten im Gebiet der heutigen Vereinigten Staaten und in Kanada. Es gilt jedoch gleichermaßen für die westlichen Prärien wie für die östlichen Waldgebiete, dass sie einen Gleichgewichtszustand erreicht hatten, wenn auch unter sehr unterschiedlichen Bedingungen.

[17] Der große Brand von Miramichi im Jahr 1825, wahrscheinlich der umfangreichste und schrecklichste Brand, der in der authentischen Geschichte aufgezeichnet wurde, breitete seine Verwüstungen über fast sechstausend Quadratmeilen aus, hauptsächlich Waldland, und war von solcher Intensität, dass es schien, als würde er den Boden selbst verzehren selbst. Aber die Erholungskräfte der Natur sind so groß, dass der Boden innerhalb von fünfundzwanzig Jahren wieder dicht mit Bäumen von ansehnlicher Größe bedeckt war, außer dort, wo Ackerbau und Weideland das Waldwachstum bremsten.

[18] Die englische Nomenklatur dieses geografischen Merkmals scheint nicht eindeutig festgelegt zu sein. Wir haben *Moor* , *Sumpf* , *Sumpf* , *Morast* , *Moor* , *Moor* , *Torfmoos* , *Torfmoos* , *Sumpf* , die alle, obwohl sie manchmal mehr oder weniger genau unterschieden werden, oft austauschbar verwendet werden oder vielleicht jeweils ausschließlich in einer bestimmten Bedeutung verwendet werden Bezirk. In Schweden, wo diese terr-wässrige Formation besonders in den lappländischen Provinzen sehr ausgedehnt und wichtig ist, sind die Namen ihrer verschiedenen Arten in ihrer Anwendung spezifischer.

Die allgemeine Bezeichnung aller dauerhaft mit Wasser durchzogenen Böden lautet *Kärr*. Der ältere Læstadius teilt die *Kärr* in zwei Gattungen ein: *Myror* (sing. *myra*) und *Mossar* (sing. *mosse*). „Die ersteren", bemerkt er, „sind mit Gras bewachsen und fast den ganzen Sommer über mit Wasser überflutet; die letzteren sind mit Moosen bedeckt und immer feucht, aber sehr selten überflutet." Er zählt die folgenden *Myra*-Arten auf, deren Charakter vielleicht durch die lateinischen Begriffe, in die er die einheimischen Namen übersetzt, zum Nutzen von Fremden, die mit der Sprache und dem Thema nicht ganz vertraut sind, ausreichend verstanden wird: 1. Hömyror, *paludes* graminosæ. 2. *Dy*, Paludes profundæ. 3. *Flarkmyror* oder eigentlich *kärr*, paludes limosæ. 4. *Fjällmyror*, paludes uliginosæ. 5. *Tufmyror*, Paludes Cæspitosæ. 6. *Rismyror*, Paludes Virgatæ. 7. *Starrängar*, prata irrigata, mit ihren Unterteilungen, trockener *Starrängar* oder *Risängar*, nasser *Starrängar* und *Fräkengropar*. 8. *Pölar*, laeunæ. 9. *Gölar*, fossæ inundatæ. Die *Mossar*, paludes turfosæ, die sehr groß sind, haben nur zwei Arten: 1. *Torfmossar*, *auch Mossmyror* und *Snottermyror* genannt, und 2. *Björnmossar*.

Träsk, stagna, und *Tjernar* oder *Tjärnar* (Sing. *Tjern* oder *Tjärn*), stagnierende Gewässer, unterschieden. *Träsk* sind Teiche, die von Mooren oder aus ihnen austretendem Wasser gespeist werden und deren Boden schleimig ist; *Tjernar* sind kleine *Träsk* innerhalb der Grenzen von *Mossar*. – LL LÆSTADIUS, *om Möjligheten af Uppodlingar i Lappmarken*, S. 23, 24.

[19] Obwohl die Menge an Moorland in Neuengland geringer ist als in vielen anderen Regionen gleicher Fläche, gibt es in einigen nordöstlichen Staaten dennoch ein beträchtliches Ausmaß dieser Formation. Dana (*Manual of Geology*, S. 614) gibt an, dass die Torfmenge in Massachusetts auf 120.000.000 Cords oder fast 569.000.000 Kubikyards geschätzt wird, er gibt jedoch weder die Fläche noch die Tiefe der Ablagerungen an. Auf jeden Fall bedecken Moore jedoch nur einen kleinen Prozentsatz des Territoriums in den nördlichen Staaten, während angeblich ein Zehntel der gesamten Oberfläche Irlands aus Mooren besteht und es dort immer noch ausgedehnte, nicht entwässerte Sumpfgebiete gibt England.

Moore haben, unabhängig von ihrer Bedeutung in der Geologie als Erklärung für die Herkunft einiger Arten von Mineralkohle, einen gegenwärtigen Wert als Brennstofflager. Torfbetten haben manchmal eine Dicke von zehn bis zwölf Metern oder sogar mehr. Eine Tiefe von zehn Metern würde einer Fläche von 48.000 Kubikmetern entsprechen. Die größte Brennholzmenge, die die Wälder Neuenglands pro Acre liefern, beträgt 100 Cords in Vollmaß oder 474 Kubikyards; Dies umfasst jedoch nur die Stämme und größeren Äste. Wenn wir die kleinen Äste und Zweige hinzufügen, ist es möglich, dass in manchen Fällen 600 Kubikmeter pro

Hektar geschnitten werden. Dies ist nur ein Achtzigstel der Torfmenge, die manchmal auf derselben Fläche gefunden wird. Es ist wahr, dass ein Yard Torf und ein Yard Holz nicht das Äquivalent voneinander sind, aber der Brennstoff auf einem Acre tiefgründigem Torf ist viel mehr wert als auf einem Acre bestem Waldland. Außerdem ist Holz verderblich, und die Menge auf einem Acre kann nicht über die gerade angegebene Menge hinaus erhöht werden; Torf ist unzerstörbar und die Beete wachsen ständig.

[20] „Wasserpflanzen haben einen Nutzen bei der Anhebung des Niveaus von Sumpfböden, was sie sehr wertvoll macht, und man kann durchaus als geologische Funktion bezeichnen." * * *

„Der Ingenieur entwässert Teiche mit großem Aufwand, indem er die Wasseroberfläche senkt; die Natur erreicht das gleiche Ziel, unentgeltlich, indem sie den Bodenspiegel anhebt, ohne den des Wassers zu senken; aber sie geht langsamer vor. Es gibt, in der Landes, Sümpfe, in denen diese natürliche Füllung eine Dicke von vier Metern hat und von denen einige zunächst tiefer als das Meer lagen, wurden auf diese Weise angehoben und trockengelegt, um Sommerfrüchte anzubauen, wie zum Beispiel Mais." – BOITEL, *Mise en valeur des Terres pauvres*, S. 227.

Die Moore Dänemarks – deren Untersuchung durch Steenstrup und Vaupell so merkwürdige Ergebnisse in Bezug auf die natürliche Abfolge von Waldbäumen erbracht hat – scheinen diesen allmählichen Prozess der Austrocknung durchlaufen zu haben, und auch die Birke, die auf sehr feuchten Böden frei wächst, hat durch seine jährlichen Ablagerungen sehr wirksam dazu beigetragen, die Oberfläche über den Wasserspiegel anzuheben und so den Boden für die Eiche vorzubereiten. – VAUPELL, *Bögens Indvandring*, S. 39, 40.

[21] Eine sorgfältige Untersuchung der Torfmoose in Nordseeland – die so reich an fossilem Holz sind, dass sie innerhalb von dreißig Jahren über eine Million Bäume hervorgebracht haben – zeigt, dass die Bäume im Allgemeinen altersbedingt und nicht durch Wind gefallen sind. Man findet sie in Senken an den Abhängen, an denen sie wuchsen, und sie liegen mit der Spitze am niedrigsten und fallen immer zum Talgrund hin ab. – VAUPELL, *Bögens Indvandring i de Danske Skove*, S. 10, 14.

[22] Das Heuschreckeninsekt *Clitus pictus*, das seine Eier in der amerikanischen Heuschrecke *Robinia pseudacacia ablegt*, ist eines davon, und seine Verwüstungen waren und sind für diesen sehr wertvollen Baum, der

sich durch sein schnelles Wachstum auszeichnet, äußerst zerstörerisch mit der Stärke und Haltbarkeit von Holz. Ich glaube, dieses Insekt ist in Europa noch nicht aufgetaucht, wo es, seit die *Robinie* so allgemein zum Bekleiden und Schützen von Böschungen und den Steilhängen tiefer Einschnitte an Eisenbahnstrecken verwendet wird, unkalkulierbares Unheil anrichten würde. Als Reisender würde ich jedoch eine gewisse Kompensation für dieses Übel in der Zerstörung dieser Akazienhecken finden, die die Sicht auf Hunderte von Kilometern französischer und italienischer Eisenbahnstrecken ebenso völlig versperren wie die Gartenmauern derselben Länder auf gewöhnlichen Strecken Straßen. Siehe *Anhang*, Nr. 4.

[23] In den künstlichen Wäldern Europas sind Insekten weitaus zahlreicher und schädlicher für Bäume als in den Urwäldern Amerikas, und das Gleiche gilt für kleinere Nagetiere wie Maulwürfe, Mäuse und Eichhörnchen. In den dichten einheimischen Wäldern sind Boden und Luft zu feucht und die Schattentiefe zu groß für viele Stämme dieser Tiere, während in der Nähe natürlicher Wiesen und anderer offener Flächen, wo die Umstände sonst für ihre Existenz und Vermehrung günstiger sind, Ihre Zahl wird durch Vögel, Schlangen, Füchse und kleinere räuberische Vierbeiner niedrig gehalten. In zivilisierten Ländern werden diese natürlichen Feinde des Wurms, der Käfer und der Maulwurf, vom Menschen verfolgt, manchmal fast ausgerottet, der auch die verfaulten oder vom Wind umgestürzten Bäume, Sträucher und Unterholz von seinen Plantagen entfernt, die u. a Der Zustand der Natur bot dem Bohrer und dem Nagetier Nahrung und Schutz, oft aber auch den Tieren, die sie jagten. Daher ist es den Insekten und den nagenden Vierbeinern gestattet, sich zu vermehren, durch die Vertreibung der Polizei, die im natürlichen Wald ihre übermäßige Vermehrung verhindert, und sie werden für den Wald zerstörerisch, weil sie zum lebenden Baum getrieben werden, um Nahrung und Deckung zu finden. Der Wald von Fontainebleau ist fast völlig ohne Vögel, und ihre Abwesenheit wird von einigen Schriftstellern auf den Mangel an Wasser zurückgeführt, das sich im durstigen Sand dieses Waldes nicht in fließenden Bächen sammelt; aber der Mangel an Unterholz ist vielleicht ein ebenso guter Grund für ihre Knappheit. In einem Wald mit spontanem Wachstum, der von der Natur geordnet und beherrscht wird, greift das Eichhörnchen keine Bäume an, oder zumindest ist der Schaden, den es anrichten könnte, zu unbedeutend, um wahrnehmbar zu sein, aber es ist ein furchtbarer Feind der Plantage. „Die Eichhörnchen beißen in die Zapfen der Kiefer und fressen den Samen, der zur Wiederauffüllung des Holzes dienen könnte; sie richten noch mehr Unheil an, indem sie in der Nähe des Haupttriebs einen Streifen Rinde abnagen und so den Baum oft vollständig umschließen. Bäume so.“ Verletzte müssen gefällt werden, da sie nie kräftig wachsen würden.

Besonders schädlich ist das Eichhörnchen für die Kiefer in der Sologne, wo es an der Rinde zwanzig oder fünfundzwanzig Jahre alter Bäume nagt." Aber auch hier sorgt die Natur manchmal für einen Ausgleich, indem sie den Appetit dieses Vierbeiners dazu nutzt, eine übermäßige Produktion von Samenzapfen zu verhindern, die dazu neigen, das ordnungsgemäße Wachstum des Haupttriebs zu behindern. „In einigen Kiefernwäldern der Bretagne, die so viele Zapfen produzieren, dass sie die Entwicklung des Haupttriebs der Seekiefer ersticken, wurde beobachtet, dass die Kiefern dort am kräftigsten sind, wo die Eichhörnchen am zahlreichsten sind, ein Ergebnis, das auf die Unterdrückung zurückgeführt wird." der Zapfen dieses Nagetiers." – BOITEL , *Mise en valeur des Terres pauvres* , S. 50. Siehe *Anhang* , Nr. 5 .

[24] Die schreckliche Zerstörungswut des Menschen zeigt sich auf bemerkenswerte Weise in der Jagd auf große Säugetiere und Vögel nach einzelnen Produkten, die mit der völligen Verschwendung enormer Fleischmengen und anderer Teile des Tieres einhergeht, die zu wertvollem Nutzen fähig sind. Die wilden Rinder Südamerikas werden zu Millionen wegen ihrer Häute und Hörner abgeschlachtet; der Büffel Nordamerikas wegen seiner Haut oder seiner Zunge; der Elefant, das Walross und der Narwal für ihre Stoßzähne; die Wale und einige andere Meerestiere wegen ihres Öls und ihrer Fischbeine; der Strauß und andere große Vögel wegen ihres Gefieders. Innerhalb weniger Jahre wurden in Neuengland Schafe in ganzen Herden allein wegen ihres Fells und Talgs getötet und das Fleisch weggeworfen; und es heißt sogar, dass die Körper derselben Vierbeiner in Australien als Brennstoff für Kalköfen verwendet wurden. Was für eine große Menge menschlicher Nahrung, Knochen und anderer für die Kunst wertvoller tierischer Produkte wird auf diese Weise rücksichtslos verschwendet! In fast allen diesen Fällen ist der Teil, der den Grund für diese Massenvernichtung darstellt und allein gerettet wird, im Vergleich zu dem, was weggeworfen wird, im Wesentlichen von unbedeutendem Wert. Die Hörner und die Haut eines Ochsen sind wirtschaftlich nicht einmal ein Zehntel so viel wert wie der gesamte Kadaver.

Einer der größten Vorteile, die man von den Fortschritten der Zivilisation erwarten kann, besteht darin, dass verbesserte Kommunikationsmöglichkeiten es ermöglichen werden, viel wertvolles Material zu Verbrauchsorten zu transportieren, das jetzt verschwendet wird, weil der Preis auf dem nächstgelegenen Markt die Frachtkosten nicht decken kann. Die in Südamerika wegen ihrer Häute geschlachteten Rinder würden Millionen der hungernden Bevölkerung der Alten Welt ernähren, wenn ihr Fleisch wirtschaftlich konserviert und über den Ozean transportiert werden könnte.

Wir fangen an, eine bessere Ökonomie im Umgang mit der anorganischen Welt zu erlernen. Die Verwertung – oder, wie die Deutschen es gerne nennen, die Verwertung – von Abfällen aus Hütten-, Chemie- und Produktionsbetrieben gehört zu den wichtigsten Ergebnissen der Anwendung der Wissenschaft auf industrielle Zwecke. Die anfallenden Produkte aus den Laboratorien produzierender Chemiker werden oft wertvoller als diejenigen, zu deren Herstellung sie errichtet wurden. Die Schlacken aus Silberraffinerien und sogar aus Hütten für gröbere Metalle haben einem zweiten Betreiber nicht selten einen besseren Gewinn eingebracht, als der erste aus der Verarbeitung des natürlichen Erzes gezogen hatte; und die Einsparung von Blei, das im Rauch der Öfen verschleppt wurde, hat an sich schon einen großen Gewinn aus dem in die Werke investierten Kapital gebracht. Vor einigen Jahren wurde ein Beamter einer amerikanischen Münzstätte wegen Unterschlagung von Gold angeklagt, das ihm zur Prägung überlassen worden war. Er beharrte zu seiner Verteidigung darauf, dass ein Großteil des Metalls verflüchtigt wurde und beim Raffinieren und Schmelzen verloren ging, und als man die Schornsteine der Schmelzöfen und die Dächer der angrenzenden Häuser abkratzte, wurde im Ruß so viel Gold gefunden, dass es nicht wenig ausmachte Teil des Mangels.

[25] Es ist eine interessante und bisher nicht ausreichend beachtete Tatsache, dass die Domestizierung der organischen Welt, soweit sie bisher erreicht wurde, zwar nicht zum Zustand der Wildheit gehört, sondern zum frühesten Beginn der Zivilisation, der Eroberung der anorganischen Natur fast ebenso ausschließlich bis zu den fortgeschrittensten Stadien der künstlichen Kultur. Allen, die sich mit der Psychologie und den Gewohnheiten der roheren Rassen und von Personen mit unvollkommen entwickeltem Intellekt im zivilisierten Leben beschäftigt haben, ist bekannt, dass diese bescheidenen Stämme und Individuen zwar ohne Skrupel das Leben der niederen Tiere opfern die Befriedigung ihres Appetits und die Befriedigung ihrer anderen physischen Bedürfnisse, und doch scheinen sie dennoch Sympathien gegenüber Tieren und sogar gegenüber pflanzlichem Leben zu hegen, die von zivilisierten Menschen viel schwächer empfunden werden. Die Volksüberlieferungen der einfacheren Völker erkennen eine gewisse Naturgemeinschaft zwischen Menschen, Tieren und sogar Pflanzen an; und dies erklärt, warum der Apologet oder die Fabel, die Vögeln, Vierbeinern, Insekten, Blumen und Bäumen die Macht der Sprache und die Fähigkeit zur Vernunft zuschreibt, eine der frühesten Formen literarischer Komposition ist.

In fast jedem wilden Stamm wird ein bestimmter Vierbeiner oder Vogel mit besonderem Respekt, man könnte fast sagen, Zuneigung betrachtet, obwohl er als Vernichter häuslicher Tiere verfolgt oder zur Nahrungssuche

gejagt wird. Einige der nordamerikanischen Ureinwohner feiern ein
Sühnefest für die Mähnen des beabsichtigten Opfers, bevor sie mit der
Bärenjagd beginnen. und die norwegische Bauernschaft hat nicht nur ein
altes Sprichwort beibehalten, das demselben Tier „ *ti Mænds Styrke og tolv
Mænds Vid* ", zehn Männer Stärke und zwölf Männer List zuschreibt,
sondern sie zollen ihm auch immer noch etwas von der Ehrfurcht, die der
alte Aberglaube ihm entgegenbrachte ihn. Der Student der isländischen
Literatur wird in der Saga von *Finnbogi hinn rami* eine merkwürdige
Veranschaulichung dieses Gefühls finden, in einem Bericht über einen
Dialog zwischen einem norwegischen Bären und einem isländischen
Champion – dummes Schauspiel seitens Bruin und ritterliche Worte seitens
von Finnbogi – gefolgt von einem Duell, in dem Letzterer siegte, der seine
Waffen und Rüstungen weggeworfen hatte, damit die Kämpfer sich auf
Augenhöhe begegnen konnten. Drummond Hays sehr interessantes Werk
über Marokko enthält viele amüsante Hinweise auf ein ähnliches Gefühl, das
die Mauren gegenüber dem gefürchteten Feind ihrer Herden hegten – dem
Löwen.

Dieses Mitgefühl hilft uns zu verstehen, wie es dazu kommt, dass die
meisten, wenn nicht alle Haustiere – sofern sie überhaupt jemals in freier
Wildbahn existierten – angeeignet, zurückerobert und trainiert wurden,
bevor die Menschen in organisierten und festen Gemeinschaften versammelt
waren, was fast alle bekannten Eskulanten betrifft dass die Pflanze im
Wesentlichen ihren heutigen künstlichen Charakter erlangt hatte und dass
die Eigenschaften fast aller pflanzlichen Drogen und Gifte bereits in der
längsten Zeitspanne bekannt waren, bis zu der historische Aufzeichnungen
reichen. Hat die Natur dem primitiven Menschen einen Instinkt verliehen,
der dem ähnelt, mit dem sie das Tier lehrt, die nahrhaften auszuwählen und
die schädlichen Gemüse, die wahllos in Wald und Weide gemischt werden,
abzulehnen?

Dieser Instinkt ist, das muss man zugeben, alles andere als unfehlbar,
und wie Hunderte Male von Naturforschern festgestellt wurde, handelt es
sich in vielen Fällen nicht um eine ursprüngliche Fähigkeit, sondern um eine
erworbene und weitergegebene Gewohnheit. Es ist eine Tatsache, die den
Schafhaltern in Neuengland bekannt ist – und ich habe sie durch persönliche
Beobachtungen bestätigt gesehen –, dass Schafe, die dort gezüchtet werden,
wo der sogenannte Gemeine Lorbeer (Kalmia angustifolia) reichlich
vorhanden ist, es fast immer vermeiden, an den Blättern *zu* fressen Von
dieser Pflanze ernähren sich diejenigen, die aus Gebieten gebracht werden,
in denen Lorbeer unbekannt ist, und auf Weiden, auf denen er wächst, sehr
oft davon und werden dadurch vergiftet. Ein merkwürdiger erworbener und
erblicher Instinkt anderer Art darf hier nicht zu Unrecht auffallen. Ich
beziehe mich darauf, dass Pferde, die in Provinzen gezüchtet werden, in

denen es häufig Treibsand gibt, den Gefahren aus dem Weg gehen oder sich aus ihnen befreien. Siehe BRÉMONTIER , *Mémoire sur les Dunes, Annales des Ponts et Chaussées* , 1833: *Premier Sémestre* , S. 155–157.

In Neuengland wird allgemein gesagt, und ich glaube mit Recht, dass die Krähen dieser Generation weiser sind als ihre Vorfahren. Vogelscheuchen, die vor fünfzig Jahren wirksam waren, werden von den Plünderern des Kornfeldes nicht mehr respektiert, und zu ihrem Schutz müssen von Zeit zu Zeit neue Schreckensschrecken erfunden werden. Siehe *Anhang* , Nr. 6 .

Die Zivilisation hat die Zahl der Pflanzen- und Tierarten, die auf unseren Feldern angebaut oder in unseren Hürden gezüchtet werden, kaum erhöht, während im Gegenteil die Unterwerfung der anorganischen Kräfte und die damit verbundene Ausweitung der Herrschaft des Menschen über die jährlichen Produkte der ... Nur die Erde, aber ihre Substanz und ihre Wirkungsquellen sind fast ausschließlich das Werk hochverfeinerter und kultivierter Zeitalter. Die Verwendung der Elastizität von Holz und Horn als Projektilkraft im Bogen ist bei den rohesten Wilden nahezu allgemein verbreitet. Die Verwendung von Druckluft für den gleichen Zweck, im Blasrohr, ist eingeschränkter, und die Verwendung mechanischer Kräfte, der schiefen Ebene, des Rads und der Achse und sogar des Keils und Hebels scheint außer dem zivilisierten Menschen fast unbekannt zu sein. Ich habe selbst europäische Bauern gesehen, für die eine der einfachsten Anwendungen dieser letztgenannten Macht eine Offenbarung war.

[26] Der Unterschied zwischen den Beziehungen des wilden Lebens und der beginnenden Zivilisation zur Natur ist in dem Teil des Mississippi-Tals deutlich zu erkennen, der einst von den Hügelbauern und später von den weit weniger entwickelten Indianerstämmen bewohnt wurde. Als die Ackerbauern der Felder, die zur Ernährung der großen Bevölkerung, die einst diese Regionen bewohnte, bewirtschaftet worden sein mussten, starben oder vertrieben wurden, verfiel der Boden wieder in den normalen Waldzustand, und die Wilden, die auf die fortgeschrittenere Rasse folgten, griffen stark ein wenig, wenn überhaupt, mit dem gewöhnlichen Verlauf der spontanen Natur.

[27] Beim amerikanischen Bison gibt es eine mögliche – aber nur eine mögliche – Ausnahme. Siehe Hinweis zu diesem Thema in Kap. iii, *posten* .

[28] Was auch immer man von der Veränderung organischer Arten durch natürliche Selektion denken mag, es gibt sicherlich keinen Beweis

dafür, dass Tiere auf irgendeine Lebensform einen Einfluss ausgeübt haben, der dem der Domestikation auf Pflanzen, Vierbeiner und Vögel, die vom Menschen künstlich aufgezogen wurden, vergleichbar ist; und dies gilt sowohl für unvorhergesehene als auch für absichtlich herbeigeführte Verbesserungen, die durch freiwillige Auswahl von Zuchttieren erzielt werden.

[29] – „Und es kann bemerkt werden, dass die Welt, während sie diese verschiedenen Phasen des Kampfes um die Schaffung eines Christentums durchlaufen hat, durch die Entspannung in den Unternehmungen, die sie gelernt hat, in umgekehrten Schritten nach unten zur Wildheit tendiert." und wieder die Verschwendung. Möge ein Volk seinen Kampf mit dem moralischen Bösen aufgeben, die Ungerechtigkeit, die Unwissenheit und die Gier ignorieren, die unter ihnen vorherrschen könnten, und sich mehr und mehr vom christlichen Element seiner Zivilisation trennen und diesen Kampf ablehnen Mit der Sünde werden sie unweigerlich mit den Menschen verwickelt. Kriegs- und Revolutionsdrohungen bestrafen ihre Untreue; und wenn sie dann, statt umzukehren, wieder nachgeben und vor dem Sturm vertrieben werden, werden die Künste, die sie geschaffen haben, die Strukturen selbst Sie hatten sie erhoben, die Bräuche, die sie eingeführt hatten, werden hinweggefegt; „an dem Tag, an dem ihre Gedanken zugrunde gehen." Der Teil, den sie von der rauen, jungen Erde zurückgewonnen hatten, ist verloren; und weil sie es nicht schaffen, dem Menschen standzuhalten, werden sie schließlich in die Natur verwickelt und ihrer immerwährenden Hand unterworfen." – MARTINEAUS *Predigt* : „ *Der gute Soldat Jesu Christi* ."

[30] Die Abhängigkeit des Menschen von der Hilfe der spontanen Natur bei seinen mühsamsten materiellen Arbeiten wird seltsamerweise durch die Tatsache veranschaulicht, dass eine der schwerwiegendsten Schwierigkeiten bei der Durchführung des vorgeschlagenen gigantischen Plans zur Trockenlegung der Zuiderzee in Holland, besteht darin, Reisig für die Faschinen zu beschaffen, die in den Böschungen eingesetzt werden sollen. Siehe DIGGELENS Broschüre „ *Groote Werken in Nederland* ".

[31] Bei schweren Stürmen beträgt die Kraft der Wellen, wenn sie gegen eine Ufermauer schlagen, eineinhalb bis zwei Tonnen pro Quadratfuß, und Stevenson stellte in einem Fall in Skerryvore fest, dass diese Kraft drei Tonnen pro Quadratfuß entspricht Fuß.

Die seewärtige Vorderseite des Wellenbrechers bei Cherbourg legt eine Fläche von etwa 2.500.000 Quadratfuß frei. Bei rauem Wetter schlagen die Wellen gegen diese ganze Fläche, obwohl sie aus diesem Grund in einer Tiefe von zweiundzwanzig Metern, was der Höhe des Wellenbrechers entspricht, eine weitaus weniger heftige Antriebskraft ausüben als an und in der Nähe der Meeresoberfläche Die Kraft nimmt geometrisch ab, da der Abstand unter der Oberfläche rechnerisch proportional zunimmt. Der Stoß der Wellen wird im Laufe von vierundzwanzig Stunden mehrere tausend Mal empfangen, und daher beläuft sich die Summe der Impulse, denen der Wellenbrecher an einem stürmischen Tag standhält, auf viele tausend Millionen Tonnen. Der Wellenbrecher ist eine vollständig künstliche Konstruktion. Wenn der Mensch dann die Kräfte ansammeln und kontrollieren könnte, denen er effektiv widerstehen kann, könnte man ihn physisch gesehen als allmächtig bezeichnen.

[32] Einige bekannte Experimente zeigen, dass es durchaus möglich ist, die Sonnenwärme mit einer einfachen Vorrichtung zu speichern und so eine Temperatur zu erreichen, die selbst im Klima der Schweiz wirtschaftlich wichtig sein könnte. Saussure empfing die Sonnenstrahlen in einem Nest aus innen geschwärzten und mit Glas bedeckten Kisten und brachte ein in der inneren Kiste eingeschlossenes Thermometer auf den Siedepunkt. und unter der stärkeren Sonne des Kaps der Guten Hoffnung kochte Sir John Herschel nach einem ähnlichen Verfahren die Materialien für ein Familienessen, wobei er jedoch nur eine einzige Kiste verwendete, die mit trockenem Sand umgeben und mit zwei Gläsern bedeckt war. Warum sollte in Italien und sogar in nördlicheren Klimazonen nicht auf eine so einfache Methode zur Kraftstoffeinsparung zurückgegriffen werden?

Der unglückliche John Davidson berichtet in seinem Tagebuch, dass er in Marokko Treibstoff sparte, indem er seinen Teekessel auf dem Dach seines Hauses der Sonne aussetzte, wo das Wasser eine Temperatur von 140 Grad erreichte und natürlich wenig Feuer brauchte um es zum Kochen zu bringen. Aber das war die direkte und einfache, nicht die angesammelte Hitze der Sonne.

[33] In den aufeinanderfolgenden Stadien des sozialen Fortschritts sind die destruktivsten Perioden menschlichen Eingreifens in die Natur der pastorale Zustand und der der beginnenden stationären Zivilisation oder, in den neu entdeckten Ländern der modernen Geographie, der Kolonialzeit, die dem entspricht Ära der frühen Zivilisation in älteren Ländern. In fortgeschritteneren Kulturzuständen machen sich konservative Einflüsse bemerkbar; und wenn hochzivilisierte Gemeinschaften die Werke der Natur

nicht immer wiederherstellen, verbrauchen sie sie zumindest weniger verschwenderisch als ihre Vorgänger.

[34] Der Charakter der geologischen Formation ist ein Element von sehr großer Bedeutung für die Bestimmung des Ausmaßes der durch fließendes Wasser verursachten Erosion und natürlich für die Messung der Folgen der Abholzung der Wälder. Der Boden der französischen Alpen gibt der Kraft der Strömungen sehr leicht nach, und die Abhänge des nördlichen Apennins sind mit Erde bedeckt, die bei Sättigung mit Wasser selbst zu einer Flüssigkeit wird. Daher ist die Erosion solcher Oberflächen weitaus größer als auf vielen anderen Bergen mit gleicher Neigung. Dieser Punkt wird von den in Kapitel genannten Autoren vollständig berücksichtigt. iii, *posten* .

[35] Die Reisen von Dr. Dwight, Präsident des Yale College, die die Ergebnisse seiner persönlichen Beobachtungen und seiner Untersuchungen bei den frühen Siedlern auf seinen Urlaubsausflügen in die nördlichen Staaten der Amerikanischen Union verkörpern, jedoch nur wenige instrumentelle Informationen enthalten Messungen oder tabellarische Ergebnisse sind von Wert für die Beobachtungsgabe, die sie aufweisen, und für den gesunden Menschenverstand, mit dem viele Naturphänomene, wie zum Beispiel die Bildung der Flussauen, die in Neuengland „Intervalle“ genannt werden, erklärt werden . Sie zeichnen ein wahres und interessantes Bild physikalischer Zustände, von denen viele im Rahmen seiner Forschungen schon lange nicht mehr existieren und von denen nur wenige andere Aufzeichnungen erhalten sind.

[36] Das allgemeine Gesetz der Temperatur besagt, dass sie mit zunehmendem Aufstieg abnimmt. Aber in hügeligen Regionen ist das Gesetz bei kaltem, windstillem Wetter umgekehrt, da die kalte Luft aufgrund ihrer größeren Schwerkraft in die Täler absinkt. Wenn jedoch genügend Wind vorhanden ist, um eine Störung und Durchmischung höherer und niedrigerer atmosphärischer Schichten zu erzeugen, findet diese Ausnahme vom allgemeinen Gesetz nicht statt. Diese Tatsachen sind dem einfachen Volk der Schweiz und Neuenglands seit langem bekannt, ihre Bedeutung wurde jedoch bei der Diskussion meteorologischer Beobachtungen nicht ausreichend berücksichtigt. Der Abstieg der kalten Luft und der Aufstieg der warmen Luft beeinflussen die relativen Temperaturen von Hügeln und Tälern viel stärker, als üblicherweise angenommen wird. Ein mir wohlbekannter Herr führte fast ein halbes Jahrhundert lang thermometrische Aufzeichnungen in einer Landstadt in Neuengland auf

einer Höhe von mindestens 1.500 Fuß über dem Meer. Während dieser Jahre fiel sein Thermometer nie unter 26° Fahrenheit, während in der Grafschaftsstadt im Auenland, die tausend Fuß tiefer und zehn Meilen entfernt in einem Becken lag, sowie an anderen Punkten in ähnlicher Lage das Quecksilber um mehrere Grad gefror Mal im gleichen Zeitraum.

[37] Eisenbahnumfragen müssen mit großer Vorsicht aufgenommen werden, wenn ein Grund für deren *Verfälschung besteht* . Kapitalisten scheuen sich vor Investitionen in Straßen mit steilem Gefälle, und natürlich ist es wichtig, bei der Beschaffung von Mitteln für neue Strecken fair nachzuweisen, dass es einfacher ist. Aktiengesellschaften haben keine Seele; Ihre Manager haben im Allgemeinen kein Gewissen. Es lassen sich Fälle anführen, in denen Ingenieure und Direktoren von Eisenbahnen mit langen Steigungen über 100 Fuß pro Meile in ihren Jahresberichten über Jahre hinweg regelmäßig geschworen haben, dass es auf ihren Strecken keine Steigungen gab, die über die Hälfte dieser Höhe hinausgingen . Tatsächlich weiß jeder, der mit der Geschichte dieser Unternehmen vertraut ist, dass in ihren öffentlichen Äußerungen Unwahrheit die Regel und Wahrheit die Ausnahme ist.

Was ich gleich anmerken werde, ist für mein Thema nicht unbedingt relevant; Aber es ist schwer, in der großen Debattiergesellschaft der Welt „das Wort zu bekommen", und wenn ein Redner, der etwas zu sagen hat, einmal Zugang zum öffentlichen Ohr findet, muss er das Beste aus seiner Gelegenheit machen, ohne allzu schön nach seinen Beobachtungen zu fragen sind geordnet." Ich werde keinem ehrlichen Menschen schaden, wenn ich bemühe, wie ich es schon oft anderswo getan habe, die Aufmerksamkeit denkender und gewissenhafter Menschen auf die Gefahren zu lenken, die die großen moralischen und sogar politischen Interessen der Christenheit durch die Skrupellosigkeit der jetzt herrschenden privaten Vereinigungen bedrohen In fast jedem zivilisierten Land sind sie für die Geldangelegenheiten zuständig und regeln den Personen- und Eigentumsverkehr. Mehr als ein amerikanischer Staat wird buchstäblich von prinzipienlosen Konzernen regiert, die sich nicht nur der gesetzgebenden Gewalt widersetzen, sondern allzu oft sogar die Rechtspflege korrumpiert haben. Ähnliche Übel sind in England und auf dem Kontinent fast gleichermaßen verbreitet; und ich glaube, dass der Verfall der Handelsmoral und tatsächlich des Bewusstseins für alle höheren Verpflichtungen als diejenigen finanzieller Natur auf beiden Seiten des Atlantiks eher dem Einfluss von Aktienbanken sowie Produktions- und Eisenbahnunternehmen zuzuschreiben ist , kurz gesagt, auf die Funktionsweise dessen, was man das Prinzip des „assoziierten Handelns" nennt, und nicht auf irgendeine andere Ursache der Demoralisierung.

Das Apophthegma „Die Welt wird zu sehr regiert", hat, obwohl es unglücklicherweise zu wahr von vielen Ländern ausgesprochen wurde – und in einigen Aspekten vielleicht auch von allen gilt – viel Unheil angerichtet, wann immer es zu bedingungslos als politisches Axiom akzeptiert wurde. Die verbreitete Befürchtung, zu stark regiert zu werden, und, wie ich befürchte, vor allem die Angst vor einer Überbesteuerung, hat viel mit der generellen Aufgabe bestimmter Regierungspflichten durch die herrschenden Mächte der meisten modernen Staaten zu tun. Es ist theoretisch die Pflicht der Regierung, alle öffentlichen Kommunikations- und Handelseinrichtungen bereitzustellen, die für den Wohlstand zivilisierter Gemeinwesen wesentlich sind, für deren Bereitstellung die individuellen Mittel jedoch nicht ausreichen und für deren ordnungsgemäße Verwaltung die individuellen Garantien nicht ausreichen. Daher sollten öffentliche Straßen, Kanäle, Eisenbahnen, Postverbindungen, das zirkulierende Tauschmittel, ob aus Metall oder repräsentativ, Armeen, Flotten, alles Angelegenheiten, an denen die Nation als Ganzes ein weitaus tieferes Interesse hat, als es jede private Vereinigung haben kann, legitim sein sollten kann nur von dem konstruiert und bereitgestellt werden, was die sichtbare Personifikation und Verkörperung der Nation ist, nämlich ihr gesetzgebendes Oberhaupt. Zweifellos sind die Organisation und Verwaltung dieser Institutionen durch die Regierung, wie alle menschlichen Dinge, anfällig für große Missbräuche. Die damit implizierte Vermehrung öffentlicher Platzhalter ist ein ernstes Übel. Aber die so entstandene Korruption, so übel sie auch ist, greift nicht so tief wie die Fäulnis privater Unternehmen; und offizieller Rang, Stellung und Pflicht haben sich in der Praxis als bessere Sicherheiten für Treue und finanzielle Integrität bei der Wahrnehmung der betreffenden Interessen erwiesen als die Bürgschaften privater Unternehmensagenten, deren Bürgschaftsbeamte so oft scheitern oder fliehen, bevor ihr Auftraggeber entdeckt wird .

Viele theoretische Staatsmänner haben geglaubt, dass freiwillige Vereinigungen für rein finanzielle und industrielle Zwecke sowie für den Bau und die Kontrolle öffentlicher Arbeiten in demokratischen Ländern einen Ausgleich für die kleinen und zweifelhaften Vorteile bieten und gleichzeitig eine Befreiung davon sichern könnten die großen und gewissen Übel aristokratischer Institutionen. Das Beispiel der amerikanischen Staaten zeigt, dass private Unternehmen – deren Handlungsmaßstab das Interesse der Gemeinschaft und nicht das Gewissen des Einzelnen ist – obwohl sie aus ultrademokratischen Elementen bestehen, zu gefährlichsten Feinden der rationalen Freiheit und der moralischen Interessen werden können des Gemeinwesens, der Reinheit der Gesetzgebung und des gerichtlichen Handelns und der Heiligkeit privater Rechte.

[38] Es ist unmöglich zu sagen, inwieweit die Entnahme von Wasser aus der Erde durch breitblättrige Feld- und Gartenpflanzen – wie Mais, Kürbisgewächse, Kohl usw. – durch die Kondensation von Tau kompensiert wird, was manchmal der Fall ist strömt von ihnen in einem Strom aus, indem Wasserdampf aus ihren Blättern austritt, der direkt vom Boden absorbiert wird, und durch den Schutz bieten sie dem Boden Schutz vor Sonne und Wind und verhindern so die Verdunstung. Amerikanische Landwirte sagen oft, dass die Gefahr, dass die Pflanzen unter Dürre leiden, gering ist, wenn die Blätter des Maises groß genug sind, um „den Boden zu beschatten". Es ist jedoch wahrscheinlich, dass die relative Sicherheit der Felder vor diesem Übel teilweise auf der Tatsache beruht, dass die Wurzeln in dieser Wachstumsphase bis in eine dauerhaft feuchte Erdschicht vordringen und daraus die Feuchtigkeit beziehen, die sie benötigen. In sehr trockenen Jahreszeiten wird oft empfohlen, den Boden zwischen den Maisreihen mit einer leichten Egge oder einem Grubber aufzurühren, um Schäden durch Dürre vorzubeugen. Es scheint tatsächlich, dass das Auflockern und Umwälzen der Erdoberfläche das Übel verschlimmern könnte, indem die Verdunstung der wenigen verbleibenden Feuchtigkeit gefördert wird; aber die Praxis basiert teils auf dem Glauben, dass die Hygroskopizität des Bodens dadurch in einem solchen Ausmaß erhöht wird, dass er durch Absorption mehr gewinnt, als er durch Verdunstung verliert, und teils auf der Lehre, dass Luft in die Wurzelwurzeln eindringen soll Zumindest der Erde in ihrer Nähe dient die direkte Versorgung mit pflanzlichen Wachstumselementen.

[39] Die Weinholzbretter der alten großen Tür der Kathedrale von Ravenna, die dreizehn Fuß lang und eineinhalb Fuß breit waren, sollen der Überlieferung nach aus dem Schwarzen Meer über Konstantinopel gebracht worden sein , etwa im 11. oder 12. Jahrhundert. Heutzutage findet man in keinem anderen Teil des Ostens Weinreben dieser Größe, und obwohl ich mir einige Mühe gegeben habe, habe ich weder in Syrien noch in der Türkei einen Weinstock gefunden, der einen Durchmesser von mehr als 15 cm hat, ohne Rinde.

[40] Die Nordmänner, die – wie ich glaube, dass es von Professor Rafn aus Kopenhagen unbestreitbar festgestellt wurde – um das Jahr 1000 die Küste von Massachusetts besuchten, fanden dort Weintrauben in Hülle und Fülle, und die Rebe gedeiht noch immer in großer Vielfalt und Fülle südöstliche Landkreise dieses Staates. Die Ortschaften in der Nähe des Dighton-Felsens, von denen viele – denen ich allerdings leider nicht zustimmen kann – eine skandinavische Inschrift tragen, sind reich an wilden

Weinreben, und ich habe noch nie eine Region gesehen, in der sie so reichlich wachsen. Ich habe keinen Zweifel daran, dass der Weinanbau in Kürze zu einem der wichtigsten Zweige der ländlichen Industrie in diesem Bezirk werden wird.

[41] *Les États Unis d'Amérique en 1863*, S. 360. Mit „verbessertem" Land ist in den Volkszählungsberichten der Vereinigten Staaten „gerodetes Land gemeint, das zum Weiden, Grasen oder zur Ackerbau genutzt wird oder das jetzt brach liegt, mit einer Farm verbunden ist oder zu einer Farm gehört." – *Anweisungen an Marschälle und Assistenten, Volkszählung von 1850*, Anhang 4, §§ 2, 3.

[42] Obwohl Baumwolle seit der Antike in Asien und Afrika angebaut wurde und den Lateinern und Griechen als seltenes und teures Produkt bekannt war, wurde sie von ihnen nicht in nennenswertem Umfang verwendet und gelangte auch nicht als Handelsprodukt in ihren Handel regulärer Einfuhrartikel. Die frühen Reisenden fanden es in den Westindischen Inseln und in den Provinzen, die zuerst von den Spaniern kolonisiert wurden, allgemein verbreitet; aber es wurde von europäischen Siedlern in das Territorium der Vereinigten Staaten eingeführt und erlangte erst nach der Revolution eine Bedeutung. Bereits 1621 wurde in Virginia Baumwollsamen ausgesät, der jedoch mehr als ein Jahrhundert später nicht mehr aus Profitgründen angebaut wurde. Meeresinsel-Baumwolle wurde erstmals 1786 an der Küste Georgiens angebaut, wobei die Samen von den Bahamas gebracht wurden, wo sie aus Anguilla eingeführt worden waren. – BIGELOW, *Les États Unis en 1863*, S. 370.

[43] Das Zuckerrohr wurde bereits im 9. Jahrhundert von den Arabern in Sizilien und Spanien eingeführt, und obwohl es dort heute kaum noch angebaut wird, kenne ich keinen Grund, daran zu zweifeln, dass sein Anbau mit Vorteil wiederbelebt werden könnte . Von Spanien wurde es nach Westindien gebracht, obwohl seitdem verschiedene Sorten aus anderen Quellen auf diese Inseln eingeführt wurden. Mittlerweile wird Tee in Brasilien mit gewissem Erfolg angebaut und verspricht, in den Südstaaten der Amerikanischen Union zu einer wichtigen Kulturpflanze zu werden. Ich denke, dass die Zitrone anhand der Beschreibung von Plinius leicht zu erkennen ist, da sie den Alten bekannt war, aber es scheint nicht zufriedenstellend, dass sie mit der Orange vertraut waren.

[44] John Smith erwähnt in seiner *Historie of Virginia* von 1624, dass Erbsen und Bohnen von den Eingeborenen vor der Ankunft der Weißen angebaut wurden, und ich glaube, dass es keinen Zweifel daran gibt, dass der Kürbis und mehrere andere Kürbisgewächse dies tun amerikanischer Herkunft; aber die meisten, wenn nicht alle Arten von Erbsen, Bohnen und anderen Hülsenfrüchten, die heute in amerikanischen Gärten angebaut werden, stammen aus europäischem und anderem ausländischem Saatgut. Siehe *Anhang*, Nr. 8 .

[45] Es gibt einige Bräuche der höflichen Gesellschaft, die von Natur aus niedrig und in ihrem Einfluss und ihrer Tendenz entwürdigend sind und die keine Sitte oder Mode respektabel machen kann oder die von Personen mit Selbstachtung befolgt werden können. Es ist im Grunde vulgär, Tabak zu rauchen oder zu kauen, insbesondere Schnupftabak zu nehmen; Es ist für einen Gentleman unziemlich, die Pflichten seines Kutschers zu erfüllen. Es ist unhöflich für eine Dame, auf der Straße Röcke zu tragen, die so lang sind, dass sie nicht gehen kann, ohne sie stark zu beschmutzen. Nicht, dass all diese Dinge nicht von Personen praktiziert würden, die zu Recht als Herren und Damen angesehen werden; aber dieselben Individuen würden viel nachdrücklicher meine Herren und Damen sein und sich auch so fühlen, wenn sie auf sie verzichten würden.

[46] Der Name *Portogallo* , der in Italien so allgemein für die Orange verwendet wird, scheint diese Behauptung zu unterstützen. Die Orange war jedoch in Europa bereits vor der Entdeckung des Kaps der Guten Hoffnung und damit vor der Etablierung direkter Beziehungen zwischen Portugal und dem Osten bekannt.

Ein Korrespondent des *Athenæum* beschreibt die neu ausgegrabene Villa nahe der Porta del Popolo in Rom, die den Namen Livias Villa trägt, und schreibt: „Die Wände eines der Räume sind seltsamerweise mit Landschaftsgemälden geschmückt, u. a Palmen- und *Orangenhain* mit Früchten und Vögeln auf den Zweigen – die Farben sind alle so frisch und lebendig, als wären sie gestern gemalt worden." Der Autor bemerkt, dass diese Dekoration etwas sehr Ungewöhnliches in der römischen Architektur sei; und wenn es sich bei den fraglichen Bäumen tatsächlich um Orangenbäume und nicht um Zitronenbäume handelt, kann dieser Umstand Zweifel am Alter des Gemäldes aufkommen lassen. Wenn es sich hingegen als wirklich alt erweist, zeigt es, dass die Orange den römischen Malern, wenn nicht sogar den Gärtnern, bekannt war. Die Landschaft könnte vielleicht eine orientalische, keine europäische Landschaft darstellen. Das Zubehör des

Bildes würde wahrscheinlich diese Frage bestimmen. – *Athenæum* , Nr. 1859, 13. Juni 1863.

MÜLLER , *Das Buch der Pflanzenwelt* , S. 86, behauptet, dass im Jahr 1802 der Vorfahre aller Maulbeeren in Frankreich, der im Jahr 1500 gepflanzt wurde, noch in einem Garten im Dorf Allan-Montélimart stand.

[47] Das Gemüse, das, soweit wir seine Geschichte kennen, am längsten Gegenstand menschlicher Pflege gewesen zu sein scheint, kann durch sorgfältige Arbeit dazu gebracht werden, unter den unterschiedlichsten Umständen zu wachsen, und einige davon – der Weinstock zum Beispiel – gedeihen fast gleich gut, wenn sie gepflanzt und gepflegt werden, auf Böden fast jeder geologischen Beschaffenheit; aber ihre Samen wachsen nur in künstlich vorbereitetem Boden, sie haben wenig Selbsterhaltungskraft und gehen bald zugrunde, wenn ihnen die pflegende Hand des Menschen entzogen wird. In Bezug auf das Klima sind Wildpflanzen weitaus eingeschränkter als heimische Pflanzen, jedoch viel weniger in Bezug auf den Zustand des Bodens, in dem sie keimen und wachsen. Siehe *Anhang* , Nr. 9 .

Dr. Dwight bemerkt, dass die Samen amerikanischer Waldbäume nicht wachsen, wenn sie auf Grasland fallen. Dies ist einer der ganz wenigen Fehler persönlicher Beobachtung, die in den Schriften dieses Autors zu finden sind. Es gibt tatsächlich Jahreszeiten, in denen auf den Wiesen und Weiden nur wenige Baumsamen keimen, und für eine Art günstige Jahre sind nicht immer günstig für eine andere; aber es gibt keinen mir bekannten amerikanischen Waldbaum, der sich nicht leicht durch Samen im dichtesten Grünrasen vermehrt, wenn seine Keime nicht durch Menschen oder Tiere gestört werden.

[48] Vor einigen Jahren habe ich eine Unkrautsammlung auf den Weizenfeldern Oberägyptens und eine weitere in den Gärten am Bosporus angelegt. Fast alle Pflanzen waren identisch mit denen, die unter den gleichen Bedingungen in Neuengland wachsen. Ich kann mich nicht erinnern, in Amerika den scharlachroten Wildmohn gesehen zu haben, der auf den Getreidefeldern Europas so häufig vorkommt. Ich habe jedoch gehört, dass es kürzlich den Atlantik überquert hat, und es tut mir nicht leid. Bei unseren reichhaltigen Weizenernten können wir es uns durchaus leisten, hin und wieder einen Laib Brot für den fröhlichen Glanz dieser strahlenden Blume zu bezahlen.

[49] Josselyn, der etwa fünfzig Jahre nach der Gründung der ersten britischen Kolonie in Neuengland schrieb, sagt, dass die Siedler in Plymouth mehr als zwanzig englische Pflanzen beobachtet hatten, die spontan in der Nähe ihrer Verbesserungen schossen.

In jedem Land gibt es viele Pflanzen, die der Mensch heute, wenn überhaupt, nicht nutzt und die er daher auch nicht absichtlich vermehrt hat, die sich jedoch um seine Behausung scharen und auf den Ruinen seiner ländlichen Behausung weiterhin üppig wachsen, nachdem er sie verlassen hat. Der Standort eines Häuschens, dessen Grundsteine weggetragen wurden, kann man Jahre später oft noch an den dichten Unkräutern erkennen, die es bedecken, obwohl man kilometerweit keine anderen der gleichen Art findet.

„Der mittelalterliche Katholizismus", sagt Vaupell, „brachte uns den roten Hufhuf – dessen rotbraune Blütenknospen aus dem Boden schießen, wenn der Schnee schmilzt, und denen die großen Blätter folgen – Lægekulsukker *und* Schlangenwurzel, die nur dort wachsen." waren im Mittelalter Klöster und andere Behausungen." – *Bögens Indvandring i de Danske Skove* , S. 1, 2.

[50] VAUPELL , *Bögens Indvandring i de Danske Skove* , S. 2.

[51] Ich glaube, es ist fast sicher, dass die Türken Ungarn Tabak zugefügt haben, und wahrscheinlich haben sie den Schaden in gewissem Maße dadurch kompensiert, dass sie auch Mais eingeführt haben, der neben Tabak von patriotischen Magyaren als ungarisch bezeichnet wurde.

[52] Unfälle schränken manchmal die Verbreitung ausländischer Gemüsesorten in für sie neuen Ländern ein und fördern sie sogar. Die Lombardei-Pappel ist ein zweihäusiger Baum und lässt sich sehr leicht durch Stecklinge züchten. In den meisten Ländern, in denen die Pappel eingeführt wurde, wurden die Stecklinge von den Männchen abgenommen, und da daraus nur Männchen gewachsen sind, produziert die Pappel in diesen Regionen keinen Samen. Dies ist ein glücklicher Umstand, denn andernfalls würde sich dieser höchst wertlose und am wenigsten dekorative Baum mit einer Geschwindigkeit ausbreiten, die ihn zu einem Ärgernis für den Landwirt machen würde. Siehe *Anhang* , Nr. 10 .

[53] Stürme, die heftig genug sind, um alle Kulturpflanzen zu zerstören, verschonen oft diejenigen mit spontanem Wachstum. Während dieses Sommers habe ich in Norditalien Weinberge, Maisfelder, Maulbeer- und Obstbäume gesehen, die durch den Hagel völlig von ihrem Laub befreit waren, während die Waldbäume über die Wiesen verstreut waren und die Sträucher und Brombeersträucher, die am Wegesrand sprossen, überstand die Tortur und verlor kaum ein Flugblatt.

[54] Der Eberspeer ist mit einer kurzen Querstange versehen, damit der Jäger das wütende Tier nach der Transfixierung in Schach halten kann.

[55] Einige Botaniker glauben, dass eine in vielen ägyptischen Gräbern vorkommende Seerosenart ausgestorben ist und dass Papyrus, der einst in Ägypten reichlich vorhanden gewesen sein muss, heute nur noch an sehr wenigen Orten in der Nähe der Nilmündung zu finden ist. Sie wächst sehr gut und lässt ihre Samen in den Gewässern des Anapus in der Nähe von Syrakus reifen, und ich habe sie in Gartenteichen in Messina und auf Malta gesehen. Es gibt keinen ersichtlichen Grund zu der Annahme, dass der Anbau in Ägypten nicht in irgendeiner Form problemlos möglich wäre, wenn es ein besonderes Motiv für die Förderung seines Wachstums gäbe.

[56] Obwohl nicht bekannt ist, dass der Mensch irgendein Gemüse ausgerottet hat, sind die mysteriösen Krankheiten, die in den letzten zwanzig Jahren den Kartoffel-, Wein-, Orangen-, Oliven- und Seidenanbau – auch in diesem Fall – so schädlich beeinträchtigt haben, nicht bekannt Die Krankheit liegt in der Maulbeere oder im Insekt – werden von einigen auf eine klimatische Verschlechterung zurückgeführt, die durch übermäßige Zerstörung der Wälder verursacht wird. Wie im nächsten Kapitel zu sehen sein wird, wurde an zahlreichen Orten in Südeuropa sowie in den Vereinigten Staaten eine Verzögerung der Frühlingsperiode beobachtet. Es wurde angenommen, dass diese Veränderung die Vermehrung der unbekannten Parasiten begünstigt, die die gerade erwähnte Schädigung des Gemüses verursachen.

Babinet geht davon aus, dass die Parasiten, die die Weintraube und die Kartoffel befallen, tierischer und nicht pflanzlicher Natur sind, und er führt ihre Vermehrung auf übermäßige Düngung und Stimulierung des Wachstums der Pflanzen, von denen sie leben, zurück. Sie werden heute allgemein, wenn nicht sogar allgemein, als pflanzlich angesehen, und wenn das so wäre, wäre Babinets Theorie sogar noch plausibler als seine eigene Annahme. – *Études et Lectures*, ii, S. 269.

Es ist eine Tatsache von gewissem Interesse für die Agrarökonomie, dass das Oidium, das für die Traube so schädlich ist, den Besitzern der Weinberge in Frankreich keinen finanziellen Verlust verursacht hat. „Der Weinpreis", sagt Lavergne, „hat sich verfünffacht, und da das Produkt des Jahrgangs nicht im gleichen Maße gesunken ist, war die Krise im Großen und Ganzen eher vorteilhaft als schädlich für das Land." – Économie *Rurale de la France* , S. 263, 264.

Frankreich produziert einen beträchtlichen Überschuss an Weinen für den Export, und der Verkauf an ausländische Verbraucher ist die Hauptgewinnquelle für französische Winzer. In Norditalien hingegen, das wenig Wein exportiert, ist der Weinpreis nicht so stark gestiegen, dass er den starken Ertragsrückgang der Weinreben kompensiert hätte, und der Verlust dieser Ernte ist deutlich spürbar. In Sizilien, das viel Wein exportiert, sind die Preise jedoch genauso schnell gestiegen wie in Frankreich. Waltershausen teilt uns mit, dass der Rotwein vom Ätna in den Jahren 1838 bis 1842 für anderthalb Kreuzer oder einen Cent pro Flasche verkauft wurde, manchmal sogar nur für zwei Drittel dieses Preises, aber das ist jetzt der Fall befiehlt fünf- oder sechsmal so viel.

Die Weintraubenkrankheit hat sich schwer auf kleine Landwirte ausgewirkt, deren Weinberge nur eine Versorgung für den häuslichen Gebrauch darstellten, aber Sizilien erhielt eine Entschädigung durch die enorme Steigerung, die sie sowohl bei der Produktion als auch bei den Gewinnen der Schwefelminen verursachte. Als Heilmittel gegen die Krankheit wird Schwefelmehl auf den Weinstock aufgetragen, und der Vorgang wird zwei-, drei- oder viermal, angeblich sogar acht- oder zehnmal, in einer Saison wiederholt. Daher besteht in allen Weinanbauländern Europas ein großer Bedarf an Schwefel, und Waltershausen schätzt den jährlichen Verbrauch dieses Minerals für diesen einzigen Zweck auf 850.000 Centner, *also* mehr als vierzigtausend Tonnen. Der Preis für Schwefel ist etwa im gleichen Verhältnis gestiegen wie der für Wein. – WALTERSHAUSEN , *Über den sizilianischen Ackerbau* , S. 19, 20.

[57] Einige neuere Beobachtungen des gelehrten Reisenden Wetzstein verdienen besondere Aufmerksamkeit. „Der Boden des Haurân", bemerkt er, „produziert in seinem ursprünglichen Zustand viel wilden Roggen, der in Syrien nicht als Kulturpflanze bekannt ist, sowie viel wilde Gerste und Hafer. Diese Getreidearten ähneln genau den entsprechenden Kulturpflanzen in." Blatt, Ähre, Größe und Höhe des Strohs, aber ihre Körner sind deutlich flacher und mehlärmer." – *Reisebericht über Haurân und die Trachonen* , S. 40.

[58] Diese Bemerkung trifft auf Obstbäume viel weniger zu als auf Gartengemüse und Cerealien. Obwohl die wilde Orange Floridas einst als heimisch galt, gehen Botaniker heute allgemein davon aus, dass sie von der europäischen Orange abstammt, die von den frühen Kolonisten eingeführt wurde. Feigen- und Olivenbäume wachsen wild in jedem Land, in dem diese Bäume angebaut werden. Die wilde Feige unterscheidet sich von der domestizierten Feige in ihren Gewohnheiten, ihrer Fruchtbildungzeit und ihrer Insektenpopulation, ist aber meines Erachtens nicht spezifisch von der Gartenfeige zu unterscheiden, obwohl ich nicht weiß, dass sie durch Anbau zurückgewonnen werden kann. Der wilde Olivenbaum, der in der toskanischen Maremma so häufig vorkommt, trägt ohne weitere Pflege gute Früchte, wenn er ausgedünnt und vom Schatten anderer Bäume befreit wird, und eignet sich besonders gut für die Veredelung. Siehe SALVAGNOLI , *Memorie sulle Maremme* , S. 63–73. Siehe *Anhang* , Nr. 12 .

FRAAS , *Klima und Pflanzenwelt in der Zeit* , S. 35-38, gibt, auf die Autorität von Link und anderen botanischen Autoren zurück, eine Liste der natürlichen Lebensräume der meisten Getreidearten und vieler Früchte, oder zumindest der Orte, an denen diese Pflanzen vorkommen soll jetzt wild aufgefunden worden sein; aber die Daten scheinen im Allgemeinen nicht auf sehr vertrauenswürdigen Beweisen zu beruhen. Theoretisch besteht kaum ein Zweifel daran, dass alle unsere Kulturpflanzen modifizierte Formen spontaner Vegetation sind, aber der Zusammenhang ist historisch nicht nachgewiesen, und wir können auch nicht sagen, dass die Originale einiger domestizierter Gemüsesorten nicht inzwischen ausgestorben und im Bestand nicht mehr vertreten sind wilde Flora. Siehe zu diesem Thema HUMBOLDT , *Ansichten der Natur* , I, S. 208, 209. Das Folgende sind interessante Vorfälle: „Ein Negersklave des großen Cortez war der erste, der Weizen in Neuspanien säte. Er fand drei Körner davon." unter dem Reis, der aus Spanien als Nahrung für die Soldaten mitgebracht worden war. Im Franziskanerkloster in Quito sah ich den irdenen Topf, der den ersten Weizen enthielt, den Mönch Jodoco Rixi aus Gent dort gesät hatte. Er wurde als Reliquie aufbewahrt."

Die Adams der modernen Botanik und Zoologie mussten sich große Mühe geben, Namen für die vermehrten Organismen zu finden, die der Schöpfer ihnen vorgelegt hatte, „um zu sehen, wie sie sie nennen würden"; und Naturforscher und Philosophen haben viel moralischen Mut bewiesen, indem sie die Gesetze der Philologie zunichte gemacht haben, indem sie unhöfliche Worte geprägt haben, um wissenschaftliche Ideen auszudrücken. Es wäre sehr zu wünschen, dass ein mutiger Neologe englische technische Äquivalente für die deutschen Wörter „ *verwildert* ", „run-wild" und „ *veredelt* " *entwickeln würde* , die durch Kultivierung verbessert werden.

[59] Könnten die Knochen und anderen Relikte der in zivilisierten Ländern durch Krankheit zerstörten oder für den menschlichen Gebrauch geschlachteten Vierbeiner in großen Lagerstätten gesammelt werden, so wie aus unbekannten Gründen die von ausgestorbenen Tieren zusammengekommen sind, würden sie bald Ansammlungen bilden, die beinahe so groß sein könnten Berge genannt. Im Jahr 1860 gab es in den Vereinigten Staaten, wie wir später sehen werden, fast einhundertzwei Millionen Pferde, schwarze Rinder, Schafe und Schweine. In den britisch-amerikanischen Provinzen und in Mexiko gibt es eine große Anzahl aller gleichen Tiere, und es gibt große Herden wilder Pferde in den Ebenen und gezähmter Pferde unter den unabhängigen Indianerstämmen Nordamerikas. Es wäre vielleicht nicht übertrieben anzunehmen, dass all diese Rinder zwei Drittel so groß sein könnten wie die der Vereinigten Staaten, und so haben wir in Nordamerika insgesamt 170.000.000 domestizierte Vierbeiner, die zu Arten gehören, die durch die europäische Kolonisierung eingeführt wurden, außer Hunden. Katzen und andere vierfüßige Haustiere und Schädlinge, auch ausländischer Herkunft.

Wenn wir dem Skelett und anderen langsam zerstörbaren Teilen jedes Tieres einen halben Fuß zulassen, würden die Überreste dieser Herden eine kubische Masse bilden, die nicht viel weniger als 450 Fuß an der Seite misst, oder eine Pyramide mit den gleichen Abmessungen das von Cheops, und da das durchschnittliche Leben dieser Tiere sechs oder sieben Jahre nicht überschreitet, würden die Ansammlungen ihrer Knochen, Hörner, Hufe und anderen dauerhaften Überreste in einem einzigen Jahrhundert ein mindestens fünfzehnmal so großes Volumen ausmachen. Es ist wahr, dass die tatsächliche Masse an fester Materie, die durch den Zerfall toter Hausvierbeiner zurückbleibt und dauerhaft der Erdkruste zugesetzt wird, nicht so groß ist, wie diese Berechnung vermuten lässt. Der größte Teil der Weichteile von Haustieren und sogar der Knochen wird durch direkten Verzehr durch Menschen und andere Fleischfresser, industrielle Verwendung und Verwendung als Dünger bald zersetzt und geht neue Verbindungen ein, in denen sein tierischer Ursprung kaum noch vorhanden ist rückverfolgbar; es gibt jedoch einen großen jährlichen Rückstand, der wie verrottetes Pflanzenmaterial ein Teil des oberflächlichen Schimmels wird; und auf jeden Fall verändert das rohe Leben die Form und den Charakter der oberflächlichen Schichten enorm, wenn es nicht die Menge der Materie, aus der sie bestehen, sinnvoll vergrößert.

Auch menschliche Überreste tragen zur Erdschicht bei, die die Erdoberfläche bedeckt. Die menschlichen Körper, die im Laufe der langen, langen Zeitalter der ägyptischen Geschichte in den Katakomben deponiert wurden, würden vielleicht einen so großen Haufen bilden wie eine Generation der Vierbeiner der Vereinigten Staaten. In den barbarischen

Tagen der alten muslimischen Kriegsführung errichteten die Eroberer große Pyramiden aus menschlichen Schädeln. Der Boden der Friedhöfe in den großen Städten Europas wurde im Laufe einiger Generationen durch die Hinterlegung der Toten manchmal um mehrere Fuß angehoben. Im Osten begraben sowohl Türken als auch Christen ihre Leichen nur wenige Meter unter der Oberfläche. Das Grab wird geachtet, solange der Grabstein übrig bleibt, aber die Gräber der unedlen Armen und derer, deren Denkmäler durch Zeit oder Zufall entfernt wurden, werden immer wieder geöffnet, um neue Bewohner aufzunehmen. Daher ist der Boden orientalischer Friedhöfe mit Relikten der Menschheit durchsetzt, wenn nicht sogar vollständig aus ihnen zusammengesetzt; und eine Untersuchung des Bodens des unteren Teils des *Petit Champ des Morts* in Pera allein mit bloßem Auge zeigt dem Beobachter, dass er fast ausschließlich aus den zerkleinerten Knochen seiner Mitmenschen besteht.

[60] Es wird behauptet, dass die Knochen von Mammuts und Mastodons in vielen Fällen offenbar von Pfeilspitzen aus Feuerstein oder anderen Steinwaffen gestreift oder zerschnitten wurden. Diese Berichte wurden oft in Misskredit gebracht, da angenommen wurde, dass das Aussterben dieser Tiere älter sei als die Existenz des Menschen. Jüngste Entdeckungen machen es höchst wahrscheinlich, wenn nicht sogar sicher, dass diese Schlussfolgerung zu voreilig angenommen wurde. Lyell bemerkt: „Diese Geschichten * * müssen in Zukunft sorgfältiger untersucht werden, denn wir können kaum daran zweifeln, dass das Mastodon in Nordamerika bis zu einer Zeit lebte, als das Mammut mit dem Menschen in Europa koexistierte." – Antiquity of Man , S. 354.

Auf Seite 143 des gerade zitierten Bandes bemerkt derselbe sehr angesehene Autor, dass der Mensch „zweifellos seinen Teil dazu beigetragen hat, das Zeitalter des Aussterbens" der großen Dickhäuter und Raubtiere zu beschleunigen; Da aber auch zeitgenössische Arten anderer Tiere, von denen man nicht annehmen kann, dass sie vom Menschen ausgerottet wurden, ausgestorben sind, argumentiert er, dass das Verschwinden der betreffenden Vierbeiner nicht allein auf menschliches Handeln zurückzuführen ist.

In diesem Punkt kann man anmerken, dass wir nicht wissen können, welche genauen physikalischen Bedingungen für die Existenz eines bestimmten ausgestorbenen Organismus erforderlich waren, und daher auch nicht sagen können, inwieweit diese Bedingungen durch das Eingreifen des Menschen verändert wurden und er dies auch getan hat beeinflusste das Leben solcher Organismen auf eine Weise und in einem Ausmaß, von dem wir uns keine klare Vorstellung machen können.

[61] Evelyn hielt die Weidehaltung des Grases durch Vieh für dessen Wachstum von Nutzen. „Das Beißen von Rindern", bemerkt er, „lockert sanft die Wurzeln des Grases und lässt es fein und süß wachsen, und ihr Atem und ihr Treten ebenso wie der Boden und die Behaglichkeit ihrer warmen Körper, ist heilsam und wunderbar wertschätzend." – *Terra, or Philosophical Discourse of Earth* , S. 36.

In einer Anmerkung zu dieser Passage bemerkt Hunter: „Gute Bauern betrachten das Liegen eines Tieres auf dem Boden, nur für eine Nacht, als ausreichenden Ertrag für das Jahr. Der Atem grasfressender Vierbeiner bereichert sicherlich die Wurzeln des Grases; a Umstand, der die Aufmerksamkeit des philosophischen Bauern verdient." – *Terra* , gleiche Seite.

Der „philosophische Bauer" der Gegenwart wird sich diese Meinungen nicht ohne Vorbehalt zu eigen machen.

[62] Die Ratte und die Maus werden zwar nicht freiwillig transportiert, sind aber Passagiere jedes Schiffes, das von Europa in einen fremden Hafen fährt, und mehrere Arten dieser Vierbeiner haben in der Neuzeit daher ihr Verbreitungsgebiet erheblich erweitert und ihre Zahl erhöht. Aus einer Geschichte von Heliogabalus, erzählt von Lampridius, *Hist. Aug. Scriptores* , hrsg. Casaubon, 1690, S. 110 scheint es, dass Mäuse zumindest im antiken Rom nicht sehr verbreitet waren. Zu den launischen Launen dieses Kaisers gehört, dass er es sich zur Aufgabe machte, die Statistiken der Spinnentierpopulation der Hauptstadt zu untersuchen, und dass 10.000 Pfund Spinnen (oder Spinnennetze – denn Aranea ist nicht eindeutig) gesammelt wurden; Aber als er eine Mäuseausstellung veranstaltete, hielt er zehntausend Mäuse für eine sehr gute Zahl. Ich glaube, dass man in einem einzigen Palast im modernen Rom fast genauso viele finden könnte. Ratten sind in allen großen Städten nicht weniger zahlreich, und in Paris, wo ihre Häute für Handschuhe verwendet werden und ihr Fleisch, wie man flüstert, in einigen sehr komplexen und zweideutigen Gerichten zubereitet wird, werden sie von Legionen gefangen. Ich habe von einem Fabrikanten gelesen, der zu einem hohen Preis alle Rattenhäute, die er liefern konnte, vor einem bestimmten Datum von den Rattenfängern abkaufen wollte, und innerhalb einer Woche aus Kapitalmangel scheiterte, als der Pelzvorrat erschöpft war laufen bis zu 600.000.

[63] BIGELOW , *Les États Unis en* 1863, S. 379, 380. Im selben Absatz dieses Bandes wird die Zahl der Tiere, die 1859 in den Vereinigten Staaten von Metzgern geschlachtet wurden, mit 212.871.653 angegeben. Das ist ein

Fehler der Presse. Zahl wird mit Wert verwechselt. Ein Verweis auf die Tabellen der Volkszählung zeigt, dass die in diesem Jahr geschlachteten Tiere auf 212.871.653 *Dollar geschätzt wurden* ; die Anzahl der Köpfe ist nicht angegeben. Die Wildpferde und Hornrinder der Prärien sowie die Pferde der Indianer sind in den Erträgen nicht enthalten.

[64] Von dieser Gesamtzahl werden 2.240.000 oder fast neun Prozent als Arbeitsochsen gemeldet. Dies würde europäischen und insbesondere englischen Landwirten in großem Umfang auffallen; aber es erklärt sich aus dem Unterschied zwischen einem neuen und einem alten Land in den Bedingungen, die den Einsatz tierischer Arbeit bestimmen. Ochsen werden in den Vereinigten Staaten und Kanada im Allgemeinen zum Transport von Holz und Brennholz durch und aus den Wäldern eingesetzt; zum Pflügen in Erde, die noch voller Steine, Baumstümpfe und Wurzeln ist; zum Aufbrechen des neuen Bodens der Prärie mit seiner starken Verfilzung einheimischer Gräser und zum Transport schwerer Lasten über die unebenen Straßen im Landesinneren. In allen diesen Fällen stellen die häufigen Hindernisse beim Durchgang des Holzes, des Pfluges und des Schlittens oder Karrens eine Quelle ständiger Gefahr für die Tiere, die Fahrzeuge und das Geschirr sowie den langsamen und gleichmäßigen Schritt des Ochsen dar ist mit viel weniger Risiko verbunden als die schnellen und plötzlichen Bewegungen des ungeduldigen Pferdes. Es ist überraschend zu sehen, mit welcher Klugheit der stumpfe und ungeschickte Ochse — behindert durch das starre Joch, das absurdeste Zuggerät, das jemals von Menschen erfunden wurde — seinen Weg zwischen Felsen und Wurzeln sucht, wenn er einmal zur Waldarbeit ausgebildet wurde und klettert sogar über umgestürzte Bäume, wobei es sich nicht nur sicher bewegt, sondern auch Holz über den Boden zieht, was für das leichte und agile Pferd völlig unpraktisch ist.

Kühe, die in Italien so ständig als Zugtiere eingesetzt werden, werden in Amerika, außer in den Sklavenstaaten, niemals unter Joch gespannt oder auf andere Weise zur Arbeit eingesetzt.

[65] „Ungefähr fünf Meilen vom Lager entfernt stiegen wir auf die Spitze eines hohen Hügels, und in großer Entfernung schien sich auf jeder Quadratmeile eine Büffelherde zu befinden. Ihre Zahl wurde von den Mitgliedern der Gruppe unterschiedlich geschätzt; um einige bis zu einer halben Million. Ich halte es nicht für übertrieben, sie auf 200.000 anzugeben." – STEVENS *Erzählung und Abschlussbericht. Berichte über Erkundungen und Untersuchungen für Railroad to Pacific* , vol. xii, Buch I, 1860.

Am nächsten Tag stieß die Gruppe auf einen „Büffelpfad", bei dem vermutlich mindestens 100.000 Menschen einen Sumpf überquert hatten.

[66] Der eifrigste und erfolgreichste Jäger Neuenglands, von dem ich persönlich weiß, und der seiner Lieblingsleidenschaft weit über das Alter hinaus nachging, in dem die Heldentaten im Holzhandwerk im Allgemeinen aufhören, beklagte sich auf seinem Sterbebett darüber, dass er nicht lange genug gelebt hatte Erhöhe die Zahl seiner geschlachteten Hirsche auf die Zahl tausend, die er als Grenze seines Ehrgeizes festgelegt hatte. Er war sechzig Jahre lang in der Lage, mit dem Gewehr umzugehen, zu einer Zeit, als das Wild noch fast so zahlreich war wie eh und je, hatte aber nur neunhundertsechzig dieser Vierbeiner aller Arten getötet. Die Heldentaten dieses Nimrod wurden von Präriejägern weit übertroffen, aber ich bezweifle, dass in dem ursprünglich bewaldeten Gebiet der Union ein einzelner Schütze eine größere Anzahl erlegt hat.

[67] *Erdkunde* , viii. *Asien, 1. Abtheilung* , S. 660, 758.

[68] Siehe Kapitel III, *Beitrag* ; auch HUMBOLDT , *Ansichten der Natur* , I, S. 71. Aus dem anatomischen Charakter der Knochen des Urus oder Auerochsen, die in den Relikten der Seebevölkerung der alten Schweiz gefunden wurden, und aus anderen Umständen wird gefolgert, dass dieses Tier von diesem Volk domestiziert wurde; und in *Le Alpi che cingono l'Italia* heißt es, ich weiß nicht aus welcher Quelle , dass es auch von den Venetern gezähmt worden sei. Siehe LYELL , *Antiquity of Man* , S. 24, 25, und das letztgenannte Werk, S. 25. 489. Dies ist eine Tatsache von großem Interesse, da es meiner Meinung nach der einzige bekannte Fall des Aussterbens eines Hausvierbeiners ist, und die äußerste Unwahrscheinlichkeit eines solchen Ereignisses gibt der Theorie der Identität des Hausochsen eine gewisse Stütze mit und seine Abstammung vom Urus.

[69] Bei der Behauptung, dass der Löwe in den im Text genannten Ländern erst seit Kurzem existiert, haben Naturforscher möglicherweise zu viel Wert auf das häufige Vorkommen von Darstellungen dieses Tieres in Skulpturen gelegt, die offenbar historischen Charakters haben. Zwanzig Jahrhunderte später kann man nicht argumentieren, dass der Löwe und das Einhorn zur Zeit Königin Victorias in Großbritannien weit verbreitet waren, denn auf den Schnitzereien und Gemälden dieser Zeit sieht man sie oft „im Kampf um die Krone".

Dar nach sloger schiere, einen wisent bat elch.
Stärker trug Bier. aber einen grimmen schelch.
XVI Auentiure.

Das Zeugnis des *Nibelungenliedes* ist kein schlüssiger Beweis dafür, dass diese Vierbeiner zum Zeitpunkt der Abfassung dieses Gedichts in Deutschland existierten. Es beweist zu viel; denn ein paar Zeilen über den eben zitierten soll Sigfrid einen Löwen getötet haben, ein Tier, das selbst der patriotischste Germane wohl kaum als Bewohner des mittelalterlichen Deutschlands bezeichnen würde.

[71] Der wilde Truthahn geht gerne ans Wasser und kann schwimmend Flüsse von sehr großer Breite überqueren. Um mir eine Vorstellung von der früheren Häufigkeit dieses Vogels zu geben, erzählte mir ein alter und höchst angesehener Herr, der zu den frühen weißen Siedlern des Westens gehörte, dass er einmal bei einem Spaziergang am Nordufer des Ohio River zählte: Innerhalb einer Entfernung von vier Meilen landeten vierundachtzig Truthähne einzeln oder höchstens paarweise, nachdem sie von der Kentucky-Seite herübergeschwommen waren.

[72] Es wurde beobachtet, dass die Zahl der Ringeltauben auch in Europa zunahm, als man sich bemühte, den Habicht auszurotten. Die Tauben, die in Schwärmen so zahlreich umherzogen, dass sie ganze Tage brauchten, um einen bestimmten Punkt zu passieren, waren zweifellos schädlich für das Getreide, aber wahrscheinlich weniger schädlich, als allgemein angenommen wird; denn sie beschränkten sich nicht ausschließlich auf die Ernte, um sich zu ernähren.

[73] Vor einigen Jahren wurden in der Nähe von Albany, New York, Tauben geschossen, mit grünem Reis in ihren Feldfrüchten, von dem man annahm, dass er erst vor wenigen Stunden in einer Entfernung von sieben- oder achthundert Meilen gewachsen war.

[74] Professor Treadwell aus Massachusetts fand heraus, dass ein halb ausgewachsenes amerikanisches Rotkehlchen in Gefangenschaft an einem Tag achtundsechzig Regenwürmer fraß, die zusammen fast anderthalb so viel wogen wie der Vogel selbst, und ein anderes war zuvor an einem Tag verhungert Zulage von acht oder zehn Würmern, also etwa zwanzig Prozent.

seines eigenen Gewichts. Die größte dieser Zahlen schien, soweit man dies anhand der Beobachtung von Elternvögeln derselben Art beurteilen konnte, während sie ihren Jungen Nahrung brachten, viel größer zu sein als die Menge, die sie bei der Fütterung im Nest erhielten; denn die alten Vögel kamen im Durchschnitt nicht öfter als alle zehn Minuten mit Würmern oder Insekten zurück. Wenn wir annehmen, dass die Eltern zwölf Stunden am Tag nach Nahrung suchen und ein Nest vier Junge aufnehmen kann, müssten wir 72 Würmer, also jeweils achtzehn, als täglichen Nachschub für die Brut haben. Es ist wahrscheinlich genug, dass ein Teil der von den Eltern gesammelten Nahrung nahrhafter war als die der Regenwürmer, und dass daher für die Jungen im Nest eine geringere Menge ausreichte als bei der Aufzucht unter künstlichen Bedingungen.

Der Nahrungsbedarf heranwachsender Vögel ist nicht das Maß ihres Bedarfs nach Erreichen der Reife, und es ist keineswegs sicher, dass große Muskelanstrengung immer den Nahrungsbedarf erhöht, weder bei den niederen Tieren noch beim Menschen. Die Mitglieder des Englischen Alpenvereins zeichnen sich nicht durch einen Appetit aus, der sie zu unwillkommenen Gästen der Schweizer Grundbesitzer machen würde, und ich denke, jeder Mann, der die persönliche Obhut eines Feld- oder Eisenbahnarbeiters hatte, muss beobachtet haben, dass Arbeiter, die ihre Kraft am wenigsten schonen sind nicht die tapfersten Trencher-Champions. Während der Zeit, als in Neuengland Haft wegen Schulden erlaubt war, hatten Personen, die in Landgefängnissen eingesperrt waren, keine besondere Zulage und wurden im Allgemeinen ohne Aufwand ernährt. Ich habe mich oft nach ihrer Ernährung erkundigt und mir wurde von den Gefängniswärtern versichert, dass ihre Gefangenen, denen keine Arbeit oder andere Möglichkeiten zur Bewegung zur Verfügung standen, einen erheblich größeren Vorrat an Nahrungsmitteln zu sich nahmen als gewöhnliche Arbeiter im Freien.

[75] Ich hoffe, Michelet hat eine gute Autorität für diese Aussage, aber ich kann sie nicht bestätigen.

[76] Apropos des Spatzen – ein einzelnes Paar davon, laut Michelet, S. 315, bringt in einer Woche viertausenddreihundert Raupen oder Coleopteren zum Nest – ich entnehme dem *Record* , einer englischen religiösen Zeitung vom 15. Dezember 1862, den folgenden Artikel, der einer Landzeitung von einer Person mitgeteilt wurde, die selbst unterschreibt: Ein echter Freund des Bauern:"

„ *Crawley Sparrow Club*. – Das jährliche Abendessen fand am letzten Mittwoch im George Inn statt. Der erste Preis wurde an Herrn I. Redford, Worth, verliehen, der im letzten Jahr 1.467 zerstört hatte. Den zweiten Preis gewann Herr Heayman mit 1.448 zerstörten Personen . Mr. Stone, Dritter, mit angebrachter Zahl 982. Gesamtzahl der zerstörten Tiere: 11.944. Alte Vögel: 8.663; junge Vögel, ebenso: 722; Eier: 2.556.“

Dieses Trio tapferer Vogeljäger und ihre weniger glücklichen – oder vielmehr weniger unglücklichen, aber nicht weniger schuldigen – Kollegen haben durch ihre Tapferkeit vielleicht ein Dutzend Körnchen Getreide davor bewahrt, vom gefräßigen Spatz verschlungen zu werden, aber alle Einer der zwölftausend geschlüpften und nicht geschlüpften Vögel, die auf diese Weise kindischer Eitelkeit und unwissenden Vorurteilen geopfert wurden, hätte seinen Scheffel Weizen gerettet, indem er Insekten gejagt hätte, die das Korn zerstörten. Mr. Redford, Mr. Heayman und Mr. Stone sollten den Wert des Brotes, das sie verschwendet haben, zugunsten der Weber in Lancashire in den Fonds einzahlen; und es ist zu hoffen, dass der nächste Byron den Sperlingsmord ebenso scharf verspotten wird wie der erste, der Fürst der Angler, Walton, in den bekannten Zeilen:

„Der urige, alte, grausame Steuermann in
seiner Speiseröhre
sollte einen Haken haben und eine kleine
Forelle, um ihn zu ziehen.“

[77] SALVAGNOLI , *Memorie sulle Maremme Toscane* , S. 143. Das Land um Neapel ist voller schlanker Türme mit einer Höhe von fünfzehn bis zwanzig Fuß, die für Fremde ein ständiges Rätsel darstellen. Sie sind die Stationen der Vogelfänger, die von dort aus die Schwärme kleiner Vögel beobachten und sie in die Netze treiben, indem sie Steine darüber werfen. Siehe *Anhang* , Nr. 14 .

Tschudi hat in seinem kleinen Werk „ *Über die landwirtschaftliche Bedeutung der Vögel*“ viele interessante Fakten über den Nutzen von Vögeln und deren mutwillige Zerstörung in Italien und anderswo gesammelt. Nicht nur die Eule, sondern auch viele andere Vögel, die aufgrund ihrer Gewohnheiten eher räuberisch sind, sind nützlich, indem sie große Mengen an Mäusen und Maulwürfen vernichten. Die Bedeutung dieses letzten Dienstes wird auffallend deutlich, wenn man weiß, dass die Höhlen der Mole zu den häufigsten Ursachen für Brüche in den Deichen des Po und infolgedessen für Überschwemmungen gehören, die viele Quadratmeilen unter Wasser liegen. – *Annales des Ponts et Chaussées* , 1847, 1. Semester, S. 150. Siehe auch VOGT , *Nützliche u. Schädlicher Thiere* .

[78] Wildvögel sind in ihren Gewohnheiten sehr hartnäckig. Die Ausweitung bestimmter Zweige der Landwirtschaft bringt neue Vögel mit sich; aber sofern es nicht zu solchen Veränderungen der physikalischen Bedingungen kommt, scheinen bestimmte Arten unauflöslich an bestimmte Orte gebunden zu sein. Die wandernden Stämme folgen auf ihren jährlichen Reisen fast immer der gleichen genauen Fluglinie und etablieren sich von Jahr zu Jahr an denselben Brutplätzen. Der Storch ist ein Vogel mit starken Flügeln, der auf der Suche nach Nahrung weit umherstreift, aber sehr selten neue Kolonien gründet. In Holland kommt er häufig vor, in England ist er jedoch unbekannt. In den Vororten von Konstantinopel am europäischen Ufer des schmalen Bosporus brüten gewöhnlich nicht mehr als fünf oder sechs Storchenpaare, während es – sehr zur Zufriedenheit der Moslems, die zu Recht stolz auf die ausgeprägte Vorliebe eines so orthodoxen Vogels sind – Dutzende von ihnen gibt Die Schornsteine der wahren Gläubigen auf der asiatischen Seite werden mit seinen Nestern gekrönt. Siehe *App.* Nr. 15 .

[79] Es sind nicht nur die unflüggen und säugenden Vögel, die der Zerstörung durch Unwetter ausgesetzt sind. Ganze Schwärme erwachsener und starkflügeliger Stämme werden durch Hagel getötet. Auf strenge Winter folgt in der Regel ein spürbarer Rückgang der Zahl der nicht ziehenden Vögel, und ein Kältesturm im Sommer erweist sich für die empfindlicheren Arten oft als tödlich. Am 10. Juni fielen im Norden von Vermont 184,5 bis 6 Zoll Schnee. Am nächsten Morgen fand ich einen von der Kälte getöteten Kolibri, der an seinen Krallen direkt unter einer losen Schindel an der Wand eines kleinen Holzgebäudes hing, wo er Schutz gesucht hatte.

[80] LYELL , *Antiquity of Man* , S. 409 stellt fest: „Bei Vögeln wird geschätzt, dass die Zahl derjenigen, die jedes Jahr sterben, der Gesamtzahl entspricht, mit der die Art, zu der sie jeweils gehören, im Durchschnitt dauerhaft vertreten ist."

Ein bemerkenswertes Beispiel für den Einfluss neuer Umstände auf Vögel wurde vor einigen Jahren bei der Errichtung eines Leuchtturms auf Cape Cod beobachtet. Am Morgen, nachdem die Lampen zum ersten Mal angezündet wurden, wurden am Fuße des Turms mehr als hundert tote Vögel verschiedener Arten, hauptsächlich Wasservögel, gefunden. Sie waren im Laufe der Nacht durch einen Flug gegen das dicke Glas oder Gitter der Laterne getötet worden. Siehe *Anhang* , Nr. 16 .

Zugvögel führen einen großen Teil ihrer jährlichen Reisen nachts durch, sei es zum Schutz vor Adlern, Falken und anderen Feinden oder aus einem unbekannten Grund. und in den Alpen wird beobachtet, dass sie auf ihrem

Weg über die Berge den Höhenstraßen folgen. Dies liegt unter anderem daran, dass die Nahrung, nach der sie manchmal hinabsteigen müssen, hauptsächlich in der Nähe von Straßen zu finden ist. Ihre Fluglinie entspricht jedoch nicht ausschließlich dem Umgang mit dem Menschen oder dem Nutzen aus seiner Arbeit, sondern vielmehr, weil die großen Straßen durch die natürlichen Senken der Kette führen , und daher können die Vögel den Gipfel auf diesen Wegen überqueren, ohne eine Höhe zu erreichen, in der es während der Zugsaison übermäßig kalt wäre.

Der Instinkt, der Zugvögel auf ihrem Weg leitet, ist nicht in allen Fällen unfehlbar und scheint durch Veränderungen im Zustand der Oberfläche beeinträchtigt zu werden. Ich kenne ein Dorf in Neuengland, am Zusammenfluss zweier Täler, die jeweils von einem Mühlenbach entwässert werden, wo die Herden Wildgänse, die früher jeden Frühling und Herbst vorbeizogen, sehr häufig verloren gingen, wie es im Volksmund hieß: und ich habe oft ihre Schreie in der Nacht gehört, als sie wild umherflogen, ratlos über den richtigen Kurs. Vielleicht störten sie die Lichter des Dorfes, oder vielleicht führten die ständigen Veränderungen im Gesicht des Landes durch die damaligen Lichtungen in die Landschaft Merkmale ein, die nicht mit der idealen Karte übereinstimmten, die in der Familie der Anserinen überliefert wurde, und so seine traditionelle Geographie durcheinander brachten .

[81] Der Auerhuhn oder Tjäder, wie er in Schweden genannt wird, ist ein Vogel mit besonderen Gewohnheiten und scheint einige der Beschützerinstinkte zu besitzen, die die meisten anderen Wildvögel vor der Zerstörung bewahren. Der jüngere Læstadius bemerkt den Tjäder häufig in seinem sehr bemerkenswerten Bericht über die schwedischen Lappländer — ein Werk, das als geniale Darstellung des halbbarbarischen Lebens völlig unübertroffen ist und an Detailgenauigkeit Schlatters Beschreibung der Manieren der Nogai-Tataren nicht nachsteht. oder sogar Lanes bewundernswerte und umfassende Arbeit über die modernen Ägypter. Obwohl der Tjäder kein Zugvogel ist, ist er ein Zugvogel, oder vielmehr ein Wandervogel, und scheint sehr zwecklose und absurde Reisen zu unternehmen. „Wenn er flitzt", sagt Læstadius, „folgt er einem geraden Kurs und verfolgt ihn manchmal auch weit außerhalb des Landes. Man sagt, dass er bei nebligem Wetter manchmal aufs Meer hinausfliegt und, wenn er müde ist, ins Meer fällt." Es wird beobachtet, dass er, wenn er nach Westen in Richtung der Berge fliegt, bald wieder zurückkommt; wenn er jedoch einen Kurs nach Osten einschlägt, kehrt er nicht mehr zurück und ist in Lappland für lange Zeit sehr selten. Daraus lässt sich schließen, dass er sich von den kahlen Bergen abwendet, wenn er feststellt, dass er sein eigentliches Zuhause, den Wald, verlassen hat; als er sich jedoch über der Ostsee befindet, wo er nicht aussteigen kann, um sich auszuruhen und zu sammeln,

fliegt er weiter, bis er erschöpft ist und ins Meer fällt." – PETRUS LÆSTADIUS
, *Journal af första året, etc.* , S. 325.

[82] *Die Herzogthümer Schleswig und Holstein* , i, S. 203.

[83] Möwen schweben um Schiffe im Hafen und oft auch weit draußen
auf dem Meer und halten eifrig Ausschau nach dem Abfall der Kombüse.
„Während die vier großen Flotten, die englische, die französische, die
türkische und die ägyptische, im Sommer und Herbst 1853 im Bosporus
lagen, machte mich eine junge Dame aus meiner Familie darauf aufmerksam,
dass die Möwen weitaus zahlreicher seien die Schiffe einer der Flotten als die
der anderen. Dies wurde durch wiederholte Beobachtungen bestätigt, und
der Unterschied war zweifellos auf die größere Menge an Abfällen aus den
Kochräumen des Marinegeschwaders zurückzuführen, die von den Vögeln
am meisten frequentiert wurden. Personen, die damit vertraut sind
Wirtschaftlichkeit der Marinen der betreffenden Staaten, wird in der Lage
sein, zu vermuten, welche Flotte mit diesen heiklen Aufmerksamkeiten am
meisten begünstigt wurde.

[84] Vögel reisen nicht oft freiwillig an Bord von Schiffen, die ins
Ausland fahren, aber ich kann einen solchen Fall bezeugen. Ein Storch, der
in der Nähe eines der Paläste am Bosporus nistete, hatte sich durch einen
Unfall einen Flügel verletzt und konnte sich seinen Gefolgsleuten nicht
anschließen, als diese ihre Winterwanderung an die Ufer des Nils begannen.
Bevor er wieder fliegen konnte, wurde er gefangen und die Flagge der
Nation, zu der der Palast gehörte, an sein Bein gebunden, so dass er aus
großer Entfernung leicht identifiziert werden konnte. Als seine Flügel stärker
wurden, machte er mehrere unbefriedigende Flugversuche, und schließlich
gelang es ihm mit energischer Anstrengung, ein vorbeifahrendes Schiff zu
erreichen, das nach Süden unterwegs war, und er setzte sich auf eine Rahe
mit Marssegel. Ich war zufällig Zeuge dieser Bewegung und beobachtete, wie
er ruhig seine Position beibehielt, solange ich ihn mit einem Fernglas
erkennen konnte. Ich nehme an, dass er die Reise beendet hat, denn er ist
sicherlich nicht in den Palast zurückgekehrt.

[85] Die Begeisterung der Naturforscher steht nicht immer im Verhältnis
zur Größe oder Bedeutung der Organismen, mit denen sie sich befassen. Es
ist nicht überliefert, dass Adams, der den kolossalen vorsintflutlichen
Dickhäuter in einem dickrippigen Berg aus sibirischem Eis fand, wild über

seine *Trouvaille rannte* ; aber Schmidl spricht bei der Beschreibung der Naturgeschichte der Karsthöhlen von einem bedeutenden Entomologen als „ *dem glücklichen Entdecker* ", dem *glücklichen* Entdecker eines neuen Coleopterons in einer dieser düsteren Höhlen. Wie vielfältig sind die Quellen des Glücks! Denken Sie an einen gelehrten deutschen Professor, dessen bloße Aufzählung seiner Rath-Positionen und wissenschaftlichen Mitgliedschaften eine Seite füllt, der in den Annalen der Wissenschaft berühmt geworden ist, unsterblich, glücklich, durch die Entdeckung eines Käfers! Hätte dieser kaiserliche *Ennuyé* , der eine Prämie für die Erfindung eines neuen Vergnügens bot, aber Schmidls *Höhlen des Karstes gelesen* , mit was für großartigen Belohnungen hätte er Kirby und Spence nicht überhäuft!

[86] Ich glaube, es gibt keine Grundlage für die Annahme, dass Regenwürmer die Knolle der Kartoffel angreifen. Einige von ihnen, insbesondere eine oder zwei Arten, die von Anglern als Köder verwendet werden, sind, wenn sie im Wald heimisch sind, auf schattigen Böden zumindest selten, vermehren sich aber sehr schnell, nachdem der Boden kultiviert wurde. Vor vierzig oder fünfzig Jahren waren sie in den neueren Teilen Neuenglands so selten, dass die ländlichen Fischer jedes Dorfes die wenigen Orte, an denen sie in ihrer Nachbarschaft zu finden waren, als Berufsgeheimnis geheim hielten, aber heute kann man das kaum mehr Drehen Sie irgendwo eine Schaufel voll feuchter Erde um, ohne mehrere davon freizulegen. Eine sehr intelligente Dame, die in den Wäldern im nördlichen Neuengland geboren wurde, erzählte mir, dass diese Würmer in ihrer Kindheit in dieser Region fast unbekannt waren, obwohl sie von den Anglern sehnsüchtig gesucht wurden, dass sie jedoch zunahmen, als das Land gerodet wurde, und wurde schließlich an manchen Orten so zahlreich, dass das Wasser aus Quellen und sogar aus flachen Brunnen, das früher ausgezeichnet gewesen war, durch die Menge toter Würmer, die in sie fielen, ungenießbar wurde. Die Vermehrung des Rotkehlchens und anderer kleiner Vögel, die dem Siedler folgen, wenn er ihnen ein geeignetes Zuhause bereitet hat, bremste endlich die übermäßige Vermehrung der Würmer und milderte die Belästigung.

[87] Ich habe bereits bemerkt, dass die Überreste noch lebender Tiere selten, wenn überhaupt, in ausreichender Menge gesammelt werden, um allein aufgrund ihrer Masse eine geografische Bedeutung zu erlangen; aber die verfallenen Exuvien selbst der kleineren und bescheideneren Lebensformen sind manchmal reichlich genug, um einen spürbaren Einfluss auf Boden und Atmosphäre auszuüben. „Die Ebene von Cumana", sagt Humboldt, „bietet nach heftigen Regenfällen ein bemerkenswertes

Phänomen. Die befeuchtete Erde verbreitet, wenn sie durch die Sonnenstrahlen erhitzt wird, den in der heißen Zone üblichen Moschusgeruch an Tiere sehr verschiedener Klassen der Jaguar, die kleine Art der Tigerkatze, der Cabiaï, der Gallinazogeier, das Krokodil, die Viper und die Klapperschlange. Die gasförmigen Ausdünstungen, die Träger dieses Aromas, scheinen im Verhältnis zum Boden, der das enthält, gelöst zu werden Überreste einer unzähligen Vielzahl von Reptilien, Würmern und Insekten beginnen, sich mit Wasser zu imprägnieren. Wo immer wir die Erde bewegen, werden wir von einer Masse organischer Substanzen getroffen, die sich wiederum entwickeln und umgewandelt oder zersetzt werden. Die Natur in diesen Gefilden scheint aktiver, produktiver und sozusagen verschwenderischer zu sein.

[88] Es ist bemerkenswert, dass Palissy, dessen große Verdienste als scharfsinniger Beobachter ich gerne häufig bezeugen kann, bemerkt hatte, dass Vegetation notwendig war, um die Reinheit des Wassers in künstlichen Reservoirs aufrechtzuerhalten, obwohl er die Begründung dafür falsch verstanden hatte seinen Einfluss, den er dem elementaren „Salz" zuschrieb, von dem er annahm, dass es bei allen Vorgängen in der Natur eine wichtige Rolle spielt. In seiner Abhandlung über Wasser und Brunnen, S. 174, des Nachdrucks von 1844, sagt er: „Und besonders sollten Sie einen Punkt beachten, den nur wenige verstehen: nämlich die Blätter der Bäume, die auf das Parterre fallen, und die wachsenden Kräuter." Darunter und besonders die Früchte, falls welche an den Bäumen sind, wenn sie verrottet sind, werden die Wasser des Parterres das Salz der besagten Früchte, Blätter und Kräuter zu sich ziehen, das das Wasser deiner Quellen um ein Vielfaches verbessern wird. und seine Verwesung verhindern."

[89] Zwischen den Jahren 1851 und 1853 (jeweils einschließlich) exportierten die Vereinigten Staaten 2.665.857 Pfund Bienenwachs, zusätzlich zu einer beträchtlichen Menge, die für die Herstellung von Kerzen für den Export verwendet wurde. Das sind durchschnittlich mehr als 330.000 Pfund pro Jahr. Die Volkszählung von 1850 ergab für dieses Jahr eine Gesamtproduktion von Wachs und Honig von 14.853.128 Pfund. Im Jahr 1860 betrug es 26.370.813 Pfund, wobei der Anstieg teilweise auf die Einführung verbesserter Bienenrassen aus Italien und der Schweiz zurückzuführen war . – BIGELOW, *Les États Unis en 1863*, *S. 376.*

[90] Vor einigen Jahren wurde ein Arbeiter, der in einem nordamerikanischen Hafen damit beschäftigt war, eine Ladung Häute vom

gegenüberliegenden Ende des Kontinents zu entladen, durch den Biss oder den Stich eines unbekannten Insekts, das aus einem herauslief, tödlich vergiftet verstecken, mit dem er zu tun hatte.

[91] Bei vielen Insekten dauern einige Lebensstadien regelmäßig mehrere Jahre an und können unter besonderen Umständen fast unbegrenzt verlängert werden. Dr. Dwight erwähnt den folgenden bemerkenswerten Fall dieser Art, der für viele Leser vielleicht neu ist: „Während ich hier [in Williamstown, Massachusetts] war, zeigte mir Dr. Fitch ein etwa einen Zoll langes Insekt eines Braunen Farbe orange gefärbt, mit zwei Antennen, einem Rosenkäfer nicht unähnlich. Dieses Insekt kam aus einem Teetisch, der aus den Brettern eines Apfelbaums gemacht war." Dr. Dwight untersuchte den Tisch und stellte fest, dass die „Höhle, aus der das Insekt ans Licht gekommen war", „ungefähr zwei Zoll lang, fast horizontal und nur an der Mündung sehr wenig nach oben geneigt war. Zwischen dem Loch und An der Außenseite der Tischplatte befanden sich vierzig Körnchen Holz. Es wurde vermutet, dass der Säger und der Tischler noch mindestens dreizehn Körner entfernt haben mussten und der Tisch seit zwanzig Jahren im Besitz seines Besitzers war.

[92] Es scheint nicht ganz geklärt zu sein, ob die Termiten in Frankreich heimisch oder importiert sind. Siehe QUATREFAGES , *Souvenirs d'un Naturaliste* , II, S. 400, 542, 543.

[93] Ich habe gesehen, wie die Larve des Drachens in einem Aquarium flog und einem jungen Fisch, der so lang war wie er selbst, den Kopf abbissen hatte.

[94] Insekten und Fische – die sich gegenseitig jagen und ernähren – sind die einzigen Tierarten, die in den heimischen Wäldern zahlreich vorkommen, und ihr Verbreitungsgebiet ist natürlich durch die Ausdehnung des Wassers begrenzt. Die große Fülle der Forellen und anderer mehr oder weniger verwandter Gattungen in den Seen Lapplands scheint auf die Nahrungsversorgung zurückzuführen zu sein, die ihnen von den Insektenschwärmen bereitgestellt wird, die im Larvenstadium die Gewässer bewohnen, oder in andere Phasen ihres Lebens, werden versehentlich in sie hineingeschwemmt. Alle Reisenden im Norden Europas sprechen von der Mücke und der Mücke als schwerwiegenden Nachteil für die Freuden des Sommertouristen, der die Spitze des Bottnischen Meerbusens besucht, um

die Mitternachtssonne zu sehen, und die Brüder Læstadius betrachten sie als einen von ihnen die großen Plagen des subarktischen Lebens. „Die Verfolgung dieser Insekten", sagt Lars Levi Læstadius [*Culex pipiens* , *Culex reptans* und *Culex pulicaris*], „lässt keinem Lebewesen einen Moment Ruhe, weder bei Tag noch bei Nacht. Nicht nur dem Menschen, sondern auch dem Vieh und sogar." Vögel und wilde Tiere leiden unerträglich unter ihrem Biss." In einer Notiz fügt er hinzu: „Ich behaupte nicht, dass sie jemals einen lebenden Menschen gefressen haben, aber viele junge Rinder, wie Lämmer und Kälber, wurden durch sie um ihr Leben gebracht. Alle Menschen in Lappland erklären, dass junge Vögel." werden von ihnen getötet, und das ist nicht unwahrscheinlich, denn nach Jahreszeiten, in denen es zahlreiche Mücken, Mücken und Mücken gibt, sind Vögel selten geworden." – *Om Uppodlingar i Lappmarken* , S. 50.

Ähnliche Aussagen macht Petrus Læstadius in seinem *Journal för första året* , S. 285.

[95] Es ist sehr fraglich, ob es eine Grundlage für den weit verbreiteten Glauben an die Feindseligkeit von Schweinen und Hirschen gegenüber der Klapperschlange gibt, und sorgfältige Experimente mit dem ehemaligen Vierbeiner scheinen zu zeigen, dass die angebliche Feindschaft völlig eingebildet ist. Als ich bemerkte, dass die Stare, die *Stornelli* , die in einem alten Turm im Piemont brüteten, etwas aus ihren Nestern trugen und es auf den Boden fallen ließen, etwa so oft, wie sie ihren Jungen Nahrung brachten, beobachtete ich ihr Vorgehen und fand jeden Tag in der Nähe Die Zahl toter oder sterbender Blindschleichen war riesig, und in einigen Fällen waren es auch kleine Eidechsen, die in jedem Fall etwa zwei Zoll ihres Schwanzes verloren hatten. Ich glaube, dass die Stare diesen Teil ihren Nestlingen gaben und den Rest wegwarfen.

[96] Russell bestreitet die Existenz giftiger Schlangen in Nordsyrien und gibt an, dass der letzte bekannte Todesfall durch den Biss einer Schlange in der Nähe von Aleppo hundert Jahre vor seiner Zeit stattfand. In Palästina scheinen das Klima, die geringe Bevölkerungsdichte, die Vielzahl an Insekten und Eidechsen, allesamt Umstände, die Vermehrung von Schlangen tatsächlich sehr zu begünstigen, aber zumindest die giftigen Arten sind äußerst selten, wenn überhaupt bekannt , in diesem Land. Personen, die mit dem Libanonberg gut vertraut sind, haben mir jedoch versichert, dass es innerhalb weniger Jahre in der Nähe von Hasbeiyeh und an anderen Orten an den südlichen Abhängen des Libanon und des Hermon zu Vergiftungen durch Schlangenbisse gekommen sei. In Ägypten hingegen sind die Kobra, die Natter und die Kerasten so zahlreich wie eh und je und werden von allen

Eingeborenen mit Ausnahme der professionellen Schlangenbeschwörer sehr gefürchtet. Siehe *Anhang* , Nr. 18 .

[97] Ich verwende *Wal* nicht im technischen Sinne, sondern als Oberbegriff für alle großen Meeresbewohner, die im Volksmund unter diesem Namen zusammengefasst werden.

[98] Aus der Erzählung von Ohther, die König Alfred in seine Übersetzung von Orosius einführte, geht klar hervor, dass die Nordmänner im neunten Jahrhundert die Walfischerei betrieben, und dies geht aus dem Gedicht „Der Wal" im Codex Exoniensis hervor und aus dem Dialog mit dem Fischer in den Kolloquien von Aelfric geht hervor, dass die Angelsachsen dieser gefährlichen Jagd nicht viel später folgten. Mir sind keine Beweise dafür bekannt, dass irgendeine der lateinischen Nationen diese Fischerei erst ein oder zwei Jahrhunderte später betrieben hat, obwohl es möglicherweise nicht einfach ist, ihre frühere Beteiligung daran zu widerlegen. In der mittelalterlichen, lateinischen und romanischen Literatur wird sehr häufig eine Gefäßart erwähnt, die auf Lateinisch *baleneria* , *balenerium* , *balenerius* , *balaneria* usw. genannt wird; auf Katalanisch *balener* ; auf Französisch: *balenier* ; Alle diese Wörter kommen in vielen anderen Formen vor. Die offensichtlichste Etymologie dieser Wörter würde die Bedeutung „ *Walfänger* " , „*Baleinier*" *nahelegen* ; aber einige haben angenommen, dass der Name die große Größe der Schiffe beschreibt, andere haben ihn auf eine andere Wurzel zurückgeführt. Seit dem 14. Jahrhundert kommt das Wort im Altkatalanisch vielleicht häufiger vor als in jeder anderen Sprache; Aber Capmany betrachtet die Walfischerei nicht als eine der maritimen Beschäftigungen des sehr unternehmungslustigen katalanischen Volkes, und ich finde auch keines der Walprodukte, die in den alten katalanischen Zöllen erwähnt werden. Das *Fischbein* der mittelalterlichen Schriftsteller, das als sehr weiß beschrieben wird, ist zweifellos das Elfenbein des Walrosses oder des Narwals.

[99] Infolge der großen Seltenheit des Wals wurde Kohlengas zur Beleuchtung verwendet und Glattwalöl und Walrat, der Wal, durch andere fett- und ölhaltige Substanzen wie Schmalz, Palmöl und Erdöl ersetzt Die Fischerei ist innerhalb weniger Jahre rapide zurückgegangen. Der große Vorrat an Erdöl, das häufig zum Schmieren von Maschinen und für zahlreiche andere Zwecke verwendet wird, hat einen spürbareren Einfluss auf die Walfischerei gehabt als jeder andere einzelne Umstand. Laut Bigelow, *Les États Unis en 1863* , S. 346 wurde die amerikanische Walfangflotte 1858

um 29, 1860 um 57, 1861 um 94 und 1862 um 65 verringert. Die derzeitige Zahl der in dieser Fischerei beschäftigten amerikanischen Schiffe beträgt 353.

[100] The Origin and History of the English Language usw., S. 423, 424.

[101] Zu den unerwarteten Folgen menschlichen Handelns gehört die Zerstörung oder Vermehrung von Fischen und anderen Tieren. Auf der folgenden Seite werde ich Gelegenheit haben, die Ausrottung der Fische in einem schwedischen Fluss durch eine Überschwemmung zu erwähnen, die durch den plötzlichen Abfluss des Wassers eines Teiches verursacht wurde. Williams, in seiner *Geschichte von Vermont* , i, p. 149, zitiert in Thompson's *Natural History of Vermont* , S. 142, berichtet über einen Fall der Zunahme der Forellen aus einer entgegengesetzten Ursache. In einem Teich, der durch Aufstauen eines kleinen Baches entstand, um Wasserkraft für ein Sägewerk zu gewinnen, und der sich über 1.000 Hektar Urwald erstreckte, vervielfachte sich der erhöhte Nahrungsvorrat, der in die Reichweite der Fische gebracht wurde, so sehr, dass sie an der Spitze des Flusses so stark vervielfachten Dort, wo sie sich im Frühling in dem Bach, der ihn versorgte, zusammendrängten, wurden sie nach Lust und Laune an den Händen gepackt, und die Schweine fingen sie ohne Schwierigkeiten. Ein einziger Schwung einer kleinen Kescher brachte einen halben Scheffel hervor, Karren wurden so schnell damit gefüllt, als ob sie an Land aufgenommen worden wären, und in der Fangsaison wurden sie üblicherweise für einen Schilling (acht Pence, halber Penny oder etwa siebzehn Cent) verkauft. ein Scheffel. Die Vergrößerung der Forellen war ebenso bemerkenswert wie die Vervielfachung ihrer Zahl.

[102] BABINET , *Études et Lectures* , ii, S. 108, 110.

[103] THOMPSON , *Natural History of Vermont* , S. 38 und Anhang, S. 38. 13. Es gibt keinen Grund zu der Annahme, dass die Robbe im Lake Champlain brütet, aber das zuletzt dort gefangene Individuum muss sich mindestens einige Wochen in seinen Gewässern aufgehalten haben. Es wurde am 23. Februar auf dem Eis an der breitesten Stelle des Sees getötet, dreizehn Tage, nachdem die Oberfläche bis auf die üblichen kleinen Risse vollständig gefroren war, und ein oder zwei Monate, nachdem sich das Eis an allen Stellen nördlich des Sees geschlossen hatte Ort, an dem das Siegel gefunden wurde.

[104] Siehe Seite 89, Anmerkung, *Ante* .

[105] Laut Hartwig verfügten die Vereinigten Provinzen von Holland im Jahr 1618 über dreitausend Heringsbusse und neuntausend Schiffe, die diesen Fisch zum Markt transportierten. Die Gesamtzahl der in der niederländischen Heringsfischerei beschäftigten Personen wurde auf 200.000 geschätzt.

In der zweiten Hälfte des 18. Jahrhunderts wurde diese Fischerei von den Schweden am erfolgreichsten betrieben, und im Jahr 1781 exportierte allein die Stadt Gottenburg 136.649 Fässer mit jeweils 1.200 Heringen, was einer Gesamtmenge von etwa 164.000.000 entspricht; Doch die Erschöpfung der Fische durch diese eifrige Jagd ging so schnell voran, dass es 1799 für notwendig befunden wurde, ihre Ausfuhr insgesamt zu verbieten. – *Das Leben des Meeres* , S. 182.

Im Jahr 1855 produzierten die britischen Fischereibetriebe 900.000 Barrel, also genug, um jeden Menschen auf der Welt mit einem Fisch zu versorgen.

An den Ufern des Long Island Sound wird der Weißfisch, eine Heringsart, die zu knochig ist, um leicht gefressen zu werden, in sehr großen Mengen als Dünger verwendet. Zehntausend werden als Beizmittel für einen Hektar eingesetzt, und ein einziges Netz hat manchmal 200.000 an einem Tag verbraucht. – DWIGHT 's *Travels* , II, S. 512, 515.

[106] Die wahllose Feindseligkeit des Menschen gegenüber minderwertigen Formen des belebten Lebens ist der modernen Zivilisation wenig zu verdanken, und es ist schmerzhaft, darüber nachzudenken, dass sie im Verhältnis zur Verfeinerung der Rasse immer schärfer und schonungsloser wird. Der Wilde tötet mutwillig kein Tier, nicht einmal die Klapperschlange; und der Türke, den wir einen Barbaren nennen, behandelt das stumme Tier so sanft wie ein Kind. Man kann nicht viele Wochen in der Türkei leben, ohne Zeuge rührender Beispiele der Freundlichkeit der Menschen gegenüber niederen Tieren zu werden, und ich fand es sehr schwierig, selbst die Jungen dazu zu bewegen, Eidechsen und andere Reptilien zu fangen, um sie als Exemplare zu konservieren. Siehe *Anhang* , Nr. 19 .

Das furchtlose Vertrauen in den Menschen, das wilde Tiere auf neu entdeckten Inseln so allgemein zum Ausdruck bringen, hätte zu einem sanfteren Umgang mit ihnen führen sollen; aber nur wenige Jahre der unerbittlichen Verfolgung, der sie sofort ausgesetzt sind, genügen, um sie so schüchtern zu machen wie die wildesten Bewohner des europäischen Waldes. Diese Schüchternheit kann jedoch leicht überwunden werden. Die von Bürgermeister Smith in die öffentlichen Parks von Boston eingeführten Eichhörnchen sind so zahm, dass sie sich von den Händen der Passagiere ernähren, und nicht selten dringen sie in die Nachbarhäuser ein.

[107] Eine von Schubert erwähnte Tatsache – die in ihren Ursachen und vielen ihrer Folgen fast genau mit denen im Zusammenhang mit dem Entweichen des Barton Pond in Vermont übereinstimmt, das Geologiestudenten so gut bekannt ist – ist wichtig, da sie zeigt, dass die Verminderung von Die Zahl der Fische in Flüssen, die Überschwemmungen ausgesetzt sind, ist hauptsächlich auf die mechanische Einwirkung der Strömung zurückzuführen und nicht hauptsächlich, wie einige vermutet haben, auf Temperaturänderungen, die durch die Rodung verursacht werden. Unser Autor gibt an, dass es im Jahr 1796 zu einer schrecklichen Überschwemmung im Indalself kam, der im Storsjö in Jemtland entspringt, indem das Wasser eines anderen Sees in der Nähe von Ragunda in den Fluss geschwemmt wurde. Die Flut zerstörte Häuser und Felder; viel Erde wurde in den Kanal geschwemmt und das Wasser wurde trüb und schlammig; Der Lachs und die kleineren Fische verließen den Fluss ganz und kehrten nie wieder zurück. Die Ufer des Flusses haben ihre frühere Festigkeit nie wiedererlangt und Teile ihres Bodens fallen immer noch ständig ins Wasser. – *Resa genom Sverge* , ii, S. 51.

[108] WITTWER , *Physikalische Geographie* , S. 142.

[109] Um den Ausdruck abzuwandeln, verwende ich gelegentlich den Begriff „*animalcule*", der als beliebte Bezeichnung alle mikroskopisch kleinen Organismen umfasst. Der Name basiert auf der inzwischen widerlegten Annahme, dass sie alle belebt seien, was die allgemeine Überzeugung der Naturforscher war, als sie zum ersten Mal auf sie aufmerksam wurden. Es stellte sich bald heraus, dass viele von ihnen zweifellos Pflanzenarten waren, und es gibt zahlreiche Gattungen, deren wahre Klassifizierung unter den fähigsten Beobachtern umstritten ist. Es gibt Fälle, in denen Gegenstände, die früher für lebende Tiere gehalten wurden, sich als Zersetzungsprodukte der einmal belebten Materie erweisen, und es wird zugegeben, dass weder spontane Bewegung noch selbst scheinbare Reizbarkeit sichere Anzeichen für tierisches Leben sind.

[110] Siehe einen interessanten Bericht über die Korallenfischerei von Sant' Agabio, italienischer Generalkonsul in Algier, im *Bollettino Consolare*, herausgegeben vom Außenministerium, 1862, S. 139, 151, und in den *Annali di Agricoltura, Industria e Commercio*, Nr. II, S. 360, 373.

[111] Die Gärung von Flüssigkeiten und in vielen Fällen die Zersetzung von halbfesten Stoffen, von denen früher angenommen wurde, dass sie ausschließlich auf chemischer Wirkung beruhen, sind heute nachweislich auf lebenswichtige Prozesse lebender winziger Organismen, sowohl pflanzlicher als auch tierischer Art, zurückzuführen physiologische als auch chemische Kräfte. Sogar Alkohol wird als tierisches Produkt bezeichnet. Sehen Sie sich einen interessanten Artikel von Auguste Laugel über die jüngsten Forschungen von Pasteur in der *Revue des Deux Mondes* vom 15. September 1863 an.

[112] Die aufgezeichneten Beweise zur Stützung der These im Text wurden von LF Alfred Maury in seiner *Histoire des grandes Forêts de la Gaule et de l'ancienne France* und von Becquerel in seinem wichtigen Werk *Des climats et de l'Influence qu'exercent les Sols boisés et non boisés*, Buch II, Kap. i bis iv.

Zu den historischen Beweisen in diesem Punkt, wenn nicht technisch gesehen zu den historischen Aufzeichnungen, zählen wir alte geografische Namen und Endungen, die etymologisch auf Wald oder Hain hinweisen, die in vielen Teilen des östlichen Kontinents, die heute völlig von Wäldern befreit sind – wie zum Beispiel im Süden – so häufig vorkommen Europa, Breuil, Broglio, Brolio, Brolo; in Northern, Brühl, -wald, -wold, -wood, -shaw, -skeg und -skov.

[113] Die Insel Madeira, deren edle Wälder nicht lange nach ihrer Besiedlung durch europäische Siedler durch Brände zerstört wurden, leitet ihren Namen vom portugiesischen Wort für Holz ab.

[114] Durchsuchende Tiere und vor allem die Ziege werden von Förstern als schädlicher für das Wachstum junger Bäume und damit für die Fortpflanzung des Waldes angesehen als fast jede andere zerstörerische Ursache. „Laut Beatsons *Saint Helena*, Einleitungskapitel, und Darwins *Journal of Researches in Geology and Natural History*, S. 582, 583", sagt Emsmann in den Anmerkungen zu seiner Übersetzung von Foissac, S. 654: „Es waren die Ziegen, die die wunderschönen Wälder zerstörten, die vor dreihundertfünfzig Jahren eine zusammenhängende Fläche von nicht

weniger als zweitausend Acres im Inneren der Insel [von St. Helena] bedeckten, ganz zu schweigen von verstreuten Gruppen." von Bäumen. Darwin bemerkt: „Während unseres Aufenthalts in Valparaiso wurde mir mit Sicherheit versichert, dass auf der Insel Juan Fernandez früher Sandelholz in Hülle und Fülle wuchs, dieser Baum jedoch dort inzwischen vollständig ausgestorben sei, nachdem er von den Ziegen ausgerottet worden sei Frühe Seefahrer hatten sie eingeführt. Die benachbarten Inseln, zu denen keine Ziegen transportiert wurden, sind immer noch reich an Sandelholz."

Im Winter ernährt sich der Hirschstamm, insbesondere der große amerikanische Elchhirsch, hauptsächlich von den Knospen und jungen Trieben der Bäume; Doch – obgleich aufgrund der Vernichtung der Wölfe oder aus einer nicht leicht zu erklärenden Ursache – haben sich diese letztgenannten Tiere in letzter Zeit in einigen Teilen Nordamerikas so schnell vermehrt, dass vor nicht allzu langer Zeit vierhundert von ihnen getötet worden sein sollen In einer Saison, auf einem Gebiet in Maine, das nicht mehr als 150 Quadratmeilen umfasst, sind die wild grasenden Vierbeiner in vom Menschen unbewohnten Regionen selten, wenn überhaupt, zahlreich genug, um einen spürbaren Einfluss auf den Zustand des Waldes zu haben. Ein Grund dafür, dass sie für junge Bäume weniger schädlich sind als die Ziege, könnte darin liegen, dass sie auf diese Nahrung nur im Winter zurückgreifen, wenn die Gräser und Sträucher blattlos oder mit Schnee bedeckt sind, während sich die Ziege hauptsächlich im Winter von Knospen und jungen Trieben ernährt Saison des Wachstums. Wie auch immer dies sein mag, das Naturgesetz von Verbrauch und Versorgung hält das Waldwachstum und die wilden Tiere, die von seinen Produkten leben, in einem solchen Gleichgewichtszustand, dass das unbegrenzte Fortbestehen beider gewährleistet ist und die Ewigkeit von keinem von beiden bis dahin gefährdet ist Der Mensch, der über dem Naturgesetz steht, greift in das Gleichgewicht ein und zerstört es.

Wenn jedoch Hirsche in Parks gezüchtet und geschützt werden, vermehren sie sich wie Hausrinder und werden für Bäume gleichermaßen schädlich. „Vor ein paar Jahren", sagt Clavé, „gab es im Wald von Fontainebleau nicht weniger als zweitausend Hirsche unterschiedlichen Alters. Aus Mangel an Gras wurden sie in die Bäume getrieben, und sie verschonten sie nicht." * * Es Es wird berechnet, dass das Abholzen dieser Tiere und die daraus resultierende Verzögerung des Waldwachstums den Jahresertrag des Waldes auf die Menge von 200.000 Kubikfuß pro Jahr verringert, * * und außerdem werden die Bäume dadurch verstümmelt Bald sind sie erschöpft und sterben. Auch die Hirsche greifen die Kiefern an, indem sie in langen Streifen die Rinde abreißen oder beim Abwerfen ihrer Hörner ihre Köpfe daran reiben; und manchmal wird in Hainen von mehr

als hundert Hektar keine einzige Kiefer unverletzt gefunden von ihnen." –
Revue des Deux Mondes , Mai 1863, S. 157. Siehe auch *Anhang* , Nr. 21 .

Beckstein berechnet, dass in einem Park von 2.500 Acres, der 250 Acres
Sumpfland, 250 Acres Felder und Wiesen und die restlichen 2.000 Acres
Wald umfasst, 364 Hirsche verschiedener Arten, 47 Wildschweine, 200
Hasen, 100 Kaninchen und eine unbestimmte Anzahl gehalten werden
könnten von Fasanen. Diese Tiere würden im Winter zusätzlich zu dem, was
sie selbst sammeln würden, 123.000 Pfund Heu und 22.000 Pfund
Kartoffeln benötigen. Der am dichtesten mit wilden Tieren bevölkerte
Naturwald würde in gemäßigten Klimazonen im Durchschnitt nicht ein
Zehntel dieser Bestände bei gleicher Fläche enthalten.

[115] Selbst der Vulkanstaub des Ätna bleibt sehr lange unproduktiv. In
der Nähe von Nicolosi liegt eine große Fläche groben schwarzen Sandes, der
1669 weggeworfen wurde, fast zwei Jahrhunderte lang völlig kahl lag und nur
durch künstliche Mischungen und viel Arbeit zum Pflanzenwachstum
gebracht werden konnte.

Der Anstieg der Weinpreise infolge des Rückgangs des durch die
Traubenkrankheit hervorgerufenen Produkts hat jedoch dazu geführt, dass
auch diese Asche angebaut wird. „Ich fand", sagt Waltershausen und bezieht
sich dabei auf die Jahre 1861 bis 1862, „Ebenen aus vulkanischem Sand und
halb gedämpften Lavaströmen, die vor zwanzig Jahren völlig verwüstet lagen
und jetzt mit schönen Weinbergen bedeckt sind. Das Aschefeld von zehn
Quadratmeilen darüber." Nicolosi, das durch den Ausbruch von 1669
entstand und 1835 völlig unfruchtbar war, ist heute fast bis zu den Gipfeln
des Monte Rosso, in einer Höhe von dreitausend Fuß, mit Weinreben
bepflanzt." – Ueber den sizilianischen Ackerbau , S. 19.

[116] *Ein Bericht über eine begonnene Reise. Dom.* 1610, lib. 4, S. 260, Ausgabe
von 1627. Die Aussage von Sandys zu diesem Punkt wird durch die von
Pighio, Braccini, Magliocco, Salimbeni und Nicola di Rubeo bestätigt, alle
zitiert von Roth, *Der Vesuv.* , P. 9. Es besteht eine gewisse Unsicherheit über
das Datum des letzten Ausbruchs vor dem großen Ausbruch von 1631.
Asche, wenn auch keine Lava, scheint um das Jahr 1500 ausgeworfen worden
zu sein, und einige Chronisten haben einen Ausbruch im Jahr 1306
aufgezeichnet; Dies scheint jedoch ein Fehler für 1036 zu sein, als eine große
Menge Lava ausgeworfen wurde. Im Jahr 1139 wurde die Asche viele Tage
lang weggeworfen. Ich entnehme diese Daten dem gerade zitierten Werk von
Roth.

[117] Außer an den Ufern von Flüssen oder Seen gibt es in den Wäldern im Inneren Nordamerikas, weit entfernt von den Wohnorten des Menschen, fast kein Tierleben. Dr. Newberry beschreibt die ausgedehnten Wälder der Gelbkiefer des Westens, *Pinus Ponderosa*, und bemerkt: „In den Trocken- und Wüstenregionen des inneren Beckens unternahmen wir ganze Tagesmärsche in Wäldern aus Gelbkiefern, die weder die Eintönigkeit noch die Eintönigkeit aufwiesen." wurde durch andere Vegetationsformen unterbrochen, noch wurde seine Stille durch das Flattern eines Vogels oder das Summen eines Insekts unterbrochen." – *Pacific Railroad Report* , Bd. vi, 1857. Dr. NEWBERRY 's *Report on Botany* , p. 37.

Die wilden Obst- und Nussbäume, die Kanadapflaume, die Kirschen, die vielen Walnussarten, die Butternuss und die Haselnuss bringen sehr wenig, oft gar nichts, solange sie im Wald wachsen; und nur wenn die Bäume um sie herum gefällt werden oder wenn sie auf Weiden wachsen, werden sie produktiv. Auch die Beeren – die Erdbeere, die Brombeere, die Himbeere, die Heidelbeere – tragen kaum Früchte, außer auf gerodetem Boden.

Die nordamerikanischen Indianer lebten nicht im Inneren der Wälder. Ihre Siedlungen lagen an den Ufern von Flüssen und Seen, und ihre Waffen und anderen Relikte findet man nur auf den schmalen, offenen Feldern, die sie niedergebrannt und kultiviert hatten, oder am Rande der Wälder rund um ihre Dörfer.

Die dichten Wälder der Tropen sind für die menschliche Ernährung ebenso unproduktiv wie die weniger üppigen Wälder der gemäßigten Zone. Bei Strains unglücklicher Expedition über die große amerikanische Landenge, wo die Reise hauptsächlich durch dichte Wälder führte, starben mehrere Mitglieder der Gruppe an Hunger, und viele Tage lang waren die Überlebenden gezwungen, sich von den spärlichsten Vorräten an nährstoffreichem Gemüse zu ernähren, das vielleicht noch nie zuvor als Nahrungsmittel verwendet wurde von den Menschen. Siehe den interessanten Bericht über diese Expedition im *Harper's Magazine* für März, April und Mai 1855.

Clavé und viele frühere Autoren gehen davon aus, dass der Urmensch seine Nahrung aus den spontanen Produktionen des Waldes bezog. „Den Wäldern", sagt er, „verdankte der Mensch zunächst seinen Lebensunterhalt. Allein und ohne Verteidigung der Härte der Jahreszeiten sowie den Angriffen von Tieren ausgesetzt, die stärker und schneller sind als er selbst, Er fand in ihnen seine erste Zuflucht, schöpfte aus ihnen seine ersten Waffen. In der ersten Periode der Menschheit sorgten sie für alles, was er brauchte: Sie versorgten ihn mit Holz zur Wärme, Früchten zur Nahrung, Kleidungsstücken, um seine Nacktheit zu bedecken, Waffen zu seiner Verteidigung ." – *Études sur l'Économie Forestière* , S. 13.

Aber die Geschichte des wilden Lebens, soweit sie uns bekannt ist, zeigt, dass der Mensch in diesem Zustand nur an den Rändern des Waldes und auf dem offenen Gelände rund um das Wasser und die Wälder lebt und nur dort die Nahrungsmittel findet, die ihn herstellen sein tägliches Brot auf.

[118] Der Ursprung der großen natürlichen Wiesen oder Prärien, wie sie genannt werden, im Tal des Mississippi ist unklar. Es gibt natürlich keine historischen Beweise zu diesem Thema, und ich glaube, dass Überreste der Waldvegetation selten oder nie unter der Oberfläche gefunden werden, selbst in den Sümpfen, wo die ständige Feuchtigkeit solche Überreste auf unbestimmte Zeit *konservieren* würde. Der Mangel an Bäumen wurde den gelegentlichen, lang anhaltenden Dürreperioden im Sommer und der übermäßigen Feuchtigkeit des Bodens im Winter zugeschrieben; aber es ist in sehr vielen Fällen sicher, dass die Bäume seitdem nur durch das jährliche Verbrennen des Grases, durch grasende Tiere usw. von ihnen ferngehalten wurden, ganz gleich, durch welche Mittel das Wachstum der Wälder auf ihnen zuerst verhindert oder zerstört wurde durch Anbau. Die Baumhaine und Baumgürtel, die man in den Prärien findet, breiten sich schnell über sie aus, wenn die Samen und Triebe vor Feuer, Vieh und dem Pflug geschützt sind, obwohl ihre Sämlinge gelegentlich durch Dürre oder übermäßige Feuchtigkeit getötet werden. Die Prärien müssen, obwohl sie riesig sind, als lokale und, soweit unser derzeitiges Wissen reicht, als ungewöhnliche Ausnahme von dem Gesetz betrachtet werden, das alle geeigneten Flächen mit Wald bedeckt; denn es gibt viele Teile der Vereinigten Staaten – zum Beispiel Ohio –, wo die physikalischen Bedingungen fast identisch mit denen der weiter westlich liegenden Staaten zu sein scheinen, wo es aber vergleichsweise wenige natürliche Wiesen gab. Die Prärien waren die eigentlichen Nahrungsgebiete der Bisons, und die große Zahl dieser Tiere hängt ursächlich oder folgerichtig mit der Existenz dieser riesigen Weideflächen zusammen. Der Bison konnte zwar den Wald nicht in eine Weide umwandeln, aber er würde viel tun, um zu verhindern, dass die Weide in einen Wald verwandelt wird.

Es gibt positive Beweise dafür, dass einige der amerikanischen Stämme große Herden domestizierter Bisons besaßen. Siehe HUMBOLDT , *Ansichten der Natur* , I, S. 71–73. Was berechtigt uns zu der Annahme, dass es sich lediglich um den zurückgewonnenen wilden Bison handelte, und warum können wir nicht mit gleicher Wahrscheinlichkeit glauben, dass der wandernde Präriebüffel der Nachkomme des wild gewordenen Haustiers ist?

Es gibt sowohl in den Prärien, wie in Wisconsin, als auch in tiefen Wäldern, wie in Ohio, ausgedehnte Überreste eines primitiven Volkes, das zahlreicher und in der Kunst fortgeschrittener gewesen sein muss als die heutigen Indianerstämme. Es besteht kein Zweifel daran, dass die Wälder, in denen sich solche Erdwälle in Ohio befinden, von ihnen gerodet wurden und dass die Umgebung dieser Festungen oder Tempel von einer großen Bevölkerung bewohnt war. Nichts verbietet die Annahme, dass die Prärien von demselben oder einem ähnlichen Volk gerodet wurden und dass das Wachstum von Bäumen auf ihnen durch Feuer und Beweidung verhindert wurde, während die Wiederherstellung der Wälder in Ohio auf die Aufgabe dieser Region zurückzuführen sein könnte von seinen Ureinwohnern. Die für das spontane Wachstum von Bäumen in den Prärien ungünstigen klimatischen Bedingungen sind möglicherweise eher eine Folge zu ausgedehnter Rodungen als eine Ursache für den Mangel an Wäldern. Siehe *Anhang*, Nr. 22 .

[119] In vielen Teilen der nordamerikanischen Staaten fanden die ersten weißen Siedler ausgedehnte Gebiete mit dünnem Wald von sehr parkähnlichem Charakter, die „Eichenöffnungen" genannt wurden, da auf ihnen verschiedene Arten dieses Baumes vorherrschen. Dies waren die halbkünstlichen Weidegründe der Indianer, die durch teilweise Rodung und jährliches Verbrennen des Grases in diesen Zustand gebracht und so erhalten wurden. Ziel dieser Aktion war es, die Hirsche zu den frischen Gräsern anzulocken, die nach dem Brand wuchsen. Die Eichen ertrugen zumindest für eine gewisse Zeit die alljährliche Versengung; aber wenn es auf unbestimmte Zeit fortgesetzt worden wäre, wären sie höchstwahrscheinlich letztendlich zerstört worden. Der Boden hätte sich dann weitgehend im Präriezustand befunden und hätte nichts außer der Beweidung über eine lange Reihe von Jahren benötigt, um die Ähnlichkeit vollkommen zu machen. Dass allein die jährlichen Feuer den besonderen Charakter der Eichenöffnungen hervorriefen, wird durch die Tatsache bewiesen, dass, sobald die Indianer das Land verlassen hatten, junge Bäume vieler Arten aus dem Boden schossen und üppig auf ihnen wuchsen. Siehe einen sehr interessanten Bericht über die Eichenöffnungen in DWIGHT 's *Travels*, IV, S. 58-63.

[120] Die Praxis, Wälder niederzubrennen, um den Boden gleichzeitig zu roden und zu düngen, wird auf Schwedisch *svedjande* genannt , ein Partizipialnomen des Verbs *att svedja* , „überbrennen". Obwohl es in Schweden als Vorbereitung für den Anbau von Roggen oder anderem Getreide verwendet wird, wird es in Lappland häufiger eingesetzt, um ein reichliches Weidewachstum sicherzustellen, das zwei oder drei Jahre nach dem Brand folgt; und manchmal wird auf sie zurückgegriffen, um die Lappländer und ihre Rentiere aus der Nähe der Grasflächen und Heuhaufen

der schwedischen Hinterwäldler zu vertreiben, zu denen sie gefährliche Nachbarn sind. Der Wald erholt sich tatsächlich schnell, aber es dauert eine Generation oder länger, bis das Rentiermoos wieder wächst. Wenn der Wald aus *hohen Kiefern* besteht, wird der Boden durch diesen Vorgang nicht fruchtbar gemacht, sondern hoffnungslos unfruchtbar und bringt für lange Zeit nichts als Unkraut und Dornen hervor. – Læstadius, OM Uppodlingar *i Lappmarken*, S. 15. Siehe auch SCHUBERT, *Resa i Sverge*, ii, S. 375.

In einigen Teilen Frankreichs ist diese Praxis so weit verbreitet, dass Clavé sagt: „Im Departement Ardennen ist es (*le sartage*) die Grundlage der Landwirtschaft. Der nördliche Teil des Departements, der die Arrondissements Rocroi und Mézières umfasst, ist von Steilhängen bedeckt." bewaldete Berge mit lehmigem, kompaktem, feuchtem und kaltem Boden; es ist von drei Tälern oder besser gesagt von drei tiefen Schluchten durchzogen, an deren Grund sich die Wasser der Maas, der Semoy und der Sormonne rollen, und überall zeigen sich Dörfer Die Wände der Täler weichen weit genug von den Flüssen ab, um Raum für deren Ansiedlung zu geben. Da der Bauer der Ardennen keinen Ackerboden mehr hat, weil die Beschaffenheit des Bodens keine regelmäßige Rodung oder Bewirtschaftung zulässt, verschafft er sich durch Abbrennen Gewinne aus dem Wald ein Lebensunterhalt, der ohne diese Ressource für ihn scheitern würde. Nachdem er das verfügbare Holz entfernt hat, breitet er die Äste, Zweige, Dornen und Heidekraut auf dem Boden aus, zündet sie bei der trockenen Witterung im Juli und August an und sät im September eine Roggenernte, die er durch leichtes Pflügen abdeckt. Der so vorbereitete Boden bringt 17 bis 20 Scheffel pro Acre hervor, außerdem eineinhalb oder zwei Tonnen Stroh bester Qualität für die Herstellung von Strohhüten." – Clavé, Études sur l'Économie FORESTIÈRE, *S.* 21 .

Sartage nicht ausdrücklich , die in der Tat die einzig praktikable Methode zur Gewinnung von Feldfrüchten aus dem von ihm beschriebenen Boden zu sein scheint, aber wie wir später sehen werden, wird sie von den meisten Autoren als eine äußerst schädliche Praxis angesehen.

[121] Die bemerkenswerten Hügel und anderen Erdwerke, die im Tal des Ohio und anderswo auf dem Territorium der Vereinigten Staaten von einem Volk errichtet wurden, das in seiner Kultur offenbar weiter fortgeschritten war als das moderne Indianervolk, waren bei ihrer ersten Entdeckung mit einer dichten Walddecke überwuchert von den Weißen. Aber obwohl das Gelände, auf dem sie errichtet wurden, über einen beträchtlichen Zeitraum hinweg von einer großen Bevölkerung bewohnt und daher vollständig gerodet worden sein musste, waren die Bäume, die auf den alten Festungen und den angrenzenden Gebieten wuchsen, weder in

ihrer Art noch in ihren Ausmaßen unterscheidbar und Charakter des Wachstums aus den benachbarten Wäldern, wo der Boden scheinbar nie gestört worden zu sein schien. Diese offensichtliche Ausnahme vom Gesetz der Ernteänderung im natürlichen Waldwachstum wurde auf geniale Weise durch General Harrisons Vorschlag erklärt, dass die Zeitspanne seit der Ära der Hügelbauer so groß war, dass sie mehrere aufeinanderfolgende Generationen von Bäumen umfasste, und dazu führte, dass durch ihre Rotation erfolgt eine Rückkehr zur ursprünglichen Vegetation.

Die sukzessiven Veränderungen im spontanen Wachstum des Waldes, wie sie durch die Beschaffenheit des in Mooren vorkommenden Holzes bewiesen werden, legen nicht selten die Theorie einer erheblichen Klimaveränderung während der menschlichen Periode nahe. Aber die Gesetze, die das Keimen und Wachstum von Waldbäumen regeln, müssen weiter untersucht werden, und die ursprünglichen örtlichen Bedingungen der Orte, an denen alte Wälder begraben liegen, müssen besser ermittelt werden, bevor diese Theorie aufgrund der fraglichen Beweise zugelassen werden kann. Tatsächlich kann sich die Reihenfolge der Nachfolge – denn eine Rotation oder ein Wechsel ist noch nicht bewiesen – in verschiedenen Ländern mit demselben Klima und zur gleichen Zeit in entgegengesetzte Richtungen bewegen. So haben in Dänemark und Holland die Ährentannen der Laubbuche Platz gemacht, während sich in Norddeutschland der Prozess umgekehrt hat und immergrüne Pflanzen die Laubeichen und Birken verdrängt haben. Die wichtigste bestimmende Ursache scheint der Einfluss des Lichts auf die Keimung der Samen und das Wachstum des jungen Baumes zu sein. In einem Tannenwald zum Beispiel ist die Verteilung von Licht und Schatten, deren Einfluss Samen und Triebe ausgesetzt sind, keineswegs die gleiche wie in einem Buchen- oder Eichenwald und daher auch das Wachstum anders Arten werden in den beiden Wäldern gefördert. Siehe BERG , *Das Verdrängen der Laubwälder im Nördlichen Deutschland* , 1844. HEYER , *Das Verhalten der Bäume Wald gegen Licht und Schatten* , 1852. STARING , *De Bodem van Nederland* , 1856, I, S. 120–200. VAUPELL , *Om Bögens Indvandring i de Danske Skove* , 1857. KNORR , *Studien über die Buchen-Wirthschaft* , 1863.

[122] In Norditalien und in der Schweiz gibt es Aktiengesellschaften, die Hagelschäden sowie Feuer- und Blitzschäden absichern. Zwischen 1854 und 1861 zahlte eine einzige dieser Gesellschaften, La Riunione Adriatica, für Hagelschäden im Piemont, in der venezianischen Lombardei und im Herzogtum Parma mehr als 6.500.000 Francs oder fast 200.000 Dollar pro Jahr.

[123] Der *Paragrandine* , oder, wie er auf Französisch heißt, der *Paragrêle* , ist eine Leiterart, mit der man die Ernten in Ländern schützen wollte, die besonders Hagelschäden ausgesetzt sind. Zunächst wurde vorgeschlagen, zu diesem Zweck Stangen zu verwenden, die Strohbündel tragen und durch dasselbe Material mit dem Boden verbunden sind; Später wurde das Experiment jedoch in großem Maßstab in der Lombardei ausprobiert, mit vollkommeneren elektrischen Leitern, bestehend aus Stangen, die an der Spitze hoher Bäume befestigt waren und mit einem spitzen Draht versehen waren, der in den Boden eindrang und bis über die Spitze der Stange reichte. Zunächst glaubte man, dass dieser an zahlreichen Stellen über eine Ausdehnung von mehreren Meilen errichtete Apparat als Schutz gegen Hagel von Nutzen sei, doch diese Meinung wurde bald bestritten und scheint nicht durch wohlgeklärte Tatsachen gestützt zu werden. Die Frage einer Wiederholung des Experiments in einem weiten Gebiet wurde innerhalb weniger Jahre in der Lombardei erneut aufgeworfen; Aber die von sehr fähigen Physikern geäußerten Zweifel an seiner Wirksamkeit und an der Frage, ob Hagel ein elektrisches Phänomen ist, haben seine Befürworter davon abgehalten, es zu versuchen.

[124] *Cenni sulla Importanza e Coltura dei Boschi* , S. 6.

[125] *Memoria sui Boschi usw.* , S. 44.

[126] *Reisen in Italien* , Kap. iii.

[127] *Le Alpi che cingono l'Italia* , i, p. 377.

[128] „Lange vor dem Erscheinen des Menschen hatten * * * sie [die Wälder] der Atmosphäre die enorme Menge an Kohlensäure entzogen, die sie enthielt, und sie dadurch in atembare Luft umgewandelt. Bäume, die auf Bäumen gestapelt waren, hatten die Luft bereits aufgefüllt Teiche und Sümpfe, und mit ihnen in den Eingeweiden der Erde vergraben — um ihn uns nach Tausenden von Zeitaltern in Form von Steinkohle und Anthrazit zurückzugeben — dem Kohlenstoff, der durch diese wunderbare Verdichtung zu einem kostbaren Speicher werden sollte des künftigen Reichtums." – CLAVÉ , *Études sur l'Économie Forestière* , S. 13.

Diese Meinung über die Veränderung der Atmosphäre durch Vegetation ist umstritten.

[129] Schacht schreibt dem Wald einen spezifischen, wenn nicht sogar messbaren Einfluss auf die Beschaffenheit der Atmosphäre zu. „Pflanzen nehmen aus der Luft Kohlensäure und andere gasförmige oder flüchtige Produkte auf, die von Tieren ausgeatmet werden oder durch natürliche Zersetzungsphänomene entstehen. Andererseits gibt die Pflanze Sauerstoff an die Atmosphäre ab, der von Tieren aufgenommen und von ihnen angeeignet wird." Der Baum bietet durch seine Blätter und seine jungen krautigen Zweige eine beträchtliche Oberfläche zur Absorption und Verdunstung; er entzieht der Kohlensäure den Kohlenstoff und verfestigt ihn in Holz, Fäkalien und einer Vielzahl anderer Verbindungen. Das Ergebnis ist das Ein Wald entzieht der Luft durch seine große absorbierende Oberfläche viel mehr Gas als Wiesen oder bebaute Felder und atmet proportional eine wesentlich größere Menge Sauerstoff aus. Der Einfluss der Wälder auf die chemische Zusammensetzung der Atmosphäre ist, mit einem Wort, von höchster Bedeutung." – *Les Arbres*, S. 111. Siehe *Anhang*, Nr. 23
.

[130] Zusammensetzung, Textur und Farbe des Bodens sind wichtige Elemente, die bei der Abschätzung der Auswirkungen der Waldrodung auf seine thermoskopische Wirkung berücksichtigt werden müssen. „Die Erfahrung hat gezeigt", sagt Becquerel, „dass der Boden, wenn er freigelegt wird, je nach Art und Farbe der Partikel, aus denen er besteht, und je nach Feuchtigkeit mehr oder weniger erhitzt wird." , und dass wir bei der durch Strahlung verursachten Abkühlung auch die Leitfähigkeit dieser Teilchen berücksichtigen müssen. Unter sonst gleichen Bedingungen werden kieselsäurehaltige und kalkhaltige Sande in gleichen Mengen mit verschiedenen Tonerden, mit kalkhaltigem Pulver oder Staub verglichen. Humus-, Acker- und Gartenerde sind die Böden, die die Wärme am wenigsten leiten. Aus diesem Grund behält sandiger Boden im Sommer auch nachts eine hohe Temperatur bei. Wir können daraus schließen, dass wenn ein sandiger Boden abgetragen wird von Holz wird die örtliche Temperatur erhöht. Nach den Sanden folgen nacheinander Ton-, Acker- und Gartenboden, dann Humus, der den niedrigsten Rang einnimmt. Wenn wir das Vermögen des kalkhaltigen Sandes, Wärme zu speichern, mit 100 darstellen, haben wir entsprechend an Schubler,

Für [siliziumhaltigen?] Sand 95,6

„kalkhaltiger Ackerboden   74,8

„Tonhaltige Erde   68,4

„Gartenerde   64,8

„Das Speichervermögen von Humus ist also nur halb so groß wie das von kalkhaltigem Sand. Wir werden hinzufügen, dass das Wärmespeichervermögen proportional zur Dichte ist. Es hat auch eine Beziehung zur Größe der Partikel. Es ist für Aus diesem Grund kühlt der Boden, der mit kieselhaltigen Kieselsteinen bedeckt ist, langsamer ab als kieselhaltiger Sand, und kiesige Böden eignen sich am besten für den Weinanbau, da sie die Reifung der Traube schneller fördern als kalkhaltige und lehmige Böden, die schnell abkühlen. Daher Wir sehen, dass es bei der Untersuchung der kalorischen Auswirkungen der Rodung von Wäldern wichtig ist, die Eigenschaften des freigelegten Bodens zu berücksichtigen." – BECQUEREL , *Des Climats et des Sols boisés* , S. 137.

[131] „Vor einigen Jahren schätzte man, dass die Washington-Ulme in Cambridge – ein Baum von nicht außergewöhnlicher Größe – eine Ernte von sieben Millionen Blättern hervorbringt, die eine Oberfläche von 200.000 Quadratfuß oder etwa fünf Hektar Laub freilegen." – GRAY , *Erste Lektionen in Botanik und Pflanzenphysiologie* , zitiert von COULTAS , *„Was von einem Baum gelernt werden kann"* , S. 34.

[132] Siehe zu diesem besonderen Punkt und zum allgemeinen Einfluss des Waldes auf die Temperatur HUMBOLDT , *Ansichten der Natur* , I, 158.

[133] Die Strahlungs- und Kühlkraft von Gegenständen hängt keineswegs allein von ihrer Form ab. Melloni schnitt Metallbleche in die Form von Blättern und Gräsern und stellte fest, dass sie nur eine geringe Kühlwirkung hatten und unter atmosphärischen Bedingungen nicht befeuchtet wurden, was zu einer reichlichen Tauablagerung auf den Blättern von Gemüse führte.

[134] BECQUEREL , *Des Climats usw., Discours Prélim.* vi.

[135] *Reisen* , ich, p. 61.

[136] *Le Alpi che cingono l'Italia* , S. 370, 371.

[137] BERGSÖE , *Reventlovs Virksomhed* , ii, S. 125.

[138] BECQUEREL , *Des Climats usw.* , S. 179.

[139] Ebd., S. 116.

[140] Der folgende gut belegte Fall einer lokalen Klimaveränderung ist wahrscheinlich auf den Einfluss des Waldes als Schutz vor kalten Winden zurückzuführen. Um den außergewöhnlichen Bedarf an italienischem Eisen zu decken, der durch den Ausschluss des englischen Eisens zur Zeit Napoleons I. verursacht wurde, wurden die Hochöfen in den Tälern von Bergamo zu großer Aktivität angeregt. „Die gewöhnliche Produktion von Holzkohle reichte nicht aus, um die Öfen und Schmieden zu versorgen, die Wälder wurden abgeholzt, die Gehölze vor ihrer Zeit abgeholzt, und die gesamte Wirtschaft des Waldes war aus dem Gleichgewicht geraten. In Piazzatorre gab es eine solche Verwüstung der Wälder, und Infolgedessen wurde das Klima so strenger, dass der Mais nicht mehr reifte. Eine zu diesem Zweck gegründete Vereinigung bewirkte die Wiederherstellung des Waldes, und auf den Feldern von Piazzatorre gedeiht der Mais wieder." – Bericht von G. Rosa, IN Il *Politecnico* , Dezember 1861, S. 614.

Ähnliche Verbesserungen wurden auf Plantagen in Belgien erzielt. In einer interessanten Artikelserie von Baude mit dem Titel „Les Côtes de la Manche" in der *Revue des Deux Mondes* finde ich diese Aussage: „Ein Zuschauer, der auf dem berühmten Glockenturm der Kathedrale von Antwerpen saß, sah, dass es nicht lange her ist.", auf der gegenüberliegenden Seite der Schelde nur eine weite Wüstenebene; jetzt sieht er einen Wald, dessen Grenzen mit dem Horizont verwechselt werden. Lass ihn in seinen Schatten eintreten. Der vermeintliche Wald ist nur ein System regelmäßiger Baumreihen, Die älteste davon ist noch nicht einmal vierzig Jahre alt. Diese Plantagen haben das Klima verbessert, das den Boden, auf dem sie gepflanzt werden, zur Unfruchtbarkeit verurteilt hatte. Während der Sturm ihre Spitzen heftig aufwühlt, ist die Luft etwas darunter still und der Sand noch viel stärker unfruchtbarer als das Plateau von La Hague, wurden unter ihrem Schutz in fruchtbare Felder verwandelt." – *Revue des Deux Mondes* , Januar 1859, S. 277.

[141] *Cenni sulla Importanza e Coltura dei Boschi* , S. 31.

[142] *La Provence au point de vue des Torrents et des Inondations* , S. 19.

[143] *Über die Entwaldung des Gebirges* , S. 28.

[144] BECQUEREL , *Des Climats usw.* , S. 9.

[145] SALVAGNOLI , *Rapporto sul Bonificamento delle Maremme Toscane* , S. xli, 124.

[146] *Il Politecnico, Mailand, Aprile e Maggio* , 1863, S. 35.

[147] SALVAGNOLI , *Memorie sulle Maremme Toscane* , S. 213, 214.

[148] Außer in den brodelnden Sümpfen der Tropen, wo der Pflanzenverfall extrem schnell vor sich geht, sorgt die Gleichmäßigkeit der Temperatur und der Luftfeuchtigkeit dafür, dass alle Wälder äußerst gesund sind. Siehe HOHENSTEINS Beobachtungen zu diesem Thema, *Der Wald* , S. 41.

Es steht außer Frage, dass offene Plätze und Parks zur Gesundheit von Städten beitragen, und viele Beobachter sind der Meinung, dass die Bäume und anderen Gemüsesorten, mit denen solche Flächen bepflanzt werden, wesentlich zu ihrem wohltuenden Einfluss beitragen. Siehe einen Artikel in *Aus der Natur* , xxii, S. 813.

[149] *Memoria sui Boschi di Lombardia* , S. 45.

[150] *Économie Rurale* , i, p. 22.

[151] ROSSMÄSSLER , *Der Wald* , S. 158.

[152] Ebd., S. 160.

[153] Die niedrige Temperatur von Luft und Boden, bei der in der kalten Zone sowie in wärmeren Breiten unter besonderen Umständen die Prozesse der Vegetation ablaufen, scheint die Annahme zu erfordern, dass alle Manifestationen des Pflanzenlebens damit einhergehen eine Hitzeentwicklung. In den Vereinigten Staaten ist es üblich, das Eis in Kühlhäusern durch eine Abdeckung aus Stroh zu schützen, das natürlicherweise manchmal Getreidekörner enthält. Diese sprießen oft und werfen sogar Wurzeln und Blätter über eine beträchtliche Länge hinaus, und das bei einer Temperatur, die nur knapp über dem Gefrierpunkt liegt. Drei oder vier Jahre später sah ich einen Klumpen sehr klaren und scheinbar festen Eises, etwa zwanzig Zentimeter lang und sechs Zentimeter dick, auf dem in einem Eiskeller ein Getreidekorn gekeimt war und ein halbes Dutzend oder mehr sehr schlanke Wurzeln in die Eiskammer getrieben hatte Poren des Eises und durch die gesamte Länge des Klumpens. Die junge Pflanze muss eine beträchtliche Menge Wärme abgegeben haben; Denn obwohl das Eis, wie ich schon sagte, ansonsten fest war, waren die Poren, durch die die Wurzeln gingen, auf vielleicht das Doppelte des Durchmessers der Fasern vergrößert, aber immer noch nicht so sehr, dass sie das Zurückhalten von Wasser in ihnen durch Kapillaranziehung verhindern konnten. Siehe *App.* 24.

[154] BECQUEREL, *Des Climats usw.*, S. 139–141.

[155] Dr. Williams machte 1789 und 1791 einige Beobachtungen zu diesem Thema, aber sie gehörten im Allgemeinen zu den wärmeren Monaten, und ich weiß nicht, dass es irgendwelche ausführlichen Vergleichsreihen zwischen der Temperatur des Bodens in den Wäldern und der Temperatur gibt In Amerika wurde versucht, Felder zu zerstören. Das Thermometer von Dr. Williams wurde bis zu einer Tiefe von zehn Zoll versenkt und lieferte folgende Ergebnisse:

Zeit.	Bodentemperatur auf der Weide.	Bodentemperatur im Wald.	Unterschied.
23. Mai	52	46	6
„28	57	48	9
15. Juni	64	51	13
„27	62	51	11

16. Juli	62	51	11
„ 30	65½	55½	10
15. August	68	58	10
„ 31	59½	55	4½
15. September	59½	55	4½
1. Okt	59½	55	4½
" 15	49	49	0
1. November	43	43	0
„ 16	43½	43½	0

Am 14. Januar 1791, in einem Winter, der sich durch seine extreme Härte auszeichnete, fand er den Boden auf einem ebenen, offenen Feld, wo der Schnee weggeblasen worden war, bis zu einer Tiefe von drei Fuß und fünf Zoll gefroren; In den Wäldern, wo der Schnee drei Fuß hoch war und der Boden bis zu einer Tiefe von sechs Zoll gefroren war, bevor der Schnee fiel, zeigte das Thermometer sechs Zoll unter der Erdoberfläche 39°. Infolge der Schneebedeckung war daher der zuvor gefrorene Boden aufgetaut und auf sieben Grad über dem Gefrierpunkt angehoben worden. – WILLIAMS *Vermont*, ich, p. 74.

Süßwasserkörper, die so groß sind, dass sie durch lokale Einflüsse von geringer Reichweite oder kurzer Dauer nicht spürbar beeinflusst werden, würden klimatische Hinweise liefern, die einer besonderen Beobachtung durchaus würdig sind. Der Lake Champlain, der die Grenze zwischen den Staaten New York und Vermont bildet, bietet hierfür sehr günstige Bedingungen. Dieser See, der ein Becken von etwa 6.000 Quadratmeilen entwässert, erstreckt sich, ohne seine Inseln, über eine Fläche von etwa 500 Quadratmeilen. Es erstreckt sich von lat. 43° 30' bis 45° 20', in nahezu einer Meridianlinie, hat eine mittlere Breite von viereinhalb Meilen, mit einer extremen Breite von dreizehn Meilen, mit Ausnahme der fast landumschlossenen Buchten. Seine mittlere Tiefe ist nicht genau bekannt. Allerdings ist es an manchen Stellen 400 Fuß tief, an vielen sogar 100 bis 200 Fuß, und es gibt nur wenige Untiefen oder Abflachungen. Das Klima ist so streng, dass es selten versäumt, völlig zu gefrieren und jeden Winter mehrere Wochen lang mit schweren Gespannen sicher auf dem Eis zu überqueren. THOMPSON (*Vermont*, S. 14 und Anhang, S. 9) gibt die folgende Tabelle der

Zeiten des vollständigen Schließens und Öffnens des Eises gegenüber von Burlington, etwa in der Mitte des Sees, und wo es zehn Meilen breit ist.

Jahr.	Schließen.	Öffnung.	Tage geschlossen.	Jahr.	Schließen.	Öffnung.	Tage geschlossen.
1816	9. Februar			1836	27. Januar	21. April	85
1817	29. Januar	16. April	78	1837	15. Januar	26. April	101
1818	2. Februar	15. April	72	1838	2. Februar	13. April	70
1819	4. März	17. April	44	1839	25. Januar	6. April	71
1820 {	3. Februar	Februar	} 4	1840	25. Januar	20. Februar	26
	8. März	12. März		1841	18. Februar	19. April	61
1821	15. Januar	21. April	95	1842	nicht geschlossen		
1822	24. Januar	30. März	75	1843	16. Februar	22. April	65
1823	7. Februar	5. April	57	1844	25. Januar	11. April	77
1824	22. Januar	11. Februar	20	1845	3. Februar	26. März	51
1825	9. Februar			1846	10. Februar	26. März	44
1826	1. Februar	24. März	51	1847	15. Februar	23. April	68

1827	21. Januar	31. März		68	1848	13. Februar	26. Februar		13
1828	nicht geschlossen				1849	7. Februar	23. März		44
1829	31. Januar	April			1850	nicht geschlossen			
1832	6. Februar	17. April		70	1851	1. Februar	12. März		89
1833	2. Februar	6. April		63	1852	18. Januar	10. April		92
1834	13. Februar	20. Februar		7					
1835 {	10. Januar	23. Januar		18					
	7. Februar	12. April		64					

Obwohl das Eis an der angegebenen Stelle am 23. April 1847 aufbrach, blieb es im Norden noch viel später gefroren, und Dampfer konnten erst am 6. Mai die gesamte Länge des Sees durchqueren.

[156] Wir dürfen in der Tat nicht annehmen, dass die Kondensation von Dampf und die Verdunstung von Wasser gleichzeitig in derselben Luftschicht stattfinden, oder mit anderen Worten, dass Dampf zu Regentropfen kondensiert und Regentropfen verdunsten. unter den gleichen Bedingungen; aber Regen, der sich in einer Schicht gebildet hat, kann durch eine andere fallen, wo der Dampf nicht kondensiert würde. Zwei gesättigte Schichten unterschiedlicher Temperatur können in den höheren Regionen in Kontakt gebracht werden und große Regentropfen ausstoßen, die, wenn sie nicht durch ein Hindernis geteilt werden, den Boden erreichen, obwohl sie ständig Schichten durchqueren, die sie verdampfen würden, wenn sie dort wären ein Zustand der kleinsten Teilung.

[157] Es ist vielleicht zu viel zu sagen, dass der Einfluss von Bäumen auf den Wind streng auf den mechanischen Widerstand ihrer Stämme, Äste und Blätter beschränkt ist. Soweit der Wald durch tote oder lebende Einwirkung die Temperatur der Luft in ihm erhöht oder senkt, erzeugt er in der darüber liegenden Atmosphäre Aufwärts- oder Abwärtsströmungen und folglich einen Luftstrom zu sich selbst hin oder von ihm weg . Diese Luftströme haben einen gewissen, wenn auch zweifellos sehr geringen Einfluss auf die Kraft und Richtung größerer atmosphärischer Bewegungen.

[158] Als bekanntes Beispiel für den Einfluss des Waldes auf die Kontrolle der Windbewegungen möchte ich die wohlbekannte Tatsache erwähnen, dass die spürbare Kälte in dichten Wäldern, in denen die Bewegung der Luft kaum spürbar ist, nie extrem ist. Die Holzfäller in Kanada und im Norden der Vereinigten Staaten arbeiten ohne Unannehmlichkeiten in den Wäldern, wenn die Temperatur viele Grad unter Null Grad Fahrenheit liegt, während auf offenem Gelände bei nur mäßiger Brise die gleiche Temperatur fast unerträglich ist. Die Ingenieure und Feuerwehrleute von Lokomotiven, die auf Eisenbahnen eingesetzt werden, die durch Wälder von beträchtlicher Ausdehnung führen, beobachten, dass es bei sehr kaltem Wetter viel einfacher ist, den Dampf aufrechtzuerhalten, während die Lokomotive durch den Wald fährt, als auf offenem Gelände. Sobald der Zug den Schutz der Bäume verlässt, sinkt der Dampfpegel, und der Heizer ist gezwungen, reichlich Brennstoff nachzufüllen, um ihn wieder hochzufahren.

Eine andere, weniger häufig bemerkte Tatsache, die zweifellos zu einem großen Teil auf die Unbeweglichkeit der Luft zurückzuführen ist, ist, dass Geräusche im ununterbrochenen Wald über unglaubliche Entfernungen übertragen werden. Viele Beispiele hierfür sind mir selbst aufgefallen, und andere, noch auffälligere, wurden mir von glaubwürdigen und kompetenten Zeugen mitgeteilt, die mit den primitiveren Zuständen der angloamerikanischen Welt vertraut sind. Ein scharfsinniger Beobachter von Naturphänomenen, der seine Kindheit und Jugend im Landesinneren eines der neueren Neuenglandstaaten verbrachte, hat mir oft erzählt, dass er, als er sein Zuhause im Wald errichtete, bei stillem Wetter immer deutlich das Plätschern hörte von Pferdefüßen, als sie einen kleinen Bach fast sieben Achtel Meilen von seinem Haus entfernt durchquerten, obwohl ein Teil des Waldes, der dazwischen lag, aus einem Hügelkamm bestand, der siebzig oder achtzig Fuß höher war als das Haus oder die Furt.

Ich zweifle nicht daran, dass in solchen Fällen die Stille der Luft das wichtigste Element für die außerordentliche Übertragungsfähigkeit des Schalls ist; aber es muss zugegeben werden, dass das Fehlen der vervielfachten und verwirrenden Geräusche, die die menschliche Industrie in dicht bevölkerten Ländern begleiten, zu demselben Ergebnis beiträgt. Wir werden aus Gewohnheit fast unempfindlich gegenüber den vertrauten und niemals ruhenden Stimmen der Zivilisation in Städten und Gemeinden; aber das ununterscheidbare Dröhnen, das manchmal sogar dem Ohr dessen entgeht, der darauf lauscht, dämpft und behindert oft die Übertragung von Geräuschen, die sonst deutlich hörbar wären. Ein Beobachter, der das Summen des bürgerlichen Lebens würdigen möchte, das er nicht analysieren kann, findet eine ausgezeichnete Gelegenheit, indem er sich auf den Hügel von Capo di Monte in Neapel begibt, in der Verlängerung der Straße namens Spaccanapoli.

Wahrscheinlich ist es die Stille, von der ich gesprochen habe, dass wir die Übertragung von Schall über große Entfernungen auf See bei ruhigem Wetter zurückführen können. Im Juni 1853 waren ich und meine Familie Passagiere an Bord eines Kriegsschiffes, das die Ägäis hinauffuhr. Am Abend des 27. jenes Monats, als wir am Teetisch einige Beobachtungen Humboldts zu diesem Thema besprachen, erzählte uns der Kapitän des Schiffes, dass er einmal in einer Entfernung von neunzig Metern auf See ein einzelnes Geschütz gehört habe Seemeilen. Obwohl am nächsten Morgen eine leichte Brise aus Norden wehte, war das Meer glasig glatt, als wir an Deck gingen. Als wir heraufkamen, erzählte uns ein Offizier, dass er bei Sonnenaufgang ein Gewehrfeuer gehört habe, und das Gespräch vom Vorabend ließ die Frage aufkommen, ob es von der kombinierten französischen und englischen Flotte abgefeuert worden sein könnte, die damals in der Beshika-Bucht lag. Bei der Untersuchung unserer Position stellte sich heraus, dass wir uns bei Sonnenaufgang neunzig Seemeilen von diesem Punkt entfernt befanden. Wir fuhren weiter nach Norden, und zwischen Sonnenaufgang und dem Zwölf-Meridian des 28. hatten wir zwölf Meilen nördlich zurückgelegt und unsere Entfernung von der Beshika-Bucht auf achtundsiebzig Seemeilen verkürzt. Mittags hörten wir mehrere Schüsse so deutlich, dass wir die Zahl zählen konnten. Am 29. trafen wir mit der Flotte ein und erfuhren von einem Offizier, der an Bord kam, dass am 28. mittags ein königlicher Gruß abgefeuert worden war, zu Ehren des Tages, der der Jahrestag der Krönung der Königin von England war. Der Knall bei Sonnenaufgang war offenbar der Morgenschuss, der mittags der Salut.

Solche Fälle sind selten, weil das Meer selten ruhig ist und die Wellen und Wellen selten still sind, und zwar über einen so großen Raum wie neunzig oder sogar achtundsiebzig Seemeilen. Ich verwende mit Bedacht den Beinamen *still* für γέλασμα. Ich bin überzeugt, dass Aeschylos das hörbare Lachen der Wellen meinte, das in der Tat von *unzähliger* Mannigfaltigkeit ist, nicht das sichtbare Lächeln des Meeres, das, als eine

Verkörperung zur großen Weite gehörig, doch einmalig, aber wie das menschliche Lächeln gemacht ist aus dem Spiel vieler Funktionen.

[159] „Das Vorhandensein von Wasserdampf in der Luft ist allgemein. * * * Pflanzliche Oberflächen sind mit der Fähigkeit ausgestattet, Gase, Dämpfe und zweifellos auch die verschiedenen löslichen Körper, die ihnen präsentiert werden, zu absorbieren. Das Einatmen von Feuchtigkeit wird von den Blättern in großem Umfang weitergetragen; der Tau einer kalten Sommernacht belebt die Wälder und Wiesen, und ein einziger Regenschauer reicht aus, um das Grün eines Waldes zu erfrischen, der durch eine lange Dürre ausgetrocknet war." – SCHACHT, *Les Arbres*, ix, S. 340.

Die Aufnahme des Wasserdampfes durch Blätter ist umstritten. „Die Aufnahme von Wasserdampf durch die Blätter von Pflanzen ist nach Ungers Experimenten unzulässig." – WILHELM, *Der Boden und das Wasser*, S. 19. Wenn diese letztere Ansicht richtig ist, müssen die scheinbar erfrischenden Wirkungen der Luftfeuchtigkeit auf die Vegetation der vom Boden aus der Luft aufgenommenen und den Wurzeln zugeführten Feuchtigkeit zugeschrieben werden. In einigen neueren Experimenten von Dr. Sachs wurde ein poröser Blumentopf mit einer darin wachsenden Pflanze so lange unbewässert gelassen, bis die Erde trocken war und die Pflanze zu verkümmern begann. Der Topf wurde dann in eine Glasvitrine gestellt, die Luft enthielt, die stets mit Feuchtigkeit gesättigt war, es wurde jedoch kein Wasser zugeführt, und die Blätter der Pflanze wurden der offenen Atmosphäre ausgesetzt. Die Erde im Blumentopf absorbierte aus der Luftfeuchtigkeit genug Feuchtigkeit, um das Laub wiederzubeleben und es lange grün zu halten, aber nicht genug, um die Entwicklung neuer Blätter zu fördern. – Id., ibid., S. 18.

[160] Die Experimente von Hales und anderen über die Absorption und Ausatmung von Wasser durch Gemüse sind von höchstem physiologischem Interesse; Beobachtungen an Sonnenblumen, Kohl, Hopfen und einzelnen Zweigen isolierter Bäume, die auf künstlich vorbereiteten Böden und unter künstlichen Bedingungen wachsen, liefern jedoch keine zuverlässigen Daten für die Berechnung der vom natürlichen Holz aufgenommenen und abgegebenen Wassermenge.

[161] Im Urwald ist der Boden im Allgemeinen zu dicht mit Blättern bedeckt, um viel Platz für Bodenmoose zu bieten, außer dort, wo der Boden für das dichte Wachstum von Bäumen zu feucht ist. In den offeneren Wäldern Europas kommt diese Vegetationsform häufiger vor – ebenso wie

viele andere kleine Pflanzen mit einladenderem Charakter – als in den Wäldern der amerikanischen Ureinwohner. Siehe zu den Kryptogamen und Holzpflanzen ROSSMÄSSLER , *Der Wald* , S. 33 *ff.*

[162] Emerson (*Trees of Massachusetts* , S. 493) erwähnt einen Ahorn mit einem Durchmesser von sechs Fuß, der ein Fass oder einunddreißigeinhalb Gallonen Saft in vierundzwanzig Stunden hervorgebracht hat, und einen anderen, dessen Abmessungen werden nicht angegeben, da sie im Laufe der Saison 175 Gallonen erbracht haben. The *Cultivator* , eine amerikanische Agrarzeitschrift, gibt im Juni 1842 an, dass in der Stadt Warner, New Hampshire, in achtzehn Stunden zwanzig Gallonen Saft aus einem einzigen Ahorn mit einem Durchmesser von zweieinhalb Fuß gezogen wurden, und die Wahrheit ist Dieses Konto wurde durch eine persönliche Anfrage in meinem Namen verifiziert. Dieser Baum stammte aus dem ursprünglichen Waldbestand und war stehengeblieben, als der Boden um ihn herum gerodet wurde. Es wurde nur alle zwei Jahre geklopft, und dann mit sechs oder acht Einschnitten. Dr. Williams (*History of Vermont* , I, S. 91) sagt: „Ein Mann, der viel mit der Herstellung von Ahornzucker beschäftigt war, stellte fest, dass ein Ahornbaum einundzwanzig Tage lang siebeneinhalb Gallonen pro Tag ausstieß.“

Ein intelligenter Korrespondent mit großer Erfahrung in der Herstellung von Ahornzucker schreibt mir, dass ein zweitwüchsiger Ahorn mit einem Durchmesser von etwa zwei Fuß, der auf offenem Boden steht und mit vier Einschnitten versehen ist, über mehrere Saisonen hinweg im Allgemeinen acht Gallonen verbraucht hat pro Tag bei schönem Wetter. Er spricht von einem sehr großen Baum, aus dem im Laufe einer Saison sechzig Gallonen geschöpft wurden, und von einem anderen Baum mit einem Durchmesser von mehr als drei Fuß, der 42 Pfund Nasszucker ergab und nicht weniger als eins ergeben musste hundertfünfzig Gallonen.

[163] „Die Knospen des Ahorns“, sagt derselbe Korrespondent, „beginnen erst gegen Ende der Zuckersaison. Sobald sie anschwellen, erscheint der Saft weniger süß, und der daraus hergestellte Zucker ist es auch.“ von dunklerer Farbe und mit weniger charakteristischem Ahorngeschmack.

[164] „In dieser Region werden Ahornbäume normalerweise mit einem Dreiviertel-Zoll-Bohrer bis zu einer Tiefe von anderthalb bis zwei Zoll angebohrt. Bei den kleineren Bäumen wird nur ein Einschnitt gemacht, bei denen mit einer Länge von achtzehn Zoll zwei.“ im Durchmesser und vier

bei größeren Bäumen. Zwei 3/4-Zoll-Löcher in einem Baum mit 22 Zoll Durchmesser = 1/46 des Umfangs und 1/169 der Querschnittsfläche."

„Durch das Klopfen wird das Wachstum nicht gehemmt, es schadet jedoch der Qualität des Ahornholzes. Das Holz von Bäumen, die oft angezapft werden, ist leichter und weniger dicht als das von Bäumen, die nicht angezapft wurden, und gibt beim Verbrennen weniger Wärme ab. Es besteht kein Unterschied." wurde beim Austrieb der Knospen von angezapften und ungezapften Bäumen beobachtet." – *Derselbe Korrespondent.*

[165] Dr. Rush gibt in einem Brief an Jefferson an, dass die Zahl der Ahornbäume, die zum Anzapfen eines Acres geeignet sind, bei dreißig bis fünfzig liegt. „Das", bemerkt mein Korrespondent, „ist richtig in Bezug auf den ursprünglichen Wuchs, der immer mehr oder weniger mit anderen Bäumen vermischt ist; aber im zweiten Wuchs, der nur aus Ahornbäumen besteht, übersteigt die Zahl diese Zahl bei weitem. Ich hatte die Ahornbäume." auf einem Viertel Acre, was meiner Meinung nach ein durchschnittlicher Ahorngarten mit zweitem Wachstum war, gezählt. Es wurde festgestellt, dass die Zahl zweiundfünfzig betrug, von denen zweiunddreißig einen Durchmesser von zehn Zoll oder mehr hatten, und, von Natürlich groß genug zum Anzapfen. Das ergibt zweihundertacht Bäume auf dem Acre, von denen einhundertachtundzwanzig die richtige Größe zum Anzapfen hatten."

Den Volkszählungsergebnissen zufolge betrug die Menge an Ahornzucker, die 1850 in den Vereinigten Staaten hergestellt wurde, 34.253.436 Pfund; im Jahr 1860 waren es 38.863.884 Pfund, zusätzlich zu 1.944.594 Gallonen Melasse. Der im Jahr 1850 hergestellte Rohrzucker belief sich auf 237.133.000 Pfund; im Jahr 1859 auf 302.205.000. – *Vorläufiger Bericht zur achten Volkszählung*, S. 88.

Laut Bigelow, *Les États Unis d'Amérique en 1863*, Kap. iv, das Zuckerprodukt von Louisiana allein für 1862 wird auf 528.321.500 Pfund geschätzt.

[166] Der bereits erwähnte Korrespondent teilt mir mit, dass am nächsten Morgen festgestellt wurde, dass eine schwarze Birke, die gegen Mittag mit zwei Einschnitten geklopft worden war, 16 Gallonen hervorgebracht hatte. Dr. Williams (*History of Vermont*, I, S. 91) sagt: „Eine große Birke, die im Frühjahr angezapft wurde, lief beim ersten Anzapfen mit einer Geschwindigkeit von fünf Gallonen pro Stunde. Acht oder neun Tage später wurde festgestellt, dass sie lief." mit einer Geschwindigkeit von etwa zweieinhalb Gallonen pro Stunde, und am Ende von fünfzehn Tagen setzte

sich der Ausfluss in nahezu derselben Menge fort. Der Saft floss vier oder fünf Wochen lang weiter, und die Beobachter waren der Meinung, dass dies der Fall war muss bis zu sechzig Barrel [1.890 Gallonen] ergeben haben."

[167]__ „Das beste Wetter für einen guten Lauf", sagt mein Korrespondent, „sind klare Tage, an denen es tagsüber schnell auftaut und nachts gut gefriert, mit einem sanften West- oder Nordwestwind; obwohl wir manchmal klare, schöne Tage haben." Da es sich um tauende Tage handelt, auf die frostige Nächte folgen, ohne dass ausreichend Saft fließt, halte ich es für wahrscheinlich, dass der unregelmäßige Saftfluss an verschiedenen Tagen in derselben Jahreszeit mit der Variation des atmosphärischen Drucks zusammenhängt; für die oben erwähnten atmosphärischen Bedingungen gelten diese als solche Am günstigsten für einen freien Saftfluss sind auch diejenigen, bei denen das Barometer normalerweise einen deutlich über dem Mittelwert liegenden Druck anzeigt. Bei Süd- oder Südostwind und bei schwächerem Wetter, das einen Abfall des Barometers verursacht, hört der Fluss im Allgemeinen auf, obwohl der Der Saft läuft manchmal bis nach Beginn des Sturms. Bei einem *schwachen* Südwestwind laufen Ahornbäume manchmal die ganze Nacht. Wenn dies geschieht, geschieht dies am häufigsten kurz vor einem Sturm. Letzten Frühling der Saft einer Zuckerplantage in einem benachbarten In der Stadt floss die meiste Zeit zwei Tage und zwei Nächte hintereinander und hörte erst auf, als ein Regensturm einsetzte.

Das Aufhören des Saftflusses in der Nacht ist möglicherweise zum Teil auf den nächtlichen Frost zurückzuführen, der das Schmelzen des Schnees behindert, natürlich die Feuchtigkeitszufuhr im Boden verringert und manchmal die Schichten, aus denen die Wurzeln saugen, erstarren lässt im Wasser. Aus den bereits erwähnten Tatsachen und anderen wohlbekannten Umständen – wie z. B. dem großzügigeren Saftfluss aus Einschnitten an der Südseite des Stammes – geht jedoch hervor, dass der Entzug der stimulierenden Einflüsse des Das Licht und die Hitze der Sonne sind die Hauptursache für die Unterbrechung der Zirkulation in der Nacht.

[168]__ „Der Fluss hört ganz auf, sobald die Knospen anzuschwellen beginnen." – *Vor zitierter Brief.*

[169]__Wir könnten einen Beitrag zu einer ungefähren Schätzung der Feuchtigkeitsmenge erhalten, die die Waldvegetation der Erde und der Luft entzieht, indem wir die Holzmenge auf einer bestimmten Fläche, den Anteil der assimilierbaren Materie, so genau wie möglich ermitteln die zu

verschiedenen Jahreszeiten in den Flüssigkeiten des Baumes enthalten sind, das jeweilige Alter der Bäume und die Menge an Blättern und Samen, die sie jährlich abwerfen. Die Ergebnisse wären zwar sehr vage, könnten aber dazu dienen, Schätzungen anderer Prozesse zu überprüfen oder zu bestätigen. Bei den folgenden Fakten handelt es sich möglicherweise um zu lose Elemente, als dass sie als Elemente in einer solchen Berechnung verwendet werden könnten.

Dr. Williams, der schrieb, als sich die Wälder im Norden Neuenglands im Allgemeinen in ihrem ursprünglichen Zustand befanden, gibt an, dass die Zahl der auf einem Acre wachsenden Bäume zwischen einhundertfünfzig und sechshundertfünfzig liegt, je nach ihrer Größe und Qualität Boden; Die Holzmenge liegt zwischen fünfzig und zweihundert Schnüren oder zwischen 238 und 952 Kubikmetern, fügt jedoch hinzu, dass die Holzmenge auf mit Kiefern bedecktem Land viel größer wäre. Ob er den gesamten festen Inhalt des Baumes angeben will oder, wie es bei gewöhnlichen Schätzungen in Neuengland üblich ist, nur das marktfähige Holz, die Stämme und größeren Äste, geht nicht hervor. Neben der Kiefer würde der Ahorn wahrscheinlich eine größere Menge auf einer bestimmten Fläche liefern als jeder andere von Dr. Williams erwähnte Baum, aber gemischtes Holz ist im Allgemeinen am weitesten. In zahlreichen Beobachtungen zu diesem Thema wurde festgestellt, dass die größte Menge an vermarktbarem Holz, die ich je auf einem Hektar Urwald geschlagen habe, einhundertvier Kordeln oder 493 Kubikmeter betrug, und die Hälfte dieser Menge wird als sehr angemessener Ertrag angesehen. Die kleineren Bäume, Äste und Zweige würden die Menge nicht um mehr als 25 Prozent erhöhen, und wenn wir so viel mehr für die Wurzeln hinzufügen, würden wir insgesamt etwa 750 Kubikmeter haben. Ich halte die Schätzung von Dr. Williams für zu hoch, obwohl sie weit unter dem Produkt der großen Bäume des Mississippi-Tals, Oregons und Kaliforniens liegen würde. Es ist zu beachten, dass es sich bei diesen Maßen um das Holz handelt, wie es liegt, wenn es „geschnürt" oder für den Markt aufgeschichtet wird, und dass sie den tatsächlichen Feststoffgehalt um nicht weniger als fünfzehn Prozent übersteigen.

„In einem Boden mittlerer Qualität", sagt Clavé und zitiert die Schätzungen von Pfeil für das Klima Preußens, „würde das Volumen eines Hektars zwanzig Jahre alter Kiefern 80 Kubikmeter [42½ Kubikyards pro Acre] überschreiten; Auf einem mageren Boden würden es nur 24 sein. Dieser Baum erreicht sein maximales mittleres Wachstum im Alter von 75 Jahren. In diesem Alter produziert er in der sandigen Erde Preußens jährlich etwa 5 Kubikmeter, also insgesamt Volumen von 311 Kubikmetern pro Hektar [166 Kubikyards pro Acre]. Nach diesem Alter nimmt das Volumen zu, aber die mittlere Wachstumsrate nimmt ab. Mit achtzig Jahren beträgt das Volumen beispielsweise 335 Kubikmeter, die jährliche Produktion beträgt nur noch 4. Die Buche erreicht ihr maximales jährliches Wachstum im Alter von einhundertzwanzig Jahren. Sie hat dann ein Gesamtvolumen von 633 Kubikmetern pro Hektar [335 Kubikyards pro Acre] und produziert 5 Kubikmeter pro Jahr." – CLAVÉ, *Études*, P. 151.

Ich glaube, dass diese Maße das gesamte Holzprodukt des Baumes mit Ausnahme der Wurzeln umfassen und den tatsächlichen Feststoffgehalt ausdrücken. Das spezifische Gewicht von Ahornholz wird mit 75 angegeben. Ahornsaft ergibt Zucker im Verhältnis von etwa einem Pfund *Nasszucker* zu drei Gallonen Saft, und Nasszucker zu Trockenzucker beträgt etwa neunzehn bis sechzehn. Außer dem Zucker gibt es einen kleinen Rest von „Sand", bestehend aus Phosphatkalk und etwas Silex, und es ist sicher, dass durch den gewöhnlichen, hastigen Herstellungsprozess ein großer Teil des Zuckers verloren geht; denn die Tropfen, die aus dem Dampf der Kessel auf den Sparren der einfachen Schuppen, in denen der Saft gekocht wird, kondensieren, haben einen ausgesprochen süßen Geschmack.

[170] „Der verarbeitete Saft, der aus den Blättern austritt, wird in der inneren Rinde aufgenommen, * * * und ein Teil dessen, was herabsteigt, findet seinen Weg sogar bis zu den Enden der Wurzeln und wird die ganze Zeit seitlich in den Stamm diffundiert, wo er auf den aufsteigenden Rohsaft oder das Rohmaterial trifft und sich mit ihm vermischt. Es gibt also keine getrennte Zirkulation der beiden Arten von Saft, und in keinem Teil der Pflanze existiert der Rohsaft separat. Sogar in der Wurzel, wo er eintritt, Dies vermischt sich sofort mit etwas verarbeitetem Saft, der bereits vorhanden ist." – GRAY, *How Plants Grow*, § 273.

[171] Wards dicht verglaste Kästen für die Aufzucht und insbesondere für den Transport von Pflanzen beweisen deutlich, dass Wasser nur durch Gemüse zirkuliert und immer wieder von den für diese Funktionen zuständigen Organen absorbiert und transpiriert wird. Samen, wachsende Gräser, Sträucher oder Bäume, die in geeigneter Erde gepflanzt, mäßig bewässert und mit einer Glasglocke oder einem dichten Glasrahmen bedeckt sind, überleben Monate und sogar Jahre nur mit dem ursprünglichen Vorrat an Luft und Wasser. In einem von Wards frühen Experimenten lebten und gediehen ein Grashalm und ein Farn, die in einer verkorkten Flasche mit etwas feuchter Erde, die als Bett für eine Schnecke diente, aufwuchsen, achtzehn Jahre lang ohne neue Zufuhr einer der beiden Flüssigkeiten. In diesen Kästen wachsen die Pflanzen, bis die eingeschlossene Luft von den gasförmigen Bestandteilen der Vegetation erschöpft ist und bis das Wasser die assimilierbaren Stoffe, die es in Lösung hielt, abgegeben und die in der Erde, in der sie sich befinden, enthaltenen Nährstoffe aufgelöst und den

Wurzeln zugeführt hat werden gepflanzt. Danach verharren sie noch lange in einem Pflanzenschlaf, wenn aber frische Luft und Wasser in die Kisten eingeführt oder die Pflanzen in offenes Gelände verpflanzt werden, erwachen sie zu neuem Leben und wachsen kräftig, ohne zu erscheinen unter ihrer langen Haft gelitten zu haben. Das von den Blättern verdunstete Wasser wird teils direkt aus der Luft von der Erde aufgenommen, teils kondensiert es am Glas, rinnt dort entlang zur Erde, dringt wieder in die Wurzeln ein und wiederholt so den Kreislauf immer wieder. Siehe *Aus der Natur*, 21, BS 537.

[172] WILHELM , *Der Boden und das Wasser* , S. 18. In der tatsächlichen Natur ist nicht geklärt, in welchem Verhältnis der Tau verdunstet und wie viel er von der Erde absorbiert wird, aber es kann kein Zweifel daran bestehen, dass die Wassermenge, die der Boden aufnimmt, sowohl aus darin schwebenden Dämpfen stammt Die Luft und der Tau sind groß. Der jährliche Taufall in England wird auf fünf Zoll geschätzt, aber diese Menge wird in vielen Ländern mit klarerem Himmel deutlich überschritten. „Bei vielen unserer algerischen Feldzüge", sagt Babinet, „war es unmöglich, ihre Getreidefelder bis in die späte Tageszeit in Brand zu setzen, wenn man die Banditen der nicht unterworfenen Stämme bestrafen wollte, weil die Pflanzen so nass waren." mit dem Nachttau, dass man warten musste, bis die Sonne sie getrocknet hatte." – *Études et Lectures* , II, S. 212.

[173] „Es wurde der Schluss gezogen, dass das Trockenland etwa 49.800.000 Quadratmeilen einnimmt. Dies schließt die kürzlich entdeckten Landstriche in der Nähe der Pole nicht ein und berücksichtigt noch unentdecktes Land (das jedoch nur existieren kann). in geringer Menge), wenn wir dem Land 51.000.000 zuordnen, bleiben etwa 146.000.000 Quadratmeilen für die vom Ozean eingenommene Fläche übrig." – Sir JFW Herschel, Physical GEOGRAPHY , *1861* , S. 19.

Es ist nicht ersichtlich, welcher Kategorie Herschel die Binnenmeere und die Süßwasserseen und Flüsse der Erde zuordnet; und Frau Somerville, die angibt, dass „das trockene Land eine Fläche von 38.000.000 Quadratmeilen einnimmt" und dass „der Ozean fast drei Viertel der Erdoberfläche bedeckt", schweigt sich zu diesem Punkt ebenfalls aus. – Physische *Geographie* , fünfte Auflage, S. 30. Auf der folgenden Seite zitiert Frau Somerville in einer Notiz Herrn Gardner als ihre Autorität und sagt, dass „nach seiner Berechnung die Ausdehnung des Landes etwa 37.673.000 britische Quadratmeilen beträgt, unabhängig vom Kontinent Victoria; und." Das Meer nimmt 110.849.000 ein. Daher ist das Land zum Meer etwa 1 zu 4. Sir John FW Herschel beziffert die Fläche von Festland und Ozean auf

zusammen 197.000.000 Quadratmeilen; Frau Somerville, oder besser gesagt
Herr Gardner, 148.522.000. Ich nehme an, dass Sir John Herschel die Inseln
in seine Gesamtheit des „trockenen Landes" und der Binnengewässer unter
der allgemeinen Bezeichnung „Ozean" einbezieht und dass Mrs. Somerville
beide ausschließt.

[174] In Schweden wurde beobachtet, dass der Frühling in vielen
Gebieten, in denen die Wälder abgeholzt wurden, jetzt vierzehn Tage später
kommt als im letzten Jahrhundert. − ASBJÖRNSEN , *Om Skovene i Norge* , S.
101.

Die Schlussfolgerung, zu der Noah Webster in seinem sehr gelehrten
und kompetenten Aufsatz über die angebliche Veränderung der
Wintertemperaturen, den er 1799 vor der Connecticut Academy of Arts and
Sciences hielt, kam, lautete wie folgt: „Aus einem sorgfältigen Vergleich
dieser Fakten ergibt sich, dass Es scheint, dass das Wetter in den modernen
Wintern in den Vereinigten Staaten unbeständiger ist als zu der Zeit, als die
Erde mit Wäldern bedeckt war, als sich Europäer zum ersten Mal im Land
niederließen; dass das warme Herbstwetter sich weiter in die Wintermonate
hinein erstreckt, und das kalte Wetter des Winters und Frühlings dringt in
den Sommer ein; da der Wind wechselnder sei, sei der Schnee weniger
dauerhaft, und vielleicht lässt sich dieselbe Bemerkung auf das Eis der Flüsse
anwenden. Diese Auswirkungen scheinen notwendigerweise aus dem
größeren zu resultieren Wärmemenge, die sich im Sommer in der Erde
ansammelt, seit der Boden von Holz befreit und den Sonnenstrahlen
ausgesetzt wurde, und der größeren Frosttiefe der Erde im Winter, weil ihre
unbedeckte Oberfläche der kalten Atmosphäre ausgesetzt ist. „—
Aufsatzsammlung von NOAH WEBSTER , S. 162.

[175] Ich habe im Norden Neuenglands gesehen, wie die Oberfläche des
offenen Bodens im Monat November bis zu einer Tiefe von 22 Zoll gefroren
war, als in der Walderde kein Frost feststellbar war; und später im Winter
habe ich erlebt, dass eine freigelegte Sandkuppe sechs Fuß tief gefroren blieb,
nachdem der Boden im Wald vollständig aufgetaut war.

[176]

——Den goldenen Stern in Afrika,
Der Inet Voxe kann, da es regnerisch ist, Und,
omvendtt, Kein Regn kan falde, daDer Intet

Voxer.
PALUDAN-MÜLLER , *Adam Homo* , ii, 408.

[177]

Und Stürme brausen um die Wette
Vom Meer aufs Land, vom Land aufs Meer.
GOETHE , *Faust, Lied der Erzengel* .

[178] *Études sur l'Économie Forestière* , S. 45, 46.

[179] Mir sind keine Beweise dafür bekannt, dass Malta zu irgendeinem
Zeitpunkt seit der Einführung des Baumwollanbaus dort bedeutende Wälder
besaß; und wenn es wahr ist, wie oft behauptet wurde, dass der heutige
Boden aus Sizilien importiert wurde, kann es sicherlich schon seit sehr langer
Zeit keine Wälder mehr gehabt haben. Zur Zeit von Sandys, im Jahr 1611,
gab es auf der Insel keine Wälder und es wurde wenig Baumwolle angebaut.
Er beschreibt es als „ein ganz und gar meisterhaftes Land, das nichts anderes
ist als ein mit Erde bedeckter Felsen, der aber zwei Fuß tief ist, wo er am
tiefsten ist; es hat nur wenige Bäume, aber solche, die Früchte tragen." * * *
Sie haben ihr Holz also aus Sizilien ." Sie haben „eine unbedeutende Menge
Watte, aber die beste von allen anderen." – SANDYS , *Travels* , S. 228.

[180] SCHACHT , *Les Arbres* , S. 412.

[181] *Was man von einem Baum lernen kann* , S. 117.

[182] *Der Wald* , S. 13.

[183] *Om Skovene og deres Forhold til Nationaløconomien* , S. 131-133.

[184] *Om Skovene og om et ordnet Skovbrug i Norge* , S. 106.

[185] *Études et Lectures* , iv. P. 114.

[186] Die angebliche Zunahme der Regenhäufigkeit und -menge in Unterägypten ist keineswegs belegt. Ich habe es an Ort und Stelle von intelligenten Franken bestreiten hören, deren Wohnsitz in diesem Land vor den Plantagen von Mehemet Aali und Ibrahim Pacha begann, und mir wurde von ihnen versichert, dass meteorologische Beobachtungen, die zu Beginn dieses Jahrhunderts in Alexandria gemacht wurden, dies belegen ein alljährlicher Regenfall, so stark, wie es an diesem Tag üblich ist. Die bloße Tatsache, dass es während der französischen Besatzung nicht geregnet hat, ist nicht schlüssig. Nachdem ich in Oberägypten einen sanften Regen von fast vierundzwanzig Stunden Dauer erlebt hatte, erkundigte ich mich beim örtlichen Gouverneur nach der Häufigkeit dieses Phänomens und erfuhr von ihm, dass zu diesem Zeitpunkt seit mehr als einem Jahr kein Tropfen Regen gefallen sei als vor zwei Jahren.

Der Glaube an die Zunahme des Regens in Ägypten beruht fast ausschließlich auf den Beobachtungen von Marschall Marmont und den von ihm im Jahr 1836 gesammelten Beweisen. Seine Schlussfolgerungen wurden von Jomard und anderen bestritten, wenn nicht sogar widerlegt, und sind wahrscheinlich falsch. Siehe FOISSAC, *Météorologie*, deutsche Übersetzung, S. 634–639.

In Kairo regnet es sicherlich manchmal heftig, aber in Ägypten ist die Verdunstung außerordentlich schnell – wie jeder bezeugen kann, der jemals gesehen hat, wie eine Fellah-Frau eine Serviette im Nil wusch und sie trocknete, indem sie sie ein paar Augenblicke in der Luft schüttelte; und ein paar Zentimeter unter der Oberfläche nasser Getreidehaufen würde wahrscheinlich wieder trocknen, ohne Schaden zu nehmen. Auf jeden Fall lagert die ägyptische Regierung den ganzen Winter über oft große Mengen Weizen in Boulak auf nicht überdachten Höfen, obwohl wir zugeben müssen, dass wir auf die Schlamperei und den Mangel an Voraussicht im orientalischen Leben, ob öffentlich oder privat, keinen Rückschluss ziehen können Die Sicherheit jeder im Osten praktizierten Praxis allein schon aufgrund ihrer langen Fortdauer.

Getreide kann jedoch in Klimazonen, die viel weniger trocken sind als das Ägyptens, lange im Freien gelagert werden, ohne Schaden zu nehmen, mit Ausnahme der oberflächlichen Schichten; Denn die Feuchtigkeit dringt nicht tief in einen Getreidehaufen ein, wenn dieser gut getrocknet und gut belüftet gehalten wird. Als Ludwig IX. seine Vorbereitungen für seinen Feldzug im Osten traf, kaufte er große Mengen Wein und Getreide auf der Insel Zypern und lagerte sie zwei Jahre lang ein, um auf seine Ankunft zu warten. „Als wir nach Zypern kamen", heißt es in Joinville, *Histoire de Saint Louis*, §§ 72, 73, „fanden wir dort große Mengen der Lieferungen des Königs vor. * * Den Weizen und die Gerste hatten sie in großen Haufen aufgehäuft Fühlte sich an, und um darauf zu schauen, waren sie wie Berge; denn der

Regen, der Weizen, der auf den Weizen geschlagen worden war, der nun ein langer Weizen war, hatte ihn auf der Spitze sprießen lassen, so dass er wie grünes Gras aussah. Und als sie waren Als sie beschlossen hatten, es nach Ägypten zu bringen, brachen sie die Grasnarbe des grünen Grases ab und fanden darunter den Weizen und die Gerste, so frisch, wie die Menschen es getan hatten, aber jetzt haben sie es geprügelt.

[187] *Étude sur les Eaux au point de vue des Inondations* , S. 91.

[188] *Économie Rurale* , II, Kap. xx, § 4, S. 756-759. Siehe auch S. 733.

[189] Jacini sagt über die großen italienischen Seen: „Ein großer Teil des Wassers der Seen wird nicht über den Ticino, den Adda, den Oglio oder den Mincio abgeführt, sondern durch die siliziumhaltigen Schichten, die dem See zugrunde liegen." Hügeln und folgt unterirdischen Kanälen in die Ebene, wo es sich in den *Fontanili sammelt* und von dort in die Bewässerungskanäle geleitet wird, wo es zu einer Quelle großer Fruchtbarkeit wird." – *La Proprietà Fondiaria usw.* , S. 144.

[190] *Météorologie* , deutsche Übersetzung von EMSMANN , S. 605.

[191] *Handbuch der Physikischen Geographie* , S. 658.

[192] *Annales des Ponts et Chaussées* , 1854, 1. Semester, S. 21 *ff.* Siehe die Kommentare von VALLÈS zu diesen Beobachtungen in seinen *Études sur les Inondations* , S. 441 *ff.*

[193] Die Passage bei Plinius lautet wie folgt: „Nascuntur fontes, decisis plerumque silvis, quos arborum alimenta Consumerbant, sicut in Hæmo, obsidente Gallos Cassandro, quum valli gratia cecidissent. Plerumque vero damnosi torrentes corrivantur, detracta collibus silva continere nimbos ac digerere." consueta." – *Nat. Hist.* , xxxi, 30.

Seneca zitiert diesen Fall und einen anderen ähnlichen Fall, der angeblich in Magnesia beobachtet wurde, aus einer Passage bei Theophrastus, die in den erhaltenen Werken dieses Autors nicht zu finden ist; aber er fügt hinzu, dass die Geschichten unglaublich sind, weil schattige Böden am meisten im

Wasser vorkommen: ferè aquosissima sunt quæcumque umbrosissima. –
Quæst. Nat., iii, 11. *Siehe Anhang*, <u>Nr. 26</u>.

[194] „Warum sollte man so weit gehen, um den Beweis für ein
Phänomen zu erbringen, das sich jeden Tag vor unseren eigenen Augen
wiederholt und von dem sich jeder Pariser selbst überzeugen kann, ohne sich
über den Bois de Boulogne oder den Wald von Meudon hinauszuwagen?
Lassen Sie ihn danach Ein paar regnerische Tage vergehen entlang der
Chevreuse-Straße, die rechts von Wald und links von bebauten Feldern
begrenzt wird. Der Wasserfall und die Dauer des Regens waren auf beiden
Seiten gleich, aber der Graben war da Die Seite des Waldes wird mit Wasser
gefüllt bleiben, das von der Infiltration durch den bewaldeten Boden
herrührt, lange nachdem die andere Seite, die an das offene Gelände
angrenzt, ihre Entwässerungsfunktion erfüllt hat und trocken geworden ist.
Der Graben auf der linken Seite wird in a entwässert sein In wenigen
Stunden kann eine Menge Wasser zugeführt werden, die der Graben auf der
rechten Seite mehrere Tage lang aufnehmen und ins Tal transportieren
muss." – CLAVÉ, *Études usw.*, S. 53, 54.

[195] VALLÈS, *Études sur les Inondations*, S. 472.

[196] *Économie Rurale*, S. 730.

[197] *Ueber die Entwaldung des Gebirges*, S. 20 *ff.*

[198] *Physische Geographie*, S. 32.

[199] *Die Bäume Amerikas*, S. 50, 51.

[200] THOMPSON 's *Vermont*, Anhang, S. 8.

[201] *Bäume Amerikas*, S. 48.

[202] Dumont gibt in Anlehnung an Dansse einen interessanten Auszug
aus dem Misopogon des Kaisers Julian, der zeigt, dass im vierten Jahrhundert

die Seine – deren Wasserstand jetzt bis zu dreißig Fuß zwischen extrem hohem und extrem niedrigem Wasserstand schwankt – im Wasser lag Mark – war fast völlig frei von Überschwemmungen und floss das ganze Jahr über mit einer gleichmäßigen Strömung. „Ego olim eram in hibernis apud caram Lutetiam, [sic] enim Galli Parisiorum oppidum appellant, quæ insula est non magna, in fluvio sita, qui eam omni ex parte eingit. Pontes sublicii utrinque ad eam ferunt, raròque fluvius minuitur ae crescit; sed Qualis æstate, talis esse solet hyeme." – *Des Travaux Publics dans leur Rapports avec l'Agriculture*, p. 361, Anmerkung.

Da sich Julian sechs Jahre in Gallien aufhielt und sein Hauptwohnsitz Paris war, ist seine Aussage über den gewöhnlichen Zustand der Seine zu einer Zeit, als die Provinzen, in denen ihre Quellen entspringen, reich bewaldet waren, sehr wertvoll.

[203] Fast jede Erzählung über Reisen in jenen Ländern, die die frühesten Sitze der Zivilisation waren, enthält Beweise für die Wahrheit dieser allgemeinen Aussagen, und diese Beweise werden mehr oder weniger detailliert in den meisten speziellen Werken über den Wald dargestellt, die ich habe Gelegenheit zu zitieren. Ich verweise insbesondere auf HOHENSTEIN, *Der Wald*, 1860, da er viele wichtige Fakten zu diesem Thema enthält. Siehe auch CAIMI, *Cenni sulla Importanza dei Boschi*, für einige Statistiken zu diesem und anderen Themen im Zusammenhang mit dem Wald, die anderswo nicht leicht zu finden sind.

[204] Stanley zitiert SELDEN, *De Jure Naturali*, Buch VI, und FABRICIUS, *Cod. Pseudonym.* VT, i, 874, erwähnt eine bemerkenswerte jüdische Tradition mit ungewissem, aber zweifellos altem Datum, die zu den ältesten Beweisen für den öffentlichen Respekt vor den Wäldern und für aufgeklärte Ansichten über ihre Bedeutung und angemessene Behandlung zählt:

„Eine feste jüdische Tradition schrieb Josua zehn Dekrete zu, die genaue Regeln festlegten, die eingeführt wurden, um das Eigentum jedes Stammes und jedes Hausbesitzers vor gesetzloser Plünderung zu schützen. Rindern, einer kleineren Art, sollte es erlaubt sein, in dichten Wäldern zu grasen, nicht in lichten Wäldern; in Wäldern keine Art von Vieh ohne Zustimmung des Besitzers. Stöcke und Zweige durften von jedem Hebräer eingesammelt, aber nicht geschnitten werden. * * * Wälder durften beschnitten werden, sofern es sich nicht um Oliven- oder Obstbäume handelte, und dass es an diesem Ort ausreichend Schatten gab." – *Vorlesungen zur Geschichte der jüdischen Kirche*, Teil I, S. 271.

[205] In Mittel- und Westfrankreich scheint es früher als im Südosten Frankreichs zu einer übermäßigen Rodung gekommen zu sein. Der weise und gute Bernard Palissy – einer jener verfolgten Protestanten des 16. Jahrhunderts, deren Heldentum, Tugend, Vornehmheit und Geschmack in so herrlichem Kontrast zur Brutalität, Korruption, Grobheit und Barbarei ihrer Unterdrücker hervorstechen – im Recepte *Véritable* , 1563 erstmals gedruckt, beklagt sich daher: „Wenn ich den Wert der kleinsten Baumgruppe oder sogar der Dornen betrachte, wundere ich mich sehr über die große Unwissenheit der Menschen, die heutzutage, wie es scheint, nur studieren, um sie zu zerstören, fielen und verwüsteten die schönen Wälder, die ihre Vorfahren so sorgfältig bewachten. Ich würde es ihnen nicht übel nehmen, wenn sie die Wälder abgeholzt hätten, wenn sie nur einen Teil davon wieder angepflanzt hätten; aber sie kümmern sich nicht um die kommende Zeit, sie kümmern sich auch nicht darum Sie denken an den großen Schaden, den sie ihren Kindern zufügen, der nach ihnen kommen wird." – *Œuvres Complètes de Bernard Palissy* , 1844, S. 88.

[206] Die großen See- und Handelsmarines von Venedig und Genua müssen im Mittelalter und in den Jahrhunderten, die unmittelbar auf die gemeinhin mit dieser Bezeichnung verbundenen Jahrhunderte folgten, einen enormen Holzverbrauch verursacht haben. Beim Schiffsbau dieser Zeit wurden größere Hölzer verwendet als bei der modernen Schiffsarchitektur der meisten Handelsländer, jedoch offenbar ohne proportionale Steigerung der Festigkeit. Die alten Arten des Schiffbaus sind im Mittelmeerraum weitgehend bis heute überliefert, und ein Amerikaner oder Engländer blickt mit Erstaunen auf die riesigen Balken und dicken Bretter, die so oft beim Bau sehr kleiner Schiffe verwendet werden das Meer befahren. Laut Hummel ist die Verwüstung des Karsts, des nördlich von Triest gelegenen Hochplateaus, das heute zu den ausgetrocknetesten und kargsten Gegenden Europas gehört, auf die Abholzung seiner Wälder zum Bau der Marinen von Venedig zurückzuführen. „Wo der elende Bauer des Karsts jetzt nichts anderes sieht als nackten Felsen, der von der tobenden Bora gefegt und abgestreift wird, wurde die Gewalt dieses Windes einst von mächtigen Tannen gedämpft, die Venedig rücksichtslos abholzte, um seine Flotten zu bauen." – Physische Geographie , S . 32. Siehe *Anhang* , Nr. 27 .

[207] *Le Alpi che cingono l'Italia* , i, p. 367.

[208] Siehe die in Mailand veröffentlichte Zeitschrift *Politecnico* für den Monat Mai 1862, S. 234.

 Annali di Agricoltura, Industria e Commercio , vol. ich, p. 77.

[210] HOLINSHED , Nachdruck von 1807, I, S. 357, 358. Aus dieser Passage und einer anderen auf Seite 397 desselben Bandes geht hervor, dass Meerkohle zwar größtenteils auf den Kontinent exportiert, aber noch nicht dort angekommen war allgemeiner Gebrauch in England. Es ist eine Frage von großem Interesse, wann in England erstmals Kohle als Brennstoff eingesetzt wurde. Ich kann keine Beweise dafür finden, dass es bis mehr als ein Jahrhundert nach der normannischen Eroberung als Brennstoff verwendet wurde. Es wurde gesagt, dass es der angelsächsischen Bevölkerung bekannt war, aber mir ist keine Passage in der Literatur dieses Volkes bekannt, die dies beweist. Die Wörterbücher erklären das angelsächsische Wort *græfa* mit Meereskohle. Ich bin diesem Wort in keinem angelsächsischen Werk begegnet, außer im *Chronicle* aus dem Jahr 852 N. CHR ., aus einem Manuskript, das sicherlich nicht älter als das 12. Jahrhundert ist, und an dieser Stelle könnte es genauso wahrscheinlich Torf wie Kohle und ebenso wahrscheinlich etwas anderes bedeuten sonst als entweder. Kohle wird in König Alfreds Bede, in Glanville oder in Robert von Gloucester nicht erwähnt, obwohl alle diese Autoren von Jett sprechen, wie er in England vorkommt, und ausführlich die Mineralprodukte der Insel aufzählen.

England war im Altertum für seine Wälder bemerkenswert, aber Cæsar sagt, es wollte die *Fagus* und die *Abies* . Es kann kein Zweifel daran bestehen, dass *mit fagus* die Buche gemeint ist, die, wie die Überreste in den dänischen Torfmoosen zeigen, ein Baum ist, der erst spät nach Dänemark eingeführt wurde, wo er die Nachfolge der Tanne antrat, einem Baum, der heute nicht mehr in diesem Land heimisch ist. Die Abfolge der Waldfrüchte scheint in England dieselbe gewesen zu sein; für Harrison, S. 359, spricht von dem „großen Vorrat an Tannen", die „in ihrer ganzen Länge" in den „Fens und Marises" von Lancashire und anderen Grafschaften gefunden wurden, wo zu seiner Zeit nicht einmal Büsche wuchsen. Wir können nicht sicher sein, welche immergrüne Cæsar-Art *Abies* meinte . Die populären Bezeichnungen für Ährenbäume sind in ihrer Anwendung immer vager und unsicherer als die für Laubbäume. *Pinus* , *Kiefer* , wurde sogar in der botanischen Nomenklatur sehr locker verwendet, und *Kiefer*, *Fichte* und *Tanne* werden im Deutschen oft verwechselt. – ROSSMÄSSLER , *Der Wald* , S. 256, 289, 324. Wenn es sicher wäre, dass die *Abies* von Cæsar war die Tanne früher und immer noch in Torfmoosen zu finden, und dass er Recht hatte, als er die Existenz der Buche in England zu seiner Zeit leugnete, wäre diese Beobachtung sehr wichtig, weil sie ein Datum festlegen würde, an dem die Tanne ausgestorben war. und die Buche war noch nicht auf der Insel erschienen.

Obwohl die Stieleiche robust und langlebig war, galt sie im 16. Jahrhundert allgemein nicht als geeignet für feinere Arbeiten. Es gab jedoch Ausnahmen. „Von allen in Essex", bemerkt HARRISON , *Holinshed* , i, S. 357, „dass das Wachsen in Bardfield Parke das Beste für das Handwerk der Ioiner ist: denn oft habe ich ihre Arbeiten aus diesem Oke gesehen, die so schön und schön waren wie die meisten Wainscots, die aus Danske hierher gebracht werden; denn unsere Wainscots sind es nicht." Hergestellt in England. Dennoch haben verschiedene Leute versucht, sich zu diesem Zweck ohne unsere Interessen zu befassen, aber nicht mit so gutem Erfolg, wie sie gehofft hatten, weil der Bauch oder der Saft nicht so schnell entfernt und sauber herausgezogen werden würde, was manche zuschreiben aus Zeitmangel im Salzwasser."

Diese Passage ist auch deshalb interessant, weil sie zeigt, dass zu Harrisons Zeiten das Einweichen in Salzwasser zum Würzen praktiziert wurde.

Aber der Import von Täfelungen oder Brettern für Decken, Täfelungen und andere Räume, die im Allgemeinen aus Eichenholz bestehen, begann drei Jahrhunderte vor Harrisons Zeit. Auf Seite 204 des *Liber Albus* – einem Buch, das weitaus wertvoller hätte sein können, wenn der Herausgeber uns die Texte mit seinen wissenschaftlichen Notizen anstelle einer Übersetzung gegeben hätte – wird von „kantigem Eichenholz" gesprochen, das aus dem Liber Albus stammt Land durch Karren, und natürlich des inländischen Wachstums, als frei von städtischen Zöllen oder Oktroi, und von „Eichenbrettern", die auf die gleiche Weise eingehen, als würde man ein Brett pro Wagenladung bezahlen. Aber im Kapitel über die „Gebräuche von Billyngesgate", S. 208, 209, das sich auf aus dem Ausland importierte Waren bezieht, wird auf jedes Hundert „Weynscotte" genannte Bretter ein Zoll von einem halben Penny und auf jedes Hundert ein Penny erhoben von Brettern mit dem Namen „Rygholt". Der Herausgeber erklärt „Rygholt" als „Holz von Riga". Das war zweifellos Kiefer oder Tanne. Das Jahr, in dem diese Bestimmungen getroffen wurden, erscheint nicht, sie gehören jedoch zur Regierungszeit Heinrichs III.

[211] In einem Brief an den Minister für öffentliche Arbeiten äußerte sich der Kaiser nach den schrecklichen Überschwemmungen von 1857 glücklich: „Bevor wir nach einem Heilmittel für ein Übel suchen, untersuchen wir seine Ursache. Woher kommen die plötzlichen Überschwemmungen?" Unsere Flüsse? Von dem Wasser, das auf die Berge fällt, nicht von dem, das auf die Ebenen fällt. Die Wasser, die auf unsere Felder fallen, erzeugen nur wenige Bäche, aber die, die auf unsere Dächer

fallen und in den Dachrinnen gesammelt werden, bilden kleine Bäche auf einmal. Jetzt sind die Dächer Berge – die Dachrinnen sind Täler."

„Um den Vergleich fortzusetzen", stellt D'Héricourt fest: „Dächer sind glatt und undurchlässig, und das Regenwasser fließt schnell von ihren Oberflächen ab; diese Fließgeschwindigkeit würde jedoch erheblich verringert, wenn die Dächer mit Moosen und Gräsern bedeckt wären; mehr." dennoch, wenn sie mit trockenen Blättern, kleinen Sträuchern, verstreuten Zweigen und anderen Hindernissen bedeckt wären – kurz gesagt, wenn sie bewaldet wären." – *Annales Forestières, Déc.* , 1857, S. 311.

[212] „Die Wurzeln von Gemüse", sagt D'Héricourt, „üben die Funktion einer senkrechten Entwässerung aus, analog zu dem, was in Holland und in einigen Teilen der britischen Inseln mit Erfolg praktiziert wurde. Dieses System besteht darin, drei nach unten zu treiben oder viertausend Pfähle auf einem Hektar; das Regenwasser sickert entlang der Pfähle herunter, und in bestimmten Fällen werden mit dieser Methode ebenso günstige Ergebnisse erzielt wie mit horizontalen Abflüssen." – Annales Forestières, 1857 , S. 312.

[213] Die Produktivität Ägyptens wurde allzu ausschließlich auf die fruchtbare Wirkung des durch die Überschwemmungen des Nils abgelagerten Schlamms zurückgeführt; Denn in diesem Klima würde eine großzügige Wasserversorgung auf fast jedem gewöhnlichen Sand gute Ernten hervorbringen, während der fruchtbarste Boden ohne Wasser nichts bringen würde. Das jährlich abgelagerte Sediment ist nur einen Bruchteil eines Zolls dick. Es wird behauptet, dass es mengenmäßig kaum für einen guten Top-Dressing ausreichen würde und dass es chemisch nicht von der Erde Zentimeter oder Fuß unter der Oberfläche zu unterscheiden sei. Aber zu leugnen, dass der Schleim überhaupt irgendwelche düngenden Eigenschaften hat, wie es einige Autoren getan haben, ist ein ebenso großer Fehler wie das Gegenteil davon, den gesamten landwirtschaftlichen Reichtum Ägyptens dieser einzigen Ursache der Produktivität zuzuschreiben. Durch Wasser abgelagerte Feinböden sind in allen Klimazonen nahezu gleichmäßig reich; Diejenigen, die von Flüssen heruntergebracht, ins Salzwasser befördert und dann von der Flut wieder zurückgebracht werden, scheinen dauerhafter fruchtbar zu sein als alle anderen. Die Polder an der niederländischen Küste sind von diesem Charakter, und die Wiesen in Lincolnshire, die durch sogenanntes *Verziehen oder Durchlassen von Wasser* bei Flut mit Schlamm bedeckt wurden , sind bemerkenswert produktiv. Siehe *Anhang* , Nr. 28 .

[214] „Die Gesetze gegen die Rodung waren nie in der Lage, diese Operationen zu verhindern, wenn der Eigentümer seinen Vorteil darin sah, und die lange Reihe königlicher Verordnungen und Dekrete der Parlamente, die von den Tagen Karls des Großen bis zu unseren Tagen verkündet wurden, mit diesem Ziel der Sicherung von Waldeigentum haben nur dazu gedient, die Ohnmacht der gesetzgeberischen Idee zu diesem Thema zu zeigen." – CLAVÉ , *Études sur l'Économie Forestière* , S. 32.

„Ein Eigentümer kann es immer schaffen, seinen Wald zu roden, was auch immer man tun mag, um ihn daran zu hindern; es ist nur eine Frage der Zeit, und ein paar unvorsichtige Abholzungen, ein paar Missbräuche des Weiderechts genügen, um einen Wald trotzdem zu zerstören." alle entgegenstehenden Regelungen." – DUNOYER , *De la Liberté du Travail* , ii, S. 452, zitiert von Clavé, S. 353.

Beide Autoren sind sich einig, dass die Erhaltung der Wälder in Frankreich nur durch ihre Übertragung an den Staat möglich ist, der allein in der Lage ist, sie zu schützen und ihre ordnungsgemäße Behandlung sicherzustellen. Es besteht große Befürchtung, dass selbst diese Maßnahme nicht ausreichen würde, um die Wälder der Amerikanischen Union zu retten. In Amerika gibt es kaum Respekt vor öffentlichem Eigentum, und die Bundesregierung wäre für diesen Zweck sicherlich nicht der richtige Vertreter der Nation. Es erwies sich als unfähig, die lebenden Eichenwälder Floridas zu schützen, die für die Nutzung durch die Marine erhalten werden sollten, und zahlte den Vertragspartnern mehr als einmal einen hohen Preis für Holz, das aus seinen eigenen Wäldern gestohlen wurde. Die Behörden der einzelnen Staaten könnten effizienter sein.

[215] Siehe den lebhaften Bericht über den Verkauf eines Gemeindeholzes in BERLEPSCH , *Die Alpen, Holzschläger und Flösser* .

[216] Streffleur (*Über die Natur und die Wirkungen der Wildbäche* , S. 3) behauptet, dass alle Beobachtungen und Spekulationen französischer Autoren über die Natur von Torrents von österreichischen Schriftstellern vorweggenommen worden seien. Zum Beweis dieser Behauptung verweist er auf die Werke von Franz von Zallinger, 1778, Von Arretin, 1808, Franz Duile, 1826, alle in Innsbruck veröffentlicht, und Hagens BESCHREIBUNG neuer *Wasserbauwerke* , Königsberg, 1826, von denen keines bekannt ist mir. Es ist jedoch offensichtlich, dass die Schlussfolgerungen von Surell und anderen französischen Autoren, die ich zitiere, Originalergebnisse persönlicher Untersuchungen und keine übernommenen Meinungen sind.

[217] Ob Palissy mit dieser alten Praxis vertraut war oder ob es einer dieser ursprünglichen Vorschläge war, von denen seine Werke so reich sind, weiß ich nicht; aber in seiner Abhandlung „ *Des Eaux et Fontaines* " empfiehlt er es als Antwort auf die Einwände von „Théorique", der die Befürchtung geäußert hatte, dass „die Wasser, die heftig von den Höhen des Berges herabstürzen, mit sich bringen würden." viel Erde, Sand und andere Dinge", und so den künstlichen Brunnen zerstören, den „Practique" ihn bauen lehrte: „Und zur Verhinderung des Unheils großer Wasser, die in wenigen Stunden durch große Stürme gesammelt werden können, wenn du wirst." Wenn du dein Parterre bereit gemacht hast, um das Wasser aufzunehmen, musst du große Steine quer über die tiefen Kanäle legen, die zu deinem Parterre führen. Und so wird die Kraft der rauschenden Strömungen gedämpft und dein Wasser wird friedlich in seine Zisternen fließen." – *Œuvres Complètes* , S. 173.

[218] Ladoucette sagt, dass der Bauer von Dévoluy „für eine einzige Ladung Holz oft eine Strecke von fünf Stunden über Felsen und Abgründe zurücklegt"; und er bemerkt auf einer anderen Seite, dass „der Friedensrichter dieses Kantons im Laufe von dreiundvierzig Jahren nur einmal die Stimme der Nachtigall gehört hatte." – Histoire usw., des Hautes Alpes, *S.* 220 , 434.

[219] Das heute fast völlig verwüstete Tal von Embrun war einst bemerkenswert für seine Fruchtbarkeit. Im Jahr 1806 sagte Héricart de Thury darüber: „In diesem herrlichen Tal hatte die Natur ihre Gaben verschwendet. Seine Bewohner genossen blind ihre Gunst und schliefen inmitten ihrer Fülle ein." – Becquerel, DES Climats *usw*. , P. 314.

[220] In den Tagen des Römischen Reiches war die Durance ein schiffbarer Fluss, dessen Handel so wichtig war, dass die Schiffer auf ihm eine eigene Körperschaft bildeten. – LADOUCETTE , *Histoire usw., des Hautes Alpes* , S. 354.

Bereits im Jahr 1789 wurde berechnet, dass die Durance bereits nicht weniger als 130.000 Acres mit Kies und Kieselsteinen bedeckt hatte, „was ohne die Überschwemmungen das schönste Land in der Provinz gewesen wäre." – Arthur Young, REISEN in *Frankreich* , Bd. ich, ch. ich.

[221] Zwischen 1851 und 1856 war die Bevölkerung des Languedoc und der Provence um 101.000 Seelen gewachsen. Der Zuwachs fand jedoch

ausschließlich in den Provinzen der Ebene statt, wo sich alle größeren Städte befinden. In diesen Provinzen betrug die Zunahme 204.000, während in den Bergprovinzen ein Rückgang um 103.000 zu verzeichnen war. Vielleicht noch auffälliger ist die Verringerung der Ackerfläche. Im Jahr 1842 verfügte das Departement Niederalpen über 99.000 Hektar oder fast 245.000 Acres kultivierten Boden. Im Jahr 1852 hatte es nur 74.000 Hektar. Mit anderen Worten, in zehn Jahren wurden 25.000 Hektar oder 61.000 Acres durch Sturzbäche und den Missbrauch der Weidewirtschaft weggeschwemmt oder für den Anbau unbrauchbar gemacht. – CLAVÉ, *Études*, S. 66, 67.

[222] Der Skalära-Tobel zum Beispiel bei Coire. Siehe die Beschreibung in BERLEPSCH, *Die Alpen*, S. 169 *ff.*, oder in Stephens englischer Übersetzung.

Die jüngste Veränderung im Charakter der Mella – ein Fluss, der in der Antike so bemerkenswert für die Sanftheit seiner Strömung war, dass er von Catullus besonders als fließender *Molli flumine bemerkt wurde* – verdient mehr als eine beiläufige Bemerkung. Dieser Fluss entspringt in der Gebirgskette östlich des Iseosees, durchquert den Bezirk Brescia und mündet nach einem Verlauf von etwa siebzig Meilen in den Oglio. Die Eisenhütten im oberen Tal der Mella hatten schon seit langem einen beträchtlichen Bedarf an Holz geschaffen, aber ihr Betrieb war nicht so umfangreich, dass es zu einer sehr plötzlichen oder allgemeinen Zerstörung der Wälder gekommen wäre, und das einzige Übel, das die Rodungen mit sich brachten, war die allmähliche Verringerung des Flussvolumens. In den letzten zwanzig Jahren hat die überlegene Qualität der in Brescia hergestellten Waffen den Verkauf dieser Waffen stark ausgeweitet und auf ganz natürliche Weise die Tätigkeit sowohl der Schmieden als auch der Bergleute, die sie beliefern, angeregt, und die Hügel wurden rasch ihrer Waffen entledigt Holz. Bis 1850 wurde keine zerstörerische Überschwemmung der Mella registriert. An seinem Rand waren zahlreiche Gebäude errichtet worden, und sein Tal zeichnete sich durch seine ländliche Schönheit und Fruchtbarkeit aus. Aber als die Entblößung der Berge einen bestimmten Punkt erreicht hatte, begann die rächende Natur mit der Arbeit der Vergeltung. Im Frühjahr und Sommer 1850 bildeten sich plötzlich mehrere neue Wildbäche in den oberen Seitentälern, und am 14. und 15. August desselben Jahres löste ein Regenfall, der nicht stärker war als oft erlebt, eine Überschwemmung aus, die nicht nur überschwemmte viel Land, das nie zuvor überflutet wurde, sondern zerstörte eine große Anzahl von Brücken, Dämmen, Fabriken und anderen wertvollen Bauwerken und, was ein weitaus schwerwiegenderes Übel war, fegte eine unglaubliche Menge Erde von den Felsen und verwandelte eines davon schönsten Täler der italienischen Alpen in eine Schlucht, die fast so kahl und karg ist wie die wildeste Schlucht Südfrankreichs. Der finanzielle Schaden wurde auf viele Millionen Francs geschätzt, und die Gewalt der Katastrophe wurde selbst in einem Land, das von ähnlichen Besuchen betroffen war, als so außergewöhnlich angesehen, dass die für die Leidenden geweckte Anteilnahme innerhalb von fünf Monaten zu freiwilligen Spenden für ihre Linderung führte der Betrag von fast 200.000 US-Dollar – *Delle Inondazioni del Mella usw., nella notte del 14 al 15 Agosto* , 1850.

Der Autor dieser bemerkenswerten Broschüre hat als Motto eine Passage aus der Vulgata-Übersetzung von Hiob gewählt, die interessant ist, weil sie die genaue Beobachtung der Wirkung des Wildbachs zeigt: „Mons cadens definit, et saxum transfertur de loco suo; lapides excavant aquæ et.“ alluvione paullatim terra consumitur.“ – *Hiob* xiv, 18, 19.

Die englische Version ist viel weniger auffällig und vermittelt einen anderen Sinn.

[223] Streffleur zitiert aus Duile die folgenden Beobachtungen: „Die Rinne der Tiroler Bäche liegt oft weit über den Tälern, durch die sie fließen. Das Bett der Fersina liegt hoch über der Stadt Trient, die in der Nähe liegt.“ Der Villerbach fließt viel höher als der Marktplatz von Neumarkt und Vill und droht beide mit seinen Wassern zu überschwemmen. Die Talfer bei Botzen liegt zumindest auf gleicher Höhe mit den Dächern der angrenzenden Ortschaft, wenn nicht sogar darüber Die Turmtürme der Dörfer Schlanders, Kortsch und Laas liegen tiefer als die Oberfläche des Gadribachs. Der Saldurbach bei Schluderns bedroht das weit tiefer gelegene Dorf mit Zerstörung, und der Hauptort Schwaz ist durch den Lahnbach in ähnlicher Gefahr .“ – STREFFLEUR , *Ueber die Wildbäche usw.* , S. 7.

[224] Der Schnee treibt in die Schluchten und sammelt sich in unglaublichen Tiefen an, und das Wasser, das aus seiner Auflösung und den überschwemmenden Regenfällen im Frühling und manchmal auch im Sommer entsteht, wird durch Felswände auf beiden Seiten begrenzt und steigt bis zu 100 m an Er erreicht eine sehr große Höhe und erreicht bei seinem raschen Abstieg zu seinem Ausfluss aus dem Berg natürlich eine enorme Geschwindigkeit und Transportkraft. Im Winter 1842/43 war das Doveria-Tal, an dem die Simplonstraße vorbeiführt, bis zu einer Tiefe von hundert Fuß über der Kutschenstraße und der Schlittenbahn, auf der sich Passagiere und Post befanden, mit dicken Schneeverwehungen gefüllt getragen lief in dieser Höhe.

Unter sonst gleichen Bedingungen ist die Transportkraft des Wassers dort am größten, wo es am schnellsten fließt. Dies geschieht meist in Richtung der Schluchtenachse. Während die Strömung aus der Schlucht strömt und aus der seitlichen Begrenzung ihrer Wände entweicht, breitet sie sich aus und teilt sich in zahlreiche kleinere Bäche, die wie die Rippen aus der Talmündung wie aus einem Zentrum in verschiedene Richtungen herausschießen eines Fächers vom Drehpunkt, wobei jeder seine Menge an Steinen und Kies mit sich führt. Die Ebene unterhalb der Austrittsstelle aus dem Berg wird durch neu gebildete Wildbäche rasch angehoben, wobei die Höhe von der Neigung des Bettes sowie der Form und dem Gewicht der transportierten Materie abhängt. Jede Überschwemmung erhöht sowohl die Höhe dieses zentralen Punktes als auch die Ausdehnung des gesamten Umfangs der Lagerstätte. Der Strom, der nahezu die ursprüngliche Richtung beibehält, bewegt sich mit dem größten Impuls und transportiert daher die feste Materie, mit der er beladen ist, über die weiteste Entfernung.

Der unerfahrene Leser wird dies besser verstehen, wenn er darüber informiert wird, dass der Südhang der Alpen im Allgemeinen plötzlich aus der Ebene ansteigt, ohne dazwischenliegende Hügel, die den abrupten Übergang unterbrechen könnten, außer denen, die aus vergleichsweise kleinen Haufen eigener Trümmer bestehen durch alte Gletscher oder neuere Sturzbäche herabgestürzt. Die Sturzbäche ergießen sich nicht durch Täler, die sich allmählich zu den Flüssen oder zum Meer hin erweitern, sondern stürzen von den Berghängen auf die darunter liegende Ebene. Diese Anordnung der Oberflächen erleichtert natürlicherweise die Bildung riesiger Ablagerungen an ihren Entstehungspunkten, und das Zentrum der Ansammlung ist bei sehr kleinen Wildbächen nicht selten hundert Fuß hoch, manchmal sogar sehr viel höher.

Wildbäche und die Flüsse, die sie aufnehmen, transportieren Gebirgsschutt über nahezu unglaubliche Entfernungen. Lorentz sagt in einem offiziellen Bericht zu diesem Thema, den Marschand aus den Memoiren der Agricultural Society of Lyon zitiert: „Die Abholzung der Wälder erzeugt Sturzbäche, die den kultivierten Boden mit Kieselsteinen und Felsbrocken bedecken, was aber nicht der Fall ist." beschränken ihre Verwüstungen auf die Umgebung der Berge, dehnen sie aber bis zu einer Entfernung von vierzig oder fünfzig Meilen auf die fruchtbaren Felder der Provence und anderer Departements aus." – Entwaldung *des Gebirges*, S. 17.

[225] Die steilen Wände des Val de Lys und insbesondere des Val Doveria zeigen, obwohl sie hier und da zerbrochen sind, an vielen Stellen eine glatte Oberfläche über einer großen vertikalen Ebene in einer Höhe von Hunderten von Fuß über dem Boden des Tals, die kein bekannter Mechanismus außer Gletschereis hervorbringen kann, und natürlich kann es an diesen Stellen über einen langen Zeitraum hinweg zu keiner nennenswerten Veränderung gekommen sein. Die Flussbetten, die durch

diese Täler fließen, erleiden gelegentlich seitliche Verschiebungen, so dass Raum für eine Verschiebung des Kanals vorhanden ist. Tritt jedoch eine Erhöhung oder Senkung in ihnen auf, ist diese zu langsam, um wahrnehmbar zu sein, es sei denn, es handelt sich lediglich um eine vorübergehende Behinderung.

[226] Lombardini stellte vor zwanzig Jahren fest, dass die mineralischen Stoffe, die von seinen Nebenflüssen in den Po gebracht wurden, im Allgemeinen auf etwa den gleichen Feinheitsgrad zerkleinert waren wie die Sande seines Bettes an ihren Abflussstellen. Bei der Trebbia, die hoch im Apennin entspringt und bei Piacenza in den Po mündet, war es anders: Der Fluss wälzte Kieselsteine und groben Kies in die Rinne des Hauptstroms. Die Ufer der anderen Zuflüsse – mit Ausnahme einiger derjenigen, die ihr Wasser in die großen Seen leiten – behielten dann entweder ihre Wälder oder waren so lange von ihnen befreit, dass die Wildbäche den größten Teil des zerfallenen und losen Gesteins in ihrem Oberlauf entfernt hatten Becken. Das Tal der Trebbia war kürzlich gerodet worden, und alle Kräfte, die für den Abbau und Transport von Gestein sorgen, waren in voller Aktivität . – *Notice sur les Rivières de la Lombardie, Annales des Ponts et Chaussées* , 1847, 1. Semester, S. 131.

Seit Lombardinis Beobachtungen wurden viele Alpentäler ihrer Wälder beraubt. Es wäre interessant zu wissen, ob es zu einer nennenswerten Veränderung in der Art oder Menge der von ihnen zum Po transportierten Materie gekommen ist.

[227] In dem Maße, wie die Deiche verbessert werden und Brüche und Wasseraustritte durch sie seltener werden, nimmt die Höhe der jährlichen Überschwemmungen zu. Viele Städte an den Ufern des Flusses und natürlich innerhalb des Systems paralleler Dämme waren früher durch die Höhe der künstlichen Hügel, auf denen sie errichtet wurden, vor Überschwemmungen geschützt; aber sie wurden kürzlich gezwungen, Ringdeiche zu ihrem Schutz zu errichten. – BAUMGARTEN , nach LOMBARDINI , in der zuletzt zitierten Arbeit, S. 141, 147.

[228] Vor drei Jahrhunderten, als die Abhänge der Berge noch einen viel größeren Teil ihrer Wälder enthielten, wurden die mäßigen jährlichen Überschwemmungen des Po durch das Schmelzen des Schnees verursacht, und wie aus einer von Tasso zitierten Passage hervorgeht Castellani (*Dell' Influenza delle Selve* , i, S. 58, Anm.), sie fanden im Mai statt. Die viel heftigeren Überschwemmungen des gegenwärtigen Jahrhunderts sind auf Regenfälle

zurückzuführen, deren Wasser nicht mehr vom Waldboden zurückgehalten, sondern sofort in die Flüsse geleitet wird – und sie treten fast regelmäßig im Herbst oder Spätsommer auf. Castellani sagt auf der gerade zitierten Seite, dass der Po noch im Jahr 1780 einen starken Regen von einer Woche benötigte, um über die Ufer zu treten, dass er aber vierzig Jahre später manchmal an einem einzigen Tag zur vollen Überschwemmung anstieg.

[229] Diese Veränderung der Küstenlinie kann nicht auf Umwälzungen zurückgeführt werden, denn ein Vergleich des Niveaus alter Gebäude – wie zum Beispiel der Kirche San Vitale und des Grabes Theoderichs in Ravenna – mit dem Niveau des Meeres tendiert dazu beweisen eher eine Depression als eine Erhebung ihrer Fundamente.

Eine Berechnung nach einer anderen Methode ergibt, dass die Ablagerungen an der Mündung des Po um 2.123.000 Meter geringer sind; da aber in beiden Fällen der Kies und Schlick weggelassen wird, der bei Normal- und Niedrigwasser heruntergerollt, wenn nicht sogar geschwommen wird, können wir mit Sicherheit von der größeren Menge ausgehen. – *Zuletzt zitierter Artikel*, S. 174. (Siehe Anmerkung, S. 329)

[230] Mengotti schätzte die Masse der festen Materie, die sich jährlich „mit den Gewässern des Po verbindet", auf 822.000.000 Kubikmeter, also fast zwanzigmal so viel, wie Lombardini zufolge dieser Fluss in die Adria mündet. Castellani geht davon aus, dass die Berechnung von Mengotti weit unter der Wahrheit liegt, und es besteht kein Zweifel daran, dass eine weitaus größere Menge Erde und Kies von den Alpen und dem Apennin heruntergespült wird, als ins Meer getragen wird. – Castellani, DELL ' *Immediata Influenza delle Selve sul corso delle Acque*, I, S. 42, 43.

Ich habe mich damit zufrieden gegeben, weniger als ein Fünftel von Mengottis Schätzung anzunehmen.

[231] BAUMGARTEN , *An. des Ponts et Chaussées*, 1847, 1. Semester, S. 175.

[232] Die gesamte Oberfläche des Po-Beckens bis hinunter zur Ponte Lagoscuro [Ferrara] – einem Punkt, wo es alle seine Zuflüsse erhalten hat – beträgt 6.938.200 Hektar, das heißt 4.105.600 in Bergland und 2.832.600 in Flachland. – DUMONT , *Travaux Publics usw.*, S. 272.

Diese beiden letztgenannten Größen entsprechen 10.145.348 bzw. 6.999.638 Acres oder 15.852 bzw. 10.937 Quadratmeilen.

[233] Ich verwende die von mir entlehnten oder angenommenen Zahlen nicht als Faktoren, deren Wert genau bestimmt ist; Auch für die Zwecke des vorliegenden Arguments ist die quantitative Genauigkeit nicht wichtig. Ich verwende Zahlenangaben einfach als Mittel, um der Vorstellungskraft zu helfen, sich eine allgemeine und gewiss nicht extravagante Vorstellung vom Ausmaß der geographischen Revolutionen zu machen, zu deren Beschleunigung der Mensch viel beigetragen hat, wenn nicht sogar zu deren Entstehung.

Es gibt ein altes Sprichwort: *Dolus latet in generalibus* , und Arthur Young ist nicht der einzige Wirtschaftswissenschaftler, der seine Leser vor der Täuschung runder Zahlen gewarnt hat. Ich glaube im Gegenteil, dass durch die Beeinträchtigung der Präzision in Fällen, in denen Präzision unmöglich ist, weitaus mehr Fehler entstanden sind. Bei allen großen Vorgängen der irdischen Natur sind die Elemente so zahlreich und so schwer genau zu erfassen, dass wir uns mit allgemeinen Annäherungen begnügen müssen, bis die Mittel der wissenschaftlichen Beobachtung und Messung noch viel perfekter sind als heute. Ich sage *irdische* Natur, weil wir bei kosmischen Bewegungen mit weniger Elementen zu tun haben und daher bei der Bestimmung von Zeit und Ort zu einer viel strengeren Genauigkeit gelangen können als bei der Festlegung und Vorhersage der Mengen und Epochen variabler Naturphänomene auf der Erde Erdoberfläche.

Der Wert eines hohen Standards an Genauigkeit in der wissenschaftlichen Beobachtung kann kaum hoch genug eingeschätzt werden; Aber ein Forscher, der sich vorbehaltlos auf die numerische Präzision der Ergebnisse einiger weniger Experimente verlassen kann, wird sich niemals die Gewohnheit einer strengen Genauigkeit aneignen. Die wunderbare Genauigkeit geodätischer Messungen in der Neuzeit wird im Allgemeinen dadurch erreicht, dass an jeder Station der Mittelwert einer großen Anzahl von Beobachtungen gebildet wird, und diese endgültige Präzision ist nur der gegenseitige Ausgleich und die Kompensation zahlreicher Fehler.

Reisende werden oft durch örtliche Gewohnheiten in die Irre geführt, wenn sie sogenannte repräsentative Zahlen verwenden, bei denen eine bestimmte Zahl für eine unbestimmte Menge steht. Ein Grieche, der die Vorstellung einer großen, aber unbestimmten Zahl ausdrücken wollte, benutzte „unzählige oder zehntausend"; ein Römer: „sechshundert"; ein Orientale: „vierzig" oder heute sehr häufig „fünfzehntausend". Viele Touristen haben nachdrücklich und als gesicherte Tatsache die vage Aussage der Araber und Mönche des Berges Sinai wiederholt, dass der Aufstieg vom Kloster St. Katharina zum Gipfel des Gebel Moosa „fünfzehntausend" Stufen zähle, obwohl die Der Höhenunterschied beträgt kaum zweitausend Fuß, und die „Vierzig" Diebe, die „vierzig" Märtyrermönche des Klosters El Arbain – ganz zu schweigen von einer ähnlichen Verwendung dieser Zahl in wichtigeren Fällen – wurden oft als Ausdrücke verstanden einer bekannten Zahl, obwohl sie in Wirklichkeit einfach *viele bedeuten* . Die Zahl „fünfzehntausend" hat ihren Weg nach Rom gefunden, und De Quincey teilt uns im Auftrag einer Dame, die sich große Mühe gegeben hatte, die *genaue* Wahrheit herauszufinden, ernsthaft mit, dass der Vatikan, einschließlich Schränken, die groß genug für ein Bett sind, der Vatikan sei enthält fünfzehntausend Zimmer. Jeder, der die gewaltigen Ausmaße der meisten Wohnungen dieses Gebäudes beobachtet hat, wird zugeben, dass wir nur sehr wenig Platz einräumen, wenn wir jedem Raum im Durchschnitt einen quadratischen Stab von sechzehneinhalb Fuß im Quadrat zuordnen. Auf einem Hektar könnte es einhundertsechzig solcher Räume geben, einschließlich Trennwänden; und um fünfzehntausend von ihnen aufzunehmen, muss ein Gebäude mehr als neun Hektar umfassen und zehn Stockwerke hoch sein oder andere entsprechende Abmessungen haben, was, wie jeder Reisende weiß, die Wahrheit um ein Vielfaches übertrifft.

Der unterhaltsamste Autor About reduziert die Anzahl der Räume im Vatikan, kompensiert diese Reduzierung jedoch durch größere Abmessungen, denn er verwendet das Wort „salle", *das* nicht auf Schränke angewendet werden kann, die kaum groß genug sind, um ein Bett aufzunehmen. Ihm zufolge gibt es in diesem „Presbytère", wie er es respektlos nennt, zwölftausend große Räume [*salles*], dreißig Höfe und dreihundert Treppenhäuser. – *Rome Contemporaire* , S. 68.

Die angebliche Genauigkeit statistischer Tabellen ist im Allgemeinen kaum besser als eine Lüge; und diejenigen, die nicht auf direkten Schätzungen kompetenter Beobachter beruhen, sondern auf den Berichten von Personen, die kein besonderes Interesse daran haben, die Wahrheit zu erfahren, sondern oft ein Motiv für die Verfälschung der Wahrheit haben – wie etwa Volkszählungsergebnisse –, werden im Allgemeinen nur als vage Vermutungen betrachtet bei der tatsächlichen Tatsache.

Fuller, der aufgrund der Kombination aus Witz, Weisheit, Fantasie und persönlicher Güte in der englischen Literatur an erster Stelle steht, bemerkt daher zur prätentiösen Genauigkeit historischer und statistischer Autoren: „Ich befürworte, dass das schlichte, ländliche By-Wort viel enthält." Unschuldige Einfachheit darin,

„Fast und fast schon
viele Lügen gerettet."

So haben die Lateiner ihre *prope* , *fere* , *juxta* , *circiter* und *plus minus* , die von den authentischsten Historikern in der Tat verwendet werden. Ja, wir können beobachten, dass der Geist der Wahrheit selbst, wenn es um *Zahlen* und *Maße* in Zeiten, Orten und Personen geht, die oben genannten Modifikationen verwendet, außer in solchen Fällen, in denen ein in der Zahl enthaltenes Geheimnis eine besondere Spezifikation erfordert:

In Zeiten.   An Orten.   Persönlich.

Daniel, 5:33. Lukas, 24:13.   Exodus, 12:37.

Lukas, 3:23. Johannes, 6:19. Apostelgeschichte, 2:41.

Deshalb kann mir niemand mit Recht einen Vorwurf machen, wenn ich mir bei der gleichen Gelegenheit die gleichen Qualifikationen gesichert habe. Tatsächlich übersehen solche Historiker, die ihre Intelligenz bis zum *Bruchteil zermahlen* und so tun, als würden sie *die Nadel spalten* , manchmal *das Aber* . So wird berichtet, dass es in der Verfolgung unter *Dioeletian* weder Unter- noch Über-Märtyrer gab, sondern lediglich *neunhundertneunundneunzig* Märtyrer. Ja, im Allgemeinen werden diejenigen, die mit solchen *Einzelhandelswaren handeln und mit so kleinen Paketen handeln, von Unwissenden für ihre Sorgfalt* gelobt , von Vernünftigen jedoch für ihre lächerliche *Neugier verurteilt* ." – *The History of the Worthies of England* , i , S. 59.

[234] SURELL , *Les Torrents des Hautes Alpes* , Kap. xxiv. In solchen Fällen führt die Rodung des Bodens, der infolge einer vorübergehenden Umleitung des Wassers oder aus einem anderen Grund wieder bewaldet wurde, zuweilen zu neuen Verwüstungen durch den Wildbach. So hatte sich am linken Ufer der Durance ein bewaldeter Abhang durch die Trümmer gebildet, die von Wildbächen heruntergespült wurden, die erloschen waren, nachdem sie einen Großteil der oberflächlichen Schichten des Morgon-Gebirges weggeschwemmt hatten. „Diese ganze Gegend war mit Wäldern bedeckt, die jetzt ausgelichtet wurden und von Tag zu Tag absterben; folglich haben die Wildbäche erneut mit ihrer Verwüstung begonnen, und wenn die Lichtungen weitergehen, wird dieser Abhang, der jetzt fruchtbar ist, auf ähnliche Weise zerstört." viele andere." – Id., S. 155.

[235] Wo ein Wildbach noch nicht lange in Betrieb ist und die Erde immer noch mit den Steinen und Kies vermischt ist, die er an der Stelle seines Ausbruchs anhäuft, beginnt bald die Vegetation und gedeiht, wenn sie vor Übergriffen geschützt wird. In der Provence „beschlossen mehrere Gemeinden vor etwa zehn Jahren, die so verödeten Böden für eine gewisse

Zeit der spontanen Vegetation zu überlassen, die nicht lange auf sich warten ließ." – Becquerel , Des *Climats* , P. 315.

[236] Gestein ist für Wasser in größerem Maße durchlässig, als allgemein angenommen wird. Frisch abgebauter Marmor und sogar Granit sowie die meisten anderen Steine sind deutlich schwerer, weicher und leichter zu bearbeiten, als nachdem sie durch Luftbehandlung getrocknet und gehärtet wurden. Viele Sandsteine sind porös genug, um als Filter für Flüssigkeiten zu dienen, und viele Sandsteine aus Oberägypten und Nubien zischen hörbar, wenn sie ins Wasser geworfen werden, weil die Luft durch hydrostatischen Druck und die kapillare Anziehungskraft der Poren für Wasser entweicht . Siehe *Anhang* , Nr. 29 .

[237] Palissy hatte die Wirkung von Frost auf zerfallendes Gestein beobachtet und beschreibt sie in seinem Aufsatz über die Entstehung von Eis folgendermaßen: „Ich weiß, dass die Steine der Berge der Ardennen härter sind als Marmor. Dennoch sind die Menschen von In diesem Land werden die besagten Steine im Winter nicht abgebaut, da sie sonst dem Frost ausgesetzt sind. Und oft wurde gesehen, wie die Felsen herunterfielen, ohne dass sie zerschnitten wurden, wodurch viele Menschen getötet wurden, als die besagten Steine auftauten. Palissy war sich der Ausdehnung von Wasser beim Gefrieren nicht bewusst – er ging sogar davon aus, dass die durch das Gefrieren von Wasser ausgeübte mechanische Kraft auf Kompression und nicht auf Dilatation zurückzuführen sei – und schreibt daher allein dem Auftauen Effekte zu, die nicht weniger aus der Erstarrung resultieren.

Verschiedene Kräfte wirken zusammen, um die Steinlawinen der höheren Alpen zu erzeugen, deren Fall eine der größten Gefahren für die abenteuerlustigen Entdecker dieser Regionen darstellt – die direkte Einwirkung der Sonne auf den Stein, die Ausdehnung des gefrierenden Wassers usw Lockerung von Gesteinsmassen durch das Auftauen des Eises, das sie stützte oder zusammenhielt.

[238] WESSELY , *Die Oesterreichischen Alpenländer und ihre Forste* , S. 125, 126. Wessely verzeichnet mehrere andere mehr oder weniger ähnliche Vorkommnisse in den österreichischen Alpen. Einige davon sind sicherlich nicht auf die Waldrodung zurückzuführen, doch in den meisten Fällen sind sie eindeutig auf diese Ursache zurückzuführen.

[239] BIANCHI , Anhang zur italienischen Übersetzung von Mrs. Somervilles PHYSICAL *Geography* , S. xxxvi.

[240] Siehe in KOHL , *Alpenreisen* , I, 120, einen Bericht über die Zerstörung von Feldern und Weiden und sogar über die Zerstörung eines breiten Waldgürtels durch den Steinschlag infolge des Fällens einiger großer Bäume. Rinder kommen in der Schweiz sehr häufig durch Felslawinen ums Leben und ihre Besitzer sichern sich durch eine Versicherung gegen dieses Risiko ebenso wie gegen Schäden durch Feuer oder Hagel ab.

[241] *Entwaldung des Gebirges* , S. 41.

[242] Die Bedeutung des Holzes bei der Verhinderung von Lawinen wird deutlich durch die Tatsache, dass die Bewohner von Orten, die Schneerutschen ausgesetzt sind, dort, wo es keinen Wald gibt, den Platz der Bäume oft ersetzen, indem sie Pfähle durch den Schnee in den Boden treiben. und prüft so seine Rutschneigung. Die Wälder selbst werden manchmal auf diese Weise vor Lawinen geschützt, die von den darüber liegenden Hängen ausgehen, und als weitere Sicherheit werden kleine Bäume entlang der oberen Waldlinie gefällt und quer zur Rutschbahn an die Stämme größerer Bäume gelegt , um als Zaun oder Damm für die Bewegung einer beginnenden Lawine zu dienen, die auf diese Weise aufgehalten werden kann, bevor sie eine zerstörerische Geschwindigkeit und Kraft erreicht.

[243] Die Flut steigt in Quebec auf eine Höhe von fünfundzwanzig Fuß, und wenn sie von einem Nordostwind unterstützt wird, strömt sie mit fast unwiderstehlicher Heftigkeit. Flöße mit mehreren hunderttausend Kubikfuß Holz werden oft von der Flut erfasst, in Stücke gerissen und kilometerweit entlang der Küste verstreut.

[244] Einer davon, der Baron von Renfrew – so benannt nach einem der Titel der Könige von England – wurde vor dreißig oder vierzig Jahren gebaut und wog 5.000 Tonnen. Es handelte sich dabei kaum um etwas anderes als Flöße, also fast massive Holzmassen, die dazu bestimmt waren, bei der Ankunft im Bestimmungshafen in Stücke gerissen und als Bauholz verkauft zu werden.

Der Holzhandel in Quebec ist immer noch sehr groß. Laut einem aktuellen Artikel in der *Revue des Deux Mondes* exportierte diese Stadt im Jahr

1860 30.000.000 Kubikfuß Kantholz und 400.000.000 Quadratfuß „Planches". Die Dicke der Bretter wird nicht angegeben, aber ich glaube, dass sie für den Handel in Quebec im Allgemeinen eineinhalb Zoll dick geschnitten werden, und da sie beim Trocknen etwas schrumpfen, können wir für einen Kubikfuß Bretter etwa zehn Quadratmeter schätzen. Das ergibt insgesamt 70.000.000 Kubikfuß. Das spezifische Gewicht der Weißkiefer beträgt 0,554, und das Gewicht dieser Holzmenge, von der nur sehr wenig gründlich abgelagert ist, würde eine Million Tonnen übersteigen, selbst wenn man annimmt, dass sie vollständig aus Holz besteht, das so leicht ist wie Kiefer. Auch New Brunswick exportiert große Mengen Schnittholz.

[245] Dieser Name, der vom französischen Wort „*chantier*" abgeleitet ist und eine weiter gefasste Bedeutung hat, wird in Amerika für provisorische Hütten oder Behausungen verwendet, die für die Bequemlichkeit des Waldlebens oder im Zusammenhang mit Arbeiten zur materiellen Verbesserung errichtet wurden.

[246] Bäume unterscheiden sich stark in ihrer Widerstandsfähigkeit gegenüber Waldbränden. Verschiedene Hölzer unterscheiden sich stark in ihrer Brennbarkeit, und selbst wenn ihre Rinde kaum verbrannt ist, werden sie, teils infolge des physiologischen Charakters, teils aufgrund der größeren oder geringeren Tiefe, in der ihre Wurzeln gewöhnlich unter der Oberfläche liegen, von laufenden Bränden sehr unterschiedlich beeinflusst . Die Weißkiefer, *Pinus strobus* , ist, da sie die wertvollste ist, vielleicht auch der empfindlichste Baum des amerikanischen Waldes, während ihr Verwandter, die Nördliche Pechkiefer, *Pinus rigida* , weniger durch Feuer beschädigt wird als jeder andere Baum dieses Landes . Ich habe erfahrene Holzfäller behaupten hören, dass das Wachstum dieser Kiefer sogar durch ein Feuer beschleunigt wurde, das heftig genug war, um alle anderen Bäume zu zerstören, und ich selbst habe gesehen, wie sie nach einer Feuersbrunst, bei der kein grünes Blatt, sondern ihr eigenes im Wald zurückgeblieben war, immer noch blühte und tatsächlich frisches Laub wegwerfen, wenn das alte völlig abgebrannt und die Rinde fast in Holzkohle umgewandelt war. Das Holz der Pechkiefer hat für den Tischler vergleichsweise wenig Wert, ist aber für sehr viele Zwecke nützlich. Sein schnelles Wachstum selbst auf kargen Böden, seine Widerstandsfähigkeit und sein reichlicher Ertrag an Harzprodukten berechtigen ihn zu einer viel größeren Beachtung als Plantagenbaum, als er bisher in Europa oder Amerika erhalten hat.

[247] Vor fünfzig bis sechzig Jahren wurde ein mir sehr bekannter steiler Berg, der aus metamorphem Gestein bestand und damals mit einer dicken Erdschicht und einem dichten Urwald bedeckt war, versehentlich niedergebrannt. Das Feuer ereignete sich in einer sehr trockenen Jahreszeit, der Hang des Berges war zu steil, um viel Wasser zurückzuhalten, und die Feuersbrunst war außerordentlich heftig, sie verzehrte das Holz fast vollständig, verbrannte die Blätter und den brennbaren Teil des Schimmels und An vielen Stellen riss und zerfiel das darunter liegende Gestein. Die Regenfälle des folgenden Herbstes trugen einen Großteil des verbliebenen Bodens weg, und der Berghang war danach zwei oder drei Jahre lang nahezu kahl. Schließlich schoß eine neue Baumgruppe aus dem Boden und wuchs kräftig, und der Berg ist jetzt wieder dicht bedeckt. Doch die Tiefe von Schimmel und Erde ist zu gering, als dass die Bäume ihre Reife erreichen könnten. Wenn sie einen Durchmesser von etwa sechs Zoll erreichen, sterben sie gleichmäßig ab, und dies wird zweifellos so lange weitergehen, bis sich durch den Verfall von Blättern und Holz an der Oberfläche und die Zersetzung des darunter liegenden Gesteins vielleicht Hunderte gebildet haben In einigen Jahren entsteht eine Bodenschicht, die dick genug ist, um einen ausgewachsenen Wald zu tragen.

[248] Das Wachstum der Weißkiefer verläuft auf gutem Boden und im offenen Gelände ziemlich schnell, bis sie einen Durchmesser von einigen Fuß erreicht, danach ist es viel langsamer. Der bevorzugte Lebensraum dieses Baumes ist heller Sandboden. Auf diesem Boden und in einem dichten Wald braucht es ein Jahrhundert, um den Durchmesser eines Meters zu erreichen. Emerson (*Trees of Massachusetts*, S. 65) sagt, dass eine Kiefer dieser Art in der Nähe von Paris „nach dreißigjähriger Pflanzung achtzig Fuß hoch ist und einen Durchmesser von drei Fuß hat." Er gibt auch an, dass zehn Weißkiefern, die 1809 oder 1810 in Cambridge, Massachusetts, gepflanzt wurden, im Winter 1841 und 1842 einen durchschnittlichen Durchmesser von zwanzig Zoll am Boden aufwiesen, wobei die beiden größten in einer Höhe von drei Fuß 1,22 m im Umfang; und er erwähnt eine andere Kiefer, die in einem felsigen Sumpf wuchs und im Alter von zweiunddreißig Jahren „an der Spitze einen Umfang von sieben Fuß und eine Höhe von zweiundsechzig Fuß und sechs Zoll hatte". Bei letzterem handelt es sich vermutlich um einen Setzling, bei den anderen wurden Bäume *verpflanzt*, die möglicherweise einige Jahre alt waren, als sie dort platziert wurden, wo sie schließlich wuchsen.

Den folgenden Fall habe ich selbst beobachtet: Im Jahr 1824 wurde in der Nähe eines Hauses eine Kiefer gepflanzt, die so klein war, dass eine junge Dame sie mit Hilfe eines Jungen vom Boden aufhob und eine Viertelmeile weit trug in einer Stadt in Vermont. Gelegentlich wurde es bewässert, aber sonst keiner besonderen Behandlung unterzogen. Ich habe diesen Baum im Jahr 1860 vermessen und festgestellt, dass er in einer Höhe von vier Fuß über dem Boden und vollständig oberhalb der Ausbreitung der Wurzeln einen Durchmesser von zwei Fuß und vier Zoll hatte. Es durfte bei der Transplantation nicht mehr als drei Zoll dick gewesen sein und muss seinen Durchmesser in 36 Jahren um 25 Zoll vergrößert haben.

[249] WILLIAMS , *Geschichte von Vermont* , ii, p. 53. DWIGHT 's *Travels* , iv, p. 21, und iii, S. 36. EMERSON , *Trees of Massachusetts* , S. 61. PARISH , *Life of President Wheelock* , S. 56.

[250] Die Waldbäume der Nordstaaten erreichen in den dichten Wäldern keine extreme Langlebigkeit. Dr. Williams stellte fest, dass keine der riesigen Kiefern, deren Alter er ermittelte, mehr als dreihundertfünfzig oder vierhundert Jahre alt war, obwohl er einen Freund zitierte, der glaubte, wesentlich ältere Bäume bemerkt zu haben. Die Eiche lebt länger als die Kiefer, und die Hemlock-Fichte ist vielleicht ebenso langlebig. Ein Baum dieser letzteren Art, der meines Wissens in einem dichten Wald gefällt wurde, zählte vierhundertsechsundachtzig oder, nach einem anderen Beobachter, fünfhundert Jahreskreise.

Eine große Üppigkeit der tierischen und pflanzlichen Produktion geht gewöhnlich nicht mit einer langen Lebensdauer des Individuums einher. Die ältesten Männer findet man nicht in der überfüllten Stadt; und in den Tropen, wo das Leben fruchtbar und frühreif ist, ist es auch kurz. Die ältesten Waldbäume, von denen wir Berichte haben, waren keine Bäume, die in dichten Wäldern wuchsen, sondern isolierte Exemplare ohne größeren Nachbarn, der das Licht, die Hitze und die Luft abfing, und ohne Rivalen, der die vom Boden bereitgestellten Nährstoffe teilte.

Das schnellere Wachstum und die größeren Ausmaße der Bäume, die in der Nähe der Waldgrenze stehen, sind Dinge, die man allgemein beobachten kann. „Lange Erfahrung hat gezeigt, dass Bäume, die an den Grenzen des Waldes wachsen, im Alter von sechzig Jahren genauso vorteilhaft gefällt werden können wie andere derselben Art, die in der Tiefe des Waldes mit hundertzwanzig Jahren aufgezogen werden. Wir haben oft bemerkt: in unseren Alpen, dass der Stamm der Bäume am Rande eines Hains an der äußeren oder offenen Seite am stärksten entwickelt oder vergrößert ist, wo sich die Zweige am weitesten erstrecken, während die konzentrischen Wachstumskreise bei denen, die vollständig von anderen Bäumen umgeben sind, am gleichmäßigsten sind oder ganz allein stehen." – A. und G. VILLA , *Necessità dei Boschi* , S. 17, 18.

[251] Caimi gibt an, dass „eine einzige Flotation im Veltlin im Jahr 1839 angeblich Schäden in Höhe von mehr als 800.000 US-Dollar verursachte, die tatsächlich auf 250.000 US-Dollar geschätzt wurden." – Cenni sulla *Importanza e Coltura dei Boschi* , S. 65.

[252] Die meisten Physiker, die die Gesetze der natürlichen Hydraulik untersucht haben, behaupten, dass es infolge der direkten Behinderung und des Reibungswiderstands des Wasserflusses von Flüssen entlang ihrer Ufer sowohl zu einer erhöhten Strömungsgeschwindigkeit als auch zu einem Anstieg des Wassers kommt in der Mitte des Kanals, so dass ein Fluss immer eine konvexe Oberfläche aufweist. Die Holzfäller bestreiten dies. Sie behaupten, dass bei steigenden Flüssen das Wasser in der Mitte des Kanals am höchsten ist und dazu neigt, schwimmende Gegenstände ans Ufer zu schleudern; Während sie fallen, ist sie in der Mitte am niedrigsten und schwimmende Objekte neigen sich zur Mitte hin. Sie sagen, dass Baumstämme, die während des Ansteigens ins Wasser gerollt werden, sehr leicht an den Ufern hängen bleiben, während diejenigen, die während des Absinkens des Wassers über Wasser gesetzt werden, in der Strömung bleiben und ungehindert zu ihrem Bestimmungsort getragen werden.

Förster und Holzfäller haben ebenso wie Seeleute und andere Personen, deren tägliche Beschäftigung sie mit großen Naturgewalten in Berührung bringt und oft sogar in Konflikt mit ihnen, viele eigenartige Meinungen, um nicht zu sagen Aberglauben. In eine dieser Kategorien müssen wir den allgemeinen Glauben der Holzfäller einordnen, dass ein Sägewerk bei einer bestimmten Wassersäule und in einer bestimmten Anzahl von Stunden nachts mehr Holz schneidet als tagsüber. Da ich mich persönlich für mehrere Sägewerke interessiert habe, habe ich mich häufig mit Sägern über dieses Thema unterhalten und bin mir immer versichert worden, dass ihre einheitliche Erfahrung die Tatsache belege, dass die Arbeitsweise der Maschinen von Sägewerken unter sonst gleichen Bedingungen um ein Vielfaches schneller sei Nacht als am Tag. Es tut mir leid – vielleicht sollte ich mich schämen –, sagen zu müssen, dass mein Skeptizismus zu stark war, als dass ich die Gelegenheit nutzen konnte, diese Frage zu testen, indem ich eine Nacht mit der Uhr in der Hand verbrachte und die Schläge einer Mühle zählte. Unvoreingenommener, und ich muss hinzufügen, haben mir sehr intelligente und glaubwürdige Personen mitgeteilt, dass sie dies getan haben, und den Bericht der Säger reichlich bestätigt gefunden. Ein Landvermesser, der auch ein erfahrener Holzfäller, Säger und Maschinist, ein guter Mathematiker und ein genauer Beobachter war, hat mir wiederholt erzählt, dass er Sägewerke sehr oft „getaktet" habe und den Unterschied zugunsten der Nachtarbeit über dreißig festgestellt habe Prozent. *Sed quære.*

[253] Für viele Beispiele dieser Art siehe BECQUEREL, *Des Climats usw.*, S. 301-303. Im Jahr 1664 drangen die Schweden in Jütland ein und rodeten einen beträchtlichen Teil des Waldes. Nach ihrer Pensionierung wurde eine Begutachtung des Schadens vorgenommen, und der Bericht ist noch vorhanden. Es wurde festgestellt, dass die Zahl der gefällten Bäume 120.000 betrug, und da über die Anzahl der einzelnen Baumarten Buch geführt wurde, ist das Dokument für die Geschichte des Waldes von Interesse, da es die relativen Verhältnisse zwischen den verschiedenen Bäumen zeigt, aus denen sich der Wald zusammensetzte Holz. Siehe VAUPELL. *Bögens Indvandring*, S. 35 und *Anmerkungen*, S. 35. 55.

[254] Seit ich diesen Absatz geschrieben habe, bin ich – und das bei einem spanischen Autor – auf einen dieser seltsamen Gedankenzufälle gestoßen, denen jeder Mann mit gemischter Lektüre so oft begegnet. Antonio Ponz (*Viage de España*, i, prólogo, S. lxiii) sagt: „Das wäre auch kein so großes Übel, wenn nicht einige von ihnen sich gegen *Bäume gewehrt hätten* und sich damit in gewisser Weise zu Feinden der Werke von erklärt hätten." Gott, der uns die grüne Wohnstätte des Paradieses zum Wohnen gegeben hat, wo wir uns auch jetzt aufhalten würden, wenn nicht die erste Sünde gewesen wäre, die uns daraus vertrieben hätte."

Ich weiß nicht, zu welcher Zeit die beiden Kastilien ihrer Wälder beraubt wurden, aber der sprichwörtliche „Hass der Spanier auf einen Baum" hat eine lange Tradition. Herrera bekämpft dieses törichte Vorurteil energisch; und Ponz sagt im Prolog zum neunten Band seiner Reise, dass viele es so weit trieben, mutwillig die von der Stadtverwaltung gepflanzten Schatten- und Zierbäume zu zerstören. „Bäume", behaupteten sie und glauben immer noch, „brüten Vögel, und Vögel fressen das Getreide auf." Unser Autor argumentiert gegen die Annahme der „Zucht von Vögeln durch Bäume", die seiner Meinung nach ebenso absurd sei wie die Annahme, dass eine Ulme Birnen hervorbringen könne; und er weist wohlwollend darauf hin, dass es sich bei dem Ausdruck vielleicht um eine *manière de dire handelt*, eine populäre Phrase, die einfach bedeutet, dass Bäume Vögel beherbergen.

[255] Religiöse Intoleranz hatte in Frankreich schon früher ähnliche Auswirkungen gehabt. „Die Aufhebung des Edikts von Nantes und der Dragonaden führte zum Verkauf der Wälder der unglücklichen Protestanten, die flohen, um in fremden Ländern die Gewissensfreiheit zu suchen, die ihnen in Frankreich verweigert wurde. Die Wälder wurden bald von den Käufern abgeholzt, und der Boden wurde teilweise bebaut." – BECQUEREL , *Des Climats usw.*, S. 303.

[256] Der amerikanische Leser muss daran erinnert werden, dass ein „Wald" in der Sprache der Verfolgung und des englischen Rechts nicht unbedingt ein Wald ist. Jedes große Stück Land, das der Kultivierung entzogen, für die Freuden der Jagd reserviert ist und sich mit spontanem Wachstum bekleiden darf und als das dient, was technisch als „Deckung" für wilde Tiere bezeichnet wird, ist in den Dialekten, die ich erwähnt habe, ein Wald. Als die normannischen Könige daher die im Text erwähnten Ländereien aufforsteten, kann nicht davon ausgegangen werden, dass sie diese mit Bäumen bepflanzten, obwohl der Schutz, den ihnen die Wildgesetze gewährten, bald der Fall gewesen wäre, wenn das Vieh ferngehalten worden wäre verwandelte sie in echte Hölzer.

[257] *Histoire des Paysans* , ii, p. 190. Das Werk von Bonnemère ist von großem Wert für diejenigen, die die Geschichte des mittelalterlichen Europa aus dem Wunsch heraus studieren, seinen wahren Charakter kennenzulernen, und nicht in der Hoffnung, offensichtliche Fakten zu finden, um eine falsche und gefährliche Theorie zu stützen. Bonnemère ist einer der wenigen Schriftsteller, die wie Michelet ehrlich und mutig genug waren, die Wahrheit über die Beziehungen zwischen Kirche und Volk im Mittelalter zu sagen.

[258] Es ist schmerzhaft hinzuzufügen, dass ein ähnlicher Verbrechen vor wenigen Jahren in einem der europäischen Staaten von einem Prinzen aus einer Familie begangen wurde, die jetzt entthront wurde. In diesem Fall tötete der Prinz den Eindringling jedoch eigenhändig, da seine Unteroffiziere sich weigerten, seinen Auftrag auszuführen.

[259] GUILLAUME DE NANGIS , zitiert in den Anmerkungen zu JOINVILLE , *Nouvelle Collection des Mémoires usw.* , von Michaud et Poujoulat, Premierenserie, I, S. 335.

Personen, die mit dem Charakter und Einfluss des mittelalterlichen Klerus vertraut sind, müssen kaum darüber informiert werden, dass die zehntausend Livres nie ihren Weg in die königliche Schatzkammer fanden. Dem einfältigen König war es leicht zu beweisen, dass er aus der Begehung eines Verbrechens durch einen seiner Untertanen keinen Vorteil ziehen sollte, da die Gewinne aus der Sünde ein Monopol der Kirche waren; und die Priester waren schlau genug, sich sowohl die Höhe der Geldstrafe zu sichern als auch von Ludwig große zusätzliche Zuwendungen zu erpressen, um die Zwecke zu erreichen, für die sie das Geld verwendeten. „Und obwohl der König das Geld nahm", sagt der Chronist, „legte er es doch nicht in seine

Schatzkammer, sondern verwandelte es in gute Werke; denn er baute damit das Maison-Dieu von Pontoise und stattete es mit Pachtzinsen und Ländereien aus."; auch die Schulen und das Wohnheim der Predigerbrüder von Paris und das Kloster der Minoritenbrüder.

[260] *Histoire des Paysans*, ii, p. 200.

[261] Die folgenden Details aus Bonnemère werden dazu dienen, eine umfassendere Vorstellung von der lästigen und irritierenden Natur der Spielregeln in Frankreich zu vermitteln. Die Jagdbeamten gingen sogar so weit, das Ausreißen von Disteln und Unkraut sowie das Mähen von nicht eingezäuntem Gelände vor dem Johannistag (24. Juni) zu verbieten, damit die Nester der Wildvögel nicht gestört würden. Es war illegal, Grundstücke in den Ebenen, auf denen königliche Residenzen lagen, einzuzäunen; Es wurde angeordnet, auf allen Feldern mit Weizen, Gerste oder Hafer Dornen zu pflanzen, um die Verwendung von Bodennetzen zum Fangen der Vögel zu verhindern, die das Getreide verzehrten oder vermutlich verzehrten, und es war verboten, vorher Stoppeln zu schneiden oder zu ziehen am 1. Oktober, damit das Rebhuhn und die Wachtel nicht ihrer Deckung beraubt würden. Wegen der Zerstörung der Wachteleier wurde für das erste Vergehen eine Geldstrafe von einhundert Livres verhängt, für das zweite das Doppelte, und für das dritte wurde der Täter ausgepeitscht und für fünf Jahre in eine Entfernung von sechs Meilen aus dem Wald verbannt .- *Histoire des Paysans*, ii, p. 202, Text und Notizen.

Weder diese strengen Strafen noch irgendwelche durch den Einfallsreichtum der modernen Gesetzgebung ersonnenen Bestimmungen konnten die Wilderei wirksam unterdrücken. „Die Wildgesetze", sagt Clavé, „haben uns nicht von den Wilderern befreit, die zwanzigmal so viel Wild töten wie die Jäger." Im Wald von Fontainebleau, wie in allen zum Staat gehörenden Wäldern, ist Wilderei eine sehr verbreitete und verbreitete Angelegenheit ein sehr lukratives Vergehen. Es ist vergeblich, dass die Wildhüter Tag und Nacht auf der Hut sind, sie können es nicht verhindern. Wer dem Handwerk folgt, beginnt damit, die Gewohnheiten des Spiels sorgfältig zu studieren. Sie werden regungslos auf dem Boden liegen, neben dem Am Straßenrand oder im Dickicht, ganze Tage lang, und beobachtete die von den Tieren am häufigsten besuchten Wege" usw. — *Revue des Deux Mondes*, Mai 1863, S. 160.

Der Autor fügt viele Details zu diesem Thema hinzu, und es scheint, dass es in Frankreich Wilderer in Kutschen gibt, so wie es in Südamerika „Bettler zu Pferd" gibt.

[262] „Ganze Bäume wurden für die unbedeutendsten Zwecke geopfert; die Bauern fällten zwei Tannen, um ein einziges Paar Holzschuhe herzustellen." – Michelet, ZITIERT von CLAVÉ , *Études* , S. 24.

Eine ähnliche Verschwendung herrschte früher in Russland, wenn auch nicht aus derselben Ursache. Zu St. Pierres Zeiten wurden die nach St. Petersburg gebrachten Bretter nicht gesägt, sondern mit der Axt behauen, und ein Baum bestand nur aus einem einzigen Brett.

[263] „Hundertfünfzig Schritte von meinem Haus entfernt liegt ein Hügel aus Treibsand, auf dem ein paar verstreute Kiefern standen. *Pinus sylvestris* und *Sempervivum tectorum* in Hülle und Fülle, *Statice armeria* , *Ammone vernalis* , *Dianthus carthusianorum* und andere Sandpflanzen. Dort wuchsen. Ich habe den Hügel mit ein paar Birken bepflanzt, und alle Pflanzen, die ich erwähnt habe, sind vollständig verschwunden, obwohl zwischen den Bäumen viele nackte Sandflecken waren. Es sollte jedoch hinzugefügt werden, dass der Hügel dichter bewaldet ist als * * * Es scheint also, dass *Sempervivum tectorum* usw. die Nachbarschaft der Birke nicht erträgt, obwohl es in der Nähe des *Pinus sylvestris gut wächst* . Ich habe die große rote Varietät von *Agaricus deliciosus* nur zwischen den Wurzeln der Kiefer gefunden; der grünlich-blaue *Agaricus deliciosus* zwischen Erlenwurzeln, aber nicht in der Nähe eines anderen Baumes. Vögel haben ihre Vorliebe zwischen Bäumen und Sträuchern. Die *Silviæ* bevorzugen den *Pinus Larix* gegenüber anderen Bäumen. In meinem Garten ist dieser *Pinus* nie ohne sie, aber ich habe sie nie gesehen ein Vogelbarsch auf *Thuja occidenialis* oder *Juniperus sabina* , obwohl das dichte Laub dieser letzteren Bäume den Vögeln einen besseren Schutz bietet als das lose Laub anderer Bäume. Nicht einmal ein Zaunkönig findet jemals den Weg zu einem von ihnen. Vielleicht ist der Duft der *Thuja* und des *Wacholders* für sie beleidigend. Ich habe eine meiner Wiesen durch das Wegschneiden der Büsche verdorben. Früher trug er vier Fuß hohes Gras, weil dort viele Doldenblütler wie *Heracleum spondylium* , *Spiræa ulmaria* , *Laserpitium latifolia* usw. wuchsen. Unter dem Schutz der Büsche reiften diese Pflanzen und trugen Samen, aber sie verschwanden nach und nach, als die Sträucher ausgerottet wurden, und das Gras wird jetzt nicht mehr als zwei Fuß hoch, weil es nicht mehr verpflichtet ist, mit der Vegetation Schritt zu halten Doldenblütler, die darin blühten." Siehe einen Aufsatz von JG BÜTTNER aus Kurland in BERGHAUS ' *Geographisches Jahrbuch* , 1852, Nr. 4, S. 14, 15.

Diese Tatsachen sind interessant, da sie die Vielzahl oft unklarer Bedingungen veranschaulichen, von denen das Leben oder kräftige Wachstum kleinerer Organismen abhängt. Bestimmte Arten von Trüffeln und Pilzen kommen in Verbindung mit bestimmten Bäumen vor, ohne, wie allgemein angenommen wird, Parasiten zu sein, die ihre Nahrung aus den absterbenden oder toten Wurzeln dieser Bäume beziehen. Der Erfolg von Rousseaus Experimenten scheint in diesem Punkt entscheidend zu sein, denn auf Böden, die mit jungen Eichensämlingen bedeckt sind, erzielt er größere Trüffelerträge als auf Böden, die mit Wurzeln alter Bäume gefüllt sind. Siehe einen Artikel über Mont Ventoux von Charles Martins in der *Revue des Deux Mondes*, Avril, 1863, S. 626.

Es sollte weitaus allgemeiner bekannt sein, als es tatsächlich der Fall ist, dass die meisten, wenn nicht alle Pilze, selbst der angeblich giftigen Arten, durch zweistündiges Einweichen in angesäuertem Wasser oder Salzwasser als Nahrungsmittel unschädlich und gesundheitsschädlich gemacht werden können. Für das Wasser sind pro Liter zwei oder drei Löffel Essig oder zwei Löffel graues Salz erforderlich, und ein Liter Wasser reicht für ein Pfund geschnittene Pilze. Nach diesem Einweichen werden sie gründlich in frischem Wasser gewaschen, in kaltes Wasser geworfen, das bis zum Siedepunkt erhitzt wird, und nach einer halben Stunde herausgenommen und erneut gewaschen. Um zu beweisen, dass „Crumpets gesund sind", aß Gérard in einem einzigen Monat 175 Pfund der so zubereiteten giftigsten Pilze, ernährte seine Familie nach Belieben damit und verabreichte sie schließlich in heroischen *Dosen*. an die Mitglieder eines vom Gesundheitsrat der Stadt Paris ernannten Ausschusses. Siehe FIGUIER, *L'Année Scientifique*, 1862, S. 353, 384. Siehe *Anhang*, <u>Nr. 31</u>.

Es ist seit langem bekannt, dass die russische Bauernschaft ungestraft Pilze von Arten verzehrt, die überall sonst als sehr giftig gelten. Ist es nicht wahrscheinlich, dass die rustikalen Moskauer das Geheimnis besitzen, sie unschädlich zu machen – das Plinius kannte, in Italien jedoch inzwischen vergessen wurde?

<u>[264]</u> *Physikalische Geographie*, S. 486.

<u>[265]</u> *Origin of Species*, amerikanische Ausgabe, S. 69.

<u>[266]</u> Autoren der Pflanzenphysiologie berichten über zahlreiche Fälle, in denen Samen gewachsen sind, nachdem sie lange Zeit inaktiv gelegen hatten. Die folgenden von Dr. Dwight erwähnten Fälle (*Travels*, II, S. 438, 439) könnten für viele Leser neu sein:

„Die Ländereien [in Panton, Vermont], die hier einst kultiviert wurden und die wiederum mehrere Jahre lang öde liegen durften, bringen einen reichen und feinen Wuchs von Hickoryholz [Carya porcina] hervor. Von diesem Holz gibt es meines Erachtens nicht *mehr* . ein einzelner Baum in einem ursprünglichen Wald im Umkreis von fünfzig Meilen von dieser Stelle. Der einheimische Wuchs war hier Weißkiefer, von der ich in einem ganzen Hickoryhain keinen einzigen Stamm gesehen habe.

Der Hickorybaum ist eine Walnuss, deren Früchte zu schwer sind, als dass sie von Vögeln fünfzig Meilen weit getragen werden könnten, und außerdem glaube ich, dass sie von keinem in Vermont heimischen Vogel gefressen wird.

„Ein Feld, etwa fünf Meilen von Northampton entfernt, auf einer Anhöhe namens Rail Hill, wurde vor etwa einem Jahrhundert bewirtschaftet. Der einheimische Bewuchs bestand hier und in der gesamten umliegenden Region ausschließlich aus Eichen, Kastanien usw. Da das Feld mir gehörte Großvater, ich hatte die beste Gelegenheit, seine Geschichte zu erfahren. Es umfasste etwa fünf Hektar in Form eines unregelmäßigen Parallelogramms. Da die Wilden den Anbau gefährlich machten, wurde er aufgegeben. Auf diesem Boden wuchs ein Hain weißer Kiefern Er bedeckte das Feld und behielt seine Form genau bei. Soweit ich mich erinnere, gab es darauf keine einzige Eiche oder Kastanie. * * * Es gab keine einzige Kiefer, deren Samen ausreichend waren oder wahrscheinlich schon seit Ewigkeiten vorhanden waren beinahe an dieser Stelle gepflanzt worden zu sein. Die Tatsache, dass diese Weißkiefern genau dieses Feld bedeckten, um sowohl seine Ausdehnung als auch seine Form zu bewahren, und dass es keine in der Nachbarschaft gab, sind entscheidende Beweise dafür, dass der Anbau die Samen hervorbrachte einen ehemaligen Wald innerhalb der Vegetationsgrenzen und gab ihnen die Möglichkeit zu keimen.“

[267] Der urige alte Valvasor hatte den bezwingenden Einfluss der Einsamkeit der Natur beobachtet. Bei der Beschreibung des einsamen Canker-Thal, das zwar felsig, aber zu seiner Zeit gut mit „Tannen, Lärchen, Buchen und anderen Bäumen" bewaldet war, sagt er: „Die Fröhlichkeit und Schönheit, die in vielen Tälern wohnen, darf nicht angeschaut werden." denn dort. Die Reise durch sie ist freudlos, melancholisch, ermüdend und dient dazu, die übertriebene Gedankenfreude zu mildern und zu demütigen. * * * Kurz gesagt, es ist eine sehr wilde Gegend, in der die Wildheit des menschlichen Stolzes zahm wird." – *Ehre der Crain* , i, p. 136, geb.

[268] Valvasor sagt in demselben Absatz, aus dem ich gerade zitiert habe: „Auf meinen vielen Reisen durch dieses Tal habe ich nie einen einzigen Vogel gesehen."

[269] Smela in der Regierung von Kiew hat seit einigen Jahren überhaupt nicht mehr unter den Heuschrecken gelitten, die früher jedes Jahr in großen Schwärmen kamen, und die Curculio, die für die Rübenkulturen so schädlich ist, ist dort weniger zerstörerisch als in anderen Teilen der Provinz. Diese Verbesserung ist teils auf die gründlichere Bearbeitung des Bodens, teils auf die zwischen den Pflugflächen verstreuten Haine zurückzuführen. * * * Wenn mitten in der Ebene Wälder gepflanzt und mit insektenfressenden Vögeln gefüllt werden, werden die Heuschrecken für den Bauern keine Plage und kein Schrecken mehr sein. – Rentzsch, DER Wald , S. 45, 46.

[270] England ist meines Erachtens das einzige Land, in dem Privatunternehmen Waldbau in wirklich großem Umfang betrieben haben, obwohl in vielen anderen Ländern auf beiden Seiten des Atlantiks bewundernswerte Beispiele gegeben wurden. In England tragen das Erstgeburtsrecht und andere Institutionen und nationale Bräuche, die dazu neigen, große Ländereien lange Zeit ungeteilt und in der gleichen Erblinie zu halten, der Reichtum der Grundbesitzer und die Schwierigkeit, sichere und gewinnbringende Kapitalanlagen zu finden, dazu bei Förderung der Anpflanzung von Wäldern, die es sonst nirgendwo in diesem Ausmaß gibt. Auch das Klima Englands ist für das Wachstum von Waldbäumen sehr günstig, obwohl die Beschaffenheit der Oberfläche einen großen Teil der Insel vor den Übeln schützt, die durch die Zerstörung der Wälder anderswo entstanden sind, und daher ihre Wiederherstellung eine Frage der Angelegenheit ist von geringerer geografischer Bedeutung in England als auf dem Kontinent.

[271] Die Erhaltung der Wälder an der Ostgrenze Frankreichs als eine Art natürlicher Abattis wird von der Regierung dieses Landes auch als wichtige Maßnahme der militärischen Verteidigung anerkannt, obwohl es zu diesem Thema widersprüchliche Meinungen gab.

[272] Nehmen wir den Holzvorrat für Eisenbahnschwellen. Laut Clavé (S. 248) verfügt Frankreich über 9.000 Kilometer Eisenbahn in Betrieb, 7.000 im Bau, die Hälfte davon ist zweigleisig. Rechnet man die Weichen und zusätzlichen Gleise an den Bahnhöfen hinzu, wird die Anzahl der erforderlichen Schwellen für ein einzelnes Gleis mit 1.200 pro Kilometer angegeben, oder, wie Clavé berechnet, für das gesamte Netz Frankreichs mit 58.000.000. Wie die Schüler sagen: „Diese Summe beweist nicht"; für 16.000 + 8.000 für die Doppelspur auf halber Strecke = 24.000 und 24.000 × 1.200 = 28.800.000. Laut Bigelow (Les États Unis en 1863 , S. 439) hatten die

Vereinigten Staaten am 1. Januar 1862 51.000 Meilen oder etwa 81.000 Kilometer Eisenbahn sowie die militärischen Operationen des gegenwärtigen Bürgerkriegs in Betrieb oder im Bau bauen das System zügig aus. Unter Berücksichtigung des gleichen Anteils wie in Frankreich benötigten die amerikanischen Eisenbahnen im Jahr 1862 97.200.000 Schwellen. Der durch diesen Bedarf verursachte Holzverbrauch in Europa und Amerika in der heutigen Generation hat die Opferung von vielen hunderttausend Acres Wald erforderlich gemacht, und wenn wir es noch nicht wissen Rechnet man die Menge hinzu, die für Telegraphenposten aufgewendet wird, ergibt sich ein Ausmaß an Zerstörung für völlig neue Zwecke, das wirklich erschreckend ist.

Der Holzverbrauch für Luzifer-Zündhölzer ist enorm, und ich habe von mehreren Fällen gehört, in denen Kiefernwälder mit einer Fläche von Hunderten oder sogar Tausenden Hektar gekauft und abgeholzt wurden, nur um Holz für diesen Zweck bereitzustellen.

Der Bedarf an Holz für kleine Schnitzereien und für Kinderspielzeug ist unglaublich groß. Rentzsch gibt an, dass der Export solcher Gegenstände allein aus der Stadt Sonneberg im Jahr 1853 60.000 Zentner oder dreitausend Tonnen Gewicht betrug. – *Der Wald*, S. 68. Siehe *Anhang*, Nr. 33.

Wie wichtig es ist, den Wald so zu bewirtschaften, dass er auf unbestimmte Zeit einen ausreichenden Materialvorrat für den Schiffsbau liefern kann, wird durch einige Bemerkungen desselben Autors in dem gerade zitierten wertvollen kleinen Werk gut veranschaulicht. Er weist darauf hin, dass der Wohlstand des modernen Englands in nicht geringem Maße auf die Lieferungen von Holz und anderem Material für den Bau und die Ausrüstung von Schiffen zurückzuführen ist, die aus den Wäldern seiner Kolonien und anderer Länder, mit denen es enge Handelsbeziehungen unterhält, stammen. und er fügt hinzu: „Spanien, das aufgrund seiner Stellung für die Weltmacht bestimmt schien und diese einst tatsächlich besaß, hat seinen politischen Rang verloren, weil die leere Staatskasse während der unklugen Verwaltung der Nachfolger Philipps II. nicht auffüllen konnte." die Mittel zum Bau neuer Flotten; denn die Zerstörung der Wälder hatte den Holzpreis über die Ressourcen des Staates hinaus erhöht." – *Der Wald*, S. 63.

Man kann allgemein sagen, dass der Marktpreis von Holz, wie der aller anderen Waren, durch die Gesetze von Angebot und Nachfrage reguliert wird, aber er wird auch durch jene scheinbar unabhängigen Zufälle kontrolliert, die die Berechnungen von so oft enttäuschen politische Ökonomen in anderen Wirtschaftszweigen. Einen merkwürdigen Fall dieser Art bemerkt CERINI, *Dell' Impianto e Conservazione dei Boschi*, S. 17: „In den Bergen am Lago Maggiore können sich die Holzfäller in Jahren, in denen

Mais billig ist, durch drei Arbeitstage mit Maismehl für eine Woche versorgen und weigern sich, die restlichen vier Tage zu bearbeiten. Daher die Holzhändler." Da sie aus Mangel an Arbeitskräften nicht in der Lage sind, die Nachfrage zu decken, sind sie gezwungen, die Preise für die folgende Saison sowohl für Bauholz als auch für Brennholz zu erhöhen, so dass ein niedriger Preis für Getreide einen hohen Preis für Bauholz und Brennstoff verursacht. Die Folge ist, dass die Armen sich zwar billig mit Nahrungsmitteln versorgt haben, für Brennholz aber teuer bezahlen müssen und keine Arbeit finden können, weil der hohe Preis für Bauholz Reparaturen und Bauarbeiten verhindert hat, deren Kosten die Grundbesitzer nicht tragen können, wenn sie in Not sind Die Einkommen sind durch den Verkauf von Getreide zu niedrigen Preisen gesunken, und daher besteht nicht genügend Nachfrage nach Schnittholz, um die Holzhändler dazu zu bewegen, den Holzarbeitern Arbeit zu bieten."

[273] Neben dem Ersatz von Holz durch Eisen wurde eine große Verbrauchseinsparung bei diesem letzteren Material durch die Wiederbelebung alter Methoden zur Erhöhung seiner Haltbarkeit und die Erfindung neuer Verfahren für denselben Zweck erzielt. Das wirksamste Konservierungsmittel, das bisher für an Land verwendetes Holz entdeckt wurde, ist Kupfersulfat, dessen Lösung im grünen Zustand durch Einweichen, mit Druckpumpen oder, was am wirtschaftlichsten ist, durch einfachen Druck in die Poren des Holzes eingebracht wird eine Flüssigkeitssäule in einem kleinen Rohr, das mit dem Ende des zu behandelnden Holzstücks verbunden ist. Clavé (*Études Forestières* , S. 240– 249) gibt einen interessanten Bericht über die verschiedenen Verfahren, mit denen Holz unvergänglich gemacht wird, und gibt an, dass Eisenbahnschwellen, denen 1846 Kupfersulfat injiziert worden war, 1855 völlig unverändert aufgefunden wurden; und Telegrafenposten, die zwei Jahre zuvor eingerichtet wurden, sind jetzt in einem vollkommenen Erhaltungszustand.

Für viele Zwecke ist die Injektionsmethode zu teuer und ein einfacheres Verfahren lässt zu wünschen übrig. Die Frage nach dem richtigen Zeitpunkt für das Fällen von Holz ist noch nicht geklärt, und die besten Methoden zum Würzen mit Luft, Wasser und Dampf sind noch nicht vollständig geklärt. Experimente zu diesen Themen wären die Unterstützung von Regierungen in neuen Ländern durchaus wert, da sie dort sehr leicht durchgeführt werden können, ohne dass wertvolles Material verschwendet werden muss und ohne teure Vorkehrungen für die Beobachtung getroffen werden müssen.

Die Praxis, lebende Bäume einige Jahre vor dem Fällen von ihrer Rinde zu befreien, ist so alt wie zur Zeit von Vitruv, wird aber viel seltener befolgt, als sie verdient, teils, weil das Holz der so behandelten Bäume dazu neigt, zu reißen und zu splittern, und teils weil es so hart wird, dass es nur mit erheblichen Schwierigkeiten bearbeitet werden kann.

In Amerika wurde die Wirtschaftlichkeit des Brennstoffverbrauchs durch den Ersatz von Holz durch Kohle, die allgemeine Verwendung von Öfen sowohl für Holz als auch für Kohle und in jüngster Zeit durch die Verwendung von Anthrazit in den Öfen stationärer und Lokomotivdampfmaschinen erheblich gefördert. Alle Einwände gegen die Verwendung von Anthrazit für diesen letzteren Zweck scheinen überwunden worden zu sein, und die Verbesserungen bei seiner Verbrennung gingen mit einer großen finanziellen Einsparung und einem großen Vorteil für die Erhaltung der Wälder einher.

Der Einsatz von Kohle hat in Paris zu einer starken Reduzierung des Brennholzverbrauchs geführt. Im Jahr 1815 benötigte die Versorgung der Stadt mit Feuerholz 1.200.000 Stères oder Kubikmeter; im Jahre 1859 war sie auf 501.805 gesunken , während der Kohlenverbrauch inzwischen von 600.000 auf 432.000.000 Zentner gestiegen war. Siehe CLAVÉ , *Études* , S. 212.

Ich denke, dass diese letzte Summe einen Fehler enthalten muss, da 432 Millionen Zentner 43 Millionen Tonnen ausmachen würden, eine Menge, von der man kaum annehmen kann, dass sie in der Stadt Paris verbraucht werden könnte. Der Preis für Brennholz ist in Paris seit einem halben Jahrhundert kaum gestiegen, obwohl der Preis für Holz im Allgemeinen enorm gestiegen ist.

[274] In den ersten beiden Jahren des gegenwärtigen Bürgerkriegs in den Vereinigten Staaten wurden 28.000 Walnussbäume gefällt, um eine einzige europäische Manufaktur mit Gewehrschäften für den amerikanischen Markt zu versorgen.

[275] Zu den indirekten Beweisen für die verhältnismäßig junge Existenz ausgedehnter Wälder in Frankreich gehört die Tatsache, dass es in Teilen des Reiches, in denen es heute weder Wölfe noch Wälder gibt, die sie beherbergen könnten, noch vor nicht allzu langer Zeit reichlich Wölfe gab . Arthur Young spricht mehr als einmal von den „unzähligen Scharen" dieser Tiere, die Frankreich im Jahr 1789 heimsuchten, und George Sand stellt in der *Histoire de ma Vie fest* , dass sie einige Jahre nach der Wiedereinsetzung der Bourbonen Reisende zu Pferd in Frankreich verfolgten Sie lebte in den südlichen Provinzen und klopfte buchstäblich an die Türen des Landsitzes ihres Schwiegervaters.

[276] Im *Recepte Véritable* drückte Palissy seine Empörung über die Torheit der Menschen bei der Zerstörung der Wälder aus und sein Gesprächspartner verteidigt die Politik der Abholzung, indem er das Beispiel „verschiedener Bischöfe, Kardinäle, Prioren, Äbte, Mönche usw." anführt Kapitel, die durch die Abholzung ihrer Wälder drei Gewinne erzielt haben: den Verkauf des Holzes, die Pacht des Bodens und den „guten Teil" des von den Bauern darauf angebauten Getreides. Auf dieses Argument antwortet Palissy: „Ich kann diese Sache nicht genug verabscheuen, und ich nenne sie nicht einen Fehler, sondern einen Fluch und ein Unglück für ganz Frankreich; denn wenn Wälder abgeholzt werden, werden alle Künste aufhören, und diejenigen, die sie ausüben." werden vertrieben werden, um mit Nebukadnezar und den Tieren des Feldes Gras zu fressen. Ich habe mehrere Male daran gedacht, die Künste aufzuschreiben, die zugrunde gehen werden, wenn es kein Holz mehr gibt; aber als ich eine große Zahl aufgeschrieben hatte, habe ich Ich erkannte, dass es mit meinem Schreiben kein Ende geben konnte, und nachdem ich sorgfältig darüber nachgedacht hatte, stellte ich fest, dass es kein Ende gab, dem man ohne Holz folgen konnte. * * „Und wahrlich, ich könnte dir tausend Gründe nennen, aber es ist eine so billige Philosophie, dass selbst die Kammerfrauen, wenn sie nur nachdenken, erkennen könnten, dass es ohne Holz nicht möglich ist, irgendeine Art von Kunst auszuüben menschliche Kunst oder List." – *Œuvres de* BERNARD PALISSY , S. 89.

[277] Seit ich den obigen Absatz geschrieben habe, habe ich festgestellt, dass die von mir zu diesem Punkt vertretene Ansicht durch die sorgfältigen Untersuchungen von Rentzsch bestätigt wurde, der das richtige Verhältnis von Wald zu Gesamtfläche auf 23 Prozent schätzt. für das Innere Deutschlands und geht davon aus, dass in Küstennähe, wo die Luft durch Verdunstung aus dem Meer mit Feuchtigkeit versorgt wird, diese sicher auf zwanzig Prozent reduziert werden könnte. Siehe Rentzschs sehr wertvollen Preisaufsatz „ *Der Wald im Haushalt der Natur und der Volkswirthschaft*", Kap. viii.

Der entsprechende Anteil in Frankreich würde den für die deutschen Staaten erheblich übersteigen, weil Frankreich verhältnismäßig mehr Flächen hat, die für kein anderes Wachstum als Wald geeignet sind, weil die Form und der geologische Charakter seiner Berge sein Territorium viel stärkeren Schäden durch Sturzbäche aussetzen, und weil Zumindest ihre südlichen Provinzen werden häufiger sowohl von extremer Dürre als auch von überschwemmenden Regenfällen heimgesucht.

[278] *Études sur l'Économie Forestière* , S. 261. Clavé fügt hinzu (S. 262):
„Die russischen Wälder sind sehr ungleichmäßig über das Territorium dieses
riesigen Reiches verteilt. Im Norden bilden sie riesige Massen und bedecken
ganze Provinzen, während sie im Süden so völlig fehlen, dass die Die
Bewohner haben keinen anderen Brennstoff als Stroh, Mist, Binsen und
Heide. * * * „In Moskau kostet Brennholz dreißig Prozent mehr als in Paris,
während es in einer Entfernung von ein paar Meilen für ein Zehntel dieses
Preises verkauft wird."

Dieser Zustand ist teilweise auf den Mangel an Transportmöglichkeiten
zurückzuführen, und einige Teile der Vereinigten Staaten befinden sich in
einem ähnlichen Zustand. Während eines strengen Winters vor sechs oder
sieben Jahren führte das plötzliche Zufrieren der Kanäle und Flüsse, bevor
eine große amerikanische Stadt ihre übliche Versorgung mit Treibstoff
erhalten hatte, zu einem enormen Anstieg der Holz- und Kohlepreise, und
die Armen litten schwer aus Mangel daran. Innerhalb weniger Stunden um
die Stadt herum wurden große Wälder und ein großer Vorrat an Brennholz
abgeholzt und zum Verbrennen vorbereitet. Die Eisenbahnen, die durch die
Wälder führten, hätten dies leicht in die Stadt transportieren können; aber
die Straßenbetreiber weigerten sich, es als Fracht zu empfangen, weil die
Eröffnung eines neuen Marktes für Holz den Preis des Treibstoffs, den sie
für ihre Lokomotiven verwendeten, erhöhen könnte.

Hohenstein, der lange Zeit beruflich als Förster in Russland tätig war,
beschreibt die Folgen des allgemeinen Krieges gegen die Wälder in diesem
Land als bereits äußerst verheerend und drohte mit noch verheerenderen
Übeln. Die Wolga, die Lebensader des russischen Binnenhandels, trocknet
aus diesem Grund aus, und die großen Moskauer Ebenen geraten schnell in
eine Verwüstung wie in Persien. – *Der Wald* , S. 223.

Der Wasserspiegel des Kaspischen Meeres ist 23 Meter niedriger als der
des Asowschen Meeres, und die Oberfläche des Aralsees sinkt schnell. Von
Baer behauptet , dass die Senkung des Kaspischen Meeres durch ein
plötzliches Absinken aus geologischen Gründen verursacht wurde und nicht
allmählich durch ein Übermaß an Verdunstung gegenüber dem Angebot.
Vgl. *Kaspische Studien* , S. 25. Aber dieses Absinken verringerte die Fläche und
folglich auch die Verdunstung dieses Meeres, und die Flüsse, die einst sein
altes Gleichgewicht aufrechterhielten, müssten es auf sein früheres Niveau
anheben, wenn ihr eigener Fluss nicht verringert worden wäre. Es ist in der
Tat nicht bewiesen, dass die Freilegung eines bewaldeten Landes den
jährlichen Gesamtniederschlag verringert; aber es ist sicher, dass die
sommerliche Verdunstung von der Oberfläche einer Champagnerregion, wie
sie die Wolga, ihre Nebenflüsse und die Zuflüsse des Aralsees durchqueren,
durch die Entfernung ihrer Wälder verstärkt wird. Obwohl daher in den
Tälern dieser Flüsse immer noch genauso viel Regen fallen kann wie zu der

Zeit, als ihre gesamte Oberfläche mit Wäldern bedeckt war, können sie seit der Räumung ihrer Becken weniger Wasser liefern, was zu dem gegenwärtigen Zustand der Binnengewässer führt Die fraglichen Auswirkungen könnten auf die Abholzung der Wälder in ihren Einzugsgebieten zurückzuführen sein.

[279] Rentzsch *(Der Wald etc.* , S. 123, 124) gibt die Waldanteile in verschiedenen europäischen Ländern wie folgt an:

	Prozent ·	Hektar pro Kopf der Bevölkerun g.		Prozent ·	Hektar pro Kopf der Bevölkerun g.
Deutschland	26.58	0,6638	Schweiz	15.	0,396
Großbritannien	5.	0,1	Holland	7.10	0,12
Frankreich	16.79	0,3766	Belgien	18.52	0,186
Russland	30,90	4.28	Spanien	5.52	0,291
Schweden	60.	8.55	Portugal	4.40	0,182
Norwegen	66.	24.61	Sardinien	12.29	0,223
Dänemark	5,50	0,22	Neapel	9.43	0,138

Wahrscheinlich kann kein europäisches Land so gut auf die Wälder in seiner Eigenschaft als konservativer Einfluss verzichten wie England und Irland. Ihre insulare Lage und Breite gewährleisten eine Fülle atmosphärischer Feuchtigkeit, und die allgemeine Neigung der Oberfläche ist nicht so groß, dass sie besonderen Schäden durch Sturzbäche ausgesetzt wäre. Der angemessene Waldanteil in England und Irland ist daher fast eine rein wirtschaftliche Frage, die durch den vergleichsweisen direkten finanziellen Ertrag aus Waldwachstum, Weideland und Ackerland entschieden werden muss.

In Schottland, wo das Land zum größten Teil zerklüfteter und gebirgiger ist, ging die allgemeine Zerstörung der Wälder mit sehr schwerwiegenden Übeln einher, und in Schottland wurden inzwischen viele der ausgedehntesten britischen Waldplantagen angelegt. Aber obwohl die Neigung der Oberfläche in Schottland schnell ist, ist die geologische Beschaffenheit des Bodens nicht geeignet, eine solch zerstörerische Verschlechterung durch fließendes Wasser wie in Südfrankreich zu begünstigen, und Schottland hat nicht mit den dürren Dürren zu kämpfen, die die Verwüstungen verursachen Die Sturzbäche werden in diesem Teil des französischen Reiches noch schädlicher.

Bei der Angabe des Verhältnisses von Wald zur Bevölkerung berechne ich Rentzschs Morgen mit 0,3882 eines englischen Acres, weil ich anhand von Alexanders genauestem und wertvollstem Wörterbuch der Maße und Gewichte finde, dass dies der Wert des Dresdner Morgens ist, und Rentzsch ist es auch ein sächsischer Schriftsteller. In den verschiedenen deutschen Bundesländern gibt es mehr als zwanzig verschiedene Landmaße, die unter dem Namen Morgen bekannt sind und deren Wert von etwa einem Drittel Acre bis zu mehr als drei Acres variiert. Wann wird die Welt klug genug sein, gemeinsam das französische Maß- und Währungssystem zu übernehmen? Was Letzteres betrifft, so lange die Christenheit weiterhin von Geldwechslern regiert wird, die Sie zwingen können, sich von Ihren Souveränen in Frankreich für fünfundzwanzig Francs zu trennen und in England, fünfzehn Schilling für Ihre Napoleons anzunehmen. Ich spreche als Leidender. *Expertenmeinung Roberto.*

[280] Nach den Maximen der englischen Rechtswissenschaft besteht das Gewohnheitsrecht aus allgemeinen Bräuchen, die so lange etabliert sind, dass „das Gedächtnis des Menschen nicht im Gegenteil verläuft". Mit anderen Worten: Lange Zeit macht der Brauch das Gesetz. In neuen Ländern führt die Veränderung der Umstände zu neuen Bräuchen und mit der Zeit zu neuen Gesetzen, ohne dass die Gesetzgebung dazu nötig ist. Hätten die amerikanischen Kolonisten einen sparsameren Umgang mit ihren Wäldern beobachtet, wäre ein neuer Kodex des Gewohnheitswaldrechts entstanden und hätte die Kraft eines Gesetzes erlangt. Die allgemeine Gewohnheit war dabei, die Grundprinzipien eines solchen Kodex schnell auszuarbeiten, als der rasche Anstieg des Werts von Holz infolge der rücksichtslosen Zerstörung der Wälder es zum Interesse der Eigentümer machte, in dieses beginnende System der Forstrechtsprechung einzugreifen. und berufen sich zum Schutz ihrer Wälder auf die Regeln des englischen Rechts. Die Gerichte haben diesen Berufungen stattgegeben, und Waldeigentum ist nun rechtlich genauso unantastbar wie jedes andere, obwohl die allgemeine Meinung immer noch gegen die gerichtliche Entscheidung in solchen Fragen ist.

In den Vereinigten Staaten schlagen Honigbienenschwärme, wenn sie den Elternstock verlassen, oft ihr Quartier in hohlen Bäumen in den benachbarten Wäldern ein. Nach den frühen Bräuchen Neuenglands galt der Finder eines „Bienenbaums" auf dem Land eines anderen Eigentümers aufgrund des Entdeckungsrechts als Anspruchsberechtigter auf den Honig; und als notwendiges Ereignis dieses Rechts konnte er den Baum zur richtigen Jahreszeit fällen, ohne den Eigentümer des Bodens um Erlaubnis zu bitten. Die Menge an „wildem Honig" in einem Baum war oft groß und die „Bienenjagd" war so einträglich, dass sie fast zu einem regulären Beruf wurde. Der „Bienenjäger" machte sich mit einer kleinen Schachtel mit Honig und etwas Zinnoberrot auf den Weg. Die Bienen, die vom Honig angelockt wurden, markierten sich mit dem Zinnoberrot und konnten daher auf ihrem Heimflug leichter verfolgt und erkannt werden, wenn sie ein zweites Mal zur Beute zurückkehrten. Wenn dieses Insekt mit Beute beladen ist, kehrt es auf dem kürzesten Weg zu seinem Bienenstock zurück, weshalb eine gerade Linie in Amerika im Volksmund „Bienenlinie" genannt wird. Durch eine solche Linie folgte der Jäger den Bienen zu ihrem Waldstock, markierte den Baum mit seinen Initialen und kehrte im Herbst zurück, um sich seine Beute zu sichern. Als das Recht des „Bienenjägers" schließlich von den Landbesitzern bestritten wurde, war es schwierig, in untergeordneten Gerichten Urteile zugunsten letzterer zu erwirken, und dies geschah erst nach wiederholten Entscheidungen der höheren Gerichtshöfe dass das übergeordnete Recht des Bodenbesitzers endlich akzeptiert wurde.

[281] *Étude sur le Reboisement des Montagnes* , S. 5.

[282] „In Amerika", sagt Clavé (S. 124, 125), „wo es große Landflächen gibt, die fast keinen finanziellen Wert haben, wo aber die Arbeit teuer und der Zinssatz hoch ist, ist es profitabel, ein Land zu bestellen." große Fläche zu möglichst geringen Kosten; *ausgedehnter* Anbau ist dort am vorteilhaftesten. In England, Frankreich und Deutschland, wo jeder Winkel des Bodens besetzt ist und das kleinste Stückchen Boden zu einem hohen Preis verkauft wird, wo aber Arbeit und Kapital vorhanden sind sind vergleichsweise billig, ist es am klügsten, eine *intensive* Kultivierung anzuwenden Verbesserte landwirtschaftliche Verfahren dürfen dort vernachlässigt werden, wo sie vorteilhaft sind, oder wenn sie dort eingesetzt werden, wo sie nicht erforderlich sind. * * * Unter diesem Gesichtspunkt muss der Waldbau den gleichen Gesetzen folgen wie die Landwirtschaft und ebenso wie diese entsprechend den wirtschaftlichen Gesichtspunkten modifiziert werden Bedingungen verschiedener Staaten. In Ländern, die reich an guten Wäldern und dünn besiedelt sind, müssen einfache und billige Methoden angewendet werden; In zivilisierten Regionen, in denen eine dichte Bevölkerung erfordert, dass der Boden alles produziert, was er

erbringen kann, sollte der reguläre künstliche Wald mit allen Prozessen, die die Wissenschaft lehrt, kultiviert werden. Es wäre absurd , die Methode des Spessarts in „doppelten Etappen" auf die endlosen Wälder Brasiliens und Kanadas anzuwenden , und nicht weniger wäre es absurd, in unserem Land, wo jeder Meter Boden einen hohen Wert hat, die Aufgabe der Natur zu überlassen Bäume zu vermehren und uns damit zu begnügen, alle zwanzig oder fünfundzwanzig Jahre die mageren Gewächse zu fällen, die der Zufall hervorgebracht haben mag."

[283] Es wird oft als allgemeines Gesetz aufgestellt, dass das Holz von Bäumen mit langsamer Vegetation dem Holz mit schnellem Wachstum überlegen ist. Dies ist einer dieser Gemeinplätze, mit denen sich Menschen gerne vor der Arbeit sorgfältiger Beobachtung schützen. Tatsächlich gibt es so viele Ausnahmen, dass man bezweifeln kann, ob es überhaupt wahr ist. Die meisten Zedern wachsen langsam; Doch während das Holz einiger von ihnen fest und haltbar ist, ist das Holz anderer leicht, spröde und vergänglich. Die Hemlock-Fichte wächst langsamer als die Kiefer, ihr Holz ist jedoch von sehr geringem Wert. Die Weideeiche und die Weidebuche weisen eine doppelt so große Maserungsbreite – und natürlich einen jährlichen Zuwachs – auf wie die im Wald wachsenden Bäume derselben Art; und die Amerikanische Heuschrecke, *Robinia pseudacacia* , deren Holz von extremer Zähigkeit und Haltbarkeit ist, wächst von allen im Nordosten Amerikas heimischen Bäumen bei weitem am schnellsten.

Als Beispiel für die gegenseitige Abhängigkeit der mechanischen Künste möchte ich dies in Italien erwähnen, wo Stein, Ziegel und Gips fast die einzigen in der Architektur verwendeten Materialien sind und wo die „Hohlware"-Küchengeräte aus Kupfer oder Ton bestehen , die gewöhnlichen Werkzeuge zur Holzbearbeitung sind von sehr minderer Qualität, und das Heuschreckenholz wird für ihre Härte als zu hart befunden. Southey teilt uns in „Espriella's Letters" mit, dass, als zu Beginn des letzten Jahrhunderts eine kleine Menge Mahagoni nach England gebracht wurde, die Tischler aufgrund der mangelhaften Härte ihrer Werkzeuge nicht in der Lage waren, es zu verwenden, bis die Nachfrage nach Möbeln stieg Das neue Holz zwang sie dazu, die Qualität ihrer Werkzeuge zu verbessern. In Amerika war Holz aufgrund seiner Billigkeit lange Zeit das bevorzugte Material für fast alle Zwecke, für die es überhaupt eingesetzt werden konnte. Die mechanischen Bestecke und Handwerkswerkzeuge der Vereinigten Staaten sind von bewundernswerter Beschaffenheit, Verarbeitung und Zweckmäßigkeit, und kein Holz ist zu hart oder auf andere Weise zu feuerfest, um mit großer Leichtigkeit bearbeitet zu werden, sowohl mit Handwerkzeugen als auch mit einer Vielzahl genialer Techniken Maschinen, die die Amerikaner zu diesem Zweck erfunden haben.

[284] *Études Forestières* , S. 7.

[285] *Études Forestières* , S. 7.

[286] Für sehr vollständige Kataloge amerikanischer Waldbäume und
Anmerkungen zu ihrer geografischen Verteilung konsultieren Sie die Artikel
von Dr. JG Cooper zu diesem Thema im Bericht der Smithsonian Institution
für 1858 und im Bericht des US-Patentamts. Landwirtschaftliche Abteilung,
für 1860.

[287] Obwohl Spensers Katalog der Bäume im ersten Gesang des ersten
Buches der „Faëry Queene" vorkommt – dem einzigen Gesang dieses
exquisiten Gedichts, der tatsächlich von den meisten Studenten der
englischen Literatur gelesen wird –, ist er nicht so allgemein bekannt, dass er
das zulässt Zitat davon völlig überflüssig:

VII.

Bemühen Sie sich, etwas Verborgenes in der
Nähe zu suchen, einen schattigen Hain nicht
weit entfernt, den sie spinnen, der dem Sturm
standhalten kann; dessen hohe Bäume,
beladen mit sommerlichem Stolz, sich so weit
ausbreiteten, dass das Himmelslicht sich
verbarg, nicht mit Macht wahrnehmbar von
jedem Starr: Und alle drinnen waren Wege
und Gassen breit, mit abgenutzten Füßen und
weit nach innen führend; Schöner Hafen, so
scheint es; also traten sie in Ar ein.

VIII.

Und weiter gingen sie, mit Freude vorwärts
geführt, und freuten sich, die süße Harmonie
der Vögel zu hören, die sich darin vor dem
Sturm verhüllten, und in ihrem Gesang den
grausamen Himmel zu verachten schienen. Sie
können die Bäume, die so gerade und hell
sind, sehr preisen, die Sageling-Kiefer ; die
kräftige und hohe Zeder; die weinrote Ulme;
die Pappel trocknet nie; der Erbauer Eiche,

alleiniger König aller Wälder; die Espe gut für
Dauben; die Beerdigung der Zypresse;

IX.

Der Lorbeer, das Opfer mächtiger Eroberer
und weiser Dichter; das Feuer, das immer
noch weint;
Die Weide, getragen von verlassenen
Liebhabern; Der Eugh, gehorsam gegenüber
dem Willen der Bändiger; Die Birke als Pfeile;
der Fahl für die Mühle; die Mirrhe, die in der
bitteren Wunde blutet; die kriegerische Buche;
die Asche für nichts Böses; der fruchtbare
Ölbaum; und die Platane-Runde; Der
Schnitzer Holme; Der Ahorn klingt selten
nach innen.

[288] Die Walnuss ist ein wertvollerer Baum als allgemein angenommen wird. Sie liefert ein Drittel des in Frankreich produzierten Öls und nimmt in dieser Hinsicht eine Zwischenstellung zwischen der Olive des Südens und den Ölsamen des Nordens ein. Auf einem Hektar (ungefähr zweieinhalb Acres) werden Nüsse im Wert von fünfhundert Francs pro Jahr produziert, die außer der Ernte nichts kosten. Leider muss man lange auf die Reife warten und es werden mehr Nussbäume gefällt als gepflanzt. Die Nachfrage nach seinem Holz im Tischlerhandwerk ist die Hauptursache für seine Zerstörung. Siehe LAVERGNE , *Économie Rurale de la France* , S. 253.

Laut Cosimo Ridolfi (Lezioni Orali, ii. S. 424) gewinnt Frankreich dreimal so viel Öl aus der Walnuss wie aus der Olive und fast so viel wie aus allen ölhaltigen Samen zusammen. Er gibt an, dass die Walnuss im Alter von zwanzig Jahren Nüsse trägt und mit siebzig Jahren ihr maximales Produkt abwirft, und dass ein Hektar Land mit dreißig Bäumen, oder zwölf pro Acre, einem Kapital von zweitausendfünfhundert Francs entspricht .

Die Nuss dieses Baumes ist in den Vereinigten Staaten als „englische Walnuss" bekannt. Die Früchte und das Holz ähneln stark denen der amerikanischen Schwarznuss, *Juglans nigra* , aber für Tischlerarbeiten ist die amerikanische Walnuss das schönere Material, insbesondere wenn große Äste verwendet werden. Das Holz der europäischen Art ist, wenn es gerade gemasert und *klar* oder frei von Ästen ist, für gewöhnliche Zwecke besser als das der amerikanischen Schwarznuss, hält aber keinen Vergleich mit dem Holz des Hickoryholzes stand, wenn Festigkeit mit Elastizität kombiniert wird ist erforderlich, und ihre Nuss ist geschmacklich deutlich schlechter als die der Shagbrinde und auch der Butternuss, der sie etwas ähnelt.

„Die Kastanie ist noch wertvoller, denn sie produziert auf einem sterilen Boden, der ohne sie nur Farne und Heiden hervorbringen würde, eine reichhaltige Nahrung für den Menschen." – Lavergne, ÉCONOMIE Rurale *de la France* , S. 253.

Ich glaube, dass die durch den Anbau entstandenen Sorten bei der Walnuss weniger zahlreich sind als bei der Kastanie, wobei letzterer Baum in Südeuropa häufig veredelt wird.

[289] Diese Tanne zeichnet sich durch ihre Neigung zur Narbenbildung oder Heilung an ihren Stümpfen aus, eine Eigenschaft, die sie mit einigen anderen Tannen, der Seekiefer und der europäischen Lärche gemeinsam hat. Wenn diese Bäume in dichten Büscheln wachsen, neigen ihre Wurzeln dazu, sich durch eine Art natürliche Veredelung zu vereinen, und wenn einer von ihnen gefällt wird, kann es sein, dass der Baumstumpf, obwohl seine eigentlichen Wurzeln absterben, weiterhin Nahrung erhält, manchmal ein Jahrhundert lang Die Wurzeln der umliegenden Bäume bilden eine Kuppel aus Holz und Rinde von beträchtlicher Dicke. Die Vernarbung ist jedoch nur scheinbar, denn der gesamte Stumpf, mit Ausnahme des äußeren Jahresrings, stirbt bald ab und verfällt sogar innerhalb seiner Hülle, ohne neue Triebe auszusenden.

[290] Im Alter von zwölf oder fünfzehn Jahren wird der Korkbaum zum ersten Mal von seiner äußeren Rinde befreit. Dieser erste Ertrag ist von minderer Qualität und wird für Schwimmkörper für Netze und Bojen verwendet oder für Lampenruß verbrannt. Danach wird etwa alle zehn Jahre eine neue Korkschicht mit einer Dicke von einem Zoll oder einem Zoll und einem Viertel gebildet und in großen Schichten entfernt, ohne dass der Baum, der hundertfünfzig Jahre oder länger lebt, Schaden nimmt. Laut Clavé (S. 252) beläuft sich der Jahresertrag eines Korkeichenwaldes auf etwa 660 Kilogramm, was einem Hektarwert von 150 Francs entspricht, was nach Abzug der Kosten einen Gewinn von 100 Francs ergibt. Dies entspricht etwa einem Gewicht von 250 Pfund und einem Gewinn von acht Dollar pro Hektar. Die Korkeichen des nationalen Eigentums in Algerien bedecken etwa 500.000 Acres und werden an Privatpersonen zu Preisen verpachtet, von denen man erwartet, dass sie dem Staat, wenn das Ganze verpachtet wird, ein Einkommen von etwa 2.000.000 Dollar einbringen.

George Sand spricht in der *Histoire de ma Vie* von den Korkwäldern in Südfrankreich als einem der profitabelsten ländlichen Besitztümer und stellt fest, dass Russland der beste Abnehmer für Kork ist, was ich anderswo nicht bemerkt habe. Die großen Blätter der Bäume werden in dünne Platten geschnitten und in diesem kalten Klima als Wandverkleidung für Wohnungen verwendet.

[291] Die Walnuss, die Kastanie, der Apfel und die Birne sind an der Grenze zwischen den von mir erwähnten Ländern verbreitet, aber das Verbreitungsgebiet der anderen Bäume wird durch die Alpen und durch eine wohldefinierte und scharf gezogene Linie begrenzt westlich dieser Berge. Ich kann keine statistischen Angaben zur Anzahl der betreffenden Bäume machen oder zur Fläche, die sie bedecken würden, wenn sie in einem bestimmten Land zusammengebracht würden. Aufgrund einer Besonderheit am Himmel Europas gedeihen Kulturpflanzen in Norditalien, Südfrankreich und sogar in der Schweiz in einem tiefen Schatten, in dem in den Vereinigten Staaten keine Ernte wachsen würde, nicht einmal Gras, das es wert wäre, geerntet zu werden eine ebenso hohe Sommertemperatur. Daher ist die Kultivierung aller dieser Bäume in Europa in einem größeren Umfang möglich, als dies mit den Interessen der Landwirtschaft vereinbar wäre. Eine Vorstellung von der Bedeutung der Olivenplantagen kann man aus der Tatsache gewinnen, dass allein Sizilien, eine Insel mit einer Fläche von kaum mehr als 10.000 Quadratmeilen, von der mindestens ein Drittel völlig unfruchtbar ist, mehr als 2.000.000 Oliven in den einzigen Hafen von Marseille exportiert hat Pfund Gewicht Olivenöl pro Jahr, in den letzten zwanzig Jahren.

[292] Es ist schwer zu sagen, inwieweit die eigentümliche Form der anmutigen Krone dieser Kiefer auf das Beschneiden zurückzuführen ist. Es ist wahr, dass die Enden der obersten Zweige selten beschnitten werden, aber die seitlichen Äste werden fast gleichmäßig bis zu einer sehr beträchtlichen Höhe entfernt, und es ist nicht unwahrscheinlich, dass dadurch die Form der Spitze beeinflusst wird.

[293] Darüber hinaus erfordert in einem Land, dessen Oberfläche so vielfältig ist – ich wünschte, wir könnten es mit den Franzosen sagen *zufällig* – wie Italien, mit Ausnahme der vom Po entwässerten Champaign-Region, jedes neue Sichtfeld entweder einen außergewöhnlichen Staatsstreich oder einen außergewöhnlichen *Staatsstreich. œil* im Betrachter oder eine lange Studie, um sein Relief, seine Pläne, seine hervorstechenden und zurückweichenden Winkel zu meistern. Im Sommer vermischt das universelle Grün Licht und Schatten, Ferne und Vordergrund; und obwohl

der Eindruck auf einen Reisenden, der um der „Empfindungen" willen reist, durch die geheimnisvolle Vernichtung aller Maßstäbe für die Raummessung verstärkt werden mag, ist die überlegene Verständlichkeit der Winterlandschaft Italiens doch für diejenigen, die reisen, gewinnbringender sehen, um zu analysieren.

[294] Wäldchen oder Niederwald, vom französischen *Wort „couper"* für „schneiden", bedeutet im eigentlichen Sinne einen Wald, dessen Bäume in bestimmten Perioden unreifen Wachstums gefällt werden und ihnen erlaubt wird, wieder aus den Wurzeln zu sprießen; aber es bezeichnet sehr häufig einen jungen Wald, einen Hain oder ein Dickicht, ohne Bezug auf seinen Ursprung oder seinen Charakter als Waldpflanze.

[295] Kürzlich wurde aufgrund der Aussage der staatlichen Förster Griechenlands und des Gärtners der Königin festgestellt, dass in Arkadien ein großer Wald entdeckt wurde, der aus einer Tanne besteht, die die Eigenschaft hat, sowohl vertikal als auch seitlich emporzutreiben Triebe aus den Stümpfen gefällter Bäume und bilden eine neue Krone. Zunächst wurde angenommen, dass dieser Wald nur auf den „Bergen" wuchs, deren „König" der Held von Abouts amüsantester Geschichte, *Le Roi des Montagnes* , war; aber es heißt jetzt, dass kleine Stümpfe mit den daran befestigten Trieben nach Deutschland geschickt wurden und von fähigen Botanikern als echte Naturprodukte anerkannt wurden.

[296] Natürliche Wälder bestehen selten, wenn überhaupt, aus Bäumen einer einzigen Art, und die Erfahrung hat gezeigt, dass Eichen und andere Laubbäume, die als künstliche Wälder gepflanzt werden, gemischt oder mit anderen Bäumen mit unterschiedlichen Gewohnheiten verbunden werden müssen.

Im Wald von Fontainebleau können „Eichen, im richtigen Verhältnis mit Buchen vermischt", sagt Clavé, „im Alter von fünf- oder sechshundert Jahren in voller Kraft ankommen und Ausmaße erreichen, die ich noch nie übertroffen habe; wenn jedoch Sie sind völlig unvermischt mit anderen Bäumen, sie beginnen zu verfaulen und sterben im Alter von vierzig oder fünfzig Jahren an der Spitze ab, wie Menschen, alt vor ihrer Zeit, der Welt überdrüssig und nur sehnsüchtig danach, sie zu verlassen. Das ist geschehen In den meisten Eichenplantagen, von denen ich gesprochen habe, wurde beobachtet, dass sie nicht das volle Wachstum erreichen konnten. Als sich herausstellte, dass die Vegetation schmachtete, wurden sie geschnitten, in der Hoffnung, dass diese Operation ihre Vitalität wiederherstellen würde, und zwar Die neuen Triebe würden besser gelingen als die ursprünglichen Bäume, und tatsächlich schienen sie sich in den ersten Jahren zu erholen. Aber die Triebe wurden bald von demselben Verfall befallen, und die Operation musste in immer kürzeren Abständen erneuert werden , bis es sich schließlich als notwendig erwies, Plantagen, die ursprünglich für das Vollwachstumssystem konzipiert waren, als Niederwälder zu behandeln. Doch das war noch nicht alles: Der Boden, der von Zeit zu Zeit durch diese Stecklinge freigelegt wurde, wurde ärmer und für das Wachstum der Eiche immer weniger geeignet. * * * Es wurde dann vorgeschlagen, die Kiefer einzuführen und damit die Leerstellen und Lichtungen zu bepflanzen. * * * Auf diese Weise wurde der Wald vor dem Ruin bewahrt, der ihn bedrohte, und jetzt sind mehr als 10.000 Hektar Kiefern im Alter von fünfzehn bis dreißig Jahren an verschiedenen Stellen verstreut, manchmal vermischt mit Laubbäumen, manchmal bilden sie sich Haine für sich.“ – *Revue des Deux Mondes* , Mai 1863, S. 153, 154.

Die Wälder Dänemarks, die in der Neuzeit von der Buche abgelöst wurden – einer Art, die eher zur Exklusivität neigt als alle anderen Laubbäume –, bestanden aus Birken, Eichen, Tannen, Espen, Weiden, Haselnüssen und Ahornen , wobei die ersten drei die führenden Arten sind. Gegenwärtig ist die Buche weit verbreitet. – VAUPELL , *Bögens Indvandring* , S. 19, 20.

[297] *Études Forestières* , S. 89.

[298] Die Gebiete, auf denen es am wichtigsten ist, sie als konservierenden Einfluss mit Holz zu bedecken, und die auch am besten von der landwirtschaftlichen Nutzung verschont bleiben können, sind steile Hänge. Aber die Ausübung aller Aufgaben des Försters am Baum – das Säen, Pflanzen, Ausdünnen und schließlich das Fällen und Entfernen für den Verzehr – ist auf einem rasch abschüssigen Gelände mühsamer als auf ebenem Boden und gleichzeitig schwierig Bewässern oder düngen Sie die Bäume an dieser Stelle. Die Erfahrung hat gezeigt, dass es von großem Vorteil ist, die Oberfläche eines Hügels vor der Bepflanzung zu terrassenförmig zu gestalten, sowohl um das Auswaschen der Erde zu verhindern, indem der Wasserfluss entlang des Hangs verhindert wird, als auch um eine für die Bewässerung günstige Oberfläche zu bieten Den Baum düngen und kultivieren. Aber auch ohne ein so kostspieliges Verfahren wurden durch die einfache Beseitigung von Abhängen sehr wichtige Ergebnisse erzielt. „Um das Wachstum des Holzes an den Hängen eines Berges zu beschleunigen, teilte Herr Eugène Chevandier den Hang durch an beiden Enden geschlossene horizontale Gräben in Zonen mit einer Breite

von vierzig bis fünfzig Fuß und gewann so Triebe aus Tannen unterschiedlichen Alters doppelt so groß wie solche, die auf einem trockenen Boden der gleichen Art wuchsen, wo das Wasser ungehindert abfließen konnte." – DUMONT , *Des Travaux Publics usw.* , S. 94–96.

Die Gräben waren etwa zweieinhalb Fuß tief und dreieinhalb Fuß breit und kosteten etwa vierzig Francs pro Hektar oder drei Dollar pro Acre. Dieses außergewöhnliche Wachstum wurde ausschließlich dadurch hervorgerufen, dass das Regenwasser in den Gräben zurückgehalten wurde, von wo es durch den gesamten Boden sickerte und die Wurzeln der Bäume mit Feuchtigkeit versorgte. Es kann bezweifelt werden, ob es in einem Klima, das kalt genug ist, um im Winter den gesamten Inhalt der Gräben zu gefrieren, nicht zweckmäßig wäre, das Wasser im Herbst abzulassen, wie das Vorhandensein einer so großen Menge Eis im Boden beweisen könnte Schädlich für Bäume, die zu jung und klein sind, um den Boden wirksam vor Frost zu schützen.

Chevandier berechnet, dass, wenn das jährliche Wachstum der Kiefer im sumpfigen Boden der Vogesen durch eins dargestellt wird, es auf trockenem Boden zwei beträgt, und vier oder fünf an Hängen, die so gegraben oder abgestuft sind, dass das von den Straßen auf sie fließende Wasser zurückgehalten wird oder steile Abhänge, und sechs, bei denen die Erde durch Infiltration von fließenden Bächen ständig feucht gehalten wird. – *Comptes Rendus à l'Académie des Sciences* –t. xix, Juillet, Dez. 1844, S. 167.

Die Auswirkungen versehentlicher Bewässerung zeigen sich gut am Wachstum der Bäume, die entlang der Bewässerungskanäle gepflanzt wurden, die in vielen Teilen Italiens die Felder durchziehen. Sie gedeihen trotz ständiger Beschneidung am üppigsten und leisten einen sehr wichtigen Beitrag zum Brennstoffvorrat für den Hausgebrauch; während Bäume, die so weit von Kanälen entfernt liegen, dass sie außerhalb der Reichweite von Infiltration aus ihnen sind, unter ansonsten ebenso günstigen Umständen ein viel langsameres Wachstum aufweisen.

In anderen Versuchen von Chevandier wurde unter besseren Bedingungen der Holzertrag durch vernünftige Bewässerung im Verhältnis sieben zu eins gesteigert, der Gewinn im Verhältnis zwölf zu eins. Auf der Weltausstellung von 1855 stellte Chambrelent junge Bäume aus, die in vier Jahren nach der Saat eine Höhe von sechzehn und zwanzig Fuß und einen Durchmesser von zehn und zwölf Zoll erreichten. Chevandier experimentierte mit verschiedenen Düngemitteln und stellte fest, dass einige von ihnen gewinnbringend auf junge Bäume angewendet werden könnten, nicht jedoch auf alte Bäume, da die erforderliche Menge im letzteren Fall zu groß war. Besonders empfehlenswert sind Holzasche und Abfälle aus

Sodafabriken. Ich habe ein außergewöhnliches Wachstum von Tannenbäumen durch die Anwendung von Seifenlauge beobachtet.

[299] Obwohl die Wirtschaft des Waldes in den Vereinigten Staaten wenig Beachtung gefunden hat, kann kein Liebhaber der amerikanischen Natur einen deutlichen Unterschied zwischen einem einheimischen Wald, aus dem Vieh ausgeschlossen ist, und einem Wald, in dem sie grasen dürfen, übersehen haben. Wenige Jahreszeiten genügen für die vollständige Ausrottung des „Unterholzes", einschließlich der jungen Bäume, von denen allein die Fortpflanzung des Waldes abhängt, und alle Zweige der größeren Bäume, die in Reichweite des Viehs hängen, werden ihrer Knospen beraubt Blätter, die bald verdorren und abfallen. Diese Effekte sind aus großer Entfernung zu beobachten, und eine Waldweide erkennt man, soweit man sie sehen kann, an der Regelmäßigkeit, mit der das untere Laubwerk an dem endet, was Ruskin irgendwo die „Viehlinie" nennt. Diese verläuft immer parallel zur Bodenoberfläche und wird durch die Höhe bestimmt, die heimische Vierbeiner erreichen können, um sich von den Blättern zu ernähren. Als Chateauvieux einen Besuch auf dem großherzoglichen Bauernhof San Rossore in der Nähe von Pisa beschreibt, wo eine große Kamelherde gehalten wird, sagt er: „Als ich durch einen Wald immergrüner Eichen ging, bemerkte ich, dass alle Zweige und Blätter der Bäume zerstört waren bis zu einer Höhe von etwa zwölf Fuß über dem Boden gestutzt, ohne dass auch nur ein einziger Sprühnebel unterhalb dieser Höhe zurückblieb. Mir wurde mitgeteilt, dass das Abweiden der Kamele die Bäume so hoch wie möglich gestutzt hatte." – Lullin de Chateauvieux , Lettres *sur l'Italie* , S. 113.

Die Entfernung des Schutzes, den das Gestrüpp und die herabhängenden Äste der Bäume bieten, führt dazu, dass trocknende und kühle Winde den Boden austrocknen und abkühlen, was natürlich auch schädliche Auswirkungen auf das Wachstum des Holzes hat. Aber das ist nicht alles. Der Tritt von Vierbeinern legt die Wurzeln der Bäume frei und quetscht sie, die oft an dieser Ursache sterben, wie jeder beobachten kann, wenn er den von Rindern durch Wälder gezogenen Wegen folgt.

[300] Ich habe an anderer Stelle bemerkt, dass die meisten Insekten, die ihre Eier im Holz des natürlichen Waldes ablegen und ausbrüten, sich auf tote Bäume beschränken. Das ist nicht nur eine Tatsache, sondern es stimmt auch, dass viele Bohrer nur frisch geschlagenes Holz angreifen. Ihre Wehenzeit ist kurz, und wenn der Baum nicht in dieser Zeit gefällt wird, ist er vor ihnen sicher. Im Sommer können Sie hören, wie sie innerhalb einer Woche, nachdem sie gefällt wurden, ihre Schnecken im Holz einer jungen Kiefer mit weicher grüner Rinde bohren, wenn Sie auf ihrem Stamm sitzen,

aber die Windfälle des Winters bleiben vom Wurm unverletzt und gleichmäßig seit Jahrhunderten unverfallen. In den Kiefernwäldern Neuenglands werden diese alten Stämme, nachdem der normale Holzfäller die stehenden Bäume entfernt hat, aus den Moosen und Blättern herausgeholt, die sie zur Hälfte bedecken, und liefern oft hervorragendes Bauholz. Es kann bemerkt werden, dass der langsame Verfall dieses Holzes im Wald einen weiteren Beweis für die Gleichmäßigkeit von Temperatur und Feuchtigkeit im Wald liefert, und zwar für den Stamm eines Baumes, der auf Gras oder Ackerland liegt und natürlich allen Wechseln ausgesetzt ist des Klimas kann einer vollständigen Zersetzung eine Generation lang kaum widerstehen. Die Wälder Europas weisen ähnliche Tatsachen auf. Wessely sagt in einer Beschreibung des Urwaldes von Neuwald in Niederösterreich, dass die Windfälle 150 bis 200 Jahre für den vollständigen Verfall benötigten. - -Die *Oesterreichischen Alpenländer und ihre Forste* , S. 312.

[301] VAUPELL , *Bögens Indvandring i de Danske Skove* , S. 29, 46. Vaupell stellt auf der zuletzt zitierten Seite weiter fest: „Das Entfernen von Blättern schadet dem Wald, nicht nur, weil es das Wachstum der Bäume verzögert, sondern noch mehr, weil es macht den Boden für die Produktion bestimmter Arten ungeeignet. Wenn die Buche verkümmert und die Entwicklung ihrer Zweige weniger kräftig ist und ihre Krone sich weniger ausbreitet, wird sie nicht mehr in der Lage, den Eingriffen der Tanne zu widerstehen. Dieser letztere Baum gedeiht auf minderwertigem Boden , und da es nicht mehr durch das dichte Laub der Buche erstickt wird, breitet es sich allmählich im Wald aus, während die Buche sich vor ihr zurückzieht und schließlich zugrunde geht.“

Das Studium der natürlichen Sukzessionsordnung von Waldbäumen ist im Waldbau von größter Bedeutung, da es uns bei der Auswahl der Arten hilft, die bei der Anpflanzung eines neuen oder der Wiederherstellung eines verfallenen Waldes eingesetzt werden sollen. Wenn der Boden sowohl von Bäumen als auch von Pflanzenschimmel freigelegt und der Einwirkung der Natur ohne Hilfe und ohne Hindernisse überlassen wird, vermehrt sie zunächst Bäume, die nur unter dem Einfluss einer vollständigen Licht- und Luftzufuhr keimen und wachsen, und dann nacheinander , andere Arten, je nach ihrer Fähigkeit, den Schatten zu ertragen und ihrem Bedarf an reichlicherer Nahrung. In Nordeuropa kommen zuerst die Lärche, die Weißbirke und die Espe vor; dann folgt der Ahorn, die Erle, die Esche, die Tanne; dann die Eiche und die Linde; und dann die Buche. Die Bäume, die in den Vereinigten Staaten mit diesen jeweiligen Namen bezeichnet werden, sind nicht unbedingt die gleichen wie ihre europäischen Namensvetter, noch sind sie immer deren Äquivalente, und daher wäre die Reihenfolge der

Nachfolge in Amerika nicht genau so, wie sie in der vorstehenden Liste angegeben ist , aber es entspricht ihm dennoch sehr nahe.

Es wird als wichtig erachtet, das Wachstum der Buche in Dänemark und Norddeutschland zu fördern, weil sie im Großen und Ganzen bessere Erträge bringt als andere Bäume, und vor allem, weil sie den Boden scheinbar nicht erschöpft, sondern im Gegenteil bereichert; Denn indem es seine Blätter abwirft, gibt es ihm den größten Teil der Nährstoffe zurück, die es ihm entnommen hat, und liefert gleichzeitig ein Lösungsmittel, das wesentlich bei der Zersetzung seiner mineralischen Bestandteile hilft.

Wenn der Wald sich selbst überlassen wird, ist die Reihenfolge der Sukzession konstant, und ihre gelegentliche Umkehrung ist immer durch menschliches Eingreifen erklärbar. Es ist merkwürdig, dass die Bäume, die am meisten Licht benötigen, sich mit den ärmsten Böden begnügen und *umgekehrt* . Die Bäume, die zuerst erscheinen, sind auch diejenigen, die sich am weitesten nach Norden ausbreiten. Die Birke, die Lärche und die Tanne vertragen ein strengeres Klima als die Eiche, die Eiche als die Buche. „Diese Parallelismen", sagt Vaupell, „sind sehr interessant, weil sie völlig unabhängig voneinander sind" und jede die gleiche Reihenfolge der Abfolge vorschreibt. – *Bögens Indvandring* , S. 42.

[302] Wenn kräftige junge Heuschrecken mit einem Durchmesser von zwei bis drei Zoll hornlos werden, werfen sie eine große Anzahl sehr dickblättriger Triebe aus, die sich in einem kugeligen Kopf anordnen, der der natürlichen Krone der Akazie so unähnlich ist Personen, die nur mit dem ungeschulten Baum vertraut sind, halten ihn oft für eine andere Art.

[303] Die beiden im Text zum Ausdruck gebrachten Ideen sind nicht genau gleichwertig, denn obwohl der Verzehr tierischer Nahrung die Menge an pflanzlicher Nahrung verringert, die für den menschlichen Verzehr erforderlich ist, verzehren die Tiere selbst große Mengen an Getreide und Wurzeln, die auf gepflügtem Boden wachsen und ebenso regelmäßig und mühsam kultiviert wie alle anderen.

Die 170.000.000 Scheffel Hafer, die 1860 in den Vereinigten Staaten angebaut und an die 6.000.000 Pferde verfüttert wurden, die Kartoffeln, die Rüben und der Mais, die zur Mast der Ochsen, der Schafe und der Schweine verwendet wurden, nahmen im selben Jahr eine Ausdehnung ein Boden, der, durch Handarbeit und mit chinesischem Fleiß und Geschick bebaut, wahrscheinlich eine Menge pflanzlicher Nahrung hervorgebracht hätte, deren Nährkraft dem Fleisch der für den Hausgebrauch getöteten Vierbeiner entsprach. Was also die bloße Frage der *Nahrungsmenge* betrifft, hätten die Wiesen und Weiden genauso gut im Waldzustand bleiben können.

[304] Laut Clavé (*Études* , S. 159) betragen die Nettoeinnahmen aus den Wäldern des Staates in Frankreich, ohne Berücksichtigung der Zinsen auf das durch den Wald repräsentierte Kapital, zwei Dollar pro Acre. In Sachsen ist es etwa gleich hoch, allerdings ist der Verwaltungsaufwand doppelt so hoch wie in Frankreich; in Württemberg sind es etwa ein Dollar pro Acre; und in Preußen, wo die Hälfte des Einkommens für die Verwaltungsausgaben aufgewendet wird, sinkt es auf weniger als einen halben Dollar. Dieser niedrige Satz in Preußen erklärt sich zum Teil aus der Tatsache, dass ein beträchtlicher Teil des jährlichen Holzertrags entweder an Personen überlassen wird, die das Recht auf Verschreibung beanspruchen, oder zu einem sehr geringen Preis an die Armen verkauft wird. Unter Berücksichtigung des in Waldflächen investierten Kapitals und der Hinzurechnung von Zinsen berechnet Pressler, dass ein Kiefernwald, der mit der Absicht bewirtschaftet wird, ihn im Alter von achtzig Jahren zu fällen, nur ein Achtel von einem Prozent erbringen würde. jährlicher Profit; ein Tannenholz, im Alter von einhundert Jahren, ein Sechstel von einem Prozent; ein Buchenwald, im Alter von einhundertzwanzig Jahren, ein Viertel von einem Prozent. Derselbe Autor (S. 335) gibt das Nettoeinkommen des New Forest in England, über die Ausgaben hinaus, Zinsen nicht berechnet, mit nur 25 Cent pro Acre an. In Amerika, wo den Wäldern keine Kosten entstehen, würde das jährliche Wachstum im Allgemeinen viel höher geschätzt werden.

[305] Es kommt selten vor, dass ein Amerikaner mittleren Alters in dem Haus stirbt, in dem er geboren wurde, oder ein alter Mann selbst in dem, das er gebaut hat; und dies gilt kaum weniger für die ländlichen Bezirke, wo jeder seine Wohnung besitzt, als für die Städte, wo die Mehrheit in gemieteten Häusern lebt. Dieses Leben des unaufhörlichen Hin und Her ist für die Durchführung dauerhafter Verbesserungen aller Art ungünstig, insbesondere für solche, die, wie der Wald, nur langsam in der Lage sind, einen Teil des dafür aufgewendeten Kapitals zurückzuzahlen. Es erfordert einen sehr großzügigen Geist eines Landbesitzers, einen Wald auf einer Farm zu pflanzen, die er verkaufen möchte oder von der er weiß, dass sie bei seinem Tod aus den Händen seiner Nachkommen gehen wird. Aber die bloße Tatsache, eine Plantage begonnen zu haben, würde den Eigentümer stärker an den Boden binden, für den er ein solches Opfer gebracht hatte; und die väterlichen Ländereien würden in den Augen einer nachfolgenden Generation einen größeren Wert haben, wenn sie durch die Arbeit derer, von

denen sie geerbt wurden, auf diese Weise verbessert und verschönert würden. Grundbesitz, dessen Übertragung in den Vereinigten Staaten erfreulicherweise von jedem rechtlichen Hindernis oder jeder Einschränkung frei ist, würde daher in den dadurch hervorgerufenen Gefühlen einen moralischen Schutz vor einem zu häufigen Besitzerwechsel finden und dazu neigen, lange genug zu bleiben bei einem Eigentümer oder einer Familie, schrittweise Verbesserungen zuzulassen, die ihren Wert sowohl für den Besitzer als auch für den Staat steigern würden.

[306] Bedeutende Schriftsteller haben oft behauptet, dass ein Teil der Moore in Lincolnshire unter der Herrschaft der Römer durch Seedeiche zurückerobert wurde. Ich habe keine antike Autorität gefunden, die diese Behauptung stützt, und ich kann auch keine Passage in der römischen Literatur nennen, in der Seedeiche ausdrücklich anders als als Mauern oder Pfeiler erwähnt werden, außer bei Plinius (Hist. Nat. xxxvi, 24), wo es heißt, dass das Tyrrhenische Meer durch Deiche vom Lucrine-See ausgeschlossen wurde.

[307] Ein Freund hat mir kürzlich eine interessante Illustration der Anwendbarkeit militärischer Instrumente auf die pazifische Kunst vorgeschlagen. Er teilt mir mit, dass der Verkauf von Schießpulver in den Vereinigten Staaten seit Beginn des gegenwärtigen Aufstands geringer ist als zuvor, da der Krieg zur Einstellung vieler öffentlicher und privater Verbesserungen geführt hat, bei deren Ausführung große Mengen Pulver verwendet wurden zum Sprengen.

Es wird behauptet, dass die gleiche Beobachtung in Frankreich während des Krimkrieges gemacht wurde, und zwar im Allgemeinen nicht bei zehn Prozent. des auf beiden Seiten des Atlantiks hergestellten Pulvers wird für militärische Zwecke eingesetzt.

Es ist eine Tatsache, die dem moralischen Sinn der modernen Zivilisation nicht zuzurechnen ist, dass sehr viele der wichtigsten Verbesserungen in der Maschinentechnik und der Metallbearbeitung ihren Ursprung in den Notwendigkeiten des Krieges hatten und dass sich der höchste Einfallsreichtum des Menschen gezeigt hat, und zwar viele von ihm Die bemerkenswertesten Triumphe über die Naturkräfte wurden durch die Erfindung von Maschinen zur Zerstörung seiner Mitmenschen erzielt. Das militärische Material, das der erste Napoleon einsetzte, ist in weniger als zwei Generationen fast so veraltet wie die Schleuder und der Stein des Hirten, und Angriff und Verteidigung beginnen jetzt in Entfernungen, auf die militärische Aufklärung vor einem halben Jahrhundert kaum reichte. Bei einer teilweisen Betrachtung des Themas scheint die Menschheit dazu bestimmt zu sein, ihr eigener Henker zu werden – einerseits dadurch, dass sie die Fähigkeit der Erde, ihren Zuchtmeister mit Nahrung zu versorgen, erschöpft; Auf der anderen Seite geht es darum, die verminderte Produktion durch die Erfindung effizienterer Methoden zur Ausrottung des Verbrauchers zu kompensieren.

Aber der Krieg entwickelt große bürgerliche Tugenden und setzt ein Maß und eine Art physischer Energie in Aktion, die es selten versäumt, ein neues intellektuelles Leben in einem Volk zu erwecken, das durch großen Heldenmut, Ausdauer und Beharrlichkeit große moralische und politische Ergebnisse erzielt. Inländische Korruption hat mehr Nationen zerstört als ausländische Invasionen, und ein Volk wird selten erobert, bis es die Unterwerfung verdient hat.

[308] STARING , *Voormaals en Thans* , S. 150.

[309] Ebd., S. 163. Der größte Teil der so zurückgewonnenen Gebiete liegt, obwohl sie größtenteils über der Niedrigwassermarke liegen, auf einem niedrigeren Niveau als die Lincolnshire-Fens und ist stärker der Überschwemmung durch Meereseinbrüche ausgesetzt.

[310] *Die Inseln und Marschen der Herzogthümer Schleswig und Holstein* , iii, p. 151.

[311] Die rein landwirtschaftlich genutzte Insel Pelworm vor der Küste Schleswigs mit einer Fläche von etwa 10.000 Acres gibt jährlich nicht weniger als 6.000 Pfund Sterling oder fast 30.000 Dollar für die Instandhaltung ihrer Deiche aus. – JG Kohl, Inseln und Marschen Schleswig's UND Holstein *'s* , ii, p. 394.

Die ursprünglichen Kosten der Deiche von Pelworm werden nicht angegeben.

„Der größte Teil der Provinz Zeeland ist durch Deiche mit einer Länge von 250 Meilen geschützt, deren Instandhaltung in normalen Jahren mehr als eine Million Gulden [über 400.000 US-Dollar] kostet. * * * Die jährlichen Ausgaben für Deiche und Wasserbauarbeiten in Holland liegt zwischen fünf und sieben Millionen Gulden" [2.000.000 bis 2.800.000 US-Dollar]. – WILD , *Die Niederlande* , i, S. 62.

Man ist nicht traurig zu erfahren, dass die spanische Tyrannei in den Niederlanden einige Entschädigungen vorsah. Die große Kette von Ringdeichen, die einen großen Teil von Zeeland umgibt, ist der Tatkraft von Caspar de Robles, dem spanischen Gouverneur dieser Provinz, zu verdanken, der 1570 den Bau dieser Werke auf öffentliche Kosten als Ersatz für private anordnete Böschungen, die zuvor teilweise dem gleichen Zweck gedient hatten. – WILD , *Die Niederlande* , i, S. 62.

[312] STARING , *Voormaals en Thans* , S. 163.

[313] *Voormaals en Thans* , S. 150, 151.

[314] STARING , *Voormaals en Thans* , S. 152. Kohl gibt an, dass die Halbinsel Diksand an der Küste von Holstein am Ende des letzten Jahrhunderts aus mehreren Inseln mit einer Gesamtfläche von weniger als fünftausend Acres bestand. Im Jahr 1837 waren sie mit dem Festland verbunden und hatten ihre Fläche fast verdoppelt. – *Inseln u. Marschen Schlesw. Holst.* , iii, S. 262.

[315] Der lehrreichste und unterhaltsamste aller Touristen, JG Kohl – von Davies so treffend als „Herodot des modernen Europas" bezeichnet – liefert in seinem Werk „Inseln und Marschen *der Herzogthümer Schleswig und Holstein* . Mir ist kein populäres Werk zu diesem Thema bekannt, das der Leser mit größerem Nutzen konsultieren könnte. Siehe auch STARING , *Voormaals en Thans* und *De Bodem van Nederland* über die Deiche der Niederlande.

[316] Die Neigung variiert von einem Fuß zu vier Fuß bis zu einem Fuß zu vierzehn. – KOHL , iii, S. 210.

[317] Die Deiche sind manchmal auf Pfählen gegründet und manchmal durch eine oder mehrere Pfahlreihen geschützt, die tief in den Meeresgrund vor ihnen gerammt sind. „Entlang der Küste Frieslands, wo es keine Dünen gibt, wurden drei Reihen skandinavischer Kiefernpfähle über eine Strecke von 150 Meilen niedergerammt", sagt Wild Eisenklammern und die Zwischenräume mit Steinen gefüllt. Der an die Pfähle angrenzende Boden wird mit Faschinen gesichert und an exponierten Stellen werden als zusätzlicher Schutz schwere Steinblöcke aufgeschüttet. Hinter dem

mächtigen Bollwerk dieses Wellenbrechers wird der Erddeich errichtet, und auch sein Fuß ist mit Steinen befestigt." * * * „Der große Helder-Deich ist etwa fünf Meilen lang und an der Spitze vierzig Fuß breit, entlang dem eine gute Straße verläuft. Er fällt zweihundert Fuß in einem Winkel von vierzig Grad ins Meer ab. Die höchsten Wellen tun dies nicht Wenn man den Gipfel erreicht, verdecken die niedrigsten immer seine Basis. In bestimmten Abständen erstrecken sich riesige Strebepfeiler, deren Höhe und Breite denen des Deichs entsprechen und die noch stärker gebaut sind, mehrere hundert Fuß in das wogende Meer hinein. Diese gigantische künstliche Küste besteht vollständig aus norwegischem Granit." – WILD , *Die Niederlande* , I, S. 61, 62.

[318] Das Erschüttern des Bodens, selbst wenn er mit großen Gebäuden beladen ist, durch das Vorbeifahren schwerer Kutschen oder Artillerie oder durch den Marsch einer Kavallerie- oder sogar Infanterieeinheit, zeigt, dass solche Ursachen erhebliche mechanische Auswirkungen auf den Zustand haben können des Bodens. Die Moore in den Niederlanden, wie auch in den meisten anderen Ländern, enthalten eine große Anzahl umgestürzter Bäume, die bis zu einer gewissen Tiefe von Erde und pflanzlichem Schimmel begraben sind. Wenn die Moore trocken genug sind, um als Weiden zu dienen, beobachtet man, dass die Stämme dieser alten Bäume von selbst an die Oberfläche steigen. Staring führt dieses einzigartige Phänomen auf die Bewegung des Bodens durch den Tritt von Rindern zurück. „Wenn Straßenbetten", bemerkt er, „aus Kies und Kieselsteinen unterschiedlicher Größe gebaut sind und diese letzteren ohne Bruch auf den Boden gelegt und fest zusammengerollt werden, werden sie durch die Wirkung der Fahrt auf der Straße bald nach oben gebracht." . Sie liegen lose und unterliegen einer gewissen Bewegung durch das Vorbeifahren jedes Wagenrads und den Schritt jedes Pferdes, das über sie hinwegfährt. Diese Bewegung ist eine Schwingung oder ein teilweises Rollen, und wenn eine Seite eines Kieselsteins angehoben wird, wird ein wenig feiner Sand oder … Die Erde wird darunter gedrückt, und die häufige Wiederholung dieses Vorgangs durch in entgegengesetzte Richtungen fahrende Rinder oder Kutschen bringt sie schließlich an die Oberfläche. Wir können annehmen, dass ein ähnlicher Effekt auf die Stämme von Bäumen in den Mooren durch das Treten erzeugt wird Tiere." – *De Bodem van Nederland* , I, S. 75, 76.

Im Norden der Vereinigten Staaten wird beobachtet, dass, wenn Böden mit Kieselsteinen gerodet und kultiviert werden und die Steine von der Oberfläche entfernt werden, in jedem Frühjahr neue Kieselsteine und sogar Bowler mit einem Gewicht von mehreren Pfund über dem Boden sichtbar werden eine lange Reihe von Jahren. In lehmigen Böden werden die Zaunpfosten auf ähnliche Weise hochgeworfen, und es ist nicht ungewöhnlich, dass die untere Schiene eines Zauns auf diese Weise allmählich einen Fuß oder sogar zwei Fuß über den Boden gehoben wird. Dieses Aufsteigen von Steinen und Zäunen wird im Volksmund auf die Einwirkung der strengen Fröste dieses Klimas zurückgeführt. Die Ausdehnung des Bodens beim Gefrieren, so heißt es, hebt seine Oberfläche und mit der Oberfläche auch die in der Nähe liegenden oder mit ihr verbundenen Gegenstände an. Wenn der Boden im Frühjahr auftaut, erreicht er wieder sein ursprüngliches Niveau, während die Kieselsteine und Pfosten durch daruntergefallene lose Erde daran gehindert werden, so tief wie zuvor abzusinken. Die Tatsache, dass die erwähnte Erhebung nur im Frühjahr beobachtet wird, bestätigt diese Theorie, die vielleicht auch auf die von Staring genannten Fälle anwendbar ist, und es ist wahrscheinlich, dass die beiden oben angegebenen Ursachen bei der Entstehung der Wirkung zusammenwirken.

Die Frage der Senkung der niederländischen Küste wurde viel diskutiert. Ganz zu schweigen von früheren Geologen: Venema führt in mehreren Aufsätzen, insbesondere in *Het Dalen van de Noordelijke Kuststreken van ons Land*, 1854, viele Fakten und Argumente an, um einen langsamen Untergang der nördlichen Provinzen Hollands zu beweisen. Laveleye (*Affaissement du sol et envasement des fleuves survenus dans les temps historiques* , 1859) kommt nach einer noch umfassenderen Untersuchung zu derselben Schlussfolgerung. Der angesehene Geologe Staring hingegen, der in *De Bodem van Nederland* , I, S. 1, kurz auf das Thema eingeht. 356 *ff.* hält die Beweise nicht für ausreichend, um mehr als das Absinken der Polderoberfläche durch Austrocknung und Konsolidierung zu beweisen.

[319] Die Höhe der von Deichen – oder *Poldern* , wie sie in Holland genannt werden – umschlossenen Gebiete über der Niedrigwassermarke hängt von der Höhe der Gezeiten ab, oder mit anderen Worten, vom Unterschied zwischen Ebbe und Flut. Die Flut kann die Erde nicht höher ablagern, als sie fließt, und nachdem der Boden erst einmal umschlossen ist, können der Verfall des darauf angebauten Gemüses und die Zugabe von Dünger die durch Austrocknung und Verfestigung verursachte Depression nicht ausgleichen. An der Küste von Zeeland und den Inseln Südhollands sind die Gezeiten und natürlich die Oberfläche der von ihnen abgelagerten Gebiete so hoch, dass die Polder durch Gräben und Schleusen entwässert werden können, aber auch an anderen Stellen, wie in den umschlossenen Gebieten In den Gebieten Nordhollands an der Zuiderzee, wo die Flut nur einen Meter oder noch weniger ansteigt, ist das Pumpen von Anfang an notwendig. – STARING , *Voormaals en Thans* , S. 152.

[320] Die Hauptmaschine – Leeghwater genannt, nach dem Namen eines Ingenieurs, der 1641 die Entwässerung des Sees vorgeschlagen hatte – hatte eine Leistung von 500 PS und trieb elf Pumpen mit sechs Hüben pro Minute an. Jede Pumpe förderte sechs Kubikmeter oder fast acht Kubikmeter Wasser pro Hub, was insgesamt 23.760 Kubikmeter oder über 31.000 Kubikmeter pro Stunde entspricht. – WILD , *Die Niederlande* , i, S. 87.

[321] In England und Neuengland, wo die Sumpfgebiete bereits trockengelegt wurden oder nur von vergleichsweise geringer Ausdehnung sind, erscheint die Existenz großer schwimmender Inseln unglaublich und wurde manchmal als Fabel behandelt, aber keine geographische Tatsache ist besser belegt. Kohl (*Inseln und Marschen Schleswig-Holsteins* , III, S. 309) erinnert uns daran, dass Plinius unter den Wundern Deutschlands die schwimmenden, mit Bäumen bedeckten Inseln erwähnt, die an den Mündungen von Elbe und Weser auf die römischen Flotten trafen. Unser Autor berichtet auch davon, dass er im Bremer Gebiet schwimmende Moore besucht habe, die nicht nur Häuser, sondern ganze Dörfer trugen. Bei niedrigen Wasserständen ruhen diese Moore auf einem Sandbett, werden aber durch das Hochwasser des Frühlings von sechs bis zehn Fuß angehoben und bleiben über Wasser, bis im Laufe des Sommers das darunter liegende Wasser durch Verdunstung erschöpft ist Entwässerung, wenn sie wieder auf den Sand sinken. Siehe *Anhang* , Nr. 40 .

„De Bodem van" auf interessante Weise das gesamte Wachstum, die Entstehung und die Funktionen schwimmender Moore *Nederland* , I, S. 36-43. Der Inhalt seines Berichts lautet wie folgt: Die erste Bedingung für das Wachstum der Pflanzen, aus denen die Substanz des Rasens und der Oberfläche der Moore besteht, ist die Stille des Wassers. Daher findet man sie weder in fließenden Bächen noch in Teichen, die so groß sind, dass sie häufig vom Wind bewegt werden. Beispielsweise wuchs im offenen Teil des Haarlemer Sees keine einzige Pflanze, und in allen Teichen bilden sich keine Moore mehr, sobald ihre Fläche durch das Abschneiden des Rasens für Brennstoff- oder andere Zwecke ausreichend vergrößert wird vom Wind beeinflusst. Wenn stilles Wasser mit einer Tiefe von mehr als einem Meter ungestört bleibt, füllen Wasserpflanzen verschiedener Gattungen wie Nuphar, Nymphæa, Limnanthemum, Stratiotes, Polygonum und Potamogeton den Boden mit Wurzeln und bedecken die Oberfläche mit Blättern. Viele der Pflanzen sterben jedes Jahr ab und bereiten am Boden einen Boden vor, der für das Wachstum einer höheren Vegetationsordnung geeignet ist: Phragmites, Acorus, Sparganium, Rumex, Lythrum, Pedicularis, Spiræa, Polystichum, Comarum, Caltha usw. usw . Im Laufe von zwanzig oder dreißig Jahren füllt sich der schlammige Boden mit Wurzeln von Wasser- und Sumpfpflanzen, die leichter als Wasser sind, und wenn die Tiefe

groß genug ist, um Platz für das Ablösen dieses Pflanzengeflechts zu schaffen, zum Beispiel ein paar Meter, Es steigt an die Oberfläche und trägt natürlich auch den darüber liegenden Boden mit sich, der durch den Verfall von Stängeln und Blättern entstanden ist. Jetzt erscheinen neue Gattungen auf der Masse, wie Carex, Menyanthes und andere, und bedecken sie bald dicht. Der Rasen hat jetzt eine Dicke von zwei bis vier Fuß erreicht und wird in Groningen „*Junge*" genannt ; in Friesland *til* , *Tilland* oder *drijftil* ; in Overijssel, *Krag* ; und in Holland *rietzod* . Vom Wind angetrieben schwebt es herum, nimmt durch den Verfall seiner einjährigen Vegetation allmählich an Dicke zu und erreicht nach etwa einem halben Jahrhundert den Boden und wird fixiert. Wenn es in der Zwischenzeit nicht von Menschen oder Vieh, Bäumen und Baumpflanzen, Alnus, Salix, Myrica usw. befallen wurde. erscheinen, und diese tragen dazu bei, die Befestigung des Rasens am Boden zu beschleunigen, sowohl durch ihr Gewicht als auch dadurch, dass ihre Wurzeln vollständig in den Boden eindringen.

Dies ist die von der Natur übliche Methode, um flache Seen und Tümpel nach und nach aufzufüllen und sie zunächst in Morast und dann in trockenes Land umzuwandeln. Wann immer also der Mensch Torf oder Torf entfernt, übt er eine schädliche geografische Wirkung aus, und wie ich bereits sagte, besteht kein Zweifel daran, dass die enorme Ausdehnung der Binnenmeere Hollands in der Neuzeit auf diese und andere menschliche Unvorsichtigkeiten zurückzuführen ist. „In Overijssel, in Nordholland und in der Nähe von Utrecht gibt es Hunderte Hektar schwimmender Weiden", sagt unser Autor, „die sich optisch nicht von Grasland auf festem Moor unterscheiden. Kurz gesagt, sie kommen überall vor." tiefe Moore und überall dort, wo tiefes Wasser lange ungestört bleibt.

In einem Fall schwamm eine schwimmende Insel, die sich am Ufer festgesetzt hatte, noch lange Zeit weiter, nachdem sie von einer Flut abgerissen worden war, und war stabil genug, um einen Teich mit Süßwasser darauf süß zu halten, obwohl das Wasser nicht ausreichte Das Wasser, in dem es schwamm, war durch den Einbruch des Meeres brackig geworden. Nachdem das Heu gemäht ist, werden die Rinder auf diesen Inseln geweidet und manchmal wachsen auf ihnen große Bäume.

Wenn der Rasen oder Torf geschnitten wurde und das Wasser weniger als einen Meter tief bleibt, wächst sofort Equisetum limosum, gefolgt von der oben erwähnten zweiten Klasse von Sumpfpflanzen. Ihre Wurzeln lösen sich in so flachem Wasser nicht vom Boden, sondern bilden gewöhnlichen Rasen oder Torf. Diese Prozesse gehen so schnell vonstatten, dass in einem halben Jahrhundert eine Rasendicke von drei bis sechs Fuß entsteht, und viele Männer mähten Gras dort, wo sie in ihrer Kindheit gefischt hatten, und schnitten den Rasen zweimal an derselben Stelle.

Kapitän Gilliss sagt, dass es vor der Entwässerung des Taguataga-Sees in Chile Inseln gab, die aus abgestorbenen Pflanzen bestanden, die bis zu einer Dicke von vier bis sechs Fuß zusammengewachsen waren und auf denen mittelgroße Bäume wuchsen. Diese Inseln schwebten „mit ihren Bäumen und ihrem grasenden Vieh" vor dem Wind. – *United States Naval Astronomical Expedition to the Southern Hemisphere*, I, S. 16, 17.

[322] Kapitän Gilliss erwähnt, dass ein beträchtliches Werk dieser Art in Chili ausgeführt wurde, einem Land, in dem wir kaum eine Verbesserung dieser Art hätten erwarten dürfen. Der Taguataga-See wurde teilweise entwässert, indem ein schmaler Landrücken nicht an der natürlichen Mündung, sondern auf einer Seite des Sees durchschnitten wurde, und 8.000 Acres davon bedecktes Land wurden für die Bewirtschaftung gewonnen. – US Naval Astronomical Expedition to *the Southern Hemisphere*, I, S. 16, 17.

[323] *Économie Rurale de la France*, S. 289.

[324] In einer Anmerkung auf einer früheren Seite dieses Bandes bemerkte ich eine Beobachtung von Jacini, wonach die großen italienischen Seen sich teilweise durch Infiltration unterhalb der sie begrenzenden Hügel entleeren. Das Ausmaß einer solchen Infiltration muss stark vom hydrostatischen Druck auf die Wände der Seebecken abhängen, und natürlich würde die Absenkung der Oberfläche dieser Seen durch die Verringerung dieses Drucks auch die Infiltration verringern. Es wird nun vorgeschlagen, den Pegel des Comer Sees durch eine Vertiefung seiner Mündung um einige Meter zu senken. Es ist möglich, dass sich dies in einer Verringerung des Wassers in Quellen und *Fontanili* bzw. artesischen Brunnen in der Lombardei äußert. Siehe *Anhang*, Nr. 43.

[325] Simonde bemerkt über die toskanischen Kanäle: „Aber Überschwemmungen sind nicht die einzigen Schäden, die das Wasser den Ebenen der Toskana zufügt. Da die Kanäle über dem Boden liegen, versickert das Wasser durch ihre Ufer und dringt ein." jedes Hindernis und trotz aller Anstrengungen der Industrie sterilisiert und verwandelt er Felder in Morast , die die Natur und der Reichtum des Bodens offenbar für die reichlichsten Ernten vorgesehen zu haben *scheinen* Die Toskaner drücken es durch die Filterung des Kanalwassers aus. Die Weinreben und Maulbeeren verfaulen und sterben, nachdem sie einige Jahre lang salzige Früchte hervorgebracht haben. Der Weizen verrottet im Boden oder stirbt ab, sobald

er keimt . Die Winterernte wird aufgegeben und eine Zeit lang wird versucht, den Sommeranbau zu betreiben; aber die zunehmende Feuchtigkeit und die salzhaltige Substanz, die sich auf die Erde ausbreitet – was den Geschmack aller ihrer Produkte beeinträchtigt, sogar der Gräser, die das Vieh nicht berühren will – Zwingen Sie den Landwirt endlich, seine Felder aufzugeben und einen Boden unbebaut zu lassen, der sich für seine Arbeit nicht mehr lohnt." – *Tableau de l'Agriculture Toscane.* S. 11, 12.

[326] *Physikalische Geographie* , S. 288. Das Entwässern durch Einschlagen von Pfählen, das in einer Anmerkung in einem Kapitel über den Wald *ante erwähnt wird* , ist ein Vorgang der gleichen Art.

[327] „Der einfachste Hinterwäldler weiß aus Erfahrung, dass jeglicher Anbau in der Nähe von Mooren und Sümpfen unmöglich ist. Warum ist eine Ernte in der Nähe der Grenzen eines Sumpfes vom Frost abgeschnitten, während ein Feld auf einem Hügel, nur wenige Steinwürfe entfernt? es wird verschont?" – LARS LEVI LÆSTADIUS , *Om Uppodlingar i Lappmarken* , S. 69, 74.

[328] Babinet verurteilt sogar die allgemeine Trockenlegung von Sümpfen. „Entwässerung", sagt er, „ist seit einigen Jahren sehr in Mode. Es war ein besonderer Zweck, sumpfige Böden zu trocknen und zu düngen. Ich war immer der Meinung, dass dadurch übermäßige Trockenheit erzeugt wird, und dass dies bei anderen Böden in der Nachbarschaft der Fall ist." proportional sterilisiert.

[329] Ich sollte vielleicht die Mexikaner und die Peruaner ausnehmen, deren Künste und Institutionen nachweislich noch nicht mit denen eines älteren Volkes historisch verbunden sind. Die beklagenswerte Zerstörung so vieler Denkmäler dieser Stämme durch die Unwissenheit und Bigotterie der sogenannten christlichen Barbaren, die sie eroberten, hat uns in vielen Punkten ihrer Zivilisation im Dunkeln gelassen; aber sie scheinen das Stadium erreicht zu haben, in dem ein kontinuierlicher Fortschritt im Wissen und in der Macht über die Natur sicher ist, und ein paar weitere Jahrhunderte der Unabhängigkeit hätten sie vielleicht dazu gebracht, die meisten der großen Erfindungen, die die letzten vier Jahrhunderte dem Menschen beschert haben, selbst hervorzubringen .

[330]   Die Notwendigkeit der Bewässerung in der großen Schwemmlandebene Norditaliens erklärt sich zum Teil aus der Tatsache, dass die oberflächliche Schicht aus feiner Erde und Pflanzenschimmel sehr ausgedehnt von Schichten aus Kieselsteinen und Kies unterlegt ist, die vor langer Zeit von Gebirgsbächen herabgestürzt wurden . Das Wasser des Oberflächenbodens fließt schnell in diese lockeren Schichten ab und gelangt durch unterirdische Kanäle zu einer unbekannten Abflussstelle; aber dieser Umstand allein ist keine ausreichende Lösung. Ist es nicht möglich, dass sich die Gewohnheiten von Gemüsesorten, die in Ländern angebaut werden, in denen seit jeher Bewässerung eingesetzt wird, so verändert haben, dass sie Wasser unter Bedingungen von Boden und Klima benötigen, wo ihre Artgenossen, die nicht so nachsichtig behandelt wurden, dies nicht tun?

In Norditalien gibt es einige atmosphärische Phänomene, die ein Amerikaner nur schwer mit dem in Einklang bringen kann, was er in den Vereinigten Staaten beobachtet hat. Für ein amerikanisches Auge zum Beispiel ist der Himmel des Piemont, der Lombardei und der Nordküste des Mittelmeers immer weißlich und geronnen, und er hat nie die Intensität und unergründliche Tiefe des Blaus seines Heimathimmels. Und doch sind die empfindungsmäßig gemessene Hitze der Sonnenstrahlen und zugleich die Verdunstung größer, als sie es mit dem Thermometer am gleichen Punkt in Amerika wären. Ich habe in Italien, bei Temperaturen unter 60° Fahrenheit und einem fleckigen und fast undurchsichtigen Himmel, häufig eine Hitze der Sonneneinstrahlung gespürt, die ich mit nichts anderem als dem sengenden Gefühl vergleichen kann, das man in Amerika bei einer Temperatur von zwanzig Grad mehr während dieser Zeit verspürt die Intervalle zwischen Regenschauern oder vor einem Regen, wenn das klare Blau des Himmels an Tiefe und Transparenz unendlich zu sein scheint. Solche Umstände können eine Bewässerung erforderlich machen, wo sie sonst überflüssig, wenn nicht sogar schädlich wäre.

Wenn ich von der überlegenen scheinbaren Klarheit des *Himmels* in Amerika spreche, beschränke ich mich auf die konkave Wölbung des Himmels und möchte nicht behaupten, dass terrestrische Objekte in den Vereinigten Staaten im Allgemeinen aus größeren Entfernungen sichtbar sind als in Italien. Tatsächlich bin ich eher geneigt, das Gegenteil zu behaupten; Denn obwohl ich weiß, dass die unteren Schichten der Atmosphäre in Europa niemals an Durchsichtigkeit mit der Luft in der Nähe der Erde in New Mexico, Peru und Chile mithalten können, denke ich doch, dass die Unfälle an der Küstenlinie der Riviera, wie z. B. dazwischen Nizza und La Spezia sowie das unvergleichliche Alpenpanorama von Turin aus sind aus größerer Entfernung zu unterscheiden als in den Vereinigten Staaten.

[331] In Ägypten erfolgt die Verdunstung und Absorption durch die Erde so schnell, dass alle einjährigen Feldfrüchte während der gesamten Wachstumsphase bewässert werden müssen. Sobald das Wasser durch das Absinken der jährlichen Überschwemmung zurückgeht, wird die Saat auf den noch feuchten, unbedeckten Boden gesät, und die Bewässerung beginnt sofort. Auf dem Nil hört man die ganze Nacht über das Knarren der Wasserräder und manchmal auch die Bewegung von Dampfpumpen, während die ärmeren Landwirte ununterbrochen das einfache Schaduf- oder Eimer-Kehr-Verfahren betreiben und das Wasser mühsam von einem Trog zum *nächsten* heben Bei niedrigem Wasserstand sinkt der Fluss um bis zu sechs oder sieben Stufen. Der Eimer besteht aus flexiblem Leder mit einem steifen Rand und wird in den Trog geleert, nicht indem man ihn wie einen Holzeimer umdreht, sondern indem man die Hand darunter legt und den Boden nach oben drückt, bis das Wasser vollständig über den Rand läuft , mit anderen Worten, indem man das Gefäß umstülpt.

Die so dem Nil entzogene Wassermenge ist enorm. Der größte Teil davon verdunstet direkt von der Oberfläche oder den oberflächlichen Schichten, aber ein Teil der Feuchtigkeit versickert und sickert durch die Ufer wieder in den Fluss, während ein größerer Teil absinkt, bis er sich dem langsamen Infiltrationsstrom anschließt, durch den das Nilwasser die Erde durchdringt des Tals an einigen Stellen bis zu einer Entfernung von nicht weniger als fünfzig Meilen.

[332] „Wälder“, „Wälder“ und „Haine“ werden im Alten Testament sehr häufig als an bestimmten Orten existierend erwähnt, und sie werden oft zur Veranschaulichung als vertraute Objekte bezeichnet. „Holz“ wird im Neuen Testament zweimal als Material erwähnt, aber ansonsten kommt – zumindest laut Cruden – keines der oben genannten Wörter in diesem Band vor.

Diese interessante Tatsache würde, wenn es an anderen Beweisen mangelte, bei weitem beweisen, dass in dieser Hinsicht zwischen den Zeiträumen, in denen das Alte Testament bzw. das Neue Testament verfasst wurde, eine große Veränderung stattgefunden hatte; denn die Autoren der Schriften und die in ihre Erzählungen einbezogenen Sprecher zeichnen sich durch häufige Anspielungen auf die Naturobjekte und die sozialen und industriellen Gewohnheiten aus, die ihre Zeit und ihr Land prägten. Siehe *Anhang* , Nr. 44 .

Salomo nahm Chevandier bei der Bewässerung von Waldbäumen vorweg: „Ich machte mir Wasserbecken, um damit den Wald zu bewässern, der Bäume hervorbringt.“ – *Prediger* II, 6.

[333] Eine davon auf dem Mount Hor, zwei Stockwerke hoch, ist noch so gut erhalten, dass ich im Juni 1851 nicht weniger als zehn Fuß Wasser darin fand.

Der Bach Ain Musa, der durch die Stadt Petra fließt und schließlich im Sand des Wadi el Araba verschwindet, ist im Winter ein beträchtlicher Fluss, und die Einwohner dieser Stadt mussten einen Tunnel durch den Felsen nahe dem rechten Ufer graben. direkt über dem oberen Eingang des Sik, um einen Teil seines angeschwollenen Stroms abzuleiten. Der Scharfsinn von Dr. Robinson erkannte die Notwendigkeit dieser Maßnahme, obwohl der Tunnel, dessen Mündung durch Reisig verdeckt war, erst einige Zeit nach seinem Besuch entdeckt wurde. Ich habe sogar eindeutige Überreste einer Schleuse entdeckt, durch die das Wasser in den Tunnel in der Nähe des Bogens, der den Sik überquert, umgeleitet wurde. Auch bei der Verbreiterung des natürlichen Kanals an mehreren Stellen unterhalb der Stadt wurde enorme Arbeit aufgewendet, um eine Stauung und einen Rückstau des Wassers zu verhindern – eine Tatsache, die den Reisenden meiner Meinung nach bisher nicht aufgefallen ist.

Die Fellahheen oberhalb von Petra nutzen noch immer das Wasser von Ain Musa zur Bewässerung, und im Sommer wird die oberflächliche Strömung zu diesem Zweck vollständig von ihrem natürlichen Kanal abgelenkt. Zu dieser Jahreszeit ist das Bachbett, das aus Kieselsteinen, Kies und Sand besteht, im Sik und in der gesamten Stadt trocken; Die Infiltration ist jedoch so groß, dass Wasser im Allgemeinen durch Graben bis in eine geringe Tiefe im Kanal gefunden wird. Als ich diese Tatsachen bei einem Besuch in Petra im Sommer beobachtete, war ich neugierig, ob das unterirdische Wasser wieder ans Tageslicht dringen würde, und folgte der Schlucht unterhalb der Stadt ein langes Stück. Nicht weit vom oberen Eingang der Schlucht entfernt erschien auf dem Grund der Schlucht baumartige Vegetation, und sobald der Boden gut beschattet war, brach ein Wasserstrahl hervor. Etwas weiter unten schlossen sich weitere an, und in einer Entfernung von einer Meile von der Stadt bildete sich eine starke Strömung, die in Richtung Wadi el Araba hinabfloss.

[334] Über den Umfang des kultivierbaren und kultivierten Bodens Ägyptens sind sich die Behörden uneinig. Lippincotts, oder besser gesagt Thomas und Baldwins *Gazetteer* – ein Werk sorgfältiger Forschung – schätzt „die gesamte Fläche, die das Tal [unterhalb des ersten Katarakts] und das Delta umfasst", auf 11.000 Quadratmeilen. In Smith's *Dictionary of the Bible* heißt es im Artikel „Ägypten": „Ägypten hat eine Fläche von etwa 9.582 geographischen Quadratmeilen Boden, den der Nil entweder bewässert und düngt oder bewässern und düngen kann. Diese Berechnung umfasst den

Fluss und die Seen sowie verschiedene Gebiete." die überschwemmt werden kann, und die gesamte bebaute oder bebaubare Fläche beträgt nicht mehr als etwa 5.626 Quadratmeilen." Mit geographischer Meile ist hier vermutlich die Seemeile von sechzig auf äquatorialem Grad gemeint, also etwa 2.025 Yards. Die gesamte Fläche beträgt nach dieser Schätzung also 12.682 Quadratmeilen oder englische Meilen, die des „bebauten oder zur Bebauung geeigneten" Raums 7.447. Smith's *Dictionary of Greek and Roman Geography* , Artikel „Ægyptus", gibt 2.255 Quadratmeilen als Fläche des Tals zwischen Syene und der Gabelung des Nils an, ohne den Fayoom, der auf 340 geschätzt wird. Die Fläche des Deltas wird angegeben auf 1.976 Quadratmeilen zwischen den Hauptarmen des Flusses und, einschließlich der bewässerten Gebiete östlich und westlich dieser Arme, auf 4.500 Quadratmeilen. Diese letztgenannte Arbeit gibt uns keinen Aufschluss darüber, ob es sich um gesetzliche Meilen oder um Seemeilen handelt, es müssen jedoch Seemeilen vorgesehen sein.

Andere Autoren geben Schätzungen an, die erheblich von den gerade zitierten abweichen. Die neuesten Berechnungen, die ich gesehen habe, stammen aus dem ersten Band von Kremers *Ægypten* , 1863. Dieser Autor (S. 6, 7) weist dem Delta eine Fläche von 200 deutschen geographischen Quadratmeilen (fünfzehn Grad) zu; nach ganz Unterägypten, natürlich einschließlich des Deltas, 400 solcher Meilen. Diese Zahlen entsprechen 4.239 bzw. 8.478 Quadratmeilen, und die großen Lagunen sind in den berechneten Flächen enthalten. Oberägypten (oberhalb von Kairo) soll (S. 11) 4.000.000 Feddan *Kulturfläche* oder bebaubares Land umfassen . Der Feddan soll (S. 37) 7.333 Quadratpiks enthalten, wobei der Pik 75 Zentimeter beträgt, und entspricht daher fast genau dem englischen Acre. Laut Kremer beträgt der kultivierbare Boden Oberägyptens 6.250 Quadratmeilen, oder doppelt so viel wie die gesamte Fläche des Tals zwischen Syene und der Gabelung des Nils, laut Smith's Dictionary of Greek and Roman *Geography* . Ich vermute, dass 4.000.000 Feddan fälschlicherweise allein als Anbaufläche für Oberägypten angegeben wird, obwohl damit eigentlich die Ackerfläche von Unter- und Oberägypten gemeint sein sollte; denn aus den statistischen Tabellen im selben Band geht hervor, dass in dem in den Tabellen genannten Jahr, dessen Datum nicht angegeben ist, in beiden geographischen Gebieten 3.317.125 Feddan oder 5.253 Quadratmeilen bebaut wurden.

Die Fläche, die der Nil heute bei Hochwasser bedecken würde, wenn er sich selbst überlassen würde, ist größer als in der Antike, weil das Flussbett erhöht wurde und sich die Überschwemmung dadurch seitlich ausbreitete. Siehe SMITH'S *Dictionary of Geography* , Artikel „Ægyptus". Aber der Fleiß der Ägypter in den Tagen der Pharaonen und Ptolomäer transportierte das Nilwasser in große Provinzen, die jetzt schon lange verlassen und in den

Zustand einer Wüste zurückgefallen sind. „In der Antike", bemerkt der Autor des Artikels „Ägypten" in Smith's *Dictionary of the Bible* , „könnten 2.735 Quadratmeilen mehr [ungefähr 3.700 Quadratmeilen] bebaut worden sein. In den besten Tagen Ägyptens wurde wahrscheinlich das gesamte Land bebaut das könnte für landwirtschaftliche Zwecke zur Verfügung gestellt werden, und daher können wir die alte Ackerfläche dieses Landes auf nicht weniger als 11.000 Quadratmeilen oder das Doppelte ihrer heutigen Ausdehnung schätzen.

[335] Es wurde ein Kanal gebaut, und neue sind im Bau, um Wasser vom Nil zur Stadt Suez und zu verschiedenen Punkten auf der Linie des Schiffskanals zu transportieren, mit dem doppelten Zweck, die Stadt mit frischem Wasser zu versorgen Einwohner und Arbeiter sowie die Bewässerung des angrenzenden Bodens. Die Landfläche, die auf diese Weise zurückgewonnen und gedüngt werden kann, ist sehr groß, aber die tatsächliche Menge, deren Bewirtschaftung wirtschaftlich sinnvoll wäre, kann derzeit nicht bestimmt werden.

[336] Die sogenannte Quelle bei Heliopolis ist nur ein Wasserstrahl, der aus dem Nil oder den Kanälen infiltriert wird.

[337] Die Dattel- und Doumpalme, die *Sont-* und viele andere Akazien, das Karoub, der Bergahorn und andere Bäume gedeihen in Ägypten ohne Bewässerung gut und würden sich zweifellos in wenigen Jahren im gesamten Tal ausbreiten.

[338] Wilkinson hat gezeigt, dass der kultivierbare Boden Ägyptens nicht durch das Eindringen des Wüstensands oder auf andere Weise verringert wurde, sondern dass er im Gegenteil seit der Zeit der Pharaonen vergrößert worden sein muss. Der Gothaer *Almanach* von 1862 gibt die Bevölkerung Ägyptens im Jahr 1859 mit 5.125.000 Seelen an; aber das muss eine große Übertreibung sein, selbst wenn man annimmt, dass die Schätzung die Einwohner Nubiens und vieler anderer Gebiete einschließt, die geografisch nicht zu Ägypten gehören. Im Allgemeinen wird die Bevölkerung dieses Landes auf etwas mehr als drei Millionen oder etwa sechshundert pro Quadratmeile geschätzt; aber mit einer besseren Regierung und besseren sozialen Institutionen würde der Boden eine viel größere Zahl ernähren, und tatsächlich wird angenommen, dass seine Bewohner in der Antike doppelt, vielleicht sogar dreimal so zahlreich waren wie heute.

Wilkinson (*Handbook for Travelers in Egypt* , S. 10) stellt fest, dass die Gesamtbevölkerung, die vor zweihundert Jahren auf 4.000.000 geschätzt wurde, bis vor kurzem nur etwa 1.800.000 Seelen betrug, nachdem sie seit 1800 von 2.500.000 auf diese Zahl zurückgegangen war.

[339] Ritter vermutet, dass Ägypten eine Sandwüste war, als es zum ersten Mal vom Menschen besiedelt wurde. „Der erste Bewohner des Sandtals des Nils war ein Wüstenbewohner, wie es seine Nachbarn rechts und links, die Libyer, die Nomadenaraber, noch immer sind. Aber das zivilisierte Volk Ägyptens verwandelte die Wüste durch Kanäle in die reichste Kornkammer." der Welt; sie befreiten sich von den Fesseln der Fels- und Sandwüste, in deren Mitte sie durch eine weise Verteilung der Flüssigkeit durch die feste geographische Form, kurz durch Bewässerung, eine Region der reichsten Kultur schufen historische Denkmäler." – *Einleitung zur allgemeinen vergleichenden Geographie* , S. 165, 166.

Diese Ansicht erscheint mir höchst unwahrscheinlich; Denn obwohl der Mensch durch Kanäle und Dämme viel dazu beigetragen hat, die natürliche Verteilung des Wassers des Nils zu verändern und möglicherweise sogar seinen Kanal von einer Seite des Tals auf die andere verlegt hat, ist die jährliche Überschwemmung nicht sein Werk. und der Fluss muss über die Ufer getreten sein und mit seinem Wasser spontane Vegetation mit sich gebracht haben, und zwar sowohl vor als auch seit der ersten Besetzung Ägyptens durch die Menschheit. Es gibt tatsächlich einige Gründe anzunehmen, dass der Mensch an den Ufern des Nils lebte, als sein Kanal viel niedriger und die Ausbreitung seiner Überschwemmungen viel geringer war als heute; aber wohin auch immer die Flut reichte, dort breitete sich der Wald aus, und seine Ufer waren viel wahrscheinlicher Morast als Sand.

[340] *Memorie sui progetti per l'estensione dell' Irrigazione, etc., il Politecnico* , für Januar 1863, S. 6.

[341] NIEL , *L'Agriculture des États Sardes* , S. 232.

[342] NIEL , *Agriculture des États Sardes* , S. 237. Lombardinis gerade gegebene Berechnung erlaubt 81 Kubikmeter pro Tag pro Hektar, was, wenn man annimmt, dass die Bewässerungssaison einhundert Tage dauert, einem Niederschlag von 32 Zoll entspricht. In der Lombardei werden manche Kulturen jedoch über einen längeren Zeitraum als einhundert Tage mit Wasser bewässert; und im *Markit* fließt es auch im Winter über den Boden.

Laut Boussingault (*Économie Rurale* , II, S. 246) sollten Rasenflächen in Deutschland wöchentlich einundzwanzig Zentimeter Wasser erhalten, und bei weniger als der Hälfte dieser Menge ist es nicht ratsam, die Kosten für die Bereitstellung zu tragen. Der Boden wird fünfundzwanzig bis dreißig Mal bewässert, und wenn die volle Menge von einundzwanzig Zentimetern ausgebracht wird, erhält er etwa zweihundert Zoll Wasser, also das Sechsfache der Gesamtniederschlagsmenge. Puvis, zitiert von Boussingault, kommt nach vielen Recherchen zu dem Schluss, dass eine angemessene Menge zwanzig Zentimeter beträgt, die fünfundzwanzig oder dreißig Mal aufgetragen werden, was mit der gerade angegebenen Schätzung übereinstimmt. Puvis fügt hinzu – und wie unser Autor meint, mit Recht –, dass dieser Betrag ohne Nachteil verdoppelt werden könnte.

Boussingault stellt fest, dass Regenwasser weitaus fruchtbarer ist als das Wasser von Bewässerungskanälen, weshalb die Versorgung mit letzterem größer sein muss. Dies erklärt sich teilweise durch den unterschiedlichen Charakter der Substanzen, die in den Wassern der Erde und des Himmels in Lösung oder Suspension gehalten werden, teilweise durch die höhere Temperatur der letzteren und möglicherweise teilweise auch durch die Art der Anwendung – den Regen Das Flusswasser wird beim Fallen oder durch Auftreffen auf Pflanzen am Boden fein zerteilt und fließt in einer kontinuierlichen Schicht.

Die Temperatur des Wassers gilt als noch wichtiger als seine Zusammensetzung. Die Quellen, die den *Markit* der Lombardei bewässern – Wiesen, die so fruchtbar sind, dass weniger als ein Acre einer Kuh das ganze Jahr über Gras liefert – sind sehr warm. Der von ihnen bewässerte Boden gefriert nie, und im Januar oder Februar wird daraus eine erste Ernte zur Verschmutzung abgeschnitten. Der gerade begonnene Canal Cavour – der seine Zufuhr aus dem Po bei Chivasso, vierzehn oder fünfzehn Meilen unterhalb von Turin, beziehen soll – wird Wasser von viel größerer fruchtbarer Kraft liefern als das, was aus der Dora Baltea und der Sesia stammt, weil beides so ist wärmer und weil er ein reichhaltigeres und reicheres Sediment transportiert als die letztgenannten Bäche, die von alpinen Eisfeldern und schmelzendem Schnee gespeist werden und über weite Strecken in Kanälen fließen, die von alten Gletschern glatt und kahl geschliffen wurden und jetzt keinen Beitrag leisten viel pflanzlichen Schimmel oder feinen Schleim in ihr Wasser geben.

[343] Es gehört eher zur Landwirtschaft als zur Geographie, die Qualität der durch Bewässerung erzielten Ernten oder die dadurch hervorgerufenen dauerhaften Auswirkungen auf die Produktivität des Bodens zu diskutieren. Es besteht jedoch kein Zweifel daran, dass alle Pflanzen, die ohne

Bewässerung angebaut werden können, im Geschmack und in der Nährkraft denen überlegen sind, die mit Hilfe der Bewässerung angebaut werden. Insbesondere Gartengemüse, wenn es reichlich bewässert wird, ist so fade, dass man es kaum noch essen kann. Wo immer Bewässerung praktiziert wird, besteht vor allem unter unwissenden Landwirten eine fast unwiderstehliche Tendenz, sie ins Exzess zu treiben; und im Piemont und in der Lombardei wird Wasser, wenn es reichlich vorhanden ist, so großzügig verwendet, dass es manchmal nicht nur die Qualität des Produkts beeinträchtigt, sondern auch die Pflanzen ertränkt und das tatsächliche Gewicht der Ernte verringert.

Professor Liebig sagt in seinem *Werk „Moderne Landwirtschaft "*: „Es gibt in der Chemie kein wunderbareres Phänomen, das alle menschliche Weisheit mehr durcheinander bringt, als der Boden eines Gartens oder Feldes. Durch das einfachste Experiment, egal Man kann sich davon überzeugen, dass Regenwasser, das durch Feld- oder Gartenerde gefiltert wird, keine Spuren von Kali, Kieselsäure, Ammoniak oder Phosphorsäure herauslöst. Der Boden gibt nicht einen Partikel der darin enthaltenen Pflanzennahrung an das Wasser ab . Der Dauerregen kann dem Feld, außer mechanisch, keinen seiner wesentlichen Bestandteile seiner Fruchtbarkeit entziehen."

„Der Boden hält nicht nur die gesamte Nahrung der Pflanzen fest, die sich tatsächlich in ihm befindet, sondern seine Fähigkeit, alles zu bewahren, was für sie nützlich sein könnte, reicht noch viel weiter. Wenn Regen oder anderes Wasser Ammoniak, Kali sowie Phosphor- und Kieselsäure in Lösung hält Werden Säuren mit dem Boden in Berührung gebracht, so verschwinden diese Stoffe fast sofort aus der Lösung; der Boden entzieht sie dem Wasser. Nur solche Stoffe werden vom Boden vollständig entzogen, die für Pflanzen unentbehrliche Nahrungsbestandteile sind; alle anderen bleiben ganz oder im Inneren Teil in Lösung."

Der erste der gerade zitierten Absätze entspricht nicht den angeblichen Erfahrungen der Landwirte in den Teilen Italiens, in denen die Bewässerung am erfolgreichsten angewendet wird. Sie gehen davon aus, dass die Inhaltsstoffe des Pflanzenwachstums durch übermäßiges und langanhaltendes Gießen aus dem Boden ausgewaschen werden. Sie halten es auch für eine erwiesene Tatsache der Beobachtung, dass Wasser, das durch oder über fruchtbaren Boden geflossen ist, für die Bewässerung weitaus wertvoller ist als Wasser aus derselben Quelle, das nicht mit Düngemitteln imprägniert wurde, indem es durch Böden, die diese enthalten, fließt; und andererseits dient dieses Wasser, das reich an Vegetationselementen ist, nicht mehr dazu, einen kargen Boden zu bewässern, und ist daher als Dünger für tiefer gelegene Böden, zu denen es später geleitet werden kann, weniger wertvoll.

Die Bewässerungspraxis ist – außer in Bergländern, wo es zahlreiche Quellen und Bäche gibt – mit sehr schwerwiegenden wirtschaftlichen, sozialen und politischen Übeln verbunden. Der Bau von Kanälen und ihren immens verzweigten Zweigen sowie die Planierung und Abschrägung des zu bewässernden Bodens sind immer kostspielige Unternehmungen, und sie erfordern sehr oft eine Kapitalmenge, die nur vom Staat, von vermögenden Kapitalgesellschaften oder anderen Kapitalgesellschaften verfügt werden kann von sehr wohlhabenden Eigentümern; Die Kapazität der Kanäle muss unter Berücksichtigung der zu bewässernden Fläche berechnet werden, und wenn sie und ihre Zweige einmal gebaut sind, ist es sehr schwierig, sie zu erweitern oder ihre ursprünglichen Anordnungen an Änderungen im Zustand anzupassen der Boden oder in den Anbaumethoden oder -objekten; Da der Wasserfluss durch die Fülle der Quelle oder die Kapazität der Kanäle begrenzt ist, kann es dem einzelnen Eigentümer nicht gestattet werden, Wasser nach Belieben zu entnehmen, entsprechend seinem eigenen privaten Interesse oder seiner Bequemlichkeit, sondern sowohl nach der Zeit als auch nach der Menge der Versorgung muss durch ein allgemeines System geregelt werden, das soweit wie möglich auf das gesamte von demselben Kanal bewässerte Gebiet anwendbar ist, und jeder Landwirt muss seine Industrie einem Plan anpassen, der möglicherweise völlig im Widerspruch zu seinen besonderen Zielen oder seinen Ansichten steht gute Haltung. Die gegensätzlichen Interessen und die Eifersüchte der Eigentümer, die auf dieselben Versorgungsquellen angewiesen sind, sind eine Quelle unaufhörlicher Auseinandersetzungen und Rechtsstreitigkeiten, und die Launen oder Parteilichkeiten der Beamten, die die Kanäle kontrollieren, oder der Auftragnehmer, die die Kanäle bewirtschaften, führen nicht selten zu ruinöser Ungerechtigkeit gegenüber einzelne Grundbesitzer. Diese Umstände entmutigen die Aufteilung des Bodens in kleine Grundstücke, und es besteht eine ständige Tendenz zur Anhäufung großer bewässerter Ländereien in den Händen großer Kapitalisten und infolgedessen zur Enteignung der kleinen Landwirte, die aus der Lage geraten Eigentümer des Landes zu Lohnarbeitern. Die Bauern sind keine Freibauern mehr, sondern Bauern. Da sie kein Interesse an dem Boden haben, aus dem ihr Land besteht, werden sie praktisch ausgebürgert, und die Mittelschicht, die die eigentliche physische und moralische Stärke des Landes darstellen sollte, existiert nicht mehr als ländliches Anwesen und ist nur noch unter den Berufstätigen zu finden , die kaufmännische und die industrielle Bevölkerung der Städte.

[344] BOUSSINGAULT , *Économie Rurale* , II, S. 248, 249.

[345] Der Reisanbau ist überall so schädlich für die Gesundheit, dass nur die Bedürfnisse einer dichten Bevölkerung die Opfer an Leben rechtfertigen können, die er in den Ländern kostet, in denen er betrieben wird.

Es wurde durch tatsächliche Experimente gezeigt, dass sogar in Mississippi Baumwolle von dem Weißen vorteilhaft und ohne Gefahr für die Gesundheit angebaut werden kann; und tatsächlich wurde ein großer Teil der Baumwolle, die seit einigen Jahren auf den Markt von Vicksburg gebracht wurde, ausschließlich von weißen Arbeitskräften angebaut. Es gibt keinen Grund, warum der Baumwollanbau in Amerika eine ungesündere Beschäftigung sein sollte als in anderen Ländern, in denen man nie davon geträumt hat, dass er gefährlich ist, und kein gut informierter Amerikaner, weder in den Sklavenstaaten noch außerhalb, glaubt das Die Abschaffung der Sklaverei im Süden würde die Baumwollernte dieser Staaten dauerhaft verringern.

[346] *L'Italie à propos de l'Exposition de Paris* , S. 92.

[347] Die sehr wertvollen Memoiren von Lombardini, *Cenni idrografi sulla Lombardia, Intorno al sistema idraulico del Po* und andere Aufsätze zu ähnlichen Themen wurden in außerhalb Italiens kaum bekannten Zeitschriften veröffentlicht; und die *Idraulica Pratica* von Mari wurde meines Erachtens weder ins Französische noch ins Englische übersetzt. Diese Werke und andere Informationsquellen, die außerhalb Italiens ebenfalls unzugänglich sind, wurden von Baumgarten in einer Abhandlung mit dem Titel „ *Notice sur les Rivières de la Lombardie* “, in den *Annales des Ponts et Chaussées* , 1847, 1er sémestre, S. 129 ff., *frei verwendet seqq.* , und von Dumont, *Des Travaux Publics dans leurs Rapports avec l'Agriculture* , Anm. VIII, S. 269 *ff.* Der Einfachheit halber werde ich diese beiden Artikel anstelle der ursprünglichen Quellen verwenden, auf denen sie basieren.

[348] Sir John FW Herschel, zitiert Talabot als seine Autorität, *Physical Geography* (24).

In einem ausführlichen Artikel über „Bewässerung“, abgedruckt im *United States Patent Report* für 1860, S. 169 wird angegeben, dass die Wassermenge, die der Nil in vierundzwanzig Stunden bei Niedrigwasser in das Mittelmeer schüttet, 150.566.392.368 Kubikmeter beträgt; bei Hochwasser 705.514.667.440 Kubikmeter. Im Mittel dieser beiden Zahlen würde die durchschnittliche tägliche Lieferung des Nils 428.081.059.808 Kubikmeter oder mehr als 550.000.000.000 Kubikmeter betragen. Diese

Aussage enthält einen gewaltigen Fehler, wahrscheinlich einen Tippfehler, der die Wassermenge des Nils siebzehnhundertmal so groß macht, wie von Talabot berechnet, und um ein Vielfaches größer, als jemals ein physischer Geograph die von allen Flüssen gelieferte Menge geschätzt hat auf dem Gesicht des Globus.

[349] Der Drac, ein Wildbach, der etwas unterhalb von Grenoble in die Isère mündet, hat 5.200, die Isère, die ihn aufnimmt, 7.800 Kubikyards und die Durance eine gleiche Menge pro Sekunde abgelassen. – Montluisant, Note sur LES Desséchements , usw., *Annales des Ponts et Chaussées* , 1833, 2 Monate, S. 288.

Die Überschwemmungen einiger anderer französischer Flüsse liegen kaum hinter denen der Rhone zurück. Die Loire oberhalb von Roanne hat ein Becken von 2.471 Quadratmeilen oder etwa doppelt so viel wie die Fläche der Ardèche. Bei einigen seiner Überschwemmungen hat es über 9.500 Kubikmeter pro Sekunde geliefert. – BELGRAND , *De l'Influence des Forêts, etc.*, *Annales des Ponts et Chaussées* , 1854, 1er sémestre, p. 15, Anmerkung.

[350] Die ursprünglichen Wälder, in denen das Becken der Ardèche reich war, sind seit vielen Jahren schnell verschwunden, und die schreckliche Heftigkeit der Überschwemmungen, die es jetzt verwüsten, wird von den fähigsten Forschern dieser Ursache zugeschrieben. In einem in den *Annales Forestières für 1843* eingefügten Artikel , zitiert von Hohenstein, *Der Wald* , S. 177 heißt es, dass etwa ein Drittel der Fläche des Departements infolge der Rodung bereits völlig unfruchtbar geworden sei und dass die Zerstörung der Wälder immer noch mit großer Geschwindigkeit voranschreite. Ständig bildeten sich neue Sturzbäche, die schätzungsweise mehr als 70.000 Acres gutes Land bzw. ein Achtel der Oberfläche des Departements mit Sand und Kies bedeckten.

[351] „Es gibt kein Beispiel für ein Zusammentreffen großer Überschwemmungen der Ardèche und der Rhone, da alle bekannten Überschwemmungen der Ardèche zu einer Zeit stattfanden, als die Rhone sehr niedrig war." – Mardigny, Mémoire sur les Inondations DES Rivières *de l'Ardèche* , S. 26.

Bei dieser Gelegenheit möchte ich anerkennen, dass ich den soeben zitierten interessanten Memoiren alle meine Aussagen zu den Überschwemmungen der Ardèche zu verdanken habe, mit Ausnahme des

Vergleichs des Wasservolumens mit dem des Nils und der Berechnung der Kapazität für den Bau von Stauseen in seinem Einzugsgebiet erforderlich.

[352] In einigen Fällen, in denen das Bett reißender Alpenbäche aus sehr hartem Gestein besteht – wie es in vielen Tälern der Fall ist, die einst von alten Gletschern gefüllt waren – und insbesondere dort, wo sie von Gletschern gespeist werden, die nicht von bröckelnden Klippen überragt sind, ist die Der Kanal kann über Jahrhunderte nahezu unverändert bleiben. Dies ist an vielen Nebenflüssen der Dora Baltea zu beobachten, die das Aostatal entwässert. Mehrere dieser kleinen Flüsse werden von mehr oder weniger perfekten römischen Brücken überspannt – eine davon, die über die Lys bei Pont St. Martin, ist immer noch in gutem Zustand und wird ständig genutzt. Eine Untersuchung der Felsen, auf denen die Widerlager dieses und einiger anderer ähnlicher Bauwerke gegründet sind, und der Kanäle der Flüsse, die sie überqueren, zeigt, dass die Bachbetten seit dem Bau der Brücken nicht stark erhöht oder abgesenkt worden sein können. In anderen Fällen, wie am Ausgang des Val Tournanche bei Chatillon, wo noch eine einzelne Rippe einer römischen Brücke erhalten ist, spricht nichts gegen die Annahme, dass die tiefe Ausgrabung des Kanals teilweise zu einer viel späteren Zeit durchgeführt wurde . Siehe *App.* , <u>Nr. 47</u> .

[353] *Mémoire sur les Inondations des Rivières de l'Ardèche* , S. 16. „Das gewaltige Tosen, das Donnern der reißenden Wildbäche geht hauptsächlich von den Steinen aus, die im Bachbett entlang gerollt werden. Diese Bewegung geht mit einer so starken Zermürbung einher, dass in den Südalpen die Atmosphäre der Täler, in denen die Kalkstein enthält Bitumen und hat bei Überschwemmungen den ausgeprägten bituminösen Geruch, der durch das Aneinanderreiben solcher Kalksteinstücke entsteht." – WESSELY , *Die österreichischen Alpenländer* , I, S. 113. Siehe *Anhang* , <u>Nr. 48</u> .

[354] FRISI , *Del modo di regolare i Fiumi ei Torrenti* , S. 4-19.

[355] SURELL , *Étude sur les Torrents* , S. 31–36.

[356] CHAMPION , *Les Inondations en France* , iii, S. 156, Anmerkung.

[357] Trotz dieser günstigen Umstände wurde der durch die Überschwemmung von 1840 im Rhonetal verursachte Schaden auf 72

Millionen Francs geschätzt . – CHAMPION , *Les Inondations en France* , *iv, S.*
124.

Mehrere kleinere Überschwemmungen der Rhone, die zu einem etwas
früheren Zeitpunkt des Jahres 1846 stattfanden, verursachten einen Verlust
von 45 Millionen Francs. „Was wäre, wenn", sagt Dumont, „sie statt im
Oktober, also zwischen Ernte und Aussaat, stattgefunden hätten, bevor die
Ernte gesichert war? Der Schaden hätte sich auf Hunderte Millionen
belaufen." – Des Travaux Publics , S. 99, Anmerkung.

[358] TROY , *Étude sur le Reboisement des Montagnes* , §§ 6, 7, 21.

[359] Zu Berichten über Schäden durch das Platzen von Stauseen siehe
VALLÉE , *Mémoire sur les Reservoirs d'Alimentation des Canaux, Annales des Ponts
et Chaussées* , 1833, 1er sémestre, S. 261.

[360] Einige geographische Autoren verwenden den Begriff *Bifurkation*
ausschließlich auf diese Verbindung von Flüssen; andere, mit mehr
etymologischem Anstand, verwenden es, um die Aufteilung großer Flüsse in
Zweige an der Spitze ihrer Deltas auszudrücken. Ein Fachbegriff soll das im
Text erwähnte Phänomen bezeichnen.

[361] MARDIGNY , *Mémoire sur les Inondations de l'Ardèche* , S. 13.

[362] Bei Flüssen, die durch weite Schwemmlandebenen fließen und
stark dazu neigen, ihr Bett zu verschieben, wie der Po, lassen die
Uferböschungen oft einen sehr großen Raum zwischen sich. Die Deiche des
Po sind manchmal drei oder vier Meilen voneinander entfernt. –
BAUMGARTEN , nach LOMBARDINI , *Annales des Ponts et Chaussées* , 1847, 1er
sémestre, p. 149.

[363] Aus den Untersuchungen von Lombardini geht hervor, dass die
Hebungsgeschwindigkeit des Po-Bettes von früheren Autoren stark
übertrieben wurde und dass die Änderung in einigen Teilen seines Verlaufs
so langsam ist, dass sein Niveau als nahezu konstant angesehen werden kann
.- BAUMGARTEN , zuvor zitierter Band, S. 175 ff. Siehe *Anhang* , Nr. 49 .

Wenn an der Westküste der Adria ein säkulares Tiefdruckgebiet
herrscht, wie viele Umstände belegen, kann das Absinken der Ebene in

Küstennähe dazu beitragen, die Ablagerung von Sedimenten im Flussbett zu verhindern, indem die Strömungsgeschwindigkeit erhöht wird kompensieren die tatsächlich durch Ablagerungen erzeugte Höhe, sodass keine sinnvolle Höhe entsteht, obwohl viel Kies und Schlamm fallen gelassen werden könnte.

[364] Um die Stadt Sacramento in Kalifornien vor den Überschwemmungen zu schützen, denen sie ausgesetzt ist, wurde am Ufer des Flusses ein Deich oder Deich errichtet und auf eine Höhe über der der höchsten bekannten Überschwemmungen angehoben, und es wurde verbunden, unterhalb der Stadt, wobei das Gelände deutlich oberhalb des Flusses liegt. Einmal kam es oberhalb der Stadt zu einem Deichbruch, als die Überschwemmung sehr hoch war. Das Wasser ergoss sich dahinter und überschwemmte den unteren Teil der Stadt, der noch einige Zeit unter Wasser blieb, nachdem der Fluss sein normales Niveau erreicht hatte, weil der Deich, der gebaut worden war, um das Wasser draußen zu halten, es *nun* drinnen *hielt* .

Laut Arthur Young versuchten die Bauern seiner Zeit am unteren Po, wo die Oberfläche des Flusses durch Deiche weit über das Niveau der angrenzenden Felder angehoben wurde, häufig, ihre Ländereien durch das Brechen der Deiche vor drohender Verwüstung zu schützen , indem sie den Fluss überquerten, als die Gefahr unmittelbar drohte, und einen Einschnitt in das gegenüberliegende Ufer öffneten und so ihr eigenes Eigentum retteten, indem sie das ihrer Nachbarn überschwemmten. Er fügt hinzu, dass bei Hochwasser die Schifffahrt auf dem Fluss mit Ausnahme von Post- und Passagierschiffen absolut verboten war und dass die Wachen auf alle anderen schossen; Der Zweck des Verbots besteht darin, die Bauern daran zu hindern, zu dieser Selbstverteidigungsmaßnahme zu greifen. – *Reisen in Italien und Spanien* , 7. November 1789.

Bei einer Überschwemmung des Po im Jahr 1839 kam es bei Bonizzo zu einem Dammbruch. Das Wasser ergoss sich durch die Ebene und überschwemmte 116.000 Acres oder 181 Quadratmeilen, in den unteren Teilen bis zu einer Tiefe von 20 bis 23 Fuß. – Baumgarten, nach Lombardini, zuvor ZITIERTER Band , S. 152.

[365] MOYENS *Erzwinge die Torrents, um eine Gruppe von Menschen zu erzwingen, die sie verwüsten, und ergreife die großen Eingebungen* .

[366] Die Wirkung von Bäumen und anderen freistehenden Hindernissen auf die Kontrolle des Wasserflusses wird besonders von Palissy in seinem Aufsatz „ *Waters and Fountains* ", S. 173, Ausgabe von 1844. „Es gibt", sagt er, „in verschiedenen Teilen Frankreichs und besonders in Nantes Holzbrücken, um die Kraft des Wassers und des schwimmenden Eises zu brechen, die die Pfeiler beschädigen könnten." Bei den besagten Brücken haben sie aufrecht stehende Balken in das Flussbett über den besagten Pfeilern getrieben, ohne die sie nur wenig aushalten sollten. Und in gleicher Weise dämpfen die Bäume, die entlang der Berge gepflanzt werden, die Gewalt des Wassers sehr die aus ihnen fließen.

[367] Ich möchte nicht sagen, dass alle Flüsse ihre eigenen Täler ausgraben, denn ich habe keinen Zweifel daran, dass solche Vertiefungen der Oberfläche in den meisten Fällen auf höhere geologische Ursachen zurückzuführen sind und daher das Tal den Fluss macht, nicht den Fluss das Tal. Aber selbst wenn wir annehmen, dass ein Becken aus härtestem Gestein sofort vollständig geformt aus dem unterseeischen Abgrund, in dem es entstanden ist, emporgehoben wird, fällt der erste Regenschauer darauf, nachdem es in die Luft gestiegen ist, während sein Wasser folgen wird Die untersten Linien der Oberfläche werden diese Linien mit jedem weiteren Regen tiefer einschneiden und so weiter. Das zerfallene Gestein aus dem oberen Teil des Beckens bildet durch alluviale Ablagerungen die untere, die ständig weiter und weiter transportiert wird, bis der Widerstand von Schwerkraft und Kohäsion die mechanische Kraft des fließenden Wassers ausgleicht. Auf diese Weise entstehen mehr oder weniger steil geneigte Ebenen, in denen der Fluss ständig sein Bett ändert, entsprechend der ständig wechselnden Stärke und Richtung seiner Strömungen, die durch ständig wechselnde Bedingungen verändert werden. So soll der Po aufgrund der überlegenen mechanischen Kraft seiner nördlichen Zuflüsse seit langem geneigt gewesen sein, seinen Kanal nach Süden zu verschieben. Eine Umleitung dieser Nebenflüsse aus ihrem jetzigen Bett, so dass sie an anderen Stellen und in anderen Richtungen in den Hauptstrom münden könnten, könnte den gesamten Lauf dieses großen Flusses verändern. Aber die mechanische Kraft des Nebenflusses ist nicht das einzige Element seines Einflusses auf den Verlauf des Hauptstroms. Die Ablagerungen, die es in dessen Bett ablagert und als einfache Hindernisse oder Ablenkungsursachen wirken, sind nicht weniger wichtige Auslöser der Veränderung.

[368] Die Entfernung, bis zu der ein neues Hindernis für den Fluss eines Flusses, sei es durch einen Damm oder durch eine Ablagerung in seinem Kanal, dessen Strömung verlangsamt oder, wie es im Volksmund heißt, „das

Wasser zurückwirft", ist ein Problem eine schwierigere praktische Lösung als fast jede andere in der Hydraulik. Die Elemente – wie Geradheit oder Krümmung des Kanals, Beschaffenheit des Bodens und der Ufer, Volumen und vorherige Geschwindigkeit der Strömung, Wassermasse weit über dem Hindernis, außergewöhnliche Dürre oder Luftfeuchtigkeit der Jahreszeiten, relatives Ausmaß, in dem der Fluss davon betroffen sein kann Niederschläge im eigenen Becken und durch Zufuhr über unterirdische Kanäle aus Quellen, die so weit entfernt sind, dass sie sehr unterschiedlichen meteorologischen Einflüssen, den Auswirkungen von Rodungen und anderen Verbesserungen, die in immer neuen Ländern stattfinden, ausgesetzt sind, sind allesamt äußerst schwierig und in einigen Fällen sogar unmöglich , bekannt und gemessen werden. In den amerikanischen Staaten wurden innerhalb weniger Jahre sehr zahlreiche Wassermühlen errichtet, und es gibt kaum einen Bach im besiedelten Teil des Landes, der nicht über mehrere Mühlendämme verfügt. Bei der Errichtung eines Staudamms – ein Vorgang, den das allmähliche Nachlassen der Sommerströmungen häufig notwendig macht – oder beim Bau eines neuen Staudamms kommt es häufig vor, dass die darüber liegenden Wiesen überschwemmt werden oder dass sich die Stauung des Baches bis zum Staudamm fortsetzt weiter oben. Dies führt häufig zu Klagen. Aufgrund der großen Ungewissheit der Tatsachen sind die Aussagen in diesen Fällen widersprüchlicher als in jeder anderen Klasse von Fällen, und die Hartnäckigkeit, mit der „Wasserursachen" bestritten werden, ist sprichwörtlich geworden.

Die unterirdischen Wasserläufe sind ein sehr schwer zu erforschendes Thema, dessen enorme Bedeutung erst vor kurzem erkannt wurde. Die interessanten Beobachtungen von Schmidt über die Höhlen des Karsts und ihre Flüsse werfen viel Licht auf die unterirdische Hydrographie von Kalksteinbezirken und dienen dazu, zu erklären, wie auf der niedrigen Halbinsel Floridas Flüsse, die ihre Quellen in Bergen haben müssen, hundert oder mehr Weitere Meilen entfernt können sie in Strömungen aus der Erde strömen, die groß genug sind, um eine Dampfschifffahrt bis zu ihren eigentlichen Ausbruchsbecken zu ermöglichen. Artesische Brunnen enthüllen uns die Existenz unterirdischer Seen und Flüsse, die manchmal in aufeinanderfolgenden Schichten übereinander liegen; Aber das noch wichtigere Thema der Aufnahme von Wasser durch die Erde und seiner Übertragung durch Infiltration liegt noch in großer Dunkelheit.

[369] Das Sediment des Po hat einige Lagunen und Sümpfe in seinem Delta aufgefüllt und in vergleichsweise trockenes Land verwandelt; aber andererseits haben die Verzögerung des Stroms durch die Verlängerung seines Laufs und die Verringerung seiner Geschwindigkeit durch die Ablagerungen an seiner Mündung dazu geführt, dass sich sein Wasser an

einigen höher gelegenen Punkten trotz der Böschungen ausbreitete und daher fruchtbar wurde Felder wurden in ungesunde und unproduktive Sümpfe verwandelt. – Siehe BOTTER , *Sulla condizione dei Terreni Maremmani nel Ferrarese. Annali di Agricoltura usw.* , Fasc. v, 1863.

[370] Tiefbohrungen haben seit vierzig oder fünfzig oder, wie manche schätzen, seit hundert Jahrhunderten keinen wesentlichen Unterschied in der Quantität oder Qualität der Ablagerungen des Nils festgestellt. Aus welchem riesigen Vorrat an fruchtbarer Erde bezieht dieser Fluss die drei bis vier Zoll Düngemittel, die er alle hundert Jahre über den Boden Ägyptens verteilt? Nicht vom Weißen Nil, denn dieser Fluss lässt fast alle seine Schwebstoffe in den breiten Ausdehnungen und der langsamen Strömung seines Kanals südlich des zehnten nördlichen Breitengrads fallen. Es scheint auch nicht, dass der Bahr-el-Azrek, der auf einem großen Teil seines Laufs durch Wälder fließt, viel Sediment beisteuert. Ein alter europäischer Einwohner Ägyptens, der mit dem Oberen Nil sehr vertraut ist, hat mir mitgeteilt, dass fast die gesamte Erde, mit der sein Wasser gefüllt ist, von den Takazzé zerstört wird.

[371] Es ist sehr wahrscheinlich wahr, dass, wie Lombardini annimmt, die Ebene der Lombardei in der Antike mit Wäldern und Morast bedeckt war (Baumgarten, lcp 156); Hätte der Po jedoch keine Grenzen gesetzt, hätten seine Ablagerungen seine Ufer genauso schnell angehoben wie sein Bett, und es gibt keinen offensichtlichen Grund, warum diese Ebene sumpfiger sein sollte als andere Schwemmlandebenen, die von großen Flüssen durchzogen werden. Sein Unterlauf wäre möglicherweise sumpfiger geworden als heute, aber die Ufer des Mittel- und Oberlaufs wären in einem besseren Zustand für die landwirtschaftliche Nutzung gewesen, als sie es jetzt sind.

[372] Aus täglichen Messungen während eines Zeitraums von vierzehn Jahren – 1827 bis 1840 – ergibt sich, dass der mittlere Zufluss des Po bei Ponte Lagoscuro, unterhalb der Mündung seines letzten Nebenflusses, 1.720 Kubikmeter oder 60.745 Kubikfuß pro Sekunde beträgt . Seine kleinste Lieferung beträgt 186 Kubikmeter oder 6.569 Kubikfuß, seine größte 5.156 Kubikmeter oder 182.094 Kubikfuß. – BAUMGARTEN , nach LOMBARDINI , zuvor zitierter Band, S. 159.

Da der Nil durchschnittlich 101.000 Kubikfuß pro Sekunde transportiert, trägt der Po sechs Zehntel so viel Wasser zur Adria bei wie der Nil zum Mittelmeer – ein Ergebnis, das die meisten Leser überraschen wird.

[373] Wir gehen ziemlich sicher davon aus, dass das Niltal seit mindestens 5.000 Jahren von Menschen bewohnt ist. Die Daten der ägyptischen Chronologie sind ungewiss, aber ich glaube, kein Forscher schätzt das Alter der großen Pyramiden auf weniger als vierzig Jahrhunderte, und der Bau solcher Werke lässt auf eine bereits alte Zivilisation schließen.

[374] In Ägypten gibt es viele Deiche, aber sie werden nur in sehr wenigen Fällen eingesetzt, um das Wasser der Überschwemmung abzuschirmen. Ihre Aufgabe besteht darin, das bei Hochwasser des Nils aufgenommene Wasser in den von ihnen gebildeten Einschließungen zurückzuhalten, bis es seine Sedimente abgelagert oder zur Bewässerung herausgezogen hat; und sie dienen auch als Dammwege für die innere Kommunikation während der Überschwemmungen. Die ägyptischen Deiche zwingen also den Fluss nicht, wie die Deiche des Po, seine Sedimente ins Meer zu transportieren, sondern tragen dazu bei, den Schlamm zurückzuhalten, der, wenn der Fluss der Strömung über das Land nicht behindert würde, transportiert werden könnte zurück in den Kanal und schließlich ins Mittelmeer.

[375] Die Mittelmeerfront des Deltas kann auf eine Länge von 150 Meilen geschätzt werden. Zwei Kubikmeilen Erde würden die Lagunen an der Küste mehr als ausfüllen, und die restlichen zehn hätten ausgereicht, um die Küstenlinie um etwa 100 Meter zu verlängern, selbst wenn man die mittlere Wassertiefe auf zwanzig Klafter bezifferte, was jenseits der Wahrheit liegt Drei Meilen weiter seewärts, und so, einschließlich des durch die Auffüllung der Lagunen gewonnenen Landes, die Fläche Ägyptens um mehr als fünfhundert Quadratmeilen vergrößern. Das ist noch nicht alles; denn die Verzögerung der Strömung hätte durch die Verlängerung des Verlaufs und die daraus resultierende Verringerung der Neigung des Kanals die Ablagerung von Schwebstoffen erhöht und die Gesamtwirkung der Böschung verhältnismäßig verstärkt.

[376] Zur Vereinfachung der Schifffahrt und um die Gefahr einer Überschwemmung zu verringern, indem der Strömung eine größere Direktheit und natürlich Schnelligkeit verliehen wird, werden Flussbiegungen manchmal abgeschnitten und gewundene Kanäle gerade gemacht. Dieser Prozess hat die gleichen allgemeinen Auswirkungen wie das Eindeichen und kann daher nicht ohne viele der gleichen Ergebnisse angewendet werden.

Diese Praxis wurde auf dem Mississippi oft mit Vorteilen für die Schifffahrt angewandt, aber es ist eine ganz andere Frage, ob dieser Vorteil nicht zu teuer durch die Schädigung der Ufer an tiefer gelegenen Punkten erkauft wurde. Wenn wir annehmen, dass ein Fluss einen schiffbaren Lauf von 1.600 Meilen hat, gemessen an seinem natürlichen Kanal, mit einem Gefälle von 800 Fuß, dann haben wir ein Gefälle von sechs Zoll pro Meile. Wenn die Länge des Kanals durch Abschneiden von Kurven auf 1.200 Meilen reduziert wird, erhöht sich das Gefälle auf 20 Zoll pro Meile. Die aus dieser Erhöhung der Neigung resultierende Geschwindigkeitszunahme ist nicht berechenbar, ohne andere Elemente wie Wassertiefe und -volumen, Verringerung des direkten Widerstands und dergleichen zu berücksichtigen, würde aber in fast jedem denkbaren Fall ausreichen, um sie zu ermitteln große Auswirkungen auf die Höhe von Überschwemmungen, die Ablagerung von Sedimenten im Kanal, an den Ufern und an der Mündung, die Erosion von Ufern und anderen Punkten von großer geografischer Bedeutung.

Der Po schneidet in den Teilen seines Verlaufs, in denen die Uferböschungen einen großen Abstand lassen, oft Kurven in seinem Kanal ab und begradigt seinen Lauf. Diese Abkürzungen werden *Salti* oder Sprünge genannt und verringern manchmal den Abstand zwischen ihren Endpunkten um mehrere Meilen. Im Jahr 1777 verkürzte der Salto von Cottaro eine Strecke von 7.000 Metern um 5.000 Meter, oder anders ausgedrückt, verkürzte er die Länge des Kanals um mehr als drei Meilen; und 1807 und 1810 bewirkten die beiden Salti von Mezzanone eine Verringerung der Entfernung auf den Betrag zwischen sieben und acht Meilen. – BAUMGARTEN , lcp 38.

[377] Die Tatsache, dass die Vermischung von Salz- und Süßwasser in Küstensümpfen und Lagunen schädlich für den hygienischen Zustand der Umgebung ist, scheint fast allgemein anerkannt zu sein, obwohl der genaue Grund, warum eine Mischung aus beiden schädlicher sein sollte als eines von beiden allein , ist nicht ganz klar. Es wurde vermutet, dass der Eintritt von Salzwasser in die Lagunen und Flüsse viele Süßwasserpflanzen und -tiere tötet, während das Süßwasser für viele Meeresorganismen gleichermaßen tödlich ist und dass durch die Zersetzung der Überreste giftige Miasmen entstehen. Es wurden jedoch auch andere Theorien vorgeschlagen. Das gesamte Thema wird von Dr. Salvagnoli Marchetti im Anhang zu seinem wertvollen *Rapporto sul Bonificamento delle Maremme Toscane ausführlich und kompetent erörtert* . Siehe auch die *Memorie Economico-Statistiche sulle Maremme Toscane* des gleichen Autors.

[378] Diese merkwürdige Tatsache wird so im Vorwort zu Fossombroni (*Memorie sopra la Val di Chiana* , Ausgabe von 1835, S. xiii) dargelegt, aus dem ich auch die meisten der im Folgenden in Bezug auf dieses Tal gegebenen Daten entnehme: „Es Es ist vielleicht nicht allgemein bekannt, dass die Schwalben, die aus dem Norden [Süden] kommen, um den Sommer in unserem Klima zu verbringen, nicht in sumpfigen Gebieten mit einer Malaria-Atmosphäre auftauchen. Ein Beweis für die Wiederherstellung der Gesundheit im Val di Chiana wird erbracht von diesen Fluggästen, die noch nie zuvor in diesen Tiefebenen gesehen wurden, die aber innerhalb weniger Jahre in Forano und anderen ähnlich gelegenen Punkten aufgetaucht sind.

Ist die Luft der Sümpfe schädlich für die Schwalben, oder ist ihr Fehlen an solchen Orten lediglich auf den Mangel an menschlichen Behausungen zurückzuführen, in deren Nähe dieser Halbhausvogel gerne brütet, vielleicht weil es die Stubenfliege und andere Insekten gibt, die dem Menschen folgen? nur in der Nähe seiner Wohnungen?

In fast allen europäischen Ländern ist die Schwalbe durch Volksmeinung oder Aberglauben vor der Verfolgung geschützt, der fast alle anderen Vögel ausgesetzt sind. Es ist möglich, dass dieser Respekt vor der Schwalbe auf einer alten Beobachtung der soeben festgestellten Tatsache durch die Autorität von Fossombroni beruht. Unwissenheit verwechselt die Wirkung mit der Ursache, und man könnte annehmen, dass das Fehlen dieses Vogels die Ursache und nicht die Folge der Krankheit bestimmter Orte ist. Sobald diese Meinung angenommen wurde, wurde die Schwalbe zu einem heiligen Vogel, und im Laufe der Zeit wurden Fabeln und Legenden erfunden, um den Vorurteilen, die sie schützten, zusätzliche Bestätigung zu geben. Die Römer betrachteten die Schwalbe als den Penaten oder Hausgöttern geweiht, und laut Peretti (*Le Serate del Villaggio* , S. 168) halten es die lombardischen Bauern für eine Sünde, sie zu töten, weil es sich um *le gallinelle del Signore* , die Hühner, handelt des Herrn.

Das folgende kleine toskanische *Rispetto* aus Gradi (*Racconti Popolari* , S. 33) bringt die Gefühle der Bauernschaft gegenüber diesem Vogel gut zum Ausdruck:

O rondinella che passi lo mare
Torna 'ndietro, vo' dirty du' parole;Dammi 'na
penna delle tue bell' ale,Vo' scrivere 'na briefa
al mi' amore;E quando l' avrò scritta 'n carta
bella,Ti Renderò la penna, o rondinella;E
quando l' avrò scritta 'n carta bianca,Ti
renderò la penna che ti manca;E quando l'avrò
scritta in carta d'oro, Ti renderò la penna al
tuo bel volo

O Schwalbe, die über das Meer hinausfliegt,
kehre um! Ich möchte gern mit dir reden. Eine
Feder, o gewähre, von deinem so leuchtenden
Flügel! Denn ich würde meiner Liebsten einen
Brief schreiben; Und wenn er auf feinem
Papier geschrieben ist, werde ich dir, oh
Schwalbe, deine Feder geben ;-Auf Papier so
weiß, und ich werde dir, oh hübsche Schwalbe,
den Stift zurückgeben, der dir fehlt;-Auf
Papier aus Gold, und dann werde ich deinem
schönen Ritzel die Feder wieder zurückgeben.

Volkstraditionen und Aberglauben sind so eng mit den Orten verbunden, dass ein Auswanderervolk sie zwar in ein fremdes Land mitnimmt, aber selten eine zweite Generation überlebt. Allerdings wird die Schwalbe in Neuengland noch immer durch Vorurteile transatlantischen Ursprungs geschützt; und ich erinnere mich, dass ich in meiner Kindheit gehört habe, dass die Kühe blutige Milch geben würden, wenn die Schwalben getötet würden.

[379] MOROZZI , *Dello stato antico e moderno del fiume Arno* , ii, p. 42.

[380] MOROZZI , *Dello stato usw., dell' Arno* , II, S. 39, 40.

[381] Torricelli drückte sich zu diesem Punkt so aus: „Wenn wir uns mit dem zufrieden geben, was die Natur der menschlichen Industrie möglich gemacht hat, werden wir uns bemühen, die Abflüsse dieser Ströme so weit wie möglich zu kontrollieren, indem wir das Bett anheben." Das Tal mit seinen Ablagerungen wird die Fabel vom Tajo und Paktolus verwirklichen und wahrlich goldenen Sand für den wälzen, der weise genug ist, sich davon zu bedienen." – Fossombroni, MEMORIE sopra *la Val di Chiana* , S. 219.

[382] Arrian stellt fest, dass am Zusammenfluss von Hydaspes und Acesines, die beide als breite Bäche beschrieben werden, „ein sehr schmaler Fluss aus zwei Zuflüssen besteht und seine Strömung sehr schnell ist." – Arrian , Alex . *Anab.* , vi, 4.

[383] Dieses Problem wurde bei einem wichtigen Fluss der Maremma, der Pecora, durch kürzlich vorgenommene Lichtungen entlang seines Oberlaufs behoben. „Der Zustand dieses Sumpfgebiets und seiner Zuflüsse hat sich jetzt, im November 1859, stark verändert, und es ist ratsam, seine Verbesserung durch Ablagerungen voranzutreiben. Infolge der ausgedehnten Abholzung der Wälder auf den Ebenen, Hügeln und Bergen des." Im Gebiet von Massa und Scarlino erhalten die Pecora und andere Zuflüsse des Sumpfgebiets in den letzten zehn Jahren während des Regens reichlich mit Schlamm angereichertes Wasser, so dass die Ablagerungen innerhalb des ersten Abschnitts des Sumpfgebiets bereits beträchtlich sind, und wir können es auch tun Ich hoffe nun, dass das gesamte Sumpfgebiet und der Teich in viel kürzerer Zeit gefüllt werden, als wir vor 1850 erwarten durften. Dieser Umstand ändert den Inhalt der Frage völlig, da das Auffüllen des Sumpfgebiets und des Teichs damals fast unmöglich erschien Aufgrund der geringen Menge an Sedimenten, die von der Pecora abgelagert werden, ist es nun möglich geworden." – SALVAGNOLI , *Rapporto sul Bonificamento delle Maremme Toscane* , S. li, lii.

Die jährliche Sedimentmenge, die die Flüsse der Maremma mit sich bringen, wird auf mehr als 12.000.000 Kubikmeter geschätzt, was ausreicht, um eine Fläche von vier Quadratmeilen um einen Yard anzuheben. Zwischen 1830 und 1859 wurde allein im Sumpf- und Untiefensee von Castiglione mehr als das Dreifache dieser Menge abgelagert. – SALVAGNOLI , *Raccolta di Documenti* , S. 74, 75.

[384] An der Küste der Toskana steigt die Flut zehn Zoll an. Siehe Memoiren von FANTONI , im Anhang zu SALVAGNOLI , *Rapporto* , S. 189.

Zu den Gezeiten des Mittelmeers siehe BÖTTGER , *Das Mittelmeer* , S. 190. Da ich Admiral Smyths Mittelmeer – auf dem Böttgers Werk basiert – nicht zur Hand habe, weiß ich nicht, inwieweit der frühere Autor für den in dem genannten Kapitel behandelten Sachverhalt Anerkennung findet.

[385] In katholischen Ländern erfordert die Disziplin der Kirche zu bestimmten Jahreszeiten eine *magere Ernährung, und da Fisch kein Fleisch ist, besteht zu diesen Zeiten eine große Nachfrage nach diesem Nahrungsmittel.* Zur Bequemlichkeit der Klöster und ihrer Gönner und als finanzielle Entlohnungsquelle für kirchliche Einrichtungen und manchmal auch für Laienbesitzer wurden im Mittelalter zahlreiche künstliche Fischteiche angelegt. Es handelte sich im Allgemeinen um flache Teiche, die durch Aufstauen von Sumpfmündungen entstanden waren, und sie gehörten zu den ertragreichsten Quellen endemischer Krankheiten und der

eigentümlichen Bösartigkeit der Epidemien, die Europa in jenen Jahrhunderten so oft heimgesucht hatten. Diese Teiche waren in religiöser Hand zu heilig, als dass man sie zu sanitären Zwecken verletzen konnte, und wenn sie mächtigen Laienherren gehörten, waren sie fast ebenso unantastbar. Die Rechte der Fischerei stellten ein ständiges Hindernis für jeden Vorschlag zur Verbesserung der Wasserversorgung dar, und bis zum heutigen Tag sind große und fruchtbare Gebiete in Südeuropa kränklich und nahezu unbebaut und unbewohnt, weil die Trockenlegung der Teiche auf ihnen das Einkommen der daraus resultierenden Eigentümer verringern würde große Gewinne erzielen, indem sie die Gläubigen in der Fastenzeit mit Fisch und verschiedenen Arten von Wasservögeln versorgen, die zwar sehr fett, aber kirchlich gesehen dürftig sind.

[386] Macchiavelli riet der toskanischen Regierung, „vorzusehen, dass die Menschen die Gesundheit des Bodens durch Kultivierung wiederherstellen und die Luft durch Feuer reinigen." – SALVAGNOLI , *Memorie* , S. 111.

[387] GIORGINI , *Sur les Causes de l'Insalubrité de l'air dans le voisinage des marais, etc.*, *lue à l'Académie des Sciences à Paris*, *le* 12 Juillet, 1825. Nachdruck in SALVAGNOLI , *Rapporto, etc.* , Anhang, S . 5, *ff.*

[388] Siehe die sorgfältigen Schätzungen von ROSET , *Moyens de forcer les Torrents usw.* , S. 42, 44.

[389] Flüsse, die Sand, Kies, Kieselsteine, kurz gesagt schwere Mineralien, transportieren, neigen dazu, ihr eigenes Bett anzuheben; diejenigen, die nur mit feiner, leichter Erde aufgeladen wurden, um sie tiefer zu schneiden. Die Prärieflüsse des Westens haben tiefe Kanäle, weil die Mineralien, die sie mit sich führen, nicht schwer genug sind, um dem Impuls selbst einer mäßigen Strömung zu widerstehen, und die Nebenflüsse des Po, die ihre Sedimente in den Seen ablagern – der Ticino, der Adda , der Oglio und der Mincio – fließen aus demselben Grund in tiefen Einschnitten. – BAUMGARTEN , lc, p. 132.

[390] „Der Strom trägt diesen Schlamm usw. zunächst weiter nach Osten und lässt ihn erst dort fallen, wo die Kraft der Strömung nachlässt. Dies erklärt in der Folge das kontinuierliche Vordringen des Landes seewärts

entlang der syrischen Küste." Davon liegen Tyrus und Sidon nicht mehr am Ufer, sondern etwas landeinwärts. Dass der Nil zu dieser Ablagerung beiträgt, kann selbst für den unwissenschaftlichen Beobachter leicht an der fleckigen und trüben Beschaffenheit des Wassers viele Meilen von seinen Mündungen entfernt erkennen . Ein etwas alarmierendes Phänomen wurde in dieser Gegend im Jahr 1801 an Bord der englischen Fregatte Romulus, Kapitän Culverhouse, auf einer Reise von Acre nach Abukir beobachtet. Dr. ED Clarke, der Passagier an Bord dieses Schiffes war, beschreibt es folgendermaßen:

„'26. Juli. – Heute, Sonntag, begleiteten wir den Kapitän in die Offiziersmesse, um wie üblich mit seinen Offizieren zu speisen. Während wir am Tisch saßen, hörten wir die Matrosen, die das Blei warfen, plötzlich rufen: „Drei." „Der Kapitän sprang auf, war augenblicklich an Deck, und fast im selben Moment verlangsamte das Schiff seinen Kurs und drehte um. Jeder Seemann an Bord ging davon aus, dass es sofort auf Grund laufen würde. In der Zwischenzeit jedoch Als das Schiff herumkam, war die gesamte Wasseroberfläche mit dickem, schwarzem Schlamm bedeckt, der sich so weit ausdehnte, dass es wie eine Insel aussah. Gleichzeitig war nirgends echtes Land zu sehen – nicht einmal von dort Auf keiner Karte an Bord war von einer solchen Untiefe die Rede. Tatsächlich handelte es sich, wie wir später erfuhren, um eine Schlammschicht, die sich von den Mündungen des Nils über viele Meilen bis ins offene Meer erstreckte , bildet eine bewegliche Ablagerung entlang der ägyptischen Küste. Wenn diese Ablagerung durch starke Strömungen vorangetrieben wird, steigt sie manchmal an die Oberfläche und stört den Seefahrer durch das plötzliche Auftauchen von Untiefen, wo er laut Karten eine beträchtliche Wassertiefe erwarten kann. Doch in Wirklichkeit sind diese Schlammschichten nicht im Geringsten gefährlich. Sobald ein Schiff sie trifft, zerbrechen sie sofort, und eine Fregatte kann ihren Kurs vollkommen sicher halten, wo ein unerfahrener Pilot, der durch seine Lotungen in die Irre geführt wird, jeden Moment damit rechnen würde, gestrandet zu sein."' – Böttger, DAS Mittelmeer , S . 188, 189.

[391] Die Höhlen von Krain fließen beträchtliche Flüsse von der Erdoberfläche, die nicht in allen Fällen mit Bächen identifiziert werden können, die an anderen Stellen aus ihnen fließen, und ähnliche Phänomene sind in anderen Kalksteinländern nicht ungewöhnlich.

Sicherlich gibt es nicht viele Fälle, bei denen bekannt ist, dass Meeresströmungen kontinuierlich in Hohlräume unter der Erdoberfläche strömen, aber es gibt mindestens ein gut nachweisbares Beispiel dieser Art – das der Mühlenbäche bei Argostoli auf der Insel Kefalonia. Es wurde schon lange beobachtet, dass das Meerwasser in mehrere Spalten und Hohlräume in den Kalksteinfelsen der Küste floss, doch dieses Phänomen erregte bis vor Kurzem kaum Beachtung. Im Jahr 1833 wurden drei der Eingänge geschlossen und ein regelmäßiger Kanal, sechzehn Fuß lang und drei Fuß breit, mit einem Gefälle von drei Fuß, wurde in die Mündung eines größeren Hohlraums geschnitten. Das Meerwasser floss in diesen Kanal und konnte achtzehn bis zwanzig Fuß über seinen inneren Endpunkt hinaus verfolgt werden, als es in Löchern und Spalten im Felsen verschwand.

Im Jahr 1858 war der Kanal auf eine Breite von fünfeinhalb Fuß und eine Tiefe von einem Fuß vergrößert worden. Das Wasser ergießt sich schnell durch den Kanal in eine unregelmäßige Senke und bildet ein Becken, dessen Oberfläche drei bis vier Fuß unter dem angrenzenden Boden und etwa zweieinhalb bis drei Fuß unter dem Meeresspiegel liegt . Aus diesem Becken entweicht es durch mehrere Löcher und Spalten im Gestein, und es wurde noch nicht festgestellt, dass es anderswo austritt.

In Argostoli herrscht bei ruhigem Wetter eine Flut von etwa 15 cm, bei Südwind ist sie jedoch deutlich höher. Ich finde keine Angaben darüber, ob bei Ebbe Wasser durch den Kanal in den Hohlraum fließt, aber es scheint eindeutig, dass es keine Rückflussströmung gibt, da dies natürlich nicht aus einem so tief unter dem Meer liegenden Becken der Fall sein kann. Mousson stellte fest, dass die Fördermenge durch den Kanal 24,88 Kubikfuß pro Sekunde betrug; In welchem Stadium der Flut ist nicht ersichtlich. Andere Mühlen der gleichen Art wurden errichtet, und es scheint mehrere Stellen an der Küste zu geben, an denen das Meer ins Land mündet.

Zur Erklärung dieses Phänomens wurden verschiedene Hypothesen aufgestellt. Einige davon gehen davon aus, dass das Wasser bis in große Tiefen unter der Erdkruste absinkt, aber auch von einem Höhenunterschied in der Meeresoberfläche auf den gegenüberliegenden Seiten der Insel , was durch andere Umstände bestätigt zu sein scheint, ist die offensichtlichste Methode zur Erklärung dieser einzigartigen Tatsachen. Wenn wir annehmen, dass der Wasserspiegel auf einer Seite der Insel durch die Wirkung von Strömungen um drei oder vier Fuß höher angehoben wird als auf der anderen, würde das Vorhandensein von Hohlräumen und Kanälen im Felsen leicht eine unterirdische Strömung unter der Insel erklären Insel, und die Fluchtöffnungen könnten so tief oder so klein sein, dass sie sich der Beobachtung entziehen. Siehe *Aus der Natur*, Bd. 19, S. 129 *ff.* Siehe *Anhang* , Nr. 53 .

[392] „Die Zuflüsse, die die Seine unterhalb von Rouen erhält, sind so unbedeutend, dass die Vergrößerung des Volumens dieses Flusses hauptsächlich den in seinem Bett entspringenden Quellen zugeschrieben

werden muss. Dies ist ein Punkt, den Ingenieure jetzt zur Kenntnis nehmen, und M. Belgrand, der fähige Offizier, der mit der Verbesserung der Seine-Schifffahrt zwischen Paris und Rouen beauftragt ist, hat dem viel Aufmerksamkeit gewidmet." – BABINET, *Études et Lectures*, iii, S. 185.

Auf Seite 232 des gerade zitierten Bandes bemerkt derselbe Autor: „Im unteren Teil ihres Verlaufs, von den Wasserfällen der Oise her, erhält die Seine so wenige wichtige Zuflüsse, dass allein die Verdunstung ausreichen würde, um das gesamte fließende Wasser zu erschöpfen." unter den Brücken von Paris.

Dies setzt eine weitaus größere Verdunstung voraus, als üblicherweise berechnet wird, aber ich glaube, es steht fest, dass die Seine dem Meer viel mehr Wasser zuführt, als von all ihren oberflächlichen Zweigen in das Meer abgeleitet wird.

[393] Girard und Duchatelet behaupten, dass die unterirdischen Gewässer von Paris absolut stagnieren. Siehe ihren Bericht über die Entwässerung durch artesische Brunnen, *Annales des Ponts et Chaussées*, 1833, 2me sémestre, S. 313 *ff.*

Diese Meinung kann, wenn sie lokal zutrifft, nicht allgemein zutreffen, da sie nicht mit der bekannten Tatsache übereinstimmt, dass der allererste Wasserausbruch aus einem Bohrloch oft Blätter und andere Gegenstände zum Vorschein bringt, die durch Strömungen in die unterirdischen Reservoire getragen worden sein müssen .

[394] *Physikalische Geographie*, S. 286. Es ist nicht ersichtlich, ob diese Schlussfolgerung von Mariotte oder Wittwer stammt. Ich nehme an, es ist eine Schlussfolgerung des Letzteren.

[395] *Physische Geographie des Meeres*. Zehnte Auflage. London, 1861, § 274.

[396] PARAMELLE, *Quellenkunde, mit einem Vorwort von* B. COTTA, 1856.

[397] *Études et Lectures*, vi, p. 118.

[398] „Die Fläche des durch Entwässerung getrockneten Bodens nimmt ständig zu, und das Wasser, das durch atmosphärische Niederschläge an die

Oberfläche gelangt, wird dadurch teilweise in neue Kanäle geleitet und im Allgemeinen schneller als zuvor abgeführt. Wird sich diese Tatsache nicht auswirken? einen Einfluss auf den Zustand vieler Quellen, deren Einzugsgebiet dadurch eine teilweise oder vollständige Umgestaltung erfährt? Ich bin überzeugt, dass dies der Fall sein wird, und es ist wichtig, Daten zur Lösung der Frage zu sammeln." BERNHARD COTTA , Vorwort zu PARAMELLE , *Quellenkunde* (deutsche Übersetzung), S. vii, viii. Siehe *Anhang* , <u>Nr. 54</u> .

[399] Siehe die interessanten Beobachtungen von KRIEGK zu diesem Thema, *Schriften zur allgemeinen Erdkunde* , Kap. iii, § 6, und insbesondere die Passagen bei RITTER *Erdkunde* , Bd. ich, da verwiesen.

Laurent (*Mémoires sur le Sahara Oriental* , S. 8, 9) stellt Folgendes fest, als er von einem Fluss bei El-Faid spricht, „der wie alle Flüsse in der Wüste die meiste Zeit ohne Wasser ist". In der Trockenzeit werden viele Brunnen in das Flussbett gegraben, und die so erreichte unterirdische Strömung scheint sich seitlich auszudehnen, etwa auf gleicher Höhe, mindestens einen Kilometer vom Fluss entfernt, da durch Graben Wasser bis zum Fluss gefunden wird Tiefe von zwölf oder fünfzehn Metern in einem Dorf, das in dieser Entfernung vom Ufer liegt.

Der bemerkenswerteste Fall von Infiltration, der mir aus persönlicher Beobachtung bekannt ist, ist das Vorkommen von Süßwasser im Strandsand auf der Ostseite des Golfs von Akaba, dem Ostarm des Roten Meeres. Wenn man am Strand eine Höhle in der Nähe des Meeresspiegels gräbt, füllt sich diese bald mit Wasser, das so frisch ist, dass man es nicht mehr trinken kann, obwohl das Meerwasser zwei bis drei Meter davon noch mehr als die durchschnittliche Menge Salz enthält. Es kann nicht behauptet werden, dass es sich hierbei um Meerwasser handelt, das durch Filtration durch einige Fuß oder Zoll Sand aufgefrischt wurde, denn Salzwasser kann durch diesen Prozess nicht seines Salzes entzogen werden. Es kann nur aus dem Hochland Arabiens stammen, und es scheint, dass es im Landesinneren ein großes Reservoir geben muss, um einen Vorrat bereitzustellen, der trotz der Verdunstung noch Monate nach den letzten Regenfällen des Winters und vielleicht sogar noch durchhält das Jahr. Ich habe die Tatsache im Juni beobachtet.

Der Niederschlag in den Bergen, die an das Rote Meer grenzen, ist durch pluviometrische Messungen nicht bekannt, aber die Schuttmassen, die von den Wildbächen in die Schluchten geschleudert wurden, beweisen, dass ihr Volumen groß sein muss. Der Anteil der mit Sand und saugfähiger Erde bedeckten Oberfläche ist in Arabia Petræa und den angrenzenden Ländern gering, und die Berge entwässern sich schnell in die Täler oder Schluchten, wo die Ströme entstehen; aber die Schichten aus Erde und zerfallenem Gestein am Grund der Täler sind von so lockerer und poröser Beschaffenheit, dass eine große Menge Wasser absorbiert wird, um sie zu sättigen, bevor sich auf ihrer Oberfläche eine sichtbare Strömung bildet. Bei einem heftigen Gewitter, begleitet von einem strömenden Regen, den ich im Mai am Berg Sinai beobachtete, ergoss sich ein großer Wasserstrom in einer fast ununterbrochenen Kaskade die steile Schlucht nördlich des Klosters hinab, an der manchmal Reisende vorbeikamen Sie stiegen vom Plateau zwischen den beiden Gipfeln herab, aber nachdem sie den Fuß des Berges erreicht hatten, flossen sie nur wenige Meter weiter, bevor sie im Sand verschluckt wurden.

[400] Es ist denkbar, dass in großen und flachen unterirdischen Becken die darüber liegende Erde auf dem Wasser ruht und teilweise von diesem getragen wird. In einem solchen Fall wäre das Gewicht der Erde eine zusätzliche, wenn nicht die einzige Ursache für das Aufsteigen des Wassers durch die Rohre artesischer Brunnen. Die Elastizität der Gase in den Hohlräumen kann auch dazu beitragen, Wasser nach oben zu drücken.

Ein französischer Ingenieur, M. Mullot, erfand eine einfache Methode, um Wasser aus einer von mehreren aufeinanderfolgenden Ansammlungen in verschiedenen Tiefen an die Oberfläche zu bringen oder es unvermischt aus zwei oder mehreren von ihnen gleichzeitig zu heben. Es besteht darin, konzentrische Röhren zu verwenden, eines in dem anderen, zwischen ihnen einen Raum für das Aufsteigen des Wassers zu lassen und jedes bis zu dem Blatt zu reichen, aus dem es saugen soll.

[401] Zu diesem Thema wurden viele mehr oder weniger wahrscheinliche Vermutungen aufgestellt, aber bisher ist mir nicht bekannt, dass eines der erwarteten Ergebnisse tatsächlich eingetreten ist. In einem Artikel in den *Annales des Ponts et Chaussées* für Juli und August 1839, S. 131 wurde vermutet, dass der Untergang der Pfeiler einer Brücke bei Tours in Frankreich durch die Entnahme von Wasser aus der Erde durch artesische Brunnen und den daraus resultierenden Entzug der mechanischen Unterstützung verursacht wurde, die sie zuvor den Schichten, in denen es sich befand, gegeben hatte. Eine Antwort auf diesen Artikel findet sich in VIOLETT, *Théorie des Puits Artésiens*, S. 217.

In einigen Fällen ist das Wasser mit einer Wucht in die Höhe geschossen, die die Überschwemmung der Nachbarschaft und sogar das Wegschwemmen von großem Erdreich zu bedrohen schien; aber in diesen Fällen hat die teilweise Erschöpfung des Vorrats oder die Entlastung des hydrostatischen oder elastischen Drucks im Allgemeinen in kurzer Zeit zu einer Verminderung des Flusses geführt, und ich weiß nicht, dass auf diese Weise jemals ein ernstes Übel verursacht wurde.

[402] Einen sehr interessanten Bericht über diese Brunnen und über die Arbeiter, die sie reinigen, wenn sie durch mit dem Wasser angeschwemmten Sand verstopft sind, finden Sie in Laurents Memoiren über die artesischen Brunnen, die kürzlich von der französischen Regierung in der algerischen Wüste gebohrt wurden, Mémoire *sur le Sahara Oriental usw.* , S. 19 *ff.* Einige der Männer blieben zwei Minuten bis zwei Minuten und vierzig Sekunden unter Wasser. Mehrere Beamte sollen ein Untertauchen von drei Minuten Dauer beobachtet haben, und M. Berbrugger behauptet, er sei Zeuge eines Untertauchens von fünf Minuten und fünfundfünfzig Sekunden geworden. Der kürzeste dieser Zeiträume ist länger, als der beste Perlentaucher unter der Salzwasseroberfläche bleiben kann. Die Brunnen der Sahara sind zwischen zwanzig und achtzig Meter tief.

Es wurde oft behauptet, dass die alten Ägypter mit der Kunst vertraut waren, artesische Brunnen zu bohren. Parthey erwähnt bei der Beschreibung der Kleinen Oase die Ruinen eines römischen Aquädukts und bemerkt: „Aus den jüngsten Forschungen von Aim, einem französischen Ingenieur, geht hervor, dass diese Aquädukte mit alten artesischen Brunnen verbunden sind, deren Restaurierung es möglich machen würde weiten den Anbau weit über die gegenwärtigen Grenzen hinaus aus. Dies stimmt mit alten Zeugnissen überein. Es wird behauptet, dass die Bewohner der Oasen Brunnen bis zu einer Tiefe von 200, 300 und sogar 500 Ellen gruben, aus denen reichlich Wasser floss. Siehe OLYMPIODORUS in *Photii Bibl.* , Cod. 80, S. 61, L. 17, Hrsg. Bekk.“ – PARTHEY , *Wanderungen* , ii, S. 528.

In einem Artikel mit dem Titel „ *Note relative à l'execution d'un Puits Artésien en Egypte sous la XVIII dynastie* “, der am 12. November 1852 der Académie des Inscriptions et Belles Lettres vorgelegt wurde, versucht M. Lenormant zu zeigen, dass es sich um eine Hieroglyphe handelt Die in Contrapscelcis gefundene Inschrift beweist die Ausführung einer Arbeit dieser Art in der nubischen Wüste zu dem im Titel seiner Arbeit angegebenen Zeitraum. Die Interpretation der Inschrift ist eine Frage für Ägyptologen; Aber wenn die Ägypter tatsächlich Brunnen nach chinesischer oder europäischer Art durch den Fels gebohrt haben, ist es bemerkenswert, dass unter den zahlreichen und detaillierten Darstellungen ihrer Industriebetriebe, die auf die Wände ihrer Gräber gemalt oder geschnitzt sind, keine Spur dieser Vorgänge zu finden ist Es hätte entdeckt werden sollen, dass es für einen so bemerkenswerten und wichtigen Zweck eingesetzt wurde. Siehe *Anhang* , Nr. 56 .

Es ist sicher, dass artesische Brunnen in China seit sehr langer Antike verbreitet sind, und die einfache Methode der Chinesen – bei der der Bohrer an einem Seil anstelle einer starren Stange angehoben und fallen gelassen wird – wurde in letzter Zeit angewendet Europa im Vorteil. Einige der chinesischen Brunnen sollen 3.000 Fuß tief sein; die des Neusalzwerks in Schlesien – dem tiefsten in Europa – beträgt 2.300. Vor einigen Jahren wurde in St. Louis in Missouri ein Brunnen bis zu einer Tiefe von 2.199 Fuß gebohrt, um eine Zuckerraffinerie zu versorgen. Dies wurde von einer Privatfirma innerhalb von drei Jahren für nur 10.000 US-Dollar durchgeführt. Ein anderer wurde seitdem in der Landeshauptstadt Columbus, Ohio, in einer Tiefe von 2.500 Fuß gebohrt, ohne jedoch die gewünschte Wasserversorgung zu erhalten.

[403] „In Erwartung unseres Erfolgs bei Oum-Thiour war alles darauf vorbereitet, diese neue Quelle des Reichtums ohne einen Moment Verzögerung zu nutzen. Eine Abteilung des Stammes der Selmia und ihres Scheichs, Aïssa ben Shâ." , legten den Grundstein für ein Dorf, sobald das Wasser floss, und pflanzten zwölfhundert Dattelpalmen, verzichteten auf ihr Wanderleben und hefteten sich an den Boden. An diesem trockenen Ort war das Leben an die Stelle der Einsamkeit getreten und bot sich an Seine lächelnden Bilder tauchten vor dem erstaunten Reisenden auf. Junge Mädchen schöpften Wasser am Brunnen; die Herden, die großen Dromedare mit ihrem langsamen Schritt, die am Halfter geführten Pferde bewegten sich zur Tränke; die Hunde und Falken belebten die Eine Gruppe parteifarbener Zelte und lebendige Stimmen und lebhafte Bewegungen hatten Stille und Trostlosigkeit herbeigeführt." – LAURENT , *Mémoires sur le Sahara* , S. 85.

[404] Die Vielfalt der Farbtöne und Töne in der lokalen Farbe der Wüste ist meiner Meinung nach eines der Phänomene, die einen Fremden in diesen Regionen am meisten überraschen und interessieren. In England und den Vereinigten Staaten sind Felsen so häufig mit Moos oder Erde und die Erde mit Vegetation bedeckt, dass unbereiste Engländer und Amerikaner mit nacktem Fels als auffälligem Landschaftselement nicht sehr vertraut sind. Daher schreiben sie in ihrer Vorstellung einer kahlen Klippe oder eines Abgrunds kaum eine bestimmte Farbe zu, sondern stellen sie ihrer Vorstellungskraft als eine neutrale Tönung dar, die mit keinem der Farbtöne vergleichbar ist, mit denen die Natur ihre Atmosphäre färbt oder ihre organischen Schöpfungen malt. Es gibt sicherlich ausgedehnte Wüstengebiete, hauptsächlich Kalksteinformationen, deren Oberfläche entweder weiß ist oder zu einem matten, einheitlichen Ton verwittert ist, den

man kaum noch als Farbe bezeichnen kann; und es gibt Sandebenen und treibende Hügel von ermüdender Monotonie der Farbtöne. Aber die Chemie der Luft, auch wenn sie das Glitzern des Kalksteins zu einem düsteren Grau zähmen mag, bringt das Grün und Braun und Lila der magmatischen Gesteine und das Weiß und Rot und Blau und Violett und Gelb des Sandsteins zum Vorschein. Viele Klippen in Arabia Petræa sind in ihren Farben so vielfältig wie der Regenbogen, und die Adern sind so unterschiedlich in Dicke und Neigung, so verdreht und in ihrer Anordnung verwickelt, dass sie das Auge des Betrachters wie eine Scheibe aus parteifarbenem Glas verwirren schnelle Revolution.

In den engeren Wadies kommt die Fata Morgana nicht häufig vor; aber auf weiten Flächen, wie an vielen Punkten zwischen Kairo und Suez und im Wadi el Araba, verspottet es einen mit Seen und landumschlossenen Buchten, übersät mit Inseln und gesäumt von Bäumen, alles bemalt mit einer illusorischen Wahrheit der Darstellung, von der man absolut nichts unterscheiden kann Die Realität. Auch die karierte Erde ist mit einem Himmel überdacht, der so vielfältig ist wie er selbst. Sie sehen hoch oben am Himmel am Mittag rosige Wolken, die wahrscheinlich durch die Reflexion der rötlichen Berge gefärbt sind, während in der Nähe des Horizonts Kumuluswolken von transparentem, ätherischem Blau schweben, die scheinbar aus der klaren himmelblauen Substanz des Firmaments zusammengeballt und abgelöst sind aus dem himmlischen Gewölbe, nicht durch Farbe oder Konsistenz, sondern allein durch das Licht und den Schatten ihrer Vorsprünge.

[405] *Œuvres de Palissy, Des Eaux et Fontaines* , S. 157.

[406] Id., S. 166. Siehe *Anhang* , Nr. 57 .

[407] BABINET , *Études et Lectures sur les Sciences d'Observation* , ii, p. 225. Unser Autor geht seinem Bericht über seine Methode eine Beschwerde voran, die die meisten denkenden Menschen im Laufe ihres Lebens viele Male wiederholen müssen. „Ich werde meinen Lesern den Bau künstlicher Brunnen nach dem Plan des berühmten Bernard de Palissy erklären, der vor einhundertfünfzig [dreihundert] Jahren kam und mir einen bescheidenen Akademiker des neunzehnten Jahrhunderts wegnahm , diese Entdeckung, die ich mit großer Mühe gemacht habe. Es reicht aus, alle Erfindungen zu entmutigen, wenn man sowohl in der Vergangenheit als auch in der Zukunft Plagiatoren findet!" (S. 224.)

[408] M. G. Dumas , *La Science des Fontaines* , 1857.

[409] Im merkwürdig bunten Sandstein von Arabia Petræa – der sicherlich eine Ansammlung von losem Sand ist, der aus Partikeln älterer Gesteine stammt – unterscheiden sich die angrenzenden Adern häufig sehr stark in der Farbe, jedoch nicht nennenswert im spezifischen Gewicht oder in der Textur; und die einzigartige Art, in der sie mal abwechselnd, mal verwirrt vermischt sind, muss anders erklärt werden als durch das Gewicht der jeweiligen Körner, aus denen sie bestehen. Sie scheinen tatsächlich vom Wasser in heftigem Aufwallen oder turbulenter mechanischer Bewegung oder durch eine Abfolge plötzlicher Wasser- oder Luftströmungen, die in verschiedene Richtungen strömten und mit verschiedenfarbiger Materie beladen waren, fallen gelassen worden zu sein.

[410] *De Bodem van Nederland* , I, S. 243, 246-377 *ff.* Siehe auch die Argumente von Brémontier zum Ursprung des Dünensands der Gascogne, *Annales des Ponts et Chaussées* , 1833, 1. Semester, S. 158, 161. Brémontier schätzt den jährlich an dieser Küste aufgewirbelten Sand auf fünf Kubiktoisen und zwei Fuß pro Lauftoise (ubi supra, S. 162), oder besser gesagt mehr als zweihundertzwanzig Kubikfuß pro Lauffuß. Nach siebenjährigen Beobachtungen stellte Laval fest, dass die Menge fünfundzwanzig Meter pro laufendem Meter betrug, was zweihundertachtundsechzig Kubikfuß pro laufendem Fuß entspricht. – Annales des Ponts et Chaussées, 1842, *2 Monate* , P. 229. Diese Berechnungen ergeben, dass der Anteil des an der Küste der Gascogne abgelagerten Sandes drei- oder viermal so groß ist wie der von Andresen an den Küsten Jütlands beobachtete. Laval schätzt die Gesamtmenge an Sand, die jährlich an der Küste der Gascogne aufgewirbelt wird, auf 6.000.000 Kubikmeter oder mehr als 7.800.000 Kubikmeter.

[411] *De Bodem van Nederland* , i, S. 339.

[412] Die für die Produktion von Sand aus zerfallenem Gestein günstigen Bedingungen durch jetzt wirksame Ursachen sind vielleicht nirgends besser verwirklicht als auf der Sinaitischen Halbinsel. Die Berge sind steil und hoch, weder durch Vegetation noch durch eine Erdschicht geschützt, und die Felsen, aus denen sie bestehen, sind in einem zertrümmerten und fragmentierten Zustand. Sie sind von tiefen und steilen Schluchten durchzogen, deren Böden ausreichend geneigt sind, um den

schnellen Wasserfluss zu ermöglichen, und im Allgemeinen ohne Becken, in denen die größeren, von den Strömen gerollten Steinblöcke fallen gelassen und in Ruhe gelassen werden können; Auf den höheren Gipfeln und Kämmen gibt es starken Frost und viel Schnee, und im Winter regnet es reichlich und heftig. Die Berge bestehen hauptsächlich aus magmatischer Formation, aber viele der weniger hohen Gipfel sind mit Sandstein bedeckt, und am Osthang der Halbinsel kann man manchmal auf einen Blick mehrere hohe Granitpyramiden sehen, die durch beträchtliche Abstände voneinander getrennt sind Alle sind von horizontal geschichteten Sandsteinablagerungen überragt, die oft nur wenige Yards im Quadrat groß sind, die einander in der Höhe entsprechen, offenbar gleichzeitigen Ursprungs sind und einst in zusammenhängenden Schichten miteinander verbunden waren. Der Abbau des Gesteins, auf dem diese Formation ruht , reißt ständig große Mengen davon ab und vermischt sie mit den basaltischen, porphyrischen, granitischen und kalkhaltigen Fragmenten, die die Wildbäche in die Täler tragen und durch sie in einen Zustand von mehr oder weniger Zerfall, zum Meer. Die Sandmenge, die jährlich von den größeren Wildbächen der Kleinen Halbinsel ins Rote Meer gespült wird, ist wahrscheinlich mindestens so groß wie die Menge, die alle Bäche, die Becken von nicht größerer Ausdehnung entwässern, in den Ozean einbringen. Absolut betrachtet kann man also sagen, dass die Masse groß ist, aber im Vergleich zu dem Sand, den das Deutsche Meer und der Atlantik an den Küsten Dänemarks und Frankreichs aufwirbeln, ist sie offenbar sehr klein. Tatsächlich gibt es in Arabia Petræa viele Wildbäche mit sehr kurzem Verlauf, da die Meereswellen in vielen Teilen der Küste der Halbinsel den Fuß der Berge umspülen. In diesen Fällen gelangen die Gesteinsschuttteile nicht in einem ausreichend zerkleinerten Zustand ins Meer, um die Bezeichnung Sand zu tragen, oder auch nicht in Form abgerundeter Kieselsteine. Die Fragmente behalten ihre kantige Form und werden an einigen Stellen der Küste durch Kalk oder andere Bindemittel, die im Meerwasser in Lösung oder mechanischer Suspension gehalten werden, zusammengeklebt und verwandeln sich so schnell in ein einzigartig heterogenes Konglomerat, dieses Die Ablagerung scheint sich zu einer Brekzie zu verfestigen, bevor die Sturzbäche des nächsten Winters sie mit einer weiteren überdecken.

Im nördlichen Teil der Halbinsel gibt es ausgedehnte Sandablagerungen, vermischt mit Achatkieseln und versteinertem Holz, aber diese stammen offensichtlich weder aus der Sinai-Gruppe noch sind sie Produkte lokaler Ursachen, von denen bekannt ist, dass sie jetzt wirksam sind.

An dieser Stelle fällt mir vielleicht die oft wiederholte, aber falsche Behauptung auf, dass das versteinerte Holz der westarabischen Wüste ausschließlich aus Palmenstämmen oder zumindest aus endogenen Pflanzen bestehe. Dies ist ein Fehler. Ich selbst habe in dieser Wüste auf einer Fläche von nur wenigen Quadratmetern Fragmente sowohl von versteinerten Palmen als auch von mindestens zwei versteinerten Bäumen aufgesammelt, die sowohl durch ringförmige Strukturen als auch durch Äste deutlich als exogenes Wachstum gekennzeichnet waren. Eines davon ähnelt im holzigen Charakter fast genau der Maserung der vorhandenen Buche, und dieses Exemplar wurde von Würmern zerfressen, bevor es in Silex umgewandelt wurde.

[413] BÖTTGER , *Das Mittelmeer* , S. 128.

[414] Die Aussagen von Tauchern und anderen Beobachtern zu diesem Punkt sind widersprüchlich, wie man es angesichts der unendlichen Vielfalt von Bedingungen, durch die die Bewegung des Wassers beeinflusst wird, erwarten kann. Es wird allgemein angenommen, dass die Wirkung des Windes auf das Wasser in größeren Tiefen als von fünfzehn Fuß im Normalfall bis zu achtzig oder neunzig Fuß im Extremfall nicht wahrnehmbar ist; aber diese Schätzungen liegen wahrscheinlich erheblich unter der Wahrheit. Andresen zitiert Brémontier mit der Aussage, dass die Bewegung der Wellen manchmal bis zu einer Tiefe von fünfhundert Fuß reicht, und er fügt hinzu, dass andere glauben, dass sie bis zu sechs oder sogar siebenhundert Fuß unter der Oberfläche reichen kann. – Andresen, OM Klitformationen , S. 20.

Viele Physiker gehen inzwischen davon aus, dass die Wellen großer Gewässer noch tiefer reichen. Aber eine Wellenbewegung ist nicht notwendigerweise eine Translationsbewegung, und außerdem gibt es sehr häufig einen Sog, der dazu neigt, schwebende Körper ebenso kraftvoll ins Meer zu tragen wie die oberflächlichen Wellen, um sie an Land zu werfen. Sandbänke weichen manchmal von der Küste zurück, anstatt auf sie zuzurollen. Reclus teilt uns mit, dass sich die Mauvaise, eine Sandbank in der Nähe der Pointe de Grave an der Atlantikküste Frankreichs, in weniger als einem Jahrhundert fünf Meilen nach Westen verschoben hat. – Revue *des Deux Mondes* , Dezember 1862, S. 905.

Die Wirkung von Strömungen könnte in manchen Fällen mit der von Wellen verwechselt worden sein. Meeresströmungen, die möglicherweise stark genug sind, um Sand über eine gewisse Distanz zu transportieren, fließen in Teilen des offenen Ozeans weit unter der Oberfläche und in engen Meerengen haben sie große Kraft und Geschwindigkeit. Die 1853 in Konstantinopel eingesetzten Taucher fanden im Bosporus in einer Tiefe von 25 Faden und an einer Stelle, die der Flut von Galata und Pera stark ausgesetzt war, eine Reihe von Bronzegeschützen, die vermutlich zu einem in die Luft gesprengten Kriegsschiff gehörten etwa hundertfünfzig Jahre zuvor. Diese Kanonen waren nicht mit Sand oder Schlamm bedeckt, obwohl an ihrer Oberseite eine Kruste aus erdigem Material von einem Zoll Dicke klebte und der Grund der Meerenge völlig frei von Sedimenten zu sein schien. Die Strömung war in dieser Tiefe so stark, dass die Taucher kaum stehen konnten, und ein Fass mit Nägeln wurde absichtlich ins Wasser geworfen, damit seine Bewegungen als Orientierung bei der Suche nach einem versehentlich über Bord verlorenen Beutel mit Münzen dienen könnten Von einem Schiff im Hafen aus wurde es mehrere hundert Meter vom Bach gerollt, bevor er zum Stillstand kam.

[415] Nur wenige Meere haben so viel Sand aufgewirbelt wie das flache Deutsche Meer; Es gibt jedoch Grund zu der Annahme, dass die Menge dieses Materials, die jetzt an seinen Nordküsten geworfen wird, geringer ist als zu früheren Zeiten, obwohl keine ausführlichen Beobachtungsreihen zu diesem Thema aufgezeichnet wurden. Auf der Nehrung von Agger, an der heutigen Mündung des Limfjords, fand Andresen die Menge während zehn Jahren an einem etwa fünfhundertsiebzig Fuß breiten Strand, was einer jährlichen Ablagerung von anderthalb Zoll über die gesamte Oberfläche entspricht. *Om Klitformationen* , S. 56.

Dies ergibt 71,4 Kubikfuß pro Lauffuß – eine Menge, die sicherlich viel kleiner ist als die, die das gleiche Meer an den Küsten der dänisch-deutschen Herzogtümer und Hollands hochwirft, und, wie wir gesehen haben, kaum eins ein Viertel dessen, was der Atlantik an der Küste der Gascogne ablagert. Siehe *ante* , S. 453, Anmerkung.

[416] Sandhaufen mit einer Höhe von dreihundert und sogar sechshundert Fuß werden tatsächlich durch den Wind gebildet, aber dies geschieht dadurch, dass die Teilchen eine schiefe Ebene hinaufgetrieben werden, nicht indem sie angehoben werden. Brémontier sagt über die Sandhügel an der Westküste Frankreichs: „Die Sandpartikel, aus denen sie bestehen, sind nicht groß genug, um dem Wind einer bestimmten Stärke zu widerstehen, noch klein genug, um von ihm wie Staub aufgenommen zu werden; sie sind nur ...“ rollen entlang der Oberfläche, von der sie sich gelöst haben, und obwohl sie sich mit großer Geschwindigkeit bewegen, erreichen sie selten eine größere Höhe als drei oder vier Zoll.“ – Mémoire *sur les Dunes, Annales des Ponts et Chaussées* , 1833, 1. Semester, S . 148.

Andresen sagt, dass ein Wind mit einer Geschwindigkeit von vierzig Fuß pro Sekunde stark genug ist, um Sandpartikel so hoch wie das Gesicht und die Augen eines Menschen zu treiben, dass er aber im Allgemeinen über den

Boden rollt und dies kaum jemals der Fall ist mehr als ein paar Meter über die Oberfläche geworfen. Selbst in diesen Fällen erfolgt die Fortbewegung durch eine hüpfende und nicht durch eine kontinuierliche Bewegung; denn eine sehr schmale Wasserfläche oder ein sehr schmaler Wasserkanal stoppt die Strömung vollständig und der gesamte Sand tropft hinein, bis er aufgefüllt ist.

Der Charakter der Bewegung von Sandverwehungen wird gut durch eine interessante Tatsache veranschaulicht, die den Reisenden im Osten bisher nicht viel Beachtung geschenkt hatte. In Situationen, in denen der Sand durch Vertiefungen in Felsbetten oder über Ablagerungen von siliziumhaltigen Kieselsteinen getrieben wird, wird die Oberfläche des Steins viel effektiver abgenutzt und geglättet, als dies durch fließendes Wasser möglich wäre, und Sie können an solchen Orten abgerundete, unregelmäßig zerbrochene Achatfragmente, die durch den Abrieb des Sandes einen so feinen Glanz erhalten haben, wie er nur durch das Rad des Steinschleifers erreicht werden könnte.

Sehr interessante Beobachtungen zum Polieren von Hartgestein durch Flugsand finden sich im Geological Report von William P. Blake: *Pacific Railroad Report*, Bd. v, S. 92, 230, 231. Derselbe Geologe bemerkt, S. 92, 230, 231. 242, dass der Sand der Colorado-Wüste nicht hoch in die Luft ragt, sondern an der Oberfläche oder nur wenige Zentimeter darüber entlang hüpft.

[417] Wilkinson sagt, dass er aufgrund seiner vielen Erfahrungen in den sandigsten Teilen der libyschen Wüste und intensiver Recherche der besten einheimischen Quellen nie einen Fall einer Gefahr für Mensch oder Tier durch die bloße Ansammlung von transportiertem Sand gesehen oder gehört habe durch den Wind. Chesneys Beobachtungen in Arabien und die Aussagen der Beduinen, die er konsultierte, dienen demselben Zweck. Die Gefahren des Simoom sind anderer Art, obwohl sie sicherlich durch die blendende Wirkung der von ihm mitgerissenen leichten Staub- und Sandpartikel und durch die Wirkung ihrer Einatmung auf die Atmung verstärkt werden.

[418] In dem engen Tal des Nils, das oberhalb des Deltas von hohen Klippen begrenzt wird, werden alle Luftströmungen aus dem nördlichen Viertel zu Nordwinden, wenn auch natürlich teilweise in unterschiedlicher Richtung, entsprechend den Windungen des Nils das Tal. Auf dem Wüstenplateau neigen sie sich nach Westen und haben bereits den Sand der

östlichen Ufer ins Tal getragen und den Sand der westlichen ganz aus dem
ägyptischen Teil des Nilbeckens vertrieben.

[419] „Die nordafrikanische Wüste gliedert sich in zwei Teile: die
Sahelzone oder den Westen und die Sahar oder den Osten. Der Sand der
Sahar wurde in einer fernen Zeit nach Westen verlagert. In der Sahelzone
herrscht der Osten vor Winde treiben den Sandozean mit einer
fortschreitenden Bewegung nach Westen. Die östliche Hälfte der Wüste wird
sauber gefegt." – NAUMANN , *Geognosie* , ii, S. 1173.

[420] In Teilen der algerischen Wüste werden einige Anstrengungen
unternommen, um das Vordringen von Sanddünen zu verlangsamen, die
Dörfer zu überschwemmen drohen. „In Debila", sagt Laurent, „sind die
unteren Teile der hohen Dünen mit Palmen bepflanzt, * * * aber sie sind
ständig vom Sand bedroht. Das einzige Heilmittel, das die Eingeborenen
anwenden, besteht in kleinen Trockenmauern aus kristallisiertem Gips ,
errichtet auf den Kämmen der Dünen, zusammen mit Hecken aus toten
Palmblättern. Diese Verteidigungsmaßnahmen werden durch unaufhörliche
Arbeit unterstützt, denn jeden Tag nehmen die Menschen den Sand, der
ihnen in der Nacht zuvor zugeweht wurde, in Körben auf und tragen ihn
zurück zum Strand auf der anderen Seite der Düne." – *Mémoires sur le Sahara*
, S. 14.

[421] Organische Bestandteile, wie zerkleinerte Muscheln und
kieselhaltige und kalkhaltige Exuvien von Infusorien-Tieren und -Pflanzen,
werden manchmal in beträchtlichen Mengen mit Mineralsanden vermischt
gefunden. Dabei handelt es sich in der Regel um Überreste von
Wasserpflanzen oder -tieren, aber nicht in allen Fällen, denn die
mikroskopisch kleinen Organismen, deren Kieselschalen so weit in die
Sandböden der Mark Brandenburg eindringen, leben noch immer in der
trockenen Erde und vermehren sich dort. Siehe WITTWER , *Physikalische
Geographie* , S. 142.

Die Wüste auf beiden Seiten des Nils wird von einer Landschnecke
bewohnt, und Tausende ihrer Muscheln werden von jedem Wind
mitgerissen und schließlich in den Verwehungen begraben. Jede Handvoll
Sand enthält Fragmente davon. FORCHHAMMER , in LEONHARD Und
BRONNS *Jahrbuch* , 1841, S. 8, sagt über die Sandhügel der dänischen Küste:
„Es ist nicht selten, hoch in den Hügeln Meeresmuscheln zu finden, und
besonders die der Auster. Sie sind auf den Austernfresser [Hæmalopus
ostralegus] zurückzuführen, der seine trägt . " Beute auf die Spitze der Dünen

bringen, um sie zu verschlingen. Siehe auch STARING , *De Bodem van* , NI S. 321.

[422] Es gibt verschiedene Gründe dafür, dass die Bildung von Dünen auf niedrige Ufer beschränkt ist, und dieses Gesetz ist so universell, dass, wenn Steilküsten von ihnen überwunden werden, immer Grund zu der Annahme besteht, dass es zu einer Erhebung oder zur Entfernung eines abfallenden Strandes davor kommt der Klippe, nachdem sich die Dünen gebildet hatten. An kühnen Ufern gibt es meist keinen ausreichenden Strand für die Ansammlung großer Ablagerungen; Sie werden häufig von einem Meer umspült, das zu tief ist, um Sand vom Grund aufzuwirbeln. Ihre abrupte Erhebung wäre, selbst wenn sie von mäßiger Höhe wäre, immer noch zu groß, als dass normale Winde den Sand über ihnen anheben könnten; und ihr Einfluss auf die Dämpfung des auf sie wehenden Windes würde das Aufwirbeln von Sand vom Strand an ihrem Fuß noch wirksamer verhindern.

Forchhammer beschreibt die Küste Jütlands und sagt, dass man bei starkem Wind kaum auf den Dünen stehen kann, es sei denn, sie befinden sich in der Nähe der Wasserlinie und wurden senkrecht von den Wellen abgeschnitten. Dann weht kaum oder gar kein Wind Alle spürten es – eine an unseren Küsten weit verbreitete Erfahrung, die an allen steilen Küstenklippen von zweihundert Fuß Höhe und auf den Färöer-Inseln an zweitausend Fuß hohen Abhängen beobachtet wurde. Bei heftigen Stürmen trieb das Vieh auf diesen Inseln Fliegen bis zum Rand der Klippen, um Schutz zu suchen, und fallen häufig um. Der Wind, der gegen die senkrechte Wand prallt, erzeugt eine aufsteigende Strömung, die etwas über den Felskamm hinausschießt, und so ist der Beobachter oder das Tier davor geschützt Sturm durch eine Luftbarriere." – LEONHARD und BRONN , *Jahrbuch* , 1841, S. 3.

Die Beruhigung oder vielmehr Ablenkung des Windes durch die Klippen erstreckt sich bis zu einer beträchtlichen Entfernung vor ihnen, und kein Wind hätte genügend Kraft, um den Sand senkrecht, parallel zur Oberfläche einer Klippe, selbst auf eine Höhe von zwanzig Fuß anzuheben .

Es wird allgemein angenommen, dass es unmöglich ist, Waldbäume auf Klippen am Meeresufer oder an Stellen zu züchten, die starken Winden ausgesetzt sind. Die gerade zitierten Beobachtungen zeigen, dass es nicht schwierig wäre, Bäume vor der mechanischen Wirkung des Windes durch Schirme zu schützen, die viel niedriger sind als die Höhe, bis zu der sie wachsen sollen. Jüngste Experimente bestätigen dies und es wurde festgestellt, dass, obwohl die äußere Reihe oder die äußeren Reihen unter dem Wind leiden können, hinter jedem Baum ein höherer Baum geschützt ist. Auf diese Weise wurden ausgedehnte Haine in Situationen gebildet, in denen ein isolierter Baum überhaupt nicht wachsen würde.

Piper, in seinen *Trees of America*, S. 19, gibt einen interessanten Bericht über Herrn Tudors Erfolg beim Pflanzen von Bäumen an der kargen und kargen Küste von Nahant. „Herr Tudor", bemerkt er, „hat in Nahant mehr als zehntausend Bäume gepflanzt und durch die Ergebnisse seiner Experimente vollständig bewiesen, dass Bäume, wenn man sie am Anfang richtig pflegt, dazu gebracht werden können, bis zu 100 m hoch zu wachsen." Sie befinden sich direkt am Meer und sind dem scharfen Wind und der Gischt des Meeres ausgesetzt. Der einzige Schutz, den sie benötigen, ist zunächst eine Unterbrechung, um den Windstrom zu unterbrechen, etwa Zäune, Häuser oder andere Bäume. "

[423] Die sorgfältigen Beobachtungen von Oberst JD Graham von der US-Armee zeigen eine Flut von etwa drei Zoll im Michigansee. Siehe „Eine Mondflut in den nordamerikanischen Seen", demonstriert von Oberstleutnant JD Graham, im vierzehnten Band der *Proceedings of the American Association for the Advancement of Science*.

[424] STARREND, *De Bodem van Nederland*, i, p. 327, Anmerkung.

[425] Die wichtigsten mir bekannten Spezialwerke und Aufsätze zu diesem Thema sind:

BRÉMONTIER, *Mémoire sur les Dunes, etc.*, 1790, nachgedruckt in *Annales des Ponts et Chaussées*, 1833, 1er sémestre, S. 145–186.

Rapport sur les différents Mémoires de M. Brémontier, par LAUMONT et autres, 1806, gleicher Band, S. 192, 224.

LEFORT, *Notice sur les Travaux de Fixation des Dunes, Annales des Ponts et Chaussées*, 1831, 2 Monate, S. 320–332.

FORCHHAMMER, *Geognostische Studien am Meeresufer*, in LEONHARD und BRONN, *Jahrbuch usw.*, 1841, S. 1, 38.

JG KOHL, *Die Inseln und Marschen der Herzogthümer Schleswig und Holstein*, 1846, Bd. ii, S. 112–162, 193–204.

LAVAL, *Mémoire sur les Dunes du Golfe de Gascogne, Annales des Ponts et Chaussées*, 1847, 2 Monate, S. 218–268.

G. C. A. KRAUSE , *Der Dünenbau auf den Ostsee-Küsten West-Preussens* , 1850, 1 Bd. 8vo.

WCH STARING , *De Bodem van Nederland* , 1856, Bd. i, S. 310–341 und 424–431.

Gleicher Autor, *Voormaals en Thans* , 1858, zitierte Seiten.

CC ANDRESEN , *Om Klitformationen og Klittens Behandling og Bestyrelse* , 1861, 1 Bd. 8vo, x, 392 S., die bei weitem vollständigste Abhandlung zu diesem Thema.

ANDRESEN zitiert zum Ursprung der Dünen: HULL , *Over den Oorsprong en de Geschiedenis der Hollandsche Duinen* , 1838, und GROSS 's *Veiledning ved Behandlingen af Sandflugtstrækningerne* , 1847; und über die Verbesserung von Sandflächen durch Bepflanzung, PANNEWITZ , *Anleitung zum Anbau der Sandflächen* , 1832. Ich kenne keines der beiden letztgenannten Werke, habe aber zu diesem Thema mit Vorteil DELAMARRE , *Historique de la Création d' une Richesse millionaire par la culture des Pins* , 1827; BOITEL , *Mise zu Rate gezogen.* *en valeur des terres pauvres par le Pin maritime* , 1857; und BRINCKEN , *Ansichten über die Bewaldung der Steppen des Europäischen Russlands* , 1854.

[426] „Dünen sind aufgrund der kapillaren Anziehungskraft immer voller Wasser. Auf den Gipfeln muss man selten mehr als einen Fuß graben, um den Sand feucht zu finden, und in den Senken trifft man nahe der Oberfläche auf Süßwasser." ." – FORCHHAMMER , in LEONHARD und BRONN , für 1841, S. 5, Hinweis.

Andererseits vertritt Andresen, der dieses und alle anderen Dünenphänomene sehr sorgfältig untersucht hat, die Auffassung, dass die Feuchtigkeit der Sandkämme nicht auf kapillare Anziehung zurückzuführen sei. Durch Experimente fand er heraus, dass Treibsand nicht bis zu einer Höhe von mehr als 20,5 cm angefeuchtet war, nachdem er eine ganze Nacht im Wasser gestanden hatte. Er gibt den minimalen Wassergehalt, den der Sand der Dünen einen Fuß unter der Oberfläche enthält, nach einer langen Dürre mit zwei Prozent an, den maximalen Wassergehalt nach einem regnerischen Monat mit vier Prozent. In größeren Tiefen ist die Menge größer. Die Hygroskopizität des Sandes an der Küste Jütlands betrug seiner Meinung nach 33 Prozent. nach Maß oder 21,5 nach Gewicht. Der jährliche Niederschlag an dieser Küste beträgt 27 Zoll, und da die Verdunstung ungefähr gleich ist, argumentiert er, dass Regenwasser nicht weit unter die Oberfläche der Dünen eindringt, und kommt zu dem Schluss, dass ihre Feuchtigkeit nur durch Verdunstung erklärt werden kann unten. – *Om Klitformationen* , S. 106–110.

In den Dünen Algeriens gibt es so viel Wasser, dass an hohen Stellen ihrer Oberfläche ständig Brunnen gegraben werden. Sie sind nur drei bis vier Meter tief versenkt und das Wasser steigt in ihnen auf die Höhe eines Meters. – LAURENT , *Mémoire sur le Sahara* , S. 11, 12, 13.

Derselbe Autor bemerkt (S. 14), dass die Mulden in den Dünen mit Palmen bepflanzt sind, die etwas unter der Oberfläche ausreichend Feuchtigkeit finden. Es scheint daher, dass der Vorschlag, die Dünen, die den Suezkanal gefährden sollen, durch die Anpflanzung von Strandkiefern und anderen Bäumen zu reparieren, nicht ganz so absurd ist, wie es von einigen dieser desinteressierten Philanthropen anderswo angenommen wird Nationen, die befürchten, dass die französischen Kapitalisten das Geld verlieren, das sie in dieses große Unternehmen investiert haben.

In den Senken zwischen den Sandhügeln der Dünenketten in der nordamerikanischen Wüste findet man häufig Wasserteiche.

[427] Nach Angaben der französischen Behörden bestehen die Dünen Frankreichs nicht immer aus Quarzsand. „Die Dünensande" unterschiedlicher Beschaffenheit, sagt Brémontier, „haben Anteil an der Beschaffenheit der verschiedenen Materialien, aus denen sie bestehen. An bestimmten Stellen der Küste der Normandie findet man sie rein kalkhaltig; an den Küsten der Normandie sind sie von gemischter Zusammensetzung." Bretagne und Saintonge und im Allgemeinen Quarzos zwischen der Mündung der Gironde und der des Adour." – *Mémoire sur les Dunes, Annales des Ponts et Chaussées* , t. vii, 1833, 1. Semester, S. 146.

In den Dünen von Long Island und Jütland gibt es beträchtliche Adern, die fast ausschließlich aus Granat bestehen. Für eine sehr umfassende Untersuchung der mechanischen und chemischen Zusammensetzung der Dünensande Jütlands siehe ANDRESEN , *Om Klitformationen* , S. 110.

[428] *De Bodem van Nederland* , i, S. 323.

[429] JG KOHL , *Die Inseln und Marschen der Herzogthümer Schleswig und Holstein* , ii, S. 200.

[430] STARREND , *De Bodem van Nederland* , i, p. 317. Siehe auch BERGSÖE , *Reventov's Virksomhed* , ii, S. 11.

„In den im Text erwähnten Sandhügelteichen kommt es zu einem kräftigen Bewuchs von Moorpflanzen mit gleichzeitiger Torfbildung, der regelmäßig vor sich geht, solange der Dünensand nicht verweht. Allerdings, wenn die Oberfläche der Dünen aufgebrochen ist." , der Sand bläst in die Teiche, bedeckt den Torf und macht seiner Bildung ein Ende. Wenn im Laufe der Zeit Meeresströmungen die Küste abschneiden, wandern die Dünen landeinwärts und füllen die Teiche auf und so entstehen die bemerkenswerte Schichten fossilen Torfs namens Martörv, der den Geologen anderer Teile Europas unbekannt zu sein scheint." – FORCHHAMMER , in LEONHARD und BRONN , 1841, S. 13.

[431] Die unteren Schichten müssen älter sein als die oberflächlichen Schichten, und die Partikel, aus denen sie bestehen, können mit der Zeit stärker zerfallen und daher feiner werden als die später und darüber abgelagerten.

[432] „An der Westküste Afrikas driften die Dünen meerwärts und erhalten immer neue Zugänge aus der Sahara. Sie dringen ständig ins Meer vor." Siehe *ante* , S. 16, Anmerkung. – NAUMANN , *Geognosie* , ii, S. 1172. Siehe *Anhang* , Nr. 58 .

[433] Nachdem Forchhammer auf den Zusammenhang zwischen der geneigten Schichtung der Dünen und der Struktur der alten geneigten Felsen hingewiesen hat, sagt er: „Aber ich bin nicht in der Lage, eine den Dünen entsprechende Sandsteinformation aufzuzeigen. Wahrscheinlich sind die meisten alten Dünen zerstört." durch Untertauchen, bevor der lose Sand zu festem Stein zementiert wurde, aber wir können annehmen, dass es irgendwo Umstände gegeben hat, die die Eigenschaften dieser Formation bewahrt haben." – LEONHARD und BRONN , 1841, S. 8, 9.

Solche Formationen gibt es jedoch durchaus. Ich finde bei Laurent (*Mémoire sur le Sahara, etc.* , S. 12), dass es in der algerischen Wüste „Sandsteinformationen" gibt, die nicht nur „den Dünen entsprechen", sondern tatsächlich in ihnen verfestigt sind. „Ein Ort namens El-Mouia-Tadjer stellt eine Wiederholung dessen dar, was wir in El-Baya gesehen haben: Einer der in der Mitte der Dünen gebildeten Trichter enthält Brunnen mit einer Tiefe von zwei bis zweieinhalb Metern, die in den Sand gegraben sind Druck und wahrscheinlich das Vorhandensein bestimmter Salze haben sich zu echtem Sandstein verfestigt, der zwar weich ist, aber nur mit der Spitzhacke nachgibt. Diese Sandsteine weisen eine Neigung auf, die auf die Wirkung des Windes zurückzuführen zu sein scheint; denn sie passen sich dem an die Richtung des Sandes, der einen durch das primitive Hindernis verursachten Abhang hinunterrollt. Siehe *Anhang*, <u>Nr. 59</u>.

Die Dünen in der Nähe der Nilmündung, deren unterer Sand durch das Eindringen von Nilwasser zusammengeklebt wurde, würden wahrscheinlich eine ähnliche Schichtung im Sandstein aufweisen, der jetzt ihre Basis bildet.

<u>[434]</u> Forchhammer führt die Ähnlichkeit zwischen der Furchung des Dünensands und den Wellen am Strand nicht auf die Ähnlichkeit der Wirkung von Wind und Wasser auf den Sand zurück, sondern ausschließlich auf die Wirkung der ersteren Flüssigkeit; im ersten Fall direkt, im zweiten Fall durch das Wasser. „Die Windwellen auf der Oberfläche der Dünen ähneln genau den Wasserwellen von Sandbänken, die gelegentlich vom Meer überschwemmt werden; und bei genauerer Betrachtung konnte ich nie den geringsten Unterschied zwischen ihnen feststellen. Dies lässt sich leicht durch diese Tatsache erklären, dass die Wasserwellen durch die Einwirkung von leichtem Wind auf dem Wasser erzeugt werden, der die Luftwellen nur auf den Sand überträgt." – LEONHARD und BRONN, 1841, S. 7, 8.

<u>[435]</u> Amerikanische Beobachter sind sich in ihren Beschreibungen über die Form und den Charakter der Sandkörner, aus denen die inneren Dünen der nordamerikanischen Wüste bestehen, nicht einig. CC Parry, Geologe der mexikanischen Grenzkommission, sagt bei der Beschreibung der Dünen in der Nähe der Station an einer Quelle 32 Meilen westlich des Rio Grande in El Paso: „Die einzelnen Sandkörner, aus denen die Sandhügel bestehen, sind unter einem zu sehen." Die Linse muss eckig und nicht abgerundet sein, wie es bei normalen Strandablagerungen der Fall wäre." – *US Mexican Boundary Survey, Report of*, vol. i, *Geologischer Bericht von CC Parry*, S. 10.

In der allgemeinen Beschreibung des durchreisten Landes, gleicher Band, S. 47 sagt Colonel Emory, dass man bei einer „Untersuchung des Sandes mit einem Mikroskop ausreichender Stärke" erkennen könne, dass die Körner eckig seien und nicht durch das Rollen im Wasser gerundet seien.

Andererseits schreibt Blake in *Geological Report, Pacific Railroad Rep.*, Bd. v, S. 119 stellt fest, dass die Körner des Dünensands, bestehend aus Quarz, Chalcedon, Karneol, Achat, Rosenquarz und wahrscheinlich Chrysolith, stark abgerundet waren; und auf Seite 241 sagt er, dass viele der Sandkörner der Colorado-Wüste perfekte Kugeln seien.

Auf Seite 20 eines Berichts in Bd. ii des *Pacific Railroad Reports* desselben Beobachters heißt es, dass eine Untersuchung des Dünensands, den Kapitän

Pope aus dem Llano Estacado mitgebracht hatte, ergab, dass die Körner „durch Abrieb stark abgerundet" seien.

Die von Mr. Parry und Colonel Emory beschriebenen Sande stammen nicht von denselben Orten wie die von Mr. Blake untersuchten, und der Unterschied in ihrem Charakter kann auf einen Unterschied in der Herkunft oder im Alter hinweisen.

[436] LAURENT (*Mémoire sur le Sahara* , S. 11, 12 und anderswo) spricht von einer trichterförmigen Vertiefung an einem höchsten Punkt der Dünen als charakteristisches Merkmal der Sandhügel der algerischen Wüste. Dies scheint eine Annäherung an die Halbmondform zu sein, die Meyen und Pöppig in den Binnendünen Perus beobachtet haben.

[437] *Reisen in Peru* , New York, 1848, Kap. ix.

[438] Ungeachtet der allgemeinen Tendenz isolierter Küstendünen und der Spitzen der Sandkämme, eine konische Form anzunehmen, gibt Andresen an, dass die Hügel der inneren oder landseitigen Reihen manchmal bogenförmig und manchmal *wellenförmig* im Umriss sind. – *Om Klitformationen* , S. 84. Er sagt weiter: „Vor einem zwei bis drei Fuß hohen und beträchtlich längeren Hindernis, das senkrecht zur Windrichtung liegt, wird der Sand in einem Luvwinkel von 6° bis 12° abgelagert, und das Ufer präsentiert sich." eine konkave Seite zum Wind, während der Umriss hinter dem Hindernis konvex ist;" und er legt als allgemeine Regel fest, dass ein Abhang, *von* dem Sand geblasen wird, mit einer Höhlung von etwa einem Zoll Tiefe und einer Entfernung von vier Fuß zurückbleibt; Ein Hang, *auf* den der Wind Sand fallen lässt, ist konvex. Aus Andresens Figuren geht jedoch hervor, dass sich die erwähnte Konkavität und Konvexität nicht auf den *horizontalen Längsschnitt* der Sandbank bezieht, wie seine durch die Zeichnungen nicht erläuterte Sprache meinen könnte, sondern auf den *vertikalen Querschnitt* . und daher entsprechen die Dünen, die er beschreibt, mit der oben erwähnten Ausnahme, nicht denen der amerikanischen Wüsten. – *Om Klitformationen* , p. 86.

Die Dünen der Gascogne, die manchmal über dreihundert Fuß hoch sind, weisen die gleiche Konkavität und Konvexität im *vertikalen* Querschnitt auf. Die Hänge dieser Dünen sind viel steiler als die der Niederlande und der dänischen Küste; Denn während alle Beobachter darin übereinstimmen, den see- und landseitigen Flächen der letzteren Winkel von 5° bis 12° bzw. 30° mit dem Horizont zuzuweisen, weisen die entsprechenden Flächen der

Dünen der Gascogne Winkel von 10° bis auf 25° und 50° bis 60°. – LAVAL
, *Mémoire sur les Dunes de Gascogne, Annales des Ponts et Chaussées* , 1847, 2
Monate.

[439] Krause sagt über die Dünen an der Küste Preußens: „Ihr Ursprung
liegt in drei verschiedenen Perioden, in denen zweifellos bedeutende
Veränderungen im relativen Meeres- und Landspiegel stattgefunden haben.
* * * Außer in der Tiefe Durch die zwischen ihnen liegenden Vertiefungen
sind die Dünen überall bis zu einer beträchtlichen Höhe mit braunem,
oxidiertem Eisen bestreut, das bis zu einer Tiefe von drei bis achtzehn Zoll
in den Sand eingedrungen ist und ihn rot gefärbt hat. * * * Über dem Eisen
befindet sich eine Schicht aus Sand, der sich in seiner Zusammensetzung
vom gewöhnlichen Meeressand unterscheidet, und auf dem immer
wachsende Wälder zu finden sind. * * * Der allmählich angesammelte
Waldboden kommt in Schichten von einem bis drei Fuß Dicke vor und
verändert sich nach oben hin von grauem Sand zu schwarzem Humus."
Sogar im dritten oder seewärts gelegenen Gebirgszug kommen die
Sandgräser vor und gedeihen üppig, zumindest an der Westküste. Krause
bezweifelt, dass die Dünen der Ostküste jemals auf diese Weise geschützt
wurden. – *Der Dünenbau* , S. 8, 11.

[440] LAVAL , *Mémoire sur les Dunes de Gascogne, Annales des Ponts et
Chaussées* , 1847, 2 Monate, S. 231. Die gleiche Meinung hatte BRÉMONTIER
geäußert , *Annales des Ponts et Chaussées* , 1833, 1er sémestre, p. 185.

[441] „Im Mittelalter", sagt Willibald Alexis, zitiert nach Müller, *Das Buch
der Pflanzenwelt* i, S. 16: „Die Nehrung dehnte sich weiter aus, und die schmale
Öffnung bei Lochstadt hatte sich mit Sand gefüllt. Ein großer Kiefernwald
verband mit seinen Wurzeln den Dünensand und die Heide ununterbrochen
von Danzig bis Pillau. König Friedrich Wilhelm I. war einst in Geldmangel.
Ein gewisser Herr von Korff versprach, es ihm ohne Darlehen und Steuern
zu beschaffen, wenn er etwas völlig Nutzloses entfernen dürfe. Er lichtete
die Wälder Preußens ab, die damals allerdings nur wenig Geldwert besaßen;
aber er fällte die gesamten Wälder der Frischen Nehrung, soweit sie
innerhalb des preußischen Gebietes lagen. Die Finanzoperation war ein
Erfolg. Der König hatte Geld, aber in der daraus resultierenden
Elementaroperation erlitt der Staat irreparablen Schaden. Die Seewinde
rauschen über die kahlen Hügel, das Frische Haff ist halb mit Sand verstopft,
der Kanal zwischen Elbing, dem Meer und Königsberg ist gefährdet und die
Fischerei im Haff geschädigt. Die Operation des Herrn von Korff brachte

dem König 200.000 Taler . Der Staat würde nun bereitwillig Millionen ausgeben, um die Wälder wieder wiederherzustellen."

[442] STARING , *Voormaals en Thans* , S. 231. Hätten die Dünen der niederländischen und französischen Küste zur Zeit der römischen Invasion den beweglichen Sandhügeln der Gegenwart geglichen, wäre es unvorstellbar, dass sie der Aufmerksamkeit eines so scharfsinnigen physischen Geographen wie Strabo entgangen wären; und das absolute Schweigen von Cäsar, Ptolemäus und dem enzyklopädischen Plinius ihnen gegenüber wäre nicht weniger unerklärlich.

Die altnördliche Sprache, die alte Sprache Dänemarks, hatte zwar viele Begriffe zur Beschreibung natürlicher Landschaften, hatte aber keinen Namen für Düne, und ich glaube auch nicht, dass die Sandhügel der Küste in der isländischen Literatur irgendwo erwähnt werden. Die modernen Isländer nennen die Dünen Jütlands *klettr* , Hügel, Klippe, und der dänische *Name klit* stammt aus dieser Quelle. Auch das Wort Düne ist erst seit Kurzem im Deutschen verbreitet. Hätten sich die Dünen in der Antike von anderen Hügeln durch ein so bemerkenswertes Merkmal wie die Neigung zur Drift unterschieden, hätten sie sicherlich sowohl im Altnordischen als auch im Deutschen einen spezifischen Namen erhalten. Solange es bewaldete Hügel waren, brauchten sie keinen besonderen Namen; Als sie durch die Zerstörung der Wälder, die sie einschlossen, fürchterlich wurden, erhielten sie eine Bezeichnung.

[443] Der Sand von Cape Cod war von Natur aus teilweise, wenn nicht vollständig, mit Vegetation bedeckt. Dr. Dwight beschreibt die Dünen so, wie sie im Jahr 1800 waren, und sagt: „Einige von ihnen sind mit Strandgras bedeckt, einige sind von Heidelbeersträuchern gesäumt und einige sind mit einem kleinen und einzigartigen Eichenwuchs bewachsen." * * * Die Teile davon Die Barriere, die mit Heidelbeersträuchern und Eichen bewachsen ist, wurde entweder gar nicht oder nur sehr wenig verweht. Insbesondere die Eichen scheinen die Fortsetzung der ursprünglich an dieser Stelle entstandenen Wälder zu sein. * * * Sie trugen alle Spuren extremen Alters; waren in einigen Fällen bereits verfallen, in anderen verfielen sie; waren von Moos bedeckt und durch Äste deformiert, gebrochen und verschwendet, nicht durch Gewalt, sondern durch die Zeit." – Reisen, III , S. 91.

[444] Bergsöe (*Reventlovs Virksomhed* , ii, 3) gibt an, dass die Dünen an der Westküste Jütlands stationär waren, bevor die Wälder östlich von ihnen zerstört wurden. Durch das Fällen der hohen Bäume wurde der Widerstand

gegen die niedrigeren Strömungen der Westwinde aufgehoben, und der Sand hat seitdem einen großen Teil fruchtbaren Bodens begraben. Siehe auch dasselbe Werk, II, S. 124.

[445] „Wir dürfen uns daher nicht wundern, wenn die Menschen hier so behutsam mit ihren Dünen umgehen, als würden sie zwischen Eiern herumtrampeln. Wer das Glück hat, einen Maulwurfshügel aus Dünen zu besitzen, streichelt ihn liebevoll und gibt sein Vermögen darin aus." sie hegen und mästen. Diese schöne, fruchtbare, reiche Provinz, die Halbinsel Eiderstädt im Süden Frieslands, hat an der Spitze zum Meer hin nur eine winzige Dünenreihe, etwa sechs Meilen lang oder so; aber die Leute reden Sie betrachten es als ihre beste Verteidigung gegen Neptun. Sie haben es mit ihrem Deichsystem verbunden und jahrelang Wachposten aufgestellt, um es vor mutwilligen Verletzungen zu schützen ."— JG KOHL , *Die Inseln u. Marschen Schleswig-Holsteins* , ii, S. 115.

[446] Sandbänke verbinden sich manchmal an beiden Enden mit der Küste und schneiden so einen Teil des Meeres ab. In diesem Fall sowie bei der Umschließung von Salzwasser durch Seedeiche wird das so vom Meer getrennte Wasser nach und nach frisch oder zumindest brackig. Die Haffs oder große Süßwasserflächen in Ostpreußen, die von der Ostsee durch schmale Sandbänke namens Nehrungen oder an geschützten Küstenstellen durch Flussablagerungen namens Werders getrennt sind, haben alle einen oder mehrere offene Durchgänge durch die das Wasser der Flüsse, die sie versorgen, endlich seinen Weg zum Meer findet.

[447] ANDRESEN , *Om Klitformationen* , S. 68–72.

[448] Id., S. 231, 232. Andresens Werk wurde zwar 1861 gedruckt, aber 1859 fertiggestellt. Lyell (*Antiquity of Man* , 1863, S. 14) sagt: „Selbst im Laufe des gegenwärtigen Jahrhunderts wurde die Salzwasser ist am Limfjord einmal in die Ostsee ausgebrochen, obwohl es jetzt wieder ausgeschlossen ist."

[449] FORCHHAMMER , *Geognostische Studien am Meeres-Ufer* . LEONHARD und BRONN , *Jahrbuch* , 1841, S. 11, 13.

[450] ANDRESEN , *Om Klitformationen* , S. 68, 72.

[451] *Voormaals en Thans*, S. 126, 170.

[452] Siehe einen sehr interessanten Artikel mit dem Titel „Le Littoral de la France" von ÉLISÉE RECLUS in der *Revue des Deux Mondes* vom Dezember 1862, S. 901, 936.

[453] *De Bodem van Nederland*, i, S. 425. Siehe *Anhang*, Nr. 60.

[454] Die Bewegung der Dünen war auf der Nordseite der Gironde kaum weniger zerstörerisch. Sehen Sie sich den wertvollen Artikel von ÉLISÉE RECLUS an, der bereits in der *Revue des Deux Mondes* für Dezember 1862 mit dem Titel „Le Littoral de la France" erwähnt wurde.

[455] LAVAL, *Mémoire sur les Dunes du Golfe de Gascogne, Annales des Ponts et Chaussées*, 1847, p. 223. Der Autor fügt als merkwürdige und ungeklärte Tatsache hinzu, dass einige dieser Teiche, obwohl offensichtlich keine ursprünglichen Formationen, sondern lediglich von den Dünen aufgestaute Wasseransammlungen, entlang ihres Westufers, nahe der Basis der Sandhügel, eine Tiefe von mehr als 130 Fuß, und daher liegt ihr Grund nicht weniger als 80 Fuß unter dem Niveau der niedrigsten Gezeiten. Ihre Westufer fallen steil ab und passen sich fast dem Hang der Dünen an, während im Nordosten und Süden die Neigung ihrer Ufer sehr allmählich ist. Die größte Tiefe dieser Becken entspricht der des Meeres zehn Meilen vom Ufer entfernt. Ist es möglich, dass das Gewicht des Sandes den Boden, auf dem er ruht, zusammengedrückt und so zu einem Absinken der Oberfläche über die Basis hinaus geführt hat? Siehe *Anhang*, Nr. 61.

[456] ANDRESEN, *Om Klitformationem*, S. 56, 79, 82.

[457] STARING, *De Bodem van Nederland*, I, S. 329-331. Id., *Voormaals en Thans*, S. 163. ANDRESEN, *Om Klitformationen*, S. 280, 295.

Die Schaffung neuer Dünen durch die im Text erwähnten Verfahren scheint in Europa viel älter zu sein als die Maßnahmen zu deren Sicherung durch Bepflanzung. Dr. Dwight erwähnt einen Fall in Massachusetts, wo durch das Pflanzen von Strandhafer ein Strand wiederhergestellt und neue Dünen gebildet wurden. „In der Erinnerung meines Informanten brach das Meer über den Strand, der Truro mit Province Town verbindet, und schwemmte dessen gesamtes Stück weit weg. Das Strandgras wurde sofort an der Stelle gepflanzt; infolgedessen wurde der Strand wieder geschlossen auf eine ausreichende Höhe angehoben und an verschiedenen Stellen in Hügel verwandelt." – *Dwight's Travels*, III, S. 93.

[458] STARING, i, S. 310, 332.

[459] Es gibt einige Verwirrung in der populären Verwendung dieser Namen und in den wissenschaftlichen Bezeichnungen von Sandpflanzen, und sie werden möglicherweise auf verschiedene Pflanzen an verschiedenen Orten angewendet. Einige Autoren geben dem Gourmet den Namen *Calamagrostis arenaria* und unterscheiden ihn vom dänischen Klittetag oder Hjelme.

[460] Brot, das in der Tat nicht sehr schmackhaft ist, wurde aus den Samen des Arundo hergestellt, aber die Menge, die gesammelt werden kann, reicht nicht aus, um eine wichtige wirtschaftliche Ressource zu bilden.—— ANDRESEN, *Om Klitformationen*, S. 160.

[461] BERGSÖE, *Reventlovs Virksomhed*, ii, S. 4.

[462] Während der Kolonialzeit wurden Maßnahmen zum Schutz der Dünen von Cape Cod in Massachusetts ergriffen, obwohl ich glaube, dass sie heute weitgehend verlassen sind. Vor hundert Jahren, bevor das Tal des Mississippi oder sogar die fruchtbaren Ebenen von Zentral- und West-New York den weißen Siedlern zugänglich gemacht wurden, war der Wert von Land in Neuengland verhältnismäßig viel höher als heute, und folglich Es lohnte sich damals, einige ländliche Verbesserungen vorzunehmen, die heute nicht mehr genügend Erträge abwerfen würden, um zu Kapitalinvestitionen zu verleiten. Mit dem Geld und der Zeit, die nötig waren, um 20 Acres Meeressand auf Cape Cod zu bewirtschaften und ertragreich zu machen, würde man einen „Abschnitt" kaufen und eine Familie in Illinois gründen. Deshalb verlässt der Sohn der Pilger die Sandhügel und sucht in den fruchtbaren Prärien des Westens nach einem besseren Glück.

Dr. Dwight, der Cape Cod im Jahr 1800 besuchte, beschrieb das „Strandgras, ein Gemüse, das im Großen und Ganzen der Segge ähnelt, aber hell bläulich-grün und grob aussieht", das „stark gedeiht". und schnelle Vegetation auf dem Sand", stellt fest, dass er „von einem Herrn Collins, der früher aus Truro stammte, die folgende Information erhielt:" „Als er in Truro lebte, wurden die Einwohner aufgrund der Autorität des Gesetzes jeden Monat regelmäßig gewarnt." April, jährlich, um Strandgras zu pflanzen, wie es in anderen Städten Neuenglands zur Reparatur von Autobahnen vorgeschrieben ist. Dies war durch die Gesetze des Staates vorgeschrieben und unter den entsprechenden Strafen für Ungehorsam; es handelte sich um eine ebenso regelmäßige öffentliche Steuer Die Menschen kümmerten sich daher im Allgemeinen um die Arbeit und führten sie aus. Das Gras wurde in Büscheln gegraben, wie es natürlich wächst, und jedes Büschel wurde in eine Reihe kleinerer Büschel geteilt. Diese wurden im Abstand von drei in den Sand gelegt Füße. Nachdem eine Reihe aufgestellt war, wurden andere dahinter so platziert, dass die Zwischenräume verschlossen wurden; oder, wie ein Zimmermann sagen würde, um die Gelenke zu brechen. * * * Wenn es einmal ausgehärtet ist, wächst und breitet es sich schnell aus. * * * Die Samen sind so schwer, dass sie die Grashalme nach unten biegen; und wenn sie reif sind, lassen sie sich direkt daneben fallen, wo sie sofort vegetieren. Somit ist der Boden in kurzer Zeit bedeckt.

„Wo diese Abdeckung vorhanden ist, wird nichts von dem Sand weggewirbelt. Im Gegenteil, er wird ständig angesammelt und aufgewirbelt, wenn sich Schnee zwischen Büschen sammelt und aufsteigt oder Äste von Bäumen geschnitten und auf der Erde ausgebreitet werden. Auch schützt das Gras nicht nur Oberfläche, auf der es gepflanzt wird; aber erhebt sich, wenn diese durch neue Ansammlungen steigt; und überragt immer den Sand, wie hoch er auch vom Wind angehoben werden mag." – *Dwight's Travels in New England and New York* , II, S. 92, 93.

Diese Informationen stammen aus dem Jahr 1800 und beziehen sich auf einen früheren Zustand, der wahrscheinlich mehr als zwanzig Jahre zurückliegt und vor 1779 liegt, als die dänische Regierung erstmals ernsthaft versuchte, die Dünen zu erobern.

Die Abholzung des Strandhafers – einer Pflanze, die in ihren Gewohnheiten, wenn nicht sogar in ihrem botanischen Charakter, mit dem Arundo verwandt ist – war in Massachusetts mit sehr schädlichen Auswirkungen verbunden. Dr. Dwight sagt, nachdem er sich auf die bereits zitierten Gesetze für ihre Vermehrung verwiesen hat: „Der Nutzen dieser nützlichen Pflanze und dieser umsichtigen Vorschriften geht jedoch in gewissem Maße verloren. Es gibt sie in Province Town, genau wie ich." Informiert, einhundertvierzig Kühe. Da diese Tiere in ihren Lebensunterhaltsmitteln eingeschränkt sind, ist es ihnen erlaubt, zeitweise auf der Suche nach Nahrung umherzuwandern. In jedem solchen Fall machen sie Plünderungen am Strandgras und verhindern, dass dessen Samen wachsen gebildet. Auf diese Weise wird die Pflanze letztendlich zerstört." – *Travels* , iii, S. 94.

Auf Seite 101 desselben Bandes erwähnt der Autor einen Fall schwerer Verletzungen aus dieser Ursache. „Hier wurden etwa 1.000 Acres völlig weggeblasen, an vielen Stellen bis zu einer Tiefe von zehn Fuß. * * * Nichts Grünes war zu sehen, außer den Heidelbeeren, die ein paar einsame Hügel bedeckten, die bis zur Höhe der ursprünglichen Oberfläche reichten und durch diese Verteidigung verhindert, dass sie ebenfalls weggeblasen werden. Obwohl sie die Aussicht variierten, verstärkten sie die Düsternis durch ihr stark malerisches Aussehen, indem sie genau das ursprüngliche Niveau der Ebene markierten und uns auf diese Weise die Unermesslichkeit der Ebene zeigten Masse, die so vom Wind weggetragen worden war. Das Strandgras war hier gepflanzt worden, und der Boden war früher eingezäunt worden; aber die Tore waren offen gelassen worden, und das Vieh hatte diese unschätzbare Pflanze zerstört.“

[463] ANDRESEN , *Om Klitformationen* , S. 237, 240.

[464] „Diese Plantagen, die seit der Zeit Brémontiers beharrlich weitergeführt wurden, umfassen heute mehr als 40.000 Hektar und bilden Wälder, die nicht nur die Rettung des Departements sind, sondern seinen Reichtum ausmachen.“ – Clavé, ÉTUDES Forestières , S. 254.

Andere Autoren haben angegeben, dass die Bepflanzung der französischen Dünen viel ausgedehnter sei.

[465] KRUSE , *Dünenbau* , S. 34, 38, 40.

[466] Diese Prozesse ähneln im Wesentlichen denen, die in den Kiefernwäldern der Carolinas angewendet werden, sind jedoch in Frankreich besser systematisiert und wirtschaftlicher durchgeführt. Im letztgenannten Land finden alle Produkte der Kiefer, sogar bis zu den Zapfen, einen lohnenden Markt, während in Amerika der Harzpreis so niedrig ist, dass bei den heftigen Dampfschiffrennen auf den großen Flüssen große Mengen davon verkauft werden werden in die Öfen geworfen, um die Intensität der Brände zu erhöhen. In einem sorgfältig vorbereiteten Artikel über die südlichen Kiefernwälder, der vor ein paar Jahren in einer amerikanischen Zeitschrift – ich glaube Harper's – veröffentlicht wurde, heißt es, dass das Harz aus den Terpentinbrennereien manchmal ungenutzt versickern konnte; und der Autor beobachtete in einem Fall eine Menge, die somit als Müll abgetan wurde und auf zweitausend Fässer geschätzt wurde. Siehe *Anhang* , Nr. 62 .

[467] ANDRESEN , *Om Klitformationen* , S. 78, 262, 275.

[468] LAVAL , *Mémoire sur les Dunes du Golfe de Gascogne, Annales des Ponts et Chaussées* , 1847, 2 Monate, S. 261. Siehe *Anhang* , Nr. 63 .

[469] Es gibt ausgedehnte Dünenketten an verschiedenen Teilen der Küsten der Britischen Inseln, aber ich finde keine Schätzung ihrer Fläche. Pannewitz (*Anleitung zam Anbau der Sandflächen*), zitiert von Andresen (*Om Klitformationen* , S. 45), gibt an, dass die Flugsande Europas, darunter natürlich auch Sandebenen und Dünen, eine Ausdehnung von 21.000 Quadratmeilen bedecken. Das ist vielleicht übertrieben, obwohl es auf dem europäischen Kontinent zweifellos viel mehr Wüstenland dieser Art gibt, als allgemein angenommen wird. Es steht außer Frage, dass die meisten dieser Abfälle durch einfache Bepflanzung rückgewonnen werden können, und keine Art der physischen Verbesserung ist die Aufmerksamkeit zivilisierter Regierungen mehr wert als diese.

Es gibt oft ernsthafte Einwände gegen die großflächige Bepflanzung von Wäldern auf Böden, die auf andere Weise produktiv gemacht werden könnten, sie gelten jedoch nicht für Sandabfälle, die, solange sie nicht von Wäldern bedeckt sind, nicht nur eine nutzlose Belastung, sondern auch eine Quelle ernsthafter Gefahr für alle Menschen darstellen Verbesserungen in der Nachbarschaft.

[470] BOITEL , *Mise en valeur des Terres pauvres par le Pin maritime* , S. 212, 218.

[471] Siehe *Anhang* , Nr. .

[472] Einzelheiten finden Sie bei ANDRESEN , *Om Klitformationen* , S. 223, 236.

[473] Wenn die Ablagerung nicht sehr tief ist und das angrenzende Land, das auf der Leeseite der vorherrschenden Winde liegt, mit Wasser bedeckt oder auf andere Weise wertlos ist, wird die Oberfläche manchmal durch wiederholte Eggen, die den Sand lockern, von den Verwehungen befreit dass der Wind es aufnimmt und zu Böden transportiert, wo Ansammlungen davon weniger schädlich sind.

[474] *Reisen und Forschungen in Chaldäa* , Kap. ix.

[475] *Études Forestières* , S. 253.

[476] LAVERGNE , *Économie Rurale de la France* , S. 300, schätzt die Fläche der Landes der Gascogne auf 700.000 Hektar oder etwa 1.700.000 Acres. Derselbe Autor stellt fest (S. 304), dass die Mauren, als sie durch die blinde Gier und brutale Intoleranz ihrer Zeit aus Spanien vertrieben wurden , die Erlaubnis verlangten, sich in dieser Wüste niederzulassen; Doch politische und religiöse Vorurteile verhinderten die Gewährung dieser Freiheit. Zu dieser Zeit waren die Mauren ein weitaus kultivierteres Volk als ihre christlichen Verfolger, und sie hatten viele Künste, insbesondere die Landwirtschaft, auf eine höhere Ebene gebracht als jede andere europäische Nation. Aber Frankreich war nicht klug genug, das zu akzeptieren, was Spanien vertrieben hatte, und die Landes blieben drei Jahrhunderte länger eine Wüste. Siehe *Anhang* , Nr. 64 .

Der Wald von Fontainebleau, der über 40.000 Acres umfasst, ist keine Ebene, sondern sein Boden besteht fast ausschließlich aus Sand, durchsetzt mit Felsvorsprüngen. Der Sand bildet nicht weniger als achtundneunzig Prozent. der Erde, und da es fast kein Wasser gibt, wäre es eine treibende Wüste, wenn es nicht die künstliche Vermehrung von Waldbäumen darauf gäbe.

[477] *Économie Rurale de la Belgique, par* EMILE DE LAVELEYE , *Revue des Deux Mondes* , Juin, 1861, S. 617–644.

[478] *Geognosie* , ii, p. 1173.

[479] Laut HOHENSTEIN , *Der Wald* , S. 228, 229, wurde 1842 an den kargen und sandigen Ufern der Ingula in der Nähe von Elisabethgrod mit einer ausgedehnten Kiefernplantage begonnen – einem in Südrussland neuen Baum – und hat sich seitdem bewährt mit sehr schmeichelhaftem Erfolg. Weitere Waldbauversuche an verschiedenen Stellen der Steppe versprechen wertvolle Ergebnisse.

[480] „Vor sechzehn Jahren", sagt ein Landbesitzer aus Odessa, „habe ich versucht, den Sand der Steppe zu fixieren, der den felsigen Boden bis zu

einer Tiefe von einem Fuß bedeckt und bei jedem Windwechsel bewegliche Hügel bildet. Ich habe es mit Akazien versucht." und Kiefern vergebens; auf einem solchen Boden würde nichts wachsen. Schließlich pflanzte ich den Lackbaum oder *Ailanthus* , dem es vollständig gelang, den Sand zu binden. Dieses Ergebnis ermutigte den Besitzer, seine Plantagen sowohl auf Dünen als auch auf Sandsteppen auszudehnen, und im Laufe von sechzehn Jahren hatte dieser schnell wachsende Baum regelrechte Wälder gebildet. Andere Grundbesitzer haben sein Beispiel mit großem Vorteil nachgeahmt. – RENTSCH , *Der Wald* , S. 44, 45.

[481] *Souvenirs d'un Naturaliste* , I, S. 204 *ff.*

[482] „Wenn wir annehmen, dass die schmale Landenge Mittelamerikas im Ozean versinkt, würde die warme äquatoriale Strömung nicht länger ihrem Umweg um den Golf von Mexiko folgen, sondern sich durch die neue Öffnung direkt in den Pazifik ergießen. Wir." Dann würde die Wärme des Golfstroms verloren gehen, und kalte Polarströmungen, die weiter nach Süden fließen, würden an ihre Stelle treten und von den Westwinden an unsere Küsten getrieben werden. Die Nordsee würde der Hudson-Bucht ähneln, und ihre Häfen wären bestenfalls eisfrei im Sommer. Die Macht und der Wohlstand seiner Küsten würden unter dem Hauch des Winters schrumpfen, wie eine an Land geworfene Meduse unter dem Einfluss der zerstörerischen Atmosphäre zu einem unbedeutenden Film zusammenschrumpft. Handel, Industrie, Fruchtbarkeit des Bodens, Bevölkerung würden verschwinden, und die riesige Einöde – ein neuer Labrador – würde zu einem wertlosen Anhängsel eines von der Natur bevorzugteren Klimas werden." – HARTWIG , *Das Leben des Meeres* , S. 70.

[483] Ich weiß nichts von Captain Allens Werk außer seinem Titel und seinem Thema. Sehr wahrscheinlich hat er viele der folgenden Spekulationen vorweggenommen und Licht auf Punkte geworfen, über die ich nichts weiß.

[484] „Einige haben geschrieben, dass bestimmte Könige, die in der Umgebung wohnen, den Nilus *stoppen sollten* ; Wandring berichtet zum größten Teil, dass der *Sultan dem Abissin- Kaiser* eine bestimmte jährliche Summe dafür zahlt , dass er den Flusslauf des Flusses nicht verändert, was (so heißt es) er darf, oder ihn zumindest verarmt." – GEORGE SANDYS , *Eine Beziehung einer Reise usw.* , p. 98.

[485] Die Recca, ein Fluss mit beträchtlicher Strömung, wurde zufriedenstellend mit einem Bach identifiziert, der durch die Höhle von Trebich fließt, und mit dem Timavo – dem Timavus von Virgil und den alten Geographen – der durch mehrere Mündungen in die Adria mündet Triest und Aquileia. Die Entfernung von Triest bis zu einem geeigneten Punkt in der Grotte von Trebich wird auf weniger als drei Meilen geschätzt, und die Schwierigkeiten beim Bau eines Tunnels scheinen nicht allzu groß zu sein. Die Werke von Schmidl, „ *Die Höhlen des Karstes* “ und „*Der unterirdische Lauf der Recca* “, sind außerhalb Deutschlands nicht verbreitet, aber der Leser wird viele interessante Fakten daraus in zwei Artikeln mit dem Titel „ *Der unterirdische Lauf der Recca*“ in „*Aus der Natur*“ finden . xx, S. 250-254, 263-266.

[486] BARTH , *Wanderungen durch die Küsten des Mittelmeeres* , i, S. 353. In einer Anmerkung auf Seite 380 desselben Bandes zitiert Barth Strabo mit der Behauptung, dass in Iapygia eine ähnliche Praxis vorherrschte; Es kann jedoch fraglich sein, ob der Beiname τραχε ῖ α, den Strabo auf die ursprüngliche Oberfläche anwendete, notwendigerweise impliziert, dass sie mit einer durchgehenden Felsschicht bedeckt war.

[487] PARTHEY , *Wanderungen durch Sizilien und die Levante* , i, S. 404.

[488] *Geognostische Studien am Meeresufer* , LEONHARD und BRONN , *Jahrbuch* , 1841, S. 25, 26.

[489] KOHL , *Schleswig-Holstein* , ii, S. 45.

[490] *Wanderungen durch Sizilien und die Levante* , i, S. 406.

[491] LANDGREBE , *Naturgeschichte der Vulkane* , ii, S. 19, 20.

[492] Bald nachdem der Strom aus dem Vulkan austritt, wird er oben und an seinen Seiten und schließlich vorne mit Schlacken bedeckt, die durch die Abkühlung der freigelegten Oberfläche entstanden sind und die flüssige Masse begraben und verbergen. Der Bach rollt unter der Schicht und zwischen den Schlackenwänden weiter, und es war die seitliche Kruste, die von den im Text erwähnten Arbeitern durchbrochen wurde.

Die Entfernung, die Lava zurücklegt, bevor ihre Oberfläche zu erstarren beginnt, hängt von ihrem Volumen, ihrer Zusammensetzung, ihrer Temperatur und der Lufttemperatur, der Kraft, mit der sie ausgestoßen wird, und der Neigung des Abhangs ab, über den sie fließt. In den meisten Fällen ist es schwierig, sich der Strömung an Stellen zu nähern, an denen sie noch völlig flüssig ist, und daher gibt es nicht sehr häufig Gelegenheit, sie in diesem Zustand zu beobachten. Bei dem Ausbruch im Februar 1850 gelangte ich auf der Ostseite des Vesuvs ganz bis zu einem der Auslässe. Die Lava schoss mit großer Geschwindigkeit aus der Öffnung nach oben, wie das Wasser einer Quelle, in einem Bach mit einem Durchmesser von acht bis zehn Fuß und warf gelegentlich vulkanische Bomben hoch, breitete sich aber sofort auf dem Abhang aus, den sie hinunterfloss, bis hin zum Fluss Breite von mehreren Metern. Es blieb am helllichten Tag rotglühend und über eine Strecke von mindestens hundert Metern ohne einen Schlackenpartikel auf seiner Oberfläche. In dieser Entfernung wurden die erstickenden, schwefelhaltigen Dämpfe so dicht, dass ich der Strömung nicht weiter folgen konnte. Die Wellen der Oberfläche glichen denen eines durch Regen anschwellenden Baches. Ich schätzte die Höhe der Wellen auf fünf bis sechs Zoll mal eine Breite von achtzehn bis zwanzig. Für das Auge erschien die Fließfähigkeit der Lava so perfekt wie die von Wasser, aber Massen kalter Lava mit einem Gewicht von zehn bis fünfzehn Pfund schwammen darauf wie Kork.

Die von Lavaströmen abgegebene Wärme scheint äußerst gering zu sein, wenn man die Temperatur bedenkt, die zum Verschmelzen solcher Materialien erforderlich ist, und die lange Zeit, die sie zum Abkühlen benötigen. Ich sah in Nicolosi alte Ölkrüge mit einem Fassungsvermögen von hundert Gallonen oder mehr, die unter einem alten Lavastrom oberhalb dieser Stadt ausgegraben worden waren. Sie waren ganz leicht mit Vulkanasche bedeckt, bevor die Lava über sie floss, aber das Blei, mit dem Löcher in ihnen verschlossen worden waren, war nicht geschmolzen. Die Strömung, die Mompiliere 1669 begrub, war 35 Fuß dick, aber Marmorstatuen in einer Kirche, über der die Lava einen Bogen bildete, wurden 1704 unverkalkt und unverletzt gefunden. Siehe Scrope, VULKANE , *Kap* . VI. § 6.

[493] FERRARA , *Descrizione dell'Etna* , S. 108.

[494] LANGREBE , *Naturgeschichte der Vulkane* , ii, S. 82.

[495] *Physikalische Geographie* , S. 168. Torflager, die versehentlich in Brand gesteckt wurden, brennen manchmal monatelang weiter. Ich übernehme den folgenden Bericht über einen Fall dieser Art aus einer aktuellen amerikanischen Zeitschrift:

„ EIN MERKWÜRDIGES PHÄNOMEN. – Als die Gleise der Eisenbahn zwischen Brunswick und Bath planiert wurden, als man eine Wiese in der Nähe des bevölkerungsreichen Teils der letztgenannten Stadt überquerte, nahm die „Müllkippe" plötzlich die Form eines Absinkens an, und die zwanzig Fuß sanken in die Tiefe Eine Fülle aus Kies, Lehm und zerbrochenen Steinen war außer Sichtweite, und es dauerte sehr, sehr lange, *bis* Erdzüge den geräumigen Magen füllen konnten, der bereit schien, all das feste Material aufzunehmen, das in ihn umgewandelt werden konnte. Die Schwierigkeit lag bei Länge überwunden, aber entlang der gesamten Seite der Senke wurde die Erde aufgeworfen, in gähnende Abgründe gebrochen, und die Oberfläche wurde so über ihren alten Wasserspiegel angehoben. Seit dieser Zeit wurde dieser so leicht erhöhte Boden kultiviert, und zwar Ergab enorm viel von dem, was der Besitzer darauf zu pflanzen schien. Vor etwa drei Monaten geriet der darunter liegende Torf auf eine uns unbekannte Weise in Brand, und wochenlang bemerkten wir, als wir Gelegenheit hatten, daran vorbeizukommen, den Rauch, der daraus aufstieg schwelende Verbrennung unter der Oberfläche. Es regnete, aber das Feuer brannte und der Rauch stieg weiter auf. Am Montag hatten wir Gelegenheit, an der Stelle vorbeizukommen, und obwohl der Regen seit fast einer Woche den Boden durchnässt hatte, die Oberfläche mit Schnee weiß war und in unmittelbarer Nähe Wasserpfützen auf der Oberfläche standen, herrschte immer noch ein ewiges unterirdisches Feuer brannte und der Rauch stieg durch den Schnee auf.

[496] Eine der erhabensten und gleichzeitig furchteinflößendsten Vorschläge, die die Forschungen der modernen Wissenschaft hervorgebracht haben, wurde von Babbage im neunten Kapitel seiner *Neunten Bridgewater-Abhandlung gemacht* . Ich habe den Band nicht zur Hand, aber die folgende Erklärung wird den Leser an den Vorschlag erinnern, auf den ich mich beziehe, sofern sie ihn nicht anderweitig verständlich macht.

Kein Atom kann an seinem Platz gestört werden oder eine Änderung der Temperatur, des elektrischen Zustands oder eines anderen materiellen Zustands erfahren, ohne die umgebenden Atome durch Anziehung oder Abstoßung oder andere Kommunikation zu beeinflussen. Diese wiederum übertragen nach demselben Gesetz den Einfluss auf andere Atome, und der so gegebene Impuls breitet sich durch das gesamte materielle Universum aus. Jede menschliche Bewegung, jeder organische Akt, jeder Wille, jede

Leidenschaft oder Emotion, jeder intellektuelle Prozess geht mit atomarer Störung einher, und daher wirkt sich jede solche Bewegung, jeder solche Akt oder Prozess auf alle Atome der universellen Materie aus. Obwohl Aktion und Reaktion gleich sind, stellt die Reaktion gestörte Atome doch nicht an ihren früheren Platz und Zustand zurück, und folglich werden die Auswirkungen der geringsten materiellen Veränderung niemals aufgehoben, sondern auf irgendeine Weise aufrechterhalten, so dass keine Aktion im Physischen stattfinden kann. moralischer oder intellektueller Natur, ohne die gesamte Materie in einem anderen Zustand zu belassen, als sie gewesen wäre, wenn eine solche Aktion nicht stattgefunden hätte. Um daher eine Sprache zu verwenden, die ich bei einer anderen Gelegenheit verwendet habe: Es gibt nicht nur im menschlichen Bewusstsein oder in der Allwissenheit des Schöpfers, sondern auch in der äußeren materiellen Natur eine unauslöschliche, unvergängliche Aufzeichnung, die möglicherweise sogar für die geschaffene Intelligenz lesbar ist jede Tat, die getan wird, jedes geäußerte Wort, ja, jeder Wunsch, jede Absicht und jeder Gedanke, den sich der sterbliche Mensch ausgedacht hat, von der Geburt unseres ersten Elternteils bis zum endgültigen Aussterben unserer Rasse; so dass die physischen Spuren unserer geheimsten Sünden bestehen bleiben, bis die Zeit in jener Ewigkeit verschmilzt, von der nicht die Wissenschaft, sondern allein die Religion Kenntnis zu nehmen annimmt.

ANHANG.

Nr. 1 (<u>Seite 19, *Anmerkung*</u>). Man kann sagen, dass die in der Anmerkung auf S. 19 – und in der Tat alle Fälle einer angeblichen Akklimatisierung, die in physiologischen Veränderungen besteht – sind Beispiele für die Entstehung neuer Sorten durch natürliche Selektion, wobei der widerstandsfähigere Mais, die Tomate und andere Gemüsesorten des Nordens ausnahmsweise die Nachkommenschaft der Samen von Individuen sind, die dazu begabt sind , mit größerer Widerstandskraft gegen Kälte als im Allgemeinen der Art zu eigen ist, die sie hervorgebracht hat. Was aber den Beweis einer Veränderung des Klimas aufgrund eines Unterschieds im Pflanzenwachstum betrifft, so ist es unerheblich, ob wir diese Ansicht übernehmen oder die ältere und bekanntere Lehre von einer lokalen Veränderung des Charakters der betreffenden Pflanzen beibehalten.

Nr. 2 (<u>Seite 24, *Anmerkung*</u>). Die Richtungsadjektive in *-erly* werden nicht selten verwendet, um in loser Form die Richtung von Winden anzuzeigen, die von nicht näher bezeichneten Punkten zwischen Nordosten und Südwesten wehen; SO und SW; SW und NW oder NW und NE Wenn die Verwendung dieser Wörter darauf beschränkt wäre, eine Richtung auszudrücken, die näher an dem Kardinalpunkt liegt, von dem das Adjektiv abgeleitet ist, als an jedem anderen Kardinalpunkt, wären sie wertvolle Elemente der englischen Meteorologie Nomenklatur.

Nr. 3 (<u>Seite 31</u>). Eine Bestätigung meiner Beobachtungen über die Gewohnheiten des Bibers als geographischer Faktor finde ich in einem Bericht über die Verhandlungen der British Association im London Athenæum vom 8. Oktober 1864, S. 469. Dort heißt es, dass Viscount Milton und Dr. Cheadle bei einer Expedition über die Rocky Mountains am Yellow Head oder Leather Pass beobachteten, dass „ein großer Teil des Landes östlich der Berge" „völlig zerstört" worden sei Seinen Charakter veränderte der Biber, der früher hier in großer Zahl vorkam. Die flachen Täler wurden früher von Flüssen und Seenketten durchzogen, die durch die Arbeit dieser Tiere entlang ihres Laufs an zahlreichen Stellen aufgestaut wurden eine Reihe von Sümpfen in verschiedenen Stadien der Konsolidierung. Diese Veränderung war so vollständig, dass auf einer Entfernung von zweihundert Meilen kaum ein Bach zu finden ist, mit Ausnahme der großen Flüsse. Die Tiere haben so durch ihre eigene Arbeit zerstört das Wasser, das für ihre eigene Existenz notwendig ist.

Wenn der Prozess der „Konsolidierung" abgeschlossen und der Wald auf den Sümpfen wiederhergestellt ist, wird das Wasser, das jetzt durch sie diffundiert, in den unteren oder nachgiebigeren Teilen gesammelt, neue

Kanäle für ihren Fluss geschnitten, zu fließenden Bächen und so weiter das antike Aussehen der Oberfläche wiederherstellen.

Nr. 4 (Seite 33, *Anmerkung*). Die holzfressenden Insekten, die lebende Bäume befallen, beschränken ihre Verwüstungen fast ausschließlich auf Bäume , die aufgrund der Raubzüge von Blattfressern wie Raupen und dergleichen oder aus anderen Gründen bereits krank oder krank im Wachstum sind. Der Verfall des Baumes ist daher die Ursache und nicht die Folge des Eindringens des Bohrers. Dieses Thema wurde von Perris in den *Annales de la Société Entomologique de la France* aus dem Jahr 1851 (?) erörtert, und seine Schlussfolgerungen werden durch die Beobachtungen von Samanos bestätigt, der ausführlich die Ansichten von Perris zitiert. „Nachdem ich fünfzehn Jahre lang", sagt der letztgenannte Autor, „unablässig die Lebensgewohnheiten holzfressender Insekten in einer der waldreichsten Gegenden Frankreichs studiert habe, habe ich genügend Tatsachen beobachtet, um mich zu meinen Schlussfolgerungen berechtigt zu fühlen, nämlich: dass Insekten." Im Allgemeinen – ich spreche nicht von denen, die ihre Gier auf das Blatt beschränken – greifen sie keine Bäume in gesundem Zustand an, und sie greifen nur solche an, deren normaler Zustand und Funktionen aus irgendeinem Grund beeinträchtigt wurden."

Siehe ausführlicher Samanos, *Traité de la Culture du Pin Maritime* , Paris, 1864, S. 140-145.

Nr. 5 (Seite 34, *Anmerkung*). Sehr interessante Beobachtungen über die Wirkung des Eichhörnchens und anderer kleiner Tiere beim Pflanzen und Zerstören von Nüssen und anderen Baumsamen finden sich in einem Artikel über die Abfolge der Wälder in Thoreaus Exkursionen, S. *135* ff.

Ich habe einmal mehrere Liter Bucheckern gesehen, die aus dem Winterquartier einer Flughörnchenfamilie in einem hohlen Baum entnommen wurden. Die Kerne wurden sorgfältig von der Schale befreit und sorgfältig in einem trockenen Hohlraum gelagert.

Nr. 6 (Seite 40, *Anmerkung*). Schroeder van der Kolk zitiert in „ *Het Verschil tusschen den Psychischen Aanleg van het Dier en van den Mensch*" von Burdach und anderen Autoritäten viele interessante Fakten über Instinkte, die bei niederen Tieren verloren gegangen sind oder neu entwickelt und erblich geworden sind, und er zitiert Aristoteles und Plinius als Beweis dafür, dass die gewöhnlichen Vierbeiner und Hühner unserer Felder und unserer Geflügelhöfe zu ihrer Zeit viel weniger perfekt domestiziert waren, als lange, lange Zeitalter der Knechtschaft sie heute hervorgebracht haben.

Vielleicht ist der halbwilde Charakter, den P. Læstadius und andere schwedische Schriftsteller dem Rentier Lapplands zuschreiben, in gewissem Maße auf die vergleichsweise kurze Zeit zurückzuführen, in der er teilweise gezähmt wurde. Die in den Wäldern Ungarns gezüchteten Hausschweine und die Büffel Süditaliens sind so wild und wild, dass sie für alle außer ihren Haltern eine große Gefahr darstellen. Die ersteren sind in ihren ursprünglichen Zustand zurückgefallen, die letzteren sind noch nicht von diesem zurückerobert worden.

Neben anderen Beispielen ausgelöschter Instinkte gibt Schroeder van der Kolk an, dass in Holland, wo jahrhundertelang die Jungen der Kühe üblicherweise bei der Geburt von der Mutter entnommen und von Hand gefüttert wurden, Kälber, auch wenn sie bei der Mutter gelassen wurden, gezüchtet werden kein Saugversuch; während in England, wo Kälber erst im Alter von mehreren Wochen entwöhnt werden, sie genauso natürlich auf das Euter zurückgreifen wie die Jungen wilder Vierbeiner. – *Ziel en Ligchaam* , S. 128, *n.*

Nr. 7 (Seite 60, *erste Anmerkung*). Am Piè di Mulera, am Ausgang des Val Anzasca, in der Nähe des Haupthotels, steht ein Weinstock mit einem Umfang von 31 Zoll. Die Tür des Kapitelsaals im Kreuzgang der Kirche San Giovanni in Saluzzo besteht aus Weinrebenholz, und die Bretter, aus denen die Täfelungen gefertigt waren, konnten nicht weniger als zehn Zoll breit sein. Statuen und andere Objekte von beträchtlicher Größe aus Weinrebenholz werden von antiken Schriftstellern erwähnt.

Nr. 8 (Seite 63, *zweite Anmerkung*). Cartier, 1535–1566 , erwähnt „Weinreben, große Melonen, Gurken, Kürbisse, Erbsen, Bohnen in verschiedenen Farben, aber nicht wie unsere", wie sie bei den Indianern an den Ufern des Sankt-Lorenz-Stroms üblich sind.— *Bref Recit* usw., Nachdruck. Paris, 1863, S. 13, a; 14, b; 20, b; 31, a.

Nr. 8 (Seite 65, *zweiter Absatz*). Es kann als sehr wahrscheinlich, wenn nicht sogar sicher angesehen werden, dass die unterschiedslosen Kräuterkundigen des 16. Jahrhunderts viele auf dieser Insel heimische Pflanzen übersehen haben müssen. Ein englischer Botaniker entdeckte bei einem einstündigen Besuch in Aden mehrere Pflanzenarten auf Felsen, die selbst von wissenschaftlichen Reisenden immer als völlig unfruchtbar galten. Aber schließlich scheint es hinreichend erwiesen zu sein, dass die ursprüngliche Flora von St. Helena äußerst begrenzt war, obwohl sie heute Hunderte von Arten umfasst.

Nr. 9 (Seite 66, *erste Anmerkung*). Obwohl die Weingattung *in* ihren Gewohnheiten sehr katholisch und kosmopolitisch ist, sind bestimmte *Sorten doch* äußerst anspruchsvoll und exklusiv in ihren Ansprüchen an Boden und Klima. Die Bestände vieler berühmter Weinberge verlieren durch die Umpflanzung ihre besonderen Eigenschaften, und die berühmtesten Weine können nur in bestimmten, genau abgegrenzten und größtenteils engen Bezirken produziert werden. Die ionische Rebe, die die kleine steinlose

Traube trägt, die im Handel als Zante-Johannisbeere bekannt ist, hat fast allen Bemühungen widerstanden, sie andernorts einzubürgern, und wird außer auf zwei oder drei der ionischen Inseln und in einem schmalen Gebiet an der Nordküste kaum angebaut die Morea.

Nr. 10 (Seite 68, erste Anmerkung). In den meisten Ländern Südeuropas überwintern Schafe und Rinder auf den Ebenen, werden aber im Sommer auf Bergweiden getrieben, die viele Tage von den Gehöften ihrer Besitzer entfernt sind. Sie transportieren Samen in ihren Mänteln in beide Richtungen, und so schießen Alpenpflanzen oft am Fuße der Berge, die Gräser der Ebene an den Rändern der Gletscher in die Höhe; aber in beiden Fällen gelingt es ihnen normalerweise nicht, sich durch die Reifung ihrer Samen zu vermehren. Dies erklärt die vereinzelten Büschel von Klee mit blassen und schlaffen Blüten, die manchmal in Höhen von mehr als 7.000 Fuß über dem Meer zu sehen sind.

Nr. 11 (Seite 73, letzter Absatz). Es wird allgemein angenommen, dass die giftige wilde Pastinake, die in Neuengland sehr verbreitet ist, mit der Gartenpastinake identisch ist und sich nur durch die Wachstumsbedingungen unterscheidet, da ein nährstoffreicherer Boden ihr angeblich ihre schädlichen Eigenschaften nimmt. Viele wilde Heilpflanzen, wie zum Beispiel das Pfennigkraut, sind bei der Kultivierung im Garten so viel weniger aromatisch und kraftvoll als bei Selbstaussaat auf kargen Böden, dass sie kaum für den Gebrauch geeignet sind.

Nr. 12 (Seite 74, zweite Anmerkung). Sehen Sie in Thoreaus *Exkursionen* eine interessante Beschreibung der wilden Apfelbäume von Massachusetts.

Nr. 13 (Seite 86, erster Absatz). In Courmayeur heißt es, dass sich in der Grande Jorasse noch immer einige wenige Steinböcke aufhalten, die größer sind als die des Cogne-Gebirges.

Nr. 14 (Seite 92, erste Anmerkung). In Nord- und Mittelitalien sieht man oft Hügel, die mit hainartigen Anpflanzungen kleiner Bäume gekrönt sind, die großen Lauben ähneln. Diese dienen dem Einfangen von Vögeln, die in großer Zahl in Netzen gefangen sind. Diese Plantagen werden *Ragnaja* genannt , und der Leser wird in Bindis Ausgabe von Davanzati eine sehr angenehme Beschreibung eines Ragnaja finden, obwohl seine Urheberschaft derzeit nicht diesem bedeutenden Schriftsteller zugeschrieben wird.

Nr. 15 (Seite 93, zweite Anmerkung). Das Auftauchen des taubenartigen Auerhahns *Tetrao paradoxus* oder *Syrrhaptes Pallasii* in verschiedenen Teilen Europas im Jahr 1859 und in den darauffolgenden Jahren stellt eine auffällige Ausnahme vom Gesetz der Regelmäßigkeit dar, das die Bewegungen und den Lebensraum der Vögel zu bestimmen scheint . Die eigentliche Heimat dieses Vogels sind die Steppen der Tataren, und es wird nicht berichtet, dass er in Europa oder zumindest westlich von Russland beobachtet wurde, bis zu dem oben genannten Jahr, als viele Schwärme von zwanzig oder dreißig und sogar hundert Individuen wurden in Böhmen, Deutschland, Holland, Dänemark, England, Irland und Frankreich gesehen. Ein beträchtlicher Schwarm hielt sich über fünf Monate lang auf der friesischen Insel Borkum auf. Man hatte gehofft, dass sie sich vermehren und dauerhaft auf der Insel bleiben würden, aber diese Erwartung wurde enttäuscht und das Steppenhuhn scheint wieder ganz verschwunden zu sein.

Nr. 16 (Seite 94, *Anmerkung*). Aus einem Artikel von A. Esquiros in der *Revue des Deux Mondes* vom 1. September 1864 mit dem Titel „ *La vie Anglaise* ", S. 119 scheint es, dass solche Vorkommnisse wie die in der Notiz genannten an der britischen Küste keine Seltenheit sind.

Nr. 17 (Seite 100, *erster Absatz*). Ich kann nicht erfahren, dass die Kaprifizierung heute in Italien praktiziert wird, in Griechenland jedoch immer noch.

Nr. 18 (Seite 112, *erste Anmerkung*). Die jüngste starke Vermehrung der Vipern in einigen Teilen Frankreichs ist eine einzigartige und erschreckende Tatsache.

Toussenel zitiert aus offiziellen Dokumenten und gibt an, dass auf das Angebot einer Belohnung von fünfzig Centimes oder zehn Cent pro Kopf zwölftausend *Vipern* zum Präfekten eines einzelnen Departements gebracht wurden, und dass im Jahr 1859 fünfzehnhundert Schlangen und zwanzig Quarts Unter einem Herdstein eines Bauernhauses wurden Schlangeneier gefunden. Der Getreidespeicher, die Ställe, das Dach, sogar die Betten wimmelten von Schlangen, und die Familie war gezwungen, ihre Behausung zu verlassen. Dr. Viaugrandmarais aus Nantes berichtete dem Präfekten seines Departements über mehr als zweihundert aktuelle Fälle von Vipernbissen, von denen vierundzwanzig tödlich verliefen. – *Tristia* , S. 176 *ff.*

Nr. 19 (Seite 121, *erste Anmerkung*). Die Beduinen hegen wenig Jagd und führen selten Krieg gegen die Wildvögel und Vierbeiner der Wüste. Daher sind die wilden Tiere Arabiens weniger scheu als die Europas. Einmal, als ich während eines heftigen Sandsturms in Arabia Petræa lagerte, flüchtete eine wilde Taube in eines unserer Zelte, das nicht abgerissen worden war, und blieb ruhig auf einem Jungen inmitten von vier oder fünf Kindern sitzen Personen, bis der Sturm vorüber war, und nahm dann seinen Abschied, *insalutato hospite* .

Nr. 20 (Seite 122). Es ist möglich, dass die Zeit die Gewohnheiten der Süßwasserfische der nordamerikanischen Staaten verändert und sie an die nun physischen Bedingungen ihrer Heimatgewässer anpasst. Daher kann man hoffen, dass die Natur, auch ohne die Hilfe der Kunst, etwas zur Wiederherstellung des alten Reichtums unserer Seen und Flüsse beitragen wird. Der Rückgang unserer Süßwasserfische kann nicht allein auf die Erschöpfung durch den Fischfang zurückgeführt werden, denn in den Gewässern der Täler und Alpenflanken, die schon zehnmal so lange von einer dichteren Bevölkerung bewohnt und befischt werden, gibt es immer noch sehr viele Fische. und sie gedeihen und vermehren sich unter Bedingungen, unter denen keine amerikanische Art überhaupt leben könnte. Am Südhang dieser Berge werden Forellen in großer Zahl gefangen, in den schnellen Bächen, die von den Gletschern strömen, und wo das Wasser eisig kalt und so trüb von Partikeln fein gemahlenen Gesteins ist, dass man keine Fische sehen kann Zoll unter der Oberfläche. Die Gletscherbäche der Schweiz sind jedoch weniger fischreich.

Nr. 21 (Seite 131, *Anmerkung*). Vaupell stimmt zwar mit anderen Autoren darin überein, dass die meisten Haustiere dem Wald Schaden zufügen – was er in seinem posthumen Werk „*The Danish Woods*" auf interessante Weise veranschaulicht –, ist jedoch der Meinung, dass in der Jahreszeit, in der der Mast fällt, Schweine fallen sind eher nützlich für Buchen- und Eichenwälder, indem sie in den Boden treten und so Bucheckern und Eicheln säen und Maulwürfe und Mäuse vernichten. – *De Danske Skore* , S. 12.

Nr. 22 (Seite 135, *Anmerkung*). Die fähigen Autoren von Humphreys und Abbots wertvollstem Bericht über die Physik und Hydraulik des Mississippi kommen zu dem Schluss, dass das Delta dieses Flusses mit seinen Eingriffen in den Golf von Mexiko vor nicht mehr als 4.400 Jahren begann ; war „ein vergleichsweise klarer Bach", der nur sehr wenig Sedimente ins Meer beförderte. Die derzeitige Vortriebsgeschwindigkeit des Deltas beträgt 262 Fuß pro Jahr, und es gibt Gründe zu der Annahme, dass die Höhe der Ablagerungen seit langem annähernd konstant ist. – *Report* , S. 435, 436.

Die Veränderung im Charakter des Flusses muss, wenn diese Meinung begründet ist, auf eine geologische Revolution oder zumindest auf eine Erschütterung und auf die Hypothese der früheren Existenz eines oder mehrerer großer Seen in seinem oberen Tal zurückzuführen sein, deren Grund sich darin befindet von der heutigen Prärieregion eingenommen wurde, wurde vorgeschlagen. Die Ufer dieser angeblichen Seen wurden meines Erachtens nicht verfolgt oder auch nur entdeckt, und wir können die Wahrheit dieser Hypothese nicht anerkennen, ohne Veränderungen anzunehmen, die viel weitreichender sind als das bloße Durchbrechen der Barriere, die das Wasser begrenzte.

Nr. 23 (Seite 143, *Anmerkung*). Siehe zu diesem Thema einen Aufsatz von J. Jamin in der *Revue des Deux Mondes* vom 15. September 1864; und über die Auswirkungen menschlicher Industrie auf die Atmosphäre ein Artikel in *Aus der Natur*, Bd. 29, 1864, S. 443, 449, 465 *ff*.

Nr. 24 (<u>*Seite 159, zweiter Absatz*</u>). Alle immergrünen Pflanzen, auch die Laubbäume, widerstehen außergewöhnlich starken Frösten besser als die Laubbäume derselben Klimazonen. Liegt das nicht daran, dass die lebenswichtigen Prozesse von Bäumen mit hartnäckigem Laub im Winter weniger unterbrochen werden als die von Bäumen, die jährlich ihre Blätter abwerfen, und daher mehr organische Wärme entwickelt wird?

Nr. 25 (<u>*Seite 191, erster Absatz*</u>). Bei der Erörterung des Einflusses von Bergen auf den Niederschlag haben Meteorologen die weit verbreitete Meinung, dass Berge Wolken „anziehen", die in einer bestimmten Entfernung von ihnen schweben, im Allgemeinen als unwissendes Vorurteil betrachtet und das Auftreten von Wolken über hohen Gipfeln ausschließlich darauf zurückgeführt die Kondensation der Luftfeuchtigkeit, die durch atmosphärische Strömungen die Berghänge hinaufgetragen wird, zu einer kälteren Temperatur. Aber wenn Berge nicht wirklich Wolken und unsichtbare Dämpfe anziehen, stellen sie eine Ausnahme vom universellen Gesetz der Anziehung dar. Es wurde festgestellt, dass die Anziehungskraft des kleinen Mount Shehallien ausreichte, um ein nur wenige Unzen schweres Lot um ein messbares Maß von der Senkrechten abzulenken. Warum sollten dann größere Massen nicht Dampfvolumina anziehen, die Hunderte von Tonnen wiegen und in mäßiger Entfernung von den Bergen frei in der Atmosphäre schweben?

Nr. 26 (<u>*Seite 198, Anmerkung*</u>). Élisée Redus führt die Verminderung der Teiche, die an die Dünen der Gascogne grenzen, auf die Absorption ihres Wassers durch die Bäume zurück, die auf dem Sand gepflanzt wurden. – *Revue des Deux Mondes*, 1. August 1863, S. 694.

Nr. 27 (<u>*Seite 219, Anmerkung*</u>). Die Holzverschwendung in der europäischen Tischlerei war früher enorm, da die Balken der Häuser sowohl größer als auch zahlreicher waren, als es für Dauerhaftigkeit oder Stabilität erforderlich war. Als der Forstinspektor im Jahr 1834 den Bau der Häuser der achtzig Familien im Dorf Faucigny in Savoyen untersuchte, stellte er fest, dass für den Bau *fünfzigtausend* Bäume verwendet worden waren. Die Bauherren „schienen", sagt Hudry-Menos, „versucht zu haben, das Problem zu lösen, die größtmögliche Menge Holz auf die Mauern zu stapeln, ohne sie zu zerdrücken." – Revue des Deux Mondes, 1. Juni 1864, S. 601.

Nr. 28 (<u>*Seite 231, Anmerkung*</u>). In einer bemerkenswerten Broschüre mit dem Titel *Avant-projet pour la création d'un sol fertile à la surface des Landes de Gascogne*, auf die ich im Folgenden mehr als einmal Bezug nehmen werde, argumentiert Duponchel mit großer Kraft, dass die fruchtbaren

Eigenschaften von Flüssen -Schleim ist im Allgemeinen viel mehr auf seine mineralischen als auf seine pflanzlichen Bestandteile zurückzuführen.

Nr. 29 (Seite 265, *Anmerkung*). Sogar die dichteren Kieselsteine sind für Flüssigkeiten und die darin enthaltenen Farbstoffe so durchdringbar, dass Achate und andere Formen von Silex durch ihre Substanz künstlich gefärbt werden können. Diese Kunst war den alten Steinschneidern bekannt und wurde von ihnen praktiziert. In jüngster Zeit wurde sie wiederbelebt.

Nr. 30 (Seite 268). Es gibt gute Gründe zu der Annahme, dass viele der Erd- und Felsrutsche in den Alpen zu einem früheren Zeitpunkt stattfanden als die Entstehung der Waldvegetation, die in späteren Zeiten die Flanken dieser Berge bedeckte. Siehe *Bericht über die Untersuchung der Schweizerischen Hochgebirgswaldungen* . 1862. S. 61.

Wo neuere Rutschungen wieder mit Wäldern bedeckt wurden, sind die Bäume, Sträucher und kleineren Pflanzen, die spontan darauf wachsen, gewöhnlich von anderer Art als diejenigen, die man auf in längeren Zeiträumen verdrängtem Boden beobachtet. Dieser Unterschied ist so ausgeprägt, dass die Stelle einer Rutsche oft aus großer Entfernung an der allgemeinen Farbe des Laubwerks ihrer Vegetation erkannt werden kann.

Nr. 31 (Seite 286, *Anmerkung*). Es sollte beachtet werden, dass das Giftprinzip giftiger Pilze durch den in der *Anmerkung beschriebenen Prozess nicht zersetzt und unschädlich gemacht wird* . Es wird lediglich durch das angesäuerte oder salzhaltige Wasser, das zum Einweichen der Pflanzen verwendet wird, extrahiert, und es sollte darauf geachtet werden, dass dieses Wasser außerhalb der Reichweite von Unheil weggeworfen wird.

Nr. 32 (Seite 293, *Anmerkung*). Gaudry schätzt die bei den französischen Eisenbahnen verwendeten Schienen auf dreißig Millionen, für deren Versorgung nicht weniger als zwei Millionen große Bäume gefällt wurden. Diese Bindungen wurden im Durchschnitt mindestens einmal erneuert, und daher müssen wir die Anzahl der Bindungen und Bäume verdoppeln, die zu ihrer Ausstattung erforderlich sind . – *Revue des Deux Mondes* , 15. Juli 1863, S. 425.

Nr. 33 (Seite 294, *zweiter Absatz der Anmerkung*). Schließlich erscheint einem Amerikaner der gegenwärtige Verbrauch von Holz und Nutzholz für Brennstoffe und andere häusliche und ländliche Zwecke in vielen Teilen Europas unglaublich gering. In der ländlichen Schweiz wird die gesamte Versorgung mit Brennholz, Brennstoff für kleine Schmieden, Molkereien, Brauereien, Ziegel- und Kalköfen, Brennereien, Zäune, Möbel, Werkzeuge und sogar den Hausbau – mit Ausnahme der geringen Menge, die aus dem Schnitt von Obstbäumen stammt – Weinreben und Hecken sowie aus verfallenen Zäunen und Gebäuden – übersteigt durchschnittlich nicht *230*

Kubikfuß oder weniger als zwei Schnüre pro Jahr pro Haushalt. Der durchschnittliche Holzverbrauch in Neuengland allein für den häuslichen Brennstoffverbrauch ist fünf- bis zehnmal so hoch, wie Schweizer Familien für alle oben aufgeführten Verwendungszwecke benötigen. Aber die vorhandenen Wohnungen der Schweiz reichen für eine nur langsam wachsende Bevölkerung aus, und in den Bauernhäusern wird meist nur ein einziger Raum geheizt. Siehe *Bericht über die Untersuchung der Schweiz. Hochgebirgswaldungen* , S. 85–89.

Nr. 34 (Seite 304). Zu den neueren Handbüchern zählen: *Les Études de Maitre Pierre.* Paris, 1864. 12 Monate; BAZELAIRE , *Traité de Reboisement* . 2. Auflage, Paris, 1864; und, auf Italienisch, SIEMONI , *Manuale teorico-pratico d'arte Forestale* . Florenz, 1864. 8vo. Ein sehr wichtiges Werk wurde kürzlich in Frankreich von Viscount de Courval veröffentlicht, das mir nur durch eine 1864 in Berlin veröffentlichte deutsche Übersetzung unter dem Titel „Das Aufästen der Waldbäume" bekannt *ist* . Das Hauptmerkmal des sehr erfolgreichen Forstwirtschaftssystems von De Courval ist eine Schnittmethode, die den Baum dazu zwingt, den Stamm zu entwickeln, indem die seitliche Verzweigung verringert wird. Beginnend bei jungen Bäumen werden die Knospen von den Stämmen abgerieben und überflüssige Seitentriebe bis zum Stamm beschnitten. Wenn große Bäume in die Hand genommen werden, werden Äste, die geschont werden können und deren Entfernung notwendig ist, um eine angemessene Stammlänge zu erhalten, sehr glatt und dicht am Stamm abgeschnitten, und die freigelegte Oberfläche wird sofort mit *Mineralkohle* abgebürstet Teer. Bei einer solchen Behandlung wird gesagt, dass die Wundheilung perfekt und ohne jeglichen Verfall des Baumes erfolgt.

Nr. 35 (Seite 313). Die prächtigste Herbstfärbung, die ich in der Vegetation Europas beobachtet habe, war in den Tälern der Durance und ihrer Nebenflüsse in der Dauphiny zu beobachten. Ich muss zugeben, dass diese Farbgebung weder in der Vielfalt noch in der Reinheit und Brillanz der Tönung weit, wenn überhaupt, hinter der der Wälder Neuenglands zurückbleibt. Aber es gibt einen Unterschied: Im Dauphiny ist diese reiche Bemalung nur bei kleinen Sträuchern zu sehen, während in Nordamerika das Laub großer Bäume in voller Pracht gefärbt ist. Daher gibt es in den amerikanischen Wäldern weniger kaputte Lichter und mehr von dem, was Maler als Farbvielfalt bezeichnen. Darüber hinaus sorgt die Anordnung des Blattwerks in großen kugelförmigen oder kegelförmigen Massen für ein breiteres Spektrum an Licht und Schatten, unterstützt so bald die Abstufung, bald den Kontrast der Farbtöne und verleiht der amerikanischen Oktoberlandschaft einen weicheren und harmonischeren Ton als Marks das bescheidene Gebüsch der Waldhänge der Dauphiny.

Thoreau – der nicht, wie einige sehr gefeierte Landschaftskritiker der Gegenwart, ein außenstehender Beobachter der Wirkung und Produkte der Naturkräfte war, sondern im alten religiösen Sinne ein Beobachter der organischen, lebendigen Natur, mehr als fast *jeder* andere beschreibende Autorin, unter und mit ihren Kindern – hat einen sehr beredten Artikel über die „Herbsttöne" der Landschaft Neuenglands verfasst. – Siehe seine *Exkursionen* , S. 215 *ff.*

Nur wenige Menschen haben persönlich so viele Tatsachen in der Naturgeschichte bemerkt, die einer unwissenschaftlichen Beobachtung zugänglich waren, wie Thoreau, und doch hatte er dieses sehr häufige und eindrucksvolle Schauspiel, das Phosphorisieren von verrottendem Holz, noch nie gesehen, bis es ihn in den letzten Jahren seines Lebens erwischte Aufmerksamkeit in einem Biwak in den Wäldern von Maine. Dieses Phänomen schien ihn mehr zu begeistern als jedes andere in seinen Werken beschriebene. Es muss ein weites Auge sein, das alle sichtbaren Fakten in der Geschichte des bekanntesten Naturobjekts erfasst. – *The Maine Woods* , S. 184.

„Die leuchtende Erscheinung von Körpern, die neben der aufgehenden" oder untergehenden Sonne gegen den Himmel projiziert werden und in Professor Neckers Brief an Sir David Brewster so gut beschrieben wird, wird, wie Tyndall bemerkt, „sowohl von Reiseführern als auch von Reisenden kaum jemals gesehen, obwohl dies der Fall wäre." scheint *auf den ersten Blick so zu sein* , dass es häufig vorkommen muss." Siehe TYNDALL , *Glaciers of the Alps* . Teil I. Zweite Besteigung des Mont Blanc.

Nach meiner eigenen Beobachtung zu urteilen, würde ich jedoch sehr bezweifeln, ob dieses brillante Phänomen so oft in Perfektion gesehen werden kann, wie man es erwarten würde; denn ich habe es oft vergeblich am Fuße der Alpen gesucht, unter scheinbar sonst gleichen Bedingungen wie dort, wo es sich in den hochgelegenen Alpentälern in größter Pracht zeigt.

Nr. 36 (<u>Seite 314</u>). Europäische Dichter, deren Wissen über die Dattelpalme nicht auf persönlicher Beobachtung beruht, beschreiben ihren Stamm oft nicht nur als schlank, sondern auch als besonders *gerade* . Nichts kann weiter von der Wahrheit entfernt sein. Wenn die Orientalen die Form eines schönen Mädchens mit dem Stiel einer Handfläche vergleichen, stellen sie sie nicht als streng gerade dar, sondern im Gegenteil als aus anmutigen Kurven zusammengesetzt, die weniger wie dauerhafte Umrisse als vielmehr wie eine fließende Bewegung wirken. In einem Palmenhain stehen die Stämme weit davon entfernt, aufrecht wie die Kerzen eines Kronleuchters zu stehen, sondern biegen sich in den unterschiedlichsten Kurven, bald neigen sie sich aufeinander zu, bald weichen sie voneinander ab, bald kreuzen sie sich, und unter Hunderten wird man das kaum bemerken Sehen Sie zwei, deren Achsen parallel sind.

Nr. 37 (Seite 316, erste Anmerkung). Charles Martin schreibt die Fortpflanzungskraft durch Triebe aus dem Stumpf der Zeder des Atlasgebirges zu, die mit der Zeder des Libanon identisch zu sein scheint. – *Revue des Deux Mondes* , 15. Juli 1864, S. 315.

Nr. 38 (Seite 332). In einem interessanten Artikel über die jüngsten internen Verbesserungen in England im London Quarterly Review vom Januar 1858 wird berichtet, dass bei einem einzigen Felseinschlag auf der Liverpool-Manchester-Eisenbahn 480.000 Kubikmeter Stein entfernt wurden; dass die Erde, die bis zu diesem Zeitpunkt beim Bau der englischen Eisenbahnen ausgegraben und entfernt wurde, 150 Millionen Kubikmeter betrug und dass am Round Down Cliff in der Nähe von Dover eine einzige Explosion von 19.000 Pfund Pulver eine Kugel in die Tiefe blies Milliarden Tonnen Kreide und bedeckten fünfzehn Hektar Land mit den Bruchstücken.

Nr. 39 (Seite 339). Laut Reventlov, dessen Arbeit eine der besten Informationsquellen zum Thema Eindeichung von durch Flut überschwemmten Ebenen ist, erscheint *Salicornia herbacea* , sobald die Ebene hoch genug angehoben wird, um bei normaler Ebbe drei Stunden lang trocken zu sein, oder , mit anderen Worten, wenn die gewöhnliche Überschwemmung sie bis zu einer Tiefe von nicht mehr als zwei Fuß bedeckt. Bei einer Überschwemmungstiefe von einem Fuß stirbt die *Salicornia* ab und wird von verschiedenen Sandpflanzen abgelöst. Es folgen *Poa distans* und *Poa maritima* , da der Boden durch weitere Ablagerungen angehoben wird, und diesen Pflanzen schließlich gemeine Gräser. Der *Salicornia* gehen *Confervæ* voraus, die in tieferem Wasser wachsen, sich über den Boden ausbreiten und, wenn sie von einer frischen Schleimablagerung bedeckt sind, darüber wieder auftauchen, und so wechseln sich pflanzliche und alluviale Schichten ab, bis die Ebene für das Wachstum der Salicornia ausreichend hoch angehoben *ist* .— *Om Marskdannelsen paa Vestkysten af Hertugdömmet Slesvig* , S. 7, 8.

Nr. 40 (Seite 348, Anmerkung). Das für den Ringdeich des Haarlemsees verwendete Drijftil wurde teilweise in fünfzig Fuß lange und sechs bis sieben Fuß breite Abschnitte geschnitten, und diese wurden wie Flöße zu der Stelle geführt, an der sie versenkt wurden, um den Deich zu bilden. – Emile de LAVELEYE , *Revue des Deux Mondes* , 15. September 1863, S. 285.

Nr. 41 (Seite 352, letzter Absatz). Siehe zum Einfluss der betreffenden Verbesserungen auf Gezeiten- und andere Meeresströmungen Staring, *De Bodem van Nederland* , I. S. 279.

Obwohl die Deiche der Niederlande und der angrenzenden Staaten einen beträchtlichen Teil der Küste vor den Eingriffen des Meeres geschützt und einen großen Teil des Ackerlandes der Herrschaft der Gewässer entrissen haben, wurde die Frage gestellt, ob dies auf eine andere Art und Weise erreicht werden könnte Diese Objekte wurden möglicherweise nicht mit Vorteil übernommen. Es wurde vermutet, dass ein System von Binnendeichen und Kanälen nach dem Prinzip derjenigen, die, wie wir in einem späteren Teil des Kapitels über die Gewässer sehen werden, im Val di Chiana und in Ägypten so erfolgreich eingesetzt wurden, dies bewirken könnte haben die Tiefebene über die Gezeiten des Ozeans angehoben, indem sie die vom Rhein, der Maes und der Schelde heruntergebrachten Sedimente darüber verteilt haben. Wenn dieser Prozess im Mittelalter eingeführt und bis in unsere Zeit fortgeführt worden wäre, hätten die Oberflächen- und Küstengeographie sowie die Hydrographie der betreffenden Länder zweifellos ein ganz anderes Aussehen als ihren heutigen Zustand gezeigt; und durch die Kombination des Prozesses mit einem System von Seedeichen, die notwendig gewesen wären, um sowohl dem Vordringen des Meeres zu widerstehen als auch den durch Flussüberläufe abgelagerten Schlamm zurückzuhalten, wäre es möglich, dass das Territorium dieser Staaten genauso groß gewesen wäre wie es jetzt ist, und gleichzeitig um mehrere Fuß höher. Es muss jedoch berücksichtigt werden, dass wir nicht wissen, zu welchem Anteil die Meeresablagerungen, die die Polder bilden, aus Materialien stammen, die von diesen Flüssen oder aus anderen, weiter entfernten Quellen herabgetragen wurden. Zweifellos wurde ein großer Teil des Flussschlamms durch Meeresströmungen weit außerhalb der Reichweite zurückkehrender Bäche transportiert, und es ist ungewiss, inwieweit dieser Verlust durch Erde ausgeglichen wurde, die das Meer von fernen Küsten anschwemmte und auf die Küsten der Niederlande fallen ließ und anderen Nachbarländern.

Wir wissen wenig oder gar nichts über die Menge an Feststoffen, die die Flüsse Westeuropas in früheren Zeiten mit sich brachten, aber da die Ufer dieser Flüsse heute im Allgemeinen besser gegen Auswaschung und Abrieb geschützt sind als in früheren Jahrhunderten, sind die von ihnen transportierten Sedimente unbekannt muss geringer sein als zu Zeiten, die näher an der Entfernung der Urwälder ihrer Täler liegen. Klöden gibt an, dass die Menge an Sedimentmaterial, die jetzt jährlich durch den Rhein bei Bonn herabgetragen wird, nur ausreicht, um eine englische Quadratmeile bis in eine Tiefe von etwas mehr als einem Fuß abzudecken. – Erdkunde, *I.* S. 384.

Nr. 42 (Seite 358, *erster Absatz*). Seit mehr als einem Jahrhundert werden in Zwanenburg, nahe dem nördlichen Ende des Haarlemsees, regelmäßig meteorologische Beobachtungen aufgezeichnet, und seit 1845 wird ein ähnliches Register am Helder, vierzig oder fünfzig Meilen weiter nördlich, geführt. Beim Vergleich dieser beiden Beobachtungsreihen wird festgestellt, dass etwa gegen Ende des Jahres 1852, als die Wasserentnahme aus dem Haarlemsee abgeschlossen war und der vorangegangene Sommer die freigelegten Böden so ausgetrocknet hatte, dass sie stark schrumpften der verdunstbaren Oberfläche veränderte sich die relative Temperatur der beiden Stationen. Im Mittel aller aufeinanderfolgenden fünf Tage von 1845 bis 1852 war die Temperatur in Zwanenburg dreiunddreißig Hundertstel Grad Celsius *niedriger* als am Helder. Seit Ende 1852 stand das Thermometer in Zwanenburg vom 11. April bis einschließlich 20. September um zweiundzwanzig Hundertstel Grad höher *als* am Helder, aber vom 14. Oktober bis einschließlich 17. März es lag durchschnittlich um ein Zehntel Grad *unter* dem Mittelwert zwischen denselben Daten vor 1853.

Es besteht kein begründeter Zweifel daran, dass diese Unterschiede auf die Entwässerung des Sees zurückzuführen sind. Im Sommer gab es weniger Kälte durch Verdunstung, und der Boden hat im gleichen Zeitraum mehr Sonnenwärme absorbiert, während er im Winter mehr Wärme abgestrahlt hat, als wenn er mit Wasser bedeckt war. Zweifellos wurde auch die in der Atmosphäre enthaltene Feuchtigkeitsmenge durch die gleiche Ursache beeinflusst, aber es scheinen keine Beobachtungen zu diesem Punkt gemacht worden zu sein. Siehe KRECKE , *Het Klimaat van Nederland* , II. 64.

Nr. 43 (<u>Seite 358, *Anmerkung*</u>). Im Laufe dieses Jahres (1864) kam es an den Ufern des Comer Sees zu mehreren Erdrutschen, und in einem Fall erlitt das Grundstück einer am Ufer des Wassers liegenden Villa eine erhebliche Verschiebung. Sollte der See gemäß dem in der Anmerkung auf Seite 358 erwähnten Plan in erheblichem Maße abgesenkt werden, besteht Grund zu der Befürchtung, dass die steilen Ufer des Sees an einigen Stellen des dafür erforderlichen seitlichen Drucks beraubt werden könnten ihre Stabilität und rutschen wie am Lungerersee ins Wasser. Siehe S. 356.

Nr. 44 (<u>Seite 369, *vorletzter Absatz von Bedeutung*</u>). Auch wenn im Alten Testament der Buchsbaum, die Zeder, die Tanne, die Eiche, die Kiefer, „Balken" und „Holz" sehr häufig erwähnt werden, findet sich im Neuen Testament kein einziges dieser Wörter, *außer* der Fall des „Balkens im Auge" im Gleichnis bei Matthäus und Lukas.

Nr. 45 (<u>Seite 375, *Anmerkung*</u>). Aller Wahrscheinlichkeit nach ist die tatsächliche Veränderung, die die menschliche Kunst in der oberflächlichen Geographie Ägyptens bewirkt hat, die Umwandlung von Teichen und Sümpfen in trockenes Land durch ein System von Querdeichen, die das Hochwasser dazu zwangen, seine Sedimente an den Ufern des Landes abzulagern Fluss, anstatt es ins Meer zu tragen. Der *Höhepunkt* des modernen Italiens wurde somit im alten Ägypten vorweggenommen.

Nr. 46 (_Seite 378_). Wir haben im _Anhang_ , Nr. 42, _ante_ gesehen , dass die mittlere Temperatur einer Station an den Grenzen des Sees von Haarlem – einer Wasserfläche, die früher zweiundsechzigeinhalb englische Quadratmeilen bedeckte – für den Zeitraum zwischen dem 11. und dem 11 vom April bis zum 20. September war durch die Entwässerung dieses Sees um nicht weniger als ein Grad Fahrenheit angestiegen; oder um es genauer auszudrücken: Die Bildung des Sees, die eine Folge der Unvorsichtigkeit des Menschen war, hatte die Temperatur um ein Grad Fahrenheit unter den natürlichen Wert gesenkt. Die künstlich bewässerten Gebiete Frankreichs, des Piemont und der Lombardei sind zusammengenommen fünfzigmal so groß wie der Haarlemer See und liegen in Klimazonen, in denen die Verdunstung wesentlich schneller erfolgt als in den Niederlanden. Sie müssen daher zweifellos das lokale Klima weitaus stärker beeinflussen, als dies im Zusammenhang mit der Trockenlegung des betreffenden Sees beobachtet wurde. Ich weiß nicht, dass spezielle Beobachtungen gemacht wurden, um die klimatischen Auswirkungen der Bewässerung zu messen, aber im Sommer habe ich in den bewässerten Ebenen des Piemont oft festgestellt, dass die Morgentemperatur, bei der der Unterschied natürlicherweise am geringsten war, _bei_ neun lag Meilen südlich von Turin, mehrere Grad niedriger als der Wert, der an einem Observatorium in der Stadt gemessen wurde.

Nr. 47 (_Seite 391, Anmerkung_). Das römische Aquädukt Pont du Gard in der Nähe von Nismes wurde aller Wahrscheinlichkeit nach vor neunzehn Jahrhunderten erbaut. Das Bett des Flusses Gardon, eines ziemlich schnellen Baches, der darunter fließt, dürfte seit der Gründung der Pfeiler des Aquädukts nur eine leichte Senke erlitten haben.

Nr. 48 (_Seite 393, erste Anmerkung_). Duponchel macht die folgende bemerkenswerte Aussage: „Der Fluss Hérault entspringt in einer Granitregion, erreicht aber bald Kalkformationen, die er mehr als sechzig Kilometer lang durchquert und dabei tiefe und steile Schluchten durchläuft, in die die Wildbäche ständig enorme Massen von Kieselsteinen entladen Gehört zu den härtesten Gesteinen der Jurazeit. Diese ständig erneuerten Trümmer bilden, selbst unterhalb des Ausgangs der Schlucht, wo der Fluss in einen regelmäßigen Kanal mündet, der in eine tertiäre Ablagerung geschnitten ist, breite Strände, erstaunliche Ansammlungen gerollter Kieselsteine, die sich über mehrere erstrecken Kilometer flussabwärts nehmen sie jedoch so schnell an Größe und Gewicht ab, dass oberhalb der Flussmündung, die dreißig bis fünfunddreißig Kilometer von der Schlucht entfernt liegt, jede Spur von kalkhaltigem Material aus dem Sand der Schlucht verschwunden ist Boden, die ausschließlich kieselhaltig sind." – _Avant-projet pour la création d'un sol fertile_ usw., S. 20.

Nr. 49 (<u>Seite 404, *erster Absatz der zweiten Anmerkung*</u>). Da die Länge des Unterlaufs des Po durch die Auffüllung des Adriatischen Meers mit seinen Ablagerungen erheblich zugenommen hat, hätte *prima facie* die Strömungsgeschwindigkeit verringert und sein Bett entsprechend angehoben werden müssen. Es gibt Gründe zu der Annahme, dass dies im Falle des Nils der Fall war, und ein Grund, warum derselbe Effekt im Po nicht deutlicher wahrnehmbar war, liegt darin, dass die Begrenzung der Strömung durch kontinuierliche Böschungen ihm eine hohe Wassergeschwindigkeit verleiht ausreichend, um Ablagerungen zu entfernen, die bei niedrigeren Wasserständen und langsameren Bewegungen des Wassers abfallen. Sintflutartige Bäche neigen dazu, ihr Bett zunächst auszugraben und dann anzuheben. Für den Mittel- und Unterlauf von Flüssen lässt sich diesbezüglich keine allgemeingültige Aussage treffen. Die Bedingungen, die die Frage der Senkung oder Erhebung eines Flussbettes bestimmen, sind zu vielfältig, variabel und komplex, als dass sie Formeln zugrunde gelegt werden könnten, und sie können kaum aufgezählt werden. Siehe jedoch Hinweis auf S. 431.

Nr. 50 (<u>Seite 406, *erster Absatz*</u>). Das im Text vorgeschlagene System entspricht im Wesentlichen der ägyptischen Methode, da die Nildeiche eher zum Zurückhalten als zum Abschließen des Wassers gebaut wurden. Das Wasser von Flüssen, die sanft geneigte Ebenen hinunterfließen, lagert in ihren Überschwemmungen den größten Teil ihres Sediments ab, sobald es durch Überlaufen seiner Ufer der schnellen Strömung des Kanals und damit der unmittelbaren Ufer solcher Flüsse entkommt höher als die weiter vom Bach entfernten Grundstücke. In den „Abständen" oder „Böden" der großen nordamerikanischen Flüsse sind die Schwemmlandufer erhöht und trocken, die vom Fluss weiter entfernten Ebenen niedriger und sumpfig. Dies ist allgemein in Ägypten zu beobachten, wenn auch weniger ausgeprägt als im Tal des Mississippi, wo unterhalb von Kap Girardeau die alluvialen Ufer natürliche Glacis darstellen, die beim Zurückweichen vom Fluss in einer durchschnittlichen Tiefe von sieben Fuß auf der ersten Meile absinken. – HUMPHREYS UND ABBOT'S *Bericht* , S. 96, 97.

Indem die ägyptischen Querdeiche das Wasser der Überschwemmungen zurückhalten, zwingen sie es dazu, den restlichen Schlamm fallen zu lassen, und daher schreitet die Hebung des entlegenen Landes nicht viel langsamer voran als die der unmittelbaren Ufer. Wahrscheinlich würden Querböschungen im Mississippi-Tal den gleichen Effekt hervorrufen. Bei den großen Überschwemmungen dieses Flusses wurde beobachtet, dass in einer gewissen Entfernung vom Kanal der Grund, obwohl er niedriger als die Ufer war, weniger tief überflutet wurde. Siehe Querschnitte in Tafel IV. von Humphreys und Abbot's Report. Ich vermute, dass diese scheinbar ungewöhnliche Tatsache auf die größere Schnelligkeit der Strömung des überfließenden Wassers in den Tiefebenen zurückzuführen ist, das oft durch die Kanäle von Flüssen entwässert wird, deren Bett auf einem niedrigeren Niveau als dem des Mississippi liegt, oder durch die Bayous, die ein so charakteristisches Merkmal der Geographie dieses Tals sind. Eine umsichtige Nutzung von Deichen würde die Sümpfe des unteren Mississippi-Tals wahrscheinlich in eine Region wie Ägypten verwandeln.

Nr. 51 (*zweite Note*). Der mittlere Abfluss des Mississippi beträgt 675.000 Kubikfuß pro Sekunde, und dementsprechend trägt dieser Fluss etwa elfmal so viel Wasser zum Meer bei wie der Po und mehr als sechseinhalbmal so viel wie der Nil. Der Abfluss des Mississippi wird auf ein Viertel des Niederschlags in seinem Einzugsgebiet geschätzt, sicherlich ein sehr großer Anteil, wenn man die Geschwindigkeit der Verdunstung in vielen Teilen des Einzugsgebiets und den wahrscheinlichen Verlust durch Infiltration berücksichtigt. – Humphreys und Abbot 's *Bericht* , S. 93.

Nr. 52 (Seite 423, *erster Absatz*). Künstlich gerichtete Wasserströme wurden im Tiefbau vorteilhafterweise zur Verschiebung und zum Transport großer Erdmengen eingesetzt, und es besteht kein Zweifel daran, dass diese Maßnahme in weit größerem Umfang als bisher gewinnbringend eingesetzt werden könnte. Einige der hydraulischen Arbeiten in Kalifornien zum Abwaschen von Massen goldhaltiger Erde sind so gewaltig, dass sie wirklich bedeutende topografische Veränderungen bewirken.

Nr. 53 (Seite 435, *erste Anmerkung*). Kürzlich wurde ich von einem Bewohner der Ionischen Inseln, der mit diesem Phänomen vertraut ist, darüber informiert, dass das Meer in allen Stadien der Gezeiten ununterbrochen in die Hohlräume unterhalb der Insel strömt.

Nr. 54 (Seite 438, *Anm.*). In Cornwall wird beobachtet, dass tiefe Minen in künstlich gut entwässerten Gebieten wasserfreier sind als in nicht entwässerten landwirtschaftlichen Gebieten. – ESQUIROS , *Revue des Deux Mondes* , 15. November 1863, S. 430.

Nr. 55 (Seite 441). Siehe über die artesischen Brunnen der Sahara und insbesondere über das Auswerfen lebender Fische durch sie einen Artikel mit dem Titel „ *Le Sahara* usw." von Charles Martins in der *Revue des Deux Mondes* vom 1. August 1864, S. 618, 619.

Nr. 56 (Seite 444, *erste Anmerkung*). Aus dem Artikel im *Rev. des Deux Mondes* , auf den in der vorangehenden Anmerkung Bezug genommen wurde, geht hervor, dass die von Ayme entdeckten Brunnen tatsächlich artesische Brunnen waren. Sie waren in den Fels gebohrt und am Auslass mit einem birnenförmigen Ventil aus Stein versehen, durch das die Öffnung nach Belieben geschlossen oder geöffnet werden konnte.

Nr. 57 (Seite 447, zweite Anmerkung). Hull weist auf geniale Weise darauf hin, dass neben anderen Veränderungen feiner Sand, der sich mit einer gröberen Schicht vermischt oder sich darüber ablagert, sowie die winzigen Partikel, die aus der Auflösung der letzteren resultieren, im Falle von Dünen durch Regen oder durch gewöhnliche Einwirkung mitgerissen werden können von Meerwasser in Unterwassersandbänken durch die Zwischenräume in der gröberen Schicht, und so kann die relative Lage von Feinsand und Kies mehr oder weniger verändert sein. – *Oorsprong der Hollandsche Duinen* , S. 103.

Nr. 58 (Seite 479). Aus Laurent geht hervor, dass Meeresmuscheln noch existierender Arten im Sand der Sahara weit entfernt vom Meer und sogar in beträchtlichen Tiefen unter der Oberfläche gefunden werden. – Mémoires sur le Sahara Oriental , S. 62.

Diese Beobachtung wurde von Spätreisenden bestätigt und ist ein wichtiges Glied in der Beweiskette, die beweist, dass der Aufruhr in der libyschen Wüste vergleichsweise jungen Datums ist.

Nr. 59 (S. 480). „In New Quay [in England] wird der Dünensand durch ein Eisenoxid, das durch das Wasser, das ihn durchdringt, in Lösung gehalten, in Stein umgewandelt. Dieser Stein, der sich sozusagen unter unseren Augen bildet, hat sich als stabil genug erwiesen." zum Bauen eingesetzt werden." – ESQUIROS , *L'Angleterre et la vie Anglaise* , *Revue des Deux Mondes* , 1. März 1864, S. 44, 45.

Nr. 60 (Seite 496, erster Absatz). In Ditmarsh löste das Aufbrechen der Wasseroberfläche durch das Manövrieren eines Kavalleriekorps eine Sandverwehung aus, die schweren Schaden anrichtete, bevor sie unterworfen wurde. – KOHL , *Inseln u. Marschen.* usw., III. P. 282.

Ähnliche Fälle sind im Osten von Massachusetts aus ebenso geringfügigen Gründen aufgetreten. – Siehe THOREAU , *A Week on the Concord and Merrimack Rivers* , S. 151-208.

Nr. 61 (Seite 497, letzte Anmerkung). Eine wahrscheinlichere Erklärung für die in der Notiz dargelegte Tatsache wird von Èlisée Reclus in einem Artikel mit dem Titel „ *Le Littoral de la France* " in der *Revue des Deux Mondes* vom 1. September 1864, S. 193, 194, vorgeschlagen. Dieser fähige Schriftsteller ist der Ansicht, dass es sich bei solchen Tümpeln um Überreste alter Meeresbuchten handelt, die durch nach und nach angehäufte Sandbänke, die durch Wellen und Winde zu Dünen angehoben wurden, vom Meer abgeschnitten wurden.

Nr. 62 (Seite 506, Anmerkung). Die Aussage in der Notiz wird von Olmsted bestätigt: „Es besteht keine ausreichende Nachfrage nach Kolophonium, mit Ausnahme der ersten Qualität, als dass es sich lohnte, es von den Brennereien im Landesinneren zu transportieren; es wird daher normalerweise in eine kleine Entfernung abtransportiert In der ersten Brennerei, die ich besuchte und die erst ein Jahr in Betrieb war, lag ein erstarrtes Kolophoniumbecken, das schätzungsweise über dreitausend Fässer enthielt."— *Eine Reise in die Sklavenstaaten an der Küste* , 1863, S. 345.

Nr. 63 (<u>Seite 507</u>). In einem Artikel über die Dünen Europas, Bd. 29 (1864) von *Aus der Natur* , S. 590, die Dünen bedecken schätzungsweise auf den Inseln und Küsten Schleswig-Holsteins, im Nordwesten Deutschlands, Dänemarks, Hollands und Frankreichs einhunderteinundachtzig deutsche oder fast viertausend englische Quadratmeilen; in Schottland etwa zehn deutsche oder zweihundertzehn englische Meilen; in Irland zwanzig deutsche oder vierhundertzwanzig englische Meilen; und in England einhundertzwanzig deutsche oder mehr als zweitausendfünfhundert englische Meilen.

Nr. 64 (<u>Seite 512, *letzter Absatz*</u>). Für einen brillanten Bericht über die Verbesserung der Landes siehe Edmond About, *Le Progrès* , Kap. VII.

In den Memoiren, auf die im *Anhang* , Nr. 48, *ante* Bezug genommen wird, schlägt Duponchel den Bau künstlicher Wildbäche vor, um kalkhaltiges Gestein durch Rollen und Zerreiben in seinem Bett zu Schleim zu zermahlen, und gleichzeitig das Abspülen einer tonigen Ablagerung, die soll mit dem Kalkschlamm vermischt und über zu diesem Zweck angelegte Wasserläufe in den Landes verteilt werden. Er geht davon aus, dass auf diese Weise ein äußerst fruchtbarer Boden an der Oberfläche gebildet werden könnte, der durch den Prozess auch so angehoben würde, dass eine freiere Entwässerung möglich wäre. Um dieses Projekt nicht zu empfehlen, meint Duponchel, dass es wahrscheinlich sei, dass aus den Spülungen genügend Gold gewonnen werden könne, um die Kosten der Arbeiten erheblich zu senken, da einige der Flüsse Westfrankreichs goldhaltig seien.

Nr. 65 (<u>Seite 528, *erster Absatz*</u>). Die Öffnung eines Kanals über Cape Cod hätte, wenn auch vielleicht in geringerem Ausmaß, die gleichen Auswirkungen auf die Vertauschung des Tierlebens am Süd- und Nordufer der Landenge wie im Fall des Suezkanals; denn obgleich die Breite von Cape Cod nirgends zwanzig Meilen überschreitet und an manchen Stellen auf eine zurückgeschrumpft ist, so geht doch aus den amtlichen Berichten über die Naturgeschichte von Massachusetts hervor, dass die Population der gegenüberliegenden Gewässer hinsichtlich der Arten stark abweicht.

Da ich die Originaldokumente nicht zur Hand habe, zitiere ich einen Auszug aus dem *Report on the Inscribed Animals of Mass.* von Thoreau, *Excursions* , S. 69: „Die Verteilung der Meeresmuscheln ist als geologische Tatsache durchaus bemerkenswert. Cape Cod, der rechte Arm des Commonwealth, reicht etwa fünfzig oder sechzig Meilen in den Ozean hinein. Er ist nirgends viele Meilen breit, aber so schmal." Die Landspitze hat sich bisher als Hindernis für die Wanderung vieler Molluskenarten erwiesen. Mehrere Gattungen und zahlreiche Arten, die durch das Eingreifen von nur wenigen Meilen Land voneinander getrennt sind, werden durch das Kap wirksam daran gehindert, sich zu vermischen, und passieren nicht von einer Seite zur anderen * * * * Von den einhundertsiebenundneunzig Meeresarten gelangen dreiundachtzig nicht an die Südküste, und fünfzig kommen nicht an der Nordküste des Kaps vor.

Wahrscheinlich wird die Verbreitung der Molluskenarten durch unbekannte örtliche Bedingungen beeinflusst, und daher könnte ein offener Kanal über das Kap nicht dazu führen, dass alle Arten, die in den Gewässern auf der einen Seite leben, denen auf der anderen Seite gemeinsam sind; aber es kann kein Zweifel darüber bestehen, dass es eine beträchtliche Migration in beide Richtungen geben würde.

Die in dem Bericht dargelegte Tatsache könnte eine wichtige Vorsichtsmaßnahme sein, wenn es darum geht, aus der Beschaffenheit ihrer Fossilien Rückschlüsse auf das relative Alter von Formationen zu ziehen. Hätte eine geologische Bewegung oder Bewegungen die Böden der Gewässer, die so durch eine schmale Landenge getrennt sind, auf unterschiedliche Ebenen angehoben und die Verbindung zwischen diesen Böden gestört, hätten Naturforscher sie in späteren Zeiten möglicherweise aufgrund der Beschaffenheit der fossilen Faunen unterschiedlichen Ebenen zugeordnet , und vielleicht sehr weit entfernte Perioden.

Nr. 66 (*Seite 548, erster Absatz*). Zu den geologischen Auswirkungen der Verdickung der Erdkruste im Golf von Bengalen kommen noch die Auswirkungen der Verdünnung im Hochland, wo der Ganges entspringt. Dieselbe Handlung könnte, wie mir ein gelehrter Freund nahelegt, sogar einen kosmischen Einfluss haben. Die großen Flüsse der Erde transportieren in ihrer Gesamtheit Sedimente aus den Polarregionen in äquatorialer Richtung und haben daher die Tendenz, den äquatorialen Durchmesser zu vergrößern und gleichzeitig durch ihre Ungleichheit in der Wirkung zu einer kontinuierlichen Verschiebung des Sediments zu führen Schwerpunkt der Erde. Die Bewegung des Globus und aller von seiner Anziehung beeinflussten Körper wird durch jede Änderung seiner Form verändert, und in diesem Fall sind wir nicht berechtigt zu sagen, dass solche Auswirkungen in irgendeiner Weise kompensiert werden.